Der Sicherheitsdiskurs

Thomas Kunz (Dr. phil.), Politikwissenschaftler, ist tätig im Bereich Evaluation und Begleitforschung von Projekten der Sozialen Arbeit. Er ist Lehrbeauftragter am Fachbereich Sozialpädagogik der Fachhochschule Darmstadt und am Fachbereich Erziehungswissenschaften der Johann Wolfgang Goethe Universität Frankfurt a.M. Seine Forschungsschwerpunkte sind: Innere Sicherheit und Rassismus, Migrations- und Integrationspolitik, Inklusion/ Exklusion, Fremdheitskonstruktionen und Diskurstheorie.

Thomas Kunz

Der Sicherheitsdiskurs

Die Innere Sicherheitspolitik und ihre Kritik

[transcript]

Bibliografische Information der Deutschen Bibliothek
Die Deutsche Bibliothek verzeichnet diese Publikation in der Deutschen Nationalbibliografie; detaillierte bibliografische Daten sind im Internet über http://dnb.ddb.de abrufbar.

© 2005 transcript Verlag, Bielefeld

Umschlaggestaltung und Innenlayout: Kordula Röckenhaus, Bielefeld
Umschlagabbildung: »Riesenkrake überfällt Segelschiff«. Stich aus dem Jahr 1805, akg-images Berlin
Lektorat: Gottfried Oy, Frankfurt a.M.
Satz: Thomas Kunz, Frankfurt a.M.
Druck: Majuskel Medienproduktion GmbH, Wetzlar
ISBN 3-89942-293-7

Gedruckt auf alterungsbeständigem Papier mit chlorfrei gebleichtem Zellstoff.

Besuchen Sie uns im Internet: http://www.transcript-verlag.de

Bitte fordern Sie unser Gesamtverzeichnis und andere Broschüren an unter: info@transcript-verlag.de

Inhalt

Superdanke...

Anlässlich der Veröffentlichung dieser Untersuchung ist es eine Selbstverständlichkeit darauf hinzuweisen, dass Texte, auch wenn sie einem einzelnen Autor-Subjekt zugeschrieben werden, insbesondere das verschriftete Ergebnis gemeinsamer Diskussionen sind, sei es mit Einzelpersonen, in Arbeitsgruppen oder Projekten. Einzig etwaige Irrtümer und Fehler sind alleine zu verantworten. Für Anregungen, motivierende Infragestellungen, Ermutigungen, Geduld und auf vielfältige Weise gewährte Unterstützung danke ich – in alphabetischer Reihenfolge – Helga Cremer-Schäfer, Sybille Escher, Ernst-August Göhring, Bobby Hebb, Gesa Hinner, Joachim Hirsch, Christian Kolbe, Eva-Maria Krampe, Elisabeth Kunz, Saskia Maas, Wolfgang Meseth, Gottfried Oy, Matthias Proske und Frank-Olaf Radtke.

Innere Sicherheit –

bekanntes Thema, neue Perspektiven

Unter ausdrücklicher Berufung auf unterschiedlichste Bedrohungen „unserer" Inneren Sicherheit werden seit Jahrzehnten Gesetze verabschiedet und umgesetzt, der staatliche Repressionsapparat ausgebaut, aufgerüstet und diversifiziert. Innere Sicherheit ist hierbei ein Terminus, der begrifflich ein äußerst heterogenes Feld abdeckt. Hierzu zählen Vollzugspolizeien, Geheimdienste, Justiz, Ministerialverwaltungen, der Bereich Politik und Politiker,[1] Gesetze, diverse Fachwissenschaften, kritische Intellektuelle, Medien (vgl. Cremer-Schäfer 1993: 17 f.) und allerlei Phänomene, die in den genannten Bereichen bzw. von den genannten Akteuren als Bedrohungen verhandelt werden (z.b. „gewöhnliche Kriminalität", „Chaoten", „islamische Fundamentalisten" etc.). Eine Aufzählung, die sich ohne weiteres noch fortsetzen ließe.

Mögen die angenommenen Gefährdungen Innerer Sicherheit auch selten in Zweifel gezogen werden, die Politik Innerer Sicherheit ist gleichwohl umstritten. Die Auseinandersetzung darum ist mitnichten nur Gegenstand von Expertenstreits in den akademischen Nischen entsprechender Fakultäten, sondern wird in Parlamenten ebenso geführt wie in den Medien. Sie findet seit jeher ihren Weg bis ins Feuilleton. Unstrittig bleibt somit fürs erste bloß eines: Innere Sicherheit ist kein neues Thema.

---

1   In dieser Arbeit wird in der Regel für Akteursgruppen die männliche Pluralform verwendet. Dies hat weniger mit Lesbarkeitserwägungen zu tun, als mit dem Befund, dass der Sicherheitsdiskurs nahezu ausschließlich von männlichen Akteuren bzw. Autor-Subjekten dominiert wird. Dieser Sachverhalt soll nicht durch eine vermeintlich politisch korrekte Schreibweise negiert werden.

Innere Sicherheit und ihre Feinde

Die Politik Innerer Sicherheit bzw. die Gefährdungen jener Sicherheit, die – geht es nach ihren Protagonisten – diese Politik überhaupt erst erforderlich mach(t)en, prägten und prägen hierbei entscheidend die innenpolitische Auseinandersetzung in der Bundesrepublik Deutschland. Im Zentrum jener Ein- und Ausschlüsse legitimierender Bedrohungsszenarien stehen Prozesse des Feindbildens (vgl. auch Frehsee 1997: 33). Ob explizit oder implizit, die Bedrohungen kleiden sich nicht zuletzt auch in alltagssprachlich kommunizierte Feindzuweisungen. Es handelt sich – wie es Peter Brückner und Alfred Krovoza schon 1972 nannten – um „innerstaatliche Feinderklärungen" (Brückner/Krovoza 1972). Sie legen fest, wer der bedrohende Feind ist und wer umgekehrt dem Kollektiv der Bedrohten angehört. Und je mehr man von den bedrohlichen, nichtzugehörigen Feinden spricht, um so weniger ist es umgekehrt nötig, den Bezugspunkt der positiven Zugehörigkeitsversicherung explizit auszuführen. Vielmehr wird die Leerstelle, auf die sich das „Dazugehören" bezieht, erst hierüber gefüllt.[2]

Allerdings, das soll der Verweis auf Brückner und Krovoza zugleich andeuten, rückten in den vergangenen Jahrzehnten je unterschiedliche Gruppen ins Zentrum jener repressiven Sicherheitspolitiken. Die beiden genannten Autoren kritisierten beispielsweise eine Situation Ende der 1960er-, Anfang der 1970er-Jahre, in welcher davon auszugehen war, dass „die ‚gewaltförmige Regelung innerstaatlicher Verhältnisse' gerade die *Linke*" (ebd.: 8; Hervorh. i. Orig.) traf. Spätestens für die Zeit seit Mitte der 1990er-Jahre kann demgegenüber behauptet werden, dass die Adressaten solcher *Regelungen* vorherrschend so genannte Fremde in Gestalt „krimineller Ausländer" sind (vgl. Kunz 1998: 189 ff.; vgl. auch Funk 1991: 375; Prätorius 2000: 381; Liebhart et al. 2002). Diese Figur stellt in der gegenwärtigen Phase des Sicherheitsdiskurses[3] zwar nicht das alleinige, aber doch das Hauptfeindbild dar – und ganz besonders bei diesem geht es um die Festlegung von Zugehörigkeit und Nicht-Zugehörigkeit.

Zugleich ist festzuhalten: Jene bislang genannten Feindbilder sind chronologisch nicht kurzzuschließen, d.h. es wäre völlig falsch, nach

---

2 Siehe hierzu Cremer-Schäfer/Steinert (1998), die feststellen, dass – trotz vorhandener Unterschiede zur Kriegspropaganda – „Law-and-order-Propaganda […] eine analoge Polarisierung in ‚wir' und ‚sie'" benützt. „In beiden findet sich dieselbe Voraussetzung und Wirkung, daß ein homogenes Ganzes behauptet wird, zu dem ‚wir' gehören" (ebd.: 51; vgl. auch Pilgram et al. 2000; Steinert 2000).

3 Die Bezeichnung Sicherheitsdiskurs wird hier alternativ für den Begriff Diskurs über Innere Sicherheit verwendet.

immanenten Gemeinsamkeiten oder Parallelen, die in ihrer Wesenhaftigkeit liegen könnten, zu suchen und mittels derer zu begründen wäre, weshalb beide die Bedrohungskarriereleiter erklimmen konnten. Zwischen den Phasen ihrer je historischen Exponiertheit im Sicherheitsdiskurs liegen nahezu 25 Jahre. Die Gemeinsamkeit zwischen ihnen besteht vielmehr darin, dass beide Gegenstand der Politik Innerer Sicherheit waren bzw. sind, d.h. im Schnittpunkt von Interessen bestimmter (Staats-) Apparate, Institutionen und Akteure liegen und mittels dieser als wirkungsmächtige bedrohliche Allgemeinkategorien überhaupt erst hergestellt wurden/werden. Diese Konstitutionsprozesse unterliegen einer Logik, die zum einen durch den offiziellen Auftrag besagter Apparate gegeben scheint (beispielsweise Strafverfolgung durch Polizei und Justiz) oder auch bloß durch (Fort-)Bestandsinteressen von Teileinheiten des so genannten repressiven Staatsapparates (z.B. von Abteilungen, deren Daseinsberechtigung seit nunmehr fast 30 Jahren darin besteht, vornehmlich mit „Terrorismusbekämpfung" beschäftigt zu sein). Realhistorisch gehen beide Begründungszusammenhänge freilich ineinander über, weshalb sie sich im Einzelfall nur schwer auf einen ihrer Teilaspekte zurückführen lassen.

Innere Sicherheit als Gegenstand von Affirmation und Kritik

Ebensowenig wie die Politik Innerer Sicherheit ist die Kritik hieran eine neue Erscheinung. Auch dieser Sachverhalt deutete sich im o.g. Zitat der beiden Autoren Brückner und Krovoza bereits an. Zugleich ist zu konstatieren, dass Kritik an der herrschenden Politik Innerer Sicherheit als ein *eigener* Untersuchungsgegenstand in der wissenschaftlichen Auseinandersetzung – bislang – kaum bzw. keine Berücksichtigung fand.[4] Die politikwissenschaftliche Beschäftigung mit dem Gegenstand Sicherheitsdiskurs darf folglich nicht bloß aus einer immanent kritischen Forschungsperspektive heraus unternommen werden, die in Texten, die sich

---

4 Im wissenschaftlichen Streit zwischen Vertretern der Fachdisziplin Kriminologie, hier insbesondere in Gestalt der so genannten Kritischen Kriminologie, sind deutliche Ansätze hierfür zwar erkennbar, allerdings konzentriert sich diese Auseinandersetzung m.E. weniger auf das Thema Innere Sicherheitspolitik als solches bzw. den Sicherheitsdiskurs im Allgemeinen, als auf (erkenntnistheoretische) Fragestellungen der Disziplin im Speziellen, d.h. die Auseinandersetzung wird aus soziologischer und nicht aus politikwissenschaftlicher Perspektive geführt – was gleichwohl einschließt, gesellschaftspolitische Implikationen exponiert zu berücksichtigen (vgl. hierzu Cremer-Schäfer/Steinert 1998 und Hess/Scheerer 1997).

11

im weitesten Sinne als kritisch verstehen, allenfalls einleitend vorgestellt oder benannt wird. Sie muss statt dessen die *Reflexion der Kritikmodelle* an jener Politik Innerer Sicherheit und die Kritiker im Sinne von zum Sicherheitsdiskurs zu zählenden politischen Akteuren selbst exponiert in den Forschungsblick rücken. Sie hat in diesem Sinne die Selbstvergewisserung über die häufig unausgesprochen mitlaufenden Vorannahmen kritischer Positionen als eigenen Gegenstand zu konstituieren.

Erforderlich ist also eine Erweiterung des Untersuchungshorizonts. Zwar wird der Sicherheitsdiskurs in der Bundesrepublik aus diesem Grund in diesem Buch *auch* entlang seiner für diesen Zeitraum feststellbaren jeweiligen Leitfeindbilder rekonstruiert – wobei beabsichtigt ist, Veränderungen und Verschiebungen zu benennen und zu bewerten. Zugleich sollen für den Untersuchungszeitraum 1972 bis 1998[5] jedoch etwaige kritische Positionen hervorgehoben berücksichtigt werden. Es erscheint deshalb vielversprechend, den Sicherheitsdiskurs forschungspraktisch in einen so genannten *Konservativen* und einen so genannten *Kritischen Teil* auszudifferenzieren.

Konservativ sollen zunächst all jene Positionen heißen, die einen je aktuellen Stand und die hierzu erforderlichen Mittel an (staatlich-)repressiv gewährleisteter Innerer Sicherheit bzw. Innerer Sicherheitspolitik befürworten bzw. ein Mehr hiervon einfordern. *Kritisch* sollen zunächst all jene Positionen heißen, die im Gegenzug die jeweils herrschende Politik Innerer Sicherheit und den Bestand der hierzu eingesetzten Mittel umgekehrt als Bedrohung kommunizieren und/oder eine Zunahme staatlicher Repression als Gefahr thematisieren und zurückweisen bzw. die vordergründige Absicht und die Wirksamkeit solcher Inneren Sicherheitspolitik in kritisch-ablehnender Weise bezweifeln. Zum Kritischen Diskurs im hier zugrunde gelegten Sinne zählen *nicht* jene Positionen, welche herrschende Sicherheitspolitik dafür kritisieren, dass sie nicht weit genug gehe, etwa in dem Sinne, dass sie zu liberal sei. Solche Positionen werden dem Konservativen Teil des Sicherheitsdiskurses zugerechnet.

Das Gegensatzpaar konservativ-kritisch verfügt so verstanden über eine Implikation, nach der es auch als Pro-Kontra-Verhältnis in Bezug auf herrschende Innere Sicherheitspolitik gedeutet werden kann und die

---

5 Vereinzelt wird es auch zur Berücksichtigung neuerer Texte kommen. Dies dient vor allem der exemplarischen Verdeutlichung, dass die im Untersuchungszeitraum vorfindbaren Muster aktuell weiterhin zu beobachten sind. Der Sachverhalt, dass Fragmente, die außerhalb des Zeitraumes von 1972 bis 1998 liegen, nur ausnahmsweise herangezogen werden, rechtfertigt demnach, von der Konsistenz der in dieser Untersuchung vorgenommenen zeitlichen Eingrenzung auszugehen.

Begriffe konservativ und kritisch hierüber als politisch konservativ und politisch kritisch zu präzisieren sind. Zugleich wird als evident angesehen, dass die im Sicherheitsdiskurs vorfindbaren Positionen, die sich mittels des Gegensatzpaares zuordnen lassen, weitestgehend auch entlang dem im politischen Feld gültigen Rechts-Links-Schema abgebildet werden können. Die beiden o.g. Bezeichnungen und ihr jeweiliger Gehalt besitzen in der Untersuchung Modellcharakter. Ihre nähere inhaltliche Füllung wird im weiteren Verlauf vorgestellt und genauer behandelt.

Des weiteren ist an dieser Stelle vorbeugend einem möglichen Mißverständnis zu begegnen, das mit der Bezeichnung Kritischer Sicherheitsdiskurs einhergehen könnte. Das Erfordernis, darauf explizit hinzuweisen, resultiert aus einer gewissen thematischen, aber vor allem auch terminologischen Nähe zum Spezialdiskurs Kriminalsoziologie, d.h. hier insbesondere dem als *Kritische Kriminologie* bezeichneten, bei welchem das Adjektiv *kritisch* als entscheidender Zusatz, fast schon als ein Markenzeichen zu gelten hat. Das Thema Innere Sicherheit markiert nicht nur einen Berührungspunkt, sondern durchaus eine Schnittmenge beider, auf welches sie – wenn auch aus variierenden Perspektiven – referieren. Trotz der angesprochenen Nähe bezeichnen beide Termini aber letztlich unterschiedliche Gegenstandsbereiche bzw. stehen auch für unterschiedliche Themenzugänge. Wenn also in diesem Text fortan von Kritischem (Sicherheits-)Diskurs bzw. von dessen Akteuren als Kritikern die Rede ist, sind diese Bezeichnungen *nicht* mit der Kritischen Kriminologie bzw. den kritischen Kriminologen *gleichzusetzen*. Die Notwendigkeit dieses Hinweises indiziert allerdings zugleich, wie berechtigt der weiter oben formulierte Einwand ist, dass *kritische* Positionen just in der politikwissenschaftlichen Bearbeitung des Diskurses Innerer Sicherheit bis dato nicht als besonderer Untersuchungsgegenstand berücksichtigt wurden. Denn offensichtlich hat das Adjektiv kritisch, wenn es zur Differenzierung und Abgrenzung *in* bzw. *vom* Spezialdiskurs Kriminologie herangezogen wird (vgl. Sack 1993a) – trotz Einschränkungen (vgl. Cremer-Schäfer/Steinert 1998: 19) –, mittlerweile als selbstverständlich zu gelten, während dessen seine Inanspruchnahme zur politikwissenschaftlichen Differenzierung des Sicherheitsdiskurses besonders erklärungsbedürftig zu sein scheint.

13

Politik Innerer Sicherheit – Mythos Sicherheit

Innere Sicherheit ist seit den 1970er-Jahren ein „zentraler Terminus der Innenpolitik" (Busch et al. 1988: 435). Dessen Wurzeln und Vorläufer reichen indes weiter zurück. Er besitzt eine Geschichte, die nur wenig jünger als die BRD ist (vgl. Schiller/Becker 1977). Sie erstreckt sich von den Auseinandersetzungen um die Verabschiedung der Notstandsgesetze (vgl. Schiller 1988: 39 ff.; Gössner 1988a; Seifert 1981: 145), über Radikalenerlasse, Berufsverbote und Anti-Terrorgesetze (vgl. u.a. Funk/Werkentin 1977) und die verstärkte Auseinandersetzung mit Protestbewegungen (vgl. Reichel 1981: 187; Lederer 1988; Schöffmann 1988; Gössner 1988b) bis hin zur Etablierung der Bedrohungskonstruktion Ausländerkriminalität als dominierendem Feindbild im Sicherheitsdiskurs.

All diese Phänomene wurden bzw. werden unter dem Etikett Innere Sicherheit und ihrer Gefährdung subsumiert. Die Zeit Anfang der 1970er-Jahre markiert hierbei zugleich einen begrifflichen Wendepunkt. Der bis dahin vorherrschend gebrauchte Begriff Öffentliche Sicherheit tritt im Vergleich mit dem Ausdruck Innere Sicherheit in der öffentlichen Debatte zusehends in den Hintergrund (vgl. Funk/Werkentin 1977: 189 f.). Auch der Beantwortung der Frage, inwiefern hier von einer Ablösung gesprochen werden kann, geht diese Untersuchung nach.

Der Begriff Sicherheitsdiskurs findet zunächst Verwendung für jenes Bündel von Diskursfragmenten, in denen der Ausdruck Innere Sicherheit explizit genannt wird sowie für Diskursfragmente, die sich explizit mit Kriminalitätsentwicklung, Kriminalitätstheorien oder Kriminalität und deren gesellschaftlicher Be- und Verarbeitung auseinandersetzen. Hierbei ist zu vergegenwärtigen, dass im Verlauf des durchgeführten Forschungsvorhabens eine weitere Eingrenzung vorgenommen wird, um forschungspraktisch einen transparenten und relativ eindeutigen Materialzugriff zu ermöglichen.

Die Einschätzung, dass es sich bei dem Begriff Innere Sicherheit um einen Dreh- und Angelpunkt politischer Auseinandersetzung handelt, geht bereits seit den 1970er-Jahren mit der Vermutung einher, dass gerade dessen begriffliche Unbestimmtheit seine Geltungskraft begründe:

„Die öffentliche Diskussion um Politik in diesem Lande scheint heute ohne den Begriff der ‚inneren Sicherheit' kaum mehr möglich. Von vielen Politikern wird innere Sicherheit zur notwendigen Vorbedingung einer freiheitlichen Gesellschaft und der Existenz bürgerlicher Freiheiten erhoben. Und die Aufmerksamkeit des Publikums dürfte den Politikern angesichts der von Meinungsforschern immer wieder festgestellten Angst und Sorge um Sicherheit bei rund zwei Dritteln der Bevölkerung gewiß sein. Doch vor was haben die Befragten Angst und welche ‚Sorge für die innere Sicherheit' bewegt die Politiker? Erklärt sich das bei Umfragen zutage tretende Angstpotential tatsächlich aus *einer* faßbaren, für alle Befragten identischen Befürchtung oder resultiert die abgefragte Sorge um innere Sicherheit nicht eher daher, daß wohl kaum ein Begriff in der politischen Diskussion so vielfältige Assoziationen auslöst und so widersprüchliche Bedeutungsinhalte umfaßt wie das Schlagwort innere Sicherheit?" (ebd.: 189; Hervorh. i. Orig.).

Exponierte Verfechter einer Politik Innerer Sicherheit thematisierten den Zusammenhang – Innere Sicherheit sei Vorbedingung einer „freiheitlichen Gesellschaft"[6] – indem sie, quasi im Umkehrschluss, aus Unsicherheit – meist gleichgesetzt mit anwachsender Kriminalität – die Gefährdung des „demokratischen Staates" ableiteten: „Das Anwachsen der Kriminalität hat mancherorts Zweifel an der Fähigkeit des demokratischen Staates entstehen lassen, mit den Gefahren fertig zu werden" (o.N. 1972: 3). Diese Einschätzung findet sich nicht irgendwo, sondern an einem prominenten Ort. Sie stammt aus dem *Programm für die innere Sicherheit*, das die Innenministerkonferenz am 17. Juni 1972 beschlossen hat. Sie gibt zu erkennen, was Innere Sicherheit eigentlich sei: „Die Innere Sicherheit ist ein zentrales Thema der politischen Gegenwart. Es geht dabei vorrangig um den Schutz des Einzelnen vor dem Verbrechen" (Ständige Konferenz der Innenminister/-senatoren 1974: B1; vgl. auch kritisch Lehne 1993: 51). Diese Eingrenzung der Inneren Sicherheit – Schutz vor Verbrechen bzw. Kriminalität – provoziert eine staatstragende Sachzwanglogik (vgl. Cremer-Schäfer 1993: 15). Die als gegeben unterstellte Bedrohung des Einzelnen erfordert Instanzen, die dessen Sicherheit gewährleisten. Mögen die Hintergründe der Bedrohungskonstruktionen Anfang der 1970er-Jahre, die die zitierte Feststellung motivierten, auch andere gewesen sein als in den 1990er-Jahren, diese Allgemeinformel Innerer Sicherheit gilt im Kern bis heute. Der Inhalt Innerer Sicherheit stellt sich, auch heute, in erster Linie als Kriminalitätsbekämpfung dar und diese wird wiederum vornehmlich als Aufgabe der Polizei fixiert[7]: „Garant zur Gewährleistung der inneren Si-

---

6 Zum Teil spiegelt sich dieser Gedanke auch in einer Auffassung wieder, die Innere Sicherheit als den „Idealzustand einer vollkommenen Verwirklichung des Rechtsstaates, in dem die Bevölkerung keinen kriminellen Beeinträchtigungen, schweren Unfällen und Katastrophen ausgesetzt ist" (Rupprecht 1995: 275), versteht.

7 Dieser Umstand erklärt auch den hohen Stellenwert, den Fragen zu Polizeistärke, Funktion und Befugnis von Polizei oder z.B. auch die Kritik an Polizeieinsätzen besitzen. Zugleich lenkt die Ausrichtung auf Polizei, sofern der Betrachter sie reproduziert, von anderen, nicht weniger wir-

cherheit im demokratischen Rechtsstaat [ist] in erster Linie die Polizei"
(Seiters 1993: 11; vgl. auch Geschäftsstelle der Ständigen Konferenz der
Innenminister und -senatoren 1993: 4; Kanther 1993: o.S.; Kersten
1998: 9 f.).

Paradox erscheint, dass trotz der engen Auslegung Innerer Sicherheit
– Schutzgarantie vor Verbrechen – ihr Gegenstand zugleich recht vage
bleibt: Abwesenheit von Kriminalität. Vage deshalb, weil keine Handlung per se kriminell ist; vielmehr ist diese Zuschreibung das Ergebnis
von historisch sich ändernden, gesellschaftlichen Auswahl-, Zurich-
tungs- und Verarbeitungsprozessen (vgl. Althoff/Leppelt 1995: 12 ff.).
Diese Vagheit gewährleistet indes, dass der Sicherheitsdiskurs an andere
Ausgrenzungsstrategien leicht anknüpfen kann. Sie stellt insofern dessen
eigentliches Potenzial dar. Die Instrumente der Kontrolle und Repression schaffen in diesem Sinne gar erst die Verbrechen, die zu kontrollieren sie beabsichtigen. Sie geben die Raster vor, nach denen gefahndet
und gefunden wird. So verstanden verfügt der Sicherheitsdiskurs über
Ausgrenzungsressourcen ersten Ranges. Wer ihn dominiert, legt fest, wer
als Feind der Inneren Sicherheit zu gelten hat und umgekehrt, wer zu
den Bedrohten zu zählen ist. In diesem Sinne wirkt der Sicherheitsdiskurs, wie eingangs bereits angemerkt, sowohl aus- als auch eingrenzend.

Innere Sicherheit zwischen 1972 und 1998

Weder ist Innere Sicherheit ein neues Phänomen, noch endet der Sicherheitsdiskurs im Jahr 1998. Die in dieser Arbeit vorgenommene Festlegung des Untersuchungsintervalls stützt sich vielmehr auf die Annahme,
dass die Jahre 1972 und 1998 Anhaltspunkte liefern, die eine forschungspraktisch wünschenswerte zeitliche Eingrenzung qualitativ begründen können.

Im Jahr 1972 erhielt die Politik Innerer Sicherheit mit dem „Schwer-
punktprogramm Innere Sicherheit" quasi Gesetzesrang. Zugleich ist in
jenem Jahr ein für den Sicherheitsdiskurs besonders bedeutsames diskursives Ereignis zu verorten: Das so genannte Olympia-Attentat im
September 1972 während der Olympischen Spiele in München. 1972
wird von mir aus den genannten Gründen als ein markantes Jahr im Sicherheitsdiskurs angesehen. Was nicht heißt, es hätte eine „Stunde Null"
der Inneren Sicherheit im Jahre 1972 gegeben. Zugleich orientiere ich

---

kungsmächtigen Teilen des Sicherheitsdiskurses ab. Umgekehrt lässt sich
formulieren, dass der Sicherheitsdiskurs in seiner Polizeifixiertheit seinen
stärksten Strang, seine gesellschaftlich hegemonial verankerte Position
dokumentiert.

mich – wie im Laufe der Einleitung bereits angeklungen ist – mit dem Bezug auf den Anfang der 1970er-Jahre an einer in der Fachliteratur (auch und gerade der kritischen) mehrheitlich geteilten Auffassung, welche immer darauf hinwies und -weist, dass trotz dieser zeitlichen Wahl die Auseinandersetzung um Innere Sicherheit eine Geschichte hat, die bis in die 1960er- und sogar 1950er-Jahre zurückreicht. 1972 markiert also das erste Jahr des Untersuchungszeitraumes *ohne* in die Falle einer ahistorischen Betrachtungsweise zu laufen. Es versucht, den zeitlichen Rahmen der Untersuchung zu begrenzen, hierdurch die Materialmenge übersichtlich zu gestalten und sich dabei eines Datums zu bedienen, welches der Sicherheitsdiskurs selbst liefert.

Ebensowenig wie der Sicherheitsdiskurs im Jahr 1972 begann, fand er im Jahr 1998 sein Ende. Allerdings führten 1998 die Bundestagswahlen in Deutschland zu einem Regierungswechsel. Zwar zeigt sich mittlerweile, dass Innere Sicherheit gerade auch unter einer rot-grünen Bundesregierung nicht weniger umfangreich und repressiv gewährleistet wird, als unter den christdemokratisch geführten Vorgängerregierungen der Kohl-Ära. Angesichts des parteipolitischen Wechsels ist – paradoxerweise – aber gerade *wegen* dieser Kontinuitätsvermutung dafür zu plädieren, das Jahr 1998 als Einschnitt zu betrachten. Denn vor dem bislang nur grob umrissenen Hintergrund erscheint aus meiner Sicht für Innere Sicherheit seitdem ein maßgeblich anderer Bewertungsrahmen erforderlich.

Das Erfordernis eines *anderen* Bewertungsrahmens gründet auf einer gewissen „Irritation" über jene Kontinuität Innerer Sicherheitspolitik. Der im Vorfeld der Wahl – je nach politischer *Couleur* – erhoffte oder befürchtete Regierungswechsel legte nahe, es käme mit ihm *auch* zu einem Politikwechsel im Bereich Innerer Sicherheit. Diese Erwartungen wurden durch zweierlei genährt: Begreift man Innere Sicherheit zunächst als originär konservatives Politikfeld – konservativ an dieser Stelle im Sinne einer Zuordnung in Bezug auf politische Parteien –, müsste im Allgemeinen ein Parteienbündnis, das sich programmatisch als nicht-konservatives für ein Regierungsamt empfiehlt, eine entsprechend unterschiedliche Sicherheitspolitik forcieren bzw. generell andere innenpolitische Schwerpunktsetzungen vornehmen.

Nun ist hinlänglich bekannt, dass das o.g. Programm für die Innere Sicherheit Anfang der 1970er-Jahre von einer sozial-liberalen Regierungskoalition unter SPD-Kanzler Willy Brandt verabschiedet wurde. Insofern wurden 1998 jene Erwartungen weniger durch die Regierungsambitionen der von Gerhard Schröder geführten SPD motiviert. Es war die bereits vor der Wahl in Aussicht gestellte Regierungsbeteiligung von Bündnis 90/Die Grünen auf Bundesebene, die diesbezügliche Erwartungen weckte. Die Entstehungsgeschichte der Partei Bündnis 90/Die Grünen ist insbesondere mit der Entwicklung und Geschichte der Neuen Sozialen Bewegungen in der Bundesrepublik verbunden. Auch wenn sie fälschlicherweise häufig mit Zielen und Haltungen jenes heterogenen Bewegungsmilieus identifiziert wird, bleibt dennoch zu konstatieren, dass zwischen beiden durchaus Überschneidungen existieren. Da sich nun zurückliegende Aktivitäten jener Bewegungen unter anderem *auch* gegen die Innere Sicherheitspolitik richteten, dieses Spektrum teils gar selbst Ziel der angesprochenen repressiven Sicherheitspolitiken war, erschienen o.g. Erwartungen als durchaus begründet.

Innere Sicherheit im Zeichen des 11. September 2001

Mit der beschriebenen Bestimmung des Untersuchungszeitraumes geht einher, dass die im Sicherheitsdiskurs zu beobachtenden Entwicklungen im Gefolge der Ereignisse um den 11. September 2001 in dieser Arbeit keine hervorgehobene Berücksichtigung finden, d.h. nicht näher analysiert werden. Dies stellt aus meiner Sicht allerdings keinen Mangel dar – im Gegenteil.

Die Dynamik des Sicherheitsdiskurses, die seit jenem Datum vorherrscht, ist in ihren Grundzügen bereits seit längerem als Muster der Feindbildung und der sich als Reaktionen darauf gerierenden Inneren Sicherheitspolitiken zu beobachten. Dies gilt insbesondere auch für eine abnehmende Trennschärfe zwischen dem Innere Sicherheitsdiskurs und einem Diskurs über Äußere Sicherheit. Diese Entwicklung wird jedoch nur indirekt berücksichtigt, in Gestalt der Feindbildentwicklung, die jenen verstärkten Außenbezug widerspiegelt. Es ist im Sicherheitsdiskurs im Gefolge des 11. September 2001 vor allem eine Intensivierung von Feindbildbezügen zu konstatieren, die mehr noch als bisher auf der Betonung der Attribute fremd und ausländisch basieren, allein Umfang und Größenordnung der behaupteten Bedrohung scheint neu. Wer schon den bisherigen Sicherheitsdiskurs als maßgeblich neorassistisch geprägt begriff, muss erkennen, dass sich dieser Aspekt seitdem verstärkt hat. So gesehen hat der 11. September 2001 eher wie ein Verstärker ohnehin bereits vorhandener Tendenzen gewirkt (vgl. hierzu bspw. Lederer 2001). Er erweist sich – fokussiert man auf seine Effekte hinsichtlich des Prozesses der Feindbildung – als vorläufiger Kulminationspunkt, was zugleich impliziert, dass er diesbezüglich Bestandteil einer Entwicklung ist, deren Ursprung *vor* dem besagten Datum liegt. Er wird in dieser Arbeit folglich *nicht* als ein Ereignis betrachtet, welches den Sicherheitsdiskurs in seinen Grundmustern verändert, sondern als eines, welches bestimmte, vorhandene Tendenzen beschleunigt. Nicht der Bruch ist zu betonen, als viel mehr die Kontinuität, die zu beobachten ist.

Die hier angezielte Analyse besitzt dennoch eine enge thematische Bindung an dieses Ereignis, denn sie ist Teil der Voraussetzungen für eine Bewertung jener aktuellsten Entwicklungen im Sicherheitsdiskurs – Voraussetzung sowohl in Hinblick auf die konservativen Teile als auch auf die kritischen Teile des Sicherheitsdiskurses in der Bundesrepublik Deutschland anfangs der 2000er-Jahre. Wer den Sicherheitsdiskurs im Gefolge des 11. September 2001 interpretieren will, muss ihn zunächst *vor* diesem Datum deuten.

Anschlüsse

In dieser Arbeit wird unter Rückgriff auf Diskurstheorie und Diskursanalyse versucht, den Diskurs Innerer Sicherheit in Teilen zu rekonstruieren und hinsichtlich bestimmter, *weiterentwickelter* Fragestellungen zu untersuchen. Der Verweis auf eine Weiterentwicklung erscheint aus zwei Gründen angebracht: Einerseits ist das Thema Innere Sicherheit ein gerade auch wissenschaftlich umfangreich bearbeitetes Feld – wenn auch selten unter spezifisch diskurstheoretischer Perspektive –, so dass mit Weiterentwicklung diejenige der wissenschaftlichen Bearbeitung in einem allgemeinen Sinne gemeint ist. Zum anderen steht die vorgelegte Untersuchung aber auch speziell in der Kontinuität meiner Arbeit *Der aktuelle Diskurs über „Innere Sicherheit" in der BRD. Gesellschaftliche Ursachen und Funktion* (Kunz 1995). Die Studie greift einzelne Ergebnisse jener Arbeit auf und versucht, ausgehend von den seinerzeit gewonnenen Erkenntnissen, eine Rekonstruktion und Überprüfung bisheriger Forschungen vorzunehmen, den Forschungsfokus entscheidend zu verändern und schließlich zentrale Teile der in der früheren Arbeit vorgenommenen Bewertungen auszuweiten und zu aktualisieren.

Die seinerzeit vorgenommene Bewertung des Sicherheitsdiskurses als einem funktionalen Bestandteil allgemeiner gesellschaftlicher Umstrukturierungsprozesse wird hierbei nicht erneut ausgeführt. Gleichwohl *unterlegt* sie die Analysen und ist bei deren Beurteilung folglich mitzudenken. Hierunter ist zu verstehen, dass der Sicherheitsdiskurs spezifisch verwoben ist mit der Transformation des so genannten fordistischen Sicherheitsstaates (vgl. ebd.: 89 ff.). Dies mag zugleich die Frage danach aufwerfen, inwieweit eine maßgeblich auf einen nationalstaatlich (hier: bundesdeutsch) gefassten Inneren Sicherheitsdiskurs ausgerichtete Untersuchung nicht eine zentrale, zu dessen Erklärung notwendige Dimension ausblendet? Das Wort der Globalisierung macht die Runde – warum also nicht auch hier?

Auch mit etwaigen Verweisen auf Globalisierungstendenzen erübrigt sich eine vorherrschend an nationalen Binnenverhältnissen orientierte Betrachtung Innerer Sicherheitspolitiken nicht. Schon deshalb nicht, weil die teils modische Rede von der Globalisierung nicht automatisch einen höheren Erklärungsgehalt für den hier zu untersuchenden Gegenstand besitzt (vgl. hierzu Hirsch 2002). Mag die so genannte neue Weltordnung auch geprägt sein von der Ablösung der alten Staatenordnung durch „ein neues und nun fast weltumfassendes ‚Empire' […], das durch die USA in Verbindung mit den ihnen untergeordneten kapitalistischen Triadezentren wirtschaftlich und militärisch beherrscht wird" (Hirsch 2001: o.S.), so folgt aus dessen Existenz doch „keineswegs eine grundsätzliche Schwächung oder gar Auflösung der Nationalstaaten" (ebd.). Sogar die Feststellung, dass „die Vorstellung von einer einheitlichen ‚nationalen' Gemeinschaft zunehmend fiktiv [wird]" (Hirsch 1995: 122), lenkt noch die Aufmerksamkeit auf den Sicherheitsdiskurs. Abgesehen davon, dass jene Vorstellung *immer* eine Fiktion gewesen ist, deren Geltendmachung lediglich mehr oder minder brachial erfolgte, rückt der Sachverhalt nämlich Prozesse in den Fokus der Beobachtung, die jene Gemeinschaftsvorstellungen evident werden lassen, die sie „wahr" machen.

Beobachtbar sind insbesondere autoritär-populistische Strategien als Legitimations- und Herrschaftsmittel, mit dem Effekt, prekär gewordene politisch-soziale Einheit über Ausgrenzungsprozesse sicherzustellen (vgl. ebd.: 156 ff.). Der Sicherheitsdiskurs ist in diesem Zusammenhang in zweifacher Weise bedeutsam: Er markiert sowohl den *Ort*, an dem sich diese Prozesse manifestieren und ist zugleich selbst *Medium*, mittels dessen Einheit und Gemeinschaftsvorstellung hergestellt werden (vgl. Kunz 1998: 199 f.). Der aktuelle Sicherheitsdiskurs lässt sich so als *repressive Klammer des Postfordismus* deuten, ohne jedoch verschwörungstheoretisch als gesteuertes, simples Manipulationsinstrument missverstanden zu werden. Die in dieser Arbeit beabsichtigte Rekonstruktion von Veränderungen im Sicherheitsdiskurs in der Bundesrepublik Deutschland zwischen 1972 und 1998 folgt somit parallel dem Transformationsprozess vom fordistischen Sicherheitsstaat zum „nationalen Wettbewerbsstaat" (Hirsch 1995).

Darüber hinaus beansprucht der erwähnte Anschluss an meine frühere Arbeit zum Thema, diesbezügliche Einwände und Kritiken aufzugreifen. Hier ist insbesondere die Einschätzung zu nennen, aufgrund des gewählten Theoriekonzeptes würde der Sicherheitsdiskurs als zu einheitlich rekonstruiert, statt ihn als konflikthaft und historisch veränderbar aufzugreifen. Der Gefahr, dem Sicherheitsdiskurs eine totalisierende Geschlossenheit zu unterstellen, wodurch mögliche Widersprüche dem Blick entzogen seien, begegnet insbesondere die in der hier vorliegenden Studie gewählte Unterscheidung zwischen Konservativem und Kritischem Sicherheitsdiskurs. Zugleich ist allerdings auch zu betonen, dass bestehende Übereinstimmungen und Kontinuitäten im Sicherheitsdiskurs nicht aus dem Blick geraten dürfen. Mehr noch: Es wäre interessant zu klären, welche Funktion gerade das Beharren auf Unterschiede und Widersprüche – jenseits der Kritik am Theoriekonzept – womöglich *auch* haben könnte.

Fragestellung und Erkenntnisinteresse

Ausgangspunkt der Überlegungen bilden – auch in der Fachliteratur anzutreffende – Hinweise auf die Jahrzehntschwelle zwischen den 1960er- und den 1970er-Jahren, als dem zunächst recht unscharf bleibenden Zeitpunkt für das Aufkommen des Begriffes Innere Sicherheit. Jene Datierung verdient besondere Aufmerksamkeit, denn sie gibt nicht bloß ein zugegebenermaßen relativ vages Datum an. Jene Jahrzehntschwelle deckt sich zugleich mit einer innenpolitisch sehr bewegten Phase der bundesrepublikanischen Geschichte. Dieser Sachverhalt wird indes nicht als simple, zufällige Koexistenz aufgefasst. Viel mehr wird unterstellt, dass es sich hierbei um korrelierende Phänomene handelt, die in einem mehr oder weniger direkten Wechselverhältnis zueinander stehen. Untersuchungen zur Datierung entgehen vermittels dieses Zusammenhanges zugleich der Gefahr, einen lediglich zeitlich-formalen Aussagencharakter zu besitzen.

Über das Auftauchen des Begriffes hinaus wird seinem Verhältnis zu dem ihm nahestehenden Terminus Öffentliche Sicherheit nachgegangen. Dieser findet Berücksichtigung, weil im Alltagsdiskurs eine synonyme Verwendung beider Termini verbreitet ist. Die Auseinandersetzung mit dem Begriff Öffentliche Sicherheit hat allerdings nur nachgeordnete Bedeutung. Gleichwohl sind Untersuchungseinheiten auf beide Sicherheitsbegriffe hin zu prüfen bzw. zu präzisieren. Inwieweit lassen sich hierbei bereits existierende Datierungsversuche bestätigen bzw. revidieren?

Analog zu den Datierungsversuchen des Begriffes Innere Sicherheit werden die vorfindbaren Bezüge auf Feindbilder zeitlich verortet. Anhand dessen sollen Veränderungen im Sicherheitsdiskurs dokumentiert werden. Aussagen von Experten und Politikern werden hierzu entlang der Differenzierung konservativ/kritisch und unter Rückgriff auf eine diskurstheoretisch fundierte Untersuchungsmethode auf verwendete Bilder, Metaphern, auf damit illustrierte Politikkonzepte und vorherrschende Feindbildbezüge, auf das ihnen zugrunde liegende Kriminalitätsverständnis und auf Schlussfolgerungen bzw. erhobene Forderungen hin analysiert. Hierzu greift die Untersuchung auf Fragmente zurück, welche die genannten Diskursstränge repräsentieren, d.h. diesen maßgeblich zuzuordnen sind. Dies hat ein Vorgehen zur Folge, nach dem zunächst eine diese Unterteilung anleitende Analyse diesbezüglich unspezifischer Texte erfolgt. Dem schließt sich die eingehendere Betrachtung des so genannten Konservativen Diskurses an. Die Bearbeitung des Kritischen Diskursstrangs komplettiert dann das Vorgehen, wenn auch mit verändertem Untersuchungsdesign.

Eine zentrale These ist hierbei, dass ein maßgeblicher Teil des so genannten Kritischen Diskurses die Gefährdung durch die herrschende Politik Innerer Sicherheit in Gestalt eines fortschreitenden Abbaus von Grund-, Bürger- und Menschenrechten sah und sieht und folglich deren Verteidigung als sein Hauptanliegen artikuliert. Diese Kritikperspektive ist zwar historisch begründet, muss jedoch angesichts aktueller Verschiebungen im Feindbildungsprozess – d.h. der hegemonialen, neorassistischen Mustern folgenden Ausgrenzung von Migranten im Sicherheitsdiskurs mittels des Themas Ausländerkriminalität – auf ihre Stichhaltigkeit oder zumindest ihren Weiterentwicklungsbedarf hin überprüft werden. Schließlich soll der Frage nachgegangen werden, ob zwischen Konservativem und Kritischem Diskurs implizit Überschneidungen, im Sinne von rhetorischen Mustern und gemeinsam geteilten Grundannahmen, bestehen und zwar *trotz* ihrer politisch gegenläufigen Bezugnahme. Hierbei wird erwartet, dass solche Überschneidungen nicht nur vorzufinden sind, sondern dass sie zudem Voraussetzung dafür sind, dass sich bestimmte Teile des Kritischen Diskurses überhaupt erst als ernstzunehmende und ansatzweise politisch wirkungsmächtige etablieren konnten/können. In diesem Zusammenhang ist das Verhältnis dieser Arbeit zur angesprochenen Kritiktradition selbst anzusprechen. Durch die Gegenüberstellung der Positionen konservativ und kritisch wird eine beiden gegenüber nur scheinbar unentschiedene Haltung eingenommen. Ziel dieser Arbeit ist indes *nicht* die Weiterentwicklung Innerer Sicherheitspolitik, als vielmehr die Weiterentwicklung der Kritik hieran. Denn: „Die herrschenden Ordnungen und ihre Selbstverständlichkeiten sorgen für sich selbst. Wir sind für den Widerspruch zuständig" (Steinert 1998: 27). Gleichwohl sieht sich dieser Anspruch der Arbeit mit einer Schwierigkeit konfrontiert. Die Untersuchung rückt sich einerseits selbstdeklaratorisch in die Tradition des kritischen Strangs des Sicherheitsdiskur-

ses, beruft sich auf dessen Texte, will dessen Positionen weiterentwik-
keln und muss andererseits hierin zugleich ihre erkenntnistheoretische
Fußangel entdecken: die Betrachtung der Kritik als Forschungsgegenstand durch die Brille der Kritik. Dieses Dilemma ist allerdings nicht
aufzulösen, sondern nur zu vergegenwärtigen.

Aufbau der Arbeit

Die Untersuchung gliedert sich in acht Kapitel. Der Einleitung schließt
sich in Gestalt des Kapitels „Innere Sicherheit als Gegenstand bisheriger
Forschungen" zunächst eine kritische Sichtung einzelner, möglicherweise konkurrierender Analysen an, mit der Absicht, die vorliegende Untersuchung in den Stand bisheriger sozial- bzw. politikwissenschaftlicher
Forschungen zum Thema Innere Sicherheit einzurücken. Gleichzeitig
wird der diesen gegenüber beabsichtigte erkenntnistheoretische Zugewinn der Arbeit umrissen.

Das darauf folgende Kapitel „Methodologisches und Methodisches"
dient der eingehenden Vorstellung des Theoriekonzeptes, der Erörterung
damit verbundener erkenntnistheoretischer Fragestellungen und der
Sondierung der Vorteile und der Grenzen des gewählten Ansatzes. Zugleich wird die forschungspraktische Umsetzung der Methode und die
diskursanalytische Terminologie dargelegt. Es soll deutlich werden, dass
sich das gewählte Verfahren in seiner konkreten Handhabung pragmatisch an der so genannten Kritischen Diskursanalyse orientiert.

Der im engeren Sinne empirische Teil der Untersuchung umfasst
vier Kapitel. Ein am Ende des Buches befindlicher Anhang ergänzt einige der Analysen in Detailfragen. Auf ihn wird an den entsprechenden
Textstellen hingewiesen.

Das Kapitel „Erste Ermittlungen – Innere Sicherheit in einschlägigen Fachlexika und Handwörterbüchern" erschließt das Terrain thematisch vor. Am Beispiel von Beiträgen ausgewählter Lexika und Fachwörterbücher wird der Begriff Innere Sicherheit auf seine inhaltlichen
Dimensionen hin untersucht. Besonderes Augenmerk liegt auf der näheren inhaltlichen Füllung, auf eventuell vorhandenen Feindbildbezügen
und der Erwähnung von Kritik an Innerer Sicherheitspolitik. Die Berücksichtigung unterschiedlicher fachwissenschaftlicher Hintergründe
der zu untersuchenden Werke dient zugleich dazu, diesbezüglichen Nuancen unterschiedlicher Begriffsfassungen nachzuspüren. Anhand der
Berücksichtigung verschiedener Auflagen je untersuchtem Lexikon
bzw. Wörterbuch wird gleichzeitig der Versuch einer Datierung der Begriffskonjunktur unternommen. Mit diesem Abschnitt ist zuvorderst

auch die thematische Sensibilisierung und Anleitung der weiteren Untersuchung beabsichtigt.

Das daran anschließende Kapitel „*Spurensicherung* – Innere Sicherheit als zentrale Kategorie in Ministerialverwaltung und parlamentarischem Sprachgebrauch" setzt sich unter Rückgriff auf verschiedene Periodika (*Staatshandbuch der Bundesrepublik Deutschland, Almanach der Bundesregierung* und dem *Parlamentsspiegel Jahresregister*) mit der Datierung des Auftauchens des Begriffes Innere Sicherheit im politisch-administrativen Bereich und damit verbundenen Strukturveränderungen im Verwaltungsapparat auseinander, wendet sich dabei aber zugleich auch der Untersuchung der Feindbildentwicklung in diesem Bereich zu sowie dem Auftauchen des Begriffs Innere Sicherheit und seinem Verhältnis zum Terminus Öffentliche Sicherheit im parlamentarisch-politischen Sprachgebrauch.

In einem nächsten Schritt werden im Kapitel „*Lokaltermin* – Innere Sicherheit in Begrüßungs- und Eröffnungsreden von BKA-Jahrestagungen" mit den Tagungsbänden zu den so genannten Jahrestagungen des Bundeskriminalamtes Diskursfragmente herangezogen, die insbesondere Hinweisen auf die Feindbildentwicklung nachgehen und der Analyse der im Konservativen Sicherheitsdiskurs anzutreffenden Topoi, der vorherrschenden Kollektivsymbole und Metaphern dienen. Auch in diesem Teil der Untersuchung – wie in den vorgenannten Kapiteln auch – läuft parallel die Frage mit, inwieweit Bezüge oder Hinweise auf Kritik bzw. Kritiker an Innerer Sicherheitspolitik vorzufinden sind.

Nachdem die ersten drei Kapitel des empirischen Teils somit erheblich zur Vorstrukturierung der Fragestellungen zum Kritischen Diskurs beitrugen, rückt im Kapitel „*Widerstand gegen die Staatsgewalt* – Vom Kampf gegen Fluten und Vampire" die mitlaufende Frage in den Mittelpunkt und wird entsprechend ausgeweitet. Die besondere Bedeutung dieses Kapitels macht sich auch quantitativ bemerkbar, d.h. sie schlägt sich in einem entsprechend höheren Seitenumfang nieder. Die Unterscheidung zwischen Konservativem und Kritischem Diskurs wird in diesem Kapitel detailliert ausgeführt und diskutiert. In Anlehnung an das bis dahin zum Einsatz gekommene Analyseraster werden nun als kritisch bewertete Texte auf Metaphernverwendung bzw. Kollektivsymbolik, zentrale Argumentationsmuster und markante Topoi hin untersucht – und auf deren Implikationen. Vor dem Hintergrund der in den vorherigen Kapiteln ermittelten Befunde zur Feindbildentwicklung wird geprüft, ob und wie der Kritische Diskurs darauf reagiert hat bzw. welche Zusammenhänge dazu bestehen.

Ein Resümee beschließt die Arbeit und fasst die vorangehenden Analysen zusammen. Das Hauptgewicht liegt indes auf der Bewertung der Ergebnisse zum sog. Kritischen Sicherheitssdiskurs – und zwar in zweifacher Hinsicht: Intendiert ist erstens eine Bewertung der in dieser Arbeit vorgenommenen Unterscheidung zwischen Kritischem und Konservativem Inneren Sicherheitsdiskurs. War diese Unterteilung ergiebig? Lassen sich mögliche Defizite benennen bzw. wo besteht Präzisierungsbedarf? Zweitens geht es um die Tragweite der Ergebnisse für das Verfechten so verstandener kritischer Positionen selbst. Welche Konsequenzen sind möglicherweise aus der Analyse zu ziehen? Was bedeutet es, jene vorgestellte kritische Politikposition aktuell einzunehmen? Wo besteht gegebenenfalls Weiterentwicklungsbedarf?

Innere Sicherheit als Gegenstand bisheriger Forschungen

Es handelt sich bei der Auseinandersetzung mit den ausgewählten Studien in diesem Kapitel *nicht* um eine diskursanalytisch ausgerichtete Detailuntersuchung, wie sie im späteren Empirieteil vorgenommen wird. Vielmehr geht es um eine kritische Sichtung einzelner, möglicherweise konkurrierender Analysen, mit der Absicht, die vorgelegte Untersuchung in den Stand der bisherigen Forschung einzurücken, d.h. Kontinuitäten offenzulegen und zugleich diesbezügliche Desiderata zu benennen. Beabsichtigt ist, den erkenntnistheoretischen Zugewinn und die Grenzen dieser Arbeit hinsichtlich des Themas Innere Sicherheit zu umreißen.

Ebenso gilt es darauf hinzuweisen, dass einerseits (Sach-)Literatur zum Thema Innere Sicherheit nicht notwendigerweise Forschung ist und andererseits umfangreiche Buchpublikationen – auch wenn sie keine Forschungsarbeiten im klassischen Sinne sein mögen –, gleichwohl analytisch und theoretisch damit konkurrieren (können). Die Zahl der Experten zum Thema Innere Sicherheit ist folglich fast so umfangreich und unübersichtlich, wie der Begriff selbst schillernd – was vermutlich in direktem Zusammenhang steht.

Da kritische Positionen zu Innerer Sicherheit häufig in einem im weitesten Sinne sozialwissenschaftlichen Kontext angesiedelt sind, gibt es zwar viele Texte, die im Ansatz gesellschaftswissenschaftlich argumentieren, aber nur wenige, die als Forschungsarbeiten im engeren Sinne zu verstehen sind. Deshalb wird in dieser Arbeit unter Forschungsarbeit verstanden: umfangreich (Buchform), fachdiskursiv spezifisch zuordenbar (Soziologie, Politikwissenschaften), folglich hochgradig geregelt, d.h. über die entsprechenden Merkmale der Diskursform *wissenschaftliche Arbeit* zu erkennen (klassische Gliederung, Gegenstandsbe-

stimmung, Ausweis der Untersuchungsmethode, verwiesene Fachlitera-
tur/Zitierungen, Fußnoten) und schließlich: den Untersuchungsgegenstand als Innere Sicherheit benennend oder zumindest die Kategorie im
Titel führend.

Innere Sicherheit und Sozialwissenschaft – eine erste Annäherung

Die im Einleitungskapitel angesprochene anhaltende Konjunktur des
Themas Innere Sicherheit manifestiert sich nicht nur in immer neuen
Gesetzen, personellen und organisatorischen Veränderungen im Sicherheitsapparat, (sicherheits-)politischen Texten und Fachbeiträgen von
Experten. Gleichzeitig erfolgt deren Bearbeitung in Gestalt wissenschaftlicher (hier: sozialwissenschaftlicher) Forschung. Das heißt, es
ließe sich, entsprechend einer *Geschichte* der Politik Innerer Sicherheit
selbst, durchaus auch von einer *Geschichte* ihrer sozialwissenschaftlichen Bearbeitung sprechen.

Dass die Politik Innerer Sicherheit und diesbezügliche sozialwissenschaftliche Forschungen nicht immer trennscharf zu behandeln sind,
deutete Anfang der 1980er-Jahre schon Hubert Beste (1983) an, der in
einer umfangreichen Arbeit zu dem Zusammenhang von *Innerer Sicherheit und Sozialforschung* von einem „hochkomplexe[n] Verbundsystem
zwischen Wissenschaft und Politik" (ebd.: VII) spricht. Hinzu kommt,
dass sich außeruniversitäre Forschungsinstitute häufig durch besondere
Regierungs- und Polizeinähe auszeichnen, wie das Beispiel der Fachrichtung Kriminologie zeigt (vgl. Cremer-Schäfer/Steinert 1998: 26)
Ohnehin ist die vermehrte Inanspruchnahme sozialwissenschaftlicher
Forschung durch die Sicherheitsbehörden ein Spezifikum der Politik der
Inneren Sicherheit und schon seit Ende der 1960er-, Anfang der 1970er-
Jahre zu beobachten.[1] Doch auch die an Hochschulen angesiedelte For-
schung ist nicht notwendigerweise gleichbedeutend mit kritischer Be-
zugnahme auf das Thema.

Die sozialwissenschaftliche Forschung zu Innerer Sicherheit umfasst
ein breites Spektrum an Teildisziplinen (vgl. Beste 1983: 227 f.). Dieses
Kapitel konzentriert sich auf sozialwissenschaftliche Forschungsarbeiten
in einem engeren Sinne: soziologische und politikwissenschaftliche –

---

1   Der Befund belegt zugleich den Doppelcharakter von Gesellschaftswissen-
    schaft im Allgemeinen und Politikwissenschaft im Besonderen. Häufig mit
    einem herrschaftskritischen Anspruch überidentifiziert, zeigt sich, wie sehr
    sie auch der Stabilisierung repressiver Herrschaftssicherung dienen kann
    (vgl. Agnoli 1990).

wohlwissend, dass solche immer auch Anleihen in Nachbardisziplinen (bspw. Kriminologie, Rechtssoziologie etc.; vgl. Lange 1999: 72) nehmen.

Eine Schwierigkeit besteht allerdings in der kompletten Erfassung aller Publikationen, die diesem Feld zugerechnet werden (könnten). Zwar lässt sich nach Titelbezügen auf Innere Sicherheit suchen,[2] es ist aber nahezu unmöglich, die Vielzahl an bisher erschienenen Facharti-keln und einzelnen, möglicherweise relevanten Beiträgen in Sammel-bänden zu ermitteln. Hinzu kommt ein noch unübersichtlicheres Feld an so genannter grauer Literatur. Aber selbst Monographien sind nicht ohne Probleme recherchierbar, sobald sie im Titel Paraphrasierungen für das Thema Innere Sicherheit wählen.

Schlussendlich ist zu konstatieren: Die Sichtung des aktuellen For-schungsstandes stellt selbst einen *Akt der Konstruktion* dar, denn – im Vorgriff auf den Methodenteil – in einem Feld, das ebenso facettenreich und schillernd ist wie sein Gegenstand, ist der Versuch, zugehörige Texte zu benennen, immer auch Auslegungssache.

Was bleibt, ist die schrittweise Eingrenzung. Zum einen bietet es sich an, insbesondere aktuelle sozialwissenschaftliche Veröffentlichun-gen zu berücksichtigen. Gleichwohl sind ältere Publikationen zu ermit-teln, um parallel zum Wandel der Inneren Sicherheitspolitik den Wandel und die Kontinuitäten ihrer Erforschung in die Analyse einzubeziehen. Zum anderen erschließen sich weitere, gerade auch ältere, aber immer noch bedeutsame Texte und Arbeiten über die Lektüre vorliegender, eindeutig zuzuordnender Forschungsarbeiten zu Innerer Sicherheit.[3]

Der Zugang wird zunächst unter Zuhilfenahme eines dreigliedrigen Schemas vorstrukturiert. Es lassen sich idealtypisch drei Ebenen unter-scheiden, auf denen eine Bearbeitung erfolgt. So finden sich Beschrei-bungsweisen der Politik der Inneren Sicherheit, die

- Innere Sicherheit in erster Linie mit Blick auf deren nicht grundsätz-lich hinterfragte Bedrohung und Feindbilder untersuchen und daraus notwendige Sicherheitspolitik*erfordernisse* ableiten (Dimension Ge-fährdung).

- verabschiedete oder absehbare neue Gesetze und aus diesen resultie-rende qualitative und quantitative Veränderungen des Sicherheitsap-

---

2 Siehe hierzu die aus diesem Anlass durchgeführte Literaturrecherche im Bestand der Deutschen Bibliothek.

3 Gleichzeitig ist dies ein sehr anschauliches Beispiel für die *Sättigung* eines Diskurses: Wenn man die einschlägigen Forschungsarbeiten zum Thema sichtet und insbesondere auf die dort verwiesene Sekundärliteratur fokus-siert, hat man innerhalb recht kurzer Zeit einen Text-Pool von Quellen er-mittelt, der in den meisten Arbeiten – mehr oder weniger komplett – als Referenzliteratur anzutreffen ist.

parates betrachten. Hierbei wird keine eindeutig bewertende Position zu herrschenden Feindbildern eingenommen (Dimension Institution).

- Innere Sicherheit aus explizit normativ-kritischer Perspektive analysieren und hierbei angenommene Gefährdungspotenziale in den Mittelpunkt rücken, die von einer Politik der Inneren Sicherheit selbst ausgehen (Dimension Kritik).

In praxi überschneiden sich die drei Bereiche freilich. Es liegt nahe, den letzt genannten Punkt als eine spezifische Variante des zweiten zu begreifen. Gerade diese beiden beziehen sich in der Regel *reaktiv* auf die Politik Innerer Sicherheit, wodurch es zu einem gewissen Zeitversatz der Bearbeitung kommt. Das bedeutet, dass sich zwar – wie auch in den meisten Analysen festgestellt wird – der Begriff der Inneren Sicherheit Ende der 1960er- Jahre im politischen Sprachgebrauch etablierte, zum Gegenstand dezidiert sozialwissenschaftlicher Forschungsarbeiten wurde er allerdings erst mit einer gewissen Verzögerung. Trotz der Nähe der beiden letztgenannten Punkte zueinander, soll deren Unterscheidung jedoch beibehalten werden, da, wie sich später zeigen wird, diese für die anvisierte Differenzierung zwischen Konservativem und Kritischem Diskursstrang ergiebig ist.

Recherche Buchveröffentlichungen zum Thema Innere Sicherheit

Um sich einen Überblick über Umfang und Entwicklung von Veröffentlichungen zum Thema zu verschaffen, wurde eine Literaturrecherche im Buchbestand der Deutschen Bibliothek (DB) in Frankfurt am Main durchgeführt.[4] Die Rechercheauswertung wurde grafisch umgesetzt und

---

4 Gesucht wurde im Online-Katalog des Gesamtbestandes (OPAC) nach allen Fundstellen („Alle Wörter <woe>") von „innere# sicherheit". Der sog. OPAC umfasst den Gesamtbestand der Deutschen Bibliothek Frankfurt am Main ab 1945. Enthalten sind die in Deutschland erschienenen Monographien, Zeitschriften, Dissertationen und Habilitationsschriften (Auskunft DB). Die Trunkierung mittels „#" erlaubte es, auch Deklinationen der Wortkomposition Innere Sicherheit zu berücksichtigen. Es wurde nur nach Buchpublikationen gesucht, wobei die DB allerdings auch Broschüren als Bücher führt. Das erste Suchergebnis wurde anschließend einer Auswertung unterzogen. Hierbei erfolgte die Sichtung der bis dahin ausgewiesenen Treffer daraufhin, ob das Wortpaar (i/I)nnere Sicherheit (einschließlich Deklinationen) im Titel und Untertitel auftauchte. Nur diese Bücher wurden gezählt. Weitere einschränkende Kriterien waren: nur deutschsprachige Titel, der Verlagsort (bei mehreren Orten: mindestens einer) musste in der Bundesrepublik liegen und die Buchveröffentlichung musste thematisch (mehr oder weniger) auf Innere Sicherheit in der Bundesrepublik fokussiert sein. Titel wie beispielsweise *Streitkräfte und innere Sicherheit in Mexiko* (Moloeznik/Marcos 1998), *Mehr Sicherheit – heute*

steuert aufschlussreiche und verwertbare Anhaltspunkte zur Analyse des Sicherheitsdiskurses bei.

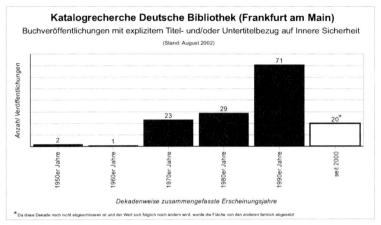

Abbildung 1: Grafik „Katalogrecherche Deutsche Bibliothek (Frankfurt am Main) zu Buchveröffentlichungen mit explizitem Titel- und/oder Untertitelbezug auf Innere Sicherheit "

Drei markante Deutungsangebote lassen sich formulieren:
- Die tendenzielle und vor allem signifikante Zunahme von Publikationen ab den bzw. in den 1970er-Jahren deckt sich mit der Einschätzung, dass Innere Sicherheit als prominenter Begriff in der politi-

und morgen. Bilanz des Aktionsprogramms „Innere Sicherheit 1994 ", herausgegeben vom Eidgenössischen Justiz- und Polizeidepartment in Bern (Eidgenössisches Justiz- und Polizeidepartement 1995) oder auch *Untersuchungen zur inneren Sicherheit von Kraftomnibussen* (Grandel/Niewöhner 1995) wurden bei der Zählung nicht berücksichtigt. Neuauflagen älterer, Vordekaden bereits zugerechneter Bücher wurden im jeweiligen Erscheinungszeitraum (der Neuauflage) erneut berücksichtigt. Irrelevant war zudem, ob es sich um historisierende Veröffentlichungen zu Innerer Sicherheit oder solche mit Aktualitätsbezug handelte, da es an dieser Stelle nicht um die Frage der Zulässigkeit einer historischen Rückprojektion des Begriffs Innere Sicherheit ging, die m.E. höchst problematisch ist. Einschränkend gilt es anzumerken, dass durch die o.g. Titelbeschränkungen gewisse Unschärfen hinsichtlich der Aussagekraft über erschienene Publikationen zum Thema Innere Sicherheit entstehen, da einige Publikationen nicht erfasst werden. Hierbei handelt es sich sowohl um Monographien als auch um Aufsatzsammlungen, welche die Suchworte *nicht* im Titel bzw. Untertitel führen. Darüber hinaus ist aber zu vermuten, dass eine (Mit-)Berücksichtigung der angesprochenen nicht erfassten Werke zwar die absoluten Zahlen (nach oben) verändern würde, das jetzt schon bestehende Verhältnis der Publikationsumfänge je Dekade relativ zueinander, aber in seiner Dynamik unverändert bliebe.

schen Auseinandersetzung überhaupt erst seit Ende der 1960er-, Anfang der 1970er-Jahre von Bedeutung ist, auch aus publikationspraktischer Sicht nachdrücklich.

- Generell ist der Trend der kontinuierlichen Zunahme dazu geeignet, die Einschätzung zu untermauern, dass die Erforschung *reaktiv*, also mit einem gewissen Zeitversatz erfolgte. Innere Sicherheit wurde zwar bereits in den 1970ern als Gegenstand entdeckt, konnte sich als solcher aber erst in den darauffolgenden Jahren zunehmend etablieren. Erheblich einschränkend gilt es anzumerken, dass bei den ausgewerteten Titelangaben allerdings *nicht* danach differenziert wurde, ob es sich um Forschungsarbeiten, Parteiprogramme oder etwa Informationstexte des Bundesministerium des Innern handelt. Dies wäre zukünftig genauer zu untersuchen.
- Für die dritte Deutung ist dieser Aspekt jedoch unerheblich. Die Auswertung zeigt, dass bis heute, gemessen an der Zahl der Veröffentlichungen, die 1990er-Jahre einen absoluten Höhepunkt markieren. Hierfür könnte es verschiedene Erklärungen geben. Abgesehen wird hier von der Deutung, dass eine generelle, allgemeine Zunahme von Buchpublikationen zu verzeichnen sei und somit gar kein spezifischer Thementrend vorläge. Sieht man ferner davon ab, die Zunahme sei auf eine Häufung retrospektiver Werke infolge verschiedener Jahrestage von für den Sicherheitsdiskurs zentralen Ereignissen zurückzuführen (20 Jahre „Deutscher Herbst" o.ä.), bliebe u.a. die Interpretation, hier handele sich um einen auffälligen Bedeutungszuwachs des Themas Innere Sicherheit im Vergleich zu den vorangegangenen Jahren. Dieser könnte zugleich unmittelbar damit in Verbindung stehen, dass Innere Sicherheitspolitik als spezifische gesellschaftspolitische Sicht- und Bearbeitungsweise an Einfluss gewonnen habe.

Jener letzte Befund stünde zunächst im Gegensatz zu einer häufig anzutreffenden Position, nach der die 1970er-Jahre die Hochphase der Inneren Sicherheit markieren. Träfe die oben vorgestellte Interpretation zu, wäre einerseits diese Einschätzung zu revidieren. Andererseits wäre erklärungsbedürftig, was diese umgekehrte Wahrnehmung, dass zwar die Politik der Inneren Sicherheit aktuell sehr bedeutsam sei – mit den bedrohlichen Tendenzen, die ihre Kritiker ihr vorwerfen –, aber die 1970er-Jahre als vorläufiger Höhepunkt an massiver Repression gelten, ermöglicht. Unerwartet zeigt sich, dass die Literaturrecherche ein Indiz liefert, welches eine vorgestellten Hypothesen stützt: In den 1970er-Jahren (und teilweise auch noch in den 1980er-Jahren) stand der breite gesellschaftspolitische Protest im Fadenkreuz des Sicherheitsapparates.

Die Stichworte lauteten „Protest und Reaktion" (Steinert/Sack 1984) oder, in Anlehnung an Narr (1977), „Wir Bürger als Sicherheitsrisiko". Aufgrund der aktuellen Feindbildentwicklung/-verschiebung, die mittlerweile so genannte Ausländer/Fremde (in verschiedenen Variationen) als Hauptfeindbild in den Mittelpunkt von Innerer Sicherheitspolitik rückt, sank/sinkt jedoch der Repressionsdruck auf die bisherigen „Feinde" (Linke, Protest- bzw. Neue Soziale Bewegungen), aus deren Umfeld sich auch ein Großteil der exponierten Kritiker der Inneren Sicherheit herausbildete. Das – aus der Betroffenheitsperspektive der ehemals Kriminalisierten – beobachtbare Schwinden des Repressionsdrucks führt bei diesen zu der Wahrnehmung, die 1970er-Jahre seien im Vergleich zu den 1990er-Jahren Kulminationspunkt der Verfolgung. Das heißt, die unmittelbaren Auswirkungen der in den 1990er-Jahren aktuell herrschenden Sicherheitspolitik seien, obschon weiterhin kritisierbar, zugleich weniger spürbar.

Es erscheint vielversprechend, die Recherche weiter zu verfeinern und nicht nur dekadenweise, sondern auch je Erscheinungsjahr auszuwerten. Eine erste, oberflächliche Auswertung der einzelnen Jahre der Dekade der 1990er-Jahre ergab eine auffällige Häufung von Veröffentlichungen im Bundestagswahljahr 1994. Überprüfenswert wäre die These, ob solche Häufungen auch in anderen Bundestagswahljahren zu beobachten sind. Untermauert wird die These von der Annahme, dass Innere Sicherheit bekanntermaßen ein prominentes Thema ist, mit dem sich insbesondere Parteien in Wahlkämpfen zu profilieren versuchen. Die erhöhte gesellschaftliche Bedeutung in solchen Phasen schlägt sich möglicherweise auch in einer umfangreicheren Publikationszahl nieder.

Wenngleich das Thema auf der Ebene von (Fach-)Artikeln in Zeitschriften und Sammelbänden bereits seit Ende der 1960er-, Anfang der 1970er-Jahre präsent ist, belegt die Literaturrecherche darüber hinaus, dass die Auseinandersetzung in Gestalt von umfangreicheren Buchveröffentlichungen bzw. Monographien, die das Wortpaar Innere Sicherheit im Titel bzw. Untertitel explizit ausweisen, sich dem Thema also im engeren Sinne widmen, bis weit in die 1970er-Jahre von politischen Institutionen auf Landes- und Bundesebene dominiert wird (bspw. Schwarz 1974[5]; Bilstein/Binder 1976; Merk/Werthebach 1977; Schoreit 1979).

---

5 Bezogen auf die vorgestellte Literaturrecherche widmet sich die Publikation *Sicherheit oder Freiheit?* (Schwarz 1974) tatsächlich als erste Monographie explizit dem Thema – sieht man einmal von der Publikation des Autors Hans von Lex ab, die bereits 1958 unter dem Titel *Die innere Sicherheit der Bundesrepublik* erschien (Lex 1958). Allerdings handelt es sich bei letztgenannter nicht um ein Buch, sondern eine kleine Broschüre von lediglich zwanzig Seiten Umfang. Die Veröffentlichung ist kein Ergebnis sozialwissenschaftlicher Forschung, sondern die (innen-)politische

Diese Art Publikationen bilden eine Grauzone, die zwischen politikwissenschaftlichen Analysen und politischen Texten anzusiedeln ist. Die Buchveröffentlichungen bzw. ihre Autoren zeichnen sich oftmals durch eine besondere Nähe zu politischen Institutionen und/oder Agenturen des institutionellen Sicherheitsapparates aus, sind teils dort exponiert tätig. Die Texte sind insbesondere geprägt von juristischen (häufig: verfassungsrechtlichen) Fachdiskursen. Streckenweise fällt aber auch ein sozialwissenschaftlicher Jargon ins Auge. Letztlich indiziert dieser Punkt auch, wie sehr sich der Bereich Politik und die Sicherheitsorgane in der Auseinandersetzung um die Entwicklung der Inneren Sicherheit während dieser Zeit einem erhöhten Legitimations- oder wenigstens Erklärungsdruck ausgesetzt sahen.

Die politikwissenschaftliche Bearbeitung des Themas Innere Sicherheit

Zu betonen ist der Doppelcharakter eines Teils der herangezogenen Texte. Doppelcharakter meint hier den Status kritischer Texte, sowohl wesentlicher Teil der Beobachtungsperspektive als auch Untersuchungsgegenstand zu sein. Dieser wohnt ihnen nicht von vornherein inne, sondern ergibt sich aus der allgemeinen Eigenschaft wissenschaftlicher Texte, an Vorarbeiten positiv anzuknüpfen und aus der speziellen Absicht, in dieser Arbeit erstmals auch den Kritischen Diskursstrang als eigenen Gegenstand zu erfassen.

Bisher erschienene Forschungsarbeiten und (kritisch-)sozialwissenschaftliche Kommentare zum Thema bilden den Ausgangspunkt dieser Untersuchung. Sie werden in Anspruch genommen, um Aspekte des Sicherheitsdiskurses, die hier nicht erneut näher untersucht werden sollen, zu resümieren. Dem diskurstheoretischen Ansatz folgend, sind wissenschaftliche Texte zum Thema Innere Sicherheit zugleich als Bestandteile des Sicherheitsdiskurses selbst aufzufassen. Sozial- bzw. politikwissenschaftliche Forschung wird somit partiell sowohl zum Referenzpunkt als auch zum Gegenstand der Untersuchung. Das wird später

Stellungnahme eines Staatssekretäres im Bundesministerium des Innern und geprägt vom herrschenden Antikommunismus der Adenauerzeit. Die Quelle ist also vor allem in Hinblick auf das Erscheinungsjahr interessant. Sie blieb bis Ende der 1960er-, Anfang der 1970er-Jahre, d.h. bis zu Schwarz (1974) auch die einzige, da man die Veröffentlichung *Finanzpolitik im Kräftefeld zwischen innerer und äusserer Sicherheit* (Etzel 1960) außer Acht lassen kann, die zwar Innere Sicherheit im Titel führt, sich aber des Themas lediglich marginal und vor allem unter finanzpolitischem Gesichtspunkt annimmt.

besonders deutlich, da (kritische) Texte, auf die in dieser Arbeit auch Bezug im Sinne von Sekundärliteratur genommen wird, im empirischen Teil als Primärliteratur, d.h. als Untersuchungseinheiten herangezogen werden.

Wie schon angedeutet, lässt sich aus heutiger Sicht und in Anbetracht der zwischenzeitlich zu dem Thema angehäuften soziologischen und politikwissenschaftlichen Erkenntnisse, eine Vielzahl von Publikationen und Forschungsarbeiten, die sich nicht *expressis verbis* Innerer Sicherheit widmen, der Erforschung des Sicherheitsdiskurses zurechnen (bspw. Sack/Steinert 1984; Wagner 1992; Jäger et al. 1998). Die angekündigte Einschränkung, sich in Anlehnung an die Literaturrecherche in erster Linie auf Arbeiten zu beziehen, die einen Titel-/Untertitelbezug auf Innere Sicherheit aufweisen, schließt nicht aus, jene angesprochenen Werke im Fortgang der Arbeit vereinzelt einzubeziehen, sofern sie relevante Aussagen enthalten. Wichtig ist überdies der Hinweis, dass ein Gutteil der Arbeiten ihren Gegenstand – unabhängig ob sie sich nun implizit oder auch explizit auf Innere Sicherheit beziehen – aus ideologiekritischer Perspektive in den Forscherblick rücken bzw. ihn mehr oder minder offenkundig auf Grundlage der Kritischen Theorie betrachten.

Bis heute wurden zahlreiche Arbeiten veröffentlicht, die je unterschiedliche Aspekte Innerer Sicherheit analysieren. So erschienen diverse einzelne, thematisch relevante Aufsätze in Zeitschriften oder Sammelbänden, ohne dass die Sammelbände oder Zeitschriften sich in Gänze mit dem Thema Innere Sicherheit befassten (vgl. bspw. Seifert 1981; Bull 1984). Seit 1978 erscheint zudem mit *Bürgerrechte & Polizei. CILIP* ein Periodikum, welches sich ausschließlich der Thematik widmet (vgl. CILIP 1978; vgl. auch Institut für Bürgerrechte & öffentliche Sicherheit 1993). Es liegt zudem eine ganze Anzahl von Einzelpublikationen vor, die dem Thema insofern gewidmet sind, als sie die Untersuchung des Phänomens Kriminalität (vgl. Pütter 1998; Frevel 1999) oder die mit ihrer Bearbeitung in erster Linie in Verbindung gebrachte Einrichtung, die Polizei, in den Mittelpunkt rücken.[6] Bei diesen Arbeiten ist Innere Sicherheit Subthema bzw. die thematische Zuordnung wird von den Autoren vorausgesetzt, zum Teil wird beides wohl auch gleichgesetzt (vgl. bspw. Gössner/Herzog 1982; Busch et al. 1988; Busch 1995; Gössner/Neß 1996; Winter 1998). Des weiteren ist eine Vielzahl im Umfang variierender kritisch-interdisziplinär ausgerichteter Sammel-

---

6   Diese vorwiegende Bezugnahme dokumentiert sich auch in Gestalt des Publikationsaufkommens zum Thema Polizei Anfang der 1970er-Jahren. In einer Phase, in welcher dem Begriff Innere Sicherheit noch nicht der Stellenwert zukam, den er heute besitzt, setzten sich kritische Stimmen in erster Linie mit Polizei auseinander (vgl. Winter 1998: 127, 188 ff.).

bände erschienen, die Wissenschaftler und Experten unterschiedlicher Teildisziplinen zusammenführen (vgl. bspw. Narr 1977, Kutscha/Paech 1981; Appel et al. 1988; Kampmeyer/Neumeyer 1993; Gössner 1995; Sack et al. 1995; Hitzler/Peters 1998). Auf weitere Buchveröffentlichungen wird nachfolgend exemplarisch näher eingegangen. Die Schilderung beabsichtigt jedoch nicht, Anspruch und Inhalt in jeder Hinsicht zu resümieren, sondern betont besondere, für den weiteren Fortgang der Untersuchung relevante Aspekte.

Politik der inneren Sicherheit

1980 erschien der von Erhard Blankenburg herausgegeben Band *Politik der inneren Sicherheit* (Blankenburg 1980). Es war neben Hirschs *Der Sicherheitsstaat* (1980) eine der ersten sozialwissenschaftlichen Buchveröffentlichungen zum Thema (nach Wiegreffe 1976[7] und Brückner, Schmitt 1977), da man von den zahlreichen regierungsnahen und vor allem regierungstreuen Schriften diesbezüglich absehen kann. Der Sammelband Blankenburgs entstand laut eigenen Angaben unter dem unmittelbaren Eindruck des Spannungsverhältnisses von Politik Innerer Sicherheit und so genanntem Terrorismus (Stichwort: „Deutscher Herbst"). Der thematische Zugang erfolgt somit auch nicht begrifflich-systematisch sondern eher aktualitäts- und ereignisbezogen – was kein Manko ist (vgl. Blankenburg 1980: 7 ff.). Das Buch ist keine in sich geschlossene Forschungsarbeit, sondern es bearbeitet, in Gestalt von wesentlich rechts- und kriminalsoziologisch geprägten Aufsätzen (z.T. unter ländervergleichender Perspektive) Teilthemen wie Polizeientwicklung (vgl. Funk et al. 1980) oder liefert vergleichende Betrachtungen in Bezug auf die Antiterrorpolitik in den 1970er-Jahren in Italien (vgl. Ferrari 1980). Das Schwerpunktinteresse liegt auf den Auswirkungen der Politik Innerer Sicherheit auf die Protestbewegung(en) in der Bundesrepublik (vgl. Scheerer 1980; Karstedt-Henke 1980). Hervorgehoben wird dabei die „ungerechtfertigte" Kriminalisierung der Protestbewegung, d.h. die „Illegitimisierung" von deren Anliegen im Zuge der Politik Innerer Sicherheit (vgl. Karstedt-Henke 1980: 170). Interessant ist zudem, dass die Komponente der allgemeinen Kriminalitätsbekämpfung, die zumindest bei heutigen kritischen Bezugnahmen auf aktuelle Sicher-

---

7   Bei der bereits 1976 vorgelegten Arbeit *Grundgesetzänderungen zur „Inneren Sicherheit" seit 1967* von Wiegreffe (1976) handelte es sich um eine Dissertation, die nicht (auch nicht zu einem späteren Zeitpunkt) als Verlagspublikation erschien, sondern als maschinenschriftliches Kopierexemplar in der Deutschen Bibliothek vorliegt, so dass sie nicht als klassische Buchveröffentlichung gewertet wird.

heitspolitik in der Regel angesprochen wird – beispielsweise dergestalt, dass die installierten oder vorgeschlagenen sicherheitspolitischen Instrumente dazu nicht taugen – hier völlig fehlt.[8] Allerdings ist das vor dem Hintergrund der damaligen gesellschaftlichen Situation verständlich, in welcher der Protestbewegung und kritischen Intellektuellen (die häufig im Wissenschaftsbetrieb angesiedelt waren) angesichts der innenpolitischen Eskalation (Stichwort: Terrorismus-Staatsrepressions-Spirale) und infolge elementarer staatlicher Einschüchterungsversuche, Rechtfertigungszwänge auferlegt wurden. Die kritisch-sozialwissenschaftliche Bearbeitung der Politik Innerer Sicherheit konzentrierte sich folglich in dieser Zeit in erster Linie auf das Verhältnis von so genannter Anti-Terrorgesetzgebung und Protestbewegung.[9]

Insbesondere der bei Blankenburg (1980) zum Ausdruck kommende Bezug auf Protestbewegung ist wichtig. Es deutet sich an, dass die Kritiker als Fürsprecher der Protestbewegung letztlich *auch* in eigener Sache wirkten. Sie nahmen hierbei eine Doppelrolle ein, d.h. waren einerseits kritische Sozialwissenschaftler und zugleich selber Teil der Protestbewegung (vgl. hierzu die Autorenangaben in Blankenburg 1980: 238).

---

8 Diese heutige Bezugnahme ist ein weiteres Indiz für die Tendenz, nach der Kritiker, nach „Verlust" der direkten Betroffenheit, sich weiterhin als Verteidiger und kritische Experten *gegen* eine Politik der Inneren Sicherheit positionieren. Die Verarbeitung der Verfolgungs- bzw. Ausgrenzungserfahrung vollzog sich durch den gleichzeitig stattfindenden geordneten Rückzug u.a. in die Nischen des Wissenschaftsbetriebes insbesondere auch in Gestalt der Verwissenschaftlichung der Kritik an Innerer Sicherheit und einer diesbezüglichen Professionalisierung, so dass einerseits die Abnahme des Repressionsdrucks auf die Linke und andererseits die Professionalisierung dazu führen, sich als Kritiker auch dem Thema der „gewöhnlichen" Kriminalitätsbekämpfung zuzuwenden. Wobei die Kritik an der aktuellen Inneren Sicherheitspolitik weiterhin zentral von der Befürchtung der Verfolgung und Gefährdung der unbescholtenen Bürger unterlegt ist.

9 Es ist hier noch einmal zu betonen, dass in der damaligen Situation die beschriebene kritische Auseinandersetzung mit dem Thema *nicht* etwa einer Wahlmöglichkeit entsprang, die angeboten hätte, auch andere Aspekte Innerer Sicherheit kritisch zu bearbeiten. Vielmehr galten die angesprochenen Gruppen und Szenen damals als Hauptfeinde und -ziele staatlicher Repression, deren Spektrum von paramilitärischer Reaktion bis zum Berufsverbot reichte.

Der Sicherheitsstaat[10]

Im selben Jahr wurde von dem Politikwissenschaftler Joachim Hirsch die Politik Innerer Sicherheit aus Perspektive der materialistischen Staatstheorie in einem umfassenden Kontext als maßgeblicher Bestandteil der Transformation gesellschaftlicher Verhältnisse im Fordismus analysiert. Hierbei prägte Hirsch den Begriff „Sicherheitsstaat" (vgl. Hirsch 1980; ders. 1995: 156 ff.), der breit rezipiert wurde und als analytisch-deskriptive Kategorie Eingang in eine Vielzahl – insbesondere sich als kritisch-sozialwissenschaftlich verstehender – Arbeiten fand und bis heute findet. Die Untersuchung institutioneller Details der Inneren Sicherheitspolitik trat bei Hirsch zugunsten der Betonung demokratietheoretischer Fragestellungen im Gesamtverhältnis von Staat und Gesellschaft in den Hintergrund. Insofern ist Hirschs Arbeit einer mehr makrosoziologischen Beobachterposition verpflichtet. Der „Sicherheitsstaat" markiert nach Hirsch eine spezifische Entwicklungsphase kapitalistischer Gesellschaft (in der Bundesrepublik), die insbesondere durch die „eigentümliche Verquickung" wohlfahrtsstaatlicher und repressiver Elemente charakterisiert werden kann (vgl. Hirsch 1995: 156 ff.). Die staatstheoretische Weitung setzt Hirschs Analyse von anderen Arbeiten ab, da sie es vermag, die Entwicklung über unmittelbar sicherheitspolitische Dimensionen hinaus in einen gesamtgesellschaftlichen Zusammenhang zu rücken.

Zwar hebt auch Hirsch, weil er sich ähnlich wie Blankenburg einer demokratietheoretischen Perspektive verpflichtet sieht, die negative Bedeutung und unmittelbaren Auswirkungen der Politik Innerer Sicherheit für die sog. Alternativbewegung hervor (Stichworte: Repression und Kriminalisierung politischen Protests). Er geht aber noch einen Schritt weiter und verknüpft seine Analyse mit der Frage nach den Bedingungen linker Politik im Sicherheitsstaat (vgl. Hirsch 1986: 134 ff.). Damit wird der Versuch unternommen, die seinerzeit in weiten Teilen durch aufgeherrschte Loyalitätsbekundungen zur so genannten freiheitlich demokratischen Grundordnung und die Fixierung auf die Drohpotenziale staatlicher Repression entstandene Lähmung der Alternativbewegung zu überwinden. In neueren Arbeiten aktualisiert Hirsch seine Analysen zum „Sicherheitsstaat" und konstatiert für die 1990er-Jahre einen Wandel hin zum „nationalen Wettbewerbsstaat" (vgl. Hirsch 1995).

---

10 Nachfolgende Seitenangaben zu *Der Sicherheitsstaat* beziehen sich auf die überarbeitete Neuauflage aus dem Jahr 1986.

Streitbare Demokratie und Innere Sicherheit

Anfang der 1990er-Jahre erscheint eine weitere, umfangreiche politik-wissenschaftliche Analyse unter dem Titel *Streitbare Demokratie und Innere Sicherheit* (Jaschke 1991). Sie legt die Betonung, wie der Titel bereits andeutet, auf das Konzept „Streitbare Demokratie" (vgl. ebd.: 26). Folglich ist auch diese Arbeit ganz maßgeblich an demokratietheo-retischen Fragestellungen orientiert. Der Anspruch des „verfassungspo-litischen Gebotes ‚streitbare Demokratie'" (ebd.) wird von Jaschke in theoretischer und praktischer Hinsicht untersucht. Hierbei rekurriert er auf Innere Sicherheit (und insbesondere auf die als „Deutscher Herbst" bezeichnete innenpolitische Phase in der Bundesrepublik einschließlich der ihr unmittelbar folgenden Zeit Ende der 1970er-Jahre) zunächst als einem historisch-konkreten Beispiel, anhand dessen spezifische Aus-grenzungsstrategien beobachtet und analysiert werden können. Zugleich interpretiert Jaschke Innere Sicherheit aber als „ordnungspolitische Um-setzung" des Konzepts „streitbare Demokratie". Beide Konzepte seien nicht als Gegensätze zu deuten, vielmehr bestehe zwischen beiden ein elementarer Zusammenhang.

Jaschke begreift seine Studien als „Politikfeld-Analysen", die sich (seinerzeit) neuen konzeptuellen Ansatzpunkten verpflichtet fühlen und untersucht seinen Gegenstand auf der „Ebene von *polities*" und auf der „Ebene von *politics*" (vgl. ebd.: 27; Hervorh. i. Orig.).[11] Methodologisch orientiert er sich zugleich an Ansätzen, die der soziologischen Diskussi-on über Devianz und soziale Kontrolle nahestehen.

Im Rahmen seiner Beschäftigung mit Innerer Sicherheit liefert Jaschke eine sehr umfassende und detaillierte Beschreibung nicht nur in Bezug auf deren institutionelle Strukturen und Entwicklungen, sondern ebenso hinsichtlich Feindbildern bzw. Feindbildentwicklung und deren Funktion. Als Indikator und historischer Prüfstein der Entwicklung fun-gieren die Neuen Sozialen Bewegungen bzw. „entgrenzte Protestpoten-tiale" auch bei Jaschke. Zwar beschränkt er das Wahrnehmungsraster in seiner Studie nicht auf linke Protestbewegung (vgl. ebd.: 21), für die weitere Untersuchung ist aber gerade seine diesbezügliche Einschätzung von besonderer Bedeutung: „Der ‚deutsche Herbst' war nicht allein ge-prägt durch den Terrorismus, er stellt vielmehr den Versuch dar, die Linke in der Bundesrepublik insgesamt zu diskreditieren" (ebd.: 30).

---

11 Unter dem Begriff „polities" behandelt Jaschke „wissenschaftliche, insti-tutionelle und verfassungstheoretische Normensysteme", unter „politics" siedelt er „die historisch-dynamischen Entwicklungen von Institutionen politischer Kontrolle" an (vgl. Jaschke 1991: 27).

Jaschkes Betrachtungen zur Rolle „Linke[r] und linksliberale[r] Intellektuelle[r] im ‚Deutschen Herbst'" (ebd.: 269) liefern einen weiteren, wichtigen Hinweis: Nicht bloß die linke oder links-alternative Protestbewegung im Allgemeinen war hiervon betroffen, sondern insbesondere linke und linksliberale Intellektuelle waren exponiert in die innenpolitsche Auseinandersetzung involviert. Diese Erkennnis mag heute banal anmuten. Jedoch ist dieser Hinweis für den Fortgang meiner Untersuchung sehr wichtig. Jaschke illustriert seine Schilderung mittels konkreter Beispiele. Unter anderem erwähnt er eine Intervention der „Humanistische Union (HU)" (vgl. ebd.). Wichtig sind Jaschkes Schilderungen weil sie verdeutlichen, dass und wie besagte linke und linksliberale Intellektuelle und Organisationen, wie z.b. die HU, im Rahmen der damaligen Inneren Sicherheitspolitik direkt von den Ausgrenzungstendenzen betroffen waren und in der darum stattfindenden gesellschaftlichen Auseinandersetzung dagegen Position bezogen.

Innere Sicherheit im Politischen System der Bundesrepublik Deutschland

Mit der 1999 veröffentlichten Studie *Innere Sicherheit im Politischen System der Bundesrepublik Deutschland* (Lange 1999) wird schließlich eine weitere Politikfeldanalyse vorgelegt. Auch sie untersucht – ähnlich Jaschkes Arbeit, aber in Verfeinerung der Dimensionen – ihren Gegenstand bezogen auf die Ebenen: „Polity (Institutionen), Politics (Prozesse) und Policy (Inhalte)" (ebd.: 72). Allerdings muss man dazu sagen – und dies gilt ebenfalls für die Studie von Jaschke –, dass diese Differenzierungen in der politikwissenschaftlichen Forschung nichts Ungewöhnliches oder Besonderes sind. Vielmehr dokumentieren sie eine bestimmte Spielart politikwissenschaftlicher Herangehensweisen. Im Unterschied zu Jaschke rückt Lange jedoch Innere Sicherheit ins Zentrum seiner Untersuchung. Seine Analyse des Politikfeldes prägt eine vorherrschend institutionelle Ausrichtung (insbesondere auf Sicherheitseinrichtungen), was freilich im Gegenstand begründet liegt. Interessant ist hierbei insbesondere die Verlagerung des Beobachtungsfokus auf Aktivitäten und Konkurrenzen verschiedener institutioneller Akteure im Politikfeld Innere Sicherheit, begründet durch den mit der Konzeption des Politikfeldes eingeführten Akteursbegriff. Ein wichtiger Gesichtspunkt ist für Lange hierbei der Prozess der Europäisierung und die Frage nach damit möglicherweise verbundenen Bedeutungsverlusten bestimmter institutioneller Akteure im bundesdeutschen Sicherheitsverbund. Die in anderen Arbeiten häufig im Vordergrund stehende demokratietheoretische

Problematik wird zwar angesprochen, tritt hier allerdings hinter die besagten anderen Untersuchungsschwerpunkte zurück.

Die fast 500-seitige Studie darf aufgrund ihres Erscheinungsjahres und ihrer beträchtlichen Detailfülle, der Systematik und der umfangreichen berücksichtigten Fachliteratur und Primärquellen als derzeitiger *state-of-the-art* der Bearbeitung Innerer Sicherheit gelten. Der Sachverhalt, dass sie als Band 2 der „Reihe: Studien zur Inneren Sicherheit" ausgewiesen ist (vgl ebd.: 2), für deren Band 1 *Staat, Demokratie und Innere Sicherheit in Deutschland* Lange ebenfalls – diesmal als Herausgeber – verantwortlich zeichnet (vgl. Lange 2000a), bekräftigt diese Beurteilung. Auch wenn es sich um zwei unterschiedliche Publikationen handelt, sollen beide an dieser Stelle gemeinsam behandelt werden. Der Sammelband ergänzt die Monographie dergestalt, dass er die demokratietheoretische Bedeutung des Themas, welche in *Innere Sicherheit im Politischen System der Bundesrepublik Deutschland* eine untergeordnete Rolle spielte, in den Vordergrund rückt. Der von Lange herausgegebene Sammelband ist zugleich als „Bestandsaufnahme der interdisziplinären Forschung zur Inneren Sicherheit" (ebd.: 438) zu verstehen. Er versammelt hierzu eine Vielzahl von kritischen Inneren Sicherheitsexperten. Die Beiträge drehen sich im Kern um die Frage des Spannungsverhältnisses zwischen staatlicher Sicherheitspolitik und Demokratie in der Bundesrepublik.[12] Dem Aspekt der demokratischen Kontrolle, der sich

---

12 Die Veröffentlichungen sind insbesondere auch unter verbands- und forschungspolitischer Perspektive zu betrachten. Lange ist (Mit-)Initiator und Sprecher des „Interdisziplinären Arbeitskreises Innere Sicherheit" (AKIS) und stellt in der Einleitung zu *Staat, Demokratie und Innere Sicherheit in Deutschland* diesen Band als dessen „erste nun abgeschlossene Publikation" (Lange 2000: 8) vor. Mit der Begründung, zum Thema Innere Sicherheit wäre „bis dato [1996; TK] politikwissenschaftliche [Forschung] kaum vorhanden" (Lange 2002), wurde versucht, den Gegenstand Innere Sicherheit in Gestalt eines eigenen und eigenständigen „Arbeitskreises" in der Deutsche Vereinigung für Politische Wissenschaft (DVPW) zu etablieren. Thematische Aspekte Innerer Sicherheit seien bis dahin vor allem von den in der Deutschen Gesellschaft für Soziologie (DGS) angesiedelten Sektionen „Rechtssoziologie" und „Soziale Probleme und Soziale Kontrolle" sozusagen *en passant* bearbeitet worden. Eine Anfang 1996 gegründete „Ad-hoc-Gruppe ,*Politikforschung* Innere Sicherheit'" (ebd.; Hervorh. TK) wurde schließlich Ende 1999 in der DVPW als „Arbeitskreis ,*Politikfeldanalyse* Innere Sicherheit'" (ebd.; Hervorh. TK) anerkannt. Die Bemühungen um eine breite(re) Etablierung der Politikfeldanalyse Innere Sicherheit ist sicherlich auch als intendierte Bedeutungszunahme in Hinsicht auf zukünftige Forschungsförderung zu werten. Parallel existiert dazu ein „Interdisziplinärer Arbeitskreis Innere Sicherheit" (AKIS), der nicht den Strukturen der DVPW eingegliedert ist und wohl die disziplinübergreifende Vernetzung mit anderen Sozialwissenschaftlern gewährleisten

als Subthema ohnehin durch (fast) alle Beiträge zieht, ist ein eigener Abschnitt gewidmet. Interessant ist auch die Wendung der Kritik an demokratischen Defiziten bei der bisherigen Ausgestaltung Innerer Sicherheit.

In Abgrenzung zu den beiden Bänden bleibt zukünftigen politikwissenschaftlich ausgerichteten Arbeiten, sofern sie nicht bislang unbekanntes Material erschließen oder die Politik Innerer Sicherheit in entsprechendem Umfang neues liefert, andere Beschreibungsweisen des Themas Innere Sicherheit anzubieten und neue Perspektiven in der Analyse bekannter Dokumente zu eröffnen.

Aktualisierung und Weiterentwicklung

Es kristallisieren sich einige zentrale Aspekte heraus, die – über Arbeiten unterschiedlicher disziplinspezifischer Ausrichtungen hinweg – als allgemein anerkannt gelten können: 1. Der Beginn, im Sinne eines markanten Datums, einer Verwendungsweise des Begriffes – und mit diesem auch der Beginn einer Politik der Inneren Sicherheit –, wird auf Ende der 1960er-, Anfang der 1970er-Jahre datiert (vgl. Funk/Werkentin 1977: 189; Bull 1984: 156 f.; Jaschke 1991: 75; Funk 1995: 42 f.; Lange 1999: 106 f.). 2. Zugleich sind auch Dekadenbildungen hinsichtlich der Feindbildentwicklung zu beobachten oder zumindest zeitliche Eintei-

---

soll, die das Thema bisher schon bearbeiteten, aber nicht der DVPW angehören. Ziel des AKIS ist es, insbesondere „die sozialwissenschaftliche Forschung zum Themenfeld Innere Sicherheit zu bündeln und in Form eines gemeinsamen Diskussions- und Arbeitsforums unter theoretischen, methodologischen und empirischen Gesichtspunkte weiterzuentwickeln" (ebd.). Hierbei interveniert der AKIS auch unmittelbar in die gesellschaftspolitische Auseinandersetzung um Innere Sicherheit: 1998 veröffentlichten einige Mitglieder des AKIS das *Memorandum zur Entwicklung der Inneren Sicherheit in der Bundesrepublik Deutschland* (Lange et al. 1998). Im Februar 2002 veröffentlichte die *Frankfurter Rundschau* unter der Überschrift „Hilflos und undifferenziert werden Bevölkerungsgruppen verdächtigt" in Auszügen eine vom AKIS verabschiedete Erklärung zur Sicherheitsgesetzgebung nach dem 11. September 2001 und deren Folgen (vgl. o.N. 2002). So gesehen kann man, rückbezogen auf den von Lange favorisierten Ansatz, Innere Sicherheit als Politikfeld zu analysieren, der an das Vorhandensein entsprechender Akteure geknüpft ist, feststellen, dass der AKIS sozusagen beides betreibt: Forcierung des politikfeldanalytischen Ansatzes und gleichzeitige Intervention in das Politikfeld Innere Sicherheit als Akteur. Womit nicht behauptet werden soll, es gebe eine Möglichkeit, sich dem Spannungsfeld von Innerer Sicherheit als Gegenstand politikwissenschaftlicher Bearbeitung einerseits und ihrer politischen Bearbeitung andererseits zu entziehen.

lungen, die solche Zuordnungen vorstrukturieren oder nahelegen (vgl. Appel et al. 1988; Jaschke 1991: 81; Lange 1999, Narr 1999: 41 ff.). 3. Auch erwähnen die meisten Arbeiten im allgemeinen kritische Positionen zu Innerer Sicherheitspolitik, die in der Regel demokratietheoretische Defizite von Innerer Sicherheitspolitik zum Gegenstand haben, zum Teil dadurch die Garantie von Bürgerrechten gefährdet sehen und daraus letztlich Forderungen nach demokratischer Kontrolle der Sicherheitsbehörden ableiten oder gar deren Fortbestand in Frage stellen (vgl. Lange 1999: 108).

Diese Arbeit knüpft insofern an den benannten Punkten und somit auch an bisher vorliegenden Forschungen an, als das sie versucht, diese Befunde *an entscheidender Stelle zu aktualisieren* bzw. darüber hinausgehend dort zwar angelegte, aber *nicht entfaltete Ansätze weiterzuentwickeln und auszuweiten.*

Aktualisierung und Differenzierung der Begriffsentwicklung

Meist wird das Aufkommen des Begriffs Innere Sicherheit mit Verweisen auf andere Studien als Themeneinstieg recht kurz abgehandelt. So hebt zum Beispiel Bull (1984) in einem Aufsatz zum Thema „Politik der ‚inneren Sicherheit'" in den Passagen zur Analyse des Begriffswandels auf Referenzstudien ab (vgl. ebd.: 156). Die dort in Anspruch genommene Arbeit von Schubert (1980), gleichfalls ein Fachaufsatz, liefert in dieser Hinsicht zwar relativ detaillierte Belege zum Auftauchen des Begriffs (vgl. ebd.: 609 f.), aus heutiger Sicht handelt es sich jedoch um den Forschungsstand von vor über zwanzig Jahren. Auch in Jaschkes wesentlich umfangreicherer Untersuchung von 1991 wird die Einschätzung der begriffsgeschichtlichen Datierung über Sekundärliteratur begründet, die vorherrschend den diesbezüglichen Forschungsstand von Anfang der 1980er-Jahre repräsentiert (vgl. Jaschke 1991: 75) In neuesten und sehr detaillierten Arbeiten, wie insbesondere der erwähnten Studie von Lange (1999), finden sich auch immer wieder Passagen zur Zeitpunktlegung bezüglich des verstärkten Aufkommens des Begriffs Innere Sicherheit (vgl. ebd.: 106). Allerdings stützt auch Lange seine Einschätzung der Begriffskonjunktur just auf Jaschkes Arbeit aus dem Jahr 1991, so das von der weiteren Fortschreibung bekannter Quellen auszugehen ist. Ohnehin fällt auf, so sehr der Befund zum Einsetzen der Begriffskonjunktur auch als *common sense* (kritisch-)sozialwissenschaftlicher Arbeiten gilt,[13] so spärlich sind Detailanalysen, die dem

---

13 Der Hinweis auf das Jahr 1969 und das in diesem Jahr vom Bundesinnenministerium erstmals herausgegebene Periodikum *Innere Sicherheit* findet

nachgehen. Dieser Hinweis dient dazu, das Erfordernis zu begründen, die Dimension Begriffsaufkommen und -wandel aus heutiger Sicht, d.h. aktuell empirisch *en détail* und differenziert zu rekonstruieren. Diese Differenzierung wird entlang eines Ordnungsschemas geleistet, welches sowohl die institutionelle als auch die diziplinspezifische Bindung der Diskursfragmente zu berücksichtigen versucht.

Kritik als konstitutiver Bestandteil des Sicherheitsdiskurses

Ein aus der Lektüre der in diesem Unterkapitel vorgestellten Arbeiten abzuleitender Befund lautet: Die vorliegenden sozialwissenschaftlichen Analysen prägt – wenn auch in unterschiedlichem Umfang – ein Blickwinkel im Sinne von Protestorientierung. Daran schließt sich die Frage an: Welche Rolle hat Kritik im Diskurs Innerer Sicherheit? Folgende weitergehende Hypothese lässt sich formulieren: Sozialwissenschaftliche Kritik besitzt häufig einen Doppelcharakter, da sich Beobachter und Akteur, d.h. sozialwissenschaftliche Bearbeitung und politisch angeleitete Kritik, decken oder zumindest stark überschneiden (vgl. hierzu Steinert 1998: 27 f.). Zur Präzisierung möchte ich hierzu noch einmal auf die Arbeit Langes zurück kommen. Dieser fasst Innere Sicherheit als Politikfeld und betont hierbei, dass „ein Politikfeld [...] Akteure in mindestens zwei Segmenten des Politischen Systems voraus[setzt]". Er erwähnt auch gleich zwei Beispiele für Segmente des Politischen Systems: den „Bereich staatlicher Institutionen (Ministerien, Behörden)" und den „Bereich gesellschaftlicher Interessengruppen" (Lange 1999: 106).

Vor dem Hintergrund dieser Mindestbedingung und in Anbetracht dessen, dass in vielen Arbeiten zum Thema Innere Sicherheit die o.g. kritischen Positionen erwähnt – und teils vertreten – werden, verwundert es, wenn aus politikwissenschaftlicher Perspektive bis heute kritische Positionen nicht als eigenständiger Bestandteil des Sicherheitsdiskurses angesehen werden und als solcher exponiert Gegenstand von Untersuchungen sind. In neueren Arbeiten deutet sich diese Perspektive zwar an (vgl. bspw. Lange 2000b: 253 f.), aber forschungspraktisch wurde sie noch nicht weiter entfaltet. Es verwundert allerdings nur insofern, als dass erst eine diskurstheoretische Fassung diese weitergehende Sichtweise ermöglicht. Solange Innere Sicherheit als in erster Linie institu-

---

sich ebenfalls in vielen Arbeiten als Auftaktdatum (vgl. Jaschke 1991: 75; Lange 1999: 107). Mag der Hinweis auf Datum und Publikation auch wichtig sein, gilt das Beispiel doch als weiterer Beleg für Standardschilderungen, die sich der Begriffsgeschichte meist nur einleitend und nicht eingehender widmen.

tionell dominiertes Politikfeld begriffen wird, können Kritik und Kritiker allenfalls als potenzielle Akteure, in Abhängigkeit von ihrem Tauglichkeitsgrad zu realpolitischer Partizipation, berücksichtigt werden. Die Notwendigkeit für eine Berücksichtigung als konstitutiver Bestandteil des Sicherheitsdiskurses besteht m.E. um so mehr, da parallel zur Datierung des Einsetzens der Verwendung des Begriffs Innere Sicherheit und der damit verbundenen Politik auch die Kritik daran auf einen kontinuierlichen Prozess rekurriert, dessen Beginn bis in die Anfänge 1960er-Jahre zurück verfolgt werden kann. Eine detaillierte wissenschaftliche Erforschung der umrissenen Kritiklinie(n) stünde nicht zuletzt auch aus dem Grund an, um die kritische Position selbst weiterzuentwickeln und zu schärfen.

Innere Sicherheit unter diskursanalytischer Perspektive

Eine diskurstheoretische Fassung des Themas bietet methodologisch und methodisch gute Möglichkeiten, die o.g. Kritik an Innerer Sicherheit als eigenen Gegenstand zu erfassen und sie in einem als (Inneren) Sicherheitsdiskurs zu benennenden Forschungsfeld spezifisch zu verorten und zu untersuchen.[14] Zugleich ist feststellbar, dass systematisch diskursanalytisch ausgerichtete Arbeiten zum Thema Innere Sicherheit bislang kaum vorgelegt wurden.[15] Sie beschäftigen sich entweder nur mit Teilgebieten, d.h. beanspruchen nicht, *den* Sicherheitsdiskurs ins Auge zu fassen (vgl. Wagner 1992) und dies auch nicht aus politikwissenschaftlicher Sicht (vgl. Jäger et al. 1998) oder bleiben als Sammelband thematisch fragmentarisch und disparat bzw. hinsichtlich ihres diskurstheoretischen Ansatzes uneindeutig (vgl. Hitzler/Peters 1998). Wobei die genannten Arbeiten, im Gegensatz zu anderen, sicherlich einen dezidierten diskurstheoretischen Bezug haben. Die in manchen Publikationen (Aufsätze ebenso wie Monographien) vereinzelt anzutreffenden begrifflichen Einsprengsel, die auf *Diskurs* lauten, bedeuten noch nicht, dass es sich hierbei um diskursanalytische Arbeiten im o.g. Sinne han-

---

14 Gemeint ist hier freilich eine Fassung, die auf einem konstruktivistisch ausgerichteten Diskursverständnis aufbaut.

15 Als Ausnahme mag hier die Rolle konstruktivistisch orientierter Ansätze in der Kriminologie, d.h. insbesondere der Kritischen Kriminologie angesehen werden. Allerdings verfolgen diese eine andere fachdisziplinäre Ausrichtung. Demzufolge liegt ihnen eine nicht vergleichbare Gegenstandsbestimmung zugrunde. Hinzu kommt – was im o.g. Zusammenhang fast noch wichtiger ist –, dass selbst innerhalb jener Strömung der Kriminologie der konstruktivistische Ansatz, der seinerzeit den Unterschied zur „klassischen" Kriminologie begründete, mittlerweile umstritten ist bzw. in die Defensive gedrängt wurde (vgl. Cremer-Schäfer/Steinert 1998: 21 ff.).

delt (vgl. bspw. Jaschke 1991: 298). Zum einen weil der Diskursbegriff durchaus auch in einem anderen theoretischen Verständnis Verwendung finden kann, zum anderen weil die Rede vom Diskurs – nicht nur in den Sozialwissenschaften – *en vogue* zu sein scheint.

Methodologisches und Methodisches

Methodisch und methodologisch knüpft die vorliegende Untersuchung – allerdings modifiziert – an die bereits erwähnte frühere Arbeit zum Thema Innere Sicherheit an (vgl. Kunz 1995). Eine Modifikation artikuliert sich in der Berücksichtigung neuerer Texte zur Methodenfrage sowie einer spezifisch veränderten thematischen Fokussierung des Gegenstandes.[1]

Nicht zuletzt die in wissenschaftlichen Arbeiten bis hin zum Feuilleton immer häufiger anzutreffende Verwendung eines wie auch immer gearteten Diskursbegriffs begründet ein weiteres Klärungsbedürfnis. Gemeint ist die ubiquitäre Verwendung des Terminus Diskurs im Sinne seiner modischen Vereinnahmung. Der Akzent der Kritik liegt auf dem Eifer, mit dem der Diskursbegriff oftmals ins Feld geführt wird, ohne methodologische Konsequenzen daraus zu ziehen – dabei ist es zunächst völlig unerheblich, ob diese nun in der Tradition eines Habermasianischen Diskursverständnis stehen, oder ob eine konstruktivistische For-

---

1 Gleichfalls Eingang finden Ergebnisse aus dem Forschungsprojekt „Bilder von Fremden", das zwischen April 1998 und September 2000 am Fachbereich Erziehungswissenschaften der Johann Wolfgang Goethe-Universität durchgeführt wurde. Auch hier kam ein diskurstheoretisches und diskursanalytisches Instrumentarium zum Einsatz. Die im Zuge dieser Untersuchung gewonnenen Erkenntnisse und Erfahrungen verdienen an dieser Stelle nicht zuletzt deshalb Berücksichtigung, weil sich sowohl der thematische Bezug (Bilder von Fremden) als auch die Diskursform (Schulbuch) im erwähnten Forschungsprojekt von denen der vorliegenden Arbeit unterscheiden. Gerade deshalb kann besagtes Projekt als Beleg für die Tauglichkeit der Methode herangezogen werden, da sie sich unabhängig von der thematischen Rahmung bewährt hat. Folglich lässt sich hinsichtlich erkenntnistheoretischer Problemklärungen und Fragen der Operationalisierbarkeit (Stichwort: Korpusbestimmung) auch auf den Theorie- und Methodenteil des Zwischenberichts verweisen (vgl. Höhne/Kunz/Radtke 1999).

schungsperspektive eingenommen wird. Oftmals wird der Diskursbegriff lediglich als Gesinnungsmarker, als *catchword* verwendet. Wobei statt Diskurs ebenso gut „Rede über" verwendet werden könnte, um den jeweiligen Sachverhalt, um den es geht oder gehen soll, zu benennen. In einigen Fällen geht die Verwendungswut hinsichtlich des Terminus Diskurs sogar soweit, zu sagen, man „trete in einen Diskurs über" – welchen Gegenstand auch immer – ein.

Zugleich sollen in diesem Teil auch die methodologischen und methodischen Grenzen der Arbeit deutlich werden. Hierbei ist der Bezug auf Diskurstheorie und -analyse pragmatisch zu verstehen. Das Grundkonzept und das damit verbundene Instrumentarium erscheinen hinreichend vielversprechend, um die in der Einleitung angesprochenen blinden Flecken des Gegenstandes für diese Untersuchung zu erschließen. Hingegen ist nicht beabsichtigt, sich in die Tiefen der methodologischen Expertendiskussion über Diskurstheorie und -analyse im Speziellen zu begeben.

Zum Verhältnis von Empirie und Diskurs

Diese Arbeit ist in erster Linie eine Literaturstudie, besser: eine Textstudie – und insofern eine *empirische* Arbeit. Sie beansprucht vor allem, Aussagen über einen Untersuchungsgegenstand (hier: den Sicherheitsdiskurs oder zumindest relevante Teile davon) zu treffen. Das ist nur möglich, sofern ein Zusammenhang zwischen jenen Texten (als Untersuchungseinheiten) und Innerer Sicherheit (als Untersuchungsgegenstand) besteht. Es setzt voraus, dass die Texte den noch genauer zu bestimmenden so genannten Sicherheitsdiskurs *repräsentieren*. Vor Beginn der eigentlichen Untersuchung sind folglich deren theoretische Begründung, die Prämissen ihrer forschungspraktischen Bestimmung und die Kriterien für Zuordnung und Auswahl der Untersuchungseinheiten offenzulegen. Nicht zuletzt ist beabsichtigt, sich und anderen über die Voraussetzungen und die Methoden des hier vorgestellten sozialwissenschaftlichen Verstehens Klarheit zu verschaffen (vgl. Hitzler/Honer 1997: 7). Begründungen und (Begriffs-)Bestimmungen und die sich anschließende, darauf aufbauende Untersuchung mitsamt ihren Schlussfolgerungen sollen nachvollziehbar und kritisierbar sein.

Auch wenn durch den Titel der Arbeit und die Ausführungen in der Einleitung bereits die thematische Festlegung des zu untersuchenden Diskurses vorweggenommen wurde, gilt es doch in diesem Kapitel nachzuzeichnen, wie diese Festlegung methodisch begründet und vollzogen wird. Insofern kommt es zu der paradoxen Situation, wohl wissend, dass es um den Sicherheitsdiskurs geht, diesen erst einmal thematisch zu bestimmen.

Die Betonung des empirischen Charakters vorliegender Arbeit erscheint vor allem aus dem Grunde wichtig, als dass zwar der sozialwissenschaftliche Theorierahmen, die Methodenfrage, einen angemessenen Raum einnehmen muss, allerdings – mit Blick auf die Streitfrage „Diskurs oder Realität?" – eben *nicht* beabsichtigt ist, eine Arbeit vorzulegen, welche versucht, endgültige Antworten, respektive allgemeine Lösungen für jenen zugespitzt formulierten Streitfall zu liefern, sprich: einen Methoden- oder methodologischen Streit zu entscheiden. Die Beantwortung der Theoriefrage und der Geltungsstreit konkurrierender empirischer Ansätze interessieren in diesem Sinne nur sekundär und in der Weise, als dass das Autor-Subjekt in sie verstrickt ist, diese Arbeit jedoch nicht als Antwort darauf deklariert wird, auch wenn sie möglicherweise von Kritikern und/oder Befürwortern der Diskursanalyse in der Auseinandersetzung um Geltungsanspruch ihrer jeweiligen Methode(n) herangezogen werden mag. Was ebensowenig heißt, zum aufgeworfenen Konflikt *nicht* Stellung zu beziehen. Antworten auf die Infragestellungen der Methode und ihres theoretischen Bezugsrahmens finden sich jedoch eher indirekt im Sinne ihrer praktischen Bewährung in dieser Untersuchung.

In diesem Kontext ist noch einmal auf die Tragweite des Adjektivs „empirisch" zurückzukommen. Dies um so mehr, als das Empirie in einem verbreiteten Sinn die „Ebene der Daten, die über Tatbestände und Vorgänge in der *Realität* erhoben werden" (Fuchs et al. 1988: 186; Hervoh. TK) meint. Hier deutet sich erneut ein Zusammenhang mit dem o.g. Gegensatzpaar „Diskurs vs. Realität" an. Dieser Zusammenhang basiert maßgeblich auf einer Kritik an einem verbreiteten Diskursverständnis, welches die Kategorie „Realität" dadurch völlig in Frage stelle, indem sie letztere als *konstruiert* verstehe. Meines Erachtens relativiert dieses Verständnis aber allenfalls die *Reichweite* des Erklärungsgehaltes der Kategorie „Realität", denn von Realität zu sprechen wird durch Rückgriff auf einen Diskursbegriff nicht obsolet. Allerdings beinhaltet dieser Bezug den Abschied von der Annahme, es gäbe einen unverstellten Zugang zu Wirklichkeit bzw. Wahrheit, als einem vom Diskurs zu scheidenden Teil. Vielmehr erweisen sich jedwede Annahmen und Bewertungen des Sozialwissenschaftlers als „Konstruktionen von Konstruktionen" (Hitzler/Honer 1997: 7; vgl. auch Flick 1996: 43 ff.). Er entwirft quasi Konstruktionen *zweiter Ordnung*, in dem er Objekte, im Sinne von Konstruktionen *erster Ordnung*, heranzieht und sie (s)einer Analyse unterzieht.

Diskurs*theorie* und Diskurs*analyse*

Im weiteren Text wird formal zwischen Diskurstheorie und Diskursanalyse differenziert. Diskurs*theorie* meint im hier verwendeten Sinn das Feld *methodologischer* Überlegungen. Diskurs*analyse* bezeichnet den Fragekomplex hinsichtlich des konkreten *methodischen* Vorgehens. Diskurstheorie umfasst die Vorstellung *von* und Auseinandersetzung *mit* Grundannahmen des Verfahrensansatzes, d.h. Antworten auf die Frage, welche gesellschaftstheoretischen Implikationen die Rede vom Diskurs bzw. von Diskursen im Rahmen einer sozialwissenschaftlich angeleiteten Diskursanalyse besitzt. Sie beinhaltet insbesondere auch die Klärung oder doch wenigstens Thematisierung erkenntnistheoretischer Problemstellungen, die mit dem gewählten Ansatz verbunden sind. Fragen zur Diskursanalyse beziehen sich demgegenüber auf konkretes Vorgehen, Auswählen und Auswerten von Untersuchungseinheiten (hier: Texte) sowie den Status und die Bezeichnung dieser Einheiten (als Texte bzw. Objekte) selbst. Im Einzelnen überschneiden sich beide Bereiche freilich, was sich darin niederschlägt, dass Aspekte der Methodologie auch in den Ausführungen zum methodischen Vorgehen aufgegriffen werden und umgekehrt.

Diskurstheorie

Was ist ein Diskurs? Mit der Bezeichnung „Diskurs" können schillernde, jeweils höchst unterschiedliche und zum Teil sich gar widersprechende Konzepte verbunden sein (vgl. Wodak et al. 1998: 41; Titscher et al. 1998: 43). Keller (1997) unterscheidet in seinem entstehungsgeschichtlichen Abriss zur Diskursanalyse unter anderem zwei Gebrauchsweisen des Begriffes „Diskurs": 1. Diskurs als Gespräch, Rede, Sprechen. 2. Diskurs als „eine inhaltlich-thematisch bestimmte, institutionalisierte Form der Textproduktion" (ebd.: 311). Dem im Folgenden weiter zu entwickelnden Verständnis von Diskurs wird die zweite Gebrauchsweise zugrunde gelegt. Diskurs, „sei er gesprochen oder geschrieben" (Wodak et al. 1998: 42) wird zudem von Vertretern der „Kritischen Diskursanalyse" verstanden als „eine Form sozialer Praxis" (ebd.). Hiermit weitet sich auch der Bedeutungsgehalt des Diskursbegriffes über die Textform hinaus. Der Begriff des Dispositivs, wie er maßgeblich von Michel Foucault entfaltet wurde, trägt dem Rechnung:

„Ein Dispositiv ist [...] das Gesamt der materiellen, handlungspraktischen, sozialen, kognitiven und normativen *Infrastruktur* der Produktion eines Diskurses und der Umsetzung der dadurch erzeugten ‚Problemlösung'" (Keller 2001: 134).

Um einen anderen Gedanken fortzuentwickeln, möchte ich zunächst noch einmal kurz auf die beiden angesprochenen Gebrauchsweisen des Diskursbegriffes zurück kommen. Es bestehen zwischen beiden – trotz der angeklungenen Unterschiede – Gemeinsamkeiten. Beide, so Keller, „interessieren sich jeweils nicht für das einzelne Sprechereignis als solches, sondern betrachten es als Realisierung eines allgemeineren Musters, einer allgemeineren Regel" (Keller 1997: 311 f.). Folglich kommt in Diskursanalysen, unabhängig welchen der eben angesprochenen Diskursbegriffe sie zugrunde legen, gesprochener und geschriebener Sprache und den Praktiken des Sprechens und/oder Schreibens höchste Bedeutung zu (vgl. ebd.: 312). Dieses Verständnis ist von erheblicher Tragweite, denn es strukturiert die Untersuchungseinheiten (nicht den *thematischen* Gegenstand, das ist der Sicherheitsdiskurs) in gewisser Weise vor: Texte sind es, die untersucht werden. Zugleich endet ihre Gemeinsamkeit, wenn man auf die jeweilige „perspektivische Einordnung des Untersuchungsgegenstandes" (ebd.: 312 f.) zu sprechen kommt. Die Analyse von Diskurs im Verständnis von Gespräch, Rede, Sprechen – also im Sinne „alltäglichen konkreten Sprechens als menschlicher Handlungspraxis" – untersucht „formale Grundregeln unmittelbarer sprachlicher Kommunikation und sprachlich vermittelter Interaktion" (ebd.: 313). Demgegenüber richten Untersuchungen von allgemeinöffentlichen oder Spezialdiskursen ihre Analyseinteressen „auf die kollektive Ebene von Prozessen gesellschaftlicher Wirklichkeitskonstruktion" (ebd.). Und hier tritt denn auch die zentrale Annahme zu Tage, welche die Bezüge auf eine so verstandene sozialwissenschaftliche Diskursanalyse mit sich bringen: Ihnen

„liegt eine *konstruktivistische Grundperspektive* zugrunde. Sie gehen von der Annahme aus, dass alles, was wir wahrnehmen, erfahren, spüren, über sozial konstruiertes, typisiertes, in unterschiedlichen Graden als legitim anerkanntes und objektiviertes *Wissen*, das heißt über Bedeutungen und Bedeutungsschemata vermittelt wird. Wir haben keinen unmittelbaren Zugang zur ‚Welt an sich', auch wenn ihre materiale Qualität uns durchaus Widerstände und Deutungsprobleme aufzugeben vermag" (ebd.: 315; Hervorh. i. Orig.).

Diese Annahme ist um so weitreichender, als dass das angesprochene

„Wissen […] nicht auf ein ‚angeborenes' kognitives Kategoriensystem rückführbar [ist], sondern auf ein gesellschaftlich hergestelltes symbolisches System, eine *symbolische Ordnung*. Diese symbolische Ordnung wiederum wird *in und durch Diskurse gesellschaftlich produziert.* Sie ist überwiegend *sprachförmig* organisiert" (ebd.; Hervorh. i. Orig.).

Man könnte Diskurse auch als „institutionalisierte und geregelte Redeweisen" (ebd.: 311) bezeichnen, wobei der Grad des Geregeltseins eines Diskurses durchaus unterschiedliche Abstufungen aufweisen kann:

„In Expertenkontexten muß gezielt und systematisch unter Nutzung von Fachvokabular und argumentativen Regeln gesprochen oder geschrieben werden. Es gilt spezifische Regeln der Deutungsproduktion – etwa disziplinäre Standards – zu beachten. Öffentliche Diskurse sind demgegenüber stärker an ‚allgemeinverständliche' Deutungs- und Begründungsweisen, an emotionale Appelle und dergleichen mehr gebunden" (Keller 2001: 130).[2]

Diese abstrakte Beschreibung lässt sich anhand konkreter Beispiele textsortenspezifischer Muster illustrieren. „Eine politische Rede etwa folgt anderen Regeln als eine TV-Talkshow oder ein lebensgeschichtliches Interview" (Titscher et al. 1998: 45). Bezogen auf den Gegenstand Sicherheitsdiskurs heißt das: Die Begrüßungsrede eines Bundesinnenministers auf einer Tagung des Bundeskriminalamtes folgt anderen Regeln als ein Lexikonartikel oder der Aufsatz eines Kritikers in einer Fachzeitschrift.[3] Ohne dem Beitrag von Titscher et al. in allen Annah-

---

2   Die Rolle der/des Experten ist in Diskursen ohnehin sehr gewichtig. Experten bürgen für Absicherung des Wissen. Mit Verweis auf Experten bzw. Expertenwissen werden Positionen behauptet und andere Positionen im Diskurs delegitimiert. In Medienberichten ist es üblich, Expertenurteile zur Fundierung der vertretenen Position wiederzugeben. Einen Expertenstatus indizieren im Sicherheitsdiskurs (aber nicht nur dort) häufig akademische Titel (bspw. der Kriminologe Prof. Dr. XY = Experte im Bereich Wissenschaft) oder Rangbezeichnungen und Dienstgrade (der Kriminaldirektor im Bundeskriminalamt XY = Experte im Bereich Praxis). Siehe zur Rolle von Experten auch Hitzler 1994.

3   Als Fachzeitschriften gelten im weiteren Verlauf Printmedien, die sich an ein speziell interessiertes Publikum wenden, das sich zu klar definierbaren Themen informieren möchte. Als Hauptanliegen von Fachzeitschriften lässt sich die „fachlich ausgerichtete Informationsvermittlung" nennen. Eine Differenzierung zwischen wissenschaftlichen und berufsbezogenen Fachzeitschriften ist zwar möglich, wird aber in dieser Arbeit nicht unternommen, zumal diese Unterscheidung im Sicherheitsdiskurs aufgrund der beobachtbaren faktischen Verschränkung von Berufsexperten und wissenschaftlichen Experten nicht praktikabel erscheint. Wissenschaftliche Fachzeitschriften dienen „der Kommunikation innerhalb verschiedenster Wissensgebiete", sie stellen das „wichtigste Forum der wissenschaftlichen Diskussion dar" (Mast 1994: 26). Die Gruppe der berufsbezogenen Fachzeitschriften lässt sich dadurch charakterisieren, dass sie „berufsbezogene

men zu folgen, möchte ich bereits jetzt auf deren Darstellungen zur Kritischen Diskursanalyse Bezug nehmen, sofern es um die methodologischen Implikationen dieses Ansatzes geht. Titscher et al. stellen, in Ergänzung zu der oben bereits angeklungenen Vielfalt von Diskursverständnissen, fest, dass „auch die Kritische Diskursanalyse [...] weit davon entfernt [ist], eine homogene Methode innerhalb der Diskursanalyse zu bezeichnen" (Titscher et al. 1998: 178). Sie bestätigen hierdurch die auch bei Keller schon angesprochene inhaltliche und methodische Heterogenität des Verfahrensansatzes (vgl. Keller 1997: 310). In der bei Titscher et al. vorgenommenen (Selbst-)Positionierung von Diskursanalyse als kritischer verweisen die Autoren zudem auf einen theoretischen Rahmen, der auf Arbeiten insbesondere von Louis Althusser und Mikhail Bakhtin, Antonio Gramsci, der Frankfurter Schule und schließlich Michel Foucault zurückgreift (vgl. Titscher et al. 1998: 178 f.). In diesem Sinne versteht sich die hier vorgelegte Arbeit als eine Variante der sogenannten Kritischen Diskursanalyse, auf welche weiter unten noch genauer eingegangen wird. Insbesondere „die Diskursanalyse in der Tradition von Foucault [...] verschiebt das Interesse von einer reinen Sprachbetrachtung auf die Ebene gesellschaftlicher Praxen, von Institutionen und historischer Prozesse" (Winter 1997: 55). Die Anknüpfung hieran eröffnet somit einen weiter gefassten Untersuchungshorizont, der über die Frage, *wie* Aussagen gemacht werden, hinaus auch zentral berücksichtigt, wer welche Aussagen macht und welche Aussagen machtbedingt ausgegrenzt werden (vgl. ebd.).

Der von Foucault ausgeführte Gedanke, „dass Diskurse unmittelbar mit Ermächtigungs- und Ausschlußkriterien verkoppelt sind, die mögliche Sprecher von nicht möglichen Sprechern unterscheiden" (Keller 1997: 314; vgl. auch Viehöver 2001: 178), unter gleichzeitiger Berücksichtigung der Eigenschaft von Diskursen, das zu bezeichnen, „worüber in einer Gesellschaft gesprochen wird, was als Problematik und Thema behandelt wird und was zur kollektiven Sinnproduktion beiträgt" (Keller 1997: 316), ermöglicht im Umkehrschluss auch, Positionen in den diskursanalytischen Blick zu rücken, die man im weitesten Sinne als gegenhegemonial bezeichnen könnte bzw. als von dem abweichend, was auf welche Weise in der Gesellschaft „als Problematik und Thema behandelt wird". Die Feststellung ist deshalb so interessant, weil sich zeigt, dass beispielsweise eine Gegenposition – so sehr sie auch die Abweichung vom *Mainstream* eines Diskurses, in welchem sie geltend gemacht wird, beansprucht – immer konform zu der spezifischen institutionalisierten und geregelten Redeweise, welche jenen Diskurs struktu-

---

Informationen [transportiert] und [...] in der Regel unverzichtbare Informationsquelle für die meisten Berufsgruppen [ist]" (ebd.).

riert und charakterisiert, sein *muss*. Übersetzt man nun Gegenposition mit Kritik, bedeutet das zugleich: Auch Kritik bzw. Kritiker müssen, um sich als mögliche Sprecher im Diskurs zu realisieren, spezifische Regeln und Themensetzungen, spezifische *Wahrheiten* (zumindest ansatzweise) teilen. Das beinhaltet darüber hinaus zweierlei: 1. Da Diskurse nicht statisch sind, kann sich im diachronen Verlauf aus einer zunächst *nicht*-ermöglichten Sprecherposition durchaus eine ermöglichte[4] entwickeln, sofern sich entweder die Akteure den spezifischen Diskursregeln bzw. -regelungen anpassen oder umgekehrt, sich die Diskursregeln zugunsten bisher nicht-möglicher Positionen verändern. 2. Machtbedingter Ausschluss von Sprecherpositionen bedeutet nicht automatisch die Nichtzuordnung bestimmter Akteure zu einem thematischen Diskurs. Vielmehr können die kraft der Regeln des spezifischen Diskurses von einer hegemonialen Sprechposition Ausgeschlossenen unter angebbaren Gründen durchaus dazuzählen.

Diese Überlegungen sollen an dieser Stelle jedoch nicht weiter ausgeführt werden. Allerdings verweist die Berücksichtigung sowohl der Möglichkeit als auch der Nicht-Möglichkeit von Sprecherpositionen darauf, dass der hier gewählte diskurstheoretische Ansatz unabhängig von der näheren thematischen Bestimmung eines zu untersuchenden Diskurses gut geeignet ist, eine differenzierte Akteurslandschaft zu erfassen.

Diskurs und Wahrheit

Methoden der Diskursanalyse – wohlwissend das es *die* Methode nicht gibt – besitzen *potenziell* einen „de-ontologisierenden Charakter: Ihre Aufgabe besteht darin – an der historischen Analyse des Materials orientiert –, sichtbar zu machen, wie Wahrheiten jeweils historisch ‚erfunden' und wie sie innerhalb gesellschaftlicher, ökonomischer und kultureller Hegemonie wirksam werden" (Bublitz et al. 1999: 13 f.). Insofern geht es einer diskursanalytisch ausgerichteten Untersuchung eben *nicht* um falsches Bewusstsein, verschleierte Erkenntnis oder Manipulation hinsichtlich des gesellschaftlichen Wissens beispielsweise über Innere Sicherheit, Kriminalität etc.[5]

---

4 Die Bezeichnungen „nicht-ermöglichte" und „ermöglichte Sprecherposition" wurden in Anlehnung an Keller gewählt, der „mögliche Sprecher von nicht möglichen Sprechern" unterscheidet (siehe auch obiges Zitat).
5 Vgl. zu allgemeinen Aspekten dieses erkenntnistheoretischen Problems und dem in dieser Arbeit zugrunde gelegten Verständnis und Gehalt der Begriffe Ideologietheorie und Ideologiekritik insbesondere Demirović 1991: 21 f.

Solch ein Zugang liefe Gefahr, mittels seiner Kritik am *falschen* Wissen über Bedrohungen Innerer Sicherheit durch Kriminalität, ein *wahres* Wissen hierüber geltend zu machen. Das Problem „wahren Wissens" ist hierbei erkenntnistheoretisch zu verstehen als implizites Reklamieren einer Beobachterposition, die im Stande zu sein beansprucht, einen Schleier (Ideologie) zu zerreissen und einen exklusiven Blick auf nicht-ideologische, *eigentliche* Realität ermögliche. Der Wahrheitsbegriff ist hierbei nicht das Hauptproblem. Schließlich muss man sich im Klaren darüber sein, dass Diskurse im Sinne ihrer „– potentiell grenzenlosen – Funktion als Produzenten von Wissen und Wahrheit" (ebd.: 13; vgl. auch Lemke 1997: 343) diese selbstverständlich auch hinsichtlich ihrer kritischen Teile besitzen. Was bedeutet, dass auch der bzw. die Untersuchende seiner- bzw. ihrerseits neue Wahrheiten produzieren. Folglich ist sich der Autor dieser Zeilen auch darüber bewusst, dass selbst und gerade die hier vorgelegte Arbeit in ihrem ebenfalls kritischen Anspruch weiteres Wissen und weitere Wahrheit über ihren Gegenstand produziert, ja zu produzieren beabsichtigt. Allerdings existiert dieser Gegenstand nicht jenseits des Diskurses. Womit nun auch der eigentliche Sachverhalt benannt ist: Innere Sicherheit existiert nicht abseits eines *darüber* wahrheitenproduzierenden Diskurses. Insofern ist es *nicht* möglich, den Sicherheitsdiskurs seiner falschen Teile zu entkleiden, um essentielle Wahrheiten offenzulegen, die das Phänomen *an sich* vorgäbe. Innere Sicherheit und deren Bedrohungen sind nicht prä-diskursiv:

„Diskurs im Sinne der (post)strukturalistischen Theorie Foucaults bezeichnet also eine ‚regulierte Praxis' oder eine ‚Praxis von regulierten Aussagen', deren Sinn sich in einem ‚diskursiven Raum' erschließt. Aussagen ändern ihren Sinn je nach dem diskursiven, dem gesellschaftlich-politischen und historischen Kontext, in dem sie stehen, je nach dem ‚diskursiven Praxisfeld', in welches sie eingebettet sind. Folgt man diesem Konzept, dann sind Gegenstände des Wissens nicht prädiskursiv vorhanden; es geht auch nicht um rein sprachliche Benennung von Gegenständen oder ‚Dingen', sondern Diskurse bringen ihre Gegenstände – wie auch Subjektivität – kategorial durch Aussagen bis in die Regulierung von institutionellen Praktiken hinein hervor; darin liegt die Materialität von Diskursen" (Bublitz 1999: 23).

Indem Diskurse den Bereich des Wahren definieren, üben sie damit gesellschaftliche Macht aus (vgl. ebd.: 25). So verstanden geht es in der vorliegenden Arbeit um die Auseinandersetzung mit Materialien, die einem historisch-kontinuierlichem Sicherheitsdiskurs zugerechnet werden, mit der Absicht, sichtbar zu machen, wie Wahrheiten über Bedrohungen sogenannter Innerer Sicherheit und somit die Selbstverständlichkeit nicht nur von Bedrohung sondern auch ihrer Abwehr und hierüber Existenzweisen des/der Bedrohten selber erfunden werden. In diesem Sinne sind die „Wahrheiten" als Ausgangspunkt einer Analyse aufzufassen, „die einen praktischen Zweck verfolgt: die Problematisierung der Art und Weise, wie wir über bestimmte Gegenstände urteilen und denken, um sie ihrer ‚Selbstverständlichkeit' oder ‚Natürlichkeit' zu entreißen und neue Erfahrungen zu ermöglichen […]" (Lemke 1997: 344).

Diskursanalyse

Warum Diskursanalyse? Wie bereits angesprochen bedient sich diese Arbeit einer sozialwissenschaftlich angeleiteten Methode: der Diskursanalyse. Allerdings ist diesbezüglich zugleich festzuhalten: Von *der* Diskursanalyse zu sprechen ist höchst problematisch. In Anbetracht einer feststellbaren „inhaltlichen und methodischen Heterogenität von Diskursanalysen" (Keller 1997: 310) lässt sich Diskursanalyse – als Verfahren – zunächst weder „unmittelbar noch eindeutig auf eine spezifische sozialwissenschaftliche Methode der Datenerhebung oder Datenauswertung" (ebd.) beziehen. Man kann also fürs erste festhalten: *Die* Diskursanalyse gibt es nicht. Gleichwohl werden Forschungsansätzen, die mit dem Diskursbegriff hantieren, nicht selten in polemischer Weise, bestimmte Positionen zugeschrieben, die dazu geeignet sein sollen, deren Aussagekraft bzw. analytischen Gehalt hinsichtlich sozialer Prozesse in Zweifel zu ziehen. Darum erscheint es geboten, das analytische Gerüst und das empirische Vorgehen der Untersuchung vorzustellen und zu entwickeln. Nicht zuletzt aufgrund der Nähe, die Diskursanalysen zu inhaltsanalytischen Verfahren oftmals nachgesagt werden (vgl. ebd.: 325 f.), ist auch eine gewisse Abgrenzung zur Inhaltsanalyse vorzunehmen:

„Vor allem die Aggregation einzelner Ergebnisse zu Gesamtaussagen über ‚den Diskurs' markiert den zentralen Unterschied zu den meisten qualitativen sozialwissenschaftlichen Untersuchungen, die pro Text […] von einer in sich konsistenten und geschlossenen Sinn- und Fallstruktur ausgehen, d.h. einen Text als vollständiges Dokument genau eine Falles betrachten" (Keller 2001: 139).

Gleichzeitig besteht eine gewisse Nähe zur Inhaltsanalyse, nämlich wenn es um das konkrete Untersuchungsverfahren geht (vgl. hierzu Keller 1997: 325 f.). Die Paradoxie lässt sich allerdings auflösen, wenn es um den rückbindenden Status der Ergebnisse geht:

„Sich aus diskursanalytischer Perspektive mit ausgewählten Texten/Praktiken als den Dokumenten von Wirklichkeit zu beschäftigen, heißt vor allem, sie als Diskursfragmente zu verstehen, das heißt sie im Hinblick auf ihre Bedeutung und Funktion in einem Diskurs und gegenüber anderen Diskursen im breiteren soziohistorischen Kontext zu analysieren" (ebd.: 318).

Diskurse lassen sich u.a. daraufhin untersuchen „wie sie entstanden sind", „welche Veränderungen sie im Laufe der Zeit erfahren", „auf welche Gegenstandsbereiche und welches Publikum sie sich beziehen", „welche (rhetorischen) Mittel dazu eingesetzt werden", „welches ihre Träger sind" und/oder „in welchem Verhältnis sie zu anderen (konkurrierenden) zeitgenössischen oder historischen Diskursen stehen" (vgl. ebd.: 318 f.). Der Fragenkatalog ließe sich noch erweitern, doch die Auswahl macht bereits deutlich: Diskursanalyse bezeichnet ein „genuin soziologisches Forschungsprogramm" (ebd.: 319):

„Der Diskursanalyse geht es darum, Prozesse der sozialen Konstruktion, Objektivation, Kommunikation und Legitimation von Sinnstrukturen auf der Ebene von Institutionen, Organisationen beziehungsweise kollektiven Akteuren zu rekonstruieren und die gesellschaftlichen Wirkungen dieser Prozesse zu analysieren" (ebd.).

Kritische Diskursanalyse

Die eingangs des Kapitels angesprochene Kontinuität, in der diese Untersuchung steht, beinhaltet maßgeblich den Bezug auf die Kritische Diskursanalyse in der Ausprägung, wie sie von Sprachwissenschaftlern wie Jürgen Link oder Siegfried Jäger entwickelt wurde und angewendet wird (vgl. Jäger 1999). Eine einfache aber weitreichende Prämisse, die mit der theoretischen Bezugnahme einher geht, lautet: Die in dieser Untersuchung herangezogenen Dokumente, Erklärungen und Aussagen reichen über das hinaus, was ihnen häufig unterstellt wird. Sie repräsentieren mehr als bloße persönliche Meinungsäußerungen der Autor-Subjekte, die kraft Namensnennung als Verfasser, Sprecher o.ä. jeweils angeführt werden, um die Texte persönlich zuzuordnen oder als geistiges Eigentum zu markieren:

„Diskurse sprechen nicht für sich selbst, sondern werden erst durch Akteure ,lebendig'. Akteure vollziehen die Akte, durch die Diskurse existieren; sie schaffen die entsprechenden materiellen, kognitiven und normativen Infrastrukturen; sie sprechen und schreiben für den Diskurs und aus dem Diskurs heraus. Sie tun dies in institutionell strukturierten Zusammenhängen: in Universitäten, Parlamenten, am häuslichen Schreibtisch, in den Massenmedien.

Sie treten dabei auf als Sprecher und Repräsentanten mehr oder weniger großer sozialer Gruppen (kollektiver Akteure): Experten(gruppen), politische
Gruppen, Protestgruppen, Professionen, Organisationen" (Keller 2001: 133).

Mit der Bezugnahme auf die Diskursanalyse Jägerscher Prägung ist in
erster Linie auch verbunden, sich auf ein terminologisches Gerüst zu
stützen, mit welchem die Untersuchungseinheiten beschrieben und ausgewertet werden können. Besondere Bedeutung kommt darin Metaphern[6] und so genannten Kollektivsymbolen zu. Das Gerüst stellt jedoch
lediglich einen *Kategorien-Pool* dar, auf den bei Bedarf zurückgegriffen
werden *kann*. Was bedeutet, dass die später zu analysierenden Texte
nicht zwingend mittels allen angebotenen Kategorien beschrieben bzw.
auf alle Muster hin überprüft werden müssen.

Text und Diskursfragment

Texte, gesprochene oder schriftlich fixierte, bilden den Bezugspunkt der
Diskursanalyse. Ihr liegt ein Textverständnis zugrunde, welches Texte
als Produkte konkreter geistig-sprachlicher Auseinandersetzung mit
Wirklichkeit ansieht (vgl. Jäger 1991: 6). Sie definiert demnach einen
Text prinzipiell als gesellschaftliches Produkt in (s)einem gesellschaftli-
chen Kontext (vgl. ebd.: 14).

Texte stellen in diesem Sinn nicht nur individuelle Äußerungen dar,
sondern haben immer auch als sozial zu gelten, d.h. Texte sind ebenfalls
„Fragmente eines (überindividuellen) Diskurses" (ebd.: 21). Dies lässt
sich verdeutlichen, wenn wir berücksichtigen, dass Texte (insbesondere
natürlich die, die im weiteren behandelt werden) zum Zwecke der Wei-
tergabe an andere verfasst bzw. produziert wurden/werden. Es handelt
sich hierbei um solche von Experten,[7] Politikern und Journalisten, von
denen anzunehmen ist, dass sie die angesprochenen Beiträge nicht
spontan, sondern mit einer bestimmten Intention verfassten. Daraus
folgt, dass den Äußerungen ihr jeweiliger sozialer bzw. politischer Charakter nicht nachträglich unterstellt wird, sondern das ihnen dieser von
Anfang an beigegeben ist. Die Autoren, mit bestimmten Motiven[8] ausgestattet, haben (Fach-)Wissen demnach mit einer bestimmten (Wir-
kungs-)Absicht gedanklich aus- und weiterverarbeitet: Ihre Texte müs-

---

6 Siehe hierzu auch Böke 1997, Pielenz 1993 und Schoeps/Schlör 1995.
7 Sozialwissenschaftler, Kriminologen, Kriminalsoziologen, Juristen, Kri-
   minalbeamte o.ä.
8 Zugleich ist zu betonen: Der Diskursanalyse geht es nicht um die Ermittlung und Bewertung konkreter *individueller Motive* oder *persönlicher Absichten*. Vielmehr sind die benannten Phänomene die Verkehrsformen,
   mittels denen Subjektivität im Diskurs realisiert wird.

sen als Bestandteile eines bestimmten Diskurses oder Diskursstranges verstanden werden.

Diskursstrang, Spezialdiskurs, Interdiskurs, Gegendiskurs

Einzelne *Texte* bzw. *Diskursfragmente* sind Elemente eines *Diskursstranges* (vgl. Jäger 1993: 201). Das heißt nicht, dass Text und Diskursfragment immer identisch sein müssen; ein Text kann mehrere Diskursfragmente enthalten (vgl. ebd.: 184). So ist es möglich, dass in einem Text zum Thema „Kriminalitätsentwicklung in der BRD" Bezüge zu anderen Themen hergestellt werden, z.B. zu „Einwanderung/Asyl" oder auch zu „Wirtschaftsstandort BRD". Diskursstränge wiederum bilden zusammen einen gesamtgesellschaftlichen Diskurs (vgl. ebd.). Zwischen den verschiedenen Diskursen bzw. Diskurssträngen bestehen Verflechtungen, Überschneidungen und Überlappungen (vgl. ebd.: 157). Das impliziert, dass Wechselverhältnisse und gegenseitige Rückwirkungen zwischen Diskursen (und/oder Diskurssträngen) existieren.

Jäger unterscheidet zwischen Spezialdiskursen, dem so genannten Interdiskurs und Gegendiskursen. Er bezieht sich zur Veranschaulichung dieser Kategorien auf ein von dem Bochumer Sprach- und Literaturwissenschaftler Jürgen Link entwickeltes Schema (vgl. ebd.: 154 ff.). Demzufolge sind Spezialdiskurse voneinander (und vom Inter- und Gegendiskursen) deutlich unterschieden, denn sie besitzen ein jeweils eigenes typisches Vokabular, eine eigene typische Syntax sowie eigene typische Rituale, d.h. institutionalisierte und geregelte Redeweisen (vgl. Redaktion *kultuRRevolution* 1986: 71). Beispiele wären der *juristische*, der *medizinische*, der *religiöse* oder auch der *kriminologische Diskurs*. Spezialdiskurse lassen sich in drei Gruppen aufgliedern: *naturwissenschaftliche*, *humanwissenschaftliche* und *interdiskursiv dominierte Spezialdiskurse*. Beispiele für die letzte Kategorie sind, nach Link, Theologie und Philosophie, welche zwar ebenfalls als wissenschaftliche Diskurse aufzufassen sind, im Unterschied zu den ersten beiden Teilbereichen verfügen sie jedoch über „keine speziellen empirischen gegenstände als korrelat ihres wissens, sondern beschäftigen sich speziell mit integration und totalisierung der diskurse" (Link zit. nach Jäger 1993: 155; Kleinschr. i. Orig.).

Die Unterscheidung zwischen allen drei Spezialdiskurs-Typen resultiert aus ihrem je unterschiedlichen interdiskursiven Anteil; wobei der Anteil bei den Naturwissenschaften niedriger ist als bei den Humanwissenschaften. Was heißt „interdiskursiver Anteil"? Der Interdiskurs bezeichnet die Gesamtheit all der diskursiven Elemente,

„die nicht bloß auf einen einzigen oder wenige spezialdiskurse beschränkt sind, die statt dessen vielmehr **zwischen mehreren diskursen übereinstimmen**" (Redaktion *kultuRRevolution* 1986: 71; Kleinschr. u. Hervorh. i. Orig.; vgl. auch Link 1988: 48).

Doch die den Interdiskurs formierende Übereinstimmung der spezialdiskursiven Elemente bezeichnet nur eine Wirkungsrichtung. Der Interdiskurs integriert (v.a. mittels *Kollektivsymbolik*[9]) die Spezialdiskurse und spezialisierten Wissensbereiche bis zu einem gewissen Grade alltagskulturell (vgl. Link 1988: 48). Diese „zivilgesellschaftliche Reintegration im Alltag" (Link) ist erforderlich, da zunehmende Arbeitsteilung und mit dieser einhergehende Wissensspezialisierung und Diskursvielfalt gesellschaftlich desintegrierend wirken (vgl. ebd.). Mit anderen Worten: Der Interdiskurs ist – um ein positiv konnotiertes Kollektivsymbol zu verwenden – der diskursive *Kitt* der Gesellschaft (vgl. Jäger 1992: 18). Durch diese Rückwirkung erhält er eine spezifisch-strategische Bedeutung. Er trägt zur Strukturierung von Machtverhältnissen in der Gesellschaft bei und übt deshalb selber Macht aus.[10] Aus diesem Grund wird er unmittelbar zum (diskursiv) umkämpften Feld. Die Dominierung des Interdiskurses ist folglich maßgebliches Bestandteil, um „kulturelle Hegemonie" (im Anschluss an Gramsci[11]) zu erlangen bzw. zu sichern (vgl. Brieler et al. 1986: 63).

Im Gegensatz zu den Spezialdiskursen ist der Interdiskurs weder explizit geregelt noch systematisiert. Ebensowenig beansprucht er Definitionen oder Widerspruchsfreiheit. Das darf er auch gar nicht, da anson-

---

9 Ein Begriff, der im Folgenden noch geklärt wird.

10 Vgl. hierzu Link/Link-Heer: „Machtwirkungen übt eine diskursive Praxis in mehrfacher Hinsicht aus. Wenn eine diskursive Formation sich als begrenztes ‚positives' Feld von Aussagen-Häufungen beschreiben läßt [...] so gilt umgekehrt, daß mögliche andere Aussagen, Fragestellungen, Blickrichtungen, Problematiken usw. dadurch ausgeschlossen sind. Solche, sich bereits notwendig aus der Struktur eines Spezialdiskurses ergebenden Ausschließungen (die ganz und gar nicht als manipulative Intentionen eines Subjektes oder auch Intersubjektes mißdeutet werden dürfen!) können institutionell verstärkt werden" (Link/Link-Heer zit. nach Jäger 1993: 153 f.).

11 Ohnehin ist Diskursanalyse (-theorie), zumindest die, auf deren Vertreter ich mich beziehe, auch unter Rückgriff auf die gesellschaftstheoretischen Konzeptionen Antonio Gramscis entstanden. In dieser Arbeit wird nicht näher auf die Gemeinsamkeiten bzw. Parallelen eingegangen. Indes finden sich einige wichtige Aspekte implizit (Hegemonie, Senso commune, historischer Block etc.). Verweisen möchte ich stellvertretend auf den Beitrag „Gramsci, Foucault und die Effekte der Hegemonie" von Brieler et al. (1986), in dem diese Zusammenhänge eingehender ausgeführt werden (vgl. auch Link 1988).

sten besagte „Reintegration im Alltag" unmöglich würde; er muss verallgemeinerbar sein:

„der interdiskurs erfüllt [...] gerade dadurch seine hegemoniale funktion, dass in ihm verschiedene diskursive positionen [...] möglich sind, so dass als ‚mitte' des ‚dialogs' immer soviel hegemonie wie nötig und soviel kritik wie möglich herauskommt" (ebd.: Kleinschr. i. Orig., TK).

Dies verdeutlicht die Mutualität interdiskursiver Wirkung. Der Interdiskurs bezeichnet das Allgemeine der Spezialdiskurse und (re-)definiert sie zugleich. Er lässt sich bildlich als „flukturierendes Gewimmel" beschreiben (vgl. Link zit. nach Jäger 1993: 155).[12] Die Spezialdiskurse befinden sich, entsprechend der vorgestellten Abstufung, am weitesten vom Interdiskurs entfernt. Dagegen sind politische und journalistische Diskurse am stärksten im Interdiskurs verankert[13] (vgl. Redaktion *kulturRevolution* 1986: 71). Zum Interdiskurs und untereinander können sich Spezialdiskurse *gegendiskursiv* verhalten (vgl. Jäger 1993: 152). Das heißt, dass die Dominierung des Interdiskurses umkämpft ist,[14] somit nicht als statisch oder gar als *ewig* zu gelten hat (vgl. ebd.: 153). Als Gegendiskurs lassen sich deshalb (Spezial-)Diskurse verstehen, die (noch) nicht hegemonial sind bzw. (noch) nicht über diskursive Strategien/Anknüpfungspunkte in einen hegemonialen (Diskurs-)Block eingebunden sind.[15]

---

12 Hier *kursiert* alles. Bezogen auf den Hauptgegenstand meiner Arbeit: Statistiken, die eine besonders hohe Kriminalitätsdisposition von MigrantInnen nahelegen, desgleichen umgekehrt, liberale Reaktionen, ultrakonservative Hardliner, hohe Verbrechensfurcht, sinkende Kriminalitätsraten usw.

13 Die Medienberichterstattung, d.h. die Rekonstruktion des Sicherheitsdiskurses mittels Texten aus den Massen(print)medien tritt jedoch in dieser Arbeit zugunsten der Analyse vor spezialdiskursiven Texten in den Hintergrund. Zur Bedeutung des Themas Kriminalität in den Medien sei auf Jäger et al. 1998 verwiesen, zu Medien und Sicherheitsdiskurs siehe Kunz 1995 und 1996, siehe darüber hinaus auch Regener 1999. Allerdings wird durch die besondere Berücksichtigung des politischen und politischadministrativen Bereiches im Verlauf dieser Arbeit der Anteil an der interdiskursiven Verankerung des Themas angemessen berücksichtigt. Gerade vor dem Hintergrund des Zusammenhanges von hegemonialem Konzept und Interdiskurs gebührt jener Verankerung besondere Aufmerksamkeit. Sie begründet die große Bedeutung, die den Aussagen von Politiken zu Innerer Sicherheit beigemessen wird.

14 Insbesondere die politischen und journalistischen Diskurse sind entsprechend der soeben konstatierten Verankerung in diese Auseinandersetzung involviert. Sie bedienen sich dabei v.a. der Kollektivsymbolik.

15 Die Entwicklung gegendiskursiver Strategien ist nicht zuletzt eine Chance, die die Kritische Diskursanalyse eröffnet, um hegemoniale Sinnbildung zu

Diskursives Ereignis, Kollektivsymbol, diskursiver Knoten

Einige der genannten Begriffe wurden im vorangegangenen Teil erwähnt, ihre Erklärung steht indes noch aus. Die Begriffsklärung versuche ich anhand verschiedener Beispiele zu illustrieren, welche, um die Analyse des Sicherheitsdiskurses nicht vorwegzunehmen, dem Asyldiskurs entnommen sind.

Diskursive Ereignisse setzen *reale Ereignisse*[16] voraus, sind mit ihnen aber nicht gleichzusetzen. Den so genannten Terroranschlägen des 11. September 2001 in den USA als realen Ereignissen lässt sich der breit entfaltete Diskurs darüber, d.h. das diskursive Ereignis gegenüberstellen. Es gilt zu berücksichtigen, dass Umfang und Bedeutung realer und diskursiver Ereignisse einander keineswegs entsprechen müssen (vgl. Jäger 1993: 157). Diskursive Ereignisse stärken bzw. schwächen jeweils diskursive Positionen (vgl. Link 1988: 48). Das heißt, die Inszenierung einer kriegerischen Auseinandersetzung, in welcher eine bedrohte Weltgemeinschaft so genannten islamischen Terroristen mit aller Härte entgegentreten müsse, im Sinne eines diskursiven Ereignisses, stärkt z.B. eine diskursive Position, welche innenpolitisch die weitere Beschränkung aufenthaltsrechtlicher Bestimmungen (z.B. des Asylrechts) unter Hinweis auf eine besondere Gefährlichkeit von Menschen muslimischen Glaubens propagiert.

Unter *Kollektivsymbolen* lassen sich bildliche Modelle verstehen, die metaphorisch sowohl zwischen Spezialdiskursen vermitteln als auch die Übersetzung der Spezialdiskurse in das Alltagswissen leisten (vgl. Brieler et al. 1986: 62; Wagner 1992: 24 ff.). Kollektiv deshalb, weil sie „allen Menschen (eines kulturellen Zusammenhangs) unmittelbar einleuchten" (Jäger 1993: 161). Kollektivsymbolische Verknüpfungen können Assoziationen hervorrufen, die bestimmte Personengruppen absolut negativ kodieren, um schließlich in entsprechenden Abwehreffekten ausagiert zu werden (vgl. Jäger/Januschek 1992: 8) Kollektivsymbole sind also nicht beliebig verwendbar. Sie implizieren immer schon „elementar-ideologische Wertungen" (Link 1988: 48): „Eine Flut ist für den *Überfluteten* natürlich negativ konnotiert, ein Deich entsprechend positiv" (ebd.; Hervorh. i. Orig.). Das Kollektivsymbol muss hierbei nicht unbedingt als Substantiv expliziert werden. Vielmehr lässt sich

---

analysieren und widerständige und anti-hegemoniale Diskurselemente zu erarbeiten (vgl. Brieler et al. 1986: 63).

16 Hierbei handelt es sich eigentlich um eine erklärungsbedürftige Begriffswahl, denn Diskurse haben letztlich auch als *reale Ereignisse* zu gelten (vgl. hierzu Kunz 1995: 18). An dieser Stelle geht es jedoch um die Unterscheidung zwischen Ereignis und diskursiver Wirkung.

auch subtil mittels Umschreibungen auf Kollektivsymbole rekurrieren. Von „blassen Formen von Kollektivsymbolen" kann man sprechen, wenn „nur noch das Verb eine Metapher impliziert, ohne dass diese selbst versprachlicht wäre" (Jäger 1992: 255). Ein gutes Beispiel für beide Varianten ist auch hier die Flut-Metaphorik, die in der Asyldebatte eine große Rolle spielte. Hier wurden einreisende Asylbewerber als *Flut* symbolisch negativ kodiert, denn *Flut*, im Sinne einer Naturkatastrophe, vor der es sich zu schützen gilt, besitzt eine eindeutig negative Konnotation.[17] Demzufolge *bedrohen* Asylbewerber *unser* Land, *unser* Gemeinwesen, *unser soziales Netz* etc. Das *soziale Netz* ist selber ein Kollektivsymbol, jedoch – an dieser Stelle – positiv konnotiert.[18] Als „blasse Form" gelten Formulierungen wie z.B. „Die Zahl der Wohlstandsflüchtlinge schwillt an". Auch hier wird assoziativ von *Flut* gesprochen, ohne jedoch den Begriff selber einzuführen. In den Fällen, in denen weder durch explizite noch durch implizite Verwendung von Kollektivsymbolen Bezüge zu anderen Diskurssträngen hergestellt werden, kann von *diskursiven Knoten* gesprochen werden (vgl. Jäger 1993: 185).

Die diskursive, lockere Verkettung unterschiedlicher Symbole wird, nach Link, als *Katachresen-Mäander*[19] bezeichnet, d.h. Bildbrüche *schlängeln* sich durch die Diskursstränge bzw. sind diskursstrangübergreifend (vgl. Link 1988: 48 ff.; Gerhard 1992; Jäger 1993: 161, 185):

„Mehrere Symbole, das der ‚Flut', das vom ‚sozialen Netz' und das vom ‚Sammellager' werden locker verkettet; Quintessenz: die sog. ‚Asylanten' [...] werden als gefährliche ‚Flut' symbolisch kodiert, gegen die ‚Deiche' aus abschreckenden ‚Lagern' errichtet werden sollen" (Link 1988: 49).

Darüber hinaus versteht Link den Katachresen-Mäander als „die Grundfigur des *journalistischen Interdiskurses*" (ebd.: 48; Hervorh. i. Orig.).

---

17 Die so genannte Jahrhundertflut des Jahres 2002 in Ostdeutschland und die Weise wie diese kommuniziert wurde/wird, kann hierbei als bedeutsam in zweifacher Weise angesehen werden: einmal als Verstärker der Negativkodierung, da die Bedrohlichkeit der Metapher Flut/-katastrophe aktualisiert und dramatisch vergegenwärtigt wurde. Zum zweiten wurde auch das Opferkollektiv aktualisiert: Die im Katastrophenfall geeinte Nation, die Deutschen als Flut- und Bodengemeinschaft.

18 Neoliberale wählen hier vielleicht eher den negativ-konnotierenden Begriff „soziale Hängematte", der auch Eigenschaften des Netzes aufweist.

19 Unter Katachresen sind so genannte Bildbrüche zu verstehen. Als Bildbruch bezeichnet man die Vermengung von eigentlich nicht zusammengehörenden bzw. untereinander nicht passenden Sprachbildern in einem Satz.

Synchrones System kollektiver Symbole

Die Katachresen-Mäander koppeln also verschiedene kollektive Symbole miteinander, überziehen wie ein Netz die Diskurse und verleihen ihnen außerordentliche Festigkeit (vgl. Jäger 1993: 161). Das Ensemble dieser „Symbolik, ‚Bildlichkeit', Metaphorik, der anschaulichen Stereotypen und Klischees" wird als „synchrones System von Kollektivsymbolen" (*Sysykoll*) bezeichnet (vgl. Link 1988: 48; Wagner 1992: 72 ff.). Ich habe an anderer Stelle bereits auf die gesellschaftlich Integrationsleistung des Interdiskurses Bezug genommen („zivilgesellschaftliche Reintegration im Alltag"); Diese Aussage lässt sich nun wie folgt präzisieren: „Die besondere ‚Festigkeit' der Diskurse und ihre breite soziale Verankerung [...] erklärt sich zusätzlich daraus, dass die Produktion und Verfestigung von Diskursen auf dem Hintergrund einer etablierten politischen Symbolik der Bundesrepublik erfolgt" (Jäger 1992: 18). Ist der Interdiskurs der *Kitt* der Gesellschaft, so ist festzuhalten, dass das *Sysykoll* den *Kitt* des Interdiskurses bildet. In letzter Instanz kann deshalb die erwähnte integrierende Wirkung dem *Sysykoll* zugeschrieben werden (vgl. ebd.: 251):

„Das Sysykoll dient einerseits so dazu, die Widersprüche der gesellschaftlichen Wirklichkeit zuzudecken, ein harmonisches Bild der (immer gleichen, „normalen") eigenen Welt zu erzeugen, jede auch noch so dramatische Veränderung symbolisch zu integrieren, deutlich zwischen „Normalität" und „Abweichung" zu unterscheiden usw. Andererseits können sie dazu dienen, diese Abweichungen von dieser Normalität symbolisch zu kodieren und zu überhöhen" (ebd.).

Die elementar-ideologischen Wertungen der Kollektivsymbole wirken sowohl entsubjektivierend als auch kollektivbildend: „Das System der Symbole hat stets subjektbildende Funktion – der *Körper* und das *Haus* sind immer ‚wir', Ratten und Bazillen sind niemals ‚wir', können ‚wir' nicht sein" (Link 1988: 50; Hervorh. i. Orig.). Zurückzuführen ist dieser Effekt auf die Entgegensetzung, die In-Opposition-Setzung der kodierten Personen (-gruppen) mittels der Symbole. Veranschaulichen lässt sich dieser Sachverhalt in einem topischen Schema, „in dem das elementar-ideologische Funktionieren des Systems der Kollektivsymbole dargestellt ist" (ebd.: 49):

„Eine waagrechte Linie [zerschneidet] die Topik in einen oberen Bereich des ‚Lichts' und einen unteren der ‚Finsternis': Diese Dimension reproduziert also uralte gnostische Mythen. Das System erstreckt sich kreisförmig um seine ‚Mitte' [...] ‚Rechts' wie ‚links' stößt das System an die Grenze zum ‚Chaos'.

Ich [...] verweise [...] auf das (wie bei ‚*Festungen*‘) gestaffelte System von Außengrenzen (*Störungsgrenze, Extremismusgrenze, Fanatismusgrenze, Terrorgrenze*) sowie auf die doppelte Liste von Kollektivsymbolen, die sämtlich nach dem gleichen Schema funktionieren: z.b. können ‚*Extremisten*‘ nicht bloß als ‚*Ratten*‘ gegen unser ‚*Haus*‘ kämpfen, sondern genauso gut als ‚*Fluten*‘ gegen unser ‚*Schiff*‘, als ‚*Turbulenzen*‘ gegen unser ‚*Flugzeug*‘, als ‚*Bazillen*‘ gegen unseren ‚*Körper*‘ usw.“ (ebd.: 49 f.; Hervorh. i. Orig.; vgl. auch Jäger 1993: 388 f.).

Die Kollektivsymbole sind nicht in jedem Bereich symmetrisch verwendbar. Es muss u.a. zwischen Opposition innerhalb des *Systems* (z.B. *Maschine* vs. *Wald*), d.h. zu den jeweiligen Grenzen, und Opposition *System/Chaos* differenziert werden. Entsprechend einer „Grundregel des Systems“ werden Gruppen, die als außerhalb der Grenzen des Systems kodiert werden, in Feinde verwandelt, was für Opposition innerhalb der Grenzen nicht unbedingt gilt (vgl. Link 1988: 49): „Ein Begriff wie ‚*Extremist*‘ stellt die damit symbolisch kodierten Gruppen und Individuen von vornherein an die *Grenze* bzw. außerhalb der Grenze des Systems“ (ebd.: 49 f. Hervorh. i. Orig.). Die Topik wird nach Link

„mit verschiedenen, durchaus nicht beliebigen Symbolen beschrieben und kodiert. Für den inneren Bereich stehen solche Symbole, die sich letztlich entweder auf den menschlichen Körper oder auf industrialistische Vehikel zurückführen lassen, etwa das Auto, das U-Boot, das Haus etc. Für den äußeren Bereich stehen Symbole, die das Chaos markieren: die Flut, das Feuer, der Sturm etc. Für innere und äußere Feinde werden oft Symbole verwendet, die ihnen den Subjektstatus absprechen: Ungeziefer, wilde Tiere etc.“ (Jäger 1993: 160 f.).

Im Medien- und politischen Diskurs entscheiden Wirkung bzw. Verwendung des *Sysykolls* über das Ausmaß des Einflusses: „Tendenziell gilt heute, dass keine politische Aussage mediengerecht ist, wenn sie nicht symbolisch kodiert ist“ (Link zit. nach Jäger 1993: 386; vgl. auch Jäger 1992: 18). Die Bedeutung erklärt sich aus der Annahme, dass die Kollektivsymbole als ein bevorzugtes Mittel des Mediendiskurses (und politischen Diskurses) gelten. Ihr häufiges Auftreten im Alltagsdiskurs führt Jäger in Anschluss an van Dijk (1991) auf die intensive Einwirkung des Mediendiskurses zurück. Demzufolge durchzieht die Kollektivsymbolik der Medien den Alltagsdiskurs; diese Annahme lässt sich umgekehrt wie folgt zuspitzen: Anhand von Untersuchungen der Kollektivsymbolik erweist sich der Einfluss der Medien (vgl. Jäger 1992: 256). Gleichfalls spielt das *Sysykoll* für den politischen Diskurs eine besondere Rolle, denn „Politik ist in einem entscheidenden Ausmaß von kollektiven Bildern, Symbolen [...] bestimmt; alle diese Elemente gesellschaftlichen Sinns sind ihrerseits eine Form von Politik" (Demirović/Prigge 1988: 6; vgl. auch Dirven 1992: 75 f.).

Politische Diskursanalyse

Unter der Vorannahme, dass der Sicherheitsdiskurs zugleich maßgeblich ein politischer Diskurs ist,[20] können auch Paolo R. Donatis Überlegungen zur „Rahmenanalyse politischer Diskurse" (Donati 2001) in das Konzept eingebunden werden. Unter „Politischer Diskursanalyse" versteht man „ein Instrument zur Analyse der Art und Weise, wie die politische Realität durch Diskurse ‚definiert' (framed) wird, in diesem Sinne auch, wie soziale Akteure sie verstehen" (ebd.: 152). Die Themensetzung liefert der Diskurs hierbei selber. Es sind zumeist „kontroverse Problemdefinitionen, die einen Sachverhalt [...] zu einem sozialen und politischen Thema machen. [...] Der Forschungsgegenstand ist folglich in der Regel durch das soziale Problem oder das politische Thema vorgegeben" (ebd.: 153).[21]

Des weiteren ist davon auszugehen, dass Diskurse aus unterschiedlichen „Stimmen" bestehen. Daraus folgt, im Anschluss an die Themenwahl, als nächster logischer Schritt der Diskursrekonstruktion die Festlegung der für einen jeweiligen Diskurs relevanten „Stimmen". Diese materialisieren sich in Gestalt von Texten (vgl. ebd.: 153 f.). Donati verweist in diesem Zusammenhang auf „drei unterschiedliche loci der Diskursproduktion": „[...] politische Institutionen und Organisationen (sowohl jene, die politische Entscheidungen unterstützen, als auch solche, die Kritik an ihnen üben), die Medien sowie die individuelle und inter-individuelle Ebene der Primärgruppeninteraktion" (ebd.: 154).

Die Überlegungen zur Politischen Diskursanalyse sind in Hinsicht auf den Sicherheitsdiskurs deshalb so interessant, weil sich maßgebliche Teile des Diskurses entsprechend den genannten Ebenen (insbesondere

---

20 Der Begriff Innere Sicherheit ist im politischen Feld besonders häufig anzutreffen.

21 Besonders interessant an dieser Fassung ist, so man Donati folgt, das Attribut „kontrovers": In Anbetracht der Zielsetzung dieser Arbeit, endlich auch die Kritik/-er Innerer Sicherheit in den Blick der Forschung zu rükken, bedeutet der Hinweis, dass der (thematische) Sicherheitsdiskurs, kraft seiner Bewertung (vorherrschend politischer Diskurs zu sein), *per se* von der Kontroverse durchzogen ist. Politische Kontroverse, im Sinne von heftiger Auseinandersetzung/Streit, impliziert immer Kritik. Somit wäre die Berücksichtigung von Kritik einem diskursanalytisch orientierten Ansatz immanent, d.h. die „politische Diskursanalyse" (Donati) würde schon methodologisch bedingt den bislang „blinden Fleck" der Kritik als eigenem Forschungsgegenstand vermeiden.

der ersten) trefflich rekonstruieren lassen. Gleiches gilt entsprechend für die spezifischen Textarten, die sich aus der Wahl dieses Forschungsfokus („die Art und Weise, wie politische Institutionen bestimmte Situationen definieren") ergeben. Diese Untersuchungen orientieren sich an „Regierungsdokumente[n], Programme[n] etc. sowie Pressemitteilungen von institutionellen Akteuren oder von Organisationssprechern" (ebd.).

Donatis Überlegungen ergänzen und konkretisieren Kellers (2001) Analysen zur akteursbezogenen Dimension der Diskursbestimmung hinsichtlich politischer Diskurse. Sie sind insbesondere hilfreich bei der Untersuchung des so genannten Konservativen Sicherheitsdiskurses, da dieser stark institutionalisiert und organisiert ist (politische Institutionen, Polizeibehörden, Ministerien bzw. Ministerialverwaltungen, Parteien). Anders sieht die Situation allerdings in Hinsicht auf den Kritischen Diskursstrang aus, da dessen Charakteristikum ja gerade in dem vergleichsweise geringen Grad an Institutionalisierung und Organisationsbildung seiner Akteure besteht. Allerdings existieren nach Donati auch hierfür Zugänge politischer Diskursanalyse: „Die Studien prominenter Experten, die sich mit kollektiven Mobilisierungsprozessen beschäftigen, betonen hingegen institutionenkritische Diskurse eines politischen Gemeinwesens" (Donati 2001: 154).

Die in Donatis Ausführungen jeweils angeführten Beispielstudien (einerseits die Orientierung an politischen Institutionen und Organisationen, andererseits an kollektiven Mobilisierungsprozessen) erscheinen als voneinander grundsätzlich zu unterscheidende, mithin nicht vereinbare, da sie jeweils andere Zugänge wählen. Begreift man jedoch den Sicherheitsdiskurs als thematischen Diskurs, der von dem unterschiedlichen Institutionalisierungs- und Organisationsgrad seiner Akteure entscheidend geprägt ist, wobei der Umfang besagten Grades vom Konservativen zum Kritischen Diskursstrang abnimmt, folgt daraus, dass eine Untersuchung *beider* Teile nur möglich ist, wenn man beide Zugangsweisen kombiniert. Diese Einschätzung betont einmal mehr die Abhängigkeit der Erstellung des für die Analyse relevanten Textkorpus „vom spezifischen Forschungsdesign". Die hier vorgeschlagene Fassung des Sicherheitsdiskurses begreift dessen strukturelle Heterogenität als ein Charakteristikum, allerdings um den Preis, zugleich dessen Abgrenzbarkeit zu erschweren und damit auch die Definition „des vollständige[n] Set[s] an Texten" (ebd.). Nur bei Diskursen, die in einem klar abgrenzbaren *Setting* stattfänden, gestalte sich die Aufgabe der Korpusbestimmung relativ unkompliziert. Hier müsste man „nur entscheiden, ob der Akteur, der den Text äußert, Teil des relevanten Diskurses ist oder nicht" (ebd.: 155). Doch gegenüber dieser Eindeutigkeit verheißenden Einschätzung ist Skepsis angebracht. Einerseits ist Donati zwar zuzustimmen, dass es je nach Diskurs oder Design unterschiedliche Schwierigkeitsgrade bei Fragen der Zuordnung geben könne. Andererseits wirft seine Feststellung die Frage auf, was denn der gesicherte Standpunkt sein soll, von dem aus man beurteilen könne, ob eine Textauswahl „vollständig" ist?

Forschungspraktisches Vorgehen

Zu Beginn der konkreten Festlegung eines Diskurses als Untersuchungsgegenstand steht die schwierige Frage: „Wie denn eine Diskurseinheit überhaupt zu definieren sei? Und wo sind Anfang und Ende zu sehen?" (Titscher et al. 1998: 44). Die Antwort lautet: Es gibt

„prinzipiell [...] keinen objektiven Anfang und kein klares Ende [...], denn jeder Diskurs ist mit vielen anderen verbunden und nur aufgrund anderer zu verstehen. Die Eingrenzung der Untersuchungseinheit hängt damit von einer subjektiven Entscheidung des Forschers, von der untersuchungsleitenden Fragestellung ab" (Titscher et al. 1998: 44 f.).

Die bisherigen theoretischen Ausführungen haben jedoch forschungspraktische Konsequenzen. Sie ermöglichen zumindest die Handhabbarkeit dieses erkenntnistheoretischen Problems. In Anlehnung an Keller (2001: 136) lässt sich der Untersuchungsprozess idealtypisch mittels vier aufeinanderfolgenden Schritten strukturieren: 1. Festlegung des zu untersuchenden Diskurses, 2. Fixierung der Fragestellung, die an den jeweiligen Diskurs herangetragen wird, 3. Erhebungsphase und 4. Auswertung bzw. Interpretation der Einheiten.

Die folgenden Abschnitte sind entsprechend der einzelnen Schritten betitelt und führen diese weiter aus. Zugleich werden dort Aspekte der konkreten Umsetzung im empirischen Teil angesprochen. Einschränkend ist anzumerken, dass die im 2. Schritt vorzunehmende Fixierung nur in Hinblick auf *allgemeine* Fragestellungen erfolgt. Sie erläutert die grundlegenden Dimensionen, auf welche hin später einzelne Fragmente des Sicherheitsdiskurses untersucht werden. Diese Einschränkung gründet auch darin, dass, unter Bezugnahme auf die *Grounded Theory*, der Festlegungsprozess mit dem Erhebungsprozess ein wechselseitiges Verhältnis bildet, mit dem Effekt, dass eine Präzisierung der jeweiligen inhaltlichen Fragestellung(en) erst zu Beginn eines jeden Unterkapitels im empirischen Teil vorgenommen wird.

Festlegung des zu untersuchenden Diskurses

Die Festlegung des zu untersuchenden Diskurses ist, nach Keller (2001), auf mehrfache Weise möglich. Sie

„kann *thematisch* (der Diskurs über Abtreibung), *disziplin-* bzw. *bühnenspezifisch* (der öffentliche Diskurs, der medizinische Diskurs...), und *akteursbezogen* (der Diskurs eines Industrieverbandes) sein. Oft werden die entsprechenden Kriterien gemischt" (ebd.; Hervorh. i. Orig.).

Untersuchungsgegenstand dieser Arbeit ist in erster Linie ein *thematisch* festgelegter Diskurs: der Diskurs Innerer Sicherheit. Indes – im Zitat klang die Möglichkeit an – lassen sich die zur Festlegung geeigneten Kriterien (thematisch, akteurs- und disziplinspezifisch) mischen bzw. gegenseitig ergänzen – so auch in dieser Untersuchung. Herangezogen werden Texte zum *Thema* Innere Sicherheit, produziert von bestimmten exponierten *Akteuren* (Politikern, Polizeiexperten, Wissenschaftlern) im Rahmen bestimmter *disziplinspezifischer Anlässe* (bspw. auf einer Fachtagung des Bundeskriminalamtes oder für ein politikwissenschaftliches Fachlexikon). Ob ein Text das Thema Innere Sicherheit behandelt, wird – sofern keine anderen Indikatoren herangezogen werden können (Akteursstatus, Disziplin) – mittels eines semantischen Feldes ermittelt (siehe unten).

Diskurs *über* Innere Sicherheit, Diskurs *der* Inneren Sicherheit, *Sicherheitsdiskurs*?

Nachdem der Diskurs thematisch bestimmt wurde, ist zu fragen, wie er im Weiteren zu bezeichnen ist. Mag diese Frage auch spitzfindig erscheinen, sie verweist auf eine notwendige Klärung. Auch wenn diskursanalytische Puristen zwischen den jeweiligen Formulierungen eklatante Unterschiede wittern,[22] wird der zu untersuchende thematische Diskurs in dieser Arbeit synonym als *Sicherheitsdiskurs, Diskurs Inne-*

---

22 Der Vollständigkeit halber soll anhand eines kurzen Beispiels der mögliche Einwand gegen diese Sprachregelung illustriert werden: Man stelle sich vor, eine ForscherIn bestimmt zum Zwecke einer Untersuchung einen Diskurs akteursspezifisch (hier sehr allgemein: Politiker). Unter dem Diskurs *über* Politiker (a) ließe sich etwas anderes verstehen, als unter dem Diskurs *der* Politiker (b) oder dem *Politikerdiskurs* (c). Mal würde nahegelegt, Politiker seien Thema des Diskurses (a), mal Akteure des Diskurses (b). Letztgenannter *Politikerdiskurs* erscheint diesbezüglich noch am neutralsten, da er die Frage nach dem Status Akteur/Produzent oder Thema/Gegenstand unbestimmt lässt und somit beides beinhalten kann.

rer Sicherheit oder auch *Diskurs über Innere Sicherheit*[23] bezeichnet.[24] Unter Verweis auf Keller, dessen diskursanalytisches Konzept hier maßgeblich zugrunde gelegt wird, lassen sich mögliche Einwände relativieren, da auch dort durchaus von Diskursen *über* bestimmte Themen die Rede ist (vgl. ebd.).

Fixierung der Fragestellung

Spezifisch gebündelte und mehr oder weniger weit ausgreifende Deutungs(grund)muster bilden das Substrat von Diskursen. Jene Grundmuster manifestieren sich in Gestalt konkreter Elemente: u.a. (narrative) Beispiele, Symbole, Statistiken, Bilder (vgl. ebd.: 132). Ein solch „typisierbare[r] Kernbestand an Deutungsmustern, argumentativen Verknüpfungen und sprachlich-rhetorischen Mitteln eines Diskurses bildet das (diskurspezifische) *Interpretationsrepertoire*" (ebd.; Hervorh. i. Orig.).

In einem jeweiligen Diskurs werden diese „Bausteine" entsprechend spezifisch zu „einer besonderen ‚Erzählung' zusammengeführt, auf einen referentiellen Anlaß bezogen und über einen *roten Faden* oder Plot, eine *story line* zu Diskursen integriert" (ebd.: 133; Hervorh. i. Orig.). Diese Bausteine entstammen dem kulturellen Wissensvorrat, können mitunter aber auch im Diskurs selbst erzeugt werden und reichern dann

---

23 Es erscheint angebracht, außer auf Regelungen der Bezeichnungsweise auch kurz auf Konventionen bezüglich der Schreibweise zu sprechen zu kommen. In dieser Arbeit wird für die Begriffe Innere und Öffentliche Sicherheit durchgängig die Großschreibung verwendet. In der Fachliteratur ist die Schreibweise uneinheitlich und variiert von Autor zu Autor. Mit der Großschreibung soll der besondere Gehalt des Begriffs Innere Sicherheit unterstrichen werden. Die in dieser Arbeit bevorzugte Großschreibung soll dabei *auch* den Unterschied zu einer Rede- und Schreibweise von „innerer Sicherheit" markieren, bei welcher der Begriff mit Blick auf das Adjektiv „innere" in eine konturlose und vor allem jegliche Spezifika verwischende historische Kontinuität gesetzt wird, die bis auf das *Allgemeine Landrecht für die preussischen Staaten von 1794* (Hattenauer 1996) zurück reicht. Auf durchgängige Kursivsetzung und/oder Anführungszeichen, um die Begriffe distanzierend hervorzuheben, wird hingegen verzichtet. Einerseits wären Anführungszeichen und dauernde Kursivsetzung in Anbetracht der häufigen Verwendung der Bezeichnungen der Lesbarkeit des Textes abträglich. Andererseits wird durch den kritischen Gesamtanspruch der Arbeit von Beginn an deutlich, dass eine erhebliche Distanz zu jenen Begrifflichkeiten besteht.

24 Gleiches gilt für die Ausdifferenzierung in so genannten Konservativen und so genannten Kritischen Diskurs, schließlich sind beide Bestandteile ein und desselben thematischen Diskurses. Die Begriffe Konservativer und Kritischer Diskursstrang werden hierzu synonym verwendet.

den kulturellen Wissensvorrat wiederum an, ergänzen ihn um neue Elemente (vgl. ebd.).

Interessant ist die Einschätzung zur Zusammenführung von „Bausteinen" nun insbesondere *auch* in Hinblick auf die angezielte Konturierung eines Kritischen (Teil-)Diskurses über Innere Sicherheit. Zum einen würde es nämlich bedeuten, dass auch dieser Teildiskurs (s)eine „besondere ‚Erzählung'" haben muss, d.h. über Charakteristika verfügt, welche spezifisch für ihn sind. Zum anderen ist zu vermuten, dass im Kritischen Sicherheitsdiskursstrang desgleichen etwas Allgemeines vorfindbar sein müsste, dass er mit dem so genannten Konservative Teildiskurs über Innere Sicherheit teilt, da er ebenso wie dieser aus dem selben „kulturellen Wissensvorrat" schöpft. Forschungspraktisch mündet diese Rahmung in die Frage nach den Überschneidungen und spezifischen Unterschieden zwischen beiden Teildiskursen. Auch das von Keller eigentlich im Zusammenhang mit dem „Hybridcharakter" öffentlicher Diskurse angesprochene „Koalieren kollektiver Akteure" ist für diese Fragestellung ergiebig:

„Kollektive Akteure aus unterschiedlichen Kontexten (z.b. aus Wissenschaft, Politik, Wirtschaft) koalieren bei der Auseinandersetzung um öffentliche Problemdefinitionen durch Benutzung einer gemeinsamen Grunderzählung, in der spezifische Vorstellungen von kausaler und politischer Verantwortung, Problemdringlichkeit, Problemlösung, Opfern und Schuldigen formuliert werden. Probleme können (ent)dramatisiert, versachlicht, moralisiert, politisiert, ästhetisiert werden. Akteure können aufgewertet, ignoriert oder denunziert werden. Angesprochen sind damit Deutungs- oder Argumentations*effekte*, die etwa innerhalb politischer Diskurse in der Regel intendiert, wenn auch nicht unbedingt vollständig kontrolliert sind" (Keller 2001: 133; Hervorh. i. Orig.).

Folglich geht es um die Konturierung von entscheidenden Bestandteilen der Grunderzählung des Sicherheitsdiskurses, seines Interpretationsrepertoires. Die Frage nach typischen Bildern, Beispielen und Symbolen übersetzt sich praktisch in die Suche nach vorfindbaren Topoi[25] und Metaphern, vorherrschend verwendeten Bedrohungen und Feindbildern. Die Untersuchungseinheiten werden „in bezug auf auftauchende Kol-

---

25 „Unter Topoi werden allgemeine Plätze der Argumentation verstanden. Eco (1972) weitet die Bedeutung dahingehend aus, als er darunter typische kulturelle Denk- und Wahrnehmungsmuster erblickt, die vorreflexiv die Alltagssemiotik bestimmen. Es handelt sich um eine Form spontanen Wissens und Erkennens typischer Elemente eines Diskurses, dessen wesentliches Charakteristikum darin besteht, dass Prämissen darin eingehen, die als unthematisiertes Vorwissen vorliegen" (Höhne/Kunz/Radtke 1999: 67).

lektivsymbole, Bedeutungsfelder, den Gebrauch von Pronomina, die Funktion von Sprichwörtern und Redewendungen, narrative Strukturen" analysiert (Keller 1997: 322). Die Untersuchung der verschiedenen Teildiskurse wird anhand eines je spezifischen Rasters durchgeführt. Das Raster ist spezifisch in Hinsicht auf die je unterschiedliche/n

* Akteure bzw. Institutionen und Organisationen.
* Diskursform (politische Rede, Fachartikel, Registerband o.ä.).
* Teildiskursive Zuordnung (Konservativer/Kritischer Sicherheitsdiskursstrang).

Die Feststellung, dass Akteure „bei der Auseinandersetzung um öffentliche Problemdefinitionen durch Benutzung einer gemeinsamen Grunderzählung" koalieren, ist vielversprechend in Hinsicht auf die These, es existiere eine inhaltliche Gemeinsamkeit, etwas notwendigerweise Verbindendes zwischen Akteuren des kritischen und des konservativen Teildiskurses. Unter positiver Bezugnahme auf die Beschreibung Kellers, der Diskursanalyse gehe es um die Rekonstruktion von

„Prozesse[n] der sozialen Konstruktion, Objektivation, Kommunikation und Legitimation von Sinnstrukturen auf der Ebene von Institutionen, Organisationen beziehungsweise kollektiven Akteuren" sowie die Analyse der „gesellschaftlichen Wirkungen dieser Prozesse" (Keller 1997: 319),

lässt sich im Anschluss an die thematische Festlegung des zu untersuchenden Diskurses (Diskurs Innerer Sicherheit) sagen, dass es in Hinblick auf den Sicherheitsdiskurs um die Rekonstruktion von Prozessen der sozialen Konstruktion, Objektivation, Kommunikation und Legitimation von Bedrohtem/Bedrohten (Innere Sicherheit) und Bedrohendem (Kriminalität und Kriminelle) geht.

Auf der Ebene von Institutionen und Organisationen bieten sich für die Rekonstruktion des Sicherheitsdiskurses politische Institutionen, Innenministerien und Polizeibehörden an, im Sinne exponierter Akteure des hegemonialen Diskurstranges. Sofern kritische Positionen im Sicherheitsdiskurs existieren – deren Berücksichtigen zentrales Anliegen dieser Arbeit ist – und soweit diese Positionen weder signifikant an Institutionen oder Organisationen gebunden sind, was zu erwarten ist, sollen Kritiker als kollektiver Akteur verstanden werden. Es wird zu prüfen sein, inwieweit der Diskurs selbst Belege dafür liefert, diese Erstzuordnung zu bekräftigen.

Auswahlverfahren

In diesem Abschnitt werden etwaige Probleme hinsichtlich Umfang und Bestimmung der Untersuchungseinheiten behandelt und das Instrument zur Erhebung und Auswahl der Untersuchungseinheiten vorgestellt.

Probleme der Auswahl und der Bestimmung von Untersuchungseinheiten

Bei der näheren Bestimmung der Untersuchungseinheiten stellen sich mehrere Probleme. In Anschluss an Keller (2001) können unterschieden werden: „(a) *Grenzziehungsprobleme* und (b) *Geltungsprobleme*" (Keller 2001: 137; Hervorh. i. Orig.). Unter Grenzziehungsproblemen sind „das Problem der Eingrenzung von Untersuchungszeiträumen und -gegenständen, das Problem der Reduktion und des Zusammenhangs des auszuwertenden Materials und das Problem der Zuordnung von Dokumenten/Praktiken bzw. einzelnen Textinhalten zu Diskursen" (ebd.: 138) zu verstehen. Zum Teil wird es nötig sein, auf definitorische Aspekte des Diskursbegriffs zurückzukommen, die bereits auf den vorhergehenden Seiten angerissen wurden. Generell geht es nicht um die *Lösung* der oben angesprochenen Probleme, als vielmehr um ihre Vergegenwärtigung. Dies liegt darin begründet, dass – wie ein längeres Zitat zeigt – jene Probleme dem dieser Arbeit zugrunde liegenden methodologischen Ansatz immanent sind. *Grenzziehungsprobleme* beziehen sich auf „kompositorische Aspekte" des Diskursbegriffs:

„Auch wenn die einzelnen Bestandteile von Diskursen als empirische Artefakte existieren, werden sie doch erst durch den beobachtenden Zugriff der Sozialwissenschaftler zum Diskurs. Deswegen müssen Begründungen dafür angegeben werden, welche Dokumente einem Diskurs zugerechnet werden können, wie sinnvoll das empirische Material eingeschränkt und analytisch handhabbar gemacht werden kann u.a.m. Dies mag mitunter durch Vorwissen über Texte bzw. Textproduzenten möglich sein; entsprechende Entscheidungen können über die Auswahl von Themen oder institutionellen Settings erfolgen. Häufig [...] kann aber erst vom vorliegenden Text ausgehend letztlich auf den oder die Diskurse geschlossen werden, die darin aktualisiert werden" (ebd.: 138).

Gemäß dieser Einschätzung verschiebt sich die Ursache des Problems also auf die Ebene des Forschers in seiner Funktion als Beobachter. Es handelt sich indes um ein unauflösbares Paradoxon, das mit dem gewählten Ansatz verbunden ist. Anerkennt man diese Ausgangslage, kann man sich in einem nächsten Schritt der konkreten Materialauswahl zuwenden, hierzu steht eine Vielzahl verschiedener Strategien zur Materialreduktion zur Verfügung. Auf Basis der leitenden Fragestellung können folgende zum Einsatz kommen:

„Rückgriff auf Schlüsseltexte [...], in der Orientierung an wichtigen Ereignissen und soziokulturellen Umbrüchen (z.b. Institutsgründungen, Gesetzgebungsverfahren u.a.m. [...]), in Strategien der theoriegeleiteten Materialsuche oder -analyse anhand von Kriterien minimaler oder maximaler Kontrastierung [...]. Eine nützliche Strategie zur Datenreduktion, die am Paradigma der qualitativen Textinterpretation festhält, greift z.b. Vorgehensvorschläge der grounded theory und die Forschungsökonomie typenorientierter rekonstruktiver Hermeneutik und Deutungsmusteranalysen auf [...]. Gerade die Annahme typisierbarer Elemente von Diskursen erlaubt [...] eine vergleichsweise zeitökonomische Abschließung des Forschungsprozesses an dem Punkt, an dem die Analyse gesättigt erscheint und weitere Auswertungen keine zusätzlichen Erkenntnisse mit sich bringen" (ebd.; Hervorh. i. Orig.).

In der Praxis lassen sich die Strategien durchaus verbinden. Der „Rückgriff auf Schlüsseltexte" oder eine „Orientierung an wichtigen Ereignissen" kombiniert beispielsweise immer auch die thematische Dimension mit der zeitlichen. Der Bezug auf die sog. *Grounded Theory* mit Blick auf die Datenerhebung bedeutet, dass letztere

„nicht als spezifische Phase betrachtet [wird], die vor Beginn der Analysearbeiten abzuschließen ist: Nach der ersten Erhebung gilt es nämlich, erste Analysen durchzuführen, Indikatoren für Konzepte zu finden, Konzepte in Kategorien zu dimensionieren, und auf Basis dieser Ergebnisse neuerlich Daten zu erheben" (Titscher et al. 1998: 95).

So gesehen hat die Rückbindung der Diskursanalyse an die *Grounded Theory* einen erheblichen Effekt auf die Untersuchung als Ganzes:

„Am Anfang steht nicht eine Theorie, die anschließend bewiesen werden soll. Am Anfang steht vielmehr ein Untersuchungsbereich – was in diesem Bereich relevant ist, wird sich erst im Forschungsprozeß herausstellen" (Strauss/ Corbin zit. n. Titscher et al. 1998: 94).

Besonderes Augenmerk verdient auch die am Ende des Keller-Zitates angesprochene *Sättigung der Analyse*. Gerade dieser absichtliche Sättigungseffekt ist immer mit zu bedenken, wenn im Verlauf von Textinterpretationen der Eindruck von Redundanzen entsteht. Die Entdeckung ähnlicher oder gleicher Muster (Formulierungen, Metaphern, Topoi, Textstrukturen etc.) über unterschiedliche Texte hinweg ist also intendiert und indiziert bereits vor einer zusammenfassenden Auswertung die Diskurszugehörigkeit.[26]

Geltungsprobleme betreffen in der Regel und im Unterschied zu Grenzziehungsproblemen eine andere Phase des diskursanalytischen Forschungsprozesses. Hier geht es u.a. um die Rückbezüge der Ergebnisse, welche aus der Analyse einzelner, hinsichtlich des Datenformats womöglich auch noch unterschiedlicher Dokumente/Diskursfragmente gewonnen wurden, auf den untersuchten Gesamtdiskurs, d.h. es stellen sich Fragen bezüglich der Generalisierbarkeit der Bündelung der Ergebnisse aus Einzelanalysen.

Darüber hinaus stellt sich die Frage der „Schließung des Analyseprozesses (wann ist alles wichtige erfasst?)" (Keller 2001: 138). Der Aspekt der Schließung variiert den bereits oben angesprochenen Sättigungseffekt. Die Antwort auf die Frage nach der Generalisierbarkeit der aus einzelnen Texten gewonnenen Ergebnisse erweist sich insbesondere auf Basis des dieser Arbeit zugrundeliegenden Diskursverständnisses als Abgrenzung von anderen gängigen sozialwissenschaftlichen Untersuchungsansätzen: „Vor allem die Aggregation einzelner Ergebnisse zu Gesamtaussagen über ‚den Diskurs' markiert den zentralen Unterschied zu den meisten qualitativen sozialwissenschaftlichen Untersuchungen" (ebd.: 139). Die Weitung der Bedeutungsgeltung über einen jeweiligen Text hinaus impliziert zugleich die Kritik an der Reduktion eines Textes auf individualistische Positionsbestimmungen. Demzufolge machen auch Begriffe wie z.B. Diskussion, Debatte oder Meinungsstreit *über* Innere Sicherheit wenig Sinn. Die Textauffassung der Kritischen Diskursanalyse stellt im Gegensatz dazu einen sehr offensiven, explizit gesellschaftstheoretischen Zusammenhang zwischen sprachlichen Äußerungen von (Autor-)Subjekten und Gesellschaft her und führt hierüber den Begriff des „Diskursfragmentes" ein:

„Texte sind insofern niemals etwas nur Individuelles, sondern immer auch sozial und historisch rückgebunden. Anders ausgedrückt: Sie sind oder enthalten Fragmente eines überindividuellen sozio-historischen Diskurses. […] Sie *sind* Bestandteile bzw. Fragmente von *Diskurssträngen* (= Abfolgen von Diskursfragmenten mit gleicher Thematik), die sich auf verschiedenen *Diskursebenen* (= Orte, von denen aus gesprochen wird, also Wissenschaft, Politik, Medien,

---

26 Auch im empirischen Teil dieser Arbeit zeigt sich dieser Sättigungseffekt. Er bedingt teilweise ein Vorgehen der Interpretation, bei welchem die einen Abschnitt jeweils eröffnenden Analysen in der Regel umfangreicher geraten, da ja im Fortgang der Untersuchung bestimmte Muster immer wieder auftauchen (Sättigung), die Interpretationen der Folgedokumente entsprechend des exemplarischen Charakters der eröffnenden Texte aber vergleichsweise kurz gehalten werden können.

Alltag etc.) bewegen" (Jäger 1999: 117; Hervorh. i. Orig.; vgl. auch ebd.: 205; Jäger/Januschek 1992: 7; Gerhard 1992: 163).

Die Überlegungen zu Grenzziehungs- und Geltungsproblemen leiten *zur Frage des Umfangs der zu untersuchenden Einheiten* über. Beide Problemstellungen variieren, wie sich zeigte, diese Frage entsprechend ihrer je spezifischen Stellung im Forschungsprozess:

„Welchen Umfang das empirische Material haben sollte, um gültige Aussagen über ‚den' spezifisch interessierenden Diskurs zu treffen, ist ebenfalls von der Fragestellung abhängig. Generell kann das zu untersuchende Material insgesamt unter zwei Gesichtspunkten ‚benutzt' werden. Zum einen dient es der Information des Forschers über sein Feld (Wissens- oder Informationsaspekt). Zum anderen liegt es als Dokument der Rekonstruktion der Diskurse, ihrer (materialen, sprachlichen) Mittel und ihrer inhaltlichen Bedeutungen zugrunde" (Keller 1997: 326).[27]

Übertragen auf den Gegenstand Sicherheitsdiskurs heißt das: der thematische Diskurs wird erschlossen bzw. nachvollzogen über die Analyse einzelner *Diskursdokumente*[28] oder *Diskursfragmente*. Umgekehrt bedeutet dies zugleich, dass sich Diskurse, sofern sie nicht akteurspezifisch oder institutionenspezifisch definiert werden, was ihre Ab- und Eingrenzung erleichtert, eigentlich nicht vollständig erfassen lassen. Vielmehr sind sie immer nur mittels einzelner Fragmente exemplarisch zu rekonstruieren (vgl. Höhne/Kunz/Radtke 1999: 46).

Voraussetzung hierfür ist eine Strukturlogik in Gestalt einer heuristischen Begründung von *einem/dem* Diskurs, demzufolge ein Diskurs die idealtypische Gesamtheit thematisch gleicher oder ähnlicher Aussagen ist. Des weiteren lautet die voraussetzungsvolle Annahme, dass zu untersuchende Fragmente nicht bloß einen Ausschnitt des Diskurses markieren, sondern umgekehrt das ‚Ganze' im ‚Kleinen' enthalten ist. Kurz gesagt, das Allgemeine im Sinne vom so genannten *Typischen* (eines Diskurses) findet sich im Besonderen, d.h. seinen Fragmenten wieder. Es liegt empirisch in Textform vor. Ein kohärenter Diskurs wird demnach theoretisch *vorausgesetzt* als eine spezifische Ordnung, welche es

---

27 Das es hierbei auch zu im Ansatz zirkulären Strukturen kommen kann, ist im Prozess angelegt. Einerseits ist der Umfang von der Fragestellung abhängig, die der Forscher an den Diskurs heranträgt, andererseits lässt er sich vom Material belehren um daraus Rückschlüsse auf mögliche Fragestellungen zu ziehen.

28 Der Begriff „Diskursdokument" wird in einem alltagssprachlichen Sinne verwendet und markiert lediglich die Zugehörigkeit von damit bezeichneten Texten zu einem jeweiligen Diskurs in dem Sinne, als sie dessen Bestandteile sind.

aber aufzuzeigen, zu belegen gilt. Das, was der interessierende Diskurs *ist*, wird daher durch die Untersuchung des Materials selbst *mit* festgelegt. Zugleich, und das soll an dieser Stelle hervorgehoben werden, bedeutet dies, dass ein/der Diskurs zwar gesellschaftlich (prä-)existent sein mag, sich vor seiner Untersuchung aber forschungspraktisch eigentlich nicht befriedigend eingrenzen lässt. Die erste Festlegung des Materials und die Bestimmung seiner thematischen Rahmung haben deshalb immer vorläufigen Charakter und bilden die Ausgangspunkte der weiteren Untersuchung. Die Bestätigung dieser Vorannahmen, die Zweckmäßigkeit und Tragfähigkeit der Materialauswahl, ist folglich immer auch ein Forschungs*ergebnis* (vgl. ebd.).

Die thematisierten Geltungs- und Grenzziehungsprobleme lassen sich also – wie bereits erwartet – nicht völlig auflösen. Was bleibt ist, sich ihrer Existenz zu vergewissern und der Notwendigkeit Rechnung zu tragen, sie hiermit zu dokumentieren. Schließlich bedeutet es anzuerkennen, dass Forschungsgegenstand und Forschungsergebnis immer auch theorie-, kategorie- und beobachterabhängig sind.

Ein Einwand, der gegen diskursanalytische Zugangsweisen, die sich gerade dadurch auszeichnen, dass der Forscher den Diskurs durch seine spezifisch-thematische Bündelung gewissermaßen immer (mit-)konstruiert, erhoben wird, lautet: die Diskursfassung sei folglich eine individuelle, lediglich dem Forschersubjekt zuzurechnende. Dem ist entgegenzuhalten, dass jene Forschersubjekte mit dem Diskurs verstrickt sind und hierüber immer auch dessen Muster re-konstruieren, d.h. sie sind

„qua Vorwissen stets ein Teil der Diskurse, die sie untersuchen, so dass die Zirkelstrukturen des Erkennens und Verstehens nur zu reflektieren, nicht aber ‚aufzulösen' sind. Eine ‚exzentrische Positionalität' (Plessner) des Forschersubjekts hinsichtlich des Diskurses ist nicht möglich, was bedeutet, dass es keinen absoluten Nullpunkt der Interpretation gibt, von dem aus die Analyse zu starten wäre. Insofern bleibt auch die Diskursanalyse im Bereich der hermeneutischen Verfahren. Darüber hinaus ist jede Art der thematischen Auswahl beobachtungsabhängig" (ebd.: 62).

Und just jener Fundus des Vorwissens ist selbst nie bloß individuell, sondern stets durchzogen von der „Grunderzählung" (Keller 2001: 133) eines Diskurses. Mit dem Begriff des (Vor-)Wissens wird zudem eine methodologisch durchaus konforme Kategorie eingeführt:

„Diskurs und Wissen sind zwei Seiten einer Medaille insofern, als Wissen im Sinne von sozialem Wissen nur ‚diskursförmig' auftritt und Diskurse das dominante und hegemoniale Wissen einer Sprach- und Sprechgemeinschaft repräsentieren. Daher wird bei der Diskursanalyse zugleich soziales Wissen analysiert, insofern es anerkanntes, selektives, handlungsanleitendes und hegemoniales ‚Praxiswissen' darstellt" (ebd.: 63).

Diskurse strukturieren hierüber soziale Praxis,

„da erst die text- und sprachförmige Organisation, Koordination und Konstruktion von Gesellschaft Sinn zum sozialen Ereignis macht und eine ‚sinnvolle' soziale Praxis ermöglicht. Inhärente Momente dieser Praxis sind unter anderem Wissen, Handlung, Institutionen, Macht usw., die konstitutive Elemente darstellen" (ebd.: 65).

Das semantische Feld

Im Falle der Untersuchung eines Diskurses, in dem sich die Aufgabe der Diskurszuordnung von Texten schwierig gestaltet, schlägt beispielsweise Donati vor, „eine Liste mit Schlüssel-Worten" zu bilden, die ein erstes Auswahlprinzip bildet. Das weitere Vorgehen stellt sich dann wie folgt dar: „Texte können [...] danach ausgewählt werden, ob sie eines oder eine bestimmte Anzahl der Worte, die die Schlüsselwortliste umfaßt, enthalten" (Donati 2001: 155). Dies ist kein ungewöhnliches Vorgehen und ähnelt sehr stark dem so genannten semantischen Feld. Auch die im Anschluss an die Festlegung des Diskurses anstehende eigentliche Bestimmung der Untersuchungseinheiten in dieser Arbeit geschieht unter Zuhilfenahme eines semantischen Feldes. Ein solches kann zur systematischen Suche ebenso herangezogen werden, wie zur Überprüfung unsystematisch recherchierter Fragmente:

„Mithilfe [eines] [...] *semantischen Feldes* werden die interessierenden Texte eines Diskurses identifiziert. Die Forscher sind, wie bereits angesprochen, stets schon Teil der Diskurse, die sie untersuchen, so dass das (Vor)Wissen genutzt werden kann, um assoziativ das semantische Netz zu bilden, welches idealtypisch zunächst den interessierenden Diskurs repräsentiert. Die Funktion des semantischen Feldes besteht darin, auf assoziativem Wege den thematischen Schnitt, der ins Diskursuniversum gelegt wird, zu realisieren, um die infragekommenden Textteile zu sichten. Dabei hängt es von der Art der Fragestellung und des Gegenstandes ab, ob weitere Mittel zur Bestimmung und thematischen Eingrenzung des Materials herangezogen werden" (Höhne/ Kunz/Radtke 1999: 66).

Auch hier kann es zu Variationen beim Vorgehen kommen. Für den ersten Teil der empirischen Untersuchung wird das semantische Feld beispielsweise erst angewendet, wenn aus der angebotenen Textmenge eines der dort untersuchten Sammelbände die im engeren Sinne untersuchungsrelevanten Stellen aus der Gesamtheit der darin befindlichen Aufsätze/Lexikabeiträge zu ermitteln sind. Das Vorgehen konkretisiert sich in Gestalt der Überprüfung diskursformspezifischer Stellen (Inhaltsverzeichnis, Register) auf das Vorhandensein des Wortes Sicherheit und der Wortpaare Innere Sicherheit oder Öffentliche Sicherheit. Da Nachschlagewerke diskursformspezifisch mit Schlag- und Stichworten arbeiten ist, dieses Vorgehen sehr einfach und eindeutig zu bewerkstelligen. Die Auswahl der Werke selber wird indes angeleitet und strukturiert durch einzelne Hinweise (in Tagespresse, Zeitungsartikeln) auf bestimmte spezial- bzw. fachdiskursive Zuordnungen des Themas Innere Sicherheit und durch (Vor-)Ergebnisse früherer Untersuchungen (vgl. Kunz 1995). In Kombination mit den aus der *Grounded Theory* herrührenden Annahmen ergibt sich somit ein gestuftes Vorgehen. Zunächst wird der Diskurs über Beiträge in Handwörterbüchern, Lexika und Fachwörterbüchern (vor-)erschlossen (Auswahl entsprechend den Hinweisen auf fachdiskursive Zuordnung des Diskurses). Hier wird das semantische Feld sehr eng geführt (siehe obige Wortpaarbildungen). Der Zugang dient der Materialanreicherung und Diskursrekonstruktion in groben Zügen, wobei insbesondere auch auf Hinweise auf das angezielte Untersuchungsdesign geachtet wird. Absicht ist es, offen zu sein und sich vom Material belehren zu lassen.

Mittels einer so genannten Ersteindrucksanalyse wird eine primäre und zunächst nur oberflächliche inhaltliche Sichtung des Fragments vorgenommen, um dessen Grobstruktur und Anhaltspunkte für die anschließende Detailanalyse zu ermitteln. Unter dem Begriff *Ersteindrucksanalyse* wird also eine erste, hinsichtlich formaler und detaillierter inhaltlicher Kriterien noch nicht präzisierende *Erstlektüre* verstanden, die der inhaltlichen Diskursanalyse vorgeordnet ist.

Die Anwendung des semantischen Feldes ist, wie beschrieben, auch abhängig von der *Diskursform*. Die Diskursform und die aus ihr folgende *Diskursformbestimmung* resultieren aus dem Sachverhalt, dass jeder Diskurs eine formale Seite hat, die von anderen Formen unterschieden werden kann. Wobei in dieser Arbeit davon ausgegangen wird, dass es sich durchaus auch um mehrere formale Seiten handeln kann. Denn sofern ein Diskurs in erster Linie thematisch bestimmt wird, kann er mehrere, diskursformspezifisch unterschiedliche Diskursstränge miteinander verschränken:

„Die Bestimmung der *Diskursform* […] [z.B. Fachvortrag, Eröffnungsansprache, Fachbuch, Zeitschrift; TK] gibt zum einen schon Auskunft über die Funktion, welche die Form des Diskurses in einer bestimmten Praxisform […] [z.B. Fachtagung; TK] haben kann und stellt auf diese Art schon einen Zusammenhang zur entsprechenden Praxis her, in welcher der zu untersuchende Diskurs auftritt" (ebd.: 67; Hervorh. i. Orig.).

„Darüber hinaus kann von da aus die *diskursformeigene Strukturierung* bestimmt werden" (ebd.), wie sie beispielsweise in einem Buch (Fachlexikon) in Form eines Inhalts- und Stichwortverzeichnisses vorliegt, nach der das repräsentierte Wissen schon immer (vor-)sortiert und nach spezifischen Relevanzkriterien geordnet ist. Auch die Diskursform ist – in Folge der gemischten Kriterien bei der Festlegung des zu untersuchenden Diskurses (sowohl themen- als auch akteurs- und institutionenspezifisch) – entsprechend heterogen, was sich in Gestalt der von Unterkapitel zu Unterkapitel des empirischen Teils der Untersuchung je unterschiedlichen Diskursformen niederschlägt.

Hinzu kommt, dass aufgrund der Unterschiedlichkeit des Organisations- bzw. Institutionalisierungsgrades des kritischen Teils des Sicherheitsdiskurses (in Anlehnung an die Einschätzung von Donati; vgl. Donati 2001: 154) dessen Fragmente schwieriger zu bestimmen sind. Diese Schwierigkeit ist indes kein Argument für die Vergeblichkeit oder mangelnde Tragfähigkeit des gewählten Fokus auf einen kritisch zu nennenden Teildiskurs, sondern ist umgekehrt ein Beleg für Strukturmerkmale des Sicherheitsdiskurses und insbesondere seines als kritisch bezeichneten Strangs.

Auswertungsprozedur *inhaltliche* Diskursanalyse

Die beschriebenen Vorarbeiten münden schließlich in der *inhaltlichen* Diskursanalyse. In Anlehnung an das erprobte und bewährte Vorgehen bei den erwähnten zurückliegenden Untersuchungen, lassen sich mehrere Dimensionen unterscheiden, nach denen die inhaltliche Diskursanalyse durchgeführt werden kann. Die einzelnen Dimensionen umfassen zugleich (teils) unterschiedliche Kriterien, auf die die Fragmente hin untersucht werden können:

- intradiskursive Relationen, d.h. selbstdeklarierte Themen, Kohäsion und Kohärenz, Isotopien,[29] Eingangssequenzen, kommunikative Funktion, Argumentation,
- interdiskursive Relationen, d.h. Substitutionsfiguren, die einen ‚eigentlichen' gegen einen ‚uneigentlichen' Ausdruck austauschbar

---

29 Eine Isotopie ist die Verknüpfung verschiedener Signifikanten aufgrund gemeinsamer semantischer Merkmale in einer Bilddarstellung (vgl. Höhne/Kunz/Radtke 1999: 83).

machen (z.B. Antonyme,[30] Metaphern, Metonymien,[31] Synekdo-
chen,[32] Kollektivsymbole, Topoi,[33] Präsuppositionen[34]),

---

30 Worte mit entgegengesetzter Bedeutung z.b. gesund/krank, Freund/Feind
oder Sicherheit/Gefahr. Gerade das letzte Begriffspaar ist besonders interessant. Vergegenwärtigt man sich, dass die Auseinandersetzung bzw. die
Proteste um die so genannte Notstandsgesetzgebung Anfang der 1960er-
Jahre ein Vorläufer der Auseinandersetzung um die Inneren Sicherheitsgesetze der 1970er-Jahre waren, lässt sich der im Höcherlschen Notstandsge-
setzentwurf verwendete Begriff des „Zustands der inneren Gefahr" (vgl.
Seifert 1965: 46) heranziehen, der den Notstandsbegriff paraphrasierte.
Der Begriff „innere Gefahr" verhält sich antonym zum Begriff „innere Sicherheit". Wer von der Abwehr innerer Gefahren spricht, unterlegt – so
verstanden – immer einen Zustand innerer Sicherheit, den es zu gewährleisten oder herbeizuführen gelte. Die Überlegung soll nicht als Beweis für
die unausgesprochen mitgedachte Formulierung Innere Sicherheit bei den
Verfechtern der Notstandsgesetze gelten. Sie veranschaulicht jedoch, dass
nicht nur eine zeitliche, sondern auch eine auffällige semantische Nähe
zwischen Notstandsgesetzgebung und Innerer Sicherheit besteht, die hin-
reicht, erstere als thematischen Vorläufer letzterer zu betrachten und hierüber auch die Annahme einer Kontinuitätslinie hinsichtlich der Kritik zu
unterfüttern (vgl. hierzu Seifert 1981: 145, 178; Sterzel 1968; Hof-
mann/Maus 1968; zum „Notstand" vgl. auch Agnoli 1990a: 64 f.). Zugleich könnte mit dem Verweis auf Antonymien auch der spezifische gesellschaftspolitische Kontext des Kompositums Innere Sicherheit, als einem Begriff, der erst seit den 1970er-Jahren in der innenpolitischen Auseinandersetzung auftauchte und besondere Bedeutung besitzt, relativiert
werden: Dem Adjektiv „innen" korrespondiert als gegensätzlicher Begriff
das Adjektiv „außen". „Innere Sicherheit" markiere so verstanden also
nichts anderes Spezifisches als den Gegenpart zur unhinterfragten „äußeren Sicherheit", womit zugleich eine historistische Position eingenommen
wird, die „innere Sicherheit" als banales Ergebnis von Nationalstaatsbil-
dung deuten möchte und eine hinsichtlich der räumlichen Dimension differenzierende Kategorie. Dieses Beispiel zeigt jedoch auch, wie wenig die
hier vorgestellte Spielart der Diskursanalyse sich auf bloß formale Analysen sprachlicher Figuren beschränkt. Zwar mag die Antonymie einen
Hinweis geben, eine Vielzahl anderer Indizien und Gegenargumente relativieren den Stellenwert dieses Arguments.

31 Ersetzung eines Wortes durch einen verwandten Begriff, z.B. Dolch durch
Stahl.

32 Das Ersetzen eines Begriffs durch einen engeren oder weiteren Begriff
z.B. Kiel für Schiff; vgl. auch *Pars pro toto*: Redefigur, die einen Teilbe-
griff an Stelle eines Gesamtbegriffs setzt z.B. unter einem Dach = in einem
Haus.

33 Das dieser Arbeit zugrunde gelegte und bereits an anderer Stelle kurz vorgestellte Verständnis von Topos lässt sich wie folgt genauer bestimmen:
Unter Topoi werden die „in Argumentationen eingesetzten Schlußmuster,
deren Plausibilität die ‚Kraft' […] der Argumente garantiert" (Ottmers
1996: 88), verstanden. Da hierbei Topoi, obschon sie „inhaltliche Bezüge"
aufweisen, nicht „mit den Inhalten der Argumentation identisch sind"
(ebd.), müssen sie als „offen" gelten. „Das heißt, daß man, ausgehend von

- Subjektpositionen, d.h. Diskursinstanzen, Pronomina, Differenzen (vgl. Höhne/Kunz/Radtke 1999: 67).

Das spezifische Thema des Diskurses (Innere Sicherheit) und seiner Gegenstände präzisiert hierbei die Analyse: Das Verhältnis des Begriffs Öffentliche Sicherheit zum Begriff Innere Sicherheit wird hervorgehoben berücksichtigt. In Bezug auf institutionenspezifische und organisationstheoretische Aspekte wird das Auftauchen und die Verwendung der beiden Begriffe untersucht. Bei der Anwendung des o.g. Suchrasters wird insbesondere auf Relationen und Positionen geachtet, welche die Garanten Innerer Sicherheit, die in ihrer Inneren Sicherheit Bedrohten und schließlich die Sicherheitsbedrohungen bzw. -bedrohenden selber zum Gegenstand haben. Diese Analyse wird schließlich erweitert um die Prüfung, ob zwischen den Fragmenten, die dem Konservativen Diskursstrang zugeordnet werden und den Fragmenten, die dem Kritischen Diskursstrang zugeordnet werden, evidente Unterschiede – und/oder Überschneidungen – in Hinsicht auf die Verwendung und Qualität jener Relationen und Positionen festzustellen sind.

---

ein- und demselben Topos, im Hinblick auf denselben strittigen Sachverhalt ganz unterschiedliche, ja sogar gänzlich konträre Argumentationen ableiten kann" (ebd.). Generell orientiere ich mich bezüglich des Topos-Begriffes an Wengeler (1997) und übernehme auch dessen Einschränkungen hinsichtlich strengeren Anforderungen an eine Klassifikation (vgl. Wengeler 1997: 128; siehe dort insbes. Fußnote 7).

34 Einer Aussage zugrunde liegende, als gegeben angenommene Voraussetzung, die zwar nicht unmittelbar ausgesprochen ist, aber meist gefolgert werden kann.

Erste Ermittlungen –

Innere Sicherheit in einschlägigen

Fachlexika und Handwörterbüchern

Immer wieder wird in Texten zu Innerer Sicherheit entweder angesprochen, zum Begriff seien, obschon er häufig anzutreffen ist, in der Fachliteratur überhaupt nur wenige Versuche zu finden, ihn genau zu bestimmen (vgl. Kerner 1991: 140) oder es wird darauf verwiesen, dass der Terminus Innere Sicherheit – trotz seiner großen Bedeutung im öffentlichen Sprachgebrauch und der mit ihm bezeichneten Politik – ein nicht verbindlich geregelter Begriff sei (vgl. bspw. Jaschke 1991: 74; Kniesel 1996: 484 f.; Jesse 1997: 221).

Entgegen des beklagten Mangels an Definitionsversuchen wird bei Arbeiten, die sich im engeren Sinne mit dem Thema beschäftigen, nicht selten versucht, erste Eingrenzungen mittels eines Blickes in Konversations- oder Fachlexika vorzunehmen (vgl. bspw. Funk/Werkentin 1977: 189; Bull 1984: 157) – zum Teil sicherlich auch mit dem Ergebnis, dann o.g. Mangel erneut zu konstatieren. In Anlehnung an diese Vorgehensweise wird auch in dieser Untersuchung zunächst versucht, gängige Begriffsbestimmungen zu Innerer Sicherheit und deren Implikationen mittels Lektüre entsprechender Lexika und Lehrbücher zu rekonstruieren.

Die weitergehende Frage in Bezug auf angeblich fehlende Definitionsversuche lautet jedoch: Stimmt es, dass kaum Definitionsversuche vorgenommen werden? Falls die Frage zu verneinen ist, wäre zu klären, wie es zu dieser widersprüchlichen Einschätzung kommt. Einerseits wurde bereits angesprochen, dass es seit über dreißig Jahren eine theoretische, insbesondere auch sozialwissenschaftlich orientierte Auseinandersetzung mit dem Thema Innere Sicherheit gibt – die sich überdies zu intensivieren scheint – und die sich immer auch um Definitionen bemühen musste/muss, da sie ihren Gegenstand näher zu bestimmen hatte/hat. Zum anderen ist zu überlegen, ob es sich statt um einen *Mangel an Definitionen* eher um *mangelhafte Definitionen* handelt? Wobei die Mangelhaftigkeit häufig aus einer vom Leser jeweils zugrunde gelegten Definitionserwartung resultiert.

Schließlich verweisen die Feststellung – Definitionen fänden sich selten – und einzelne Befunde, die diese Einschätzung relativieren, darauf, dass diesbezüglich eben auch Entwicklungen zu beobachten sind, wie zum Beispiel eine zunehmende Berücksichtigung des Begriffs in neueren Nachschlagewerken. Wobei die sich daran anschließende spannende Frage lautet, wie der Begriff dort inhaltlich gefüllt wird. Diese Entwicklung signalisiert nicht zuletzt Aktualisierungsbedarf. Der Versuch einer systematisierten Sichtung solcher Definitionen wurde meines Wissens bislang nicht unternommen.

In diesem Kapitel sollen die eben vorgestellte Bewertung und die damit verbundenen Fragen deshalb zum Anlass genommen werden, die weitere Diskursrekonstruktion mittels eines synoptischen Blickes in eben jene Nachschlagewerke zu realisieren. Es geht in diesem Teil allerdings *nicht* um die Suche nach einer, nach *der* richtigen Definition. Statt dessen wird ein ganzes Bündel weiterführender Fragen auf unterschiedlichen Untersuchungsebenen tangiert.

Es geht um Qualität und Inhalt von Definitionsversuchen unterschiedlicher Fachprovinienz und dies über einen längeren Zeitraum hinweg. Was wird unter Innerer Sicherheit verstanden? Wie ist das Bestimmungsverhältnis zum Begriff Öffentliche Sicherheit?[1] Sind besondere Unterschiede oder Gemeinsamkeiten über Experten- bzw. Spezialdiskurse hinweg anzutreffen? Wird Kritik an der Politik Innerer Sicherheit, werden Kritiker erwähnt? Finden zeitliche Zuordnungen statt? Welche Hinweise finden sich auf disziplin- und/oder akteursspezifische Schwerpunkte des Diskurses?

Darüber hinaus bezweckt die Analyse die Überprüfung methodisch-methodologischer Grundannahmen: Sind bei der getroffenen Auswahl von Untersuchungseinheiten die im Methodenkapitel angesprochenen Sättigungseffekte des Diskurses zu beobachten? Bestätigt die empirische Untersuchung die Erwartung vom exemplarischen Status einzelner Diskursfragemente?[2] Schließlich ist beabsichtigt, Erkenntnisse zu gewin-

---

1 Die zentrale Bedeutung dieses Verhältnisses resultiert aus einer im Alltagsdiskurs häufig anzutreffenden Überschneidung der Begriffe, die dort zum Teil gleichbedeutend verwendet werden.

2 Wonach das „Ganze" eines Diskurses im „Kleinen" enthalten ist: Das Allgemeine im Sinne vom so genannten *Typischen* eines Diskurses findet sich im Besonderen, d.h. seinen Fragmenten wieder.

nen, die der weiteren Materialanreicherung und Diskursrekonstruktion dienen. Welche weiteren Fragestellungen und Vorgehensweisen sind hieraus für den Fortgang der Untersuchung abzuleiten? Auf welche Materialien bzw. Bereiche des Sicherheitsdiskurses soll die weitergehende Untersuchung fokussiert werden? Hiermit wird auch der im Methodenteil angekündigte Anspruch, dass der Festlegungsprozess mit dem Erhebungsprozess einer Diskursanalyse ein wechselseitiges Verhältnis bildet, praktisch.

Die umrissene Vielschichtigkeit und große Bedeutung – gerade auch für das weitere Vorgehen – schlagen sich im Umfang der Analysen nieder. Perspektivisch gesehen führen die hier geleisteten Vorarbeiten jedoch dazu, dass die Folgekapitel tendenziell geringere Umfänge aufweisen. Die in diesem Teil noch recht breit angelegte Fragestellung ist – in Anlehnung an die *Grounded Theory* – Voraussetzung für eine zunehmende Engführung des Untersuchungsfokus und der weiteren Analyse des Sicherheitsdiskurses.

Auswahl der Untersuchungseinheiten, fachdiskursive Zuordnung und Diskursformbestimmung

Scheint es auch naheliegend zu sein, zunächst einen Blick in Wörterbücher zu werfen, interessieren hier jedoch nicht Konversationslexika, sondern Nachschlagewerke, die den Fachdisziplinen angehören bzw. sich an den Akteuren orientieren, die mit dem Thema in besondere Verbindung zu bringen sind. In Anlehnung an das vorgestellte Diskursverständnis vollzieht sich die Auswahl der Untersuchungseinheiten *nicht* quantitativ-repräsentativ. Vielmehr gestatten die Annahmen von der Repräsentativität eines Diskursfragmentes und der Sättigung des Diskurses, sich auf einige exemplarische Texte zu beschränken.

Fachdiskursive Zuordnung

Wie erwähnt wurde die Textauswahl entlang einer fach- bzw. spezialdiskursiven Struktur getroffen. Zugrunde gelegt wird an dieser Stelle zunächst eine (aktuell) existierende fachliche Binnenstruktur des (themenspezifischen) Sicherheitsdiskurses. Anhaltspunkte hierfür liefert das Untersuchungsfeld selbst: Im so genannten Interdisziplinären Arbeitskreis Innere Sicherheit, der sich Ende der 1990er-Jahre konstituierte, um eine „systematische Zusammenführung der Forschung zum Themenbereich ‚Innere Sicherheit'" zu leisten (vgl. Lange 2000: 7), versammeln

sich Wissenschaftler verschiedener Disziplinen. Deren Zusammenset-
zung liefert einen ersten Hinweis auf einen möglichen Fächerkanon:
„Geschichtswissenschaft, Kriminologie, Politikwissenschaft, Soziologie,
Rechtswissenschaft" (ebd.). Dabei fällt auf, dass die Reihenfolge der
Aufzählung, wohl um Befürchtungen vor einer damit einhergehenden
Rangfolge der Fächer hinsichtlich ihrer Relevanz für die Themenbear-
beitung zuvorzukommen, ihrer alphabetischen Reihenfolge entspricht.
Eine Bestätigung dieser Konzentration aufs Wesentliche liefern die
Diskursregeln indes höchstselbst. In einer in der *Frankfurter Rundschau*
veröffentlichten Erklärung des o.g. Arbeitskreises zur Inneren Sicherheitspolitik in Folge des 11. September 2001 wird der Fächerkanon all-
tagsdiskursiv noch weiter reduziert: Dort lautet die Unterüberschrift nun
„Sozialwissenschaftler, Kriminologen und *Juristen* warnen vor Tendenzen eines Überwachungsstaates" (o.N. 2002; Hervorh. TK). Einzig die
fachliche Zuordnung der „Sozialwissenschaftler" wird nochmals etwas
verfeinert, wenn im Vorspann des Artikels von *„Politikwissenschaftlern,
Soziologen*, Kriminologen und Juristen" (ebd.; Hervorh. TK) die Rede
ist.

Der Zeitungsartikel ist darüber hinaus ein Beispiel für die Reduktion
von Komplexität im Mediendiskurs: Aus dem Arbeitskreis Innere Sicherheit, der in Gestalt seiner Gründungserklärung das Themenfeld ela-
boriert umreisst, wird in der Tagespresse die Kurzformel „Forschung",
die sich mit „Sicherheit und Polizei" befasse (ebd.). Nicht von „Innerer
Sicherheit", sondern von „Sicherheit" ist dort die Rede. Hieran zeigt
sich die alltagsdiskursive „Übersetzung" des Themas bzw. des Begriffes
Innere Sicherheit sehr plakativ – und liefert noch einmal ein Argument
für die (Mit-)Berücksichtigung der Begriffe Öffentliche Sicherheit und
Sicherheit bei der Bildung des semantischen Feldes.

Das Wichtigste am vorgestellten Beispiel ist und bleibt an dieser
Stelle jedoch die Benennung von zur Bearbeitung des Themas besonders
relevanten Fachdisziplinen. Die Aufzählung wird anhand des unterstellten unterschiedlichen Regelungsgrades der jeweiligen Diskursstränge
geordnet. Je höher der Regelungsgrad, desto höher der Spezialisierungs-
grad eines Diskursstranges.[3] Die fachdiskursive Dimension schlägt sich
in Gestalt einer idealtypischen Grobgliederung der Untersuchungseinheiten entlang der folgenden drei Teilbereiche nieder (wobei die Reihen-

---

3   Der allgemein sozialwissenschaftliche Spezialdiskurs kann im Vergleich
    zum juristischen Spezialdiskurs als „interdiskursiv dominierter" beschrie-
    ben werden (vgl. Link 1986 zit. nach Jäger 1999: 131) Ein abnehmender
    Regelungsgrad heißt *nicht*, der entsprechende Diskurs sei nicht geregelt
    (vgl. Jäger 1999: 132).

folge ihrer Aufzählung dem Anstieg des Regelungsgrades des Spezial-
bzw. Fachdiskurses entspricht):[4]

- Allgemeine Sozialwissenschaften (Soziologie, Politologie)
- Spezielle Sozialwissenschaften (Kriminalsoziologie, Kriminologie) und Kriminalistik
- Rechtswissenschaft (Polizei- und Ordnungsrecht)

Zweidimensionalität der Synopse

Im weiteren Verlauf werden also ausgewählte Handwörterbücher und
Fachlexika bzw. Lehrbücher, die den drei genannten fachdiskursiven
Teilbereichen zuzuordnen sind, d.h. diese repräsentieren, daraufhin untersucht, was dort jeweils unter dem Begriff Innere Sicherheit zu verstehen ist. Die Festlegung des Untersuchungszeitraumes (1972 bis 1998)
und die soeben geschilderte fachdiskursive Zuordnung bedeuten eine
Analyse entlang zweier Achsen: einer fachdiskursiven und einer histo-
risch-zeitlichen.

Die historisch-zeitliche Dimension wird mittels der Berücksichtigung auflagenspezifischer Veränderungen der herangezogenen Werke[5]
realisiert – vorausgesetzt im Untersuchungszeitraum sind mehrere Auflagen erschienen. Hierüber lassen sich Beginn der Verwendung, Begriffskonjunkturen und/oder -änderungen inhaltlich benennen und zeitlich bestimmen. Das Hauptaugenmerk liegt bei der Dimension Auflagenvergleich, d.h. der auflagenübergreifenden Untersuchung auf dem
(erstmaligen) Auftauchen des Begriffs Innere Sicherheit und der Frage,
ob vorher bzw. parallel Einträge zu verzeichnen sind, welche auf die

---

4   Bei der Unterteilung, die forschungspraktisch sinnvoll ist, darf nicht unter-
    schlagen werden, dass faktisch zwischen den benannten Teilbereichen
    Überschneidungen existieren. Auch wenn die Unterteilung dem Diskurs
    selbst zu entnehmen ist, werden im thematischen Diskurs über Innere Si-
    cherheit nähere Begründungen für die fachliche Abgrenzung der Fachdis-
    ziplinen vorgenommen. Der Überschneidung wurde insofern Rechnung
    getragen, als dass die Reihenfolge der o.g. Teilbereiche versucht, ihre
    fachliche Nähe zueinander zu verdeutlichen.

5   Der Begriff „Werk" dient lediglich der Paraphrasierung, um innerhalb der
    Interpretation eines Buchtitels Begriffsredundanzen zu vermeiden. Er be-
    zeichnet alle unter einem Titel erschienenen Auflagen. Soll präzisiert wer-
    den, welche Auflage gemeint ist, wird deren Erscheinungsjahr genannt
    bzw. von „Ausgabe" gesprochen. Auf dieser Ebene ist auch der Begriff
    „Untersuchungseinheit" angesiedelt. Beispiel: Das Werk *Lexikon zur So-
    ziologie* umfasst vier Auflagen (1970, 1973, 1974, 1991), d.h. vier Unter-
    suchungseinheiten. Sofern es im Auflagenverlauf zu Titeländerungen kam,
    werden diese angesprochen und – wenn eine Werkskontinuität inhaltlich
    begründbar ist – weiterhin von *einem* Werk ausgegangen.

Begriffe Öffentliche Sicherheit oder Sicherheit lauten, ob diese in späteren Auflagen weiterbestehen, abgelöst werden oder ob sich gegenseitige Verweisungsverhältnisse gegebenenfalls umkehren. Die Untersuchung der Vorgänger-Auflagen soll zugleich nicht zu umfangreich geraten. Die Interpretationen in Frage kommender Passagen haben ergänzenden Charakter zu den detaillierten Ausführungen, welche die jeweils aktuellsten, d.h. jüngste Auflagen der Werke betreffen.

Gliederung und Vorgehen

Die nachfolgende Tabelle liefert eine Übersicht, welche Handwörterbücher und Fachlexika bzw. Lehrbücher herangezogen wurden. Innerhalb der Teile „Allgemeine Sozialwissenschaften", „Spezielle Sozialwissenschaften" und „Rechtswissenschaft" eröffnet die Auflistung jeweils mit dem Werk, welches die höchste Zahl an Auflagen aufweist.

Allgemeine Sozialwissenschaften	Spezielle Sozialwissenschaften	Rechtswissenschaft
Lexikon zur Soziologie Auflagen: 1973, 1978, 1988, 1994*	*Kriminologie Lexikon* (vormals *Taschenlexikon der Kriminologie*) Auflagen: 1970, 1973, 1974, 1991	*Allgemeines Polizei- und Ordnungsrecht* Auflagen: 1970, 1973, 1975, 1977, 1978, 1980, 1982, 1985, 1988, 1991, 1993, 1995, (2001)**
Wörterbuch zur Politik (vormals *Sachwörterbuch der Politik*) Auflagen: 1977, 1986, 1995	*Kleines Kriminologisches Wörterbuch* Auflagen: 1974, 1985, 1993	*Die Rechtsordnung der Bundesrepublik Deutschland* Auflagen: 1995, 1997, (2001)**
Lexikon der Politik, Bd. 3 und Bd. 7 (vormals *Pipers Wörterbuch zur Politik*, Bd. 1 und Bd. 2) Auflagen: 1992 Bd. 3, (1998)** Bd. 7, 1985 Bd. 1, 1983 Bd. 2	*Polizei-Lexikon* Auflagen: 1986, 1995	
Handwörterbuch zur politischen Kultur der Bundesrepublik Deutschland Auflagen: 1981, (2002)**		
Handwörterbuch des politischen Systems der Bundesrepublik Deutschland Auflagen: 1993, 1995, 1997		

*	Die unterstrichenen Zahlen bezeichnen die Erscheinungsjahre der Auflagen, welche die Basis der Untersuchungen der jeweiligen Werke bilden und diese eröffnen.
**	Die Zahlen in Klammern bezeichnen die Erscheinungsjahre der neuesten Auflagen der entsprechenden Werke, welche jedoch bei der Untersuchung nicht berücksichtigt wurden, da sie außerhalb des zu erforschenden Zeitintervalls liegen.

Tabelle 1: Übersicht der in diesem Kapitel untersuchten Werke

Bei den untersuchten Werken handelt es sich *nicht* um Periodika. Folglich ist auch nicht von einer untereinander jeweils identischen Anzahl von (Neu-)Auflagen auszugehen. Das heißt, die Ergebnisse sind untereinander von Werk zu Werk nur eingeschränkt vergleichbar. So erschienen im Zeitraum zwischen 1970 und 1998 beispielsweise zwölf Auflagen des Werkes *Allgemeines Polizei- und Ordnungsrecht* (vgl. Götz 1995), die allesamt als „neu bearbeitet" ausgewiesen wurden. Demgegenüber liegt der dritte Band des *Lexikon der Politik* (Nohlen 1992), der einen längeren Fachaufsatz zu Innerer Sicherheit enthält, lediglich in einer ersten Auflage aus dem Jahr 1992 vor. Dies alles gilt es bei der Bewertung der Bedeutung von Eintragsänderungen zu berücksichtigen. Es macht einen Unterschied bei der Bewertung der Neuaufnahme eines Begriffes in eine Auflage aus dem Jahr 1995, ob zwischen dieser und der ihr direkt vorhergehenden Auflage zehn bis fünfzehn Jahre liegen oder ob über diesen Zeitraum in regelmäßigen Abständen Neuauflagen herausgebracht wurden.

Diskursformbestimmung

Die Versuche, die Begriffe Öffentliche und Innere Sicherheit inhaltlich näher zu bestimmen bzw. zu definieren, arbeiten aufgrund der Diskursform (lexikalisch gegliederte, alphabetische Schlagwortordnung) mit Wortverweisen. In der Regel verfügen Fachwörterbücher und Lexika, aber auch rechtswissenschaftliche Kompendien über zusätzliche Inhaltsindikatoren: Inhaltsverzeichnisse finden sich meist auf den Anfangsseiten von Büchern. Sie enthalten die unterschiedlichen Gliederungsebenen des Buchtextes in Gestalt seiner Kapitel- und – sofern vorhanden – Unterkapitelüberschriften entsprechend ihrer Aneinanderreihung/ Abfolge im Buch. Sie sind insofern *Titelverzeichnisse* und geben die inhaltliche Ordnung eines Buchtextes wieder, versehen mit entsprechenden Seitenangaben. Sach-, Stichwort- und Schlagwortregister strukturieren den Zugriff auf den Haupttext meist am Ende der Bücher.

Fachwörterbücher und Lexika sind alphabetisch geordnete Nachschlagewerk für entsprechende Wissensgebiete. Sie beanspruchen, relativ knapp und gesichert über für die jeweilige Disziplin relevanten wichtigen Begriffe, Entwicklungshintergründe, Grundfragen und Problemlagen zu informieren. Insofern ist ihnen immer eines immanent: Sie beanspruchen, *common-sense*-Wissen, d.h. in der jeweiligen Disziplin approbiertes (Fach-)Wissen, wieder- und weiterzugeben. Diese Einschätzung ist wichtig für den Status der Fundstellen und Befunde. Sofern Definitionen vorzufinden sein werden, können sie als herrschendes Wissen, als Kanon der entsprechenden Fachrichtungen gelten. In Fällen, in denen ein Werk *keine* Fundstellen enthält, kann umgekehrt geschlossen werden, dass zum Zeitpunkt der Fertigstellung der redaktionellen Arbeiten am Werk der in Frage stehende Begriff aus Sicht der Redaktion/des Autor-Subjekts auch *nicht* zum relevanten (Fach-)Wissensbestand zählte oder als nicht wissenschaftlich galt.

Es lässt sich prüfen, welche Worte als relevante Schlagworte auftauchen („s.", „s.a.", „→", „↑"). Hier wird sowohl auf den Synonymcharakter eingegangen (der eine Begriff verweist bereits in der Eingangssequenz auf den anderen bzw. nach Nennung des eigentlichen Schlagwortes) als auch darauf, mittels ausgewählter Werke das Auftauchen zeitlich zu verorten (evtl. über auflagenbedingte inhaltliche Veränderungen bei Fachwörterbüchern).

Als Suchbegriffe gelten: Sicherheit,[6] Öffentliche Sicherheit und Innere Sicherheit, d.h. bei Inhaltsverzeichnissen und Registern wird auf diese Begriffe geachtet. Tauchen sie auf, werden die entsprechend verwiesenen Textstellen (Lexikaartikel, Fachaufsätze etc.) ermittelt und untersucht. Manche Werke verfügen nicht über die Indikatoren Inhaltsverzeichnis oder Register. Dies liegt daran, dass bei Nachschlagewerken, welche in der Regel alphabetisch geordnet sind, unmittelbar und direkt im eigentlichen Werktext unter dem entsprechenden Buchstaben nach Einträgen gesucht werden kann. Bei solchen Werken entfällt die Analyse der o.g. Indikatoren und der Zugriff auf Definitionen erfolgt direkt.

Teilweise ist auch zu beobachten, dass Werke, die einen Begriff möglicherweise nur sehr knapp behandeln, entweder im Fachartikel selbst oder im auf diesen verweisenden Register, Weiterverweise zu anderen Begriffen vornehmen. Sofern im Verlauf der Untersuchung solche Beispiele auftauchen, werden die entsprechenden Begriffe erwähnt, aber die dazugehörigen Artikel nicht eigens vorgestellt und analysiert. In solch einem Falle gilt es dann zu berücksichtigen, dass beispielsweise ein kurzer Artikel zu „Sicherheit, innere" mit einer womöglich nur knappen, oberflächlichen Definition, bloß ein – wenn auch zentraler – Erklärungsbaustein, in einem verzweigten Netz von Weiterverweisungen auf andere Fachartikel ist.

Zugleich kann in der Abfolge von Auflagen die Verwendung der Begriffe selbst, d.h. ihr Auftauchen und ihre Erstverwendung untersucht werden und wertvolle Erkenntnisse liefern. Bei Ko-Okkurenzen ist darüber hinaus die Frage nach einem etwaigen gegenseitigen Verweisungsverhältnis interessant bzw. nach dessen historischer Entwicklung, da dieses sich mit der Zeit auch umkehren kann. Dieser Fall wird gedeutet als Gewichtsverlagerung, d.h. der Begriff auf den verwiesen wird, gilt

---

6 Sofern ein Register unter dem Buchstaben S beispielsweise „Sicherheit, öffentliche" ausweist, wird diese Fundstelle als „Öffentliche Sicherheit" gewertet. Das heißt, der Suchbegriff „Sicherheit" umfasst nur dieses eine Wort. Bei der Wortkombination „Öffentliche Sicherheit" ist die Reihenfolge der einzelnen Bestandteile für die weitere Interpretation und Beurteilung nicht von Belang.

immer als der wichtigere, der *eigentliche*. Hier ist zu unterscheiden zwischen „siehe" und „siehe auch"-Verweisungen. Während erste auf den eigentlichen Begriff verweisen, indizieren letztere zwar einen starken thematischen Zusammenhang, jedoch sind beide Begriffe hier nicht völlig deckungsgleich.

Die im Vorwort dieses Kapitel bereits formulierten Vorüberlegungen und Erkenntniserwartungen wurden mittels folgender Leitfragen operationalisiert:

- Welche der Suchbegriffe (Innere Sicherheit, Öffentliche Sicherheit, Sicherheit) werden aufgeführt?
- Besteht ein Verweisverhältnis der Begriffe zueinander und wenn ja welches?
- Wie wird insbesondere der Begriff Innere Sicherheit mittels der Fachbeiträge inhaltlich gefüllt?
- Werden bestimmte Feindbilder oder Bedrohungsszenarien erwähnt?
- Gibt es in diesem Kontext (aber auch darüber hinaus) Hinweise auf zeitliche Zuordnungen, Phasen oder Ursprünge Innerer Sicherheit?
- Finden sich Hinweise auf eine differenzierte Sicht des Begriffs/des Themas Innere Sicherheit dergestalt, dass zwischen Verfechtern/Akteuren der Politik Innerer Sicherheit und Kritikern unterschieden wird? Wenn ja, wie bzw. worüber werden beide voneinander abgegrenzt?

Exemplarische Detailanalysen „Allgemeine Sozialwissenschaften"

Im Verlauf dieses Abschnitts werden einige Werke mittels Detailanalysen genauer vorgestellt. Allerdings handelt es sich um Interpretationen unterschiedlicher Länge, die bestimmte Aspekte der recherchierten Diskursfragmente aufgreifen und näher vorstellen.

Lexikon zur Soziologie

Unter dem Buchstaben S finden sich drei relevante Einträge, die zugleich allesamt auf derselben Doppelseite angeordnet sind: „Sicherheit", „Sicherheit, innere" und „Sicherheit, öffentliche" (Fuchs-Heinritz et al. 1994: 600 f.). Ein *direktes Verweisungsverhältnis* der Begriffe untereinander bzw. der mit ihnen verbundenen Artikel in Gestalt von „→", „↑", „siehe" oder „siehe auch"-Verweisen besteht nicht. Allerdings kann von einem *impliziten Verweisungsverhältnis* oder besser: einer *impliziten thematischen Vernetzung* gesprochen werden, da zentrale Kategorien aus einem Fachartikel auch in den jeweils anderen Verwendung finden bzw. auftauchen. Auf die Frage nach der inhaltlichen Füllung des Begriffs Innere Sicherheit lautet die Antwort: das *Lexikon zur Soziologie* definiert ihn zuallererst als „politischen Alltagsbegriff" (ebd.: 600). Diese Definition trifft in zweifacher Weise Aussagen zu Qualität und Inhalt des Begriffes: 1. Sie siedelt ihn in der Sphäre des Politischen, d.h. im politischen Feld an. 2. Die Bezeichnung „Alltagsbegriff" deutet Unbestimmtheit und Vagheit an, da „Alltagsbegriff" als Gegenteil zum Terminus „Fachbegriff" gelten kann, der i.d.R. als klar definiert und wenig mehrdeutig zu verstehen ist.

Beispiele für Bedrohungen von Innerer Sicherheit finden sich lediglich in Gestalt einer Beschreibung, welche Innere Sicherheit allgemein mit Schutz gleichsetzt und zugleich aufzählt, wovor zu schützen sei: „Schutz der Bürger vor Verbrechen", „Schutz staatlicher Einrichtungen vor Übergriffen" und „Schutz der sozialen und politischen Ordnung schlechthin". Die Formulierungen werden indes nicht weiter ausgeführt. Überhaupt wird die Existenz der über den Umweg des Schutzbedürfnisses angedeuteten Bedrohungen als solche nicht in Frage gestellt. Zu einer Konkretisierung der allgemeinen Bedrohungen in Gestalt von Bedrohungsszenarien kommt es nicht. Der Text enthält letztlich auch keine Hinweise auf personifizierte Feindbilder bzw. Feindbildkonstruktionen, welche klarer noch als Bedrohungsszenarien als wertend zu beurteilen wären (vgl. ebd.).

So wenig Akteure, von denen Bedrohung ausgehe, genannt werden, so sehr werden Akteure, d.h. ein Akteur, der Sicherheit garantieren soll, angesprochen. Die besondere Rolle der Polizei wird betont. Sie folgt nicht zuletzt aus der Art der erwähnten diffusen Bedrohungen. Gleichzeitig legt die Triade der Schutzbedürfnisse (individuelle Sicherheit bzw. Schutz der Bürger vor Kriminalität, Schutz staatlicher Einrichtungen sowie der Schutz sozialer und politischer Ordnung schlechthin) auch andere Akteure (bspw. Verfassungsschutzbehörden) nahe, genannt werde diese aber nicht.

Das *Lexikon zur Soziologie* unternimmt keinerlei Versuche, das Auftauchen des Begriffs Innere Sicherheit zeitlich oder historisch einzuordnen. Da, wie bereits analysiert, auch keine bestimmten Bedrohungen erwähnt werden, liegen hierzu ebensowenig zeitliche Zuordnungen, Phasenbildungen o.ä. vor. Zugleich finden sich Belege für eine im Ansatz differenzierende Sicht auf das Thema Innere Sicherheit in Gestalt der Erwähnung von „Kritiker[n] dieses traditionellen Verständnisses [von Innere Sicherheit, TK]" (ebd.). Die Passage zu Kritik und Kritikern umfasst sogar etwas mehr als die Hälfte des Gesamtbeitrages – was bemerkenswert ist und auf einen entsprechenden Einfluss kritischer Positionen zum Zeitpunkt des Verfassens des Beitrages schließen lässt.

Gleichwohl beschränkt sich die vorgestellte kritische Position auf die Feststellung, dass Innere Sicherheit, wenn es nach den dort angesprochenen Kritikern gehe, mehr sei, als der polizeiliche Schutz der Bürger vor Kriminalität, der Schutz des Staates und seiner Einrichtungen vor Übergriffen und der Schutz der sozialen und politischen Ordnung schlechthin (vgl. ebd). Innere Sicherheit

„[beruhe] als sozialer Prozeß vielmehr auch auf der Herstellung des inneren Friedens durch Gewährung von Chancengleichheit, Lebenshilfe und sozialer Sicherheit. Gefährdungen der i.n S. [sic!] liegen demzufolge nicht nur in Rechtsbrüchen, sie erwachsen vielmehr auch aus der Verweigerung der sozialen Sicherung, aus der Bedrohung der Lebensqualität durch Schädigung der Umwelt, aus dem Mißbrauch wirtschaftlicher Macht und aus der Unterwerfung von Belangen des Gemeinwohls unter private Interessen" (ebd.).

Interessant ist, dass die bereits im Fachartikel zu Beginn angedeutete Mehrdeutigkeit und Unbestimmtheit des Begriffs Innere Sicherheit noch ausweitet wird. Innere Sicherheit sei mehr als verpolizeilichter Schutz, nämlich auch Schutz vor Umweltschäden, bedrohter Lebensqualität etc. Innere Sicherheit und soziale Sicherheit verschmelzen hier allerdings zu einer Gemengelage unterschiedlichster Bedrohungen, bzw. die Ungewissheiten und Risiken einer sozialen Lage werden zu einer Sicherheitsbedrohung. Die Definition im *Lexikon zur Soziologie* führt dieses Problem nicht weiter aus.

Es bleibt unklar, ob das Verständnis des Begriffes Innere Sicherheit in Gestalt der vorgestellten Kritik diesen Begriff nun auf weitere, bislang damit noch nicht identifizierte gesellschaftliche Bereich und Phänomene ausweitet, ihn somit noch mehrdeutiger macht, oder ob gar tendenziell die Verpolizeilichung weiterer gesellschaftlicher Bereiche befördert wird. Dies wäre dann der Fall, wenn man die Geltung des Begriffs über die bislang bekannten Gefährdungen hinaus anerkennen würde, als Hauptakteur für Sicherheitsproduktion aber gleichzeitig die Polizei weiter favorisiert.

Eine fachliche oder institutionelle Zuordnung der „Kritiker" wird nicht vorgenommen. Insofern fehlen zusätzliche Indikatoren, die Rückschlüsse auf die Kritik und deren Stoßrichtung zuließen. Zwischen Verfechtern/Akteuren von Innerer Sicherheit und deren Kritikern kann also hier nur äußerst grob unterschieden werden: einerseits – zumindest in Teilen – Politiker (Innere Sicherheit gilt dem Lexikon ja als „politischer Alltagsbegriff") und die Polizei, als traditioneller Garant von Innerer Sicherheit, andererseits Kritiker, die reformpolitische Entwicklungen anmahnen oder zumindest miteinbeziehen, wenn es um die Definition von Innerer Sicherheit geht.

Wörterbuch zur Politik

Das *Wörterbuch zur Politik* enthält sowohl zu Innere Sicherheit als auch zu Öffentliche Sicherheit Einträge (vgl. Schmidt 1995: 425 und 671). Auch ein Sachartikel zum Einzelwort „Sicherheit" ist enthalten. Da zu allen relevanten Begriffen Einträge vorliegen, wird auf eine weiterführende Untersuchung indexikalischer Strukturen dieser Ausgabe des Werkes verzichtet. Die Analyse konzentriert sich auf die vorgefundenen Einträge unter Berücksichtigung der bekannten Fragestellungen.

Der Text zum Eintrag „Innere Sicherheit" hat eine Länge von etwa einer Spalte zuzüglich den Angaben zu weiterführender Fachliteratur. Besondere Aufmerksamkeit verdient der Eröffnungssatz:

„**Innere Sicherheit** (öffentliche Sicherheit), mehrdeutige Bezeichnung für die institutionellen Bedingungen, den Prozeß, die Inhalte und Ergebnisse politischen Handelns, das nach Anspruch oder Funktion darauf gerichtet ist, Ordnungs- und Schutzaufgaben zugunsten der einzelnen Mitglieder der Gesellschaft sowie des politischen und gesellschaftlichen Systems zu erfüllen" (ebd.: 425; Hervorh. i. Orig.).

Dieser Satz beantwortet die oben erwähnte erste Frage (Wie werden die Begriffe Innere Sicherheit und Öffentliche Sicherheit inhaltlich gefüllt?) – wenn auch indirekt – bereits zu Beginn: Öffentliche Sicherheit wird synonym zu Innerer Sicherheit verwendet. Dies bestätigt auch der entsprechende Eintrag zu Öffentliche Sicherheit (vgl. ebd.: 671). Des weiteren kann festgehalten werden: Beide Termini werden originär der Sphäre des Politischen zugerechnet („politisches Handeln"). Gleichzeitig wird präzisiert, auf wen oder was sich die „Ordnungs- und Schutzaufgaben" beziehen. Hierbei folgt der Text des Wörterbuches einer auch in anderen Werken vertretenen Zweiteilung: Schutz des Einzelnen und Schutz des Systems. Wovor diese jeweils zu schützen seien, wird allerdings im *Wörterbuch zur Politik* nicht deutlich ausgeführt, d.h. bezüglich möglicher Bedrohungen oder Feindbilder liefert es allenfalls verdeckte Hinweise, wenn beispielsweise von „sicherheitspolitischen Ergebnissen" (ebd.: 426) die Rede ist. Als solche werden die relativen Häufigkeiten von „kriminellen Delikten, Morden und Unruhen" (ebd.) erwähnt. Eine Aufzählung, die bezogen auf Feindbilder unscharf bleibt. Es gibt keinerlei Textpassagen oder Hinweise auf zeitliche Zuordnungen, Phasen oder Ursprünge eines Begriffes/einer Politik Innerer Sicherheit oder mit diesen in Verbindung gebrachten Bedrohungen.

Die bereits verschiedentlich angesprochenen Vagheit und Unbestimmtheit des Begriffs Innere Sicherheit wird auch im *Wörterbuch zur Politik*, in der oben zitierten Eingangssequenz, thematisiert – aber nicht ausdrücklich angesprochen – und kommt in der Verwendung der Formulierung „mehrdeutige Bezeichnung" (ebd.: 425) zum Ausdruck. Diese Deutung wird noch verstärkt, wenn man den Anfang des Anschlusssatzes mitberücksichtigt. Dort heißt es: „Die Spannweite der Verfassungswirklichkeit der Politik der Inneren Sicherheit ist groß [...]" (ebd.). Die Bezeichnung „Spannweite" dient üblicherweise dazu, die Entfernung von (ausgebreiteten) Flügelenden eines Flugzeuges oder Vogels anzugeben und so über vergleichbare Größenangaben zu verfügen. Der sprachliche Ausdruck wird, wie das Beispiel zeigt, aber auch in anderen Bedeutungszusammenhängen verwendet. So auch häufig, um im Allgemeinen die Gesamtheit unterschiedlicher Positionen zu beschreiben, die von den äußeren, sich gegenüberliegenden Enden begrenzt werden. Bezieht man den Begriff auf gesellschaftspolitische Zusammenhänge, ist in der Regel davon auszugehen, dass die gegenüberliegenden Punkte als entgegengesetzte Positionen innerhalb politischer Koordinaten zu verstehen sind, d.h. – entsprechend der politischen Topographie – zwischen *links* und *rechts*. Für diese Schlussfolgerung spricht noch ein weiteres Argument: Gerade im genannten Bereich wird gerne von „politischen Flügeln" gesprochen, um die Begriffe *links* und *rechts* zu paraphrasieren.

Die Konsequenz hieraus lautet: Die o.g. Passage thematisiert die Vagheit und Unbestimmtheit des Begriffes Innere Sicherheit und rückt sie in Zusammenhang mit politischer Auseinandersetzung. Eine weitergehende Definition findet sich im Text allerdings nicht. Der vorfindbare Definitionsversuch liefert aber implizit einen weiteren Hinweis auf den Charakter des Terminus Innere Sicherheit als politischen Begriff und v.a. als politisch umstrittenen Begriff. Mittels der Kontextualisierung mit „Verfassungswirklichkeit" wird darüber hinaus ein Schlagwort aufgegriffen, welches direkt ins Zentrum der gesellschaftspolitischen Debatte führt, allerdings ohne dies weiter zu thematisieren. Vielmehr wird lediglich eine politische Bewertung vorgenommen, innerhalb derer „demokratischen Verfassungsstaaten" eine „relativ milde Politik Innerer Sicherheit" zugeschrieben wird und „autoritären Regime[n] [...] eine harte Überwachungs- und Repressionspolitik".[7]

---

7 Indem der Autor aber darauf hinweist, die Unterscheidung zwischen „relativer milder Politik" und „harter Überwachungs- und Repressionspolitik" verlaufe zwischen unterschiedlichen Regimen, angeführt werden die USA,

Lexikon der Politik

Das Inhaltsverzeichnis des *Lexikons der Politik* enthält einen Eintrag zu Innere Sicherheit, der auf einen Artikel des Autors Erhard Blankenburg verweist (vgl. Schmidt 1992: 5). Ein Eintrag zu Öffentliche Sicherheit ist nicht vorhanden, ebensowenig zu Sicherheit als Einzelwort. Die Eröffnungssequenz des Fachartikels indiziert zum einen den politischen Charakter Begriffes, wenn umstandslos von der „‚Politik der inneren Sicherheit'" (Blankenburg 1992: 162) gesprochen wird. Zum anderen wird auf eine euphemistische Funktion des Begriffs Innere Sicherheit hingewiesen (vgl. ebd.).

Großbritannien und die Bundesrepublik einerseits und die ehemalige DDR andererseits, macht er beide Ausprägungen zum Gradmesser der Liberalität einer Gesellschaft. Hiermit sind zugleich einige zentrale Stichworte geliefert, um auch die innenpolitische Kontroverse um Innere Sicherheit zu beschreiben, obschon der Text im *Wörterbuch* eine andere Deutung verfolgt. Just hierum dreht sich der gesellschaftspolitische Streit in der Bundesrepublik Deutschland: Die Verfechter der Politik Innerer Sicherheit wollen damit nach eigenem Bekunden den so genannten demokratischen Verfassungsstaat schützen (Stichwort: wehrhafte Demokratie), die Kritiker sehen hierin jedoch einen Schritt in einen so genannten Überwachungsstaat, beabsichtigen aber mit der Zurückweisung der herrschenden Politik Innerer Sicherheit gleichfalls den Schutz des liberalen Staates. Möglicherweise ist der Anspruch, selbst den Schutz des demokratischen Verfassungsstaates zu verfolgen, ein später Reflex auf die Ausgrenzungsversuche gegenüber der dezidiert linken Gesellschaftskritik in den 1960er- und 1970er-Jahren. Jenen linken Kritikern wurde immer wieder abverlangt, sich zum Staat und seiner Verfassung zu bekennen. Mit dem Ergebnis, dass diese Kritiker versuchten und versuchen, in einer Art vorauseilendem Gehorsam, ihre Kritik an der Politik Innerer Sicherheit immer vor dem Hintergrund ihres Bekenntnisses zumindest zum Verfassungsanspruch zu artikulieren und so die ihnen zugewiesene Position, potenzielle Verfassungsfeinde zu sein, in die Position der eigentlichen, der wahren Verfassungshüter und Rechtsstaatsschützer zu transformieren – und damit einen Retorsionseffekt bewirk(t)en, indem sie auch die Position derer, die ihnen vorwerfen Verfassungsfeinde zu sein, umkehren. Schmidt (1995), der diese Lesart freilich nicht intendiert, verfolgt eine gänzlich andere Spur: Die genannten Staaten bzw. Staatsformen im *Wörterbuch* werden – wohl nicht nur – in Bezug auf die Ausprägung *repressive* oder *liberale Sicherheitspolitik* als quasi statische Gebilde verstanden. Dass diese Ausprägungen im Gegenteil sehr dynamisch sind, sich ein stellvertretend genannter Staat/dessen Gesellschaft diesbezüglich wandeln kann, wird nicht anerkannt. Vielmehr scheint dieser Art von Beispielen eine Wahrnehmung zugrunde zu liegen, die an Vorstellungen aus der Zeit der Blockbildung anknüpft, wie die erst- („USA") bzw. einzig genannten („DDR") Beispiele belegen. Die USA als ideologischer Platzhalter für Demokratie, Freiheit und unbegrenzte Möglichkeiten, die DDR als Sinnbild realsozialistischer Knechtschaft und Totalitarismus.

Blankenburg präzisiert seinen Euphemismusvorwurf im weiteren Verlauf, indem er feststellt, dass mittels des Begriffs „‚Politik der inneren Sicherheit'" die „Auseinandersetzung mit inneren Widersprüchen", mit der „Verteidigung gegen die Bedrohung durch äußere Feinde" gleichgesetzt würde. Sofern an dieser Stelle auszuschließen ist, dass mit „inneren Widersprüche" auf intrapersonelle Widersprüche (bspw. in einem psychologischen Sinne) abgehoben wird, bleibt nur die Interpretation, die Bezeichnung „innere Widersprüche" meint *(inner-) gesellschaftliche* Widersprüche.[8] Die „‚Politik der inneren Sicherheit'" wäre demnach also eine Reaktion *auf* bzw. eine spezifische Form der Auseinandersetzung *mit* innergesellschaftlichen Widersprüchen. In Anbetracht der Tatsache, dass Innere Sicherheit in der Regel mit allgemeiner Kriminalitätsbekämpfung identifiziert wird, würde dies entweder bedeuten: Kriminalität ist Folge oder Effekt besagter innerer Widersprüche oder aber: Innere Widersprüche werden mit Mitteln, die eigentlich der Kriminalitätsbekämpfung dienen, bearbeitet bzw. bekämpft. Würden sich diese gesellschaftlichen Widersprüche in Gestalt (gesellschafts-)politischen Protestes artikulieren – was nicht ungewöhnlich wäre –, dann käme die „Politik der inneren Sicherheit" gar der Kriminalisierung politischen Protestes gleich.

Mit der Referenz auf die „Verteidigung gegen die Bedrohung durch äußere Feinde" spielt Blankenburg auf den Terminus Äußere Sicherheit an (den er an dieser Stelle zwar nicht ausdrücklich verwendet, auf den er aber später im Text zu sprechen kommt). Dessen Verständnis von „Verteidigung" ist vor allem gekennzeichnet durch die Anwendung staatlicher Gewalt im Sinne von militärischer. Der Euphemismus, den Blankenburg kritisiert, besteht also in einer durch die Protagonisten Innerer Sicherheit erweckten Scheinlogik, deren Kern der unzulässige Rekurs auf (Gewalt-)Mittel sei, welche eigentlich aus einem anderen Politikfeld (Äußere Sicherheit) herrühren und die dem ihnen neu zugedachten Zweck (Lösung innergesellschaftlicher Widersprüche) nicht nur nicht adäquat wären, sondern eine unverhältnismäßige Verschärfung bedeuteten.[9]

---

8 Dem ließe sich noch hinzufügen, dass gesellschaftliche Widersprüche zunächst *per se* nichts Bedrohliches an sich haben, sondern einer Gesellschaft immanent sind.

9 Ein bedenkenswerter Aspekt hierbei: Diese Tendenz ist nicht völlig dem Bereich Politik anzulasten. Bereits die Rote Armee Fraktion (RAF) trat kraft ihrer Selbstbezeichnung, eben eine Rote *Armee* Fraktion zu sein, in Vorlage und versuchte während der gesamten Dauer ihrer Aktivitäten den Status einer quasi-militärischen und politischen Kampfpartei geltend zu machen, was insbesondere auch für die gefangenen RAF-Mitglieder von Bedeutung gewesen wäre. Jedoch hat hier die Staatsmacht immer darauf

Es zeigt sich, bereits diese ersten Ergebnisse der Analyse der kurzen Eingangssequenz sind vielversprechend und deuten an, dass es sich bei dem Text offensichtlich um ein Fragment handelt, welches sich exponiert kritisch mit dem Thema Innere Sicherheit auseinandersetzt. Vor dem Hintergrund der mit dieser Arbeit angezielten Entwicklung einer Forschungsperspektive, die die kritischen Teile des Sicherheitsdiskurses angemessen berücksichtigt, erscheint eine genauere Untersuchung des Textes mit dem Ziel der Thesengenerierung gerade auch für das spätere Vorgehen erforderlich. Es ist folglich zu prüfen, ob die ersten Befunde sich im Textverlauf bestätigen bzw. weiter präzisiert lassen.

Der Lexikonbeitrag thematisiert die Rede von einer „ständig zunehmenden Kriminalität" als Quintessenz von Sicherheitspolitik und bewertet diese Rede als *einen* von verschiedenen ähnlich gearteten „Slogans", der unmittelbar zum Repertoire „konservativer Opposition gegen liberale Rechtspolitik" zählt. Abseits der hier zum Tragen kommenden Entgegensetzung konservativ vs. liberal ist zudem bemerkenswert, dass der Autor die Glaubhaftmachung dieser „Slogans" – und somit die Durchsetzung jener konservativen Politik – eng verknüpft mit den Aktivitäten der Medien sieht. So stellt Blankenburg den Wahrheitsgehalt der angesprochenen Slogans in Frage und spricht im Zusammenhang mit einer damit verbundenen (Presse-)Berichterstattung von deren nur „scheinbarer Bestätigung" (ebd.) oder an anderer Stelle von der Lenkbarkeit der Medien (vgl. ebd.: 168). Verantwortlich dafür sei eine bestimmte Dynamik/Logik der Berichterstattung, die mit dem Schlagwort „Sensationsinteresse der Massenmedien" (ebd.: 163) oder Verweisen auf die Marktabhängigkeit der Boulevardpresse illustriert wird (vgl. ebd.: 162 f.). Es kommt zu einer Art indirekter Manipulationsthese, denn die Medienkampagnen täuschten über die „tatsächliche Bedrohung" hinweg und garantierten „plebiszitäre Unterstützung", „wenn sie Bedrohung in das Umfeld der ‚Kriminalität' […] verweisen" (ebd.: 163). Die mit dem Begriff „plebiszitär" erfolgte Kontextsetzung mit Plebiszit ist selbst ein rhetorischer Kunstgriff. Da es Volksentscheide zu Innerer Sicherheit bislang weder auf Bundes- noch auf Landesebene gegeben hat, steht zu

---

gepocht, diesen Kombattantenstatus zu verweigern. Um so mehr fällt auf, dass umgekehrt die Kriegssymbolik (in Gestalt massiver Anleihen aus dem Militärbereich) bei Bedrohungskonstruktionen bemüht wird, die sich nicht als solche Kombattanten selbstdeklarieren können (wie bspw. bei sogenannter Organisierter Kriminalität). Offensichtlich liegt es erheblich im Interesse der Staatsmacht, sich im Innenverhältnis nicht vorschreiben zu lassen, wer Feind ist. Es ist dies viel mehr umgekehrt ein Akt der Souveränität, diesen Status zuzuweisen oder abzusprechen und folgt der Carl Schmittschen Logik „innerstaatlicher Feinderklärung" (Schmitt 1996: 45 ff.).

vermuten, der Autor meint Unterstützung im Sinne von allgemeiner Zustimmung des (Wahl-)Volkes zur konservativen Sicherheitspolitik. Wobei diese Zustimmung als Effekt der in ihrem Wahrheitsgehalt zu bezweifelnden Slogans und deren „scheinbarer Bestätigung" durch die Massenmedien nahe gelegt wird. Insofern wird diese Kausalkette von mir als Manipulationsthese bewertet. Hier zeigt sich ein Verständnis von konservativer Sicherheitspolitik, welche im Verbund mit Teilen der Massenmedien die tatsächliche Situation verschleiere bzw. in ihrem Interesse verfälsche. Hieraus erwächst umgekehrt eine Verantwortung für eine sich dieser Dynamik widersetzende Politik in Gestalt eines Aufklärungsauftrages, der die objektive Lage geltend machen müsste. Es ist im weiteren Textverlauf darauf zu achten, ob sich hierfür Hinweise finden lassen.

Die von Blankenburg formulierte Kritik zählt zum Kernbestand des so genannten Kritischen Diskurses, der sich letztlich auf konkurrierende Kenntnis der Faktenlage beruft (bessere bzw. angemessenere Interpretation von Kriminalstatistiken, Diskrepanz zwischen objektiver Sicherheitslage und subjektivem Sicherheitsgefühl, manipulative Wirkung von Teilen der Medien und infolge dessen leicht zu erreichende plebiszitäre Unterstützung). Insofern liegt der Schluss nahe, Innere Sicherheit – als hierfür quasi synonym zu verwendender Begriff – sei ein konservativer politischer „Kampfbegriff". Die Bedeutung, die Blankenburg in seinem Beitrag dieser Ausprägung von Sicherheitspolitik beimisst, macht darüber hinaus klar, dass es sich in den Augen des Autors um die *herrschende* Sicherheitspolitik handelt, sozusagen den Regelfall. „Konservative Sicherheitspolitik" ist somit auch keine bloße Variante neben mehreren anderen, schon gar nicht gleichrangigen Ausprägungen von Sicherheitspolitik.

Als Gegenüber der konservativen Sicherheitspolitik, im Sinne eines politischen Widerparts bzw. eines Korrektives, benennt Blankenburg mehrfach „liberale Rechtspolitik" bzw. „liberale Rechtspolitiker". Im Text übersetzt sich dieses Verständnis akteursspezifisch wie folgt: Auf der einen Seite werden Polizei (sowohl repressiv als auch manipulativ tätig; vgl. ebd.: 163) und so genannte konservative Politiker zu den Verfechtern und Protagonisten der „konservativen Sicherheitspolitik" gerechnet. Ihnen steht auf der anderen (politischen) Seite eine Ansammlung gegenüber, deren Charakteristikum und Manko es zu sein scheint, im Gegensatz zu den Konservativen über eine wenn überhaupt nur „wenig festgefügte Organisation" zu verfügen. Die Gegenkraft setzt sich zusammen aus „liberaler Presse und Medien", „Verteidigern der Bürgerrechte", „Advokaten", „politischer Strafverteidigung" und „lokalen Kulturen" (ebd.: 166 f.).

Der liberalen Position und ihren Akteuren wird ein defensiver Part zugeschrieben. Das macht sich zum einen an dem Hinweis auf „wenig festgefügte Organisation" bemerkbar, zum anderen wird dieser Position im Umkehrschluss zu den bisherigen Ausführungen lediglich wenig plebiszitäre Unterstützung zuteil. Hier deutet sich an, dass der Kritische Diskurs zugleich der nichthegemoniale ist. Gleichzeitig beansprucht Blankenburg mit seiner parteinehmenden Schilderung implizit eine Sicht auf eine Faktenlage, die quasi nicht manipuliert sei. Es kommt zum Rekurs auf eine „objektive Kriminalitätsbedrohung" (in Entgegensetzung zum subjektiven Sicherheitsgefühl, welches anscheinend die plebiszitäre Unterstützung konservativer Sicherheitspolitik fundiert). Blankenburg argumentiert somit wesentlich diskursimmanent. Es gäbe eine Faktenlage der Kriminalitätsbedrohung, die, wenn sie denn nur wahrheitsgemäß und der Bedrohung adäquat bearbeitet würde, einer qualitativ anderen Politik zur Geltung verhelfen könnte. Im Kern lautet die Kritik: Die herrschende konservative Sicherheitspolitik schieße über ihr Ziel hinaus, bekämpfe letztlich nicht das, was sie zu bekämpfen vorgäbe, nämlich eine Kriminalitätsbedrohung, sondern politischen Protest. Die oben vorgestellte Vermutung, die sich der konservativen Sicherheitspolitik widersetzende Politik kläre über die objektive Lage auf, lässt sich in dieser Hinsicht somit bestätigen.[10] Die „objektive Lage" erfordere implizit angemessenere, d.h. adäquate Mittel. In diesem Sinne ist die liberale Position von einem sozialtechnokratischen Verständnis geprägt.

Diese Bezugnahme setzt sich in seiner Schilderung der Entwicklung der 1980er-Jahre in der BRD fort. Insbesondere für diese Dekade betont er: „In den 80er Jahren setzten die Länderinnenminister/-senatoren zunehmend auf massive Polizeieinsätze im Vorfeld von *Demonstrationen*, um Besetzungen und Eskalation frühzeitig zuvorzukommen" (ebd.: 164 f.; Hervorh. TK). Der Autor schildert die zunehmende Flexibilität polizeilicher Einsatzkonzepte als Charakteristikum der Entwicklung der 1980er-Jahre zwar *auch* am Beispiel von Ereignissen wie „Geiselnahme, Entführungen und politische Erpressungen" (ebd.: 165), welche dem für die 1970er-Jahre bestimmenden Feindbild des „Terrorismus" am näch-

---

10 Dies ist zugleich ein entscheidender Befund, der in der späteren Analyse bestimmter Teile des Kritischen Diskurses aufgegriffen wird. Mittels des Pochens auf eine bessere bzw. korrektere Kenntnis der Faktenlage („objektive Kriminalitätsbedrohung") und dem Verweis auf die Notwendigkeit einer anderen Sicherheitspolitik, um die eigentlichen (Kriminalitäts-) Bedrohungen zu bekämpfen, teilen Kritiker mit den konservativen Sicherheitspolitikern letzten Endes bestehende Kriminalitätskonstruktionen, so lange diese nicht in unangemessener Weise auf politischen Protest bezogen werden – unbestritten der zwischen beiden Lagern vordergründig bestehenden gegenläufigen politischen Bezugnahmen.

sten kommen bzw. dessen fortdauernde Geltung in den 1980er-Jahren indizieren. Im Vordergrund seiner illustrierenden Ausführungen für diese Dekade stehen jedoch Situationen wie „gewöhnliche Krawalle", „Bürgeraktionen und demonstrativen Besetzungen", „wilde Streiks oder Blockaden [...] bei wirtschaftlichen Kampfmaßnahmen" (ebd.: 165). Dieses *Setting* fokussiert letztlich auf Protestverhalten breiter Bevölkerungsgruppen als Feindbild in den 1980er-Jahren. Diese Stoßrichtung favorisiert er auch im weiteren Verlauf, wenn die durch die „Politik innerer Sicherheit" drohenden Gefahren benannt werden. Konservative Sicherheitspolitik berge ein großes Gefährdungspotenzial insbesondere durch „Präventivtätigkeit" und damit verbundene „Informationsspeicherung, Datenverarbeitung", „Datenaustausch zwischen Behörden", „elektronische Beobachtungsmöglichkeiten", „Rasterfahndung und Personensuche mit Hilfe von Massendaten" (ebd.: 166). Ausgehend von der Schilderung des „Terrorismus", als (Haupt-)Legitimationsfigur der 1970er-Jahre, über „Hausbesetzer" (erwähnt werden Berlin und Hamburg, die in den 1980er-Jahren eine große Zahl an Hausbesetzungen zu verzeichnen hatten) endet die Schilderung schließlich bei „legalem politischen Protest", der zum eigentlichen Objekt der (Wiss-)Begierde der Sicherheitsbehörden avanciert:

„Massenhafte Beobachtung (auch durch Geheimdienste) im Zusammenhang mit legaler politischer Betätigung und die Verwendung solcher Informationen noch nach Jahren im Zusammenhang mit Prüfungsverfahren für die Einstellung im öffentlichen Dienst haben der Furcht vor dem ‚Überwachungsstaat' ein realistische Basis gegeben" (ebd.).

Gleichwohl gibt es Gegentendenzen, wenn auch wenig erfolgreich:

„Versuche, Polizei und Geheimdienste an die Kette von Datenschutznormen zu legen, sind nur teilweise erfolgreich, [...] hingegen werden Datenschutzargumente weitgehend mißbraucht, um Behörden vor kritischer Forschung abzuschotten" (ebd.: 166).[11]

Resümierend hält Blankenburg fest: „Die 80er Jahre [...] waren [...] gekennzeichnet durch die Einschränkung von Demonstrationsrechten und den Abbau prozessualer Garantien der Strafverteidigung" (ebd.). Die „Kriminalisierung der ‚Unterstützung einer kriminellen Vereinigung' (§129 s StGB)", der „Volkszählungsboykott", ein „erweitertes Recht

---

11 Das Beispiel ist zugleich ein erstes Indiz für die Verwendung von (hier: lexikalisierten, d.h. schwachen) Metaphern („an die Kette legen") im Kritischen Sicherheitsdiskurs.

von Sicherheitsüberprüfungen", die „Legalisierung der Schleppnetz-fahndung", „neuartige Demonstrationsdelikte" etc. sind die Eckdaten, auf die Blankenburg sich in der Hauptsache bezieht.

Eines zeigt sich an den Schilderungen sehr deutlich: Es wird davon ausgegangen, es gebe gewisse Bedrohungen (in erster Linie den so ge-nannten Terrorismus), allerdings würden, nach Blankenburg, konserva-tive Sicherheitspolitik und staatlicher Sicherheitsapparat diese als Vor-wand nutzen, um weite Teile der Bevölkerung ins Visier zu nehmen, die eigentlich als gesellschaftliches Protestpotenzial zu gelten hätten.

Nachdem der Lexikonbeitrag einen Abriss über die mit der konser-vativen Sicherheitspolitik verbundenen Tendenzen gegeben hat, die er durchweg ablehnend-kritisch kommentiert, versucht er zugleich, auch Ansätze für eine gegenläufige Politik zu benennen, obschon diese impli-zit immer schon durchschienen. Die ausdrücklich Bezugnahme ist aller-dings besonders interessant, da es hier – wie verschiedentlich schon an-gedeutet – zu Präzisierungen in Hinblick auf die Opposition zur herr-schenden Sicherheitspolitik kommt, d.h. Kritik und kritische Potenziale benannt werden.[12] Er spannt den Bogen zu den Kritikern, indem er ge-gen Ende des Beitrages versucht, „Politik der inneren Sicherheit" über den Gehalt konservativer Sicherheitspolitik hinaus auszulegen:

---

12 Wobei der Fachartikel Blankenburgs selbst schon ein Beispiel für diese Position ist. Es kommt hierdurch zu einem Effekt, auf den eingangs bereits hingewiesen wurde und der auch diese Arbeit prägt: Auf der ersten Beob-achterebene positioniert sich der Beitrag als kritischer, auf einer zweiten Beobachterebene thematisiert er eben jene Texte, Fragmente und (Dis-kurs-)Positionen, die sich als kritisch beobachtend ausweisen oder einord-nen lassen. Das heißt, er befindet sich strengenommen selbst immer in ei-ner potenziellen Doppelrolle von Beobachter und Beobachtungsgegen-stand. Diesem Ebenenmix ist schwer zu entgehen, will man (s)eine kri-tisch-wissenschaftliche Grundposition nicht von vornherein aufgeben. Oh-nehin geht es nicht um die Frage, ob eine kritische Einfärbung der Beob-achterbrille ganz zu vermeiden ist. Die Situation ist, bezogen auf den hier untersuchten thematischen Diskurs Innerer Sicherheit, lediglich unge-wohnt, da entweder die Kritiker konservativer Sicherheitspolitik über die konservative Politik sich äußern und ihre Forschungsanstrengungen hauptsächlich auf diese ausrichten. Oder aber die Forscher im Dienst kon-servativer Sicherheitspolitik umgekehrt die Bedrohungen und die sie in-frage stellenden Kritiker in den Fokus rücken, um gegen sie ihre Politik-konzepte zu rechtfertigen. Auch Blankenburg deutet diesen Sachverhalt an, wenn er in einem anderen Zusammenhang feststellt, „daß in der Wis-senschaft der Streit zwischen konservativer und liberaler Sicherheitspolitik durch die Wahl ätiologischer Fragestellungen auf der einen [der konserva-tiven; TK], Fragen nach den Bedingungen der Reaktion auf der anderen Seite [der liberal-kritischen; TK] ausgetragen wird" (Blankenburg 1992: 167).

„Wäre Politik der inneren Sicherheit allein Wahren von Ruhe und Ordnung [also nach Blankenburg: konservative Sicherheitspolitik; TK], könnte ihre Optimierung als bestandsgefährdend für demokratische Auseinandersetzungen angesehen werden" (ebd.: 167).

Die Befürchtung der Bestandsgefährdung von demokratischen Auseinandersetzungen bestätigt die bisherige Analyse, wer oder was in Blankenburgs Augen *eigentlich* von Sicherheitspolitik betroffen sei: Formen demokratischer Auseinandersetzung, die bei Blankenburg m.E. gleichbedeutend sind mit gesellschaftlichem Protest. Des weiteren: Der Satz „Wäre Politik der inneren Sicherheit allein Wahren von Ruhe und Ordnung" betont an dieser Stelle vor allem, sie ist es *noch nicht* allein. Aber *was* ist sie dann mehr bzw. was sollte sie darüber hinaus sein? Der Beitrag plädiert hier in gewisser Weise für ein weiter zu fassendes Verständnis von Sicherheitspolitik. Bereits zu Beginn wurde schon einmal festgehalten, es gehe um

„Bereithalten und Begrenzen eines Potentials staatlicher Gewaltausübung sowie dessen Einsatz und Kontrolle bei Bedrohungen, die innerhalb eines Staatsgebietes ihren Ursprung nehmen" (ebd.: 162).

Allerdings ist das „Begrenzen" und die „Kontrolle" des „Potentials staatlicher Gewaltausübung", folgt man Blankenburgs bisherigen Ausführen, die Sache konservativer Sicherheitspolitik nicht – im Gegenteil. Was zu der Frage führt, wer diese Aufgabe statt dessen übernehmen soll. Auch hier hat Blankenburg eine Antwort parat. Es bedarf eines politischen Gegengewichtes. Es geht um die Stärkung der bereits mehrfach erwähnten liberalen Rechtsposition, die diese Entwicklung garantieren könne/solle. Letztlich erwächst hieraus ein quasi arbeitsteiliges Arrangement Innerer Sicherheit, in welchem nun auch die Kritiker ihren Platz finden. Welche Akteure benennt er konkret? Zu den Wächtern und Verfechtern liberaler Sicherheitspolitik (im Sinne einer Sicherung liberaler Positionen) werden vor allem „lokale Kulturen zur Verteidigung von Bürgerrechten" gezählt. Hierzu gehören

„Advokaten [...] ebenso wie politische Parteien, in Europa auch Gewerkschaften, international auch Bürgerinitiativen und Menschenrechtsbewegungen. Das Anwachsen internationaler Bürgerrecht-Komitees in den 70er Jahren zeigt, daß gleichzeitig mit dem Arsenal konservativer Sicherheitspolitik auch die Organisation des liberal-rechtsstaatlichen Widerstands gewachsen ist" (ebd.: 167).

Unter anderem den Trägern politischer Protestpotenziale aus fast drei Jahrzehnten (Anti-Notstandsbewegung, Studentenbewegung, Anti-AKW-, Anti-Volkszählungs- und schließlich Friedensbewegung), die im Lexikonartikel bisher lediglich indirekt, in Gestalt der vom konservativen Sicherheitsdiskurs aufgebauten Bedrohungskonstruktionen und Feindbildszenarien zur Sprache kamen, fällt die Aufgabe zu, die liberale Position geltend zu machen.

Blankenburg gelingt hierüber ein interessanter Kunstgriff. Er greift sozusagen deren Selbstdeklaration auf und macht sie zum Garanten von Sicherheit (wohlgemerkt: entsprechend dem Sicherheitsverständnis Blankenburgs). Letztlich werden die bislang häufig als so genannte Verfassungs*feinde* Kriminalisierten so zu Verfassungs*schützern* – sofern man eine strikt liberale, rechtsstaatsorientierte Betonung des Verfassungsanspruches (im Gegensatz zur herrschenden Verfassungswirklichkeit) als *Verfassungsschutz* interpretiert.

Diese Figur ist von nicht unerheblicher Bedeutung für weitere Analysen (politisch) kritischer Positionen im Sicherheitsdiskurs. Blankenburg reklamiert ein anderes, letztlich ein *erweitertes* Verständnis von „Politik innerer Sicherheit".[13] Hierbei fällt auf, dass die bislang gegen herrschende Sicherheitspolitik vorgebrachte – und von dieser kriminalisierte – Kritik nun als Korrektiv zur konservativen Sicherheitspolitik in einer fast staatstragenden Absicht artikuliert wird. Das erfolgreiche *an-die-Kette-legen* wird zum Garanten einer neu verstandenen Inneren Sicherheit; ein rhetorischer Kunstgriff, der die ins Abseits gestellten Kritiker zu den eigentlichen Staatsschützern, den Rechtsstaatsschützern macht. Die Kritiker versuchen, mittels entschiedenem Eintreten für den liberalen Rechtsstaatsgedanken, aus der ihnen zugewiesenen Sympathisantenecke zu entkommen.

Blankenburg versucht, Sicherheit und Bedrohung umzudeuten: Bedroht sei aus Sicht der Kritiker der liberale Rechtsstaat und die demokratische Auseinandersetzung. Sicherheit verheiße nur die Verteidigung, die „Wahrung rechtsstaatlicher Verfahren", die eine kleine Allianz (s.o.) betreibe, der zudem nur eine „– im Vergleich zu den Sicherheitsbehörden – wenig fest gefügte Organisation" (ebd.: 168) zur Verfügung stünde. Dieser zuzurechnen sind durchaus *auch* Teile der Justiz, sofern es um deren Autonomie gegenüber den Sicherheitsbehörden geht, und Teile der zuvor von Blankenburg gescholtenen „liberalen Presse und Medien", die unerläßlich seien, aber nur bedingt zuverlässig. Die den

---

13 Nichtsdestotrotz ist, folgt man weiteren Einschätzungen des sog. Kritischen Diskurses, auch das Einklagen einer *anderen* Sicherheitspolitik – insbesondere unter dem *Label* Innere Sicherheit – problematisch (vgl. hierzu bspw. Hassemer 1993: 54 f.).

Kritikern zugedachte Rolle wird also zugleich konterkariert durch die Schwäche, die Blankenburg dieser Strömung zurechnet. Es wird deutlich, dass der Kritische Diskurs, auch wenn er in dem Fachartikel als solcher nicht ausdrücklich gefasst wird, eine höchst defensive Position innehat.[14]

Die intensive Auseinandersetzung und die aus dieser Analyse sich ergebende Bedeutung des Fachartikels aus dem dritten Band des *Lexikons der Politik* machen ein kurzes Zwischenresümee erforderlich. Dieser Schritt weicht vom üblichen Vorgehen ab, lässt sich allerdings durch die große Bedeutung, die der Text inhaltlich und für das weitere Untersuchungsdesign besitzt, rechtfertigen.

Das Werk *Lexikon der Politik* liefert in seinem dritten Band einen mit sieben Seiten recht langen Fachaufsatz zu Innerer Sicherheit. Allein die Länge signalisiert, dass nicht der Versuch unternommen wird, den Begriff auf eine knappe Definitionsformel zu reduzieren. Vielmehr wird Innere Sicherheit als vielschichtiger Prozess mit teils widerstreitenden Anteilen und Entwicklungstendenzen begriffen. Die Kategorien „innere Sicherheit", „Politik der inneren Sicherheit" und „Sicherheitspolitik" werden weitestgehend synonym verwendet. Wodurch von Beginn an die Zuordnung von Innerer Sicherheit zum Feld Politik deutlich wird. Die Zuordnung erfährt noch eine Verfeinerung, indem die „Politik innerer Sicherheit" als vornehmlich konservativ beschrieben wird. Allerdings wird insbesondere auch die Polizei als zentraler Akteur hervorgehoben.

Zugleich grenzt sich der Fachartikel vom zu definierenden Begriff (und der mit diesem bezeichneten Politik) eindeutig kritisch ab. Er macht demgegenüber eine als politisch-liberal und bürgerrechtsorientiert zu charakterisierende Gegenposition geltend. „Kritisch" ist dabei auf zwei Ebenen eine bedeutsame Kategorie: erstens als explizite Kategorie,

---

14 Solch ein Befund stützt das gewählte Design dieser Arbeit. Die defensive Position spiegelte sich darin wieder, dass kritische Experten in der Regel keine institutionelle Anbindungen an die Agenturen konservativer Sicherheitspolitik hatten. Der konstatierte Mangel an festgefügter Organisation indiziert, wie wenig es klassische Fakultäten kritischer Bearbeitung gab. Hier waren insbesondere die allgemeinen Sozialwissenschaften Ort und Hort einer gerade erst beginnenden und sich im Verlauf der Jahrzehnte zunehmend etablierenden Forschungsrichtung. Die Begründung der Kritischen Kriminologie seit den 1960er-Jahren (vgl. Cremer-Schäfer/Steinert 1998: 19 f.; Kaiser et al. 1993: 329 ff.) und die Gründung eines eigenen Arbeitskreises „Politikfeldanalyse Innere Sicherheit" in der Deutschen Vereinigung für Politische Wissenschaft Ende der 1990er-Jahre seien hier als Einzelbeispiele illustrierend genannt. Die beiden genannten Ereignisse markieren in ihrer Unterschiedlichkeit indes Anfangs- und vorläufigen Endpunkt einer Entwicklung, die sich auch als Expertenkonkurrenz deuten lässt.

mit der Akteure benannt werden, die in die Auseinandersetzung um Innere Sicherheit involviert sind und zweitens als implizite Position des Artikels selbst.

Innere Sicherheit ist dem Autor zufolge ein gesellschaftspolitisch umstrittenes Politikfeld entlang den als politisch gegensätzlich verstandenen Positionen „konservative Sicherheitspolitik" und „liberale Rechtspolitik" (ebd.: 163). Der Artikel spricht in mittelbarem Zusammenhang auch von einem „Kampfbegriff". Womit über die Feststellung des Prozesscharakters hinaus bereits ein ganz maßgebliches Kriterium benannt ist, welches den Beitrag im *Lexikon* von anderen Definitionsversuchen abhebt: Der Autor konstatiert nicht nur gesellschaftlich gegenläufige Interessen bzw. Positionen der beteiligten Akteure, sondern bewertet diese als politische (konservativ, liberal) und anerkennt diese Auseinandersetzung als eine beständig stattfindende und das Politikfeld ganz entscheidend prägende. Indem der Beitrag der Analyse dieses Prozesses den meisten Raum widmet – und somit auch die größte Bedeutung beimisst – unterscheidet er sich grundlegend von klassischen Versuchen politikwissenschaftlicher Formaldefinitionen.

Er illustriert die „Politik innerer Sicherheit" anhand von prominenten Bedrohungsbeispielen, auf die sie bezogen wurde. Ausgehend vom so genannten Terrorismus der 1970er-Jahre, der für konservative Sicherheitspolitik über lange Zeit als Legitimationsfolie fungierte, beruft sich der Artikel hierbei vornehmlich auf Beispiele aus den 1980er-Jahren, die sich direkt oder indirekt damaligen Protestbewegungen zurechnen lassen (Volkszählungsboykott, Anti-Kernkraftproteste, Umweltbewegung).

Innere Sicherheit, als konservative Sicherheitspolitik, erweist sich demnach über weite Strecken als die Anwendung staatlicher Gewaltmittel auf als Bedrohungen zugerichtete innergesellschaftliche Widersprüche. Hierüber wird eine Lesart unterlegt, Innere Sicherheit sei eigentlich die polizeiliche Bekämpfung von Protest und gesellschaftspolitischen Auseinandersetzungen, d.h. letztlich ungerechtfertigte Kriminalisierung von gerechtfertigtem gesellschaftlichem Widerstand. Sie wird dadurch als unverhältnismäßig und begrifflich irreführend konnotiert – letzten Endes würde sie dadurch selber zu einer Bedrohung.

Zugleich verharrt Blankenburg aber in der Beschreibung der (gesellschafts-)politischen Auseinandersetzung, die es aus seiner Sicht zugunsten der kritischen Position zu entscheiden gelte – und die, so ist zu folgern, entschieden werden könnte. Er macht die von ihm durchaus erkannte Kontroverse jedoch nicht zum Dreh- und Angelpunkt einer Definition, die just in der Auseinandersetzung um Innere Sicherheit mehr als ein bloß fortdauerndes Muster der jüngsten gesellschaftspolitischen

Entwicklung erkennt. Diese Auseinandersetzung markiert nämlich die Kernqualität des Sicherheitsdiskurses. Eine Dynamik die – im Gegensatz zu Blankenburgs Perspektive einer möglichen Entscheidung zugunsten einer *anderen* Sicherheitspolitik – nie abgeschlossen sein wird, weil das Potenzial des Sicherheitsdiskurses gerade darin besteht, *ad infinitum* abzulaufen, immer aufs Neue spezifische Deutungsmuster zu entwerfen und anzubieten und somit Gesellschaft als etwas Bedrohtes und zu Sicherndes, ihre Mitglieder als Bedrohte und Sichernde hierüber (mit) herzustellen. Der Beitrag ist der bislang umfassendste und prononcierteste. Ihm kommt hinsichtlich Länge und Qualität besondere Bedeutung zu. Er würdigt Innere Sicherheit über die Feststellung einer vagen Wortbedeutung hinaus entsprechend der genannten Dynamik und Implikationen. Nicht umsonst avancierte er zu einem in Lexika, Fach- und Wörterbüchern häufig verwiesenen Fachbeitrag.[15] Der Text liefert erste eindeutige Belege (Stichworte: „Kampfbegriff", Kritiker, Bekämpfung von Protest) für das, was im weiteren Verlauf der Untersuchung als Kritischer Diskurs aufgefaßt wird. Die zentrale Bedeutung schlägt sich auch in der weiteren Untersuchung nieder.

Handwörterbuch zur politischen Kultur der Bundesrepublik Deutschland

Das Stichwortverzeichnis des Werkes weist weder zu Öffentliche Sicherheit noch zu Sicherheit Einträge aus. Zu Innere Sicherheit liegt ein Artikel vor (vgl. Greiffenhagen et al. 1981: 9 ff.). Der Artikel umfasst ca. drei Buchseiten. Direkt zu Beginn befindet sich ein Hinweis auf *„unmittelbar angrenzende* Nachbarartikel oder auf solche, die dem Verständnis des Artikels dienen" (vgl. ebd.: 13; Hervorh. i. Orig.). Hierdurch wird der auch schon durch die beschriebene Registerbehandlung mittelbar erweiterte thematische Rahmen noch ausgeweitet. Die kontextualisierten Themenfelder lauten: „→ *Grundgesetz, Legitimität, Linksextremismus, Rechtsextremismus, Rechtsstaat, Terrorismus*" (Bredow 1981: 207; Hervorh. i. Orig.). Innere Sicherheit wird begriffsgeschichtlich rückprojiziert („traditionell" = Tradition = Vergangenheit, Historie). Hierzu wird auf „die Bundesakte des Deutschen Bundes von 1815" verwiesen, in welcher u.a. die „Erhaltung [...] der inneren Sicherheit

---

15 Regelmäßig wird er in Fachartikeln anderer Lexika als weiterführende Literatur angegeben. So zum Beispiel bei Schmidt 1995 und Andersen, Woyke 1997. Blankenburg hat 1980 zudem ein Buch unter dem Titel *Politik der inneren Sicherheit* (Blankenburg 1980) herausgegeben, welches gleichfalls des öfteren als Referenzquelle angegeben wird, beispielsweise bei Bredow 1981 oder Schmidt 1985.

Deutschlands" (ebd.) als Zweck des Bundes bestimmt wurde. Diese Rückprojektion bedeutet zugleich eine Kontinuitätsbehauptung, mit der die Besonderheiten der aktuellen Entwicklung, d.h. der vergangenen dreißig Jahre als eine Episode in einer vorgeblich langen Geschichte Innerer Sicherheit relativiert werden. Die räumlich-geographische Angabe „innere Sicherheit" ist freilich vom Terminus Innere Sicherheit und dessen thematischer Rahmung zu unterscheiden.

Handwörterbuch des politischen Systems der Bundesrepublik Deutschland

Das *Handwörterbuch des politischen Systems der Bundesrepublik Deutschland* (Andersen/Woyke 1997) beschließt den Abschnitt mit exemplarischen Detailanalysen aus dem Bereich „Allgemeine Sozialwissenschaften". Das *Handwörterbuch* verfolgt den Anspruch, „kompakte, zuverlässige Informationen über den Zustand und die Probleme des politischen Systems" zu liefern. Mit der Auswahl der Stichworte ist beabsichtigt, die wichtigsten Element des politischen Systems widerzuspiegeln (vgl. ebd.: VIII). Hierüber lassen sich seine Einträge als grundsätzlich dem politischen Feld zuzurechnende betrachten. Das Stichwortverzeichnis indexiert einen Artikel zu Innere Sicherheit. Öffentliche Sicherheit und Sicherheit werden nicht mittels eigener Artikel bearbeitet (vgl. ebd.: XII f.).

Der Beitrag zu Innere Sicherheit umfasst ca. zweieinhalb Seiten und gliedert sich in drei Unterpunkte: „1. Begriff und politische Praxis", „2. Institutionen der i.S.: Polizei mit Bundesgrenzschutz" und „3. Kriminalitätsentwicklung" (Jesse 1997: 221 ff.). Er schließt mit Angaben zu weiterführender Literatur.[16] Auf Einzelheiten zu den Punkten 2 und 3 wird hier nicht weiter eingegangen. Es handelt sich um Beschreibungen spezifischer institutioneller Strukturen und deren Entwicklung hinsichtlich rechtlicher Kompetenzen und Zuständigkeiten (Punkt 2) sowie einem kurzen Abriss zur Kriminalitätsentwicklung in der Bundesrepublik entlang der Stichworte Polizeiliche Kriminalstatistik, Aufklärungsquote, Kriminalitätsrate, Dunkelziffer etc. (Punkt 3). Innere Sicherheit wird durch die thematische Unterteilung des Artikels letztlich als Kriminalitätsbekämpfung durch die Polizeibehörden bestimmt.

---

16 Bei den am Ende des Artikels angegebenen Literaturempfehlungen handelt es sich in vier von sieben Fällen um Quellen, die auch im Rahmen dieser Arbeit behandelt wurden/werden: *Politik der inneren Sicherheit* (Blankenburg 1980; Blankenburgs Artikel aus dem *Lexikon der Politik. Band 3* (Blankenburg 1992), Hans-Gerd Jaschkes Arbeit *Streitbare Demokratie und Innere Sicherheit* (Jaschke 1991) und das *Polizei-Lexikon* (Rupprecht 1995).

Bemerkenswert ist im dritten Abschnitt „Kriminalitätsentwicklung" allerdings, dass dort zwar u.a. von unterschiedlichen Deliktbereichen die Rede ist, bezüglich der Personifikation von Kriminalität jedoch einzig so genannte tatverdächtige Ausländer besondere Erwähnung finden (vgl. ebd.: 223). Dies soll nicht überbewertet werden, ist aber allemal ein Indiz für eine subtile Verknüpfung des aufenthaltsrechtlichen Status „Ausländer" mit Kriminalitätsentwicklung. Die Verknüpfung ist um so bemerkenswerter, weil sie direkt an eine Kurzpassage zur „Verunsicherung der Bürger" anschließt, ohne das beide Stellen vom Autor in einen ausdrücklichen Zusammenhang gebracht werden. Der unterlegte Befund lautet gleichwohl: Bürger seien verunsichert, Ausländer seien tatverdächtig (vgl. ebd.).

Auf den ersten Abschnitt des Artikels („Begriff und politische Praxis") soll genauer eingegangen werden, da er einige Hinweise auf die Wahrnehmung von Kritik und Kritikern Innerer Sicherheitspolitik liefert. Eingangs erwähnt Jesse zunächst, dass „der Begriff der inneren Sicherheit (i.S.) [...] in keinem Gesetz rechtsverbindlich geregelt [ist]" (ebd.: 221). Im Anschluss daran leitet er aus einem allgemeinen Schutzbedürfnis des Staates „vor Kriminalität sowie vor → Extremismus" (vgl. ebd.) zweierlei Maßnahmen ab, auf die sich Innere Sicherheit infolgedessen beziehe: 1. den Schutz der „öffentlichen Sicherheit und Ordnung" und 2. „den Schutz des Staates vor Gegnern im Innern und von außen" (ebd.).

Im weiteren Verlauf, wenn er die aktuelle Entwicklung der Gesetzgebung seit Ende der 1960er-Jahre grob umreißt, bemüht sich der Autor um ‚Ausgewogenheit' in Form der Erwähnung von kritischen ebenso wie von befürwortenden Stimmen zur Politik Innerer Sicherheit. Mittels dieser Figur rückt der Autor sich selbst in eine Position der Neutralität bezüglich der Bewertung der Politik Innerer Sicherheit. Gleichwohl zeigt sich im weiteren Textverlauf, dass die Position der „Ausgewogenheit" mehr rhetorisches Ornament ist. Zwar macht auch Jesse deutlich, dass die 1970er-Jahre eine besondere Phase markieren, die durch eine außergewöhnliche Schärfe der Auseinandersetzung zu charakterisieren sei. Dennoch liegt der Schluss nahe, dass der Autor die kritische Position, die er immerhin erwähnt, im Gegensatz zur befürwortenden deutlicher relativiert oder in Anbetracht auf die gegenwärtige Entwicklung nivelliert: So sei „die seinerzeitige Kritik [Ende der 1960er-, Anfang der 1970er-Jahre; TK] – der Notstand könne die ‚Stunde der Exekutive' sein – [...] heute längst verstummt" (ebd.: 221). Oder er nimmt Bezug auf „die These, die BRD sei zu einem unkontrollierbaren Sicherheitsstaat oder Polizeistaat denaturiert", um festzustellen, dass diese These „wenig überzeugend und empirisch nicht belegbar [ist]" (ebd.: 222). Demgegenüber stellt er beispielsweise die aus Sicht der Befürworter von Innerer Sicherheitspolitik behauptete Notwendigkeit, dass „die internationale Zusammenarbeit der Sicherheitsbehörden [...] als unerläßlich [gilt], um die Kriminalität eindämmen zu können" (ebd.), nicht in Frage. Er präsupponiert mit der Erwähnung, Kriminalität müsse eingedämmt werden, viel mehr zweierlei: 1. Es gebe eine Kriminalitätsentwicklung, die der *Eindämmung* bedarf (blasse Form der Kollektivsymbole Flut und Damm). 2. Da als Antwort darauf die „internationale Zusammenarbeit [...] unerläßlich" sei, muss es sich offensichtlich um eine bedrohliche Zunahme *internationaler* Kriminalität handeln. Womit erneut ein Muster der Kontextsetzung von Kriminalitätsbedrohung und Ausland erkennbar wird.

Explizite politische Kodierungen vermeidet Jesse bis gegen Ende des ersten Abschnitts. Dort erwähnt er, anknüpfend an die o.g. These der Kritiker vom „unkontrollierbaren Sicherheitsstaat", die bekanntlich nicht belegbar sei, dass sich

„beim Komplex der i.S. [...] die Auffassungen von (Links-)Intellektuellen, die die Gefahr eines Überwachungsstaates in der Tradition G. *Orwells* befürchten, und von mitunter populistisch gesinnten Bevölkerungskreisen mit ihrer *law-and-order*-Mentalität schroff gegenüber [stehen]" (ebd.; Hervorh. i. Orig.).

Der Autor legt an dieser Stelle seine bisherige Zurückhaltung ab. Jesse kodiert die Position der befürchteten Gefahr eines Überwachungsstaates mittels Verweis auf die „(Links-)Intellektuellen" nicht nur politisch. Vielmehr weist er jenen Intellektuellen in der Gesellschaft zugleich eine politische Randposition zu. Der Eindruck der Randlage entsteht durch den gleichzeitigen Verweis auf die „populistisch gesinnten Bevölkerungskreise mit law-and-order-Mentalität", die das (rechte) Gegenüber zur erstgenannten linken Position darstellen. Jesse impliziert hierüber zugleich eine scheinbar neutrale demokratische Mitte, die zwischen diesen stehe und welche die von ihm geschilderte Innere Sicherheitspolitik vertrete, womit diese Politik gleichzeitig als gemäßigt und demokratisch erscheint.[17] Der Verweis auf die Schroffheit des Sichgegenüberstehens der Rechten und Linken legt nahe, es handele sich um weit auseinanderliegende Minderheitenpositionen, wodurch deren politische Bedeutung relativiert wird. Die Mitte markiere folglich die gesellschaftliche Mehrheitsposition.

---

17 Mäßigung und Ausgeglichenheit sind die Attribute, die geeignet scheinen, den Hinweis auf die Schroffheit der sich gegenüberstehenden Extreme zu kontrastieren und die implizierte Position des Dazwischen zu illustrieren.

Jesse stellt die beiden erstgenannten Positionen hierüber zugleich als Gegensätze, d.h. als politische *Extreme* vor, die jedoch – entgegen ihrer unterschiedlichen politischen Vorzeichen – in eben dieser Eigenschaft (Extreme zu sein) eine Gemeinsamkeit besitzen, kraft derer die zwischen ihnen bestehenden eklatanten politischen Unterschiede egalisiert werden: rechts ist gleich links. Er erweckt schließlich den historisch falschen Eindruck, jene *Sicherheitspolitik der Mitte* und deren Verfechter seien nicht das eigentliche Ziel der linken Kritik an Innere Sicherheit gewesen, denn diese, so wird unterstellt, fanden ihren Widerpart in der „law-and-order-Mentalität" und den damit verbundenen Politikvorschlägen (rechts-)populistischer Kreise.[18]

Exemplarische Detailanalysen „Spezielle Sozialwissenschaften"

Kriminologie Lexikon

Das 1991 erschienene *Kriminologie Lexikon* (Kerner 1991) orientiert sich „vorrangig an Wünschen und Bedürfnissen der Praxis" (ebd.: V). Um welchen Praxisbezug es sich dabei handelt, präzisiert die einleitende Bemerkung des Herausgebers im „Vorwort", zugleich verdeutlicht sie auch die Nähe des *Kriminologie Lexikons* zu anderen Spezialdiskursen.

---

18 Eckhard Jesse ist ein ebenso prominenter wie umstrittener Extremismusforscher, der u.a. gemeinsam mit Uwe Backes das Buch *Politischer Extremismus in der Bundesrepublik Deutschland* (Backes/Jesse 1996) verfasst hat. Die Lesart der oben zitierten Stelle deckt sich mit der bei Backes und Jesse in der Regel vorfindbaren und zu kritisierenden Tendenz der Gleichsetzung eines linken und rechten Randes. Hierbei wird häufig betont, dass die Extremismuskonzeption von Backes und Jesse den Positionen der Akteuer im Sicherheitsapparat sehr nahe steht und dazu höchst kompatibel ist. Oder, um mit anderen Worten zu sagen: „Wer die Einschätzungen des Verfassungsschutzes nicht bei diesem selbst nachlesen will [...], kann zu Backes/Jesse greifen" (CILIP 1993: 102 f.). Auch Bakkes gilt als umstritten. In der Auseinandersetzung um einen höchst zweifelhaften Aufsatz über den Hitler-Attentäter Georg Elser hatte der Institutsleiter des Hannah-Arendt-Instituts für Totalitarismusforschung, Dr. Klaus-Dietmar Henke, seinerzeit die Entlassung seines Stellvertreters Backes gefordert und ihn als „Geschichtsrevisionisten" bezeichnet. Backes hatte sich – gegen den erklärten Willen Henkes – hinter den Institutsmitarbeiter Lothar Fritze gestellt. Dieser warf in einem in der *Frankfurter Rundschau* vom 8. November 1999 veröffentlichten Artikel dem Hitler-Attentäter Georg Elser moralische Verfehlung vor, weil der den „Tod Unbeteiligter billigend in Kauf genommen" hätte. Seitdem wird in Wissenschaft und Politik erbittert über den „Fall Backes" diskutiert.

Laut dem Herausgeber schließt es „an das ‚Polizei Lexikon' und an das ‚Kriminalistik Lexikon' an" (ebd.). Es zeigt sich sehr deutlich, dass die Zielgruppe hauptsächlich Experten bzw. Akteure sind, die wesentlich dem Sicherheitsapparat zu zurechnen sind (vgl. ebd.). In dritter Linie richtet sich das Buch zwar auch an Studierende, wobei jedoch zuvorderst eine fachspezifische Ausrichtung betont wird, die den o.g. Praxisfeldern nahe steht („Juristenausbildung (Wahlfachgruppe Kriminologie, Jugendstrafrecht und Strafvollzug)") und erst im Anschluss daran die „Spezialisierung bei Pädagogen, Sozialarbeitern und -pädagogen, Psychologen, Soziologen, (Jugend-)Psychatern" (ebd.).

Das Register enthält zwei relevante Einträge. Sucht man nach Öffentliche Sicherheit liefert das Register den Hinweis „Öffentliche Sicherheit; s. Innere Sicherheit" (ebd.: 382). Zu Innere Sicherheit wird ausgewiesen: **„Innere Sicherheit** 140f.; s.a. 51, 191, 247, 248, 249" (ebd.: 378; Hervorh. i. Orig.). Der Artikel zur Hauptfundstelle umfasst etwas über eine Seite. Er ist mit dem Autorenkürzel „(Ho)" versehen.[19] Der Beitrag eröffnet mit der Feststellung, dass „obwohl seit einigen Jahren der Begriff ‚Innere Sicherheit' *Hochkonjunktur* hat, [...] man in der Literatur nur wenige Versuche [findet], ihn genau zu bestimmen" (ebd.: 140; Hervorh. TK). Dem schließt sich ein Exkurs an, mittels dem der Autor die Wurzeln Innerer Sicherheit rechtsgeschichtlich auf die französische Verfassung zurückzuführen versucht. Er konstatiert zudem im Rahmen eines Rückgriffs auf rechtsphilosophische Traditionen eine Wende der inhaltlichen Bestimmung des Begriffes, die zunehmend polizeirechtlich fundiert sei. Dem Definitionsversuch im *Kriminologie Lexikon* zufolge, stehe Innere Sicherheit als „politischer Begriff [...] in der Tradition der bürgerlichen Gesellschaft [...] und taucht u.a. in der französischen Verfassung von 1793 auf" (ebd.). Diese Rückbindung lädt Innere Sicherheit – im Gegensatz zur aktuellen, die polizeilich-repressive Komponente betonenden Geltung – fast schon emphatisch auf, als dem Wesen nach Freiheits- und Bürgerrechte betonend. Jene – in der Traditi-

---

19 Die gegen Ende des Lexikons angefügten Autorenangaben weisen das Kürzel „Ho" dem Autor Frank Hofmann zu. Seines Zeichens unter anderem „Kriminaloberrat im Bundeskriminalamt, [...] Absolvent der Polizei-Führungsakademie. Tätigkeiten als Lehrbeauftragter an der Fachhochschule des Bundes für öffentliche Verwaltung für den Bereich Kriminologie. [...] Referent in der kriminalpolizeilichen Spezialausbildung, der polizeilichen Stabsarbeit und der Fahndung. Mitglied in Sonderkommissionen [...]" (Kerner 1991: 370). Bei dem Artikel zu Innerer Sicherheit handelt es sich also ganz erheblich um die Beschreibung eines Akteurs, der unmittelbar in dem Feld, welches er beschreibt, tätig ist – und zwar auf theoretischer wie praktischer Ebene. Insofern ist der Artikel als Selbstbeschreibung zu werten.

onslinie der Menschenrechte stehende – Begriffsumschreibung wurde aber

„im Lauf der Zeit von einer polizeirechtlichen Bestimmung des Begriffs verdrängt, in dessen Mittelpunkt die Begriffe der öffentlichen Sicherheit und der öffentlichen Ordnung stehen. Innere Sicherheit ist danach beschrieben in der Gefahrenabwehraufgabe, die bereits in das preussische Allgemeine Landrecht von 1794 Eingang gefunden hatte" (ebd.: 140).

Interessant an dieser Beschreibung ist, dass zwar auch im Artikel des *Kriminologie Lexikons* Innere und Öffentliche Sicherheit gemeinsam verhandelt werden, jedoch *nicht* synonym. Zwar wird ein Zusammenhang beider thematisiert, aber ihr Verhältnis zueinander bestimmt, indem sie voneinander *abgesetzt* werden. Auf besondere innenpolitische Auseinandersetzungen der jüngeren Vergangenheit geht der Lexikonartikel nicht ein. Nähere Zeitangaben oder Phasenbildungen werden ebensowenig vorgenommen. Allenfalls die Erwähnung des Verabschiedungsjahres 1974 des „Programmes für die Innere Sicherheit in der Bundesrepublik Deutschland" liefert hier einen – jedoch sehr schwachen – Hinweis.

Kleines Kriminologisches Wörterbuch

Keine Haupteinträge – weder zu Innere Sicherheit noch zu Öffentliche Sicherheit oder zu Sicherheit – enthält das Nachschlagewerk *Kleines Kriminologisches Wörterbuch* (Kaiser et al. 1993). Dies ist insofern bemerkenswert, als dass das – trotz seines anders lautenden Titels – gar nicht so kleine *Wörterbuch* (Gesamtumfang: 615 Seiten) beansprucht,

„die Positionen und den Wissens- und Meinungsstand zusammenzufassen, die in den 80er Jahren die Erörterung von Kriminalität und Kriminalitätskontrolle bestimmen. In 92 Stichwörtern, die durch Querverweise und Verweisstichwörter verflochten und verknüpft sind, sind die zentralen Themen der Diskussion über Kriminalität und ihre gesellschaftliche Verarbeitung enthalten" (ebd.: VII).

Da keine Haupteinträge vorhanden sind, erfolgt eine Untersuchung der kompletten, diskursformspezifischen Verweisstruktur und ggf. eine Analyse und Bewertung, sich daraus ergebender Fundstellen. Das *Wörterbuch* behandelt seine Einzelthemen jeweils in Gestalt längerer Fachartikel. Den Zugang zu den mehr als 90 Beiträgen erschließt ein „Stichwortverzeichnis" am Anfang des Buches (vgl. ebd.: XI ff.). Zwischen den einzelnen, von unterschiedlichen Autoren verfassten Fachartikeln finden sich zusätzlich so genannte Verweisstichwörter, diese „betreffen Themen, die nicht unter einem eigenen Stichwort bearbeitet, allerdings in einem der Hauptstichwörter angesprochen wurden" (ebd.: VIII). Jene Verweisstichwörter sind *nicht* im Stichwortverzeichnis am Anfang des Buches aufgeführt. Allerdings werden alle Begriffe in einem „Sachregister" am Ende des Buches zusammengeführt, wobei die Hauptstichwörter bzw. bei Komposita deren Bestandteile dort mittels Fettdruck hervorgehoben werden. Die Suche nach einem Eintrag Innere Sicherheit erfolgt somit diskursformspezifisch auf drei Ebenen, wobei die Wichtigkeit des Eintrages von Ebene zu Ebene sinkt. Ebene 1: „Einzelthema" bzw. „Hauptstichwort" (Bearbeitung in Gestalt eines Fachartikels); Ebene 2: „Verweisstichwort" (zwischen den jeweiligen Fachartikeln); Ebene 3: „wichtiger Begriff" im Sachregister (am Ende des Wörterbuches).

Mit dem Nachschlagewerk haben sich dessen Herausgeber, wie sie bereits im Vorwort zur Zweitauflage, welches in der 1993er-Auflage enthalten ist, vermerken, „die Abdeckung des gesamten Spektrums wissenschaftliche[r] Auseinandersetzung mit Kriminalität und Verbrechen zum Ziel gesetzt [...], nicht jedoch eine Glättung der inhaltlichen Darstellung [...]" (ebd.: VIII). Zugleich sind Herausgeber und Autoren um eine differenzierte und durchaus kritische Kriminologie bemüht (vgl. ebd.: VII f.). Womit vor dem Hintergrund der Programmatik dessen, was als Kritische Kriminologie benannt wird (vgl. Cremer-Schäfer/Steinert 1998), zugleich auch eine (durchaus auch politische) Selbstpositionierung vorgenommen wird. Ohnehin liest sich das „Mitarbeiterverzeichnis" streckenweise wie das *who-is-who* Kritischer Kriminologie (vgl. ebd.: 599; zu Kritischer Kriminologie siehe auch ebd.: 329 ff.). Das *Kleine Kriminologische Wörterbuch* verkörpert hierbei zugleich den Einfluss und die große Bedeutung, welche die „Kritik der Kriminologie" (Cremer-Schäfer/Steinert 1998: 19) im kriminologischen Fachdiskurs (und teils auch darüber hinau) besaß. Vergegenwärtigt man sich des weiteren sein Ersterscheinungsjahr (1984) läßt sich der Höhepunkt dieser Phase auch zeitlich verorten.

In der dritten Auflage des *Wörterbuches*, die auf die „Entfaltung kriminologischer Forschungsschwerpunkte und ihrer mutmaßlichen Fortentwicklung in den 90er Jahren" (ebd.: V) abzielt, kam es sowohl zur Aufnahme zusätzlicher Begriffe als auch zur Streichung von Stichwörtern. Gleichzeitig wird betont, dass „Anspruch und Zielsetzung des Kleinen Kriminologischen Wörterbuchs" (ebd.) trotz der angesprochenen Änderungen aufrechterhalten werden.

Das Fehlen Innerer Sicherheit als Einzelthema überrascht angesichts des o.g. Anspruches. Zwar wird der Begriff der Inneren Sicherheit, wie bislang auch schon verschiedentlich zu sehen war, häufig im Bereich

114

(gesellschafts-)politischer Auseinandersetzungen angesiedelt, jedoch steht diese Zuordnung einer Berücksichtigung auch in (fach-) wissenschaftlichen Publikationen, die anderen Spezialdiskursen, welche sich *nicht* vornehmlich mit gesellschaftspolitischen Auseinandersetzungen beschäftigen, zuzurechnen sind, nicht im Wege. Zudem ist der Begriff eines auf jeden Fall: ein zentrales Thema der Diskussion über Kriminalität und deren gesellschaftlicher Ver- und Bearbeitung. Der Begriff Öffentliche Sicherheit, der häufig ersatzweise bzw. zusätzlich anzutreffen ist, fehlt ebenfalls auf Ebene der Einzelthemen und der Verweisstichwörter. Statt dessen findet sich Innere Sicherheit als Eintrag im „Sachregister" am Ende des Wörterbuches, in welchem „wichtige Begriffe" zusammengefasst sind (vgl. Kaiser et al. 1993: VIII). Dort wird auf die Seiten 238 und 571 verwiesen (vgl. ebd.: 607). Einträge zu Öffentliche Sicherheit bzw. zum allgemeineren Begriff Sicherheit finden sich demgegenüber auch an dieser Stelle nicht. Der Verweis auf Seite 238 bezieht sich auf eine Passage im Fachartikel zu „Kriminalistik". Dort heißt es:

„Die Kriminalistik wird aus einem Erkenntnisinteresse betrieben, welches als Kontrollperspektive bezeichnet werden kann. Sie ist insoweit ein Wissenssystem im Dienste der Polizei, der Kriminalitätsbekämpfung, der **inneren Sicherheit**. In dem sie in erster Linie an der – ‚repressiven und präventiven Kontrolle des Verbrechens' interessiert ist, verliert sie das Phänomen ‚Verbrechen' und seine politische Erzeugung und Zurichtung aus den Augen" (Feest 1993: 238; Hervorh. TK).

Die Aussage, die Kriminalistik sei aufgrund der ihr von den Autoren zugrunde gelegten „Kontrollperspektive [...] ein Wissenssystem im Dienste der Polizei, der Kriminalitätsbekämpfung, der inneren Sicherheit" kann entsprechend der an dieser Stelle interessierenden Fragestellung interpretiert werden, als die implizite (Grob-)Beschreibung, was Innere Sicherheit sei („Kriminalitätsbekämpfung") bzw. wer deren Hauptakteur ist („Polizei"). Der Verweis auf die Seite 571 des *Wörterbuches* hat die Einleitungssequenz zum Fachartikel über „Verbrechenskontrolle und Verbrechensvorbeugung" als Bezugspunkt:

„Die Aufgabenbewältigung der **inneren Sicherheit** kann man in Anlehnung an die angloamerikanische Terminologie (‚crime control') unter der Bezeichnung der Verbrechenskontrolle zusammenfassen. Dieser *Begriff* meint alle gesellschaftlichen Einrichtungen, Strategien und Sanktionen, welche die Verhaltenskonformität im strafrechtlich geschützten Normbereich bezwecken. Über die Mittel und Wege der Kriminalpolitik greift er weit hinaus, indem er auch Vorkehrungen und Maßnahmen außerhalb des Kriminalrechts sowie im vor- und außerstaatlichen Bereich (sogenannte informelle Sozialkontrolle) durch öffentliche Meinung (Massenmedien), Selbstschutz, Bürgerwehr und Privatjustiz (→ Private Verbrechenskontrolle) einbezieht. Damit steht er im Schnittpunkt zwischen allgemeiner Sozialkontrolle, → Kriminalpolitik und den polizeilichen Bestrebungen zur Verbrechensbekämpfung" (Kaiser 1993: 571; kursiv i. Orig., fett TK).

Jene „Aufgabenbewältigung der inneren Sicherheit" wird offensichtlich synonym für „Verbrechenskontrolle" bzw. für das Begriffspaar „Verbrechenskontrolle und Verbrechensvorbeugung" verwendet (vgl. ebd.). Das komplette Zitat ist somit auch als Inhaltsbeschreibung für den Begriff der Inneren Sicherheit anzusehen. Erneut begegnet dem Leser, wie schon im vorangegangenen Beispiel, eine Kontextsetzung von Innerer Sicherheit mit Kontrollperspektive. Hierbei erscheint es dem Autor nicht erklärungsbedürftig, dass bereits im ersten Satz von der „Aufgabenbewältigung der inneren Sicherheit" die Rede ist, d.h. der Begriff als selbstverständlich eingeführt wird. Diese Selbstverständlichkeit bekräftigt auch noch einmal die eingangs bereits geäußerte Verwunderung darüber, dass der Begriff Innere Sicherheit nicht mit einem Haupteintrag im Wörterbuch vertreten ist. Zwar kann der Begriff durchaus als allgemein gebräuchlicher gelten. Allerdings prädestiniert ihn gerade seine häufige Verwendung zur genaueren Bearbeitung in einem thematisch nahestehenden Nachschlagewerk, dass sich einer kritischen Grundposition verpflichtet sieht.

Welche Erklärung gibt es dafür, dass er dennoch nicht als Haupteintrag bzw. Einzelthema Eingang ins Wörterbuch fand? Trotz des formulierten Anspruchs der Herausgeber, das gesamte Spektrum wissenschaftlicher Auseinandersetzung abzudecken – in welche bekanntlich auch der Terminus der Inneren Sicherheit Eingang fand, wie zahlreiche andere Fachpublikationen belegen – verzichtete man in der dritten Auflage möglicherweise auf eine Aufnahme, da es sich um einen diffusen, umstrittenen Begriff handelt, der vielmehr der Sphäre des Politischen (im Sinne von politischem Streit, parteipolitischer Auseinandersetzung) denn der fachlich-soliden, d.h. wissenschaftlichen Beschäftigung zugerechnet wird. Allerdings stellt sich dann die Frage, warum gerade dies nicht mittels einem eigenen Beitrag thematisiert wurde. Gleiches gilt für Öffentliche Sicherheit. Eine Erklärung hierfür wäre, dass es sich um Begriffe handelt, die anderen Spezialdiskursen zugerechnet werden (Politik- bzw. Rechtswissenschaft) und die im *Kleinen Kriminologischen Wörterbuch* deshalb nicht exponiert als Einzelthemen behandelt werden.

Dem Leser erschließt sich also implizit ein Bedeutungsraum, der Innere Sicherheit über die bekannte Kontextsetzungen mit zentralen Begriffen wie Polizei, Verbrechensbekämpfung, -kontrolle, -vorbeugung und Kriminalpolitik füllt. Es finden sich in Anbetracht der knappen Erwähnung keinerlei Informationen bezüglich zeithistorischer Daten/Phasen, Kritikern oder spezifischen Feindbildern.[20] Man muss allerdings zugestehen, dass das *Wörterbuch* als kriminologisches Fachwörterbuch Prozesse des Feindbildens und andere Aspekte, die den Diskurs Innerer Sicherheit ausmachen, grundlegend behandelt, diese jedoch nicht unter Innere Sicherheit subsumiert, sondern aus der spezialdiskursiven Perspektive auch anders benennt.

Polizei-Lexikon

Auch die 1995 erschienene zweite Auflage des *Polizei-Lexikon* richtet sich – ähnlich dem *Kriminologie Lexikon* gezielt an maßgebliche Akteure, die im Feld Innere Sicherheit, d.h. auf praktischer Ebene tätig sind: Seine „Auswahl der Schlagworte, Inhalt und Umfang der Bearbeitung [orientieren sich] an dem zu erwartenden Nachschlagebedarf des Polizeibeamten und der Polizeibeamtin" (Rupprecht 1995: V).[21] Insofern ist das *Polizei-Lexikon* in zweierlei Weise auf Polizei ausgerichtet. Zum einen am Tätigkeitsbereich Polizei und polizeirelevanten Rechtsgebieten als *Gegenstand* und zum anderen an Polizei als *Zielgruppe/Leserschaft*. Berücksichtigt man darüber hinaus den Hinweis, dass die „Bearbeitungen der Schlagworte [...] von Experten der einzelnen Funktionsbereiche [stammen]" (ebd.), weckt das *Polizei-Lexikon* entsprechend hohe Erwartungen nach detaillierten und aussagekräftigen Begriffsklärungen, da hier ein hoher Grad an Fachwissen vorausgesetzt werden kann. Die eingangs erwähnte Parallele zum *Kriminologie Lexikon* resultiert nicht zuletzt daraus, dass auch das *Polizei-Lexikon* im Kriminalistik Verlag in derselben Verlagsreihe („Grundlagen") erscheint.

Das Buch weist eine vergleichsweise hohe Zahl untersuchungsrelevanter Einträge auf: „Innere Sicherheit" (ebd.: 275), „Öffentliche Si-

---

20 Zwar differenziert der Autor im weiteren Verlauf des Fachartikels seine Darstellung, da sich die Ausführungen jedoch auf den expliziten Haupteintrag „Verbrechenskontrolle und Verbrechensvorbeugung" beziehen und ferner zu dem Seitenverweis des Sachregisterstichwortes „Innere Sicherheit" ein Zusatz „ff." fehlt – der auch die folgenden Seiten als thematischinhaltlich zugehörig deklariert –, sind die angesprochenen Differenzierungen auf den Folgeseiten nicht einer Begriffsklärung von Innerer Sicherheit zuzurechnen.

21 Der Herausgeber Reinhard Rupprecht wird im Autorenverzeichnis am Ende des Buches als „Ministerialdirektor" im Bundesministerium des Innern vorgestellt. Als Themen- bzw. Arbeitsschwerpunkte listet der Eintrag „Strategie und Politik der Inneren Sicherheit, Polizeiorganisation, Staats- und Verfassungsschutz, Allgemeines" (Rupprecht 1995: 607) auf.

cherheit" (ebd.: 380), „Öffentliche Sicherheit und Ordnung" (ebd.: 381) und „Öffentliche Ordnung" (ebd.: 380).[22] Ein gegenseitiges, direktes Verweisungsverhältnis zwischen Innere Sicherheit und Öffentliche Sicherheit besteht nicht. Eine synonyme Verwendungsweise ist ebenfalls nicht zu beobachten. Dies ist bemerkenswert, zumal in Fällen, in denen beide Begriffe bislang anzutreffen waren, in der Regel eine gegenseitige Bezugnahme erfolgte, um wenigstens anzudeuten, dass zwischen beiden thematische Überschneidungen bestehen. Grund für die Abweichung im *Polizei-Lexikon* ist offensichtlich die dort durch den fachdisziplinären Hintergrund fundierte Annahme einer klaren Unterscheidungsmöglichkeit. Der zufolge handelt es sich beim Terminus Innere Sicherheit um die „Beschreibung des Idealzustandes einer vollkommenen Verwirklichung des Rechtsstaates, in dem die Bevölkerung keinen kriminellen Beeinträchtigungen, schweren Unfällen und Katastrophen ausgesetzt ist" (ebd.: 275).

Demgegenüber sei die Bezeichnung Öffentliche Sicherheit, so wie sie im Kontext der Begriffspaarung „Öffentliche Sicherheit und Ordnung" Verwendung findet, ein „zentraler Begriff des Sicherheits- und Polizeirechts" (ebd.: 381). Jene Begriffspaarung findet in einer Reihe von Rechtsvorschriften Berücksichtigung, so dass – trotz der auch dort zu beobachtenden Schwierigkeit, zu benennen, was beispielsweise „öffentliche Ordnung" eigentlich genau meint – hier von einer juristisch enggeführten Begriffsklärung ausgegangen werden kann. Jene Schwierigkeit manifestiert sich im verfassungsrechtlichen Streit darum, ob der Begriff der Öffentlichen Ordnung heute noch tragfähig ist. Er umfaßt

„im Sinne des allgemeinen Polizei- und Ordnungsrechtes **die Gesamtheit der ungeschriebenen Regeln für das Verhalten des einzelnen in der Öffentlichkeit, deren Beachtung nach den jeweils herrschenden Anschauungen als unerläßliche Voraussetzung eines geordneten staatsbürgerlichen Zusammenlebens betrachtet wird**; bei diesen Regeln handelt es sich *nicht um Rechtsnormen*" (Götz 1995: 52; Hervorh. i. Orig.).

Hieraus ergeben sich Interpretations- und Ermessensspielräume. Der Übergang zu solch schwammigen Begriffen wie „Wertvorstellungen" scheint fließend. Aktuell ist zu beobachten, dass als Konsequenz aus solchen Unschärfen die Bedeutung der „öffentlichen Ordnung" als Schutzgut tendenziell hinter den Bereich der „öffentlichen Sicherheit"

---

22 Auf einige der Einträge wird im weiteren Verlauf nur am Rande eingegangen, da sie lediglich versuchen, die Wortkomposition „Öffentliche Sicherheit und Ordnung" in ihre Bestandteile aufzulösen. Auf die Gründe hierfür und den hier interessierenden maßgeblichen Gehalt wird später nochmals Bezug genommen.

zurücktritt (vgl. ebd.: 53 ff.). Diese Problematik erwähnt auch der besagte Eintrag im *Polizei-Lexikon*: „Einige der neueren polizeilichen Ko-
difikationen verzichten insbesondere aus verfassungsrechtlichen Gesichtspunkten auf den Begriff der öffentlichen Ordnung" (Rupprecht
1995: 381; vgl. auch Lange 1999: 28)

Die Definition von Innerer Sicherheit als „Beschreibung eines Ideal-
zustands" verweist umgekehrt auf den Charakter eines politischen Be-
griffes, der höchst normativ ist. Zugleich kommt dieser Bestandteil der
Definition Innerer Sicherheit, „Idealzustand" zu sein, dem Bedürfnis
von Sinnproduktion und positiver Selbstbeschreibung für das Handeln
von Akteuren der Sicherheitsbehörden entgegen. Wobei das zitierte
Werk seine Bezugnahme auf und seinen Nutzen für diese Zielgruppe im
Vorwort ja bereits explizit formulierte. Grundannahme ist zunächst: Ein
„Idealzustand" ist zum einen ein positiv konnotierter Begriff (Ideal als
Inbegriff von *Vollkommenheit*). Zum anderen impliziert der Begriff immer auch einen Prozess, der nicht abgeschlossen ist, da der Idealzustand
– als Gegenbegriff zum Ist-Zustand – eigentlich nicht, oder nur sehr
schwer zu erreichen ist (Idealzustand als ein erstrebenswertes *Ziel*). Die
Beschreibung Innerer Sicherheit als „Idealzustand", bezogen auf die
Akteure, die mit ihrer Gewährleistung beauftragt sind (Sicherheitsbehörden, in der Regel die Polizei), gewährleistet positive Selbstbeschreibung (Dienst zum Erreichen des Idealzustandes) und wappnet gegen
potenzielle Kritik. Polizeischelte bezieht sich häufig auf zwei Kritik-
punkte: unverhältnismäßige Anwendung des Gewaltmonopols („brutal",
Polizisten seien die „Prügelknaben der Nation") und/oder die Erfolglo-
sigkeit ihres Tuns („zu viel Verbrechen", „zu niedrige Aufklärungsquote"). Im Falle des Bezweifelns in Anbetracht besonders harter Durchsetzung des staatlichen Gewaltmonopols dient der Einsatz immerhin einer
guten Sache (Idealzustand, keine „kriminellen Beeinträchtigungen,
schweren Unfällen und Katastrophen" für die Bevölkerung). Für den
Fall nicht erfolgreicher Aktivität, d.h. falls dieser Idealzustand nicht realisiert werden kann, steht gleichfalls eine entlastende Erklärung bereit,
denn: „[…] dieser Idealzustand ist in keiner Gesellschaftsform tatsächlich erreichbar" (Rupprecht 1995: 275).

Dieser Verweis ist in der vorgestellten Definition des *Polizei-
Lexikons* potenziell angelegt, d.h. nicht unmittelbar ausgeführt. Zum
Charakter eines politischen Begriffes gehört des weiteren, entsprechend
dem in dieser Arbeit zugrunde gelegten Verständnis, gesellschaftlich
umstritten zu sein und darum – im Rahmen gesellschaftlicher Auseinandersetzung– erst näher gefüllt bzw. geltend gemacht zu werden. Diese
Geltung ist nicht statisch, d.h. muss zudem immer wieder behauptet und
neu hergestellt werden. Im Gegensatz dazu steht der Terminus „öffentli-

che Sicherheit und Ordnung", welcher zwar in Teilen gleichfalls inhaltliche Unschärfen aufweist, aber dennoch formaljuristisch kodifiziert ist. Von der juristischen Kodifikation ist die Beschreibung eines Idealzustandes klar zu unterscheiden, zumal die Füllung besagten Idealzustandes ebensowenig eindeutig fixiert ist.

Darüber hinaus stellt das *Polizei-Lexikon* ernüchternd fest, dass „dieser Idealzustand in keiner Gesellschaftsform tatsächlich erreichbar ist" (ebd.: 275). Folglich stelle der Begriff Innere Sicherheit letztlich bloß „eine *Zielbeschreibung* dar, mit Mitteln der Prävention wie der Repression ein Höchstmaß an I.S. zu erreichen" (ebd.; Hervorh. i. Orig.). Eine Zielbeschreibung, welche freilich ebensowenig juristisch eindeutig bestimmt ist wie zum Beispiel der Begriff der öffentlichen Ordnung.

Der Beschreibungsversuch von Innerer Sicherheit als „Idealzustand", gepaart mit „Vollkommenheitsphantasien" von Rechtsstaatlichkeit und der Einschätzung, dass dieser „Idealzustand in keiner Gesellschaftsform tatsächlich erreichbar" (vgl. ebd.: 275) sei, legt nahe, es handele sich um einen Begriff mit *utopischem* Charakter. Versteht man Utopie als Schilderung eines bloß erdachten positiven Staats- und Gesellschaftszustandes und berücksichtigt ferner, dass die Attributierung „utopisch" zumeist Verwendung fand/findet, um gesellschaftskritische Vorstellungen einer politischen Linken als unrealistisch zu diskreditieren, birgt der von Rupprecht unterlegte Gehalt deshalb eine gewisse Ironie, weil just im Sicherheitsdiskurs, wenn politische Bewegungen „kriminalisiert" wurden, diese immer auch dann besonders verdächtig waren, wenn es ihnen um gesellschaftliche Utopien ging. Demgegenüber trägt die Definition von Innerer Sicherheit im *Polizei-Lexikon* fast schon Züge einer Retorsionsstrategie, da hier umgekehrt ein konservativer Begriff utopisch, d.h. gesellschaftspolitisch progressiv aufgeladen wird.

Die bisherigen Ausführungen im *Polizei-Lexikon* lassen den Schluss zu, dass hier ein Beispiel für einen terminologisch differenzierten Umgang mit den o.g. Begrifflichkeiten vorliegt. Öffentliche Sicherheit und Innere Sicherheit werden nicht miteinander vermengt bzw. gleichgesetzt. Gleichwohl zeigt sich auch in diesem Fall, dass Innere Sicherheit ein Begriff ist, der sich einer präzisen inhaltlichen Füllung sperrt.

Die Ergebnisse der bisherigen Analyse der Einträge des *Polizei-Lexikons* stehen somit – trotz aller Unterschiede zu anderen bislang analysierten Beispielen – nicht im Widerspruch zur Feststellung, dass Innere Sicherheit ein politischer „Kampfbegriff" ist, dessen Definition und Präzisierung erst mittels gesellschaftspolitischer Auseinandersetzung vorgenommen wird. Eine Definition und Präzisierung, welche, das kommt hinzu, gerade *nicht* statisch ist. Vielmehr weist auch die im vorliegenden Fall verwendete Terminologie („Idealzustand", „Zielbeschreibung") einmal mehr auf eben jene Sphäre des Politischen hin, im Sinne einer Arena der (gesellschafts-)politischen Auseinandersetzung um die Begriffsfüllung. Als müsse der Schwierigkeit, Innere Sicherheit klar definieren zu können, begegnet werden, erfolgen im *Polizei-Lexikon* explizite Hinweise u.a. auf die „↑ Polizeiliche Kriminalitätsstatistik" und auf die „↑ Strafverfolgungsstatistik" im Sinne einer *harte-Fakten-Basis*. Die Erwähnung beider erfolgt quasi als Antwort im Anschluss an die Feststellung:

„Gemessen wird das Ausmaß an erreichter I.S. objektiv durch Zählung und strafnormbezogene Kategorisierung der Straftaten, subjektiv durch repräsentative Umfragen zur Feststellung des ↑ Sicherheitsgefühles" (ebd.: 275).

Diese Formulierung ist äußerst interessant, zeigt sie doch, wie sehr die fortbestehende Unklarheit des Begriffes mittels Bezugnahmen auf Kategorien wie „objektiv", „Zählung" und „Kategorisierung" in den Griff bekommen werden soll. Als deren geronnene Form dürfen Statistiken gelten. Ein Hinweis auf die Fragwürdigkeit des Objektivitätsstatus von Statistiken[23] wird im *Polizei-Lexikon* indes nicht gegeben. Zugespitzt lässt sich formulieren: Innere Sicherheit ist dem Lexikon zufolge ein nicht tatsächlich erreichbarer „Idealzustand", eine „Zielbeschreibung", gleichzeitig aber subjektiv und objektiv messbar.

Eine Bezugnahme auf die polizeiliche Kriminalitätsstatistik legt zugleich eine implizite Erwähnung von Feindbildern nahe, denn mittels der Statistik wird Kriminalität als allgemeine und diffuse Größe eingeführt, welche je nach Zahlenlage (prozentuales Ansteigen oder Sinken) mehr oder weniger bedrohlich ist. Konkreter wird das Lexikon bezüglich Feindbildern oder Bedrohungsszenarien an dieser Stelle jedoch nicht, da weder bestimmte Kriminalitätsarten, noch bestimmte Tätergruppen benannt oder herausgegriffen werden. Eine in diesem Sinne deutlichere Bezugnahme erfolgt hingegen im letzten Drittel des Lexikonartikels. Recht unvermittelt wird dort zunächst der Begriff „Äußere Sicherheit" angesprochen:

„I.S. und Äußere Sicherheit sind nicht Gegensätze, sondern sich überschneidende Zustände und Funktionskreise. Unter Äußerer Sicherheit wird im allgemeinen die Sicherheit vor militärischen Angriffen verstanden. Sinnvoller erscheint es aber, auch die Sicherheit vor kriminellen Angriffen und vor Katastrophen hier mit zuzurechnen, die über die Staatsgrenzen eindringen und die Sicherheit der Bürger bedrohen. Dazu zählt dann nicht nur ‚importierte' inter-

---

23 Vgl. hierzu bspw. Kunz 1995: 24 ff.

nationale Kriminalität, sondern auch eine katastrophale Auswirkung von Luft- und Gewässerverunreinigungen einschließlich nuklearer Katastrophen" (ebd.).

Die Präsupposition des ersten Satzes lautet: Es gebe eine Position, nach der Innere und Äußere Sicherheit Gegensätze seien. Eine Begründung zu Existenz und näherem Inhalt des Gegensatzes, um ihn anschließend argumentativ zu widerlegen, wird nicht vorgenommen, sondern einfach das Gegenteil behauptet.[24] Eine Abgrenzung der beiden Begriffe scheint laut *Polizei-Lexikon* bereits 1995 überholt.[25] Darüber hinaus fällt an der zitierten Passage auf, dass es zur Erwähnung „importierter" Kriminalität[26] bei der Definition von Innerer Sicherheit kommt. Internationale, „importierte" Kriminalität, Terrorismus und Rauschgiftschmuggel bedrohen Deutschland. Durch den Konnex mit Äußerer Sicherheit wird gleichzeitig unterstellt, die eben genannten Gefahren drohten von außen – und mit ihnen selbstverständlich auch die potenziellen Täter, Kriminellen, Terroristen oder wie auch immer die Personifizierung der Bedrohungen benannt wird. Parallel dazu werden Deutschland und dessen Bürger (im Sinne von Staatsbürgern) zu möglichen Opfern. Einerseits ist zu erkennen, wie hier klassische, fast schon als *traditionell* geltende Feindbilder herangezogen werden (allgemeine Kriminalität, Terrorismus, Rauschgiftschmuggel), andererseits erfahren diese eine Aktualisie-

---

24 Das *Polizei-Lexikon* war seiner Zeit 1995 offensichtlich erheblich voraus. Die Nachdrücklichkeit, mit der die Überschneidung von Fragen (und Antworten) der Inneren und der Äußeren Sicherheit dort behauptet wird, erinnert an die Begründungsversuche, mit der im Anschluss an die Ereignisse vom 11. September 2001 in New York und Washington der NATO-Verteidigungsfall ausgerufen und der so genannte weltweite Krieg der USA und ihrer Verbündeten gegen den so genannten Terrorismus zu einer Frage der Inneren Sicherheit deklariert wurde.

25 Diese Selbstverständlichkeit ist überraschend, da in den meisten anderen Fachlexika, d.h. politologischen oder soziologischen Wörterbüchern, auf jene Unterscheidung wert gelegt wurde/wird, so beispielsweise im *Lexikon zur Soziologie* (Fuchs et al. 1988: 692) oder auch *Wörterbuch zur Politik* (Schmidt 1995: 865).

26 Der Begriff der „importierten Kriminalität" versucht – eher umgangssprachlich – eine Bedrohung Innerer Sicherheit (hier: Kriminalität) als „ins Land geholt/gekommen" (im vorliegenden Fall: in die Bundesrepublik Deutschland) nahezulegen und konstruiert hierüber eine Realität, welche subtil die Behauptung mitführt, die Bedrohung und deren Ursachen seien nichtdeutsch. Mit dem Effekt, dass die Besetzung der Positionen Opfer und Bedrohung/Feindbilder maßgeblich entlang der Achse deutsch/ nichtdeutsch vorgenommen wird. Hierauf wird später noch genauer eingegangen. Diese Beurteilung wird auch durch Formulierungen wie „über die Staatsgrenzen eindringen" und „die Sicherheit der Bürger bedrohen" deutlich. Gerade hierin manifestiert sich das Verschränkungspotenzial des Sicherheitsdiskurses mit dem Zuwanderungsdiskurs.

rung, in dem die Ursprünge der Gefahren nun in ein (nationalstaatliches) Außen verlagert werden, von dem aus sie uns auflauern und bedrohen – mit entsprechender Transformation der Staatsbürger zum Opferkollektiv. So kurz die Passage im *Polizei-Lexikon* auch sein mag, so wichtig ist sie als Dokument, welches veranschaulicht, wie traditionelle Feindbilder des Sicherheitsdiskurses eine Aktualisierung erfahren, die zugleich eine neue Qualität des Sicherheitsdiskurses begründet.

Abschließend kann zu der Fragestellung nach Hinweisen auf zeitliche Zuordnungen, Phasen oder historische Ursprünge der Kategorie Innere Sicherheit festgehalten werden, dass der Fachartikel diesbezüglich keine Angaben enthält. Ebensowenig wird auf mögliche nichtpolizeiliche Einwände oder Kritik an Innerer Sicherheit oder der zu ihrer Gewährleitung dienenden Politik eingegangen.

Exemplarische Detailanalysen „Rechtswissenschaft"

Aus der bislang aufgezeigten Tendenz der Begriffsverwendung lässt sich die These ableiten, dass mit zunehmender Nähe zum rechtswissenschaftlichen Expertendiskurs der Begriff Innere Sicherheit kaum, dafür der Begriff Öffentliche Sicherheit vorherrschend eine Rolle spielt. Inwieweit diese These zutrifft, soll anhand der Untersuchung der folgenden rechtswissenschaftlich orientierten Werke geprüft werden.

Allgemeines Polizei- und Ordnungsrecht

Um auch der Frage nach der inhaltlichen Bestimmung der Begriffe Öffentliche und Innere Sicherheit bezüglich ihrer aktuellen Behandlung im Rechtsgebiet des allgemeinen Polizei- und Ordnungsrechtes nachzugehen, wird das gleichnamige Lehrbuch *Allgemeines Polizei- und Ordnungsrecht* (Götz 1995) aus dem Jahr 1995 herangezogen. Die Auswahl dieses Diskursfragmentes liegt ferner darin begründet, dass es keinen eigenständigen, einzelnen Gesetzestext zum Polizei- und Ordnungsrecht gibt, sondern dieses Gebiet sich aus Rechts- und Gesetzestexten sich überschneidender Rechtsgebiete (bspw. verschiedene Landes- und Bundesgesetze etc.) zusammensetzt.

Das Inhaltsverzeichnis enthält keine Nennungen des Begriffes Innere Sicherheit. Gleichzeitig gibt es ein eigenes, komplettes Kapitel, welches dem Thema „öffentliche Sicherheit und Ordnung" (ebd.: 7) gewidmet ist. Es untergliedert sich in die Unterabschnitte „I. Die öffentliche Sicherheit" (nochmals aufgeschlüsselt nach „A. Individualschutz" und „B. Schutz von Gemeinschaftgütern") und „II. Öffentliche Ordnung" (vgl. ebd.). Der erste Unterabschnitt beginnt erwartungsgemäß mit einer Definition des Begriffs „öffentliche Sicherheit":

„Öffentliche Sicherheit im Sinne der Gefahrenabwehraufgabe **ist die Unverletzlichkeit der objektiven Rechtsordnung, der subjektiven Rechte und Rechtsgüter des einzelnen sowie der Einrichtungen und Veranstaltungen des Staates und der sonstigen Träger der Hoheitsgewalt"** (ebd.: 42; Hervorh. i. Orig.).

Auffällig ist die Nähe dieser Definition zu bereits vorgestellten Begriffsbestimmungen in anderen Werken, welche allerdings nicht eindeutig zwischen Innerer Sicherheit und Öffentlicher Sicherheit differenzieren. Dort wird zwar nur auf zwei Ebenen abgehoben, die zu schützen seien: Schutz des Einzelnen und Schutz des Systems (bspw. im *Wörterbuch zur Politik* (Schmidt 1995)), allerdings lassen sich unter der Beschreibung „Schutz des Systems" durchaus sowohl die „Unverletztlichkeit der objektiven Rechtsordnung" als auch „Einrichtungen und Veranstaltungen des Staates und der sonstigen Träger der Hoheitsgewalt" verstehen.

Der Begriff „öffentliche Ordnung" wird bei Götz in einem eigenen Unterkapitel behandelt und somit vom Begriff der „öffentlichen Sicherheit" inhaltlich deutlich abgesetzt. Das Sachregister am Ende des Buches führt im Gegensatz zum Inhaltsverzeichnis neben Öffentlicher Sicherheit auch Innere Sicherheit auf (vgl. ebd.: 249). Eine über die verwiesene Stelle hinausgehende Verwendung des Terminus Innere Sicherheit findet bei Götz nicht statt.

Zunächst kann festgehalten werden, dass an der besagten Stelle auf den ersten Blick eine synonyme Verwendungsweise der Kategorien Öffentliche Sicherheit und Innere Sicherheit vorliegt: „Gefahrenabwehr" diene der Abwehr von Gefahren, welche die öffentliche Sicherheit und Ordnung bedrohen (vgl. ebd.: 39). Ein maßgeblicher Akteur dieser Abwehr sei die (Vollzugs-)Polizei. Deren Gefahrenabwehraufgabe sei wiederum ein „Teil der Staatsaufgabe der inneren Sicherheit" (ebd.). Bei genauerer Lektüre wird deutlich, dass es sich hier um ein hyperonymes Verhältnis handelt, d.h. Innere Sicherheit steht in einer übergeordneten Beziehung zu Öffentlicher Sicherheit: Der Polizei und der Ordnungsverwaltung obliege die Aufgabe der Gefahrenabwehr, wobei für Gefahren, die die öffentliche Sicherheit bedrohen, die (Vollzugs-)Polizei zuständig sei und für Gefahren, die die öffentliche Ordnung bedrohen, die Ordnungsverwaltung (vgl. ebd.). Die Abwehraufgabe der erstgenannten (Vollzugs-)Polizei ist aber wiederum bloß *Teil*aufgabe der Inneren Sicherheit. Trotz der an dieser Stelle verhältnismäßig eindeutigen Relation ist die „Staatsaufgabe der inneren Sicherheit" im vorliegenden – wie auch in anderen Texten – juristisch nicht *expressis verbis* fixiert.

Zusammenfassend lässt sich sagen: Dass der Begriff Innere Sicherheit bei Götz über die diskursformspezifischen Instrumente zur Erschließung des Textes (Inhaltsverzeichnis und Register) und über die o.g. Stelle hinaus keine Verwendung findet, bestätigt den aus der Analyse anderer Werke zu ziehenden Rückschluss auf seinen Charakter als politischen „Kampfbegriff" und liefert einen weiteren Beleg für die These, dass mit zunehmender Nähe zum rechtswissenschaftlichen Expertendiskurs der Begriff Innere Sicherheit kaum, dafür der Begriff Öffentliche Sicherheit vorherrschend eine Rolle spielt. Markante Hinweise auf bestimmte Feindbildkonstruktionen oder Bedrohungsszenarien liefert das Lehrbuch nicht. Zwar wird häufig auf Beispiele Bezug genommen, wenn etwa der Begriff „Gefahr" erläutert wird, jedoch kann man hier nicht von einer Thematisierung sprechen, deren Analyse die o.g. Frage beantwortet.[27]

Die Rechtsordnung der Bundesrepublik Deutschland

Ergänzend soll zum Abschluss der Einzelanalysen noch das Werk mit dem Titel *Die Rechtsordnung der Bundesrepublik Deutschland* (Avena-

---

27 Interessant erscheint indes eine lapidare Formulierung am Ende des Absatzes, auf den der Eintrag Innere Sicherheit verweist. Dort heißt es: „Die Bedeutung der Gefahrenabwehraufgabe geht nicht zurück, sondern nimmt zu" (Götz 1995: 39). Zwar werden hier keine expliziten Feindbilder erwähnt, der Satz variiert aber potenziell einen gängigen Topos des Sicherheitsdiskurses. Demnach werde die Situation immer gefährlicher im Sinne einer zunehmenden Bedrohung von Sicherheit (unabhängig davon, ob der Begriff als Innere oder Öffentliche Sicherheit weiter ausdifferenziert wird). Die Feststellung, dass die „Bedeutung der Gefahrenabwehraufgabe" zunehme, kann allerdings auf zweierlei Arten gelesen werde: Entweder gründet die Bedeutungszunahme, in einem Anwachsen von – nicht näher bezeichneten – Gefahren. Da „Gefahr" oder „Bedrohung" als eindeutig negativ besetzte Begriffe gelten dürfen, ist der Rückschluss auf den normativen Gehalt der Behauptung zulässig, es handele sich um eine Verschlimmerung der gesamtgesellschaftlichen Sicherheitslage. Es könnte aber auch von einer Bedeutungszunahme der Aufgabe gesprochen werden, die nicht notwendigerweise eine Gefahrenzunahme voraussetzt. Dies wäre dann im Kern eine, mit Blick auf mögliche Befürworter verstärkter Gefahrenabwehr, kritische Aussage. Da die zitierte Passage sich aber im direkten Anschluss an eine Aufzählung von Umweltgefahren bezieht, die zudem noch der Gefahrenabwehr durch die Ordnungsverwaltung unterliegen (vgl. ebd.), scheint dieser kritische Impetus an dieser Stelle jedoch nicht gegeben.

rius 1997) hinzugezogen werden. Dessen Erstauflage erschien erst 1995. Die Zweitauflage datiert auf das Jahr 1997. Die Publikation verfügt somit *nicht* über eine den anderen Werken ähnlich weit zurückreichende Auflagentradition. Genau dies ist jedoch der Grund, weshalb sie – flankierend – ausgewertet wird. Die aus der relativ kurz zurückliegenden Erstveröffentlichung resultierende Gegenwartsbezogenheit scheint besonders geeignet, den Befund aus der Analyse zum Werk *Allgemeines Polizei- und Ordnungsrecht* zu stützen bzw. zu kontrastieren. Die zu stellende Frage lautet daran anschließend: Ist in einem neueren juristisch ausgerichteten Werk mit grundlegend einführendem Charakter der Begriff Innere Sicherheit anzutreffen? Da es sich nur um eine ergänzende Analyse handelt, wird die Schilderung weniger detailliert ausfallen, als bei den vorangegangenen Werken.

Inhaltlicher Anspruch der Veröffentlichung ist es, eine Einführung in die Rechtsordnung der Bundesrepublik anhand der Behandlung ihrer Grundelemente und entlang verschiedener Rechtsgebiete (Verfassungsrecht, Sozialrecht, Privatrecht etc.) zu leisten. Wie – um es vorwegzunehmen – zu sehen sein wird, treten bezüglich der zu untersuchenden Begriffe die Bereiche Verfassungsrecht und besonderes Verwaltungsrecht (hier: Polizeirecht) in den Vordergrund.

Beide Auflagen verfügen jeweils über ein Inhaltsverzeichnis und ein Register. Keines der Inhaltsverzeichnisse liefert Fundstellen zu den drei Suchbegriffen Innere Sicherheit, Öffentliche Sicherheit und Sicherheit. Anders verhält es sich mit den Registern. Ich beginne mit der Zweitauflage aus dem Jahr 1997. Deren Register weist einen Eintrag zu Öffentlicher Sicherheit aus: „Öffentliche Sicherheit und Ordnung 34, 43, 96, 99, **106**, 117" (ebd.: 233; Hervorh. i. Orig.). Die per Fettdruck hervorgehobene Seitenangabe bezeichnet die Hauptfundstelle, d.h. die Seiten, auf denen der Begriff umfassender behandelt wird. Eine Lektüre der Seiten 34, 43, 96, 99 und 117 zeigt, dass dort „Öffentliche Sicherheit und Ordnung" nur nachrangige Bedeutung hat, in dem Sinn, dass der Terminus mehr illustrativ aufgeführt und nicht näher erläutert wird. Dennoch fällt hierbei eine Stelle besonders auf. Die verwiesene Seite 43 hat die „Gewaltenteilung" zum Gegenstand. Der Abschnitt eröffnet mit einer Betrachtung darüber, dass zu der Frage, „welche Aufgaben [der Staat] zu erfüllen hat" (ebd.: 43), das Grundgesetz wenig sage. Muss es aber auch nicht, denn Avenarius stellt in Beantwortung seiner Frage des weiteren fest: „[...] das meiste versteht sich von selbst: Der Staat muß im Innern für die öffentliche Sicherheit und Ordnung sorgen und das Land gegen Bedrohungen von außen schützen" (ebd.).

Einmal mehr begegnet dem Leser in Bezug auf das Themenfeld Sicherheit und Bedrohung die Differenzierung innen/außen auf Basis nationalstaalicher Territorialgrenzen als scheinbare Selbstverständlichkeit. Wobei diese *Selbstverständlichkeit* vor dem Hintergrund der zurückliegend bereits mehrfach angetroffenen Figur schon als Gemeinplatz gelten kann. Bemerkenswert ist im vorliegenden Fall jedoch etwas anderes: Hinsichtlich der „Bedrohungen von außen" müsste der nicht explizit genannte, aber implizierte diesbezügliche Sicherheitsbegriff *äußere* Sicherheit lauten. In der Logik der bisherigen Definitionen, die diesen Begriff – häufig einleitend und mit eben jener, fast schon nachlässig zu nennenden Art – ins Feld führen, dient er in der Regel dazu, aus dessen unhinterfragbarer Evidenz seinen Gegenpart, die Innere Sicherheit, abzuleiten. Aber genau dieser Terminus wird hier nicht verwendet. Meines Erachtens bestehen zwei Deutungsmöglichkeiten. Die erste lautet: Innere Sicherheit und Öffentliche Sicherheit werden synonym verwendet. Dagegen spricht jedoch, dass der Begriff an keiner Stelle erwähnt wird (auch nicht im Rahmen thematisch naheliegender Themen wie „Schutz der freiheitlichen demokratischen Grundordnung" oder „Notstandsrecht"). Nicht einmal als Randbemerkung tauchen Hinweise darauf auf. Die Begrifflichkeit Innere Sicherheit existiert, folgt man Avenarius auf Ebene der Wortverwendung, schlicht und einfach nicht in der Rechtsordnung der Bundesrepublik.

Es bleibt eine zweite Interpretationsmöglichkeit: In Bezug auf Sicherheit im so genannten Inneren kann juristisch nur von „öffentlicher Sicherheit und Ordnung" gesprochen werden. Das Zitat ist deshalb ein wichtiges Beispiel eines dem juristischen Spezialdiskurs zuzurechnenden Fragmentes, welches geeignet ist, die Fragwürdigkeit der oben erwähnten Ableitung – und vor allem der damit einhergehenden Kontinuitätsbehauptung von Innerer Sicherheit als Staatsaufgabe und als einem, seiner spezifisch-historischen Entstehungsphase entkoppelten Begriff – zu untermauern.

Der Text auf den Seiten der im Register verwiesenen Hauptfundstelle („106") läßt eine Bestätigung dieser Lesart zu. Auf den Seiten 105 ff. wird der Begriff „Öffentliche Sicherheit und Ordnung" entsprechend seiner besonderen Stellung im Polizeirecht behandelt. Hierbei kommt Avenarius auf die Gefahrenabwehraufgabe der Polizei zu sprechen (vgl. ebd.: 105 f.). Eine Kontextualisierung mit Innerer Sicherheit, wie zum Beispiel bei Götz (1995) anzutreffen, fehlt.

Die Erstauflage von *Die Rechtsordnung der Bundesrepublik Deutschland* (Avenarius 1995) unterscheidet sich einzig in Bezug auf verwiesene Seitenzahlen: „Öffentliche Sicherheit und Ordnung 34, 38, 42, 94, 97, **104**, 115" (Avenarius 1995: 231; Hervorh. i. Orig.). Die dortigen Textstellen sind weitgehend identisch mit denen der 1997er-

Auflage. Unterschiede, die eine gegenüber der bisherigen Analyse abweichende Einschätzung begründen könnten, finden sich nicht.

Erste Ermittlungsergebnisse

Zusammenfassend kann festgehalten werden: Generell widerlegt die Analyse spezifischer Nachschlagewerke die Einschätzung, zum Begriff Innere Sicherheit seien kaum Bestimmungsversuche zu finden. Da in Rechnung zu stellen ist, dass der zitierte Einwand aus dem Jahr 1991 datiert (vgl. Kerner 1991: 140), ist von einer zwischenzeitlichen Zunahme von Definitionsversuchen auszugehen, die hier als *Begriffskonjunktur* gedeutet wird. Es zeigte sich, mit einigen wenigen Ausnahmen, dass Innere Sicherheit in den aktuellsten Auflagen der zu Untersuchung ausgewählten Werke (bezogen auf den Untersuchungszeitraum) durchweg behandelt wird. Dieses Ergebnis lässt sich auch als *fachdisziplinäre Reaktion* präzisieren, nach der die verschiedenen, in Gestalt der Lexika- und Handwörterbuchbeiträge behandelten Fachdisziplinen der weiter zurückreichenden Institutionalisierung und Etablierung des Begriffes Innere Sicherheit im Politikfeld mit entsprechendem Zeitversatz folgen, indem sie den Terminus für relevant erachten, d.h. ihn jeweils als eigenen Worteintrag aufgreifen.[28]

Zwischen den Definitionsversuchen bestehen jedoch *qualitative* Unterschiede, die allerdings nicht notwendigerweise den – gleichfalls zu beobachtenden – differierenden Umfängen der Themenbehandlung geschuldet sind. Die Unterschiede stehen vielmehr im Zusammenhang mit Spezifika der jeweiligen Fachdisziplinen.

Aufschlussreich wird sein, zu beobachten, wie im Unterschied dazu das Thema bearbeitet wird, wenn es nicht in disziplinspezifisch Lexika subsumiert wird – als ein Begriff neben anderen –, sondern das verbindende, gemeinsame Oberthema eines eigenen Nachschlagewerkes bildet. So hat beispielsweise der Verlag Leske und Budrich seit längerem das Erscheinen eines eigenen, umfangreichen *Wörterbuches zur Inneren Sicherheit* angekündigt (vgl. o.N. 2002a). In dieser Form hat es eine Bearbeitung des Themas bislang nicht gegeben, was dem vorangekündigten *Wörterbuch* eine Exklusivstellung einräumt. Zudem ist solch eine Publikation selbst ein weiterer bemerkenswerter Beleg hinsichtlich der Begriffskarriere Innerer Sicherheit: zu Beginn der 2000er-Jahre scheint

---

28 Bezüglich der auflagenspezifischen Auswertung der zeitlichen Begriffsetablierung in den untersuchten Werken siehe die Grafiken zum Kapitel *„Erste Ermittlungen* – Innere Sicherheit in einschlägigen Fachlexika und Handwörterbüchern" im Anhang dieses Buches.

der Begriff seinen Status als ein (mittlerweile) bedeutsamer Terminus neben anderen – der von Kompendium zu Kompendium allerdings mal mehr, mal weniger umfangreich behandelt wird – zu ändern, um nunmehr sogar auch auf der Titel-Ebene von Fachlexika und -wörterbüchern anzukommen.

Das Erscheinen ist schließlich *auch* im Zusammenhang mit Anstrengungen um eine breitere Etablierung der Politikfeldanalyse Innere Sicherheit zu bewerten: Als Herausgeber wird der Politikwissenschaftler Hans-Jürgen Lange genannt (vgl. o.N. 2002a: 8) und als Autoren der Beiträge wird auf „rund 30 ausgewiesene Sicherheitsexperten aus dem Kreis des ,*Interdisziplinären Arbeitskreises Innere Sicherheit*'" (ebd.; Hervorh. TK) hingewiesen, der sich aus „Politikwissenschaftlern, Rechtswissenschaftlern, Kriminologen, Soziologen und Historikern" (ebd.) zusammensetzt. Die Publikation wird insofern der intendierten Bedeutungszunahme sicherlich entgegenkommen, mittels welcher der AKIS sich als *die* sozialwissenschaftliche Experteninstanz zum Thema zu positionieren versucht – nicht zuletzt mit Blick auf zukünftige Forschungsförderung. Laut Verlagsprospekt wird das *Wörterbuch zur Inneren Sicherheit* „eine umfassende und kompakte Darstellung der aktuellen gesellschaftlichen und politischen Veränderungen der Inneren Sicherheit" (ebd.) bieten. Als Schlagworte zur thematischen Einordnung nennt der Verlag „Innere Sicherheit, Polizei, Sicherheitsgesetze, Bürgerrechte" (ebd.). Womit – zumindest auf den ersten Blick – einmal mehr die Quintessenz des Themas in einer Weise benannt zu sein scheint, die keine besonderen Unterschiede zu bisherigen Bearbeitungsweisen nahelegt, außer das hier verstreute Artikel unter einer gemeinsamen, thematisch verbindenden Überschrift zuammengeführt werden. Abschließend hierzu ist auf den *Kontrapunkt* „Bürgerrechte" hinzuweisen, der in der o.g. Aufzählung der Schlagworte offensichtlich den Aspekt der Kritik an Innerer Sicherheitspolitik verkörpert.

Eine differenzierende Sichtweise Innerer Sicherheitspolitik, die im Ansatz auch (politisch) kritische Positionen oder gar kritische Akteure im Sicherheitsdiskurs berücksichtigt, ist in den untersuchten Werken selten und wenn, stärker im allgemein sozialwissenschaftlichen Teildiskurs angesiedelt. Hier ist, im Vergleich zu anderen Texten, auf den besonders umfangreichen Artikel Blankenburgs (1992) aus dem *Lexikon der Politik* hinzuweisen. Zwar taucht diese Figur auch in den Beiträgen von Bredow (1981) und von Jesse (1997) auf, wird aber bei weitem nicht so detailliert ausgebreitet.

Zugleich sind in diesem disziplinären Bereich aber auch synonyme oder zumindest diesbezüglich unklare Verwendungen der Begriffe Innere Sicherheit und Öffentliche Sicherheit vergleichsweise häufig anzutreffen, so beispielsweise im *Wörterbuch zur Politik* (Schmidt 1995) und im *Lexikon der Politik*, Band 7 (Nohlen et al. 1998). Es ist ein Charakteristikum der Definitionsversuche aus dem Bereich Allgemeine Sozialwissenschaften, mehr Bezug auf Akteure, auf Kritik, auf Phasenbildung, d.h. letztlich auf eine gesellschaftspolitische Dynamik Innerer Sicherheit zu nehmen, allerdings zum Teil um den Preis mangelnder Trennschärfe zwischen den Begriffen Innerer und Öffentlicher Sicherheit. Hiervon unterscheiden sich die Beispiele aus dem Bereich Spezielle Sozialwissenschaften merklich, in denen beide Begriffe zwar auch vorkommen, aber deutlicher voneinander abgesetzt werden. Die o.g. Bezüge treten in den Hintergrund, die Betonung der Verbindung zum Polizei- und Ordnungsrecht steht im Mittelpunkt.

Auch die zu Beginn gewählte Anordnung der teildiskursiven Bereiche (Allgemeine Sozialwissenschaften, Spezielle Sozialwissenschaften, Rechtswissenschaft) lässt sich somit durch die Untersuchungsbefunde bestätigen. Die Beispiele aus dem Bereich Spezielle Sozialwissenschaften bestätigen die diesem Bereich zu Beginn zugewiesene Zwischenposition. Auch wenn die Unbestimmtheiten und die Vagheit des Begriffs Innere Sicherheit in den Beiträgen weiter zutage treten (vgl. Rupprecht 1995), weisen eine verstärkte Inanspruchnahme rechtshistorischer Bezüge (vgl. Kerner 1991) und – wenn es um Öffentliche Sicherheit geht – die oben erwähnte Behandlung des Polizei- und Ordnungsrechtes bereits auf die Nähe zum juristisch dominierten Teildiskurs.

Dieser wartet allerdings nicht mit einer Themenbehandlung auf, in der die rechtsverbindliche Begriffsbestimmung Innerer Sicherheit in Angriff genommen wird. Vielmehr taucht der Begriff in diesem Bereich nicht auf – und wenn doch, nur am Rande (vgl. Götz 1995). Statt dessen rückt hier der Begriff der Öffentlichen Sicherheit in dem Maße in den Vordergrund, wie Innere Sicherheit in den Hintergrund tritt. In der hier noch viel detaillierter behandelten Materie des Polizei- und Ordnungsrechts haben zugleich personifizierende Feind- und Bedrohungsbilder keinen Ort. Zwar besitzt die detaillierte Behandlung von Begriffen wie „Gefahr" oder „Gefahrenabwehr" große Bedeutung, sie bleibt aber – disziplinspezifisch – juristisch verklausuliert und insbesondere – in Anbetracht der Auflagenkontinuität eines Werkes (Götz 1970 ff.) – relativ unbeeinflusst von den bekannten Feindbildkonjunkturen Innerer Sicherheitspolitik.

Der Sachverhalt, den Begriff Innere Sicherheit im juristisch dominierten Teildiskurs nicht zum Gegenstand zu machen/zu haben, verweist – wenn auch indirekt – einmal mehr auf den Bereich der Politik, als dem entscheidenden Teilbereich, in welchem bezüglich Feindbildern Konkretisierungen und Zuspitzungen vorgenommen werden. In dem Verweis auf den Bereich Politik liegt auch eine der beiden Gemeinsamkeiten der Definitionsversuche, über deren teildiskursive Unterschiede hinweg: Der Bereich Politik lässt sich, trotz voneinander abweichender Akzentuierungen, als der zentrale Bereich ausdeuten, in welchem der Begriff Innere Sicherheit originär anzusiedeln ist. Die zweite Gemeinsamkeit besteht in der, in unterschiedlicher Deutlichkeit zutage tretenden, Identifikation von Innerer Sicherheit mit Kriminalitätsbekämpfung und der damit verknüpften zentralen Rolle von Polizei als ihrem Hauptakteur.

Der Begriff Innere Sicherheit hat sich also mit einer Ausnahme (vgl. Avenarius 1997) in allen Werken etabliert. Die Ausnahme gründet m.E. in der Besonderheit des rechtswissenschaftlichen Teildiskurses.[29] Im Folgenden wird auf einzelne Aspekte noch einmal vertiefend eingegangen, so sie besondere Bedeutung für den Fortgang der Untersuchung haben.

Verwendungsweise bzw. Trennschärfe der Begriffe Innere Sicherheit und Öffentliche Sicherheit

Bereits im Verlauf der Analyse des *Lexikons der Soziologie* (Fuchs-Heinritz et al. 1994) (aber ebenso im Verlauf der Analyse anderer Werke) deutete sich an, dass Kraft der Bewertung des Begriffes Innere Sicherheit als „politischem Alltagsbegriff" seine Bestimmung der Definitionshoheit von Experten der Allgemeinen Sozialwissenschaften unterliege. Zugleich wurden die Begriffe Innere Sicherheit und Öffentliche Sicherheit in den dortigen Definitionen trennunscharf behandelt, zum Teil sogar synonym.

Die Analyse der kriminologischen Nachschlagewerke (hier vor allem: das *Polizei-Lexikon*) lieferte Hinweise auf eine Differenzierung des Begriffsverhältnisses zwischen Innerer und Öffentlicher Sicherheit in Abhängigkeit von der fachdisziplinären Bestimmung des Teildiskurses. Zwar wurden beide Begriffe auch hier parallel behandelt, aber zugleich voneinander unterschieden. Öffentliche Sicherheit wurde als juristisch geprägter Begriff vorgestellt. Es liegt nahe, zu vermuten, dass über den Bezug auf den Akteur Polizei eine Überschneidung entsteht. Einerseits wird Innere Sicherheit in der o.g. alltagssprachlichen Verwendung als Kriminalitätsverfolgung präsentiert, die faktisch von der Polizei zu leisten sei. Die rechtliche Regelung und Ausgestaltung der konkreten Aufgabe erfolgt allerdings auf Basis von Gesetzestexten, in die der Begriff

---

29 Einen Überblick über vorgefundene bzw. in Gestalt von Artikeln behandelte Einträge liefert, in Anlehnung an die das Material vorstrukturierende Matrix vom Beginn des Kapitels, Tabelle 2 im Anhang.

Innere Sicherheit keinen präzisierenden Eingang gefunden hat. Das Begriffsverhältnis zwischen Innerer Sicherheit und Öffentlicher Sicherheit ist in diesem Bereich ein eher hyperonymes; d.h. Innere Sicherheit verhält sich zu Öffentlicher Sicherheit als ein übergeordneter Begriff, der aber inhaltlich viel allgemeiner und weniger stichhaltig ist. Im juristischen Spezialdiskurs ist eigentlich nur der Begriff der Öffentlichen Sicherheit gebräuchlich. Hier taucht der Begriff Innere Sicherheit – wenn überhaupt – erst sehr spät und nur marginal auf. Somit kann festgehalten werden: Im hochgeregelten juristischen Spezialdiskurs ist der Begriff Innere Sicherheit kaum anzutreffen, da er anscheinend ob seiner Unschärfen untauglich und nur schwer handhabbar ist. Mit abnehmendem Regelungsgrad des Diskurses steigt einerseits die Verwendung des Begriffs Innere Sicherheit und andererseits die Überschneidung mit dem gleichzeitig anzutreffenden Begriff Öffentliche Sicherheit. Im Alltagsdiskurs werden beide synonym verwendet (siehe hierzu *Abbildung 2* auf der nächsten Seite).

Die Art der Themenbehandlung im rechtswissenschaftlichen Spezialdiskurs kann zugleich nicht ohne Konsequenzen für Versuche bleiben, Innere Sicherheit rechtshistorisch abzuleiten. Letzteres Unterfangen ist um so fragwürdiger, als in einschlägigen juristischen Texten eigentlich nur auf den Begriff der Öffentlichen Sicherheit rekurriert wird. Eine rechtsverbindliche Regelung des Begriffs Innere Sicherheit existiert bis heute nicht. Zum anderen: Selbst wenn von *innerer* Sicherheit auf denotativer Ebene in historischen (Rechts-)Texten schon länger die Rede sein sollte, reichen Hinweise auf Ähnlichkeiten der Wortverbindung nicht aus, eine Kontinuität der Konnotation Innerer Sicherheit zu belegen. Ihnen kann man als *möglichen* Indizien zwar durchaus nachgehen, aber es muss mehr hinzutreten, um die Kontinuitätsbehauptung stichhaltig zu untermauern. Dies ist bislang nicht gelungen. Der Begriff ist deshalb weiterhin als in erster Linie politischer Begriff, mithin als „Kampfbegriff" zu verstehen, dessen spezifische inhaltliche Qualität mit einer ganz bestimmten Phase innenpolitischer Entwicklungen in der Bundesrepublik verbunden ist und der zwar juristisch aufgeladen wird, sich aber immer dann, wenn es um juristische Detailklärungen geht, verflüchtigt. Weitergehend ließe sich sogar sagen, die strittigen Bemühungen um den Beleg einer rechtshistorischen Kontinuität sind ein Indiz für Strittigkeit des Geltungsanspruchs und insofern Beleg für den Begriffsstatus, „Kampfbegriff" zu sein, da die Evidenz des zunächst politisch geltend gemachten Terminus erst im nachhinein hierüber abgesichert werden soll.[30]

---

30 Interessanterweise korreliert der historistische Verweis auf eine womöglich gar Jahrhunderte zurückreichende Tradition des Begriffs Innere Si-

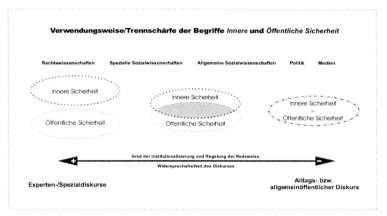

Abbildung 2: Verwendungsweise/Trennschärfe der Begriffe Innere und Öffentliche Sicherheit.

Innere Sicherheit als politischer „Kampfbegriff" und als Konflikt

Die Bewertung, beim Begriff Innere Sicherheit handele es sich um einen „politischen Kampfbegriff", ist ob ihrer weiteren Bedeutung erläuterungsbedürftig. „Politischer Kampfbegriff" ist eine begriffliche Zuspitzung, die auf Basis insbesondere eines der analysierten Diskursfragmente vorgenommen wird (Blankenburg 1992). Die Bezeichnung „Kampfbegriff" wurde dort für Sicherheitspolitik im Kontext ihrer Beurteilungen als „konservativ" oder „liberal" bzw. „kritisch" eingeführt.

Sofern dieser Ausdruck im weiteren meinerseits Verwendung findet, ist er wie folgt zu verstehen: Er charakterisiert Innere Sicherheit als einen Terminus, der im Feld politischer Auseinandersetzung originär und infolgedessen besonders häufig anzutreffen ist. Die Bezugnahme, die auf ihn in diesem Feld erfolgt, markiert in Gestalt seiner Befürwortung oder Ablehnung eine politische Position. Befürwortung und Ablehnung sind Bewertungen, die entsprechend der Topographie des politischen Feldes dem Rechts-Links-Schema zugeordnet werden können. Da sich die beiden Positionen als gegensätzliche aufeinander beziehen (politi-

cherheit mit der Zuordnung konservativ/kritisch: Bezugnahmen von Kritikern im Sicherheitsdiskurs auf dieses nivellierende Erklärungsmuster sind einerseits nicht zu beobachten und andererseits wird mit ihm gerade das Argument der Besonderheit der Phase gesellschaftspolitischer Auseinandersetzungen ab Ende der 1960er-Jahre zu relativieren versucht, welches kritische Positionen im Sicherheitsdiskurs gegen die Einschätzungen konservativer Protagonisten geltend machen.

sche Gegnerschaft) und sich das Feld durch die fortdauernde Auseinandersetzung um (gesellschafts-)politische Gestaltungsmacht auszeichnet, kann m.E. von „politischem Kampf" gesprochen werden.

Geeigneter scheint mir jedoch der Begriff Konflikt zu sein. Blankenburgs Einschätzung, welche zunächst lediglich von „konservativer Sicherheitspolitik" im Zusammenhang mit der Bezeichnung „Ruhe und Ordnung" spricht, lässt sich thematisch zuspitzen, indem Innere Sicherheit fortan als „politischer Kampfbegriff" aufgefasst wird.[31] „Kampf" ist an dieser Stelle zwar *nicht notwendigerweise* in einem militärischphysischen Sinne zu verstehen, sondern als Kontroverse bzw. Streit. Dennoch ist eine Dynamik zu erkennen, nach der ein (gesellschaftspolitischer, sozialer) Konflikt, dessen Protagonisten zunächst einmal als Konfliktparteien zu bezeichnen sind, durch die rhetorische Umwidmung des Konfliktes (hier: um Innere Sicherheitspolitik) in einen Kampf, seine Protagonisten zu Kombattanten im Sinne von Feinden transformiert. Diese Dynamik kulminiert z.B. in der im Sicherheitsdiskurs häufig anzutreffenden Kriegsmetapher. Begreift man die Auseinandersetzung um Innere Sicherheitspolitik als sozialen Konflikt, ist zugleich auf eine Bedeutung von Konflikten einzugehen, die sie als funktional im Sinne von integrativ in Bezug auf ihre gesellschaftliche Wirkung begreift. In Anlehnung an Cosers *Theorie sozialer Konflikte* (Coser 1965) sind gesellschaftliche Konflikte unter bestimmten Bedingungen ein Mittel des Ausgleiches, die eine Gesellschaft funktionsfähig erhalten (vgl. ebd.: 180). Konflikte können, entgegen der auf den ersten Blick dominanten Betonung konträrer Positionen der jeweiligen Konfliktparteien, eine stabilisierende und integrierende Funktion besitzen. Die Tolerierung und die Institutionalisierung von Konflikten erweisen sich hierbei zentral als stabilisierende Mechanismen für eine Gesellschaft (vgl. ebd.: 183).

Innere Sicherheit und Kritik

Zugleich eröffnet die Beurteilung von Innerer Sicherheit als ein politischer Kampfbegriff auch eine interessante Perspektive auf den kritischen Teil des Sicherheitsdiskurses. Auch diesbezüglich ist der Beitrag Blankenburgs der mit Abstand detaillierteste und ergiebigste. Er nimmt sowohl zeitliche Zuordnungen vor (Betonung der Zeit Ende der 1960er-, Anfang der 1970er-Jahre; Dekadenbildungen) und misst kritischen Positionen, im Vergleich zu den meisten anderen untersuchten Beiträgen, generell eine hohe Bedeutung zu. Darüber hinaus zeichnet sich eine Be-

---

31 Auch für diese Beurteilung liefert der Sicherheitsdiskurs selbst einen Beleg: Der Begriff der Inneren Sicherheit „ist nach seiner Entstehung ein *politischer Kampfbegriff*" (Kniesel 1996: 484; Hervorh. TK).

zugnahme auf Protest(-bewegung) ab. Diese wird sowohl als kritische Gegenposition zu einer „konservativen Sicherheitspolitik" als auch als eines ihrer Hauptziele vorgestellt. Dennoch sind gewisse Einschränkungen hinsichtlich der Tragweite vorzunehmen, die Blankenburg der behandelten kritischen Position einräumt: Die dortige Berücksichtigung vermag zwar Kritik an herrschender Innerer Sicherheitspolitik als Bezugspunkt in der (gesellschafts-)politischen Auseinandersetzung zu registrieren. Die Bedeutungszuweisung bei Blankenburg manifestiert sich jedoch in erster Linie darin, sie als potenzielles politisches Korrektiv zu benennen, nicht aber als eigenständigen Bestandteil oder als Untersuchungsgegenstand.

Zum Veröffentlichungszeitpunkt der Erstfassung des Artikels (Blankenburg 1983) wäre es allerdings vermessen gewesen, bereits die Berücksichtigung von kritischen Positionen zu Innerer Sicherheitspolitik im Sinne etwa von „Kritiktraditionen" und differenzierende Aspekte hinsichtlich ihres Binnenverhältnisses in Bezug auf „konservative Sicherheitspolitik", möglicherweise in Gestalt einer Thematisierung als „von beiden Diskursteilen geteilten Positionen", zu erwarten. Die Gelegenheit zu solch einer Fokussierung wurde allerdings auch nicht anlässlich der Überarbeitung des Beitrages für die Veröffentlichung im Nachfolgewerk (Blankenburg 1992) wahrgenommen.

Das Textbeispiel zeigt dem entsprechend sensibilisierten Leser dennoch sehr deutlich, inwieweit Diskursfragmente selber Hinweise auf die Evidenz der beabsichtigten Einführung der Unterscheidung *Konservativer* und *Kritischer Sicherheitsdiskurs* liefern. Die geschilderten Aspekte werden wieder aufgegriffen, wenn es darum geht, den Kritischen (Sicherheits-)Diskurs als eigenen Forschungsgegenstand zu konturieren.

Metaphernverwendung, Feindbilder, Bedrohungsszenarien

In den untersuchten Texten ist in der Regel so gut wie keine Metaphernverwendung zu beobachten. Dies gilt über alle Teildisziplinen hinweg und liegt wohl an einem, man könnte sagen *diskursfomspezifischen Sachlichkeitsgebot* von Handbuch- und Lexikabeiträgen. Einzige bemerkenswerte Ausnahmen: das *Polizei-Lexikon* und das *Handwörterbuch des politischen Systems der Bundesrepublik Deutschland*.

In ersterem finden sich im Kontext einer Aufzählung von Feindbildern und Bedrohungsszenarien Bezugnahmen, die eine subtile Verbindung zu Katastrophenmetaphern aus Biologie und Natur nahelegen. Interessanter ist aber in diesem Zusammenhang der Gebrauch des Begriffs „importierte Kriminalität", der den Ursprung einer angenommenen Kriminalitätsdrohung ins Ausland verlagert – mit der entsprechenden Implikation eines bedrohten Nationalkollektives.

Als zugespitzter muss diesbezüglich der Beitrag im *Handwörterbuch des politischen Systems der Bundesrepublik Deutschland* (vgl. Jesse 1997) angesehen werden, in welchem so genannte tatverdächtige Ausländer Erwähnung finden. Es handelt sich um die einzige personifizierende Darstellung von Kriminalitätsdrohungen, so dass in diesem Beispiel von einer besonderen Betonung des Status ausländisch hinsichtlich Kriminalitätsentwicklung ausgegangen werden muss.

Die Unbestimmtheit Innerer Sicherheit als deren eigentliches Potenzial

Innere Sicherheit bleibt in den meisten der vorgestellten Artikel ein schillernder, unklarer Begriff. Mehr noch: Die Beiträge in den Fachlexika merken diesen Sachverhalt in unterschiedlicher Deutlichkeit durchaus selber an und benennen oder kritisieren gar ihrerseits die Unbestimmtheit und Vieldeutigkeit als ein Manko, das die Fragwürdigkeit des Begriffes, seiner häufigen Inanspruchnahme und der mit ihm verbundenen Politik belege.

Allerdings wird keine Bewertung vorgenommen, die daraus den Umkehrschluss zieht, gerade hierin das Potenzial des Begriffes, den Grund seines Erfolges und schließlich die ureigene Qualität Innerer Sicherheit auszumachen. Der zufolge markiert der Begriff Innere Sicherheit in erster Linie ein Terrain, mittels welchem eine ganz bestimmte Möglichkeit zur Beschreibung von Gesellschaft geltend gemacht wird. Dies setzt eine bestimmte thematisch verbindliche Rahmung ebenso voraus, wie umgekehrt seine fortdauernde Anpassungsfähigkeit und d.h. Unbestimmtheit. Ihre Eignung und Durchsetzungsfähigkeit behält Innere Sicherheit nur in dem Maße bei, wie die nähere Begriffsbestimmung notwendig diffus bleibt. Was nicht heißt, sich nicht gleichzeitig mit der Begriffsbestimmung auseinanderzusetzen. Allerdings ist letztere in nicht unbeträchtlichem Umfang zugleich Teildisziplinen und Experten überantwortet, die ihrerseits Bestandteil des Komplexes der Inneren Sicherheit sind, so dass hierüber immer auch Selbstlegitimationseffekte in die Bestimmungsversuche eingehen.

Hieraus lässt sich folgende These ableiten: In seiner Mehr- bzw. Vieldeutigkeit, im Assoziativen besteht die eigentliche Qualität des Begriffes. Innere Sicherheit markiert einen Raum gesellschaftlicher Auseinandersetzung, in dem Problemgeltungen (Kriminalität, Gefahr) und die Existenznotwendigkeiten von Akteuren (vor allem: Polizei) begründet werden – und deren Problemzuständigkeit. Innere Sicherheit dient der Sinn- und Zweckstiftung. Die Unbestimmtheit ist damit zugleich die Grundlage ihrer anhaltenden Konjunktur. Insofern ist auch einsichtig, wieso dieser Begriff faktisch nicht näher rechtsverbindlich geregelt werden kann. Er bleibt somit originär der Sphäre des Politischen zugeordnet, in welcher mittels gesellschaftspolitischer Auseinandersetzung je nach Kräfteverhältnissen festgelegt wird, wie der Begriff – und seine Bestandteile Bedrohung und Sicherheitsgaranten – in einer jeweiligen historisch-konkreten Situation gefüllt werden. Diese Unbestimmtheit garantiert Flexibilität und Anpassungsfähigkeit hinsichtlich der Zurichtung vergangener, gegenwärtiger und vor allem zukünftiger Objekte als Bearbeitungsgegenstände von Innerer Sicherheit im Sinne von abzuwehrenden Bedrohungen (die häufig als „Feindbilder" kommuniziert werden) – und sichert über das darüber hergestellte Bedrohtenkollektiv Gewissheiten der Zusammengehörigkeit. Insofern ist Innere Sicherheit ein *Passe partout*, mittels dem voneinander unterschiedliche gesellschaftliche Phänomene zu *Fällen* Innerer Sicherheit werden können. Es geht somit um Definierbarkeit und um die Durchsetzung sozialer Gültigkeit von Zuschreibungen.

Dies wirft die Frage nach dem Apsekt auf, ob und wie sich als Bedrohung Zugerichtete eventuell gegen diese Zurichtung verwahren oder zur Wehr setzen können. Die Heterogenität der Bedrohungspalette ermöglicht zwar, sofern die als Bedrohung Kodierten in der Lage sind, sich als Akteure zu artikulieren, Zurückweisungsversuche, die auf die einzelne Bedrohungskonstruktion bezogen aussichtsreich erscheinen mögen, die aber im Kern nicht aus der Logik des Sicherheitsdiskurses ausbrechen (können). Der Zurückweisung „ungerechtfertigte Kriminalisierung" ist beispielsweise ein Konformgehen mit dem *Mainstream* des Sicherheitsdiskurses immanent, demzufolge „echte Kriminelle" existieren und zudem verfolgt, verhaftet, verurteilt etc. gehören. Im Anschluss an dieses Muster wird zu untersuchen sein, inwieweit in Kritiken bzw. bei Kritikern der Inneren Sicherheit Anhaltspunkte hierfür zu finden sind.

Forschungspraktische Konsequenzen

Die deutlich gewordene zentrale Bedeutung des Bereichs Politik rückt in den kommenden Kapiteln in den Mittelpunkt. Die Ergebnisse der Analysen dieses Kapitels begründen eine Konzentration auf folgende Untersuchungsfelder:

* Der Etablierung des Begriffs wird in Gestalt von Veränderungsprozessen auf der Ebene institutioneller Strukturen genauer nachgegangen (Abteilungsentwicklung im Bundesinnenministerium), aber auch

im Kontext seiner inhaltlichen Füllung und seines Niederschlags in regierungspolitischen Verlautbarungen und seiner Wortkonjunktur im parlamentarischen Sprachgebrauch.

- Hinsichtlich der Untersuchung der Metaphernverwendung und gängiger Topoi des Sicherheitsdiskurses sollen möglichst Dokumente herangezogen werden, die nahe am politischen Diskurs angesiedelt sind, aber auch dem Befund Rechnung tragen, dass der Akteur Polizei in bisherigen Definitionsversuchen eine exponierte Rolle zugewiesen bekam.

- Drittens ist eine Untersuchung von Fragmenten zu leisten, die sich kritisch mit Innere Sicherheit auseinandersetzen. Fokussiert werden soll hier auf möglicherweise existierende Ähnlichkeiten mit und Differenzen zu den vorangehend genannten Teilbereichen bezüglich der dort erörterten Aspekte. Insbesondere soll der gegen Ende des vorangegangenen Abschnitts formulierten Fragestellung nachgegangen werden (die angenommene Überschneidung der Positionen von Verfechtern Innerer Sicherheit und ihren Kritikern).

Spurensicherung –

Innere Sicherheit als zentrale Kategorie in Ministerialverwaltung und parlamentarischem Sprachgebrauch

Die in einem Teil der Fachtexte anzutreffende thematische Gleichsetzung – oder zumindest große Überschneidung – von Öffentlicher und Innerer Sicherheit soll anhand von Analysen der Organisationstruktur im politisch-administrativen Bereich und des parlamentarischen Sprachgebrauchs überprüft werden. Falls es sich statt dessen um ein Verhältnis der Begriffsablösung oder -abfolge handelt, ist die Richtung (welcher der beiden Begriffe wurde abgelöst, welcher trat an die Stelle des anderen) und der Zeitpunkt bzw. die Zeitspanne zu ermitteln, in der diese Entwicklung stattfand.[1]

---

1 Solche Zugänge wecken durchaus Widerspruch. So verliehen Funk und Werkentin bereits 1977 mit ihrer Feststellung „Die Neuprägung eines politischen Schlagwortes für sich allein genommen besagt wenig" (Funk/Werkentin 1977: 190) einer gewissen Skepsis in Bezug auf die Aussagekraft von Wortkonjunkturen Ausdruck. Nichtsdestotrotz lässt sich heute sowohl aus diskursanalytischer Forschungsperspektive als auch aus dem Grund, dass mittlerweile durch zahlreiche Forschungsarbeiten belegt ist, wie sehr „sich hierin [im verstärkten Aufkommen der Begrifflichkeit; TK] eine neue Form staatlicher Sicherheitspolitik andeutete" (ebd.), festhalten: Solche Neuprägungen sind wichtige Indikatoren und ihre genaue Beobachtung liefert höchst interessante Ergebnisse. Darüber hinaus ist der angesprochenen skeptischen Einschätzung von Funk und Werkentin eine Bewertung entgegenzuhalten, die sich im selben Sammelband aus dem Jahr 1977 findet: „Neben dem Wort ‚Reformpolitik' […] ist ‚innere Sicherheit' einer der wichtigsten Begriffe der politischen Entwicklung zwischen 1969 und 1976. In den sechziger Jahren spielte der Ausdruck praktisch keine Rolle" (Schiller/Becker 1977: 211 f.).

Ist die im Ansatz über rechtsgeschichtliche Bezüge und die mittels räumlich-geographischer Ableitungen behauptete Kontinuität (Innere Sicherheit bzw. die Politik zu deren Gewährleistung habe es im Grunde immer schon gegeben[2]) haltbar? Wenn dem so sei, müsste der Begriff Innere Sicherheit bereits seit längerem und kontinuierlich im politischen bzw. politisch-administrativen Bereich anzutreffen sein. Allein aufgrund der Existenz einer Kombination aus den Zeichenfolgen „innere" und „Sicherheit" auf dessen bis in vergangene Jahrhunderte zurückreichende historische Kontinuität zu schließen, verweist viel mehr auf das Interesse, dem, was sich seit Ende der 1960er-Jahre unter diesem Begriff etablierte, seine besondere Bedeutung abzusprechen, und das Bestehende wenn schon nicht als ewig, so doch als historisch relativ unspezifisch zu rechtfertigen.[3] Diese Begründung bewegt sich nahe an Erklärungsversuchen, welche die Notwendigkeit des Staates im allgemeinen und seiner repressiven Organe im besonderen mit Vorliebe aus einer bestimmten Wesenhaftigkeit des Menschen abzuleiten versuchen: *homo homini lupus*.

Ein letzter Hinweis erscheint indes notwendig: Auch wenn in diesem Kapitel der Bereich Politik untersucht wird, ist zu bedenken, dass ein Schwerpunkt der Analyse auf dem politisch-*administrativen* Bereich liegt. Dies mag für Fragen zur Abteilungsstruktur des Bundesinnenmini-

---

2 Im übrigen ein interessanter Versuch, der im Gegensatz zum ansonsten im Sicherheitsdiskurs zu beobachtenden Hang zur Dramatisierung steht: Sofern es Innere Sicherheitspolitik schon seit längerer Zeit gebe, verlöre mit dieser Einsortierung in die Zeitläufte zugleich die ihr von den Kritikern zugerechnete historisch-spezifische Bedeutung ihre Grundlage. Wenn deren Bedeutung just in der Bedrohung und dem Abbau von Rechtsstaatlichkeit besteht, relativiert dieser Kunstgriff der historisierenden Rückprojektion auch jene spezifische Bedrohlichkeit. Die Kontinuitätsbehauptung erweist sich somit m.E. als rhetorische Figur, die dem Konservativen Diskurs zuzurechnen ist. Es wird folglich später zu prüfen sein, inwieweit diese Argumentationsfigur im so genannten Kritischen Sicherheitsdiskurs auftaucht – oder eben nicht.

3 In einem der behandelten Lexika-Artikel wurde Innere Sicherheit beispielsweise bereits mittels der Überschrift „1. *Traditionelle Schutzfunktion*" (Bredow 1981: 207) begriffsgeschichtlich rückprojiziert („traditionell" = Tradition = Vergangenheit, Historie). Letztlich wird hierzu auf „die Bundesakte des Deutschen Bundes von 1815" verwiesen, in welcher u.a. die „Erhaltung [...] der inneren Sicherheit Deutschlands" (ebd.) als Zweck des Bundes bestimmt wurde. Diese Rückprojektion bedeutet zugleich eine Kontinuitätsbehauptung, mit der die Besonderheiten der aktuellen Entwicklung, die sich unter der Überschrift Innere Sicherheit zusammenfassen lassen, d.h. der vergangenen dreißig Jahre als eine *Episode* in der vorgeblich langen Geschichte Innerer Sicherheit relativiert werden. Die räumlich-geographische Angabe „innere Sicherheit" ist freilich vom Terminus Innere Sicherheit und dessen thematischer Rahmung zu unterscheiden.

steriums ohne weitere Erklärungen einleuchten. Der besondere Hinweis auf die Dimension *administrativ* ist jedoch wichtig, was die Reichweite der Aussagen hinsichtlich des Begriffsaufkommens im parlamentarischen Sprachgebrauch betrifft. Für gewöhnlich ist nämlich zu beobachten, dass der Bereich Politik aufgrund seiner Nähe zum Alltagsdiskurs besonders stark von Metaphern durchsetzt ist. Streng genommen ist aufgrund des gewählten Indikators (*Parlamentsspiegel*) die Analyse aber um eben diese Dimension reduziert. Das heißt, die zu erwartende Metaphernarmut ist *kein* Befund zum politischen Diskurs im allgemeinen, sondern den Spezifika des Untersuchungsmaterials geschuldet. Metaphern sind in den zu untersuchenden Fragmenten (diskursform-) typischerweise nicht anzutreffen, da die Register in der Regel *Sach*einträge führen. Die Dimension der Metaphernverwendung im Sicherheitsdiskurs wird allerdings an anderer Stelle noch hervorgehoben behandelt. Im angesprochenen Abschnitt aber geht es – im nicht näher ausgeführten Anschluss an frühere Arbeiten (vgl. bspw. Schubert 1980; Bull 1984)[4] – in erster Linie um eine aktualisierende Überprüfung und Präzisierung bezüglich des Aufkommens des Begriffes Innere Sicherheit und dessen Verhältnis zum bis dato gängigen Begriff Öffentliche Sicherheit.

Die Abteilung IS Innere Sicherheit – Aspekte des Abteilungsstrukturwandels im Bundesministerium des Innern (BMI)

In der Publikation *Bundesministerium des Innern. Geschichte, Organisation, Aufgaben* aus dem Jahr 1997 konstatiert der damalige Bundesminister des Innern, Manfred Kanther, zum aktuellen Aufgabenspektrum des BMI: „Kernstück ist und bleibt [...] die Gewährleistung der inneren Sicherheit und die Bekämpfung der Kriminalität in all ihren Erscheinungsformen" (Bundesministerium des Innern 1997: 3; vgl. auch ebd.: 33). Eine Behörde, die, nicht zuletzt per Selbstdeklaration des ihr vorstehenden Ministers, so exponiert mit der Gewährleistung Innerer Sicherheit und folglich der Bekämpfung ihrer angenommenen Bedrohungen identifiziert wird, wird so selbst zum Untersuchungsgegenstand, da

---

4 Bull (1984) bezog sich seinerseits insbesondere auf eine Arbeit von Schubert (1980), der seine Bewertungen und Datierungen des Begriffsaufkommens und der -entwicklung auf Basis von Untersuchungen von Registerstrukturen und Plenarprotokollen vorgenommen hat. Die o.g. Analyse versucht, hierzu weitere Details beizutragen bzw. diese Dimension genauer zu untersuchen und Einschätzungen zu aktualisieren und gegebenenfalls zu revidieren.

deren Aufgaben(selbst)beschreibung sich aller Wahrscheinlichkeit in der Behördenstruktur unmittelbar niederschlägt.

„Die gestiegene Bedeutung von Fragen ‚innerer Sicherheit‘ auf Bundesebene zeigte sich schließlich auch bei der Ministerialverwaltung. Das Bundesministerium des Innern (BMI), bis 1968 ausschließlich eine Aufsichts- und Verwaltungsinstanz, wurde Ende der sechziger, Anfang der siebziger Jahre zu einer (obersten) politischen Entscheidungsinstanz" (Busch et al. 1988: 85).

Diese Einschätzung gegen Ende der 1980er-Jahre aufgreifend, ist zu fragen, wie sich diese gestiegene Bedeutung konkret in der Verwaltungs-, d.h. Organisationsstruktur des BMI niederschlägt. Hierzu sollen zunächst einige allgemeine Aspekte resümiert werden. Die Organisationsstruktur des Bundesministerium des Innern ist hierarchisch gegliedert. „An der Spitze stehen der Minister, die Parlamentarischen Staatssekretäre und die beamteten Staatssekretäre. Organisationseinheiten im Ministerium sind die Abteilungen, Unterabteilungen und Referate" (Bundesministerium des Inneren 1997: 23). Die Aufzählung der Organisationseinheiten erfolgt in absteigender Reihenfolge, d.h.

„In einer Abteilung werden Unterabteilungen und Referate mit nach Möglichkeit sachlich zusammengehörigen Aufgaben zusammengefaßt [...] Unterabteilungen werden gebildet, um durch Zusammenfassung von Referaten mit möglichst sachlich zusammengehörigen Aufgaben eine bessere Koordination zu erreichen. [...] Das Referat ist die organisatorische Grundeinheit und Träger der Sacharbeit" (ebd.: 30 f.).

Von Interesse sind in diesem Abschnitt Veränderungen in der Abteilungsstruktur im BMI. Wobei auch hier das Augenmerk auf der begrifflichen Umstellung von Öffentlicher auf Innere Sicherheit liegt. Das heißt, es geht bei Änderungen in Verwaltungsaufbau und -organisation des Ministeriums lediglich um diesen Teilaspekt. Dass es in dieser Bundesbehörde zu Veränderungen im o.g. Sinne kam, ist unstrittig und geht aus der bereits zitierten Broschüre hervor. Im Kapitel „Organisation" wird mittels eines Organigrammes die Abteilungsstruktur im Jahr 1997 veranschaulicht. Diesem zu entnehmen, dass im Ministerium eine eigene „Abteilung IS" existiert (vgl. ebd.: 28 f.), wobei „IS" augenscheinlich gleichbedeutend mit Innere Sicherheit ist. In einem in der Broschüre ebenfalls abgebildeten „ersten Organisationsplan des Bundesministerium des Innern (1949-1951)" (Bundesministerium des Innern 1997: 19) ist jene Abteilung allerdings noch nicht aufgeführt. Vielmehr ist dort neben anderen von einer „Abteilung I. Verfassung, Verwaltung, öffentliche Sicherheit" (ebd.) die Rede. Zur Abteilungsstruktur in den Anfängen des BMI heißt es hierzu weiter:

„Für den gesamten Bereich der öffentlichen Sicherheit war zum Beispiel nur ein Referat vorgesehen. Die Aufstellung des Bundesgrenzschutzes führte aber bereits am 2. August 1951 zur Errichtung einer Abteilung VI (Öffentliche Sicherheit)" (ebd.: 20).

Es ist offensichtlich, dass es zwischen den Jahren 1949 und 1997 zu Veränderungen in der Organisationsstruktur des Ministeriums gekommen ist, die von der „Abteilung I. Verfassung, Verwaltung, Öffentliche Sicherheit" über eine „Abteilung VI (öffentliche Sicherheit)" zur heutigen „Abteilung IS. Innere Sicherheit" führen. Wann diese Veränderungen jeweils stattfanden, geht aus der Publikation allenfalls bedingt hervor. Informationen, die eine Datierung zulassen, existieren nur hinsichtlich der früheren Abteilungen I bzw. VI (s.o.), die beide auf Öffentliche Sicherheit lauteten. Indes erscheint es interessant, zu untersuchen, ab wann bei der Abteilungsbezeichnung der Begriff Öffentliche Sicherheit zugunsten des Begriffes Innere Sicherheit fallengelassen wurde. Hierzu liefert die hauseigene Veröffentlichung zur Geschichte des BMI nur vage Angaben: „Die weiteren wesentlichen organisatorischen Änderungen ergaben sich daraus, daß fast jede Regierungsneubildung zu Veränderungen in der Aufgabenstellung des Ministeriums führte" (ebd.). Wobei hier von mir unterstellt wird, dass die „organisatorischen Änderungen" mit begrifflichen Umstellungen einher gingen. Um den Sachverhalt zu klären, erschien es naheliegend, direkt Kontakt mit dem Ministerium aufzunehmen. Hierbei waren drei forschungsrelevante Fragen leitend: Wann genau wurde die „Abteilung Innere Sicherheit" gegründet? Welche Abteilung/-en gingen möglicherweise in ihr auf? Löste sie die „Abteilung VI (Öffentliche Sicherheit)" ab? Laut Bundesministerium des Innern, d.h. aus der Sicht der Behörde, lässt sich die „Geschichte" der Abteilung IS wie folgt rekonstruieren:

„Die Abteilung VI ‚Öffentliche Sicherheit' existierte von 1951 bis 1967 und umfaßte als Referate die heutigen Abteilungen ‚Innere Sicherheit' (IS), ‚Polizeiangelegenheiten' (P) sowie ‚Bundesgrenzschutz' (BGS). Von 1967 bis 1978 hieß die Abteilung nur noch ‚Öffentliche Sicherheit' (ÖS). Hierbei waren die Abteilungen P und IS bis 1977 als Referate in die Abteilung ÖS eingebunden und wurden 1978 eigenständige Abteilungen. Die Abteilung BGS wiederum gehörte bis 1968 der Abteilung ÖS an, war von 1969/1970 bis 1977 eigenständige Abteilung und von 1978 bis 1995 als Unterabteilung in die Abteilung P integriert. Seit 1995 gibt es drei eigenständige Abteilungen ‚Innere

Sicherheit' (IS), ‚Polizeiangelegenheiten' (P) und ‚Bundesgrenzschutz' (BGS)" (Brief BMI vom 25. Mai 2000).

Nochmals ist zu betonen, dass es *nicht* um die Entwicklung der Abteilungsstruktur über die „Abteilung ÖS" bzw. „IS" hinaus geht. Deshalb wird auf die Entstehungsgeschichte und Entwicklung der Abteilungen „Polizeiangelegenheiten" und „Bundesgrenzschutz" nur insoweit eingegangen, als sie unmittelbar für eine Klärung der gestellten Frage von Belang sind. Dies ist insofern der Fall, als dass die Zuständigkeitsbereiche der zunächst auf Referatsebene in der damaligen Abteilung ÖS eingebundene spätere Abteilung P im Sicherheitsdiskurs unmittelbar als Innere Sicherheit verhandelt werden. Doch dazu später mehr. Zunächst sollen die Informationen des zitierten Briefes geordnet werden. Die Auskunft, die um so dürftiger erscheint wenn man berücksichtigt, dass zur Beantwortung der Fragen gar das eigene Organisationsreferat der Behörde eingeschaltet war, besagt dreierlei:

- Von 1951 bis 1967 existierte eine „Abteilung VI ‚Öffentliche Sicherheit'".
- Von 1967 bis 1978 hieß diese nur noch Abteilung „Öffentliche Sicherheit".
- Die heutige Abteilung „Innere Sicherheit ‚IS'" war bis 1967 Referat der damaligen „Abteilung VI ‚Öffentliche Sicherheit'" bzw. bis 1977 Referat der „Abteilung ÖS" und ab 1978 eigenständige Abteilung.[5]

---

5 Sind die Punkte 1 und 2 zumindest nicht falsch, lässt die Auskunft zu Punkt 3 drei Deutungsmöglichkeiten zu: 1. Die erste Möglichkeit besagt, dass der Begriff Innere Sicherheit bereits seit Anfang der 1950er-Jahre wenigstens zur Referatsbenennung geführt wird. Dies wäre ein durchaus überraschendes Forschungsergebnis und darf in Anbetracht der gängigen Auffassung, dass der Begriff seine Karriere erst Ende der 1960er-, Anfang der 1970er-Jahre begann, in Zweifel gezogen werden. 2. Folgt man indes jener gängigen Auffassung, liegt die Deutung nahe, die Auskunft aus dem Ministerium schlichtweg als falsch einzustufen, zumal der Eindruck erweckt wird, dass bereits seit 1951 der Begriff Innere Sicherheit bzw. dessen Abkürzung IS zur Bezeichnung auf dieser Organisationsebene (Referatsebene) Verwendung gefunden hätte. Was bliebe, wäre die Irritation darüber, dass selbst die Behörde nicht über gesichertes und qualifiziertes historisches Wissen hinsichtlich ihrer Organisationstrukturen verfügt. 3. Die letzte Deutungsmöglichkeit geht davon aus, dass die Auskunft zwar nicht korrekt, aber auch nicht gänzlich falsch ist. Voraussetzung hierfür ist allerdings, dass bei der Antwort die Begriffe Öffentliche und Innere Sicherheit bezogen auf Referatsebene synonym verwendet haben und man sich bloß an Daten der Abteilungsumstrukturierung orientierte. Allerdings bricht sich diese Deutung an der im Antwortschreiben bezogen auf die Abteilungsebene dennoch wahrgenommenen Differenzierung, welche zwi-

Auf jeden Fall verwertbar erscheinen zumindest die Daten, d.h. Jahresangaben bezüglich der Umbenennungen der Organisationseinheiten auf Abteilungsebene. Um den Begriffswechsel im Kontext der Behördenstruktur des BMI genauer zu rekonstruieren, ist es erforderlich, zusätzliches Quellenmaterial heranzuziehen.

Handbuch bzw. Staatshandbuch. Die Bundesrepublik Deutschland[6]

Das *Staatshandbuch* liefert, wie es seinerzeit der amtierende Bundesinnenminister Genscher in seinem Geleitwort zum *Staatshandbuch Stand 1973* formulierte, „ein vollständiges, getreues Abbild der Verwaltungswirklichkeit" (Genscher 1974). Änderungen im Verwaltungsaufbau stellen nicht bloß ein quantitatives Merkmal behördlicher Entwicklung dar. Vielmehr sind die Änderungen des „Erscheinungsbildes des öffentlichen Dienstes" auch in den Deutungen prominenter Exponenten qualitativ rückgebunden, indem sie auf sich ändernde „Staatsaufgaben" zurückgeführt werden (vgl. ebd.). Mit anderen Worten: Die Aussagekraft des in den Staatshandbüchern enthaltenen Verwaltungswissens erstreckt sich über bloßes unmittelbares Indizieren von Verwaltungsveränderungen hinaus auf das mittelbare Anzeigen politischer Veränderungen.

Die Angaben einer jeden Ausgabe sind identisch gegliedert. Diese Übereinstimmung im Aufbau gewährleistet eine direkte Vergleichsmöglichkeit über alle Ausgaben hinweg. Die Abteilungsstruktur des BMI lässt sich aus dem *Staatshandbuch* bis hinab auf Referatsebene nachvollziehen (Ausnahme: das Jahr 1966). Es liefert zugleich die Namen der Leiter der Organisationseinheiten auf allen drei Hierarchieebenen, samt deren Rangbezeichnung.[7] Da hier jedoch strukturelle und

---

schen der damaligen „Abteilung VI ‚Öffentliche Sicherheit" und der heutigen „Abteilung IS Innere Sicherheit" sehr wohl unterscheidet.

6 Das *Handbuch. Die Bundesrepublik Deutschland* (nachfolgend nur noch: *Staatshandbuch* mit nachgestellter Angabe *Stand Jahreszahl*) dient der Information der Öffentlichkeit über Aufbau und Wandel in der öffentlichen Verwaltung des Bundes, der Bundesländer, aber auch der Kommunen. Entsprechend finden sich dort auch detaillierte Informationen über das Bundesministerium des Innern. Das *Staatshandbuch* erscheint kontinuierlich. Für die vorgelegte Arbeit wurden vierzehn Ausgaben recherchiert, die jeweils den Stand von Verwaltungsaufbau und -organisation der Jahre 1966, 1970, 1973, 1977, 1980, 1982, 1983, 1985/1986, 1987, 1989, 1991, 1994 und 1997 dokumentieren.

7 In der Regel sind der Leiter einer Abteilung ein Ministerialdirektor, der Unterabteilungsleiter ein Ministerialdirigent und Referatsleiter ein Ministerialrat (vgl. Bundesministerium des Innern 1997: 30 f.).

nicht personelle Veränderungen interessieren, sollen Namensnennungen nicht weiter berücksichtigt werden.

Neben der bereits vorgestellten Abteilungsbezeichnung werden zwei weitere Bereiche berücksichtigt, an denen die beiden Sicherheitsbegriffe nachweislich Verwendung fanden/finden. Dank der gewährleisteten Vergleichbarkeit aller zu untersuchenden Staatshandbücher infolge ihres identischen Gliederungsaufbaus erstreckt sich die Analyse auch auf die Referatsbezeichnungen und die Aufzählung der Aufgabengebiete des BMI. Bereits dem *Staatshandbuch Stand 1970* ist zu entnehmen, dass neben der Abteilungsbezeichnung („Abt ÖS Öffentliche Sicherheit" (Koehler/Jansen 1970: 112)) der Begriff auch auf Referatsebene anzutreffen ist: *„Ref ÖS 9*: **Paß- u Personalausweisrecht, Notstandsmaßnahmen auf dem Gebiet der ö Sicherheit** Bernhard Hensel MinR" (ebd.; Hervorh. i. Orig.; die Abkürzung „ö Sicherheit" wird als Öffentliche Sicherheit gedeutet; TK). Das heißt, die Untersuchung der Staatshandbücher wird um die Referatsebene der Abteilung Öffentliche bzw. Innere Sicherheit erweitert. Schließlich liefert die Ersteindrucksanalyse der recherchierten Bände eine dritte Verwendungsebene. Die einleitenden Angaben zum „Bundesminister des Innern" (später: „Bundesministerium des Innern") eines jeden *Staatshandbuches* werden jeweils – nach Nennung der Anschrift des Ministeriums – von einer Aufzählung der „Aufgabengebiete", die der „Geschäftsbereich des Bundesminister des Innern umschließt" (Koehler/Jansen 1966: 99; vgl. auch Koehler/Jansen 1974: 121), eröffnet. Spätere Ausgaben sprechen zwar vom „Aufgabenkreis" des Ministers bzw. des Ministeriums, es handelt sich jedoch um die gleiche Aufzählung (vgl. bspw. Schiffer 1992: 142; Schnapauff 1997: 114).

Da im *Staatshandbuch Stand 1966* an zweiter Stelle der Aufgabengebiete die Themen „Verfassungsschutz, *öffentliche Sicherheit*, Bundesgrenzschutz" (Koehler/Jansen 1966: 99; Hervorh. TK) genannt sind, erscheint es interessant, neben den Veränderungen hinsichtlich der Abteilungs- und Referatsbezeichnung, auch jene Aufzählungen der Aufgabengebiete/Aufgabenkreise in Hinblick auf eine begriffliche Verschiebung von Öffentlicher auf Innere Sicherheit zu beobachten. Das weitere Vorgehen orientiert sich an zwei Vorgaben: Die Angaben des eingangs zitierten Schreibens des BMI aus dem Mai 2000 sind mittels der Analyse der *Staatshandbücher* zu überprüfen und zu präzisieren.

Abteilungsebene

Inwieweit die „Abt VI: Öffentliche Sicherheit" „als Referate die heutigen Abteilungen ‚Innere Sicherheit' (IS), ‚Polizeiangelegenheiten' (P) sowie ‚Bundesgrenzschutz' (BGS)" (Brief BMI vom 25. Mai 2000) umfasste, lässt sich dem *Staatshandbuch Stand 1966* (Koehler/Jansen 1966) nicht entnehmen. Hierin fehlen einzig bei den Abteilungen „Abt. VII: Zivile Verteidigung" und der hier interessierenden Abteilung „Abt. VI: Öffentliche Sicherheit" genaue Sachgebietsbezeichnungen für Unterabteilungen bzw. Referate. Statt dessen werden nur Namen von Mitarbeitern der Abteilung aufgeführt. Dass dort allerdings gemeinsam mit den Namen die Beamtendienstränge bzw. Offiziersränge der beschäftigen Unterabteilungs- und Referatsleiter angegeben werden, lässt Rückschlüsse zu: Der auffallend hohe Anteil an Offizieren des Bundesgrenzschutzes (BGS) bestätigt die Aussage, dass die spätere „Abt BGS" der „Abt VI: Öffentliche Sicherheit" zunächst untergliedert war. Da einer der Unterabteilungsleiter der „Abt VI" im Range eines Brigadegenerals im BGS stand, ist allerdings anzunehmen, dass es sich damals nicht, wie im Schreiben des Ministeriums genannt, um ein Referat BGS, sondern um eine Unterabteilung BGS handelte (vgl. ebd.: 105).

Der Eintrag „Abt BGS Bundesgrenzschutz" im *Staatshandbuch Stand 1970*, der in der Ausgabe von 1966 noch nicht vorfindbar, bestätigt die Angabe aus dem Ministerium, dass es Ende der 1960er-Jahre zu einer Umorganisation gekommen sein muss, in deren Verlauf das Sachgebiet Bundesgrenzschutz der Abt. ÖS ausgegliedert wurde (vgl. Koehler/Jansen 1970: 110). Zugleich ist zu vermuten, dass es zeitgleich mit der Ausgliederung, d.h. Umorganisation zu einer Umbenennung kam.

Im Jahr 1967 kam es zur Umbenennung der „Abt VI: Öffentliche Sicherheit" in „Abt ÖS Öffentliche Sicherheit". Dieser Name wurde lt. Auskunft des Ministeriums von 1967 bis 1978 beibehalten (vgl. Brief BMI vom 25. Mai 2000). Im Jahr 1978 erfolgte, so ist daraus zu schließen, die Auflösung der „Abt ÖS Öffentliche Sicherheit" und zugleich die Gründung der „Abt IS Innere Sicherheit".[8]

Referatsebene

Die begriffliche Umstellung betraf wie erwähnt nicht nur den Abteilungsnamen, sondern erstreckte sich darüber hinaus bis auf Referatsebene. Dadurch wird das Untersuchungsterrain zwar nicht unübersichtlicher, aber umfangreicher – sind hier doch im Vergleich zu nur *einer* Abteilungsbezeichnung eines Untersuchungsjahres bis zu zehn Referate

---

8   Kombiniert man die Angaben aus dem BMI mit den Informationen aus den *Staatshandbüchern*, lässt sich die zeitliche Entwicklung auf Abteilungsebene mittels einer Abbildung veranschaulichen (siehe *Abbildung 9* im Anhang).

zu berücksichtigen, mit womöglich entsprechenden bezeichnungs- und aufgabenspezifischen Umstellungen im Binnenverhältnis der Abteilung.

Liefert das *Staatshandbuch Stand 1966* noch keine verwertbaren Angaben (wegen Fehlens der Bezeichnungen unterhalb der Abteilungsebene), stößt man im *Staatshandbuch Stand 1970* auf das Referat 9 der Abteilung Öffentliche Sicherheit mit der Aufgabenbeschreibung: „*Ref ÖS 9*: **Paß- u Personalausweisrecht, Notstandsmaßnahmen auf dem Gebiet der ö Sicherheit**" (Koehler/Jansen 1970: 112; Hervorh. i. Orig.).

Dem *Staatshandbuch Stand 1973* ist zu entnehmen, dass der Aufgabenkomplex um „SichtvermerksAngel" (Koehler/Jansen 1974: 126; Kurzform gedeutet als „Sichtvermerksangelegenheiten", TK) erweitert wurde und fortan vom Referat 5 (statt wie bisher 9) bearbeitet wird. Allerdings handelt es sich hierbei m.E. nicht um eine Aufgabenverlagerung von diesem zu jenem Referat, sondern um eine neue Nummerierung bestehender Referate. Was nicht zuletzt durch das Detail gestützt wird, dass auch der Referatsleiter („Hensel MinR") derselbe geblieben ist. Möglicher Grund für diesen Vorgang könnte gewesen sein, dass sich hier die Ausgliederung verschiedener Referate, die für die spätere Abteilung P Polizeiangelegenheiten vorgesehen sind, organisatorisch ankündigt, zumal sich in der – laut Schreiben des Ministeriums – 1978 gegründeten Abteilung P u.a. gerade jene Aufgabenkomplexe wiederfinden lassen, die infolge der Umgruppierung im *Staatshandbuch Stand 1973* noch als Referate 6 bis 10 geführt werden. Insofern ist der Vorgang lediglich als verwaltungstechnische Umstellung zu bewerten, welche die Referate entsprechend ihrer später geplanten Aufteilung auf die Abteilungen Innere Sicherheit (Ref ÖS 1 bis 5) bzw. Polizeiangelegenheiten (Ref ÖS 6 bis 10) ordnete. Diese Aufteilung ändert sich laut *Staatshandbuch Stand 1977* nicht entscheidend (mit „Ref ÖS 4: Waffen-u Sprengstoffrecht" wird ein weiteres Referat für die spätere Abt IS disponiert). Erneut ist eine Aufgabenerweiterung im Referat 5 zu beobachten: „*Ref ÖS 5*: **Paßrecht u Personalausweisrecht, Notstandsmaßnahmen auf dem Gebiet der öffentlichen Sicherheit, Mitwirkung beim Strafrecht u Strafverfahrensrecht**" (Schiffer 1977: 112; Hervorh. i. Orig.).

Bemerkenswerter ist allerdings die Veränderung im Referat 1. Im *Staatshandbuch Stand 1973* wurde das Referat 1 noch geführt als „*Ref ÖS 1*: **Staatsschutz**" (Koehler/Jansen 1974: 126; Hervorh. i. Orig.). Das *Staatshandbuch Stand 1977* gibt für das Referat jedoch folgende Bezeichnung an: „*Ref ÖS 1*: **Allg innerstaatliche u internationale Angel der öffentlichen Sicherheit**" (Schiffer 1977: 112; Hervorh. i. Orig., Abkürzung „Angel" gedeutet als „Angelegenheiten", TK). Auszuschließen ist, dass es sich hier um eine Veränderung im Sinne der o.g. Umgruppierungen handelt, da ein Referat „Staatsschutz" zu diesem Zeitpunkt an keiner anderen Stelle der Abteilung mehr auftaucht.[9] Als Erklärungsgründe bleiben entweder Auflösung und Neubildung eines Referates oder dessen Umbenennung. Dieser Frage soll hier jedoch nicht weiter nachgegangen werden. Entscheidend ist, dass nun (auch) das Referat 1 begrifflich Bezug auf Öffentliche Sicherheit nimmt. Dies zu einem Zeitpunkt, an dem die Umorganisation und Neubenennung der bisherigen Abt ÖS mit an Sicherheit grenzender Wahrscheinlichkeit bereits detailliert geplant und vorbereitet war. Denn laut dem eingangs zitierten Brief des BMI sollte es nur ein Jahr später (1978) zu der im vorangegangenen Abschnitt besprochenen Bildung der Abteilung IS Innere Sicherheit kommen. Der Begriff Innere Sicherheit wird im Jahr 1978 also erstmals zur Abteilungsbenennung herangezogen und die Abteilung ÖS Öffentliche Sicherheit aufgelöst. Wie angedeutet, gehen deren Referate als Referate bzw. Unterabteilungen in den neuen Abt IS und Abt P auf.

Auf Referatsebene der Abteilung Innere Sicherheit wird zeitgleich hingegen der Begriff Öffentliche Sicherheit verwendet, wie die Analyse des *Staatshandbuches Stand 1980* belegt. Für die Abteilung „Abt IS" wird angegeben: „*Ref IS 1*: **Allgemeine u grundsätzliche innerstaatliche u internationale Angelegenheiten der öffentlichen Sicherheit**" (Schiffer 1980: 114; Hervorh. i. Orig.). Dies ist auf den ersten Blick kein notwendiger Widerspruch. Schließlich kann es sich um eine bewußt differenzierte Verwendung beider Begriffe handeln. Dass dem jedoch nicht so ist, belegt wiederum die Umbenennung des Referates, die dem *Staatshandbuch Stand 1982* zu entnehmen ist und welche zeigt, dass hier der eine Begriff durch den anderen ersetzt wurde: „*Ref IS 1*: **Allgemeine u grundsätzliche innerstaatliche u internationale Angelegenheiten der inneren Sicherheit**" (Schiffer 1982: 116; Hervorh. i. Orig.). 1982 erfolgt also die begriffliche Umstellung auch auf Referatsebene,[10]

---

9 Da das *Staatshandbuch Stand 1977* (Schiffer 1977) keine Personennamen unterhalb der Abteilungs- bzw. Unterabteilungsleiterebene angibt, sind hier leider keine Rückschlüsse über den Umweg personeller Details zu ziehen. Dieser für die *Staatshandbücher* an sich untypische Umstand ist möglicherweise auf die innenpolitische Situation und die Einschätzung der Sicherheitsbehörden im Kontext der Aktivitäten der Rote Armee Fraktion im Jahr 1977 zurückzuführen. Es ist denkbar, dass der Verzicht auf Namensnennungen der Einschätzungen der Sicherheitsbehörden geschuldet war, da Namensnennungen Hinweise auf so genannte potenzielle Anschlagsziele, d.h. die Identität von Angehörigen des Sicherheitsapparates in leitenden Positionen hätten liefern können.

10 Auch hier – auf Referatsebene – kann die Entwicklung mittels einer Abbildung veranschaulicht werden (siehe *Abbildung 10* im Anhang).

gleichwohl erst vier Jahre *nach* Gründung der Abteilung Innere Sicherheit. Der Begriff Innere Sicherheit findet an dieser Stelle (Referat) bis einschließlich des letzten Jahres des Untersuchungszeitraumes (1997) Verwendung.

Erwähnenswert sind abschließend noch zwei Details, die die Jahre 1983 und 1994 betreffen. Ab dem *Staatshandbuch Stand 1983* wird das Referat 7 geführt: „*Ref IS 7*: **Analysen und geistig-politische Auseinandersetzung im Bereich der inneren Sicherheit** Dr Mensing MinR; Kurtz MinR" (Schiffer 1983: 123; Hervorh. i. Orig.). Nicht zuletzt aufgrund personeller Kontinuitäten („Kurtz MinR") ist zu vermuten, dass es sich hierbei um das vormalige und nun personell verstärkte „*Ref IS 7*: **Öffentlichkeitsarbeit gegen Terrorismus** Kurtz MinR" (Schiffer 1982: 116; Hervorh. i. Orig.) handelt. Interessant ist hier auch das Ersetzungsverhältnis des Terminus Terrorismus zu dem Innerer Sicherheit. Ein Indiz für die Geltung des so genannten Terrorismus als dem Leitfeindbild der ersten Phase des Sicherheitsdiskurses, welches im historischen Verlauf zugunsten des vageren Begriffes Innere Sicherheit etwas (weil nicht in allen Verwendungsfällen) in den Hintergrund treten konnte.

Das zweite Detail, aus dem Jahr 1994, betrifft noch einmal das „Ref IS 1". Dem *Staatshandbuch Stand 1994* lässt sich eine nochmalige Änderung der Referatsbezeichnung entnehmen, derzufolge auf den Zusatz „innerstaatliche und internationale" fortan verzichtet wird: „*Ref IS 1*: **Allgemeine und grundsätzliche Angelegenheiten der inneren Sicherheit**" (o.N. 1994: 146; Hervorh. i. Orig.). Die Analyse der Referatsebene trägt einen erheblichen Teil zu der Neubewertung der Aussagen des Briefes aus dem BMI bei. Diese erweisen sich als missverständlich. Sie sind wie folgt zu präzisieren: Aus den *Staatshandbüchern* geht eindeutig hervor, dass während der Zeit, in der die Abteilungsbezeichnung auf Öffentliche Sicherheit lautete (bis ca. 1978), keine der Unterabteilungen oder der Referate mit „IS" oder „Innere Sicherheit" bezeichnet wurden. Vielmehr ergibt die Analyse der Organisationsstruktur mittels der *Staatshandbücher*, dass – wenn überhaupt – der Begriff Öffentliche Sicherheit auch unterhalb der Abteilungsebene Verwendung fand. Die Aussage des Briefes, die „Abteilung VI ‚Öffentliche Sicherheit' [...] umfasste als Referate die heutigen Abteilungen ‚Innere Sicherheit' (IS), ‚Polizeiangelegenheiten' (P) sowie ‚Bundesgrenzschutz' (BGS)" (Brief BMI vom 25. Mai 2000), macht hingegen nur Sinn, wenn die dieser Aussage beigestellte Erklärung wie folgt ergänzt würde: „Hierbei waren [*ein Teil der Referate*] der [*späteren*] Abteilungen P und IS bis 1977 als Referate in die Abteilung ÖS eingebunden" (Brief BMI vom 25. Mai 2000; eingefügte Ergänzungen hervorgehoben, TK). Dass (und vor allem: welche) Referate der Abt ÖS in den Folgereferaten P und IS – teils unter Beibehaltung der alten Aufgabenbeschreibungen – aufgingen, konnte im Rahmen der hier geleisteten Detailanalyse gezeigt werden.

Aufgabengebiete bzw. Aufgabenkreis

Der terminologische Wechsel lässt sich auch auf Ebene der allgemeinen Definition des Aufgabenkreises bzw. der Aufgabengebiete des Bundesministeriums des Innern beobachten. In den *Staatshandbüchern* beginnen die Einträge zum BMI mit der Angabe der Postanschrift des Ministeriums gefolgt von der Aufzählung der Aufgabengebiete unter der Überschrift „Aufgabenkreis" (vgl. bspw. Koehler/Jansen 1974: 121; Schiffer 1977: 108; ders. 1987: 111). Das *Staatshandbuch Stand 1966* nennt unter acht Aufgabengebieten bereits an zweiter Stelle: „2. Verfassungsschutz, *öffentliche Sicherheit*, Bundesgrenzschutz" (Koehler/Jansen 1966: 99; Hervorh. TK). Diese Aufgabenbeschreibung findet sich nahezu identisch in jedem der hier recherchierten Handbücher bis zum Jahr 1987. Lediglich in den Jahren 1970 und 1983 kommt es zu Umformulierungen, welche die hier untersuchte Fragestellung allerdings nicht näher tangieren. Im *Staatshandbuch Stand 1970* wird der Aufzählung die Formulierung „die Angelegenheiten des" vorangestellt. Der Aufgabenbereich lautet nun: „2. die Angelegenheiten des Verfassungsschutzes, der öffentlichen Sicherheit, des Grenzschutzes" (Koehler/Jansen 1970: 107).

Das *Staatshandbuch Stand 1983* weist aus, dass der Aufgabenbereich um „die Angelegenheiten des Bundesgrenzschutzes" reduziert wurde. Letztere werden in dieser Ausgabe des *Staatshandbuches* als eigener Aufgabenbereich geführt (vgl. Schiffer 1983: 118). Für das Jahr 1987 liefert das *Staatshandbuch* erstmals den Zuständigkeitshinweis „3. Angelegenheiten der *inneren Sicherheit*" (Schiffer 1987: 111; Hervorh. TK). Dies ist ein bemerkenswertes Detail, da auf Abteilungsebene die begriffliche Umstellung bereits für das Jahr 1978 festgestellt werden konnte. Das heißt, die Reformulierung der Aufgabenbestimmung, statt für „Angelegenheiten [...] der öffentlichen Sicherheit" fortan für „Angelegenheiten der inneren Sicherheit" zuständig zu sein, erfolgte erst annähernd zehn Jahre später.[11] Allerdings scheint auch hier das Auftreten der Terminologie im Zusammenhang mit den zeitgleich erstmals formulierten „4. Polizeiangelegenheiten" zu stehen.

Es liegt nahe zu vermuten, dass die noch im *Staatshandbuch Stand 1982* genannten Aufgaben „2. die Angelegenheiten des Verfassungsschutzes und der öffentlichen Sicherheit" und „3. die Angelegenheiten

---

11 Siehe hierzu auch im Anhang die entsprechende *Abbildung 11*.

des Bundesgrenzschutzes" *gemeinsam* reformuliert wurden und im *Staatshandbuch Stand 1987* als Bereiche „3. Angelegenheiten der Inneren Sicherheit" und „4. Polizeiangelegenheiten" variiert auftauchen. Naheliegend nicht zuletzt deshalb, weil die „Angelegenheiten des Bundesgrenzschutzes" in Gestalt zweier Unterabteilungen der „Abteilung P Polizeiangelegenheiten" angegliedert sind (vgl. Schiffer 1983: 123).

Die Reformulierung vollzieht sich, wenn auch zeitversetzt, analog zur Reorganisation der „Abteilung ÖS" im Jahr 1978. Erneut zergliedert sich Öffentliche Sicherheit in Innere Sicherheit einerseits und Polizeiangelegenheiten andererseits (wenn man an die Aufteilung der Referate der Abt ÖS auf die neuen Abteilungen IS und P im Jahr 1978 denkt). Innere Sicherheit wird demnach verwaltungstechnisch über die Sachgebiete „Extremismus" und „politisch motivierte Kriminalität" inhaltlich gefüllt. „Polizeiangelegenheiten" bezieht sich auf so genannte gewöhnliche Verbrechensbekämpfung und Grenzschutzangelegenheiten. Dies wäre eine bemerkenswerte organisatorische Differenzierung, zumal sie in der politischen Alltagssprache des Sicherheitsdiskurses nicht mitvollzogen wird. Vielmehr werden alle genannten Bereiche unter der Überschrift Innere Sicherheit be- und verhandelt. Es ist um so bemerkenswerter, da die Akteure, die diese Gleichsetzung vornehmen, Politiker oder Vertreter eben jener Behörde sind, in der auf verwaltungsorganisatorischer Ebene just diese Differenzierung Gültigkeit besitzt.

Abschließend ist zu konstatieren: Auf Ebene der Abteilungsstruktur des BMI spielt der Begriff Öffentliche Sicherheit bis 1977/78 eine tragende Rolle. Zu diesem Zeitpunkt erfolgte die Umstellung auf Innere Sicherheit durch Reorganisation der „Abt ÖS". Darüber hinaus konnte ermittelt werden, dass die Begriffsverschiebung in drei Schritten stattfand. *Ende der 1970er-Jahre* (1978) durch vorgenannte Gründung der Abteilung IS, dann *Anfang der 1980er-Jahre* (1982) in Gestalt der spezifischen Umbenennung des „Ref IS 1". Schließlich *Ende der 1980er-Jahre* (1987) durch Reformulierung des Aufgabenkreises des BMI. Auf Ebene der Verwaltungsstruktur ist also nicht Anfang der 1970er-Jahre, sondern erst Ende der 1970er-Jahre eine Begriffskonjunktur zu beobachten. Zudem markiert dieser Zeitpunkt erst den *Beginn* der begrifflichen Umstellung. Zeitversetzt folgen dann die Referatsebene und die Bestimmung des Aufgabenkreis. Bis zum *Abschluss* dieses Prozesses vergehen also zehn Jahre.

Der Terminus Innere Sicherheit fand zwar vorher auch in der Behörde Verwendung, was nicht zuletzt das Jahr des Erscheinungsbeginns (1969) des vom Ministerium herausgegebenen Periodikums *Innere Sicherheit* belegt (vgl. Bundesminister des Innern 1969). Dieser Befund bestätigt zwar, dass Innere Sicherheit als Streitvokabel Ende der 1960er-, Anfang der 1970er-Jahre eine wachsende Rolle spielte, allerdings schlug sich dies *nicht* explizit in der Organisationsstruktur des BMI nieder. Die Divergenz der Verwendungsweise der beiden Begriffe resultiert nicht zuletzt aus der Unbestimmtheit des Begriffes. Die Aussagen sind hier auf die Einführung des Begriffes Innere Sicherheit bezogen. Interessant ist, dass die Abteilung P Polizeiangelegenheiten mit Verbrechensbekämpfung im Allgemeinen in Verbindung gebracht wird (gerade weil hier Referate zu OK, Rauschgift und Terrorismus existieren), hingegen die Abt IS eher verfassungsschutzorientiert zu sein scheint. Die Wahrnehmung, dass in der politischen Alltagsauseinandersetzung beide Gebiete immer in eins gesetzt werden, ist also auf Ebene der Ministeriumsstruktur nicht eindeutig nachzuvollziehen. Vielmehr erscheint es so, dass der „Reglereffekt" (je nachdem, was opportun erscheint, mal mehr *normale* Kriminalitätsbedrohung, mal mehr *politische*) direkt aus dem Bereich der Alltagsvermittlung herrührt. Mögliche Gründe hierfür: Der Alltagsdiskurs ist weniger streng geregelt als eine Fachdisziplin, Politik vermengt beide Bereiche in der Auseinandersetzung (Dramatisierungsabsicht). Hier wirkt sich das Schillernde des Begriffs Innere Sicherheit aus, er ist nicht eindeutig definiert, wird also mittels des Streites darum gefüllt.

Eine Erklärung für die Abweichung von der Wortkonjunktur Anfang der 1970er-Jahre mag darin liegen, dass der Bereich Politik eben nicht völlig in den Verwaltungsstrukturen aufgeht, d.h. von einem Beginn der Begriffsverwendung ab Anfang der 1970er-Jahre kann zwar gesprochen werden, jedoch ist zu präzisieren, dass sich dieser nur in Teilen des politischen Bereiches feststellen lässt. Entscheidende Teile folgten indes erst später. Grund hierfür mag eine gewisse Trägheit des politisch-administrativen Apparates sein, der nicht kurzfristig auf Wortkonjunkturen und -moden reagiert, sondern gewissermaßen erst, wenn sich ein Begriff *gesetzt* hat. Erst wesentlich später etablierte sich die Terminologie in diesem Kontext. Es lässt sich somit die These formulieren, dass die begrifflich-institutionelle Etablierung Innerer Sicherheit zeitlich in zwei Phasen erfolgte, zunächst Ende der 1960er-, Anfang der 1970er-Jahre als politischer Kampfbegriff[12] und endgültig, sozusagen in „verfe-

---

12 Siehe auch Schiller/Becker 1977: „Freilich handelt es sich [bei dem Begriff Innere Sicherheit; TK] nicht um einen Rechtsbegriff [...], sondern im wesentlichen um ein *politisches Schlagwort*, das allerdings eindeutig zur offiziellen politischen Terminologie geworden ist. Als politische Vokabel vermag der Ausdruck indessen zusätzliche Verunklarungsdienste zu leisten" (ebd.: 212; Hervorh. TK).

stigter Form", ab den späten 1970er-Jahren als geeignete Dienststellen-bezeichnung.

Almanach der Bundesregierung[13]

Der *Almanach der Bundesregierung* wird von seinen Herausgebern als „umfassendes Kompendium über alle Bereiche der Politik von A bis Z" (vgl. Presse- und Informationsamt der Bundesregierung 1993, Klappen-text) vorgestellt. Er bietet die Möglichkeit, „sich rasch über bestimmte Themen und Themenzusammenhänge zu informieren. Darüber hinaus enthält die Broschüre eine Überblick über Aufgaben und Arbeits-schwerpunkte der Bundesregierung" (ebd.). Es ist somit anzunehmen, dass auch über den hier zu untersuchenden Gegenstand Innere Sicher-heit informiert wird. Ein Blick in den *Almanach* des Jahres 1993/1994 bestätigt diese Annahme. Dort ist das Stichwort Innere Sicherheit im Register aufgeführt und verweist auf einen mehrseitigen Kurzbeitrag.

Der *Almanach* wird aufgrund der einleitend zitierten Selbstdeklara-tion und dem Ergebnis der Vorlektüre der Ausgabe 1993/1994 in die Untersuchung mit einbezogen. Das Vorgehen lehnt sich hinsichtlich des Erkenntnisinteresses an die vorangegangene Analyse des *Staatshandbu-ches* an. Der *Almanach* eignet sich aus drei Gründen: 1. Er wird vom Presse- und Informationsamt der Bundesregierung herausgegeben, d.h. *regierungsnah* erstellt. Somit ist ein regierungspolitischer Charakter der untersuchten Texte gewährleistet. Es braucht in diesem Fall nicht über organisatorische Aspekte (wie bspw. den Verwaltungsaufbau) auf Re-gierungspolitik rückgeschlossen werden. 2. Der *Almanach* hat Broschü-rencharakter. Der Anspruch, „ein kleines Handbuch zu sein" (Presse-und Informationsamt der Bundesregierung 1969: 3) bzw. das Ziel, durch „Stichworte und Übersichten [...] dem Benutzer das Verständnis der Absichten und Maßnahmen der Regierung [zu] erleichtern" (Presse- und Informationsamt der Bundesregierung 1973: 8), bedeutet zugleich, dass Einträge relativ kurz gehalten sind. Diese Kürze ist für die Untersuchung von Vorteil. Sie bedeutet Konzentration auf das Wesentliche – so wie es die Macher definieren. Das Medium ist also gerade deshalb vielverspre-chend, *weil* in einem Text, der relativ kurz gehalten werden muss, Schwerpunktsetzungen vorzunehmen sind. 3. Auch der *Almanach* ga-rantiert durch seine Erscheinungskontinuität eine solide Abdeckung des

---

13 Bis zur Ausgabe 1993/1994: *Bonner Almanach.*

Zeitintervalls und hierüber eine entsprechende Beobachtung von Veränderungen.[14]

Zu beobachten ist bei allen recherchierten Werken ein ähnlicher Aufbau. Eine daran orientierte Voranalyse lieferte Hinweise auf vier Stellen, die jeweils untersuchenswert erscheinen. Hierbei sind drei Stellen *inhaltlich* und eine Stelle *diskursformspezifisch* interessant. Es ist von Vorteil, dass der *Almanach* der Diskursform Buch zuzurechnen ist. Er lässt sich weiter eingrenzend als Sachbuch bezeichnen. Diskursformtypisch sind zumeist ein Inhaltsverzeichnis und ein Sach- oder Stichwortregister. Beides ist im *Almanach* vorzufinden. Das (Sachwort-)Register bzw. Stichwortverzeichnis verweist auf Kurzartikel zu den jeweiligen Worteinträgen. Auch wenn die Register sich diskursformtypisch am Ende der Bücher befinden, rangieren sie hinsichtlich des Erkenntnisinteresses an erster Stelle. Sie besitzen diese höhere Priorität, da hierüber zu erschließen ist, ob und seit wann Innere Sicherheit explizit als Schlagwort im *Almanach* Aufnahme fand/findet und was unter diesem Eintrag jeweils vermerkt ist. Diese erste Stelle (Register) verweist also, sofern ein Eintrag Öffentliche oder Innere Sicherheit vorhanden ist, auf eine zweite, an welcher der Begriff inhaltlich entfaltet wird. Alle Verwendungsweisen, die sich nicht auf das Register erstrecken, sondern auf die anderen Fundstellen, nenne ich *implizite* Verwendungen.

Der dritte Ort, an welchem dem möglichen Auftauchen der Kategorie Innere Sicherheit nachgespürt wird, resultiert aus dem Faktum, dass im *Almanach* immer auch Angaben zu den Bundesministerien, d.h. dort tätigen Personen und der Behörde zugeordneten Aufgaben zu finden sind. Jedes Ministerium wir vorgestellt. In gewisser Weise handelt es sich hierbei um stark gekürzte Varianten der aus den *Staatshandbüchern* bekannten Daten, angereichert um biographische Angaben zum jeweils amtierenden Bundesinnenminister. Bei der Untersuchung dieser Stelle liegt das Augenmerk auf der Aufzählung der Aufgaben bzw. Zuständigkeiten des Ministeriums, d.h. darauf, ab wann in diesem Kontext der Begriff Innere Sicherheit auftaucht. Jedoch soll hiermit nur gewährleistet werden eine Kontrollmöglichkeit wahrzunehmen, um die Ergebnisse aus der Untersuchung des *Staatshandbuches* abzusichern.

Der vierte angesprochene diskursformspezifische Ort ist das in jedem *Almanach* vorfindbare Vorwort. Hier werden Selbstpositionierun-

---

14 Für die Untersuchung konnten Ausgaben für die folgenden Jahre recherchiert werden: 1969, 1970, 1971, 1972, 1973, 1974, 1975, 1976, 1977, 1978/79, 1980/81, 1984/85, 1986/87, 1987/88, 1988/89 und 1993/94. In den Jahren 1982 bis 1983 und 1991 bis 1992 ist der *Almanach* laut Katalogauskunft der Stadt- und Universitätsbibliothek Frankfurt am Main nicht erschienen.

gen in Bezug auf die im *Almanach* enthaltenen Informationen vorgenommen. Diese Stelle wird bloß *en passant* berücksichtigt (wie bereits im einleitenden Teil dieses Untersuchungsabschnitts geschehen), um den (Eigen-)Anspruch der Publikation und die Selbstdeklarationen der Herausgeber zu berücksichtigen.

Die jeweiligen Ausgaben, d.h. die dortigen, eben vorgestellten Textstellen lassen sich entlang der folgenden Fragestellung untersuchen: Liefert auch die Untersuchung des Almanach ein Jahresdatum des erstmaligen Auftauchens des Begriffes Innere Sicherheit? Wenn ja, wie verhält es sich zu der bislang ermittelten Chronologie? Sofern Innere Sicherheit als Eintrag erst in späteren Ausgaben auftaucht, gibt es begriffliche Vorläufer in früheren Ausgaben (wie bspw. Öffentliche Sicherheit)? Was wird im Falle des Vorhandenseins eines Eintrages als Innere Sicherheit vorgestellt? Sind hier Veränderungen im zeitlichen Verlauf zu beobachten, d.h. inwieweit ändern sich die Texteinträge zu diesem Stichwort?[15]

Registerebene

Zur Verwendung bzw. zum Auftauchen der Begriffe Öffentliche und Innere Sicherheit lässt sich sagen, dass in den Ausgaben 1969 und 1970 weder Öffentliche noch Innere Sicherheit im Register des *Almanach* anzutreffen ist. Statt dessen findet der Eintrag „innerer Notstand" Verwendung. In den Ausgaben 1971 und 1972 wird auf keine der drei Kategorien im Register verwiesen. In den Ausgaben 1973, 1974 und 1975 taucht der Begriff „Sicherheitsprogramm" als Registereintrag auf. Erst ab 1976 (bis heute) wird Innere Sicherheit im Register geführt. Zwar ist der Begriff beispielsweise schon im *Almanach 1973* (Presse- und Informationsamt der Bundesregierung 1973: 36, 58 und 273) im Text zu entdecken, dort wird er jedoch nicht sonderlich exponiert. Auf indexikalischer Ebene, d.h. als Stich- oder Verweiswort spielt er jedenfalls keine Rolle.

Kapitelebene

Hier muss bezüglich der im Almanach vorfindbaren Texte, welche die Registereinträge inhaltlich entfalten, insbesondere auf die Ausgabe 1984/85 hingewiesen werden. Mit dieser Ausgabe kam es zu einer merklichen Steigerung des Seitenumfangs des Textbeitrages zu Innerer Sicherheit, die in erster Linie auf die Zusammenlegung mit dem bis da-

---

15 Siehe zur Veranschaulichung der zeitlichen Begriffsentwicklung hinsichtlich der Jahrgangsbände des Almanach auch die *Abbildung 12* im Anhang.

hin an anderer Stelle befindlichen Text zum Eintrag „Bundesamt für Verfassungsschutz (BfV)" zurückzuführen ist. Durch die Subsumtion des Eintrages zum BfV unter dem Eintrag Innere Sicherheit kam es zu einer verstärkten Politisierung, d.h. zu Beschreibung der Bedrohungskonstruktionen unter Rückgriff auf die links-rechts-Skala. Der Texteintrag zu Innere Sicherheit wurde mit diesem Bezug m.E. zunehmend durch das mit dem BfV verbundene Konzept „streitbare Demokratie" dominiert.

Verweisebene

Am Ende eines jeden Textbeitrages finden sich weitere Begriffsverweise. Hier kam es zunächst zum Weiterverweis auf den Eintrag „Polizei". Dieser Begriff wurde in späteren Ausgaben ausdifferenziert, die Verweismenge wurde insgesamt umfangreicher. Über den gesamten Untersuchungszeitraum hinweg kam es teils zu diskontinuierlichen Verweisen, zugleich kristallisierten sich aber auch einige relativ regelmäßig anzutreffende Kategorien heraus („Polizeiangelegenheiten", „Verbrechensbekämpfung"). Ohne diese Begriffe auf ihre entsprechende inhaltliche Füllung hin zu untersuchen, bleibt dennoch zu bemerken, dass sie den Begriff Innere Sicherheit inhaltlich weiten bzw. unbestimmt lassen.

Gegen Ende des Untersuchungsintervalls (ab Ausgabe 1987/88) tauchen zudem vermehrt Verweise auf „Ausländer- und Asylpolitik" auf, die über die bisherige Thematisierung in Gestalt des „Ausländerextremismus" noch hinaus weisen und Ausländer und Asylbewerber als ein pauschales Problem oder gar eine Gefährdung Innerer Sicherheit erscheinen lassen. Und zwar ohne den Zusatz „extremistisch", d.h. hier wird allein durch die Tatsache ihrer Anwesenheit ein Problemstatus begründet.

Zuständigkeitsebene

In dem jeweiligen Kapitel, welches die Struktur und die Aufgaben unter anderem auch des Bundesministerium des Innern beschreibt, wird mit der Ausgabe 1971 der Zuständigkeitsbereich von „Öffentliche Sicherheit und Ordnung" in „Öffentliche Sicherheit" umbenannt. Diese Bezeichnung wird bis zur Ausgabe 1978/79 beibehalten. Erst ab diesem Jahr wird auf Zuständigkeitsebene des BMI im *Almanach* von Innerer Sicherheit gesprochen. Generell ist über den gesamten Zeitraum eine zunehmende *Politisierung* der Bedrohungskonstruktionen zu beobachten. Die Thematisierung Innerer Sicherheit schloss zu Beginn auch das so genannte gewöhnliche Verbrechen mit ein.[16] Im Zuge der beschriebenen Entwicklung, in der Innere Sicherheit unter dem Verdikt „streitbarer Demokratie" – nicht zuletzt durch die thematische Zusammenlegung mit der Passage zum BfV – mehr und mehr politisch aufgeladen wurde, kam es dazu, dass jenes so genannte gewöhnliche Verbrechen fortan in den eigenständigen Themenbereichen „Polizeiangelegenheiten" bzw. „Verbrechensbekämpfung" angesiedelt wurde. Es handelt sich hierbei um eine Differenzierung, die durch Äußerungen auch von Politikern und Experten kontrastiert wird, die in öffentlichen Reden diese Unterscheidung aufheben, wenn explizit darauf hingewiesen wird, dass Innere Sicherheit besonders durch gewöhnliches Verbrechen bedroht sei bzw. durch Verbrechensbekämpfung hergestellt würde.

Parlamentsspiegel Jahresregister

Im Folgenden ist beabsichtigt, den besagten terminologischen Wechsel vom Begriff Öffentliche Sicherheit zum Begriff Innere Sicherheit im politisch-administrativen Sprachgebrauch am Beispiel der *Dokumentation – Parlamentsspiegel – Jahresregister* aus den Jahren 1954[17] bis 1994/95[18] zurückzuverfolgen. Insbesondere geht es um die Frage, ob diese Rekonstruktion die bisherigen Ergebnisse bestätigen kann. Nicht zuletzt hinsichtlich der aus den bisherigen Untersuchungen abgeleiteten These der Zweistufigkeit der begrifflichen Konjunktur Innerer Sicherheit. Darüber hinaus erweitert die Untersuchung des Mediums die Untersuchungsperspektive. Beim *Parlamentsspiegel* rücken zugleich die

---

16 „Schutz des einzelnen vor dem Verbrechen, aber auch [...]Schutz der Einrichtungen des Staates und seiner demokratischen Grundordnung" (Presse- und Informationsamt der Bundesregierung 1973: 273).

17 Obschon das Jahr 1972 den Beginn des Untersuchungsintervalls markiert, wird auch auf Ausgaben des *Parlamentsspiegel* aus den Jahren davor zurückgegriffen, um zu berücksichtigen, ob und inwieweit die fraglichen Kategorien vor 1972 verwendet wurden bzw. um auszuschließen, dass sie vorher auftauchen. Die These ist schließlich, dass die Konjunktur des Begriffes Innere Sicherheit auf den Beginn der 1970-er Jahre zu datieren ist.

18 Die Untersuchung schließt mit dem *Parlamentsspiegel* Jahrgang 37/38 für die Jahre 1994/1995, da mit diesem Band das Erscheinen der gedruckten und buchgebundenen Jahresregister aus Kostengründen eingestellt wurde. Die Dokumentation *Parlamentsspiegel* ist weiterhin als CD-ROM und über das Internet verfügbar (www.parlamentsspiegel.de). Allerdings eignen sich diese Medien nicht für eine Analyse im Sinne der vorgestellten, da die Begriffsverweisungen und -verknüpfungen aufgrund der medienspezifischen, softwaregesteuerten Frage- und Suchmasken nicht – wie aus der Buchform bekannt – vorliegen bzw. nicht ersichtlich sind.

Dokumente, auf die das Jahresregister verweist in den Fokus der Beobachtung. Nicht bloß das Auftauchen des Begriffs auf indexikalischer Ebene, sondern zugleich seine Verwendung im Titel (beim Betiteln) von Parlamentaria/Legalia lässt sich hier im Ansatz erkennen und bewerten. Zunächst werde ich kurz auf den Charakter des zu untersuchenden Mediums eingehen. Unter Bezugnahme auf die Arbeit *Parlament und Information. Die Geschichte der Parlamentsdokumentation in Deutschland* (Schröder 1998) sind sowohl der Erkenntniswert als auch die Aussagegrenzen des Indikators Parlamentsdokumentation auszuloten. Daran anschließend wird die Untersuchung näher bestimmt und vorgestellt, gefolgt von der konkreten Analyse der ausgewählten Register. Abschließend werden die Ergebnisse resümiert und bewertet.

Die Termini Öffentliche bzw. Innere Sicherheit lassen sich – bezogen auf ihren Entstehungs- oder doch zumindest ursprünglichen Verwendungskontext – maßgeblich dem Bereich Politik zuordnen. Um so mehr erscheint es deshalb aufschlussreich, zu untersuchen, seit wann beide Begriffe jeweils in diesem Bereich anzutreffen sind. Zugleich ist von Interesse, *wie* sie verwendet werden: Es ist zu bestimmen, ob und – wenn ja – ab wann welcher der beiden Ausdrücke den anderen ablöste bzw. inwieweit und seit wann sie synonym verwendet wurden/werden. Zu berücksichtigen wäre auch hier das Verweisungsverhältnis. Ab wann kehrt sich die Verweisung von Öffentlicher auf Innere Sicherheit bzw. von Innerer auf Öffentliche Sicherheit um und indiziert somit die Ablösung des einen Begriffes durch den anderen (als dem fortan geläufigeren von beiden).

Zwar bezogen sich die Untersuchungen des *Staatshandbuches* und des *Almanachs* auch auf den Bereich Politik. Jedoch auf bestimmte Ausschnitte desselben. Ging es im ersten Teil um die Struktur der politischen Verwaltung der Behörde Bundesinnenministerium, stand im zweiten Teil Innere Sicherheit als Element von Regierungspolitik in Gestalt der öffentlichen (Selbst-)Darstellung der Bundesregierung im Zentrum der Analyse. Nun ist beabsichtigt, den bekannten Fragestellungen nachzugehen, in dem die Perspektive über spezifische Verwaltungsentwicklungen und Regierungspolitik hinaus geweitet wird. Hierzu ist es erforderlich, über einen Indikator zu verfügen, der zentrale begriffliche Kategorien des Bereichs Politik aufgreift und dokumentiert. Will man solchen Feinheiten des Sprachgebrauches im Bereich Politik, d.h. der politischen Rede nachspüren, bedarf es also einer *Aggregatsform*, welche jene Rede untersuchbar macht, d.h. es bedarf eines dokumentierenden Mediums. Da es sich um eine Untersuchung über einen Zeitraum von über fünfundzwanzig Jahren handelt, muss es sich des weiteren um ein kontinuierlich dokumentierendes Medium handeln.

Gleichzeitig geht es hier mitnichten um jedwede Äußerung, die sich selbst als irgendwie politisch versteht oder so verstanden werden möchte. Es geht im engeren Sinne um die Rede im politisch-institutionellen Bereich. Die politische Rede im engeren hat ihren institutionellen Ort in Gestalt des Parlamentes, was nicht zuletzt ein Blick ins etymologische Wörterbuch bekräftigt: Zum französischen *parler* (sprechen, reden) gehört die Bildung *parlement* (Gespräch, Unterhaltung, Erörterung) (vgl. Drosdowski 1989: 510). In der Bundesrepublik sind das konkret die Parlamente auf Länder- und Bundesebene. Hier präzisiert oder besser: Differenziert sich Politik gar entsprechend den Parteizugehörigkeiten aus, wird die politische Rede *partei*politische Rede. Die politische Rede im Zusammenhang mit Parlamentsarbeit (gleich ob Regierungs- oder Oppositionsarbeit) ist darüber hinaus institutionell detailliert geregelt und bestimmt. Beispielsweise wird in den Plenarsitzungen des Deutschen Bundestages zwischen „großen Debatten", wie z.b. den alljährlichen Debatten bei der Einbringung und Verabschiedung des Bundeshaushaltes und „Kurzdebatten", „Aktuellen Stunden", „Befragungen der Bundesregierung", „Kurzinterventionen", „Geschäftsordnungsanträgen", „Erklärungen zur Aussprache", „Erklärungen zur Abstimmung" oder „Erklärungen außerhalb der Tagesordnung" (Schick/Zeh 1999: 50 ff.) unterschieden.

Die Parlamentstätigkeit umfasst aber darüber hinaus auch Materialien, die nicht in Redeform vorliegen: Gesetzesvorlagen, verabschiedete Gesetze etc. Zu den Texten der Parlamentsdebatten kommen also noch die diesen zugrunde liegenden Beratungsgrundlagen bzw. -ergebnisse und Verabschiedungen. Diese haben einen amtlichen Charakter und werden zumeist von den Parlamentsverwaltungen offiziell verlegt und gedruckt (vgl. Schröder 1998: 24) Da es ungemein aufwendig wäre, alle oder einen Großteil der Debattenbeiträge, der Gesetzesblätter und stenographischen Berichte, der Drucksachen sowohl auf Landes- als auch auf Bundesebene aus den Jahren 1972 bis 1998 *en détail* zu untersuchen, wird die Analyse *mittelbar* vollzogen.

Vorausgesetzt wird zunächst die an anderer Stelle bereits thematisierte Auffassung, dass der Begriff Innere Sicherheit ein *politischer* „Kampfbegriff" ist, welcher insbesondere in parteipolitischen Auseinandersetzungen bevorzugt Verwendung findet, im Sinne eines Politikfeldes, auf dem Parteien jedweder Couleur sich zu profilieren suchen. Folglich konzentriert sich dieser Untersuchungsabschnitt also auf Rede- bzw. Arbeitsdokumentation im Sinne von Parlamentsdokumentation. Es erscheint vielversprechend hierzu auf die Parlamentsdokumentation *Parlamentsspiegel* zurückzugreifen, zumal diese über eine lange Dokumentationskontinuität verfügt – sie erscheint seit 1964 (in Nachfolge des so genannten *IPA-Parlamentsspiegels*, der bereits seit dem Jahr 1957 erschien) – und zugleich ob ihrer Vollständigkeit und wissenschaftlichen Genauigkeit gelobt wird (vgl. Schröder 1998: 115 ff.).

Das Jahresregister *Parlamentsspiegel* ist laut eigenem, vollständigen Titel eine

„Dokumentation über die Arbeit des Europäischen Parlaments, der Beratenden Versammlung des Europarates, der Versammlung der Westeuropäischen Union, der Bundes- und Landesparlamente der Bundesrepublik Deutschland und über die Gesetz- und Verordnungsblätter der Europäischen Gemeinschaften, der Bundesrepublik Deutschland und der Länder" (Landtag Nordrhein-Westfalen 1972: 1).

Es ist lexikographisch aufgebaut, d.h. liefert in alphabetischer Reihenfolge Schlagwörter, denen jeweils Wort-zu-Wort-Verweisungen (zu anderen Schlagwörtern) und/oder Dokumentverweisungen zugeordnet sind, mit dem Ziel, Parlamentaria und Legalia thematisch recherchierbar zu machen. Seine Entstehung legitimierte sich über das Ende der 1950er-Jahre artikulierte Bedürfnis bzw. Interesse von Bundestagsabgeordneten nach informationeller Übersicht über die Bundestagsarbeit und die thematisch vergleichbare Arbeit in den Landtagen. Im Zuge dieses Bedürfnisses erschien der *Parlamentsspiegel* erstmalig 1957. Er wurde von der so genannten Interparlamentarischen Arbeitsgruppe (IPA) veröffentlicht, einer fraktionsübergreifenden Arbeitsgemeinschaft von Bundestagsabgeordneten und erschien zunächst als wöchentliche wissenschaftliche Fachbibliographie (vgl. Schröder 1998: 115 f.). Auf weitere Hintergründe und historische Details der Entstehung des *Parlamentsspiegel* soll hier nicht weiter eingegangen werden, da sie für das in diesem Teil motivierende Erkenntnisinteresse nicht weiter relevant erscheinen.[19]

„Der parlamentarische Informationsbedarf erstreckt sich auf: Information über die lokale Parlamentsarbeit; Information über die Parlamentsarbeit auf Länder-, Bundes- und Europaebene; Sach- und Fachwissen; Öffentliche Meinung und Presseberichte; Informationen über die Absichten der Regierung" (Schröder 1998: 11).

Der Informationsbedarf hinsichtlich der Parlamentsarbeit und -tätigkeit macht eine Aufbereitung der oben angesprochenen zahlreichen Materialien erforderlich. Hier geht es im wesentlichen darum, dass „Information […] inhaltlich erschlossen werden [muss]" (ebd.: 16), worunter Doku-

---

19 Zur Geschichte vgl. Schröder 1998: 115 ff.

mentation zu verstehen ist. Diese Sicht resultiert aus dem Doppelcharakter des Begriffs „Dokumentation": Dieser „meint einmal ganz allgemein ‚etwas schriftlich niederlegen' und zum anderen die Inhaltserschließung von Dokumenten" (ebd.: 7).

Bei den „Informationen", die inhaltlich zu erschließen sind, handelt es sich, legt man die *Dokumentation Parlamentsspiegel* zugrunde, um alle Parlamentaria und Legalia eines jeweiligen Berichtszeitraumes. So enthält zum Beispiel der 14. Jahrgang des Jahresregisters der Zentraldokumentation *Parlamentsspiegel*

„die inhaltliche Erschließung aller vom 1. 1. bis zum 31. 12. 1971 [...] eingegangenen Drucksachen, Plenarprotokolle und Gesetzesblätter. Die Jahresregister sind folglich im Kern der Fundstellennachweis aller Drucksachen, Plenarprotokolle und Gesetzesblätter, die in einem Kalenderjahr veröffentlicht wurden" (Landtag Nordrhein-Westfalen 1972: X).

Register, Schlagwort, Verweisung

Register gelten als klassische, diskursformspezifische Instrumente der Inhaltserschließung. Sie sollen dem schnellen Finden von Informationen dienen. Dies gilt auch für die bereits untersuchten Stichwort-Register des *Almanach*. Womit die Gemeinsamkeiten aber auch erschöpft sein dürften. Das im Folgenden untersuchte Jahresregister ist wesentlich komplexer, wird sensibler gehandhabt und ist insofern weit höher geregelt, wenn es um Aufnahme und gar Löschung von Einträgen oder der Verweisung solcher Einträge untereinander geht. Hinzu kommt, das im Gegensatz zum Register des *Almanachs*, das Jahresregister nicht auf einen dem Verweis zugehörigen längeren Texteintrag verweist, der den Begriff inhaltlich entfaltet. Verwiesen wird auf andere Begriffe und am Ende auf eine Art Signatur, mittels derer ein hierüber klassifiziertes Dokument ausgewiesen wird – und welches dann beschafft werden kann. Der Begriff „Register", der sich in Deutschland generell durchgesetzt hat, ist – in Bezug auf das zu untersuchende Jahresregister des *Parlamentsspiegel* – allerdings irreführend (vgl. Schröder 1998: 29). „Für systematisch aufgebaute Register, die mit Ober- und Unterbegriffen, Verweisen und Synonymen arbeiten, ist der Begriff eine Untertreibung. Vielmehr wäre hier der Begriff Index angebracht" (ebd.). Der Begriff Dokumentation ist als übergeordnete Bezeichnung zum Begriff Index aufzufassen. „Dokumentation" beinhaltet deshalb auch Tätigkeiten und Methoden, „die im Umfeld der Erschließung von Dokumenten vorkommen, etwa Klassifikationssysteme, Thesauri und Abstraktbildung" (ebd.: 31).

„Der Begriff ‚Register' bezeichnet eigentlich nur ein geordnetes Verzeichnis wie z.b. das ‚Krebsregister der Bundesrepublik Deutschland', welches alle Namen von krebskranken Personen in alphabetischer Ordnung enthalten soll. Im Unterschied zum Register enthält der Index zu den Begriffen auch ein Ordnungssystem und Beziehungsgeflecht" (ebd.).

Diese Ordnungen und Beziehungen werden *eingeführt*. So wird der Begriff Innere Sicherheit als Schlagwort nicht notwendigerweise deshalb ab einem bestimmten Zeitpunkt geführt, weil er in einem Dokument Erwähnung findet, sondern weil dieses Dokument im Rahmen seiner inhaltlichen Erschließung einem Themenkreis Innere Sicherheit *zugeordnet* wird. Es handelt sich in diesem Fall nicht um eine bloß formale Erschließung, sondern um eine inhaltliche Auswertung einer Debatte/Drucksache. Diese Erfassung vollzieht sich in vier Schritten, die verdeutlichen, inwieweit die Verwendung eines Registereintrages gewissermaßen auch eine gesellschaftspolitische Bewertung kundtut:

„Zuerst muß das **Thema genau erfaßt** werden. Im philosophischen Sinn muß man hierbei bereits ein Bewußtsein der Ungenauigkeit und Relativität der Begriffe haben. Auf der zweiten Ebene wird der **Begriff für das Thema**, den Gegenstand, gewählt. Entsprechend dem System der inhaltlichen Erfassung wird auf der dritten Ebene die Benennung, die **Bezeichnung für den Begriff** gewählt. Ein weiteres Element der Unschärfe kommt auf der vierten Ebene hinzu: der Dokumentar, der die inhaltliche Erschließung vornimmt, ist ein Mensch mit Meinungen, Urteilen und Vorurteilen, Wissen und Nichtwissen. Auch wenn er sich der ‚Anstrengung des Begriffs' stellt, kommt doch immer ein **subjektives Bewertungselement** hinzu" (ebd.: 142 f.; Hervorh. i. Orig.).

Was nun nicht zu der Annahme verleiten sollte, die Aussagekraft, der aus der Untersuchung der Jahresregister abgeleiteten Erkenntnisse, in Frage zu stellen, als vielmehr den (be-)wertenden Charakter des Periodikums zu erkennen. Die Dokumentation *Parlamentsspiegel* ist in ihrer Erstellung und Verwendung eng dem politisch-institutionellen Bereich verbunden, ja Teil von selbigem und kann somit hinsichtlich der Fragen zur Begriffsgeschichte hilfreiche Antworten liefern. Die

„‚Zentraldokumentation Parlamentsspiegel' am Düsseldorfer Landtag [ist] das am besten geeignete Instrument, die deutschen Parlamentaria zu erschließen und übersichtlich darzustellen und so den Umgang mit diesen Materialien in Wissenschaft und Öffentlichkeit zu fördern" (ebd.: 126).

In gewisser Weise ist es unerheblich, ob einer der Begriffe des Registers nun dessen tatsächliche Verwendung in einem Dokument bezeichnet oder ein übergreifendes Schlagwort, welchem ein Debattentext zugeordnet ist. Ich bediene mich der Jahresregister, insofern sie Begriffskonjunkturen und Verwendungsweisen *indizieren*. So verstanden sind die Jahresregister Indizes im doppelten Sinne: Sie indizieren, laut Selbstdeklaration, Dokumente mittels aufbereitetem Informationsgehalt. Zugleich indizieren sie eine amtlich-institutionelle Verwendung der fraglichen Begriffe im Bereich Politik. Dokumentation, verstanden als inhaltliche Erschließung, verweist also darauf, ab wann der Begriff *offiziell* wurde, d.h. für wert oder wichtig befunden wurde, als Schlagwort oder Synonym, bzw. allgemeiner: als Registereintrag geführt zu werden. Somit ist davon auszugehen, dass das Jahresregister *Parlamentsspiegel* unabhängig davon, welcher Einschätzung man im Detail zuneigt, „als dokumentarische Publikation, die zeitbedingte Terminologie der politischen Diskussion" für den jeweiligen Zeitraum[20] wiedergibt[21] (vgl. ebd.: 7).

---

20 Vor Beginn der Untersuchung ist noch auf ein Detail zurückzukommen, welches auch bereits aus der Untersuchung des *Almanachs* bekannt ist. Wie verhält sich das Erscheinungsjahr des untersuchten Mediums zu dem Jahr der Verwendung des Begriffes, auf das in der Untersuchung ja eigentlich abgezielt wird? Dieses Problem betrifft in erster Linie die Ausgaben des *Parlamentsspiegel* bis einschließlich zum 13. Jahrgang. Die in diesem Intervall verwendeten Jahreszahlen entsprechen nicht unbedingt dem Erscheinungsjahr eines *Parlamentsspiegels*. Dies ist darauf zurückzuführen, dass sich der Berichtszeitraum bis zum Jahrgang 12 am Arbeitsrhythmus der Parlamente orientierte. Hierbei markierten die großen Parlamentsferien in der Mitte des Jahres einen Einschnitt, der den Anfang bzw. das Ende eines Berichtszeitraumes markierte. So kam es dazu, dass zum Beispiel der 3. Jahrgang „über die Tätigkeit des Deutschen Bundestages, der Länderparlamente und des Europäischen Parlaments sowie über entsprechende Verkündungen in den Gesetz- und Verordnungsblättern *von September 1959 bis September 1960*" berichtete (vgl. Interparlamentarische Arbeitsgemeinschaft 1960: Vorwort; Hervorh. TK). Dieser jahresübergreifende Zeitabschnitt variierte in den Folgejahren zwar – dem 1966 herausgegebenen *Parlamentsspiegel* liegt beispielsweise der Zeitraum vom 17. Juli 1965 bis 15. Juli 1966 zugrunde (Landtag Nordrhein-Westfalen 1966: 1) –, doch erst mit dem 13. Jahrgang erfolgte eine maßgebliche Umstellung: „Der Berichtszeitraum des Parlamentsspiegel, der bisher den Arbeitsrhythmus eines Jahres mit Beginn der großen Parlamentsferien – etwa 15. Juli – umfaßte, wurde durch Beschluß der Konferenz der Parlamentsdirektoren vom 11. 6. 1970 aus einer Reihe von Gründen auf das Kalenderjahr umgestellt. Gleichzeitig wurde beschlossen, den 13. Jahrgang diesem neuen Publikationsintervall anzupassen und auf 1 ½ Jahre zu verlängern. Der 13. Jg. umfaßt demnach den Zeitraum vom 19. Juli 1969 bis 31. Dezember 1970" (Landtag Nordrhein-Westfalen 1971: VII). Eindeutig ist die Jahresangabe also im Grunde ab dem Jahrgang 14. Für den 13. Jahrgang, der 1971 erschien und der den Dokumentationszeitraum vom 19. Juli 1969 bis 31. Dezember 1970 abdeckt, ist in der Über-

Die daraus abzuleitenden Fragen lauten: Ab wann tauchen die Begriffe Öffentliche und Innere Sicherheit im Jahresregister der Dokumentation *Parlamentsspiegel* auf? Welches Ordnungssystem und Beziehungsgeflecht bestand, sofern deren gemeinsames Auftauchen in einem Jahresregister zu beobachten ist? Sind diesbezüglich im Verlauf Veränderungen und/oder Verschiebungen zu beobachten? Wie entwickelte sich zugleich die Quantität der unter einem jeweiligen Begriff verwiesenen Texte? Im Falle – und nur in diesem – das keiner der beiden Begriffe im *Parlamentsspiegel* auftaucht, wird noch geprüft, ob ein Registereintrag „Sicherheit" vorhanden ist, welcher möglicherweise einen der beiden Begriffe durch Nachsatz („Sicherheit, öffentliche" bzw. „Sicherheit, innere") bearbeitet.

---

sicht in *Abbildung 13* (siehe Anhang) die Jahresangabe 1969/1970 angesetzt. Die vorhergehenden Ausgaben werden in der Analyse zwar berücksichtigt, tauchen jedoch in der die Ergebnisse akzentuierenden Grafik nicht auf, wodurch zeitliche Unschärfen ausgeschlossen sind.

21 An dieser Stelle möchte ich kurz auf das Verhältnis des Jahresregister *Parlamentsspiegel* zum Parlamentsthesaurus *PARTHES* eingehen. Dies erscheint angebracht, da *PARTHES* ab 1976 auch für die Erstellung der gedruckten Register des *Parlamentsspiegels* verwendet wird und Aussagen zum Verweisungsverhältnis von Registereinträgen somit die Verweisordnung des Wortgutes von *PARTHES* betreffen. „Der Thesaurus ist eine Sammlung von Elementen und von Zuordnungen jeweiliger Elemente zueinander unter begrifflichen, sprachlichen oder funktionalen Aspekten" (Schröder 1998: 147). Die zu analysierenden gedruckten Jahresregister „bestehen aus Verweisen, die den Thesaurus betreffen, und aus Verweisen, die die Dokumente betreffen" (ebd.: 152). Laut Schröder betreffen die Zusätze „siehe", „siehe auch", „siehe unter" usw. den Bereich des Thesaurus (vgl. ebd.). Da die gegenseitigen Verweisungen der Einträge Öffentliche Sicherheit auf Innere Sicherheit (und umgekehrt) mittels dieser Zusätze Gegenstand der Untersuchung ist, ist das Ergebnis folglich auf den Thesaurus zu beziehen. Gleichwohl ist zu berücksichtigen, dass der Parlamentsthesaurus seinerseits, neben verschiedenen Wörterlisten aus dem Sach- und Sprechregister im Bundestag, auf eine Wörterliste mit ca. 20.000 Begriffen zurückgeht, „die bei der Arbeit der ‚Zentralredaktion Parlamentsspiegel' entstanden war" (ebd.: 146). Insofern ist der Erkenntniswert der Analyse unabhängig von der Frage, ob es sich um die gedruckten Register während der Nutzungsphase „Wörterliste der ‚Zentralredaktion Parlamentsspiegel'" oder *PARTHES*-gestützte Erschließung handelt. Beide repräsentier(t)en, nicht zuletzt durch die Überführung besagter Wörterliste in *PARTHES*, die parlamentarischen Dokumente von Bund und Ländern und ermöglichen so jeweils einen Weltausschnitt des parlamentarischen Geschehens (vgl. Schröder 1998: 145 f.; vgl. auch Hansis 1985: 10).

1957 bis 1970

Für diesen Zeitraum ist folgendes zu beobachten: Einträge, die auf Innere Sicherheit lauten, sind nicht auffindbar. Der Begriff Öffentliche Sicherheit ist unregelmäßig anzutreffen. Er taucht zudem in den Jahrgängen 1, 2 und 7 nur als Kompositum „Öffentliche Sicherheit und Ordnung" auf. Erst im Erscheinungsjahr 1965, d.h. ab dem 8. Jahrgang wird Öffentliche Sicherheit als eigenständiger Registereintrag geführt (im selben Jahrgang findet sich unter dem Buchstaben S umgekehrt der Eintrag „Sicherheit, öffentliche"). In den darauf folgenden Jahrgängen 9 bis 12 fehlt er wiederum. Ab dem 13. Jahrgang taucht der Begriff Öffentliche Sicherheit als eigenständiger erneut auf (und findet sich überdies seitdem kontinuierlich, d.h. ununterbrochen als Registereintrag im *Parlamentsspiegel*). Da in den Jahrgängen 3 bis 6 sowie 9 bis 12 Öffentliche Sicherheit weder als eigener Eintrag noch als Kompositum Öffentliche Sicherheit und Ordnung zu finden ist, wurden diese Jahrgänge auch auf das Vorhandensein eines Eintrages Sicherheit hin analysiert. Dieser taucht ab dem 3. Jahrgang fortlaufend (Ausnahme: Jahrgang 9) im *Parlamentsspiegel* auf. Hierbei findet er zum Teil in der Begriffskombination „Sicherheit und Ordnung" Verwendung (vgl. bspw. Interparlamentarische Arbeitsgemeinschaft 1961: LXXXV) oder er verweist in anderen Jahrgängen als Haupteintrag unter anderem auf Dokumente, die diese Kombination enthalten: „Sicherheits– und – Ordnungsgesetz NDS 2001, – gurte in Kraftfahrzeugen BU 1372, 4827"[22] (Interparlamentarische Arbeitsgemeinschaft 1963: LXXVII).

Zugleich lassen sich Jahrgänge finden, in denen keinerlei Kontextsetzungen im bisher beschriebenen Sinne vorgenommen wurden (Jge. 5, 10 bis 12), d.h. Zeiträume, in denen offensichtlich keine Dokumente vorlagen, die über diese inhaltlich-spezifische Auslegung des Grundbegriffes Sicherheit eindeutig kategorial zu erschließen waren und wo es zu Verwendungen in anderen Bedeutungskontexten kam, welche die Polysemie des Begriffes Sicherheit vor Augen führen: „**Sicherheit** > Kraftfahrzeugausrüstung • Westeuropa • Wehrpolitik" (Interparlamentarische Arbeitsgemeinschaft 1967: LXXVII; Hervorh. i. Orig.). An diesem Beispiel wird zweierlei deutlich: Zum einen, inwieweit Sicherheit häufig zur Verweisung auf Dokumente aus dem – auch bereits aus der Diskussion um lexikalische Definitionen des Begriffs Sicherheitspolitik bekannten – Bereich „Wehrpolitik", d.h. Äußerer Sicherheit verwendet wurde. Zum anderen handelt es sich bei der Verwendung im zitierten

---

22 Die Abkürzungen hinter den Einträgen verweisen auf Länderparlamente (hier „NDS" für Niedersachsen) bzw. auf den Bundestag („BU"), die nachfolgende Nummer auf die Dokumentennummer.

Jahrgang bloß um eine „siehe unter"-Verweisung, d.h. es gibt an dieser Stelle gar keine expliziten Nennungen verwiesener Dokumente. Der Nutzer ist vielmehr aufgefordert, unter den aufgezählten Verknüpfungsbegriffen nachzuschlagen. Der 13. Jahrgang (für den Zeitraum vom 19. Juli 1969 bis zum 31. Dezember 1970) führt schließlich wieder beide Begriffe. Zunächst wird unter dem Registereintrag Sicherheit weiterverwiesen: „**Sicherheit** > Öffentliche Sicherheit" (Interparlamentarische Arbeitsgemeinschaft 1971: 459; Hervorh. i. Orig.).

Unter Öffentliche Sicherheit gab es allerdings keine Dokumente, die für wert oder wichtig erachtet wurden, hier direkt verwiesen zu werden. Es kommt zur Weiterverweisung auf andere Registereinträge.[23] Allerdings verdeutlichen diese, inwieweit der Begriff Öffentliche Sicherheit hier bereits spezifisch gehandelt wird: „**Öffentliche Sicherheit** > Polizei • Polizeigesetz" (ebd.: 214; Hervorh. i. Orig.).

Es bleibt somit abschließend festzuhalten: Der Begriff Innere Sicherheit fand bis zum 13. Jahrgang, d.h. dem Erscheinungsjahr 1971 in der Publikation *Parlamentsspiegel* keine Verwendung. Öffentliche Sicherheit bzw. Sicherheit – in einem mit Ersterer zu assoziierenden Zusammenhang – tauchen zwar auf, allerdings diskontinuierlich. Im Falle, dass es dazu kommt, ist die Zahl der damit erschlossenen Dokumente als äußerst gering einzustufen.

1971 bis 1980

Mit dem 14. Jahrgang wird der Terminus Innere Sicherheit in das *Parlamentsspiegel – Jahresregister* eingeführt. Er findet indes lediglich als weiterverweisender Eintrag Verwendung – indem er auf Öffentliche Sicherheit verweist. Es handelt sich um eine einseitige Verweisung. Da unter Innere Sicherheit keine Texte indiziert werden – was, wie noch zu zeigen sein wird, nicht bedeutet, dass zu diesem Zeitpunkt keine Dokumente existieren, die den Begriff Innere Sicherheit enthielten – wäre ein Rückverweis auch unnötig. Diese Verwendung (als Eintrag zwar vorhanden, aber bloß um auf Öffentliche Sicherheit weiterzuverweisen) bleibt über das gesamte Intervall von 1971 bis 1980 unverändert: „**Innere Sicherheit** > Öffentliche Sicherheit" (Landtag Nordrhein-Westfalen 1972: 518; Hervorh. i. Orig.). Was lässt sich im Gegensatz dazu hin-

---

23 Es handelt sich hierbei um „engere, bedeutungsverwandte oder sachrelevante Begriffe" (Interparlamentarische Arbeitsgemeinschaft 1972: XII). Wobei deren Bedeutungsverwandtschaft oder Sachrelevanz nicht notwendigerweise aus dem Schlagwort, unter dem sie zu finden sind, hervorgehen. Vielmehr handelt es sich hier um Zuordnungsleistungen im Rahmen von Indexierungen, die darum bemüht sind, die parlamentarische Sprache möglichst weitgehend wiederzugeben.

sichtlich des Registereintrages Öffentliche Sicherheit für diesen Zeitraum beobachten? Auch dieser Begriff wird fortan kontinuierlich im *Parlamentsspiegel* geführt. Hier wird allerdings direkt auf Dokumente verwiesen. Zugleich finden sich immer auch Verweise auf weitere Registereinträge. Insbesondere auf „Polizei" „Polizeigesetze" und/oder die Kombinationsform „öffentliche Sicherheit und Ordnung". Dies bestätigt die Wahrnehmung, dass der Terminus Öffentliche Sicherheit im Kontext seiner juristischen Engführung – und hier gerade im Gegensatz zu Innere Sicherheit –, als „zentraler Begriff des Sicherheits- und Polizeirechts" diesem Themenkreis viel eindeutiger verpflichtet ist. Er fand/findet Verwendung in Rechtsnormen – was nicht heißt, verfassungsrechtlich unumstritten zu sein (vgl. Rupprecht 1995: 381). Eine Analyse der verwiesenen Dokumententitel fördert interessante Details zutage. So finden sich über die Jahre 1971 bis 1980 unter dem Eintrag Öffentliche Sicherheit regelmäßig Dokumente, die den Begriff Innere Sicherheit im Titel führen. Ist beispielsweise im ersten Jahr des Intervalls (1971) der Umfang der verwiesenen Dokumente noch relativ gering – er steigt in den Folgejahren allerdings eklatant an –, sind hier bereits zwei von drei Dokumenten auf Innere Sicherheit getitelt:

„Öffentliche Sicherheit > Polizei • Polizeigesetz. – VO zur Änd der GebührenO für Maßnahmen auf dem Gebiet der öffentlichen Sicherheit und Ordnung **HBG** – GVBI 1971 Nr. 16 S. 73 (VO vom 06. 04. 71) – Innere Sicherheit in SH (Anstieg der Kriminalität, Stat über Deliktsarten und Tätergruppen, aufgeteilt in Regionen des Landes, Aufklärungsquote, Ermittlungsverfahren bei den Staatsanwaltschaften, Jugendkriminalität) **SH** – GrAnfr SPD Drs 7/99 • PlPr 7/11 7/12 – Innere Sicherheit (Entwicklung der Kriminalität in Bund und Ländern von 1963 bis 1970, Ursachen, Aufklärungsquote, Gesetzesinitiativen zur wirksameren Verbrechensbekämpfung) **SH** – GrAnfr CDU und Antw Drs 7/120 • PlPr 7/11 7/12" (Landtag Nordrhein-Westfalen 1972: 762; Hervorh. i. Orig.).

Dieser Sachverhalt setzt sich, wie schon angedeutet, kontinuierlich fort (einzige Ausnahme: der 17. Jahrgang). Man kann sogar sagen, dass er sich im Lauf der Jahre intensivierte. Denn: Ab dem 15. Jahrgang nimmt sowohl der Umfang der verwiesenen Dokumente als auch der Anteil der Dokumente, welche auf Innere Sicherheit lauten, spürbar zu (vgl. bspw. Landtag Nordrhein-Westfalen 1976: 589 f.). Dieser Befund wirkt zumindest irritierend: Innere Sicherheit wird als Registereintrag aufgenommen, verweist aber lediglich auf den Oberbegriff Öffentliche Sicherheit, unter dem allerdings Dokumente vorherrschen, welche wiederum den Begriff Innere Sicherheit im Titel führen.

Der scheinbare Widerspruch löst sich auf, wenn man berücksichtigt, dass die thesauruspflegenden Dokumentare nicht kurzfristig und abrupt auf Begriffskonjunkturen und Wortmoden reagieren.[24] Innere Sicherheit etabliert sich als gängiger Terminus in der innenpolitischen Auseinandersetzung, hierauf reagiert der *Parlamentsspiegel* mit Nennung als Registereintrag. Jedoch wird der bis dato gängigere bzw. historisch gebräuchlichere Begriff Öffentliche Sicherheit weiterhin als der relevante, d.h. als der gültige erachtet. Schließlich kann es sich mit dem Aufkommen des Wortpaares Innere Sicherheit auch um ein Modewort handeln, auf das zu reagieren, indem der Begriff Öffentliche Sicherheit verabschiedet wird, verfrüht wäre.

Der Worteintrag Innere Sicherheit wird in der Zeit zwischen 1971 bis 1980 auf Dokumentationsebene, d.h. im *Parlamentsspiegel Jahresregister* (noch) nicht als Verweisungsziel, sondern zunächst nur als Verweisungsquelle anerkannt. Unter dem Eintrag Innere Sicherheit finden sich zudem außer dem Verweis keine erschlossenen Dokumente. Gleichzeitig bleibt festzuhalten, dass sich der Begriff Innere Sicherheit mit Beginn der 1970er-Jahre aber eindeutig und umfangreich in der

---

24 Folgendes ist in Erinnerung zu rufen: Grundlage für die Erstellung des *Parlamentsspiegel Jahresregister* ist seit 1976 der Thesaurus für Parlamentsmaterialien *PARTHES*. Der Thesaurus ist hinsichtlich seines Bestandes und den (Verweisungs-)Beziehungen seiner Elemente nicht statisch, sondern dynamisch: „Thesaurus-Elemente als Bestandteile der lebendigen Sprache treten nicht nur neu auf, sondern treten ab, werden abgelöst oder durch die Thesaurus-Redaktion als im Ansatz nicht zweckmäßig oder als fehlerhaft erkannt. Solchen Entwicklungen muß im Thesaurus entsprochen werden" (Hansis 1985: 48). Da der Parlamentsthesaurus keine „Weltbeschreibung des öffentlichen Lebens" bietet, sondern nur beansprucht, die parlamentarische „Inselwelt" abzubilden und ihren Zusammenhang untereinander nachzuweisen, gilt es, zu vermitteln zwischen ebenso ungleichmäßiger wie unvorhersehbarer parlamentarischer Themenstreuung einerseits und der Notwendigkeit, ein systematisches Gerüst, ein „Netz von Weltkoordinaten" zu enthalten, „damit auftauchende und absinkende Themen rasch und sicher geortet und vernetzt werden können, ohne ihre weitere Umgebung ständig zu erschüttern oder zu verzerren" (Belke 1982: 7). Das heißt, seine Einträge sind in Anwendungen eingebunden, können nicht einfach geändert werden. Hier interessiert freilich die Thesaurusverwendung *nur* hinsichtlich der Erstellung gedruckter Sachregister im Sinne des Jahresregister *Parlamentsspiegel*. Ein wichtiger Hinweis, denn die Verwendung und Funktion von *PARTHES* hinsichtlich EDV-gestützter Recherche ist wesentlich komplexer, das Beziehungsgeflecht reicher und spezieller. Vor diesem Hintergrund kann man nun festhalten, dass in Reaktion auf die Änderungen der parlamentarischen Sprache sowohl zu reagieren ist als auch Verweisungskontinuität über mehrere Jahrgänge hinweg gesichert sein muss.

parlamentarischen Praxis etabliert, was die Titel bzw. *abstracts* der unter dem Eintrag Öffentliche Sicherheit verwiesenen Dokumente belegen.

1981 bis 1994/95

Ab dem Jahr 1981 lautet der Eintrag im Jahresregister nicht mehr auf Öffentliche Sicherheit, sondern auf Öffentliche Sicherheit und Ordnung.[25] Die markantere Entwicklung, die zugleich den zeitlichen Beginn des Intervalls strukturiert, ist m.e. jedoch: Mit dem Jahr 1981 kehrt sich die Verweisungsrichtung im gedruckten *Parlamentsspiegel Jahresregister* um (vgl. Landtag Nordrhein-Westfalen 1982: 540, 798). Für die gesamte Dauer des Intervalls, d.h. bis zum Jahr 1994/95, dem Einstellungsdatum der gedruckten Version des Jahresregisters, ist nunmehr Öffentliche Sicherheit und Ordnung die Verweisungsquelle und Innere Sicherheit das Verweisungsziel. Dieser Befund ist um einige Details zu ergänzen, die entlang folgender Fragen vorgestellt werden: 1. Gibt es – jeweils – weitere Verweisungsziele? 2. Wie entwickelt sich der Umfang an Dokumentenverweisen? Und, daran anschließend: 3. Was ist in Bezug auf das Untersuchungsergebnis für die Jahre 1971-1980 (unter Öffentlicher Sicherheit werden auch Dokumente angegeben, die Innere Sicherheit im Titel führen) zu beobachten?

Zu 1: Der Wechsel der Verweisungsrichtung geht nicht mit einem gleichzeitigen generellen Wechsel in der Art der Verwendung beider Einträge einher. Ich rekapituliere knapp: In den Jahresregistern des vorangegangenen Intervalls tauchte Innere Sicherheit auf, einzig um auf Öffentliche Sicherheit zu verweisen. Dies trug vermutlich dem Sachverhalt Rechnung, dass der Terminus Innere Sicherheit in der innenpolitischen bzw. parlamentarischen Auseinandersetzung spürbar gestiegene Verwendung fand.

Ab 1981 ist es nun gerade *nicht* so, dass sich die Verweisungsrichtung umkehrt und der bisher verwiesene Bestand (Registerbegriffe und Dokumente) fortan pauschal unter Innere Sicherheit statt unter Öffentliche Sicherheit und Ordnung angegeben wird. Die Verweisungsrichtung kehrt sich zwar um, allerdings ist Innere Sicherheit nicht einziges Verweisungsziel der Verweisungsquelle Öffentliche Sicherheit und Ordnung.[26] Diese behält vielmehr spezifische Verweisungsziele bei: „Öf-

---

25 Ausnahme: Jahrgang 28; hier findet sich zusätzlich der Eintrag Öffentliche Sicherheit.

26 Ein weiterer interessanter Aspekt: Innere Sicherheit verweist u.a. ab dem Jahr 1981 (und nahezu durchgängig bis 1994/95) auf den Eintrag „Terrorismus". Ohne die Untersuchung um Nachforschungen zu diesem Eintrag erweitern zu wollen (etwa um die Frage, seit wann dieser Begriff im Jahresregister geführt wird o.ä.), erscheint mir dieses Detail deshalb erwäh-

fentliche Sicherheit und Ordnung s.a. Innere Sicherheit • Landesstraf-
und Verordnungsgesetz • Ordnungsbehörde" (Landtag Nordrhein-
Westfalen 1985: 401; Hervorh. i. Orig.).

Da es an dieser Stelle um das Verweisungsverhältnis beider Sicherheitsbegriffe zueinander geht, erwachsen hieraus aber keine Einschränkungen in der Aussagekraft des Befundes. Im Gegensatz zum vorhergehenden Intervall, in welchem Innere Sicherheit einzig auf Öffentliche
Sicherheit verwies und darüber hinaus keine zusätzlichen, spezifischen
Dokumente aufführte, verweist Öffentliche Sicherheit nun umgekehrt –
wie das letzte Zitat belegt – *zusätzlich* auf andere Registereinträge und
listet überdies spezifische Dokumente auf.

Zu 2: Es fällt auf, dass mit der begrifflichen Umstellung zugleich der
Umfang der unter Öffentliche Sicherheit und Ordnung verwiesenen Dokumente, sofern man diese Komposition als Nachfolgerin vom Eintrag
Öffentliche Sicherheit betrachtet, deutlich zurückgeht. Im Gegenzug
verweist Innere Sicherheit ab 1981 nicht nur *auch* auf spezifische Dokumente, sondern verfügt, im Verhältnis der Verweismengen beider Begriffe, im untersuchten Intervall auch über den eindeutig höheren Umfang.

Zu 3: Diese Umgewichtung ist vermutlich darauf zurückzuführen,
dass Dokumente, auf die bislang unter dem Eintrag Öffentliche Sicherheit verwiesen worden wäre, jetzt dem Registereintrag Innere Sicherheit
zugeschlagen werden. Hier kam es also gewissermaßen zu einer Be-
standsübernahme, allerdings nur spezifischer Dokumente. Diese Verwendungsweise wird einschließlich bis zum Jahresregister für das Jahr
1992 beibehalten (Ausnahme: 24. Jahrgang): Unter Öffentliche Sicherheit und Ordnung finden sich keine Dokumentenverweise mehr, die auf

---

nenswert, weil in der innenpolitischen Auseinandersetzung die Verknüpfung von Innerer Sicherheit und dem Feindbild des so genannten Terrorismus spätestens seit Mitte der 1970er-Jahre vorherrschte – wir nicht zuletzt zahlreiche der zitierten Einschätzungen belegen. Diese Beobachtung
bestätigt somit die schon geäußerte Annahme über die im Vergleich zur
übrigen Verwendung diskursformspezifisch verzögerte Reaktion des Mediums *Parlamentsspiegel – Jahresregister*, welches zwar, vermittels des
zugrunde gelegten PARlamentarischen THESaurus, eine „Spiegelung der
natürlichen Sprache" versichert: „PARTHES bemüht sich, die parlamentarische Sprache möglichst weitgehend wiederzugeben" (Belke 1982: 6).
Auf Wortgutveränderungen und die hohe Dynamik des parlamentarischen
Themenspektrums gilt es flexibel zu reagieren: „Häufiger Themenwechsel
führt zu raschem Wachstum wie zu raschem Altern vieler Einzelthemen.
Diese Dynamik erfordert einen o f f e n e n und b e w e g l i c h e n Thesaurus mit hohen update-Raten" (ebd.; Hervorh. i. Orig.). Diese Offenheit
wurde im Fall der untersuchten Begrifflichkeit anscheinend nur sehr zurückhaltend ausgeübt.

Innere Sicherheit lauten, d.h. die dieses Wortpaar in Text und Titel führen. Erst in den letzten beiden gedruckten Jahresregistern (für das Jahr 1993 und den Doppeljahresband 1994/95) kommt es diesbezüglich wieder zu einer undifferenzierten Verwendung.

Abschließend ist für den Zeitraum 1981-1994/95 festzuhalten, dass sich Innere Sicherheit mit Beginn des Intervalls als der gängigere Begriff durchgesetzt hat und im Verlauf zugleich eine thematisch ausdifferenzierte Verwendung beider Begriffe zu beobachten ist. Das Untersuchungsergebnis dieses Teils bestätigt die These, dass sich Innere Sicherheit als zentraler Begriff in zwei Schritten in der innenpolitischen Auseinandersetzung bzw. den politisch-institutionellen Strukturen der Bundesrepublik etablierte.

Im *Parlamentsspiegel Jahresregister* taucht der Begriff Öffentliche Sicherheit als Registereintrag in Form des Bestandteils der Komposition „Öffentliche Sicherheit und Ordnung" im Jahr 1958, d.h. ab dem 1. Jahrgang auf – andererseits muss darauf hingewiesen werden, dass dieses Auftauchen diskontinuierlichen Charakter hatte. Erst ab dem Jahr 1969/1970 wird der Begriff fortlaufend geführt; jedoch ohne auf spezifische Parlamentaria zu verweisen.[27] Vielmehr wurden Nutzer des Jahresregisters auf die Begriffe „Polizei" und „Polizeigesetz" weiterverwiesen.

Im darauf folgenden Jahr 1971 werden diese Weiterverweise zwar beibehalten, zugleich sind nun aber auch direkt unter dem Eintrag Öffentliche Sicherheit Dokumente aufgeführt. Im selben Jahr findet der Begriff Innere Sicherheit Aufnahme als Suchwort in das Jahresregister. Er verweist dort aber lediglich weiter auf Öffentliche Sicherheit. Besonders auffallend ist, dass unter Öffentliche Sicherheit Papiere verwiesen werden, welche die Kategorie Innere Sicherheit im Titel verwenden. Ab dem Jahr 1971 ist besagter Begriff in der politischen Rede also durchaus präsent, wird aber auf Eintragsebene nicht herangezogen, um Dokumente zu erschließen. Vielmehr werden diesbezügliche Dokumente thematisch unter Öffentliche Sicherheit subsumiert. Sowohl Verweisungsrichtung als auch Subsumtion werden einschließlich bis zum Jahr 1980 beibehalten.

Ab 1981 kehrt sich das Verweisungsverhältnis in Richtung auf Innere Sicherheit um. Im Verhältnis beider Kategorien zueinander wird Innere Sicherheit somit der m.E. wichtigere Begriff. Unter ihm werden ab diesem Jahr sowohl Dokumente als auch Weiterverweise geführt. So ist u.a. „Terrorismus" ab 1981 ein Eintrag, auf den Innere Sicherheit wei-

---

27 Siehe auch die grafische Umsetzung (*Abbildung 13*) der zeitlichen Dimension der einsetzenden Begriffsverwendung und des Verweisverhältnisses im Anhang.

terverweist und der vorher unter Öffentliche Sicherheit nicht anzutreffen war. Gleichzeitig mit der Verweisungsumkehr wird der Eintrag „Öffentliche Sicherheit" in „Öffentliche Sicherheit und Ordnung" geändert. Dessen ungeachtet ist nicht zu beobachten, dass „Öffentliche Sicherheit und Ordnung" einzig auf Innere Sicherheit verweist. Vielmehr liefert der Eintrag auch andere Weiterverweise und führt zudem weiterhin eine nicht geringe Zahl an Dokumenten auf. Auch wenn sich die Verweisrichtung gedreht hat, ist damit also nicht verbunden, dass Öffentliche Sicherheit dieselbe (Minimal-)Funktion erfüllt, wie umgekehrt Innere Sicherheit vor 1981.

Kurzbericht zur Spurensicherung

Schubert (1980) kam auf Basis seiner Auswertungen des „Sachregister[s] der Verhandlungen des Bundestages" zu dem Ergebnis, der Begriff Innere Sicherheit sei „erstmals 1973 zum Stichwort erhoben worden" (Schubert 1980: 610). In der Analyse des *Parlamentsspiegel Jahresregister* zeigt sich, dass der Begriff dort bereits für die Erschließung von Parlamentaria des Jahres 1971 als Stichwort herangezogen wurde.

Als ein Ergebnis der in diesem Kapitel vorgenommenen Analyse ist also festzuhalten: Die These, dass der Begriff Innere Sicherheit auf den Begriff Öffentliche Sicherheit folgt, lässt sich bestätigen. Womit zugleich die Behauptung widerlegt ist, Innere Sicherheit sei ein seit langem existierender Begriff (Stichwort: *Allgemeines Landrecht für die preussischen Staaten*), dessen innenpolitische Bedeutung qua historischer Kontinuität zu belegen sei. Vielmehr ist es so, dass Innere Sicherheit erst seit Anfang der 1970er-Jahre ein gängiger Terminus der (innen-)politischen Auseinandersetzung ist und überdies mit merklicher zeitlicher Verzögerung zur offiziellen Bezeichnung und Funktionsbeschreibung von Institutionen (Behörden, Abteilungen von Ministerien etc.) herangezogen wird.

Hierbei gibt es vielfältige Beispiele, die das Nachfolgeverhältnis größtenteils als Übersetzungsverhältnis belegen. Es handelt sich jedoch nicht um ein völlig ungebrochenes. Der Gegenstandsbereich wird nicht einfach umbenannt. Wie schon im Abschnitt über Definitionsversuche in Kompendien, Lexika und Wörterbüchern angedeutet, ist der Begriff Öffentliche Sicherheit im Vergleich wesentlich enger, d.h. eindeutiger gefasst, da er dem Ordnungs- und Polizeirecht zugerechnet wird. Er ist also im Gegensatz zum Terminus Innere Sicherheit (relativ) rechtsverbindlich definiert.

Innere Sicherheit erweist sich in Gestalt der tendenziell dominanteren Ausrichtung unter einer Verfassungsschutzperspektive, die ab dem Anfang der 1980er-Jahre feststellbar ist, als von Öffentliche Sicherheit inhaltlich unterscheidbare Kategorie. Dies soll nicht heißen, vorher hätte dieser Aspekt keine Rolle gespielt. Es ist vielmehr so, dass solche Fragen immer schon eine Bedeutung im Sicherheitsdiskurs hatten. Die Vermutung liegt nahe, die angesprochene Ausrichtung zu jenem Zeitpunkt als Erfolg eines bestimmten Teils des Sicherheitsapparates zu deuten. Denn dessen Teile konkurrieren mittels spezifischer Deutungsangebote untereinander um die Deutungshoheit, die meist gleichbedeutend ist mit Problemzuständigkeiten, welche wiederum mit besserer Mittelausstattung, Ausbauplänen etc. honoriert werden – man wird gebraucht. Die Zuständigkeit für Fragen und Antworten in Bezug auf die Innere Sicherheit ist umkämpft. In dieser Arbeit geht es aber, wie eingangs erläutert, weniger um Details innerhalb des Sicherheitsapparates. Diese werden in anderen Arbeiten und der kontinuierlich erscheinenden Literatur zum Thema umfangreich gewürdigt. Da im vorliegenden Fall das Augenmerk stärker auf möglicherweise verbindenden Elementen, statt auf Abgrenzungen liegt, ist auf diese näher einzugehen.

Trotz aller Differenzierung sind die Befunde eindeutig. Zahlreiche Beispiele dokumentieren, dass das Auftauchen der einen Kategorie und das Schwinden der anderen zeitlich zusammenfallen. Am Beispiel des *Jahresregisters Parlamentsspiegel* kann der explizite gegenseitige Verweisungszusammenhang nachgewiesen werden. Hier ist Innere Sicherheit der inhaltlich weiter gefasste der beiden Begriffe, der den zweiten immer mit thematisiert. In diesem Sinne ist alles eine Frage der Inneren Sicherheit, gerade auch die Öffentliche Sicherheit. Dieser Paradoxie soll in der sich anschließenden Auseinandersetzung weiter nachgegangen werden.

Innere Sicherheit als exponiert verwendeter Begriff, der sowohl die politische Rede als auch die Verwaltungsstruktur der Sicherheitsbehörden prägt und darüber hinaus auch eine Funktion als ordnende Leitkategorie besitzt, ist erst ab Ende der 1970er-Jahre anzutreffen – im Sinne ihrer Dokumentation und Materialisierung in Gestalt von Behördenstrukturen.

Darüber hinaus lässt sich aber angesichts der Untersuchungen noch ein weiteres, den Begriff der Öffentlichen Sicherheit betreffendes Ergebnis festhalten: Selbst Öffentliche Sicherheit, verstanden als indexikalische Vorläuferkategorie von Innerer Sicherheit, scheint erst ab Mitte/Ende der 1960er-Jahre kontinuierlich verwendet worden zu sein. Dieser Befund legt nahe, dass nicht nur für Innere Sicherheit eine Wortkarriere und Bedeutungszunahme zu konstatieren ist, sondern – wenn auch in weniger großem Umfange – *ebenso* für Öffentliche Sicherheit. Zwischen beiden Wortkonjunkturen scheint ein enges Verhältnis zu bestehen.

Lokaltermin – Innere Sicherheit in Begrüßungs- und Eröffnungsreden von BKA-Jahrestagungen

In diesem Kapitel ist beabsichtigt, die Analyse des Sicherheitsdiskurses unter Rückgriff auf Diskursfragmente in Gestalt von Auszügen aus Tagungsbänden des Bundeskriminalamtes (BKA) sowohl hinsichtlich der bereits umrissenen Fragestellungen weiter zu vertiefen als auch den analytischen Blick in eine neue Richtung zu lenken. Ein besonderes Augenmerk liegt auf dem vorbereitenden Charakter für die Untersuchung des so genannten Kritischen Sicherheitsdiskurses. So wird der Frage nachgegangen, ob und welche Topoi in den Diskursfragmenten vorfindbar sind. Des weiteren wird gefragt, inwieweit uns im Konservativen Sicherheitsdiskurs Beispiele für Metaphernverwendung begegnen und worin möglicherweise deren Spezifika bestehen. Dieser Zugang und die damit beabsichtigte Vorbereitung implizieren freilich, dass die Diskursfragmente den so genannten Konservativen Sicherheitsdiskurs repräsentieren.

Diese Zuordnung resultiert maßgeblich aus der Bewertung der Institution BKA und der ihr zugerechneten Fragmente. Hierbei liegt der Fokus weniger auf der Rekonstruktion einer spezifischen „BKA-Politik" Innerer Sicherheit, als viel mehr auf einer im weiteren zu begründenden Leit- und Schnittstellenfunktion des BKA. Schnittstellenfunktion soll heißen, dass das BKA im Zusammenhang mit noch näher zu bestimmenden Aktivitäten den Sicherheitsdiskurs personell wie inhaltlich erheblich prägt und strukturiert. Die Schnittstellenfunktion wird hierbei in Anlehnung an das im Methodenteil vorgestellte Diskursverständnis (vgl. insbesondere Keller 1997) – und wie die gerade genannte Dimension „personell" schon nahelegt – eben auch „akteursspezifisch" ausgelegt.

Besonders diese akteursorientierte Betrachtung ermöglicht einen Zugriff auf Diskursfragmente in Gestalt von Reden oder Diskussionsbeiträgen, die üblicherweise als namentlich gekennzeichnete Beiträge von Einzelpersonen eingeführt werden und infolgedessen bevorzugt als persönliche oder subjektive Äußerungen bewertet werden. Zugleich handelt es sich aber bei jenen hierüber hergestellten Sprecher- bzw. Autor-Subjekten immer auch um Funktionsträger bzw. Repräsentanten aus Institutionen. Indem nun diese Autor-Subjekte einer jeweiligen Institution zuzuordnen sind bzw. sich dieser selbst zuordnen, können die Diskursfragmente über den Status eines je individuellen Redeereignisses hinaus in einem institutionellen Kontext gedeutet werden. Es handelt sich deshalb bei der angesprochenen Schnittstellenfunktion des BKA *nicht* um eine in Bezug auf Einzelpersonen, *sondern* in Bezug auf die von diesen vertretenen Institutionen bzw. gesellschaftlichen Bereichen oder Interessengruppen.[1]

In den vorangehenden Kapiteln lag das Gewicht hauptsächlich auf der Untersuchung der Qualität des Begriffes Innere Sicherheit, d.h. seiner inhaltlichen Füllung und Etablierung als Fachterminus in relevanten wissenschaftlichen (Teil-)Disziplinen und im politisch-administrativen Bereich. Nun rücken die Äußerungen zentraler Akteure, d.h. von Bundesinnenministern und BKA-Präsidenten, in den Mittelpunkt.

Anvisiert ist insbesondere über die BKA-Dokumente eine inhaltliche und ergänzende Zugriffsmöglichkeit auf den so genannten politischen Diskurs (bereichsspezifisch) im Sicherheitsdiskurs (themenspezifisch) zu eröffnen, die für den Untersuchungszeitraum Aussagekontinuität sowohl in zeitlicher Hinsicht (regelmäßig stattfindende jährliche Tagung) als auch akteurspezifisch (es spricht u.a. jedesmal der Bundesinnenminister und der BKA-Präsident) garantiert.[2]

---

1   Jene besondere Bedeutung – in Gestalt der Schnittstellenfunktion – wird dem BKA auch ausdrücklich von seinen Protagonisten beigemessen. Anläßlich der Arbeitstagung des Jahres 1980 bemerkte der damalige BKA-Präsident Horst Herold bereits im ersten Satz seiner Begrüßungsrede: „Im Gefüge der Polizei nimmt das Bundeskriminalamt viele Funktionen einer Schnittstelle zur Kriminalpolitik wahr; über diese Schnittstelle dringen kriminalpolitische Impulse auch in das polizeiliche Gesamtsystem ein" (Herold 1981: 5).

2   An dieser Stelle soll kurz resümiert werden, welche Vorgehensweisen zunächst beabsichtigt waren und aus welchen Gründen sie verworfen werden mussten. Die Schilderung dokumentiert die Veränderungen, denen ein Forschungsvorhaben während des konkreten Untersuchungsprozesses permanent unterworfen ist. Gleichzeitig wird deutlich, dass solch eine Offenheit für Modifikationen einen Forschungsprozess nachgerade auszeichnen muss. Der Versuch, zum o.g. Zweck direkt auf Bundestagsreden von Politikern und hier in erster Linie der Bundesinnenminister seit dem Jahr 1972 zurückzugreifen, erschien naheliegend, erwies sich jedoch vor dem

Diese Kontinuität führt indes *nicht* dazu, dass nun jede der BKA-Jahrestagungen einer Detailanalyse unterzogen wird. Dies würde den Rahmen der Untersuchung sprengen und ist auch mit Blick auf methodisch bedingte Sättigungseffekte nicht nötig. Statt dessen werden exemplarisch Detailinterpretationen am Beispiel der ersten beiden Tagungsbände durchgeführt. Darüber hinaus wird in Gestalt des Bandes 48 der „BKA-Forschungsreihe" (vgl. Bundeskriminalamt 1998) ein Diskursfragment herangezogen, welches das andere zeitliche Ende des Untersuchungsintervalls markiert. Dazwischen liegende Tagungsbände werden lediglich kursorisch berücksichtigt.

Im Anschluss an die einführenden Überlegungen dieses Kapitels geht es zunächst darum, den dem BKA in Hinsicht auf den Sicherheits-

Hintergrund der Fülle des (Rede-)Materials – wie bereits die Untersuchung des *Parlamentsspiegel* andeutete – als wenig praktikabel, wenn auch diese Datenbasis vielversprechend gewesen wäre. Im Anschluss daran wurde eine alternative Zugriffsvariante mit dem so genannten Antrittsredenkonzept verfolgt. Es war beabsichtigt, die jeweiligen Antrittsreden oder zumindest ersten Bundestagsreden der Bundesinnenminister der vergangenen 26 Jahre der Analyse zugänglich zu machen. Hier lag das Problem im systematisierenden Zugriff: Beispielsweise ist der Begriff „Antrittsrede" – soweit zu ermitteln war – kein Begriff der Verschlagwortung von Parlamentaria. Eine Anfrage beim Bundesinnenministerium in Berlin wurde abschlägig beantwortet. Man verfüge weder über eine systematische Aufstellung solcher Beiträge, noch über eine Übersicht ihrer genauen zeitlichen Daten, schon gar nicht für die betreffende Zeitspanne von über 25 Jahren. Ein über Archivmaterialien des Ministeriums in dieser Weise systematisierter Zugriff konnte demnach ebensowenig erfolgen. Weshalb auch dieses Konzept verworfen wurde. Dies führte zu der Überlegung, zunächst nur Amtsantrittsdaten (und Amtszeiten) zu recherchieren – was schnell und unproblematisch möglich war –, woran zugleich die Annahme gekoppelt war, hieraus ergeben sich zugleich die Zeitpunkte der Antrittsreden. Bedauerlicherweise ist es aber nicht so, dass das Antritts- oder Vereidigungsdatum eines Ministers auch mit dem Zeitpunkt eines ersten (großen) Redeauftrittes zusammenfällt. Erneut war eine Modifikation notwendig. Es sollten also mittels einem chronologisch geordneten Index/Nachweis der Redeauftritte alle in Frage kommende Reden *um das ermittelte Amtsantrittsdatum herum* recherchiert werden. Doch auch diese Kombination aus Rekonstruktion der Antritts- bzw. Vereidigungsdaten und die geplante, sich daran anschließende Ermittlung der zeitlichen Daten von Redebeiträgen der Innenminister mittels des Rednerregisters des Deutschen Bundestages, führte zu Unschärfen. Einerseits werden nämlich auch zahlreiche kleinere Redebeiträge ausgewiesen, so dass in den wenigsten Fällen „große Antrittsreden" recherchiert werden konnten, zum anderen existieren diese schlichtweg nicht. Es gibt in der Regel keine Rede zum Amtsantritt. Manchmal nimmt ein Minister zwar die Gelegenheit war, um kurz nach Amtsantritt Positionsbestimmungen vorzunehmen, sich etwa vom Amtsvorgänger abzugrenzen oder in dessen Tradition zu rücken, allerdings nicht immer.

diskurs beizumessenden hohen spezifischen Stellenwert zu begründen und vertiefend darzulegen. Dem schließt sich über den Zwischenschritt der Schilderung der Tagungsaktivitäten des BKA die Auswahlbegründung der so genannten Jahrestagungen bzw. der sie dokumentierenden Tagungsbände an. Diese Auswahl führt schließlich zur näheren Bestimmung der formalen Tagungsbändestrukur. Es zeigt sich, dass diese über den gesamten Zeitraum von 1972 bis 1998 nahezu unverändert blieb und somit einen einheitlichen Zugriff auf alle Bände ermöglicht. Konkret werden diskursformspezifische Charakteristika des Mediums vorgestellt, die eine gezielte Textauswahl aus dem Informationsangebot der Bände ermöglichen und die weitere Analyse systematisieren. Die Analyse erreicht hierbei allerdings nicht die materiale Tiefe, die angesichts der großen Zahl an Tagungsbänden mögliche gewesen wäre. Deren Fülle lässt es wünschenswert erscheinen, in zukünftigen Forschungen umfassender berücksichtigt zu werden. In dieser Arbeit geht es jedoch nicht um eine endliche Auswertung jener Bände, als vielmehr um die Ermittlung wesentlicher Aspekte des Konservativen Sicherheitsdiskurses, welche die spätere Analyse des Kritischen Diskursstrangs anleiten soll.

Insofern erfüllt die Berücksichtigung der BKA-Jahrestagungen (bzw. besagter Bände) gewissermaßen eine *Filterfunktion*. Sie ermöglicht es, als ein vom Untersuchungsfeld selbst gelieferter Filter, Rekonstruktionen des Sicherheitsdiskurses (und hierin besonders: des politischen Diskurses) vorzunehmen.

Die Bedeutung des BKA

Die Bedeutung des BKA[3] lässt sich näherungsweise wie folgt bestimmen: Es ist zunächst eine *große* Bedeutung, die dieser Behörde im Sicherheitsdiskurs beizumessen ist. Diese Besonderheit entfaltet sie spezifisch mittels unterschiedlicher Aktivitäten, weshalb die große Bedeutung im weiteren Verlauf entsprechend jener Aktivitäten präzisiert werden kann. Um welche Aktivitäten handelt es sich im Detail?

Dem BKA kommt im Verbund der Sicherheitsbehörden eine Sonderrolle zu. Zwar fallen Polizeiangelegenheiten und Innere Sicherheit, folgt man der verbreiteten Einschätzung, derzufolge in erster Linie die Polizei der Garant Innerer Sicherheit ist, in den Kompetenzbereich der Bundesländer: Unter *der* Polizei[4] sind, rechtlich gesehen, zunächst die voneinander formell unabhängigen Länderpolizeien zu verstehen. Dem-

---

3 Vgl. hierzu Busch et al.: 83 ff. und Götz 1995: 179.
4 Unter Polizei wird in erster Linie Vollzugspolizei verstanden. Zum Polizeibegriff vgl. Götz 1995: 13 ff.

gegenüber hat bzw. hatte das BKA unter dem hoheitlichen Aspekt der Entscheidungsgewalt „einen untergeordneten, ergänzenden Charakter" (Busch et al. 1988: 82) Gleichwohl muss von einer exponierten Rolle des BKA ausgegangen werden. Dem war allerdings nicht immer so, d.h. es ist für diese Bundesbehörde ein Funktionswandel zu konstatieren. Zunächst eine reine zentrale Sammelstelle bundesweit relevanter Informationen der Landeskriminalämter, wurde das BKA im Laufe der Jahre zur nunmehr „wichtigsten kriminalpolizeilichen Behörde im bundesdeutschen System der Inneren Sicherheit" (Lange 1999: 212). Einen in der Entwicklung hervorstechenden Zeitpunkt markiert auch hier das Ende der 1960er- und der Beginn der 1970er-Jahre. Ein Befund, der vor dem Hintergrund der andernorts vorzufindenden gleichlautenden Ergebnisse besonders hervorzuheben ist. Die unter bestimmten Umständen ermöglichte Beauftragung mit polizeilichen Ermittlungen (seit 1969), die Installation des Inpol-Fahndungssystem und dessen Ansiedlung beim BKA (seit 1972), Zuständigkeitserweiterungen in Bezug auf so genannte international organisierte Rauschgift-, Waffen- und Falschgelddelikte sowie zudem für die Aufklärung so genannter terroristischer Anschläge gegen Verfassungsorgane des Bundes (seit 1973) und schließlich die Funktionsübernahme als Koordinierungsstelle im Bereich der Bekämpfung so genannter politisch motivierter Gewalttaten (seit 1975) umreißen grob, wie sich dieser Kompetenz- und Einflusszuwachs ausgestaltete (vgl. Lange 1999: 212; vgl. auch Merk/Werthebach 1986: 52 f.). Er ging zugleich einher mit einem erheblichen materiellen und personellen Ausbau. Das am 1. August 1997 in Kraft getretene sog. BKA-Gesetz und die damit verbundenen Aufgabenerweiterungen sowie die im Zuge der zunehmenden Europäisierung der Inneren Sicherheit gewonnene „zentrale Bedeutung des BKA als nationale Zentralstelle sowohl im Bund-Länder-Verhältnis als auch im europäischen Sicherheitsverbund" (Lange 1999: 216) markieren hierbei relevante Veränderungen in Bezug auf das Ende des in dieser Arbeit angesetzten Untersuchungsintervalls.[5] Diese Entwicklung begründet im allgemeinen die

---

5 Bekanntlich führten die Bedeutungs- und Verantwortlichkeitszuwächse auch zu Kompetenzstreitigkeiten im föderativ organisierten Sicherheitsbehördenverbund (Stichwort: konkurrentes sicherheitspolitisches Verhältnis von Bundes- und Länderbehörden). Die Betonung des angesprochenen thematisch vereinheitlichenden BKA-Einflusses soll darüber nicht hinwegtäuschen. Zugleich beeinflusst eine Entwicklung, die mit dem Stichwort „Europäisierung der Inneren Sicherheit" hier nur sehr knapp angerissen werden soll, dieses Verhältnis untereinander. Der Aspekt der Europäisierung wurde in dieser Arbeit bewusst ausgeblendet. Lange macht das Konkurrenzverhältnis unter Einfluss dieser Tendenz zu einem entscheidenden Bezugspunkt in seiner Analyse (vgl. Lange 1999: 75 ff., 409 f.).

große Bedeutung, die dem BKA zugeschrieben wird. In der vorliegenden Untersuchung rücken jedoch damit gleichzeitig einhergehende Bedeutungszuwächse in Bezug auf einen *mittelbaren* Einfluss des BKA in den Mittelpunkt des Interesses. Für die Untersuchung werden aus dem vielfältigen Aufgaben- und Zuständigkeitsfächer des BKA bestimmte Ebenen und Bereiche ausgewählt: Dieser *mittelbare* Einfluss manifestiert sich m.E. nicht in Gestalt des BKA als Strafverfolgungsbehörde, sondern vielmehr in Gestalt seiner Stabsstellenfunktion und hierbei insbesondere seiner Regulierungseinflüsse auf politischer bzw. politikberatender Ebene und im Bereich Theoriebildung/Forschung.[6]

Insbesondere die Eigenschaft des BKA Bundesbehörde zu sein macht erwartbar, dass diese Einrichtung Kraft besagter Funktion Diskursstränge sozusagen auf Bundesebene bündelt und so den thematischen Diskurs Innerer Sicherheit forschungspraktisch auf einen gewissermaßen *allgemeinen Kern* zuspitzt. Ein Effekt, der nicht als intendiert misszuverstehen ist. Es ist vielmehr anzunehmen, dass beispielsweise Bundesländerspezifika zwar nicht völlig de-thematisiert werden, jedoch zugunsten überregional bedeutsamer Themen Innerer Sicherheit in den Hintergrund treten bzw. die Thematisierung der Konsensbildung, dem Formieren gemeinsamer oder zumindest ähnlicher Positionen dient.

Diese Positionen lassen sich entlang der Bereiche Fachdisziplin/-wissenschaft und (Bundes-)Politik differenzieren, was auf Akteurs-Ebene *Experten* und *(Bundes-)Politikern* (hierbei v.a. dem Bundesinnenminister) entspricht. Der große Einfluss des Bundesinnenministers gründet nicht zuletzt darin, dass er dem BKA, einer Bundesbehörde, als oberster Dienstherr vorsteht. Das BKA markiert also auch eine institutionelle Schnittstelle der Bereiche Experten/Fachwissenschaft und Politik.

Zugleich ist dem Missverständnis vorzubeugen, dass BKA sei so verstanden bloß Rede- und Diskussionsforum. Vielmehr erfüllt es etwa Kraft Redner-, Expertenauswahl und Themensetzungen eine durchaus aktive, diskursregulierende Funktion, etwa im Sinne einer Fachautorität, die sanktioniert, was fachlich sag- und diskutierbar ist, was als *state-of-the-art* Innerer Sicherheit zu gelten habe – nicht zuletzt auch in Bezug auf das, was als akzeptierte Kritik gilt. Bereits in einer früheren Arbeit

---

6 Einen ersten groben Überblick verschafft hierzu die Publikation *Veröffentlichungen der Kriminalistisch-kriminologischen Forschungsgruppe des Bundeskriminalamtes. Gesamtverzeichnis* (Bundeskriminalamt 1998a), die alle Titel von Forschungspublikationen auflistet. Die Übersicht ließe sich auch in zukünftigen Forschungen zum Kritischen Sicherheitsdiskurs heranziehen, da sie die Möglichkeit böte, Funktionsweise und Umfang von Einbindungsprozessen von Kritik bzw. Kritikern zu beobachten, da aus ihr die Autoren und Ko-Autoren der BKA-Publikationen hervorgehen.

wurde diese Funktion angesprochen (vgl. Kunz 1995: 22 ff.). Die seinerzeit an dieser Stelle in Bezug auf die Rolle und das Zustandekommen der Polizeilichen Kriminalstatistik (PKS) entwickelten Überlegungen lassen sich allerdings auch in einem weiteren Zusammenhang heranziehen.

So war die „Mobilisierung von Intelligenz" (Werkentin 1984), z.B. die systematische Vergabe polizeibezogener und -kontrollierter Forschung an Hochschulwissenschaftler, fester Bestandteil der Modernisierung des polizeilichen Instrumentariums in den 1970er-Jahren (vgl. ebd.: 200). Auch wenn, wie Busch et al. (1988) feststellen, polizeirelevante Forschung häufig von „polizeifremden Instituten und Wissenschaftlern" unternommen wurde, „initiiert, finanziert und kontrolliert" wurde sie in der Regel „durch wissenschaftliche Stäbe der polizeilichen Forschungseinrichtungen" (ebd.: 172). Auch hier begegnet uns die bisher an mehreren Stellen der Untersuchung anzutreffende Zeitangabe „Ende der 60er-, Anfang der 70er Jahre" wieder. Auch in Bezug auf die Dimension Verwissenschaftlichung (als Ressource Innerer Sicherheit) wird ihr entscheidende Bedeutung beigemessen:

„Innerhalb weniger Jahre hat sich, gemessen an der Zahl der Projekte am Anfang der siebziger Jahre, das Bild gewandelt. Eine Reihe von polizeieigenen Forschungsinstitutionen ist geschaffen worden. In beachtenswertem Umfang wurden externe Forschungseinrichtungen und externe Wissenschaftler in den Versuch eingebunden, ‚Politik innerer Sicherheit' zu verwissenschaftlichen" (ebd.: 171).

Diese Verwissenschaftlichung, d.h. die Konjunktur polizeirelevanter Wissenschaft und Forschung, orientierte sich an einer Vorstellung, die der damalige BKA-Vizepräsident Heinl 1969 exemplarisch formulierte:

„Es bedeutet, daß die Aufgabenstellung bzw. Fragestellung in erster Linie Angelegenheit von Praktikern sein muß, während bei der Durchführung einzelner Projekte durchaus Wissenschaftler gegenüber Praktikern tonangebend sein können. Unsere Absicht geht jedenfalls dahin, die Wissenschaft in den Dienst der Kriminalpolizei, nicht aber die Kriminalpolizei in den Dienst der Wissenschaft zu stellen" (Heinl zit. n. Busch et al. 1988: 170).

Die Funktion des Redners Heinl im Sicherheitsapparat bindet die allgemeinen behördenunspezifischen Ausführungen zur Verwissenschaftlichung zugleich wieder an Überlegungen zur Bedeutung des BKA zurück. Gerade auch die Verwendung des Personalpronomens „uns" („Unsere Absicht") verweist auf den repräsentativen Charakter der Heinl-Aussage. Er spricht nicht für sich, sondern für „uns" – womit wohl Polizei im Allgemeinen und BKA im Speziellen gemeint sind. So scheint dem Bundeskriminalamt bei der vorangetriebenen Verwissenschaftlichung eine gewichtige Rolle zugekommen zu sein, wie auch folgende Aufzählung von Mitteln und Wegen der Initiierung und Kontrolle polizeirelevanter Forschung zeigt. Dazu zählen insbesondere

„die Anregung von Forschungsprogrammen; die Vergabe von Forschungsmitteln durch die Polizei bzw. die Innenministerien, aber auch über das BMFT [Bundesministerium für Forschung und Technologie; TK]; die Durchführung regelmäßiger Forschungssymposien, *insbesondere vom BKA organisiert; die Forschungskooperation, z.B. zwischen dem BKA und dem Max-Planck-Institut für Kriminologie in Freiburg/Br.*; Zugangserlaubnis bzw. -verbot für bestimmte Wissenschaftler, die im Rahmen kriminologischer Forschung mit Datenbeständen der Polizei arbeiten möchten bzw. die in Form teilnehmender Beobachtung etc. die Polizei selbst zum Gegenstand der Forschung machen wollen" (ebd.: 172; Hervorh. TK).

Gerade auch die Passage über „Zugangserlaubnis bzw. -verbot für bestimmte Wissenschaftler" kann als deutliches Indiz für die im vorangegangenen Abschnitt angesprochene Schnittstellenfunktion angesehen werden. Die Erteilung einer „Zugangserlaubnis" oder eines „-verbotes" setzt hierbei die Bewertung der Wissenschaftler im Sinne einer bewussten Entscheidung durch das BKA oder entsprechende Behörden voraus. Berücksichtigt man in diesem Kontext die o.g. Bemerkung des ehemaligen BKA-Vizepräsidenten Heinl, „die Wissenschaft in den Dienst der Kriminalpolizei [...] zu stellen", liegt es nahe, zu vermuten, dass es sich bei Wissenschaftlern, denen ein Zugang verwehrt wird, durchaus um als ausdrücklich BKA-kritisch wahrgenommene handeln kann bzw. um solche, deren Forschungsergebnisse dem Interesse der Polizei wenig dienstbar sind oder gar ihrer öffentlichen Wahrnehmung schaden (wie z.b. besonders polizeikritische Forschung).[7] Durch die Kooperation polizeieigener und polizeifremder Forschungsträger und die beschriebenen Modi der Förderung kam und kommt es zugleich zu einer Verschränkung von polizeiinternen und externen Expertenstäben.

---

7 Eine Einschätzung, die diese Deutung stützt, liefert der bereits analysierte Lexikonbeitrag Erhard Blankenburgs, der im Zusammenhang mit vergeblichen Bemühungen um Datenschutznormen feststellt: „[...] hingegen werden Datenschutzargumente weitgehend mißbraucht, um Behörden vor der Einsicht *kritischer* Forschung abzuschotten" (Blankenburg 1992: 166; Hervorh. TK).

Der Einfluss des BKA als Fremd- und Selbstzuschreibung

Das BKA profitiert von einem fremd wie selbst zugeschriebenen Expertenstatus. Diese Deutungen der Behörde sind zwar immer auch von der Annahme politischer Ambitionen unterlegt – beispielsweise wenn es um Kompetenzrivalitäten zwischen BKA und Länderpolizeien geht (vgl. hierzu Lisken/Lange 2000: 160 ff., insbes. Seite 165) –, werden aber viel mehr noch von der Anerkennung einer überparteilichen und vor allem wissenschaftlich fundierten sicherheitspolitischen Fachkompetenz überlagert. Verbürgt wird hierüber politisch unverdächtige Objektivität in Sachfragen Innerer Sicherheit – worüber das BKA qua Expertenstatus zu einer Art nationaler Diskursregulierungsbehörde Innerer Sicherheit *par exellence* avanciert.

Dieser Aspekt ist auch wichtig bezogen auf die in dieser Arbeit beabsichtigte Einschätzung des Kritischen Sicherheitsdiskurses und dessen Etablierung. Wer beim BKA explizit als Kritiker geladen wurde/wird, kann demzufolge als (von diesem) *anerkannter* Kritiker gelten. Was nicht notwendig dessen polizeikritische Ambitionen in Abrede stellt. Vielmehr ist hierbei einer Ambivalenz Rechnung zu tragen, die für Kritik im Allgemeinen gilt: sie reibt sich am Bestehenden, zieht es gewissermaßen in Zweifel. Beim Bestehenden handelt es sich allerdings um etwas, das sie (die Kritik) zugleich verändern will. Kritik verfängt sich so zumeist im „dagegen sein" und zugleich „mitmachen" (müssen/wollen) – will sie als Kritik ernst-, d.h. angenommen werden, denn, immer den Veränderungswunsch unterstellend: Kritik impliziert zugleich eine nicht-hegemoniale Position, sie ist höchst reaktiv. In einer sich mittels Liberalität, Toleranz, schließlich: Meinungsfreiheit selbstdefinierenden Gesellschaft ist Kritik als *unterschiedliche*, d.h. *abweichende* Meinung jedoch bereits programmatisch vorgesehen und somit Bestandteil herrschender Verhältnisse. Insofern ist Kritik, sofern sie sich bestimmten Regeln unterwirft, immer schon eingemeindet. Aus diesem Paradoxon kann Kritik also kaum ausbrechen. Diese Selbstdefinition übersetzt sich zugleich in Inszenierungen, die sich häufig entlang den Zuordnung *konstruktive Kritik* – manchmal auch als *Reformpolitik* bezeichnet – und *radikale Kritik* – teils als *Fundamentalopposition* bezeichnet – ritualisieren. Letztere wird in der Regel dergestalt desavouiert, dass ihren Verfechtern etwa die jeweils nötige Fachkompetenz, z.B. ein Expertenstatus nicht zugestanden oder abgesprochen wird und somit die Legitimation, zum thematischen Gegenstand eines Diskurses reden zu können („Sie haben keine Ahnung", „das ist ja utopisch").[8] Das heißt nichts anderes, als dass aus herrschender Sicht „ernstzunehmender" Kritik zweierlei immanent ist: Sie markiert potenziell eine Partizipationsform und diese Partizipation wird entlang der oben vorgestellten Differenzierung klassifikatorisch zu- oder aberkannt, sie muss ernst *genommen* werden, wobei es sich um einen Prozess handelt, an dem sowohl Kritiker als auch Kritisierte beteiligt sind. Allerdings wird hier aufgrund der unterstellten Nicht-Hegemonialität von Kritik von einer strukturell asymmetrischen Machtposition zu Ungunsten der Kritiker ausgegangen und – sofern ihnen insbesondere an der Anerkennung gelegen ist – mit dementsprechend größerem Erfordernis, sich auf die herrschenden Spielregeln einzulassen.

Aufgrund der weiter oben beschriebenen Bündelung auf nationaler Ebene eröffnet das BKA bzw. eröffnen Dokumente des BKA einen zuverlässigen Zugriff auf Positionen der Bundespolitik im Allgemeinen und von Regierungspolitik/-ern im Besonderen, allen voran der Positionen der jeweiligen Bundesinnenminister. Diese Funktion *kann* auch in Selbstbeschreibungen der Behörde auftauchen – muss aber nicht. Allerdings wird diese Dimension in der weiteren Detailanalyse abgefragt, in dem auf Kategorien zur Beschreibung von Meinungsbildung, -prägung etc. geachtet wird.

Die BKA-Jahrestagung

Seit seinem Bestehen, d.h. seit 1951 veranstaltet das Bundeskriminalamt Fach- und Arbeitstagungen. Sinn und Zweck dieser Tagungen sind sowohl fachlicher Austausch zwischen Angehörigen des Sicherheitsapparates untereinander als auch mit nicht institutionengebundenen Experten, Agenda-*Setting* gegenüber der Öffentlichkeit und in gewisser Weise auch die Einbindung von Kritik und Kritikern. Die Tagung führt in diesem Sinne die vorangehend beschriebenen Funktionen in einem (Tagungs-)Ereignis zusammen, weshalb sie sich zur Untersuchung besonders empfiehlt. Die genannten Aspekte kommen in Gestalt eines Zitates zum Ausdruck, welches zugleich exemplarisch belegt, dass sich dieser Einfluss nicht erst in jüngster Zeit entwickelte, sondern bis in die frühen 1970er-Jahre zurückverfolgen lässt:

8　Ein Beispiel hierfür ist die Differenzierung des ehemaligen Innenministers Baum, der zwischen „berechtigter" und „unsachlicher" Kritik unterschied (vgl. Baum 1979: 7).

„In diesem Sinn heiße ich Sie alle, die Sie unserer Einladung gefolgt sind, herzlich willkommen. Mein besonderer Gruß gilt dabei den Damen und Herren, die sich als Referenten und Diskussionsteilnehmer zur Verfügung gestellt haben. Gleichermaßen gilt mein Dank den Vertretern der Presse, des Rundfunks und des Fernsehens, die mit ihrer Anwesenheit das kritische Interesse der Öffentlichkeit an dieser Tagung bekunden" (Heinl 1972: 8).[9]

Die so genannte BKA-Jahrestagung findet meist im Herbst eines jeden Jahres statt. Zu jährlich wechselnden Themen werden Experten aus den Sicherheitsbehörden des Bundes, der Länder wie aus dem Ausland eingeladen. Diese Schnittstellen- bzw. Vernetzungsfunktion und deren Kontinuität dokumentiert sich auch in der medialen Wahrnehmung der Tagungen:

„Die Tagung, die seit 50 Jahren ein fester Bestandteil der Sicherheitsdiskussion ist, vernetzt alljährlich Polizeipraktiker und Wissenschaftler, Nachrichtendienstler, Politiker, Wirtschaftler und Gewerkschafter zum Gedankenaustausch. Immer zur Eröffnung dabei – der Bundesinnenminister" (Grabenstroer 2004).

---

9 Als weitere Belege für die Vermittler- bzw. Schnittstellenfunktion des BKA sollen nachfolgende Zitate aus den 1980er- bzw. 1990er-Jahren angeführt werden. Auf der Arbeitstagung des Jahres 1982 bemerkt der Parlamentarische Staatssekretär Carl-Dieter Spranger in seiner stellvertretend für den Bundesinnenminister Zimmermann gehaltenen Eröffnungsansprache: „Die jährlichen Arbeitstagungen des Bundeskriminalamtes finden nicht nur in Fachkreisen, sondern auch in der Öffentlichkeit breite Resonanz" (Spranger 1982: 9). Spranger betont hierbei den wirkungsvollen „Erfahrungs- und Meinungsaustausch zwischen Praktikern von Polizei und Justiz, Wissenschaftlern, Publizisten und Politikern" (ebd.). Die Wirkung bestehe insbesondere darin, dass „in vielen Fällen [...] wertvolle Anregungen für die Fortentwicklung der Kriminalpolitik, ja der Rechts- und Innenpolitik auf dem Gebiet der Inneren Sicherheit, gegeben worden [sind]" (ebd.). Im Jahr 1991 äußert der damalige Abteilungspräsident des Kriminalistischen Institutes des BKA, Edwin Kube, im Vorwort eines Sonderbandes der BKA-Forschungsreihe: „Als Maßnahme zur Umsetzung dieser Forderung hat das Bundeskriminalamt mit dem Symposium ‚Vorbeugung des Mißbrauchs illegaler Drogen' am 22. und 23. Januar 1991 in Wiesbaden die Tradition seiner wissenschaftlichen Veranstaltungen fortgesetzt. Dabei ging es vor allem darum, ein Forum für die fachliche Diskussion namhafter Experten aus Wissenschaft, Polizei, Politik, Medien und privaten Organisationen zu bieten. [...] Als besonders erfreulich hervorzuheben ist dabei, daß es bei allen unterschiedlichen Ansätzen und kontroversen Meinungen gelungen ist, einen gemeinsamen Thesen- und Forderungskatalog zur Vorbeugung des Mißbrauchs illegaler Drogen aufzustellen" (Kube 1991: o.S.).

187

Zu jeder Tagung erscheint ein vom BKA herausgegebener Tagungsband. Dieser enthält sowohl alle Beiträge als auch (seit 1980) ein Verzeichnis der Referenten. Das Referentenverzeichnis kann wertvolle Hilfe leisten, wenn es darum geht, die oben geschilderten Ziele der Veran-
staltungen/Tagungen anschaulich zu illustrieren. Die personelle Zusammensetzung der Tagungen gibt immer auch Aufschluss über die Absicht,
Kritiker einzubinden – und deren Bereitschaft, sich einbinden zu lassen.
Die Themenpalette ist, über die Jahre hinweg betrachtet, recht viel-
fältig. Die Arbeitstagung ist einerseits zwar jedes Jahr thematisch spezifisch ausgerichtet, andererseits bieten sich deren Tagungsbände aber an,
um für den Zeitraum zwischen 1972 und 1998 Veränderungen und
Kontinuitäten in der Einschätzung exponierter Vertreter (des BMI und
des BKA) hinsichtlich der Inneren Sicherheit und ihrer Bedrohungen zu
untersuchen. Erneut verfügt man – diesmal in Gestalt der Tagungsbände
– über ein Untersuchungsobjekt, dass den gesamten Zeitraum gleichmä-
ßig abdeckt.[10]

---

10 Im Untersuchungszeitraum von 1972 bis 1998 fanden mit Ausnahme des
Jahres 1973 und des Jahres 1977 jährlich Arbeitstagungen statt. Die Deu-
tung, möglicherweise seien zwei Tagungen bzw. Tagungsbände übersehen
bzw. nicht recherchiert worden, lässt sich mit Verweis auf die fortlaufende
Numerierung der Tagungsbände, die bis 1994 in der Vortragsreihe des
BKA erschienen (siehe auch weiter unten), ausräumen. So folgt auf den
Vortragsreihen-Band 20 der 1972er-Tagung „Datenverarbeitung" (Bundeskriminalamt 1972) der Band 21 der 1974er-Tagung „Organisiertes
Verbrechen" (Bundeskriminalamt 1975). Ähnliches gilt für das Jahr 1977.
Die Tagung im Oktober 1976 „Polizei und Justiz" wurde im Band 23 ver-
öffentlicht (Bundeskriminalamt 1977), der Folgeband mit der Nummer 24
dokumentiert die Tagung „Der Sachbeweis im Strafverfahren" (Bundeskriminalamt 1979), die im Herbst des Jahres 1978 stattfand. Einzig mögliche Erklärung: In den Jahren 1973 und 1977 wurden keine Arbeitstagungen veranstaltet. 1994 erfolgte eine Änderung der Numerierungsweise der
Bände aufgrund der geänderten Publikationspraxis des BKA: Die „BKA-
Vortragsreihe", die erstmals 1954 herausgegeben wurde und „in der die
Referate und Diskussionsbeiträge der alljährlich im Bundeskriminalamt
stattfindenden Arbeitstagungen enthalten waren" (Bundeskriminalamt
1998a: 5), wurde nach Erscheinen des Bandes 38 eingestellt: „Im Herbst
1994 wurde die Zahl der Reihen reduziert [...]" (ebd.). Seitdem werden
die Tagungsbände in der „BKA-Forschungsreihe" publiziert (ebd.: 6), in
der allerdings auch andere Inhalte veröffentlicht werden (wissenschaftliche Ergebnisse, Symposien des BKA), was erklärt, warum die Tagungsbände nicht mehr fortlaufend numeriert sind. Auch für diesen Teil der
Untersuchung ist ein Detail wichtig, dass aus der Analyse des *Staatshandbuches*, des *Almanach* und des *Parlamentsspiegel* bekannt ist: Die Jahresangaben der zitierten Tagungsbände beziehen sich auf das Erscheinungsjahr des Bandes, der Zeitpunkt der jeweiligen Tagung war in der Regel ein Jahr früher. Relevant für die zeitliche Einordnung sind deshalb die

Um diese Aspekte und die erwähnten Stellungnahmen zur Sicherheitslage zu untersuchen, ist es erforderlich, die Textpassagen zu bestimmen, die womöglich über das jeweilige engere Thema einer Tagung hinaus Aussagen zur je aktuellen Sicherheitslage enthalten. Denn trotz der erwarteten Aussagekraft gilt es anzuerkennen, dass, da die Tagungen – wie bereits angedeutet – spezifisch themenbezogen sind, der Großteil der dort gehaltenen Vorträge sich auf das jeweils anstehende Tagungsthema konzentriert. Dieser Umstand ist gewissermaßen in *Abzug zu bringen*, wenn bestimmte Aussagen betrachtet werden. Er steht in engem Zusammenhang mit einer weiteren Besonderheit: Da es sich bei den Referenten um Experten handelt, ist erwartbar, dass die Diskursfragmente wesentlich spezieller, d.h. inhaltlich und formal höher geregelt sind. Beides zusammen genommen bedeutet, die Aussagen der Experten und Politiker dahingehend zu relativieren, dass ihr Themenbezug zunächst der Agenda der Tagung geschuldet ist und nicht einer allgemeinen Einschätzung.

Vorträge aus dem Tagungsband der Tagung „Organisiertes Verbrechen" werden sich erwartungsgemäß mit dieser Bedrohungskonstruktion befassen und lassen eine Verallgemeinerung diesbezüglicher Aussagen nur bedingt zu. Hierzu ein fiktives Beispiel: Aussagen wie „Neue Kriminalitätsformen wie etwa die Organisierte Kriminalität geben Anlass zur Besorgnis" sind unterschiedlich zu beurteilen, je nachdem ob sie auf der Jahrestagung des Jahres 1974 mit dem Titel „Organisiertes Verbrechen" oder etwa auf der 1993er-Tagung mit dem verhältnismäßig *weiten* Titel „Standortbestimmung und Perspektiven der polizeilichen Verbrechensbekämpfung" gemacht wurden. 1974 dürfte solch eine Aussage schon deshalb erwartbar gewesen sein, weil das Tagungsthema den Bezug explizit vorgab.[11] Unter der Themenstellung des Jahres 1992, „Standortbestimmung und Perspektiven der polizeilichen Verbrechensbekämpfung" (Bundeskriminalamt 1993) würde sich die Aussage hingegen als durchaus interessanter Beleg dafür erweisen, wie die Bedro-

---

Jahreszahlen der Tagungen und *nicht* die Erscheinungsjahre der Tagungsbände.

11 Ein Umstand, der nicht nur für BKA-Tagungen gilt. Bekanntlich richten geladene Redner, Experten oder Referenten einen Beitrag üblicherweise am Tagungsthema aus. Hinzu kommt, dass man, wenn man sich eines vorgegebenen Themas annimmt, diesem auch entsprechende Aktualität beimisst. Mithin scheint Aktualität – im Sinne einer zeitlich bedingten Notwendigkeit, sich eines Themas anzunehmen – geradezu ein Charakteristikum von Diskursen zu sein, die Bedrohungen und Gefahren zum Gegenstand haben, wie im Sicherheitsdiskurs am Beispiel der Rhetorik des Drängens deutlich wird. Letzten Endes würde kein Referent gerne zugeben, ein Thema zu bearbeiten, dass aktuell nicht bedeutsam ist oder es wenigstens noch wird.

hung Innerer Sicherheit inhaltlich *ad hoc* gefüllt wird, zumal diese Einschätzung nicht durch Tagungstitel/-thema vorstrukturiert wurde, wie es umgekehrt für das Jahr 1974 der Fall war.

Eine etwaige, daraus resultierende *generelle* Skepsis, hinsichtlich der eng an einem Jahrestagungsthema orientierten Fragmente, kann indes relativiert werden. So ist es durchaus möglich, aus der Tagungsthemenabfolge Feindbildkonjunkturen zu rekonstruieren. Allerdings ist hierbei eine gewisse Behutsamkeit erforderlich. Nicht zuletzt in Anbetracht der weiter oben angesprochenen Selbstzuschreibungen von hohen BKA-Vertretern, ihrer Behörde – und hierüber auch sich selber – eine sicherheitspolitische Vorreiterrolle zuzurechnen, lassen sich diesbezügliche Aussagen m.E. nur mit der nötigen Vorsicht verallgemeinern. Ausnahmen stellen allerdings Tagungen dar, die relativ weitgefasste Titel tragen oder solche, die von vornherein recht nah an der hier untersuchten Fragestellung liegen, wie beispielsweise die Tagung des Jahres 1980 „Polizei und Kriminalpolitik" (Bundeskriminalamt 1981), die im Jahr 1981 veranstaltete Tagung „Bestandsaufnahme und Perspektiven der Verbrechensbekämpfung" (Bundeskriminalamt 1982), die Tagung „Kriminalitätsbekämpfung als gesamtgesellschaftliche Aufgabe" (Bundeskriminalamt 1988) oder auch die 1997 durchgeführte Herbsttagung „Neue Freiheiten, neue Risiken, neue Chancen. Aktuelle Kriminalitätsformen und Bekämpfungsansätze" (Bundeskriminalamt 1998).

Die Themen aller Tagungen lassen sich grob in drei Gruppen unterteilen: Einerseits Tagungen, die explizit delikt- bzw. kriminalitätsartbezogen sind, wie beispielsweise „Organisiertes Verbrechen" (Bundeskriminalamt 1975), „Wirtschaftskriminalität" (Bundeskriminalamt 1984) oder „Ausländerkriminalität in der Bundesrepublik Deutschland" (Bundeskriminalamt 1989). Zum zweiten eine Gruppe mit Themen, die (Teil-)Aspekte der Arbeit von Strafverfolgungsbehörden, im Sinne von Arbeitsmitteln oder Verfahrensfragen, zum Gegenstand haben, wie die Tagungen „Der Sachbeweis im Strafverfahren" (Bundeskriminalamt 1979) oder „Technik im Dienste der Straftatenbekämpfung" (Bundeskriminalamt 1990). Drittens schließlich Tagungsthemen, die Verbrechensbekämpfung und -verfolgung im Kontext mit Nachbardisziplinen behandeln, hier seien die Tagungen „Polizei und Justiz" (Bundeskriminalamt 1977) und „Polizei und Kriminalpolitik" (Bundeskriminalamt 1981) genannt, oder in einen eher allgemeinen, zum Teil (gesellschafts-)politischen Rahmen rücken, wie „Bestandsaufnahme und Perspektiven der Verbrechensbekämpfung" (Bundeskriminalamt 1982).

Dem Forscher kommt bei der Untersuchung der ritualisierte Ablauf der jährlich stattfindenden Tagung entgegen. Zum Auftakt einer jeden Arbeitstagung richtet der Präsident des BKA ein Grußwort an die Tagungsteilnehmer. Dieser Beitrag beinhaltet oftmals Bezüge auf an der Tagung beteiligte Personen und Gruppen sowie die Ziele bzw. Absichten der regelmäßig stattfindenden Arbeitstagungen. Im Anschluss daran hält der jeweils amtierende Bundesinnenminister traditionell eine Eröffnungsansprache. Von Fall zu Fall, z.b. bei Verhinderung aufgrund anderer wichtiger politischer Geschäfte, hält diese Ansprache vertretungsweise einer der Staatssekretäre des BMI. Dies ist durchaus nicht ungewöhnlich. Darüber hinaus ist festzuhalten, dass der Stellenwert der Äußerungen der Bundesinnenminister durch solche Vertretungen nicht in Frage gestellt ist.[12]

Diskursformspezifisch lässt sich bei allen Eröffnungsansprachen ein ähnlicher Aufbau feststellen. Auf eine kurze Einleitung, die häufig die Tradition der Tagung behandelt, folgt meist der Versuch, die Aktualität des Tagungsthemas zu betonen. In fast jeder Rede findet sich auch eine Passage, welche die aktuelle Kriminalitätsentwicklung und Schilderungen je gegenwärtiger Bedrohungslagen zum Gegenstand hat. Gesichtet werden die Texte also zum einen nach Feindbildern und Bedrohungen (um eventuelle Veränderungen/Konjunkturen im Zeitablauf festzustellen) und zugleich Äußerungen, welche eine Dynamik des „mehr und härter" unterstellen bzw. den Topos drängender Zeit und sich daraus ableitenden Handlungsdrucks verwenden.

---

12 Vielmehr bleibt aufgrund der Besonderheit des Amtes der Staatssekretäre die angezielte Aussagekontinuität gewahrt. Bei den Staatssekretären ist zwischen so genannten Parlamentarischen und so genannten beamteten Staatssekretären zu unterscheiden. Erstere werden auf Vorschlag vom Bundeskanzler und im Einvernehmen mit dem Bundesminister vom Bundespräsidenten ernannt: „Sie haben die Aufgabe, den Minister bei der Erfüllung seiner politischen Aufgaben zu unterstützen [...] Der Minister bestimmt, welche Aufgaben der jeweilige Parlamentarische Staatssekretär für ihn wahrnehmen soll. In diesen Aufgabenbereichen sowie in den vom Minister bestimmten Einzelfällen erfolgt die *Vertretung des Ministers* durch den oder die Parlamentarischen Staatssekretäre" (Bundesministerium des Innern 1997: 27; Hervorh. TK). Die Modalitäten der Ernennung und der Aufgabenbestimmung belegen, dass ein *enges Vertrauensverhältnis* zwischen Minister und Parlamentarischem/n Staatssekretär/en besteht. Ähnliches gilt für die so genannten beamteten Staatssekretäre, den ranghöchsten Beamten im Innenressort. Sie sind verantwortlich für Leistungsfähigkeit und Arbeit des Ministeriums (vgl. ebd.: 30). Sie tragen diese Verantwortung „im Sinne der Richtlinien und Weisungen des Ministers und vertreten den Minister als den Leiter der obersten Bundesbehörde nach innen und außen" (ebd.). Für diese Tätigkeiten der Staatssekretäre ist „ein besonderes Maß an Übereinstimmung mit den fachlichen und politischen Zielsetzungen des Ministers notwendig [...]" (Bundesministerium des Innern 1997: 30).

Ergänzende Bemerkung zur Bedeutung
von Politikeraussagen

Da ich mich in diesem Teil der Analyse der Tagungsbände insbesondere auf Diskursfragmente der jeweils amtierenden Bundesinnenminister der Jahre 1972 bis 1998 beziehe,[13] scheint es angebracht, an dieser Stelle kurz auf den Status von Reden der Bundesinnenminister einzugehen. Ich greife bei der Statuszuweisung der Texte der Bundesinnenminister auf einen Ansatz zurück, der sich bereits in einer zurückliegenden Arbeit als praktikabel und tragfähig erwiesen hat (vgl. Kunz 1995). Demzufolge ist der politische Diskurs „in einem engen Sinne als Corpus von Texten und Reden von Politikern [zu] verstehen" (Dijk 1991: 34). Gegen dieses Vorgehen ließe sich einwenden, dass es sich hierbei womöglich um eine Überbewertung einzelner Äußerungen von Politikern handele. Diese Bedenken greift Dijk auf, wenn er einwendet, „daß wir den ‚politischen Diskurs' nicht einfach mit den persönlichen Ansichten der Politiker oder politischer Organisationen, wie sie in Texten und Reden zum Ausdruck kommen, gleichsetzen können" (ebd.: 33 f.). Das heißt, diese Texte und Reden stellen nicht bloß persönliche Ansichten dar. Vielmehr ist mit Diers (1997) zu betonen, dass

„die Rede, das Halten von Ansprachen zu den vornehmlichen und vornehmsten Formen politischen Handelns [zählt]. Politik als diplomatisches Geschäft ist vor allem ein Metier des gesprochenen oder geschriebenen Wortes. Diskussionen, Debatten, Aussprachen, Unterredungen, Beratungen, Konsultationen, Konferenzen, Vorträge und Interviews bestimmen ebenso wie Akten, Niederschriften, Protokolle, Depeschen, Briefe, Verträge, Abkommen, Kontrakte oder Artikel ihren Alltag" (Diers 1997: 187).

Hieraus folgt, dass solche Redepositionen in ein gesamtgesellschaftliches diskursives Dispositiv eingebunden sind bzw. ein solches beträchtlich ausmachen. Darüber hinaus ist dafür zu plädieren, Äußerungen von Politikern als Äußerungen von politischen Repräsentanten – im Wortsinne – ernst zu nehmen. Wenn ein Bundesinnenminister sich zu The-

---

13 Folgende Minister amtierten innerhalb des Untersuchungsintervalls (in Klammern die jeweilige Parteizugehörigkeit): Hans-Dietrich Genscher (FDP) bis 16. 5. 1974, Werner Maihofer (FDP) vom 16. 5. 1974 bis 8. 6. 1978, Gerhart Baum (FDP) vom 8. 6. 1978 bis 17. 9. 1982, Jürgen Schmude (SPD) interimsweise vom 17. 9. 1982 bis 1. 10. 1982, Friedrich Zimmermann (CSU) vom 4. 10. 1982 bis 21. 4. 1989, Wolfgang Schäuble (CDU) vom 21. 4. 1989 bis 26. 11. 1991, Rudolf Seiters (CDU) vom 26. 11. 1991 bis 7. 7. 1993, Manfred Kanther (CDU) vom 7. 7. 1993 bis Oktober 1998 (vgl. Bundesministerium des Innern 1997: 26 f.).

men wie Verbrechensbekämpfung, Kriminalitätsentwicklung, Öffentliche oder Innere Sicherheit äußert, spricht gerade er immer auch das aus, was herrschende Politik ist oder zu sein beansprucht. Und eben in solch einem Moment vertritt er die Position eines „Machtblocks" (Poulantzas 1980: 229 ff.), der ihn trägt, d.h. welcher seine Position als Minister letztlich ermöglicht und sichert – und den er umgekehrt repräsentiert.

Konkretes Vorgehen, Frageraster

Die Analyse der ausgewählten Passagen der exemplarisch zu untersuchenden Tagungsbände gliedert sich entlang der Zwischenüberschriften *Begrüßungsrede* und *Eröffnungsansprache*. Diese Unterteilung folgt der von den Tagungsbänden vorgegebenen Gliederung. Es wird jeweils danach gefragt, ob und wie der Begriff Innere Sicherheit explizit auftaucht. Zudem orientiert sich die Analyse der Dokumente an folgenden Fragekomplexen: Einerseits an Fragestellungen zur bisher geleisteten Beurteilung des BKA. Diese zielen in Richtung auf Bestätigung (oder Widerlegung) der im Einleitungsteil erarbeiteten BKA-Spezifik und auf den Aspekt, inwiefern in den Reden Einbindungen oder Berücksichtigungen von Experten, Kritikern oder Medien vorgenommen werden (Stichworte: besondere Rolle des BKA, Zentralstelle, Schnitt- bzw. Vermittlungsstelle qua Einbindung). Die zweite Fragestellung hat vorhandene Feindbildbezüge und die Metaphernverwendung bzw. Kollektivsymbolik zum Gegenstand. Darüber hinaus soll, sensibilisiert durch die bislang angeführten Beispiele, auf den Topos des Handlungs- und Zeitdrucks in Verbindung mit einer besonderen Gefährlichkeit oder Bedrohungszunahme geachtet werden.

Der eingeführte Fragenkatalog strukturiert die Analyse vor. Es ist jedoch *nicht* beabsichtigt, sich starr und unflexibel daran zu halten, sondern vielmehr offen für nicht vorhersehbare Funde und Ergebnisse zu bleiben. Diese Offenheit und Flexibilität ist überdies auch wegen einer zu erwartenden Mehrdimensionalität der Fragmente ratsam, die mit sich bringt, dass deren Zuordnung zu mehreren der o.g. Komplexe möglich erscheint. So ließe sich die Rede von einer „Verbrechensflut" sowohl unter der Überschrift *Feindbilder* einordnen als auch unter *Metaphern/Topoi*.[14] In solchen Fällen wird die Zuordnung zu einem der bei-

---

14 Der Grund hierfür liegt darin, dass beide Komplexe, auch wenn sie auf unterschiedlichen Ebenen liegen, Überschneidungen aufweisen. Mit der Zuordnung *Feindbild* ist nicht notwendigerweise ausgeschlossen, dass es sich hierbei zugleich um einen metaphorischen Begriff handelt und umgekehrt.

den Punkte vorgenommen und auf eine mögliche Relevanz für den anderen nur kurz hingewiesen.

Sofern zum vorgestellten Fragenkatalog keine Fundstellen vorliegen, kann auf andere interessant erscheinende Textstellen eingegangen oder die Analyse von fundstellenarmen Texten entsprechend kurz gehalten werden. Dieser abschließende Hinweis ist wichtig, da es sich bei den angezielten Analysen um eingegrenzte Interpretationen der Begrüßungen und Eröffnungsreden handelt und der Fragenkatalog zugleich eine gewisse Offenheit bieten soll, um auf im Zeitverlauf zu beobachtende Veränderungen reagieren zu können.

Prinzipiell bringt das gewählte Vorgehen einen entsprechend hohen Umfang der exemplarischen Analysen mit sich. Dieser resultiert allerdings nicht aus einem ausführlicheren Fragenkatalog, sondern aus der detaillierteren Interpretation fraglicher Zitate. Die Detailfülle der exemplarischen Interpretationen soll nicht den Umkehrschluss nahelegen, die anderen, bloß kursorisch hinzuziehenden Tagungstexte seien qualitativ weniger bedeutsam, weswegen ihnen entsprechend weniger Raum zugestanden wird. Es ist vielmehr so, dass der Umfang von vornherein zu begrenzen ist, will man nicht die gesamte Forschungsarbeit den BKA-Tagungen widmen. Die Detailanalysen ausgewählter Tagungsbände führen gewisse Lesarten exemplarisch vor und im Anschluss daran typische Argumentationsfiguren ein. Es ist somit für die spätere Analyse nicht erforderlich, jene anfangs plausibilisierten Deutungen jedesmal aufs Neue umfangreich zu begründen. Es genügt, stichwortartig auf sie zu verweisen. In Anbetracht der Gesamtzahl von 24 Tagungen erschien ein den Umfang begrenzendes Vorgehen ohnehin angemessen.

Tagungsbände des BKA

Datenverarbeitung
**Arbeitstagung des Bundeskriminalamtes in Wiesbaden
vom 13. bis 17. März 1972[15]**

Begrüßungsrede

Die Begrüßungsrede hielt, stellvertretend für den damals verhinderten
BKA-Präsidenten, der damalige BKA-Vizepräsident Werner Heinl (vgl.
Bundeskriminalamt 1972: 279). Der Begriff Innere Sicherheit wird in
der Begrüßung nicht ausdrücklich verwendet. Eine Bestätigung der These, dass ein jeder Redner die Aktualität bzw. Relevanz des Themas zu
begründen versucht, deutet sich bereits im ersten Satz der Begrüßungsrede Heinls an: „Die Polizei hat nie etwas anderes getan, als Daten ver-
arbeitet" (ebd.: 7). Mit dieser eröffnenden Bemerkung verallgemeinert
Heinl Polizeiarbeit zu Datenverarbeitung. Insofern hätte der Tagungstitel ebensogut „Polizeiarbeit" lauten können. In Heinls anschließenden
Ausführungen wird der zunehmende Einfluss und die zunehmende Bedeutung der so genannten automatischen Datenverarbeitung konstatiert.
Der implizite Schluss lautet: Wenn Polizeiarbeit nichts anderes ist als
Datenverarbeitung und automatische Datenverarbeitung aktuell einen
immer entscheidenderen Einfluss und an Bedeutung gewinnt, so sind
Fragen der automatischen Datenverarbeitung für die Polizei und ihre
Aufgabe – entsprechend einer zwingenden Logik – äußerst evident und
bedürfen eigentlich keiner weiteren Begründung. In der Begrüßungsrede
findet sich auch ein indirekter Hinweis auf die markante Zeitschwelle
Ende der 1960er-, Anfang der 1970er-Jahre, wie sie bislang bezogen auf
die Frühphase des Innere Sicherheitsdiskurses verhandelt wurde und die
im zitierten Beispiel mit dem konstatierten Um- und Ausbau des BKA
zusammenfällt:

„Das Bundeskriminalamt kann sich in dieser Zeit des Auf- und Umbruchs
glücklich schätzen; kann es doch der vollen Unterstützung und Förderung seines obersten Dienstherrn sicher sein. Er hat nicht nur in erstaunlich kurzer Zeit
der Verbrechensbekämpfung in unserem Lande den ihr gebührenden Stellenwert zugewiesen und dies durch Gewährung personeller und materieller Sub-

---

15 Der Titel der Tagung verweist nicht auf aktuelle Bedrohungsszenarien
oder Feindbilder. Die Arbeitstagung „Datenverarbeitung" lässt sich der
Gruppe der Veranstaltungen zuordnen, die (Teil-)Aspekte der Arbeit der
Sicherheitsbehörden zum Gegenstand haben. Der Umfang des Tagungs-
bandes beträgt 280 Seiten, die Länge des Begrüßungstextes knapp zwei
Seiten und die Länge der Eröffnungsansprache ca. drei Seiten.

strate auch sichtbar gemacht, sondern er hat zugleich bezüglich unseres gemeinsamen Anliegens, der automatischen Datenverarbeitung, die Grundlagen für den entscheidenden Durchbruch nach vorn geschaffen" (ebd.).

Der Zeitbezug im Zitat ist rückblickend bis gegenwärtig, d.h. mit „der Zeit des Auf- und Umbruchs" ist das Jahr 1972 gemeint, allerdings nicht als Zeitpunkt, sondern als Phase („in erstaunlich kurzer Zeit"), was die nahe Vergangenheit mit einschließt, womit einmal mehr die Jahrzehntschwelle in Verbindung mit einschneidenden Veränderungen (besagter „Aus- und Umbruch") im Sicherheitsapparat zu bringen ist. Die „gebührende Stellung [der Verbrechensbekämpfung; TK]" meint hier letztlich die gebührende Stellung der mit Verbrechensbekämpfung beauftragten Behörden. Deren Stellung wurde in Form ihres Ausbaus („Gewährung personeller und materieller Substrate") aufgewertet. Das Zitat ist somit ein Beleg für den für die Zeit Ende der 1960er-, Anfang der 1970er-Jahre konstatierten Ausbau der Sicherheitsbehörden insbesondere auf Bundesebene, d.h. des BKA.

Auch auf der Suche nach Metaphern und Topoi wird man in dem Text fündig. In seinem Grußwort mahnt der BKA-Vizepräsident an, dass die im Zusammenhang mit der automatischen Datenverarbeitung „erfaßten Nachrichten und Informationen [...] totes Kapital [wären], wenn sie nicht über ein weitverzweigtes Verbundnetz einem größtmöglichen Kreis von Benutzern zugänglich gemacht werden könnten" (ebd.: 8). Hierfür erfordere es ein Zusammenspiel aller Anwender. Dieses zu gewährleisten versteht Heinl als aktuelle Aufgabe des BKA:

„Die Klänge in diesem Zusammenspiel sind zwar manchmal noch sehr zaghaft. Auch schleichen sich hier und da bisweilen Dissonanzen ein, die aber – so hoffen wir – in absehbarer Zeit in reine Akkorde übergeleitet werden können. Dem Bundeskriminalamt steht sicherlich nicht der Sinn danach, in diesem Konzert die erste Geige zu spielen. Auch die Bratsche ist für denjenigen, der sie kennt, ein recht wohlklingendes Instrument, wie Eugen Roth schon einmal in einem Vers über die Bescheidenheit festgestellt hat. Uns kommt es im Interesse einer weiteren gedeihlichen Entwicklung nur darauf an, daß nach einer klar geschriebenen Partitur musiziert wird, zu der diese Tagung einen Beitrag leisten soll" (ebd.).

Die Metapher ist dem Bereich Musik entnommen. Die „Dissonanzen" spielen auf das an anderer Stelle angesprochene Konkurrenzverhältnis zwischen Bundes- und Länderbehörden an. Es handelt sich um eine Negativattribuierung: „Dissonanz" meint Missklang. Dieser Teil der metaphorischen Schilderung thematisiert Kompetenzstreitigkeiten und/oder differente Strategievorstellungen zwischen Teilen des Sicherheitsapparates als Konflikt. Zugleich stellt die Beschreibung einen Katachresen-mäander (Bildbruch) dar. Mittels Bildbruch werden im Zitat Bilder unterschiedlicher Bereiche sinnhaft verknüpft, denn: „Anwender" ist (und war anscheinend damals bereits) die Bezeichnung von Personen, die EDV-Geräte nutzen oder bedienen. „Anwender" bezieht sich also auf den Bereich automatische Datenverarbeitung, EDV. „Klänge", im metaphorisch hier zugrunde gelegten Bereich Musik, werden demgegenüber nicht von „Anwendern" erzeugt, sondern von Musikern oder zumindest von Instrumenten.

Die Feststellung des Missklangs impliziert die Absicht, selbigen abzustellen. Üblicherweise ist es die Figur des Dirigenten, die dafür Sorge trägt, Missklänge zu vermeiden und den harmonischen Gleichklang von Musikern bzw. eines Orchesters lenkend und leitend zu gewährleisten. Mit der Kritik des Missklangs und der beschriebenen Implikation verbunden ist die Einschätzung des BKA als Zentralstelle. Heinl versucht zwar, die Sonderrolle des BKA, d.h. dessen Führungsanspruch zu relativieren: Dem BKA stehe nicht der Sinn danach, „die erste Geige zu spielen". Zugleich macht er jedoch dessen besonderes Gewicht geltend, in dem er mittels Rekurs auf einen Vers Eugen Roths „über die Bescheidenheit", das BKA mit einer „Bratsche" vergleicht und hierüber, trotz des Bemühens um einen relativierenden Eindruck der „Bescheidenheit", die Wirkung des „Instrumentes" BKA besondert und aus dem Kreis anderer Orchesterinstrumente heraushebt. Im Unterschied zur ersten Geige, die ein Soloinstrument ist, gilt die Bratsche als Begleitinstrument.

Die Formulierung „so hoffen wir" verwendet das Personalpronomen der ersten Person Plural, womit das BKA gemeint ist. Die Figur unterstreicht den Leitanspruch, da sie verdeutlicht, der Redner (Heinl) und mit ihm die von ihm vertretene Institution befinden sich in einer Position, aus der heraus stellvertretend für den Gesamtkomplex Sicherheitsapparat Erwartungen an andere adressiert werden können. Doch was „hofft" das BKA? Dass die „Dissonanzen [...] in absehbarer Zeit in reine Akkorde übergeleitet werden". Die Vorstellung vom Gleichklang erfüllt sich also nicht von selbst, es muss „übergeleitet" werden. Das BKA beansprucht zwar nicht explizit die Dirigentenrolle – um im Bild zu bleiben –, aber es gibt unmissverständlich vor, „daß nach einer klar geschriebenen Partitur musiziert wird". Hier fixiert Heinl auch sehr deutlich den Charakter der Tagung, die zu eben dieser Partitur[16] „einen Beitrag leisten soll". Unausgesprochen bleibt indes, wer Dirigent sei bzw. eine solche Rolle übernehmen könnte. Hierdurch kommt der Protagonist

---

16 *Partitur*: Übersichtliche, Takt für Takt in Notenschrift auf einzelnen übereinanderliegenden Liniensystemen angeordnete Zusammenstellung aller zu einer vielstimmigen Komposition gehörenden Stimmen.

des BKA, der mit seiner metaphorischen Beschreibung eine Sonderrolle des BKA zwar durchaus betont, recht elegant einer möglichen Kritik zuvor, nach der dass BKA diese Rolle für sich selber beanspruche. Auch wer denn die besagte „Partitur" schreibe, bleibt offen. Das BKA erscheint statt dessen als *Primus inter pares*. Die so genannten Dissonanzen werden präsupponiert. Insofern ist die zitierte Passage Bestandteil einer Legitimationsstrategie, nach der bestehende Dissonanzen die Einsicht in die Notwendigkeit einer „Partitur" und „reiner Akkorde" als gegeben voraussetzen, d.h. aus ungenannten Sachzwängen ableiten und mit ihr die Existenz und die Rolle des BKA.

Auch zum Komplex *Einbindung von Experten, Kritik und Presse* wird man im vorliegenden Diskursfragment fündig. Zum Ende seiner Begrüßung wendet sich Heinl, neben den „Damen und Herren, die sich als Referenten und Diskussionsteilnehmer zur Verfügung gestellt haben" (ebd.: 8), auch an die Vertreter „der Presse, des Rundfunks und des Fernsehens, die mit ihrer Anwesenheit das Interesse der Öffentlichkeit an dieser Tagung bekunden" (ebd.). Er schließt mit einem *Bonmot*, das er dem Bereich Datenverarbeitung/EDV entnimmt und welches auf den beabsichtigten Verlauf und das Ergebnis der Tagung abzielt:

„Uns allen wünsche ich, daß die Arbeitstagung in Verlauf und Ergebnis einen Eindruck vermitteln möge, der sich in Anlehnung an das Thema auf die kurze Formel bringen läßt: ,*Richtig programmiert*'" (ebd.; Hervorh. i. Orig.).

Interessant ist bei diesem, dem Bereich EDV entnommenen Terminus, dass Programmierung assoziativ einen gewissermaßen einseitigen Prozess meint: Ein Computer/Rechner wird programmiert. Übertragen auf Personen bedeutet „zu programmieren" deren Beeinflussung und bewegt sich recht nahe an Manipulationsvorstellungen. Nun ist Heinl sicher nicht zu unterstellen, er intendiere eine Manipulation der Adressaten seiner Grußbotschaft. Viel mehr lenkt diese Interpretation das Augenmerk auf die Schnittstellen- und Vermittlungsfunktion des BKA, die es mittels Tagung und Teilnehmerzusammensetzung (Experten und Medienvertreter) zu erfüllen sucht: Die Tagung dient letztlich (auch) der „richtigen Programmierung" in diesem Sinne.

Eröffnungsansprache

Die Eröffnungsansprache der Tagung hielt der damalige Staatssekretär im Bundesinnenministerium, Wolfgang Rutschke, der den verhinderten Minister Genscher vertrat (vgl. Rutschke 1972: 9) In der Eröffnungsansprache wird der Begriff „innere Sicherheit" verwendet. Sein Sinngehalt erweist sich allerdings sehr allgemein als „Bekämpfung der Kriminalität" (ebd.: 10).

Der Staatssekretär betont eingangs, ebenso wie sein Vorredner Heinl, die Aktualität des Themas „Datenverarbeitung" (ebd.: 9). Meines Erachtens ein weiterer Beleg dafür, wie sehr die Betonung der Aktualität (des Tagungsthemas) Bestandteil der formalen Struktur der Diskursfragmente „Begrüßung" und „Eröffnungsansprache" ist. In seiner Rede illustriert Rutschke detailliert das Fortschreiten bereits vor der Tagung aufgenommener Aktivitäten zur Errichtung und Einführung eines datenverarbeitungsgestützten „Fahndungssystems". Hierbei sind zwei Punkte besonders hervorzuheben: zum einen die Einzelheiten zu den Zielen und Absichten, die mit der Errichtung eines „Datenfernverabeitungsnetzes" (ebd.) verbunden sind. Zum anderen die Thematisierung von diesbezüglichen Differenzen zwischen Länder- und Bundesbehörden.

Das geplante „Datenfernverarbeitungsnetz" wurde verstanden als „Fahndungsverbundnetz". Es diene „der Befriedigung *sämtlicher* Informationsbedürfnisse der Polizei" (ebd.; Hervorh. i. Orig.) Was „sämtliche" hierbei meint, bleibt unbestimmt und lässt das Feld der so genannte Informationsbedürfnisse um so umfassender erscheinen. Es ist dies ein Beleg für Machbarkeitsphantasien der Sicherheitsbehörden, die mit der Einführung von EDV-Systemen zu Beginn der 1970er-Jahre einhergingen und die eng mit dem Namen Herold in Verbindung zu bringen sind, was seinerzeit auch Rutschke – allerdings in positiv-anerkennender Absicht – schon tat (siehe unten). Es wurden hohe Erwartungen mit der EDV-Einführung verbunden, beabsichtigt war die möglichst unbegrenzte Erfassung aller nur irgendwie verfügbaren Informationen. Das BKA sollte in diesem Verbund die Funktion einer „Zentralstelle" übernehmen (vgl. ebd.). Doch nicht nur die zukünftige Sonderrolle des BKA wird in der Eröffnungsansprache umrissen. Auch in den bisherigen Planungen kam dem BKA, laut Rutschke, ein besonderes Gewicht zu: Schließlich hatte dessen „Präsident Dr. Herold [...] die Zielrichtung und den Inhalt des Konzeptes wesentlich mitbestimmt" (ebd.). Dem Netz sollten, Rutschke zufolge, aber nicht nur „das Bundeskriminalamt und die Polizeidienststellen der Länder" angehören. Vielmehr würden

„auch die zentralen Register des Bundes – ich nenne hier nur das Ausländerzentralregister und das Kraftfahrt-Bundesamt – [...] in dem Verbundnetz ihren Platz haben. Nicht zuletzt werden auch die Grenzdienststellen einbezogen werden, denn sie haben bereits heute einen wesentlichen Anteil am Fahndungsaufkommen" (ebd.).

Rutschke ging umfangreich und deutlich auf die bei Heinl bloß metaphorisch angedeuteten unterschiedlichen Einschätzungen zwischen Bundes- und Länderpolizeien bzw. zwischen den Ländern ein, wobei er versuchte, die Differenzen bloß auf Ebene der materiellen Realisierbarkeit des besagten Datennetzes anzusiedeln: „Ich weiß, daß einige Länder hier [= bei der Sicherung der finanziellen Basis; TK] die größte Schwierigkeit bei der Realisierung des Projektes sehen" (ebd.). Dennoch schienen auch Unterschiede auf Sachebene zu bestehen:

„Am zweiten Tag dieser Arbeitstagung werden Vertreter sämtlicher Länder über den Sach- und Planungsstand der Datenverarbeitung bei der Kriminalpolizei berichten. Es wird interessant sein, dabei zu hören, ob und wie sich die einzelnen Planungen unterscheiden und wodurch Unterschiede veranlaßt sind. *Noch wichtiger erscheint mir aber eine anschließende Aussprache darüber, ob und in welchem Maße die Unterschiede den Verbund erschweren oder teilweise sogar verhindern können*" (ebd.: 10; Hervorh. TK).

Das bekundete Interesse an der Ermittlung der Gründe für Unterschiede relativiert Rutschkes Versuch, Unterschiede vor allem über die Finanzmitteldimension zu erklären. Die Formulierung lässt durchblicken, es könne durchaus auch andere Gründe als finanztechnische geben. Schließlich deutet die Betonung des Erfordernisses einer „Aussprache" weiter in Richtung auf inhaltliche Differenzen, denn auf divergente Länderfinanzlagen.

Zum Thema *Feindbilder* ist festzuhalten: Es finden sich keine expliziten Feindbilder im Sinne spezifischer Delikts- und Kriminalitätsarten. Rutschke spricht lediglich allgemein von „der Bekämpfung der Kriminalität" oder „gemeinsamer Verantwortung für die innere Sicherheit" (ebd.). Zugleich redet er bei der Begründung des Erfordernisses eines EDV-Verbundsystems von einer „anwachsenden Kriminalität" (ebd.) und deren „Zurückdrängen". Diese Argumentationsfigur bezweckt, mittels der Drohkonstruktion des Anwachsens eine umfassende, präventive Datenerfassung als deren Gegenmittel zu begründen.

Ein weiterer indirekter Hinweis ist die o.g. Erwähnung des Ausländerzentralregisters, mittels welcher der Aufenthaltsstatus „Ausländer" zu einer bedeutsamen Bedrohungskategorie erhoben wird. Da in dem entsprechenden Zitat das Register in Bezug zum Aufbau eines Fahndungssystem gesetzt wird, liefert es hierüber einen Hinwies auf Personen, nach denen zu fahnden sei, d.h. auf so genannte Ausländer als fahndungsrelevantem im Sinne von verdächtigem Personenkreis. Als Objekte der sicherheitspolitischen Aktivitäten werden im Verlauf seiner Rede des weiteren benannt:

„Primäres Ziel ist es, den Exekutivbeamten beim ersten Einschreiten gegen verdächtige *Personen, Sachen, Kraftfahrzeugen, Waffen* usw. die erforderlichen Daten, zwar in Kurzform, aber sofort und auf aktuellstem Stand zur Verfügung zu stellen" (ebd.: 9; Hervorh. TK).

Auf den ersten Blick erscheint eine klare Bewertung dieser Unbestimmtheit schwierig. Einerseits liegt der bislang einzige Hinweis, den man heranziehen könnte, in der Erwähnung des Ausländerzentralregisters, der die unbestimmten Personen in erster Linie als *ausländische* Personen erscheinen lässt. Andererseits gibt es keine ausdrücklichen vereindeutigenden Attributierungen, beispielsweise ethnifizierende Hinweise, wie sie den aktuellen Sicherheitsdiskurs maßgeblich dominieren. So verstanden könnte diese Variante der Benennung von Bedrohungskonstrukten schlagwortartig als *sachorientiert-liberal* umschrieben werden, was mit der parteipolitischen Zusammensetzung der damaligen Bundesregierung (SPD-FDP-Koalition) und der Parteizugehörigkeit des damals amtierenden Bundesinnenminister Genscher (FDP) korreliert. In ihrer Allgemeinheit sind die Angaben aber auch als Verallgemeinerung des Verdachtsmomentes zu deuten, als ein Indiz, potenziell alle „Personen", „Sachen" und „Kraftfahrzeuge" einer Verdachtsvermutung auszusetzen, je nachdem, was das als Verbundnetz organisierte Datenverarbeitungssystem als relevant ausgibt. Was voraussetzt, alle nur verfügbaren Daten in dieses auch einzuspeisen.

Vordergründig läuft diese zweite Lesart zwar der ersten Deutung zuwider. Jedoch gibt es zwischen beiden einen Berührungspunkt. Dieser besteht in der pauschalen Ausweitung des die Dateneinspeisung begründenden Relevanzkriteriums. Jene fast schon fortschrittsgläubig zu nennende Periode des Sicherheitsdiskurses war gekennzeichnet von einem emphatischen Bezug auf die Möglichkeiten der elektronischen Datenverarbeitung und daraus resultierenden Anstrengungen zur umfassenden „Anhäufung von Daten" (Herold zit. n. Myrell 1984: 188) – gerade auch hinsichtlich Sachen und Personen, die vorderhand nicht direkt mit Kriminalität oder Verbrechen in Verbindung zu bringen waren. Durch geschickte Nutzung und ausgekügelte Auswertungsroutinen der verwendeten Rechnersysteme aber seien – so die Hoffnungen der damaligen Befürworter – Rückschlüsse zu ziehen, welche aus der Masse der scheinbar Unverdächtigen bislang nicht fassbare Verdächtige herausfiltern würden und somit eine effektivere Kriminalitätsbekämpfung ermöglichten. Die Kehrseite dieses Daten-Optimismus manifestierte sich umgekehrt in der kritischen Position einer Befürchtung des „gläsernen Bürgers" oder dem „Feindbild Bürger", aufgrund der diesem Datensystem vorausgesetzten ausgedehnten Datenerfassung.

Hieraus lässt sich die These ableiten, das Konzept eines solch umfassenden Datenverarbeitungssystems markiere zugleich einen – wenn auch sicherheitspolitisch transformierten, regressiven – Reflex gerade auch auf kritisch-sozialwissenschaftliche Ansätze während jener Zeit (Anfang der 1970er-Jahre), welche „Kriminalität" und ihre Bearbeitung in einen umfassenden gesellschaftlichen (Konstruktions-)Kontext einbetteten (vgl. hierzu Sack 1993; ders. 1993a; vgl. auch Bommes et al. 1991: 94). Womit nicht gesagt ist, die Berücksichtigung vollzog sich explizit-einsichtig auf diese Ansätze. Vielmehr variierte sie die gesellschaftliche Weitung entsprechend polizeilicher Erfordernisse. Man könnte es umschreiben als die verkürzte Modifikation soziologischer Kriminalitätstheorien zu kriminalistischen Zwecken. Kriminalistik wird hierbei als „Wissenssystem im Dienste der Polizei, der Kriminalitätsbekämpfung, der inneren Sicherheit" (Feest 1993: 238) verstanden, betrieben „aus einem Erkenntnisinteresse […], welches als Kontrollperspektive bezeichnet werden kann" (ebd.). Beachtenswert ist an dieser Stelle also, dass bereits die Modernisierung des Sicherheitsapparates qua Computertechnologie in den frühen 1970er-Jahren Elemente einer Einbindung oder wenigstens einen indirekten Reflex auf kritische Theorieansätze barg. Letztere Ansätze standen ihrerseits im Zusammenhang mit einem Bedeutungsgewinn der Gesellschaftswissenschaften, der sich im Zuge der studentischen Protestbewegung Ende der 1960er-Jahre und deren Theorierezeption vollzog, freilich *ohne* dass der angedeutete Reflex den Impetus dieser Kritik beibehielt.

Da die Analyse beabsichtigt, hegemoniale Feindbilder und Bedrohungsszenarien aus der Zeit zwischen 1972 und 1998 zu rekonstruieren und später die zunächst mittels der Kategorisierung *Konservativ* und *Kritisch* als unterschiedlich vorgestellten Bewertungen aufeinander zu beziehen, erscheint es vielversprechend, dieses Bild auch im Fortgang der Analyse zu berücksichtigen. Es ist zu vermuten, bei der kritischen Position handelt es sich um eine grundlegende Haltung des Kritischen Teils des Sicherheitsdiskurses, der bis heute immer noch maßgeblich auf dieser Position aufbaut und der daraus seine Gegenstrategien ableitet – mit all den bekannten Dramatisierungen, um Betroffenheit zu erzeugen und hieraus weitere Kritik zu motivieren und zu mobilisieren.

Ein weiterer Hinweis auf unterlegte Feindbilder ist der weiter oben bereits aufgeführten Schilderung Rutschkes zu entnehmen, wer im Verbundnetz „seinen Platz haben wird". Er geht an dieser Stelle sehr ausführlich auf Aspekte von Grenzsicherung ein. Demzufolge spielte „Grenze" offensichtlich schon zu Beginn der 1970er-Jahre eine auffallend große Rolle bei der Begründung des Erfordernisses des raschen Datenzugriffs (vgl. Rutschke 1972: 9). Die Feststellung, die Grenzdienststellen hätten „bereits heute einen wesentlichen Anteil am Fahndungsaufkommen" (ebd.), leitet folgende längere Passage ein:

„Sie [die Grenzdienststellen; TK] werden die Möglichkeit erhalten, sich in Sekunden darüber zu informieren, ob bestimmte Personen oder Sachen, die die Grenze überqueren wollen oder sollen, zur Fahndung ausgeschrieben sind. Entsprechendes gilt für Auskünfte über Personen, denen die Einreise verwehrt werden muß. Die Bundesregierung unterstützt nach wie vor alle Bestrebungen, die zu einer über die Staatsgrenzen hinausgehenden Freizügigkeit führen. Der Übergang über unsere Grenzen wird daher auch künftig nicht mit besonders zeitraubenden und lästigen Grenzkontrollen verbunden sein. Je liberaler wir die Grenzkontrolle aber handhaben, um so griffiger müssen die Mittel sein, die verhindern, daß Liberalität mit Schwäche verwechselt wird. Das Datenverbundsystem wird den Grenzdienststellen dabei wesentliche Hilfe leisten" (ebd.).

Die Schilderung ist geprägt von einem Spannungsverhältnis zwischen Freizügigkeit und Kontrolle. Betont wird sowohl die Garantie eines uneingeschränkten und vor allem zeitlich kurzen Grenzübertritts (keine „zeitraubenden und lästigen Grenzkontrollen") als auch, dass diese Freizügigkeit der Grenzpassage – im Zitat übersetzt als „Liberalität" – nicht im Widerspruch zu einem Kontrollzugriff auf die Grenzpassagiere stünde („griffige [...] Mittel"). Die Versöhnung beider sich widerstreitender Anliegen würde durch das Datenverbundsystem ermöglicht. Ein besonders wichtiger Aspekt in den bisher zitierten Fragmenten besteht darin, dass mit den positiven Erwartungen, die an die Einführung und Nutzung jenes Datenverbundsystems geknüpft werden, insbesondere die Hinweise auf Zeitersparnissen bzw. eine Verkürzung von Bearbeitungszeiten und – infolge dessen – eine Beschleunigung von Strafverfolgung verbunden werden. Dies ist als eine Variation des Zeittopos zu deuten (s.a. unten).

Die ausführliche Bezugnahme auf Grenze bzw. Grenzkontrolle rückt insbesondere deshalb ins Blickfeld, weil mittlerweile durch Untersuchungen umfassend belegt ist, wie sehr der aktuelle Sicherheitsdiskurs maßgeblich durch Fragen zu Grenzpolitik und -kontrolle (vgl. Busch 1995) und Feindbildern wie „importierte Kriminalität" und „ausländische Kriminelle" geprägt wird (vgl. Leuthardt 1994; Kunz 1998). Aus diesem Grund verdienen Bezugnahmen, die aus einer früheren Phase des Diskurses datieren, besondere Aufmerksamkeit, da sie darauf hinweisen, dass diese Feindbilder nicht neu sind, sondern allenfalls deren Anteil am jeweils herrschenden gesellschaftlichen Bedrohungsszenario zugenommen hat.

Die Thematisierung des Grenzübergangs Verdächtiger („bestimmte Personen oder Sachen", die „zur Fahndung ausgeschrieben sind") erfolgt allerdings im Unterschied zum Diskurs in den 1990er-Jahren richtungsspezifisch nicht eindeutig. Im Gegensatz zu aktuellen Drohkonstruktionen, die fast durchweg auf Grenze Bezug nehmen, um Kriminalität als von außen in die Bundesrepublik kommend zu schildern, wurden damals noch Ein- und Ausreise gleichermaßen in den Kontext gerückt.

Die Verwendung der Deklinationen des Personalpronomens der ersten Person Plural („uns", „wir"), die stellvertretend für Namen und Bezeichnungen von Personen oder Sachen stehen, changieren zwischen zwei Verwendungen: einerseits „uns" Deutschen („unsere Grenzen") und andererseits den Angehörigen der Grenzdienststellen, der Polizei und/oder der Sicherheitsbehörden im weiteren Sinn („Je liberaler wir die Grenzkontrolle aber handhaben"). Dennoch ist die Verknüpfung mit der Nationalitätszugehörigkeit als relativ schwach und subtil zu beurteilen, wenn man die entsprechende Eindeutigkeit aktueller Bedrohungsszenarien berücksichtigt.

Bezüglich Metaphernverwendung, Kollektivsymbolik und Topoi liefert die Analyse folgende Ergebnisse: Rutschkes Text ist relativ arm an Metaphern. Freilich ist das „Datenfernverarbeitung*netz*" bereits eine solche, soll hier jedoch nicht eingehender thematisiert werden. Es genügt, darauf hinzuweisen, dass die Netz-Metapher Bezugs-/Anknüpfungsmöglichkeiten zu mehreren Bereichen ermöglicht: zum einen die Referenz auf das Tierreich (Spinnennetz), zum anderen ein eher technischer Bezug, wenn man an das Netz als Werkzeug (Fischfang) denkt bzw. das Netz als Beschreibungsform versorgungs- oder verkehrstechnischer Zusammenhänge (Stromnetz, Straßennetz). Letzterer Bezug (technisch) muss hierbei allerdings als Anwendungsbereich der aus dem Tierreich herrührenden Netz-Metapher aufgefasst werden. Eine Netz ist zunächst ein aus Fäden, Schnüren oder ähnlichem geknüpftes oder geflochtenes Maschenwerk. Am Bedeutsamsten erscheint in diesem Kontext jedoch: Mit einem Netz fängt man etwas, seien es Fliegen, Fische oder so genannte Verbrecher. Erwähnenswert ist darüber hinaus die Rede von „der Front der Verbrechensbekämpfung" (Rutschke 1972: 9), die dem militärischen Sprachschatz entnommen ist und die Verbrechensbekämpfung hierüber als „Krieg gegen Verbrechen" kodiert. Eine weitere Metapher verwendet Rutschke, wenn er sein Plädoyer für eine umfassende, präventive Datenspeicherung begründet, die notwendig sei „um noch besser die Bedingungen zu erfassen, unter denen Kriminalität entsteht": „Unsere Aufgabe ist es nicht, nur dem Verbrechen *hinterherzu-*

laufen, nur den Einzelfall aufzuklären. Dies ist schwierig genug" (ebd.: 10; Hervorh. TK).

Das Hinterherlaufen (hinter dem „Verbrechen") legt nahe, die Sicherheitsbehörden hätten einen Rückstand aufzuholen und umgekehrt *das* „Verbrechen" den Behörden gegenüber einen Vorsprung. Die Metapher selbst ist dem Bereich Sport bzw. Spiel zuzuordnen. Der Rückstand, der dem bloß reaktiven Agieren geschuldet ist, könne jedoch durch Datenverarbeitung nicht nur aufgeholt, sondern sogar in sein Gegenteil verkehrt werden: Die Sicherheitsbehörden könnten das Verbrechen quasi überholen. Freilich nur, indem das Verfolgungskonzept seiner Qualität nach ebenfalls umgekehrt würde: Die Behörden agierten nicht länger reaktiv, sondern (datentechnisch) präventiv, d.h. als aktive Kontrolleure im Vorfeld von Handlungen, die als Kriminalität gelten.

Im Kontext mit der Thematisierung starker Unterschiede bei „EDV-Organisation" und „Gliederung der Datenbestände in den einzelnen Ländern", die eine Realisierung des Datenverbundes zwar nicht verhindern würden, aber einen höheren Aufwand und einen Zeitverlust bedeuteten, vertritt Rutschke die Auffassung, dass „wir uns [diesen Zeitverlust; TK] nicht leisten können". Denn: „Die Zeit drängt" (ebd.). Neben einem erneuten Beispiel für die Verwendung von Personalpronomina der ersten Person Plural findet sich hier der Topos des Drängenden, der knappen Zeit, die kostbar ist, ansonsten drohe eine Niederlage im Kampf gegen das Verbrechen.[17] Hierzu zählt gleichfalls die im o.g. Zitat zu den Grenzdienststellen erwähnte Möglichkeit, „sich in Sekunden zu informieren" (ebd.: 9) bzw. der Appell Rutschkes, an „alle an diesem Projekt Beteiligten", sich u.a. darum zu bemühen, dass die anvisierte EDV-Einführung „*rasch* verwirklicht werden kann" (ebd.: 10; Hervorh. TK). Der Topos, der auf knappe Zeitlichkeit abhebt und auf den zu Beginn dieses Kapitels kurz hingewiesen wurde, begegnet dem Leser somit bereits im ersten Tagungsband des Untersuchungsintervalls – was meines Erachtens die Bedeutung, die diesem Topos beizumessen ist, unterstreicht.

Rutschke befürchtet weiter, dass ein „nicht umfaßender Einsatz der EDV bei der Verbrechensbekämpfung" zu Zweifeln daran führen würde, „ob wir alle gegebenen Möglichkeiten nutzen, um der anwachsenden Kriminalität Herr zu bleiben" (ebd.: 10; Hervorh. TK). Das „Herr zu

---

17 Ohnehin ist die Rede vom Hinterherlaufen (siehe oben), die sich dem Bereich Sport zuordnen lässt, hochgradig zeitlich aufgeladen. Der Bereich Sport (und in ihm der Wettkampf) ist geradezu prototypisch für zeitbezogene Erfolgsmessung, wobei der Erfolg um so größer ist, je niedriger die Zeitspanne ist, um eine bestimmte Leistung zu erbringen – unabhängig von der sportlichen Disziplin.

bleiben" ist eine weitere Sprachmetapher, die eine gegenwärtig kontrollierte Situation behauptet (Herr *sein*, im Sinne von bereits be*herr*schen), aber diese Kontrolle zumindest als prekär unterstellt. Das Prekär-Sein ergibt sich aus dem Handlungsdruck, der durch die Knappheit der verbleibenden Zeit schon nahegelegt wurde und der durch die Aufforderung Rutschkes an „alle an diesem Verbundprojekt Beteiligten", sich um eine „Verbundregelung zu bemühen, [...] die rasch verwirklicht werden kann" (ebd.) noch verstärkt wird. Da Kriminalität bzw. Verbrechen drohende Gefahren darstellen, bedeuten alle Positionen, die die rasche Verwirklichung des EDV-Einsatzes verhindern, eine Gefährdung der Inneren Sicherheit. So gesehen delegitimiert der Staatssekretär in der Eröffnungsansprache mittels unterstelltem drohendem Zeitdruck bzw. drohender Zeitknappheit alle Positionen, die der von ihm favorisierten raschen Umsetzung entgegenstehen, als dem Verbrechen zuarbeitend. Dies gilt um so mehr für kritische Positionen, die die Einführung der EDV nicht nur nicht so rasch verwirklichen wollen, sondern gänzlich ablehnen.

In der Eröffnungsansprache Rutschkes finden sich darüber hinaus relvante Passagen zum Thema *Einbindung von Experten, Kritik und Presse*. Es ist sowohl der Versuch zur Einbindung von Experten als auch von Kritik zu beobachten. Ich komme zunächst auf die Experten zu sprechen und möchte hierzu noch einmal das oben angesprochene präventive Konzept aufgreifen. Das „Zurückdrängen der Kriminalität", das Rutschke letztlich als Ziel formuliert, lässt sich allein durch das Hinterherlaufen, durch Einzelfallaufklärung also nicht erreichen. Vielmehr müsse

„dem ‚Fahnden und Finden' [...] das *Forschen* hinzugefügt werden. Die EDV wird uns das in viel stärkerem Maße als bisher ermöglichen. Die umfaßende Speicherung kriminologisch bedeutsamer Daten wird helfen, noch besser die Bedingungen zu erkennen, unter denen Kriminalität entsteht" (ebd.; Hervorh. TK).

Die Experten bleiben fachlich unbestimmt, es ist vielmehr das „Forschen", die Wissenschaft im Allgemeinen, die hier in Anspruch genommen wird: „Der Wissenschaft wird endlich ein im Umfang ausreichendes Material für die kriminologische Ursachenforschung geliefert werden können" (ebd.). Zugleich ist die Stelle ein Beleg für die verstärkte Inanspruchnahme von Wissenschaft durch die Sicherheitsbehörden, wie sie für den Anfang der 1970er-Jahre bereits in den vorangehenden Teilen angesprochen wurde. Erneut wird in diesem Zusammenhang gerade das BKA ins Gespräch gebracht und dessen diesbezügliche Sonderrolle herausgestellt: „Hier liegen insbesondere für die zentrale Nachrichten-sammelstelle, das Bundeskriminalamt, in der Zukunft große Aufgaben" (ebd.: 11).

Gegen Ende seiner Rede greift der Staatssekretär Kritik an den Plä-nen zur EDV-Einführung ausdrücklich auf. Die kritische Position, auf die er sich bezieht und die er zu entkräften versucht, ist allerdings keine allgemein gesellschaftspolitische bzw. bürgerrechtsorientierte, es han-delt sich vielmehr um berufsständische Bedenken. Jene Bedenken gegen die „Nutzbarmachung automatischer Datenverarbeitung im polizeilichen Bereich" gingen in Richtung von Rationalisierungs- und Routinisie-rungsbefürchtungen im Sinne von *Modernisierungsängsten*, die von den Beschäftigten im Polizeiapparat geteilt und angesprochen wurden (vgl. ebd.). Im Mittelpunkt steht die Besorgnis über erhebliche Veränderun-gen des Berufsbildes des Kriminalbeamten, die mit einer Schwächung dessen Kernkompetenzen verbunden seien: „Die in der Sensibilität be-gründeten Berufseigenschaften können unter bestimmten Umständen im ständigen Umgang mit dem Computer notleiden" (ebd.).

Zum Zeitpunkt der Tagung (1972) war eine am so genannten Daten-schutz orientierte kritische Position, wie sie aktuell etabliert ist, gesell-schaftspolitisch offensichtlich noch wenig verankert, so dass der BKA-Vizepräsident es nicht für nötig halten musste, hierauf wenigstens *pro forma* einzugehen – um etwaige Bedenken zu zerstreuen. Vielmehr prägten Machbarkeitsphantasien die Diskussion. Solch eine Einschät-zung darf nicht zu dem Fehlschluss leiten, 1972 gab es keine kritischen Positionen, die sich explizit gegen die Politik Innerer Sicherheit wand-ten.[18] Allerdings sind hier sowohl die bisherigen Befunde in Rechnung zu stellen, denen zufolge der Begriff Innere Sicherheit den Sicherheits-diskurs zwar zu durchsetzen begann, aber noch nicht zu der Prominenz aufgestiegen war, die er zukünftig, d.h. heute besitzen sollte.

Kritische Positionen – im Sinne von politisch-kritischen, jenseits kritischer Fach- bzw. Spezialdiskurse – lagen zwar seinerzeit durchaus vor, vorherrschend jedoch zu *Querschnittsthemen* wie Polizeireaktionen auf Demonstrationen, so genannter Sympathisantenhetze und so ge-nannter Gesinnungsschnüffelei sowie zu repressiven Reaktionen auf die Protest- und/oder Studentenbewegung. Die später sich entwickelnde

---

18 Das schließt nicht aus, dass zum gleichen Zeitpunkt in wissenschaftlichen Spezialdiskursen – in Bezug auf herrschende Sicherheitspolitik – durchaus kritisch zu verstehende Ansätze existierten. Gleichwohl indiziert die o.g. Nichterwähnung ein seinerzeit herrschendes gesellschaftspolitisches Krä-fteverhältnis, mit dem auch verbunden war, dass entsprechende Ansätze damals gesellschaftlich nicht in einem Umfang geltend gemacht werden konnten, die eine wie auch immer geartete Bezugnahme innerhalb einer Eröffnungsansprache darauf unumgänglich gemacht hätten.

kritische Position zum Computereinsatz hantiert mit der Angst vor dem umfassenden Datenzugriff auf die Allgemeinheit, d.h. *die* Bürger. Sie manifestiert sich in der Rede vom „Alle können erfasst werden", vom *gläsernen Bürger*, von der Angst vor der so genannten Rasterfahndung, die jede und jeden zur/zum potenziell Verdächtigen macht. Dies waren/sind deren bekannteste, sich aus dem kritischen Reflex auf die Datenvernetzungspläne der Polizeibehörden entwickelnden Muster. Sie bilden bis heute einen markanten Grundstein der kritischen Position.

So gesehen indiziert Rutschkes Nicht-Erwähnung einer solchen Kritik also lediglich eine Machtposition, die es gestattet, direkt und explizit auf diesen Themenkomplex gerichtete kritische Positionen nicht erwähnen zu müssen. Zugleich ist davon auszugehen, dass solch eine Kritik beispielsweise an Präventionsphantasien – denenzufolge durch umfassende Datensammlung quasi Kriminalitätsbekämpfung im Vorfeld möglich würde (Stichwort: Kriminalität bekämpfen, bevor sie entsteht) – sich erst mit einiger Zeitverzögerung artikulierte.

Organisiertes Verbrechen
Arbeitstagung des Bundeskriminalamtes in Wiesbaden vom 21. bis zum 25. Oktober 1974[19]

Begrüßungsrede

Zentrales Anliegen der Begrüßungsrede ist die Begründung des Erfordernisses einer Klärung des Begriffs „Organisiertes Verbrechen". Grundsätzlich ist an dieser Stelle zu betonen, dass die relativ frühe Behandlung dieses Gegenstandes in Gestalt einer eigenen Jahrestagung ein Indiz für den Sachverhalt ist, dass eine Vielzahl von Feindbildern schon

---

19 Auf den Tagungsband Nummer 20 aus dem Jahr 1972 folgte erst 1975 der Tagungsband Nummer 21. Zwischen der Arbeitstagung im Oktober 1974 – die mit dem 1975 erschienenen Band 21 dokumentiert wurde – und der davor stattgefundenen Tagung liegen somit ca. zweieinhalb Jahre. 1973 wurde offensichtlich keine Jahrestagung durchgeführt. Hinweise auf Gründe für die zeitliche Unterbrechung bzw. den „Ausfall" finden sich weder in der Begrüßungs- noch in der Eröffnungsrede des Jahres 1974. Im Unterschied zum Jahr 1972, in welchem die Tagung im Frühjahr abgehalten wurde, liegen die Termine der BKA-Arbeitstagungen seit 1974 im Herbst eines jeden Jahres. Die seitdem in der Regel am Ende eines Jahres liegenden Tagungstermine bringen u.a. mit sich, dass das jeweilige Veröffentlichungsjahr eines Tagungsbandes vom Tagungsjahr abweicht. Die Tagung hatte die Bedrohungskonstruktion „Organisiertes Verbrechen" zum Titel, lässt sich also der Gruppe der explizit kriminalitätsartbezogenen Veranstaltungen zuordnen. Der Umfang des Bandes beträgt 230 Seiten. Die Länge des Begrüßungstextes umfasst ca. anderthalb Seiten, die Länge der Eröffnungsansprache ca. zwei Seiten.

seit längerem im Sicherheitsdiskurs verhandelt werden.[20] Es ist ein Hinweis auf Karrieren von Feindbildern, die zu so genannten Leitbedrohungen aufsteigen, in diesem Sinne also nicht *neu* sind, d.h. quasi aus dem Nichts auftauchen, sondern im Sicherheitsdiskurs häufig seit geraumer Zeit kursieren. Sie können im Rahmen einer spezifischen diskursiven Dramatisierung an Bedeutung gewinnen – wobei der Eindruck entsteht, es handele sich um neue, bislang nicht bekannte und folglich besonders gefährliche Bedrohungsszenarien. Dieses beobachtbare Muster geht in der Regel einher mit der Betonung besonderen Handlungsdrucks, der sich unmittelbar aus der Plötzlichkeit des Eintritts der Bedrohung und der nahegelegten Exklusivität des Bedrohungspotenzials ableitet.

Gleichzeitig mit dem Tagungstitel und dem zentralem Anliegen der exakten Begriffsklärung wird also ein Leit-, d.h. Hauptfeindbild benannt. Hierbei fällt eine gewisse Paradoxie auf. Einerseits wird „Organisiertes Verbrechen" qua Betitelung der Tagung zu einem exponierten und öffentlich besonders wahrnehmbaren Feindbild erhoben, zugleich relativiert Herold die faktische Bedrohungslage in seiner Rede erheblich:

„Für den Bereich der Bundesrepublik wird, wie in einem Referat zu erörtern, die Frage [wie weit die Syndikatisierung des Verbrechens international bereits fortgeschritten sei; TK] derzeit kategorisch zu verneinen sein. Mit der Beschränkung auf das Wort ‚derzeit' soll angedeutet werden, daß die Gefahr des Auftretens syndikatisierter Verbrechensformen in der Bundesrepublik keineswegs für immer ausgeschlossen scheint" (Herold 1975: 5).

Im Zitat wird unausgesprochen eine Schwellen-Situation der „Gefahr" nahegelegt. Die Situation der „Syndikatisierung des Verbrechens" sei in der Bundesrepublik zwar *noch nicht* in solch einem Maße fortgeschritten, wie in anderen Ländern („kategorisch zu verneinen"). Zugleich signalisiert dies aber keine Situation der Sicherheit, denn „die Gefahr" ist „keineswegs für immer ausgeschlossen". Auch wenn keine Angabe zur implizit mitschwingenden Frage, wann es denn zu einer Zunahme der Gefährdung komme, gemacht wird, in Kombination mit dem an anderer Stelle analysierten Zeittopos ist davon auszugehen, dass dies bald der Fall sei. Die Notwendigkeit der eingeforderten Klärung des Begriffs „organisiertes Verbrechen" leitet sich aus einer Wahrnehmung ab, diese sei binnen kurzem erforderlich, um rechtzeitig eine Bekämpfungsstrate-

---

20 Auch das Thema „Ausländerkriminalität", welches in der gegenwärtigen Phase des Sicherheitsdiskurses, d.h. seit Mitte der 1990er-Jahre zu einem Leitfeindbild avancierte, wurde schon Ende der 1980er-Jahre mit einer eigenen Tagung *gewürdigt* (vgl. Bundeskriminalamt 1989).

gie zu entwickeln. Die Dringlichkeit der Klärung ist hierüber notwendig rückgekoppelt an das unmittelbare Bevorstehen der Gefahr. Explizit bestreitet Herold die akute Bedrohung durch das Feindbild „syndikatisiertes Verbrechen", implizit legt er sie nahe.

Während der Begriff Innere Sicherheit in der Begrüßungsrede nicht explizit auftaucht, lassen sich, für alle anderen die Analyse leitenden – und in den Fragmenten des ersten Tagungsbandes auch schon vorgefundenen – Themenkomplexe, Belege in den Fragmenten der 1974er-Tagung finden. Sowohl Zentral- bzw. Leitstellenanspruch als auch die Schnittstellenfunktion und schließlich der Zeittopos sind in der Begrüßungsrede anzutreffen. Alle drei Aspekte werden bereits sehr früh und in einem einzigen Absatz verdichtet:

„Es gibt wohl kein Gebiet im Bereich der Kriminalität, das der Begriffsbestimmung so sehr bedarf wie das sog. organisierte Verbrechen. Zwar fehlt es keineswegs an sorgfältigen wissenschaftlichen Analysen und Vorarbeiten, die sich um exakte Beschreibungen bemühen. Doch können alle diese Versuche wegen der zwangsläufigen Isoliertheit und Regionalität ihrer Bemühungen sich nicht auf jenes Maß an *Autorität* berufen, das zur allgemeinen und internationalen Anerkennung erforderlich wäre. Mehr denn je – und mehr als anderswo – erscheint es an der Zeit, die Erscheinungsformen in einem internationalen Gespräch von Praktikern und Wissenschaftlern *allseitig* zu betrachten, um die gültigen Begriffe und Aussagen herauszufiltern, die die Basis einer Definition von allgemeiner Verbindlichkeit liefern" (ebd.; Hervorh. i. Orig.).

Der Zentral- und Leitstellenanspruch artikuliert sich, indem zunächst die „zwangsläufige Isoliertheit und Regionalität" von bisherigen Versuchen zur Begriffsbestimmung kritisiert wird. Herolds Kritik mündet in einem Plädoyer für die Überwindung jener „Isoliertheit" und „Regionalität". Der BKA-Präsident setzt hierbei auf ein „zur allgemeinen und internationalen Anerkennung" erforderliches „Maß an Autorität". „Isoliertheit" und „Regionalität" verfügen an dieser Stelle über eine spezifische Mehrdeutigkeit. Sie können in Hinblick auf einen *nationalen* ebenso wie auf einen *internationalen* Bezug gelesen werden. Auch wenn mit dem späteren Verweis auf „internationale Anerkennung" die *nationale Lesart* in den Hintergrund tritt, ließen sich „Isoliertheit" und „Regionalität" ebenso als Kritik an unterschiedlichen oder gar konkurrierenden Konzepten und Begriffsbestimmungen auf Bundesländerebene (bspw. auf Ebene der Landeskriminalämter) auffassen. Angestrebt wird in jedem Falle eine „Definition von allgemeiner Verbindlichkeit", auch deren Lesart unterliegt der eben angedeuteten Offenheit. Die BKA-Tagung als ein „internationales Gespräch von Praktikern und Wissenschaftlern" soll diese allgemeine Verbindlichkeit erbringen oder zumindest die Basis dafür liefern. Womit gleichzeitig von Herold beansprucht wird, das BKA verfüge über just jenes „Maß an Autorität", das für die Anerkennung, für das Gültigmachen einer bestimmten Begriffsbestimmung erforderlich sei.

Die Feststellung, dass es „der Begriffsbestimmung so sehr bedarf" und die Formulierung „Mehr denn je – und mehr als anderswo – erscheint es an der Zeit" stellen Verwendungsformen des Zeittopos dar. Zeitliches Erfordernis und nicht näher bestimmte inhaltliche Notwendigkeit simulieren eine Situation des Handlungsdrucks. Dieser wurde auch schon am Beispiel der Widersprüchlichkeit der Gefährdungslage aufgezeigt. Zugleich fällt auf, dass der Zeittopos, d.h. die Figur des Drängens immer *auch* der Betonung der Aktualität des Themas zu dienen scheinen. Was bedeutet, dass auch diese rhetorische Figur, die ritualisierte Betonung der Aktualität des Tagungsthemas, im obigen Absatz enthalten ist.

Gleichzeitig ist das Fragment ein Beleg für die Einbindungs- und Schnittstellenfunktion des BKA: es werden „Praktiker und Wissenschaftler" zusammengebracht. Die Verweise auf Wissenschaft und wissenschaftliche Analyse belegen überdies die gestiegene Bedeutung des Wissenskomplexes. Herold verwendet im weiteren Verlauf seiner Rede ausdrücklich den Begriff der Verwissenschaftlichung. Er tut dies zudem in einem Atemzug mit Ausbau- und Modernisierungstendenzen im Polizeiapparat und liefert somit eine unzweideutige Selbstdeklaration für die zur Jahrzehntwende der 1960er-, 1970er-Jahre diagnostizierten strukturellen Veränderungen im Sicherheitsapparat:

„Je mehr die Polizei [...] die kriminalistischen Arbeitsweisen verwissenschaftlicht, desto mehr trägt sie *tendenziell* zur Intellektualisierung und Technisierung des Verbrechens bei. [...] Zwangsläufig rücken damit weitere Fragen nach vorn, etwa: wie bereits in den Ausbau-, Modernisierungs- und Verwissenschaftlichungsprozeß der Polizei Konstruktionselemente einzuplanen sind, die von vornherein die Organisation krimineller Gegenmacht erschweren [...]" (Herold 1975: 5 f.; Hervorh. i. Orig.).

Gleichwohl fällt auf, dass Herold diesen Hinweis auf Verwissenschaftlichung in einem Kontext verwendet, der zunächst die Dynamik der Gefährlichkeitszunahme des Verbrechens betont, denn: Mit der Verwissenschaftlichung ihrer Arbeit betreibe die Polizei, wenn auch ungewollt, auch die Intellektualisierung und Technisierung des Verbrechen. Es handelt sich hierbei um eine Variation, die der Figur der so genannten Rüstungsspirale bzw. des -wettlaufs nahesteht. Jeder Fortschritt oder Vorsprung, den die Polizei gegenüber dem so genannten Verbrechen zu erlangen versucht, wird egalisiert durch die dem Verbrechen unterstellten Versuche, sich gleichfalls der neuesten Mittel und Methoden zu bedienen, die zum Zwecke der Bekämpfung eingesetzt werden. Die Einbindungs- und Schnittstellenfunktion des BKA im Allgemeinen und von dessen Arbeitstagungen im Besonderen dokumentiert paradigmatisch der Schlussabsatz der Begrüßungsrede:

„Wie groß das Interesse an der Lösung aller dieser schwierigen Probleme ist, zeigt die Beteiligung von Politikern, Hochschullehrern, leitenden Polizeibeamten, Vertretern der Ministerien, von europäischen und internationalen Institutionen, der Staatsanwaltschaften und Gerichten aus aller Welt. Sie alle, meine Damen und Herren, heiße ich zu dieser Arbeitstagung des Bundeskriminalamtes herzlich willkommen. Das Bundeskriminalamt und seine Mitarbeiter wünschen der Tagung einen vollen Erfolg" (Herold 1975: 6).[21]

Die Begrüßungsrede des BKA-Präsidenten enthält schließlich auch ein sehr subtiles Beispiel für die Einbindung/Berücksichtigung einer kritischen Diskursposition, wenn Herold bei einer Aufzählung von seines Erachtens zwangsläufigen Fragen im Kontext neuer Abwehr- und Verfolgungstrategien u.a. „die wichtige Frage" erwähnt,

„die tief in die Bereiche unseres rechtsstaatlichen Selbstverständnisses hineingreift: ob und in welchem Umfange die Gesellschaft zu ihrem eigenen Schutz die Polizei befähigen muß, die Überwachung und Bekämpfung des syndikatisierten Verbrechens bereits weit im Vorfeld von Straftaten – gleichsam nachrichtendienstlich – vorzunehmen" (ebd.: 6).

Herold antizipiert an dieser Stelle unausgesprochene Einwände, die eine Gefährdung oder zumindest erhebliche Beeinflussung des Rechtsstaatsgedankens durch zunehmende Ermittlungsbefugnisse der Polizei befürchten. Er expliziert diese Problematik als Frage des „grundsätzlichen Überganges von der Repression zur Prävention". Mit dieser Formulierung greift Herold einen Gedanken auf, welcher im Ansatz auch bereits in Passagen der Eröffnungsansprache des Staatssekretäres Rutschke aus dem Jahre 1972 identifiziert wurde (vgl. Rutschke 1972). Die Thematisierung erfolgt bei Herold indes deutlicher als bei Rutschke. Es ist zu vermuten, dass die zunehmende Deutlichkeit, wie bei der Interpretation des 1972er-Textes schon erwartet, mit der generell verstärkten gesell-

---

21 Die Aufzählung im Zitat, die im ersten Moment als bloße Abfolge der Berufsgruppenzugehörigkeiten anwesender Tagungsteilnehmer erscheint, ist ferner ein geeigneter Beleg für die Berücksichtigung der akteursspezifischen Diskursperspektive in dieser Untersuchung.

schaftlichen Artikulation der Thematik in Zusammenhang steht. Mit anderen Worten: dem Aufkommen einer diesbezüglich kritischen Position. Die Begrüßung enthält keine relevanten Metaphern. Dies kann allerdings gleichfalls als Befund gelten. Es liegt die Vermutung nahe, dass BKA-Präsident Herold, der die Begrüßungsrede zu dieser Tagung – im Vergleich zur vorherigen Tagung – selbst hielt, ganz besonders um Wissenschaftlichkeit bzw. Sachlichkeit bemüht war, was einerseits durch seine häufigen Bezüge auf Wissenschaft in seiner Rede selbst und andererseits durch seine auch in anderen Quellen belegte Ambition, die Kriminalitätsbekämpfung zu verwissenschaftlichen, gestützt wird (vgl. bspw. Zachert 1992: 11; vgl. kritisch Gössner 1982: 252 ff.).[22]

Eröffnungsansprache

Im Gegensatz zu seinem Vorredner Herold verwendete Bundesinnenminister Maihofer in der Eröffnungsansprache den Begriff Innere Sicherheit ausdrücklich: „[...] Es [bedarf] der europäischen und internationalen Zusammenarbeit aller für die innere Sicherheit ihrer Staaten Verantwortlichen" (Maihofer 1975: 8). Der Satz findet sich erst gegen Ende der Rede. Der Begriff wird hierbei allerdings nicht näher erläutert, weswegen davon auszugehen ist, dass er implizit durch die in der Rede zur Sprache gekommenen Bedrohungsszenarien bestimmt sein muss. Als solche fungieren „Organisierte Kriminalität" bzw. „Organisiertes Verbrechen". Beide Begriffe werden von Maihofer synonym benutzt und inhaltlich wie folgt gefüllt:

„Zu dieser Waffengleichheit des Reaktionsapparates im Verhältnis zu den heutigen kriminellen Organisationen bedarf es zugleich auch der *international organisierten Reaktion* auf solche Verbrechen, sei es der international organisierten Rauschgiftkriminalität oder Vermögenskriminalität, sei es gar jener Gewaltkriminalität terroristischer Aktionen aus politischer oder pseudopolitischer Motivation" (Maihofer 1975: 8; Hervorh. i. Orig.).

---

22 Ihre Entsprechung besitzen die Metaphernarmut der Begrüßung und jene Feststellungen in einer spezifischen Verwendungsweise von Metaphern. Dieser liegt eine Auffassung zugrunde, die „Metaphern als devianten, von einer Norm abweichenden suggestiven Sprachgebrauch, als semantische und kognitiv irrelevante Anomalie, als rhetorisch-stilistisches Ornat" (Pielenz 1993: 59) deutet, welches gerade „als Mittel objektiver wissenschaftlicher Beschreibung jedoch untauglich" (ebd.: 60) sei. Das würde bedeuten: In wissenschaftlichen, d.h. Fach-/Spezialdiskursen, die als diskursiv besonders formalisiert und hoch geregelt zu gelten haben oder die Wissenschaftlichkeit beanspruchen, sind Metaphern seltener oder – wenn – nur in schwachen Ausprägungen anzutreffen.

Einleitend betont Maihofer in seiner Rede zunächst den Zusammenhang zwischen Erscheinungsformen von Verbrechen in Abhängigkeit vom Grad der industriellen Entwicklung einer Gesellschaft. Illustriert wird dieser Zusammenhang mit Bezügen auf das Mittelalter – im Sinne eines „vorindustriellen Zeitalters" – und auf die Zeit Anfang der 1970er-Jahre, die stellvertretend für das industrielle Zeitalter steht. Die Einleitungssequenz mit ihrer rudimentären Bezugnahme auf ein an technischer Entwicklung – man ist fast geneigt zu sagen: Produktivkraftentwicklung – orientiertem Erklärungsmodell gesellschaftlicher Veränderungen, kann hierbei durchaus auch als Beispiel für die Bedeutsamkeit sozialwissenschaftlicher Erklärungsansätze in dieser Zeit gelten (vgl. ebd.: 7), was sich darin niederschlug, dass diese Anfang der 1970er-Jahre offensichtlich sogar bis in Sicherheitskreise hinein *en vogue* waren.[23] Überdies besitzen solche Erklärungsmuster eine hohe assoziative Nähe zu Begriffspaaren wie technischer Fortschritt/Rückschrittlichkeit, Moderne/Tradition o.ä. Es wird im Verlauf der Maihofer-Rede zu prüfen sein, ob Hinweise darauf vorliegen, dass von einem Topos gesellschaftlicher Entwicklung gesprochen werden kann, der präziser mit Fortschritts- oder Modernisierungstopos zu bezeichnen wäre.

Bei dem Versuch, „das Spezifische und Typische der *Organisationsstruktur der Kriminalitätsphänomene* herauszuarbeiten", zählt Maihofer bereits zu einem früheren Zeitpunkt seiner Rede ausgewählte Deliktarten auf, „die uns als sogenannte ‚organisierte Verbrechen'" begegnen: „Eigentumsdelikte oder [...] Fälschungsdelikte, [...] Rauschgiftdelikte oder [...] Waffendelikte" (ebd.: 7; Hervor. i. Orig). Interessant hieran ist, dass offensichtlich bereits für das Jahr 1974 eine ähnliche Verwendungsweise der Kategorien „Organisiertes Verbrechen" oder „Organisierte Kriminalität" zu beobachten ist, wie nahezu zwanzig Jahre später. In einer 1995 durchgeführten Analyse der 1994 im Bulletin der Bundesregierung veröffentlichten Polizeilichen Kriminalstatistik des Jahres 1993 konnte gezeigt werden, dass der Begriff Organisierte Kriminalität zum einen entgegen der weiter oben geschilderten, zu diesem Zeitpunkt zwanzig Jahre zurückliegenden Bemühungen des BKA-Präsidenten Herold und der anderen Tagungsteilnehmer anscheinend immer noch nicht befriedigend definiert werden kann (vgl. Kunz 1995: 28) und zum anderen statt dessen weiterhin inhaltlich gefüllt wird, indem die Sicherheitsbehörden in ihren Beschreibungen lediglich unterschiedliche Deliktbereiche zu einem diffusen Großbereich Organisierte Kriminalität aggre-

---

23 Dies ist keine Kritik an Ansätzen, die sich auf solche sozialwissenschaftlichen angeleiteten Definitionsversuche beziehen, als vielmehr eine Kritik an deren vulgarisierender Indienstnahme.

gieren (vgl. ebd.: 30; vgl. auch Pütter 1998) und einen daraus hervorgehenden besonderen Bedrohungseindruck qua Kumulierung bewirken.

Besondere Aufmerksamkeit verdient schließlich die Paraphrase eines in der Analyse der Rede Herolds schon angesprochenen Motivs: Maihofers Plädoyer für „Waffengleichheit", die für die Zukunft herzustellen sei, markiert die Nähe zur Rede vom Rüstungswettlauf zwischen Polizei und Verbrechen/Verbrechern. Das Plädieren präsupponiert, da Maihofer im Interesse der Sicherheitsbehörden spricht, dass eben diese Gleichheit zum Zeitpunkt seiner Rede für die Polizei nicht gegeben sei, also eine Unterlegenheit der Sicherheitsbehörden unter das Verbrechen bestehe. Auf den metaphorischen Gehalt des Musters wird später noch einmal gesondert einzugehen sein. An dieser Stelle steht der im Beispiel implizit erzeugte Handlungsdruck im Vordergrund: Die Polizei *müsse* Waffengleichheit herstellen, ansonsten könne sie das Verbrechen nicht erfolgreich bekämpfen.

Das erstgenannte längere Zitate (siehe oben) verdeutlicht letztendlich auch eine bestimmte Art und Weise, mit der ein Bild von Organisierter Kriminalität gezeichnet wird, indem von der Unterschiedlichkeit der Drohkonstruktionen abstrahiert wird. Die aufgezählten Wortschöpfungen sind Komposita des Wortbestandteils „Kriminalität" mit verbotenen Substanzen (Rauschgift), mit einem von Kriminalität bedrohtem Gegenstand (Vermögen) bzw. den adjektivierten Akteuren, die bestimmte inkriminierte Handlungen begehen (terroristisch). Den einzigen Hinweis auf eine Gruppe oder einen Personenkreis liefert hierbei also die „Gewaltkriminalität terroristischer Aktionen aus politischer oder pseudopolitischer Motivation". Dieser Aspekt ist von Bedeutung, da die Frage nach vorherrschenden Feindbildern auch der Ermittlung der mittels je zeitgenössischem Feindbild identifizierten und somit zur Bedrohung gemachten Personen oder Personengruppen dient. 1974 rückt Maihofer so genannte Terroristen als Feindbild in den Fokus des Interesses einer Tagung zu Organisierter Kriminalität. Legt man allerdings die Definition des BKA-Präsidenten Herold für „Syndikatisiertes Verbrechen" aus dessen Begrüßungsrede zu Grunde, fiele diese Bedrohungskonstruktion einmal mehr aus dem Rahmen, soll heißen: aus der Kategorie „Organisiertes Verbrechen" heraus, denn der so genannte politische Terrorismus ließe sich nur schwerlich als „unternehmensmäßig betriebenes System wirtschaftlicher Gewinnerzielung und ökonomischer Machtgewinnung" (Herold 1975: 5) deuten. So betrachtet hätte dieses Feindbild unter dem Tagungsthema eigentlich keine Erwähnung finden dürfen, was seine Erwähnung um so bedeutungsvoller macht und wohl der Tatsache geschuldet ist, aktuelle Feindbilder der 1970er-Jahre bei der Behandlung des relativ abstrakten Tagungsgegenstandes „Organisiertes Verbrechen" einzubeziehen, d.h. dem Thema anzupassen.

Eine von Maihofer aus der Betonung einer Internationalisierung des Verbrechens abgeleitete Notwendigkeit einer „*international organisierten Reaktion* auf solche Verbrechen" (Maihofer 1975: 8; Hervorh. i. Orig.) fügt sich konsistent in das zentrale Muster der Rede vom oben bereits angesprochenen Handlungsdruck, der aus der Waffenungleichheit abgeleitet werden kann. Der in diesem Zusammenhang von Maihofer ausgerufene unausweichliche Schritt zu einer „Weltinnenpolitik" verdient angesichts aktueller Entwicklungen im Sicherheitsapparat und populärer Stellungnahmen im öffentlichen Diskurs besonderer Beachtung. Die Ausrufung eines weltweiten Kampfes gegen den „Terrorismus", der Krieg gegen eine „Achse des Bösen" im Sinne einer quasi weltpolizeilichen Bekämpfung eines Bedrohungsbildes, welches bislang als Bezugspunkt mittels in der Regel nationalstaatlich organisierten Inneren Sicherheitspolitiken bearbeitet wurde, wird im gegenwärtigen Sicherheitsdiskurs als besondere, neue Qualität betont. Dort zeichnen sich Konturen einer höchst repressiven, supranationalen Inneren Sicherheitspolitik ab, welche die Grenzen zwischen binnenorientierter Innerer Sicherheitspolitik und militärisch fundierter Außenpolitik durchlässig erscheinen lassen. Allerdings belegt das zitierte Beispiel aus dem Jahr 1974, dass mit diesen Mustern seit je hantiert wird und sie – wenn auch unter Rekurs auf von den heutigen abweichenden, historisch-spezifisch geltend gemachten Feinden – auch schon früher bemüht wurden.

Auch Maihofer artikuliert, wenn auch indirekt, den Zentral- bzw. Leitstellenanspruch des BKA, wenn er mit Blick auf die seines Erachtens notwendigen Veränderungen des Polizeiapparates feststellt:

„Hier ist in der Tat in den letzten Jahren, nicht zuletzt in diesem unseren Bundeskriminalamt in Wiesbaden, Entscheidendes geschehen, was nicht nur meinem Vorgänger, Hans-Dietrich *Genscher*, sondern auch Ihnen, Herr Präsident *Herold*, zum bleibenden Ruhme gereicht" (ebd.; Hervorh. i. Orig.).

Wie zuvor angekündigt, ist auf die Äußerungen des Bundesinnenministers auch hinsichtlich Metaphernverwendung, Kollektivsymbolik und Topoi einzugehen. Das längere Maihofer-Zitat enthält eine bereits angesprochene Metapher („Waffengleichheit"), die sich durch die gesamte Eröffnungsrede zieht. Der Begriff „Waffengleichheit" zielt jedoch nicht primär auf Fragen nach der polizeilichen (Schuss-)Bewaffnung im engeren Sinn ab, sondern wird vielmehr in einem übertragenen Sinne verwendet. Das Motiv taucht an mehreren Stellen auf. Seine Tragweite umfasst den „gesamten Reaktionsapparat" der Polizei:

„Die Polizei hat [...] nur dann eine reale Chance, wenn sie diesen kriminellen Organisationen mit einem Reaktionsapparat entgegentritt, der ihr zumindest *Waffengleichheit* sichert. Davon sind wir heute bei der stürmischen Entwicklung in einigen Bereichen noch weit entfernt. Denn dazu gehört nicht nur eine dieser organisierten Kriminalität waffengleiche und damit ebenbürtige oder gar überlegene Ausstattung und Ausbildung des polizeilichen Apparates" (ebd.; Hervorh. i. Orig.).

Die Rede von der „realen Chance" ist als Dramatisierung zu werten. Denn von der „Waffengleichheit", die diese Chance erst ermöglicht, seien „wir heute [...] weit entfernt". Die Polizei habe zudem im Moment *keine* „reale Chance", in der Auseinandersetzung gegen diese „kriminellen Organisationen" und darüber hinaus „nur dann eine", wenn eben diese Waffengleichheit hergestellt sei. Das „nur dann" indiziert eine extrem limitierte Chancenlage. Auch hier deutet sich unausgesprochen an: Jegliche Kritiken und Einwände gegen einen entsprechenden Ausbau „des polizeilichen Apparates" machen – folgt man Maihofers Logik – diese Chance zunichte, sabotieren quasi die Möglichkeit, so genannten kriminellen Organisationen erfolgreich entgegenzutreten und betreiben gewollt oder ungewollt das Geschäft jener Verbrecher, die es eigentlich zu bekämpfen gelte.

Im Beispiel ist zugleich auch eine Katachrese enthalten: Die „Waffengleichheit" stellt eine Metapher aus einem technisch-militärischen Bereich dar, die „stürmische Entwicklung" nimmt hingegen Anleihen im Bereich Natur (-katastrophen) und betont im Allgemeinen eine besondere Intensität sowohl in zeitlicher Hinsicht (schnell ablaufendes und/oder plötzlich eintretendes Geschehen) als auch in Hinblick auf Kraft bzw. Leistung (kräftig, ungestüm). Der Aspekt der hohen Geschwindigkeit des ablaufenden Geschehens und die Bemühungen um das *Aufholen* des immer mitgemeinten Rückstandes in der Bewaffnung weisen Analogien zum Sprachbild vom „Rüstungswettlauf" auf. Ohnehin rückt die Rede von der „Waffengleicheit" die Verbrechensverfolgung durch die Polizeibehörden in einen kämpferischen, kriegerischen Kontext. Ein Zusammenhang, der durchaus nicht überinterpretiert ist, wenn man Maihofers Bemerkung gegen Ende seiner Ansprache berücksichtigt. So heißt es im vorletzten Absatz:

„Dennoch stehen wir gerade an der *Front der Kriminalität* unausweichlich vor dem unserer heutigen Weltgesellschaft auch in Hinsicht auf die Erscheinungen des Verbrechens entsprechenden Schritt zur Weltinnenpolitik. Ohne ihn ist ein wirklicher Fortschritt nicht nur im repressiven sondern vor allem auch im *präventiven Kampf gegen das ‚organisierte Verbrechen'* nicht zu erreichen" (ebd.; Hervorh. i. Orig.).

Auch Maihofer hebt mehrfach eine Verwissenschaftlichung des Verbrechens hervor, die er, unter expliziter Bezugnahme auf seinen Vorredner Herold, als ein Charakteristikum des im Zentrum der 1974er-Tagung stehenden „Organisierten Verbrechens" vorstellt. Bei „syndikalisierter Kriminalität" gehe es „zugleich aber auch weithin um *wissenschaftlich* organisierte Kriminalität, auch das klingt ja in Ihren Worten [Herolds Worten; TK] schon an" (ebd.: 7; Hervorh. i. Orig.).
Ein weiteres Charakteristikum des so genannten Organisierten Verbrechens sei dessen Internationalität. In diesem Zusammenhang kommt es zu einer weiteren Metaphernverwendung, die sowohl mit der unterstellten bestehenden Waffenungleichheit verbunden wird als auch einen weiteren Hinweis auf die Evidenz eines so genannten Fortschritts- bzw. Entwicklungstopos liefert:

> „Solcher heute bei dem *Kriminaltourismus* kreuz und quer durch die Welt zunehmend *international organisierten Kriminalität*, auch dies eine Kehrseite jener Vorderseite, die wir Heraufkommen einer ‚Weltgesellschaft' nennen, ist unser traditioneller Reaktionsapparat immer weniger gewachsen" (ebd.; Hervorh. i. Orig.).

Unter Tourismus ist nicht nur Reisen größeren Ausmaßes in einem allgemeinen Sinne, d.h. als Massenphänomen zu verstehen, sondern eine spezifische Erscheinung, welche als Besonderheit so genannter moderner Gesellschaften gilt. Die Assoziation mit Massentourismus liegt nahe. Das Bild vom „Kriminaltourismus" unterstellt somit dreierlei: einen großen Umfang an Reiseaktivitäten von Personen, die kriminelle Handlungen begehen bzw. damit ursächlich in Zusammenhang zu bringen seien, des weiteren einen entsprechend großen Umfang an bedrohlicher Kriminalität, die gleichsam an jedem Ort drohe, da ein Charakteristikum modernen Reisens ist, große Entfernungen in kurzer Zeit zu überbrücken und dabei nicht nur einem kleinen Personenkreis vorbehalten zu sein und drittens schließlich sei diese Entwicklung notwendiger Bestandteil gesellschaftlicher Entwicklung hin zu einer „Weltgesellschaft" im Sinne ihrer Modernisierung. Demgegenüber wird der „Reaktionsapparat", der für die gesellschaftliche Bearbeitung von Kriminalität vorgesehen ist, als „traditionell" charakterisiert. So verstanden erscheint er rückschrittlich im Vergleich zu den Erscheinungsformen der Kriminalität dieser Zeit. Der Hinweis auf „heute" signalisiert die Aktualität der Maihoferschen Beschreibungen. Der Reaktionsapparat müsse sinngemäß seine Modernisierung erst durchlaufen, um – will man im Bild (-bruch) bleiben – die angemahnte Waffengleichheit erst herzustellen. Die Feststellung, dass er der beschriebenen Entwicklung „immer weniger gewachsen" sei, unterstreicht die Dringlichkeit hierzu anstehender, notwendiger Entscheidungen. Im Fortgang des oben zitierten Textes verdichten sich die Indizien für einen Fortschrittstopos, der sich kategorial an sozioökonomische Beschreibungen anlehnt. So stellt Maihofer fest:

„Auch hier erleben wir so wie auf der Vorderseite der Wirtschaftsgesellschaft (der Ökonomie) unserer Zeit auch auf der Kehrseite der Verbrechensbegehung (der Kriminalität) unserer Zeit so etwas wie internationale Konzerne (oder Syndikate) organisierter Kriminalität. Um es einmal kurzgefaßt zu sagen: Organisierte Kriminalität ist im industriellen Zeitalter nicht mehr Verbrechenshandwerk, sondern Verbrechensindustrie" (ebd.: 7 f.).

Der Zeittopos taucht schließlich in einer Variante auf, die ihn mit dem Fortschrittstopos verbindet. Der Bundesinnenminister schließt seine Rede mit dem Satz: „Die Zeit ist in dieser für uns alle überlebensnotwendigen Sache reif für gemeinsamen Fortschritt!" (ebd.: 8). Er verdichtet in seinem Schlusssatz unterschiedliche Dimensionen zu einem dramatisierenden Appell. Es gehe um das Überleben von „uns allen", die Zeit sei reif und es gelte, einen gemeinsamen Fortschritt herbeizuführen. Die Verbindung einer zu treffenden Entscheidung mit dem Adjektiv „überlebensnotwendig" legt unmittelbar Dringlichkeit nahe. Dieses Drängen gibt die Richtung der zu treffenden Entscheidung vor. Gegen eine Überlebensnotwendigkeit gibt es keine Einwände, sie ist zwingend, denn andernfalls drohe das Gegenteil von (Über-)Leben, d.h. Tod oder Untergang. Durch die gleichzeitige Kontextsetzung mit den Personalpronomina „uns" und „alle" wird unterstellt, keiner sei von der Bedrohung ausgenommen. Die Deutung, hier werde eine Zwangsläufigkeit sowohl der Entwicklung als auch der aus ihr abzuleitenden Konsequenzen konstruiert, kann unter Berücksichtigung einer anderen Textstelle als durchgängiges Muster bewertet werden: Bereits in der Passage, in der von der „Front der Kriminalität" die Rede war – und die im Redetext kurz vor dem oben zitierten Schlussappell steht –, wurde der „Schritt zur Weltinnenpolitik" als „unausweichlich" beschrieben.

Neue Freiheiten, neue Risiken, neue Chancen
Arbeitstagung des Bundeskriminalamtes in Wiesbaden
vom 18. bis 21. November 1997[24]

Begrüßungsrede

Die Begrüßungsrede dieser Tagung wurde von BKA-Präsident Ulrich Kersten gehalten. Der Text folgt erkennbar einer bestehenden Zweiteilung: Nahezu die komplette erste Hälfte der Rede ist der Begrüßung der unterschiedlichen Tagungsteilnehmer in ihrer Funktion als Akteure im Sicherheitsapparat bzw. als Repräsentanten anderer Institutionen und Einrichtungen gewidmet. Insofern dokumentiert die Aufzählung der unterschiedlichen Einzelpersonen und Gruppen den Umfang und die Zielsetzung der Einbindung von Experten, Kritik und Presse (siehe unten). Die zweite Hälfte des Redetextes ist hingegen inhaltlichen Ausführungen zum Tagungsthema gewidmet. Die Begriffe Innere Sicherheit und Öffentliche Sicherheit werden im gesamten Redetext nicht verwendet (vgl. Kersten 1998).

Bezüglich der Fragestellung zur Einbindung von Experten, Kritik, und Presse lässt sich festhalten: Nacheinander begrüßt Kersten den Bundesinnenminister (vgl. ebd.: 9), „Mitglieder des Deutschen Bundestages" (ebd.), „Vertreter aus dem Bereich der Justiz" (ebd.), „Kolleginnen und Kollegen, die aus der Polizei oder als Sachwalter der Polizei [...] gekommen sind" (ebd.), „Kolleginnen und Kollegen ausländischer Polizeibehörden" (ebd.: 10), „Vertreter des Datenschutzes" (ebd.), „Gäste aus Forschung und Lehre" (ebd.) und schließlich „Vertreter der Medien" (ebd.).

Auf zwei dieser Gruppen lohnt es sich genauer einzugehen. Zum einen fällt auf, dass „Datenschutz" gegenüber früheren Tagungen im Tagungsjahr 1997 gesellschaftlich soweit etabliert und institutionalisiert scheint, dass der BKA-Präsident die „Vertreter des Datenschutzes" – zumindest in seiner Begrüßungsrede – ausdrücklich willkommen heißt

---

24 Die Ende 1997 durchgeführte und mit entsprechendem Tagungsband 1998 veröffentlichte Tagung schließt das Untersuchungsintervall ab. Die allgemeine thematische Ausrichtung des Tagungstitels ist Zufall, lässt diese Tagung allerdings auch unabhängig vom zeitlichen Aspekt als besonders geeignet bzw. interessant erscheinen. Die Tagung trägt den vollen Titel *Neue Freiheiten, neue Risiken, neue Chancen. Aktuelle Kriminalitätsformen und Bekämpfungsansätze* (ebd.) und ist der Gruppe der Tagungen zuzurechnen, die Verbrechensbekämpfung und -verfolgung stärker in einen allgemeinen, zum Teil (gesellschafts-)politischen Rahmen rücken. Der Umfang des Bandes beträgt 286 Seiten. Die Begrüßungsrede hat einen Umfang von vier Seiten, die Eröffnungsansprache einen Umfang von zehn Seiten.

und gar die Notwendigkeit zu einem „intensiven Dialog" betont (Kersten 1998: 10), „wenn es um neue Wege der Kriminalitätskontrolle und um Abwägung mit den schutzwürdigen Interessen der Bürger und ihrer Privatadressen geht" (ebd.). Zum anderen ist auf das Interesse an verwertbarer Wissenschaft zum Nutzen der Polizei einzugehen. Diese wird als Innovationsgarant in Anspruch genommen und umworben. Die Erwähnung der „sehr verehrten Gäste aus Forschung und Lehre" dokumentiert somit einmal mehr die Kontinuität der Ambitionen des BKA, das von Kersten an dieser Stelle dem Bereich Praxis zugerechnet wird, einen Austausch zwischen Wissenschaft und Praxis zu forcieren, der dazu dient, die nötige „Basis für neue Konzepte" zu schaffen. Hierbei spiegelt die knapp beschriebene Aufgabe die Ziele und Grenzen des Austausches indirekt wider. Das BKA erwartet einen Austausch, der sich funktional zu seiner Aufgabe und seinem Bestehen verhält oder, wie es an anderer Stelle heißt: „effektive Bekämpfungsansätze zu gewinnen", „das ist ein wesentliches Ziel unserer Tagung" (ebd.: 9). Ob in diesem Rahmen grundsätzliche, gar radikale Kritik einen Platz hat, darf getrost bezweifelt werden. In welcher Form sich die Einbindung von Kritik manifestiert, zeigt auch ein Blick in das Inhaltsverzeichnis des Tagungsbandes. Auf der Tagung fand unter dem Titel „Ist der moderne Rechtsstaat dem modernen Verbrechen gewachsen?" eine Podiumsdiskussion statt (Bundeskriminalamt 1998: 265). Mit auf dem Podium saßen unter anderem der damalige stellvertretende Chefredakteur der *Frankfurter Rundschau* Hans-Helmut Kohl (vgl. ebd.: 280) und der Frankfurter Hochschulprofessor und Soziologe Heinz Steinert. Erster ist als Repräsentant einer der großen linksliberalen Qualitätszeitungen, die Innere Sicherheitspolitik seit langem kritisch kommentiert, dem Bereich Medien zuzurechnen. Zweiterer als Vertreter des Bereichs Wissenschaft ist als dezidierter Verfechter kritischer Positionen ausdrücklich dem so genannten Kritischen Sicherheitsdiskurs zuzurechnen (vgl. ebd.: 285; vgl. auch Cremer-Schäfer/Steinert 1998).

Auch dieses Diskursfragment ist aufschlussreich in Hinsicht auf Metaphernverwendung, Kollektivsymbolik und Topoi. Ein interessantes Muster lässt sich in der Begrüßungsrede in Gestalt eines Hinweises auf ein Stagnieren der statistisch erfassten Entwicklung von Kriminalität entdecken (vgl. Kersten 1998: 11). In der Regel wird auf statistische Anstiege (so genannte steigende Kriminalitätsrate) verwiesen, um anhaltenden Handlungsbedarf und weiteren Ausbau des Sicherheitsapparates zu begründen. Was passiert nun, wenn die Statistik nicht als deutliche Legitimationsfolie funktionalisiert werden kann? Zum ersten erfolgt der Hinweis darauf, dass die „Zahl der Straftaten [...] auf *hohem Niveau* [verharre]" (ebd.; Hervorh. TK). Hierbei handelt es sich um den Kunstgriff, den statistischen Wert („Zahl der Straftaten") trotz eines nicht zu beobachtenden Ansteigens heranzuziehen, um dennoch eine drängende Situation zu behaupten.[25] Jener statistische Index, so wird impliziert, sei also weiterhin hoch, d.h. bedrohlich hoch. Dieses Muster ist dem Topos des Drängens eng verwandt, denn es wird eine Situation beschrieben, die ein Handeln der Sicherheitsbehörden unmittelbar erforderlich mache. Und wenn schon nicht – wie im beschriebenen Beispiel – die Kriminalitätsrate steigt, wird auf eine „steigende Kriminalitätsangst der Menschen" verwiesen. Doch auch auf „steigende Drogen- und Jugendkriminalität" wird entgegen dem statistischen Gesamttrend hingewiesen.

Womit ich gleichzeitig auf die verwendeten Feindbildbezüge zu sprechen komme. In dieser Hinsicht ist die Begrüßungsrede wenig ergiebig. Allein in umgekehrter Richtung finden sich Bezugnahmen. Der bzw. die Bürger werden als von Kriminalität bedrohte oder in ihrem Sicherheitsgefühl beeinträchtigte Personen erwähnt. Kersten formuliert die Schlagworte des Tagungstitels in seiner Begrüßungsrede kurz aus. Hierbei erscheinen die „neuen Risiken" besonders interessant, da es sich gegenüber „neuen Chancen"[26] und „neuen Freiheiten"[27] um den einzigen

---

25 In einem thematisch an ökonomischen Fragestellungen orientierten Diskurs wäre diese Deutungsvariante sehr unwahrscheinlich. Zum einen ist die Bewertung des dortigen Äquivalents, der Steigerungsrate des so genannten Bruttosozialproduktes, gegenläufig (je höher die Steigerung, desto positiver die Situation). Zum anderen haben dort geringe Zu- oder Abnahmen jedoch auch unterschiedliche Bewertungen zur Folge. Auf kleinste Veränderungen wird sensibel reagiert. Diese Sensibilität für statistische Schwankungen ist im Sicherheitsdiskurs indes nicht zu beobachten. Dies führt zu dem Schluss, dass letzten Endes die abzuleitenden Konsequenzen unabhängig von einer statistisch begründbaren Entwicklung feststehen. Dass die Statistik dennoch gerne herangezogen wird, ist vielmehr auf ihren Status, scheinbar neutraler und bestimmten berufsständischen Interessen gegenüber unverdächtiger Indikator zu sein, zurückführbar. Im vorliegenden Fall der Bewertung der statistischen Entwicklung durch den BKA-Präsidenten wird deutlich, wie sehr letztlich unabhängig von der statistischen Entwicklung ein Handlungsbedarf nahegelegt wird. Steigt die so genannte Kriminalitätsrate wird daraus abgeleitet: Es besteht erhöhter Handlungsbedarf. Stagniert sie, wird ebenfalls gefolgert, es bestehe erhöhter Handlungsbedarf. Selbst bei rückläufiger Tendenz lautet das Resultat: erhöhter Handlungsbedarf. Bestätigen lässt sich diese Bewertung, wenn man in Rechnung stellt, dass die für das Tagungsjahr 1997 relevante Polizeiliche Kriminalstatistik 1996 gegenüber dem Vorjahr einen Rückgang um 0,3 Prozent aufwies (vgl. Kanther 1997a: 2).

26 „Chance" als günstige Gelegenheit oder gute Aussicht.

27 Der Freiheits-Begriff kann grundsätzlich als positiv besetzt gelten, solange er nicht in Form von Komposita (Beispiel: die Freiheit, andere auszubeuten o.ä.) negativ vereindeutigt wird.

Begriff handelt, der von vornherein gewisse Negativimplikationen[28] besitzt. „Neue Risiken" sieht der BKA-Präsident infolge „moderner Informations- und Kommunikationstechnologie" und der „Zunahme der Finanzströme" drohen (ebd.). Kerstens weitere Ausführungen bleiben diesbezüglich zwar relativ dürftig, allerdings weist die Formulierung im Ansatz auf den so genannten Fortschritts- oder Modernisierungstopos hin, der uns schon in früheren Texten begegnet ist. Gegen Ende seiner Rede tauchen zudem mehrfach Hinweise auf, die in diese Richtung gehen. Etwa das während der Tagung ein „Einblick in den Stand der modernen Technik und das entsprechende Entwicklungsniveau der Sicherheitsbehörden im Kommunikationszeitalter" (ebd.: 12; Hervorh. TK) gewährt werde. Verweise auf technische Entwicklungsstufen („Entwicklungsniveau") in Verbindung mit epochenbildenden Kategorien („Kommunikationszeitalter") können als Bestandteile dieses Topos angesehen werden. Nicht zuletzt der in einem anderen Zusammenhang angesprochene Titel der Podiumsdiskussion, die auf der Tagung geführt wurde, variiert diese Figur ein weiteres Mal: „Ist der moderne Rechtsstaat dem modernen Verbrechen gewachsen?" (ebd.: 265).

Eröffnungsansprache

Bundesinnenminister Kanther verwendet in seiner Ansprache zur BKA-Jahrestagung 1997 den Begriff der Inneren Sicherheit bereits unmittelbar zu Beginn. Das Tagungsthema lenke, laut Kanther,

„den Blick auf die aktuellen Entwicklungen im Bereich der *Inneren Sicherheit* und bringt treffend zum Ausdruck, dass es sich bei der Kriminalität und der Kriminalitätsbekämpfung nicht um statistische Phänomene handelt, sondern um dynamische Prozesse" (Kanther 1998: 13; Hervorh. TK).

Einmal mehr zeigt sich an diesem Beispiel – und ebenso an späteren Stellen –, wie sehr die Kategorie geprägt ist von floskelhaftem Gebrauch und im Grunde nur der allgemeinen Umschreibung von Kriminalität und deren Bekämpfung sowie der Artikulation von Nachbarthemen dient, die sich im weitesten Sinne damit beschäftigen, als der Benennung präzise zu umreißender Sachverhalte. Die unscharfe Verwendung ermöglicht – wie auch zahlreiche andere Beispiele, die im Laufe dieser Arbeit zur Sprache kamen, bereits belegten –, dass völlig heterogene Phänomene als Bedrohungen Innerer Sicherheit zugerichtet und hierüber überhaupt erst zum Bearbeitungsgegenstand des repressiven Staatsapparates

---

28 „Risiko" im Sinne von Wagnis, einer Gefahr oder der Verlustmöglichkeit bei einer Unternehmung mit unsicherem Ausgang.

gemacht werden können. Besonders deutlich zeigt sich dies an einer Passage in der Mitte der Ansprache. Nachdem der Bundesinnenminister die Notwendigkeit einer großangelegten „Aktion ‚Sicherheitsnetz'" (ebd.: 17) betont, formuliert er als deren Ziel, „durch ein konsequentes Vorgehen auch gegen kleine Vergehen und Störungen der öffentlichen Ordnung bereits den Anfängen der Kriminalität und des *störenden Sozialverhaltens* zu begegnen" (ebd.; Hervorh. TK). Was immer auch „störendes Sozialverhalten" sein mag, der Redner bleibt eine Definition schuldig. Aber selbst wenn eine solche vorfindbar wäre, zeigt sich an dieser Aussage doch viel mehr, wie sehr die Grenzen der Konstruktion von Kriminalitätsbedrohungen fließend und mittels der vagen Kategorie Innere Sicherheit in der Lage sind, vom sozial Normierten abweichendes Verhalten generell einzuschließen und dem Gutdünken des sicherheitspolitischen Mainstreams auszuliefern.

Bemerkenswert ist auch Kanthers Betonung, „Kriminalität und [...] Kriminalitätsbekämpfung" seien „dynamische Prozesse" und seine im Gegenzug vorgenommene negativ-kritische Bewertung ihrer Behandlung als „statistische Phänomene". Bemerkenswert deshalb, weil für gewöhnlich just der Bundesinnenminister eben jener Statistik, die er im Zitat gering achtet, eine ganz hervorgehobene Rolle bei der öffentlichen Inszenierung von Bedrohungsszenarien und beim Werben um mehr finanzielle Mittel und Befugniserweiterungen für die Sicherheitsbehörden beimisst (vgl. bspw. Kanther 1996a; Kanther 1997a; Kanther 1998a).

Insofern lassen sich die die Statistik relativierenden Äußerungen Kanthers im Zusammenhang mit den bereits bei seinem Vorredner Kersten vorfindbaren Reaktionen auf eine zum damaligen Zeitpunkt rückläufige Kriminalitätssteigerungsrate deuten. Ungeachtet der kritischen Einschätzung zu Beginn seiner Ansprache weist nämlich der Bundesinnenminister im weiteren Verlauf mehrfach auf statistische Anstiege hin, wenn es das Ziel – die Begründung einer besonders bedrohlichen Gefährdungslage – opportun erscheinen lässt (vgl. Kanther 1998: 14, 21).[29]

---

29 Entgegen dem rückläufigen Trend der PKS des Jahres 1996, die während der Tagung des Jahres 1997 aktuelle statistische Grundlage gewesen sein muss, liefert eine Bildunterschrift zu einem Foto, das Kanther während der Tagung zeigt, den Text: „Bundesinnenminister Kanther: Staat und Gesellschaft müssen gemeinsam – unter Nutzung aller Chancen – den alten und neuen Risiken der *steigenden Kriminalität* entgegentreten" (ebd.: 16; Hervorh. TK). Der Hinweis auf dieses Zitat verfolgt allerdings nicht die Absicht, den Stellenwert und die Aussagekraft der PKS aufzuwerten, als vielmehr auf die Widersprüchlichkeit der Argumentation von Akteuren im Sicherheitsapparat selbst hinzuweisen, die offenkundig macht, wie bevorzugt dieser Indikator betont wird, solange er nur einen so genannten Kriminalitätsanstieg ausweist – und das er ignoriert wird, sobald ein allge-

Die von ihm als statistisch gesichert eingeführten Bedrohungen werden dabei in dramatisierender Weise ausgekleidet: Er hebt an erster Stelle die „*atemberaubende Geschwindigkeit*, mit der sich die Organisierte Kriminalität ausbreitet" (ebd.; Hervorh. TK), hervor. Nicht genug damit, dass dieses Szenario bereits ein hohes Maß an Bedrohung suggeriert, erfolgt der steigernde Hinweis: „Und die Bedrohung wird voraussichtlich weiter anwachsen" (ebd.). Die Textpassage erweist sich im weiteren Verlauf als Kette solcher Steigerungen. Im unmittelbaren Anschluss ist von einem „*viel zu hohen Niveau*" der Alltags- und Massenkriminalität (ebd.: 14; Hervorh. TK), von einem „*besonders alarmierenden Anstieg* der Kinder- und Jugendkriminalität" (ebd.; Hervorh. TK) die Rede. „*Besorgniserregend* ist auch die *zunehmende* Gewaltbereitschaft" (ebd.: 14 f.; Hervorh. TK).

Die dauernden Verweise auf Anstiege und Zunahmen, gepaart mit der Betonung ihrer besonders hohen Geschwindigkeit, fundieren einen Handlungsdruck, der als wichtiger Bestandteil des mehrfach beschriebenen Zeittopos zu werten ist. Die Konsequenzen aus dem geschilderten Szenario lauten folgerichtig: „Wir können uns *weiteren Zeitverzug* nicht leisten" (ebd.: 19; Hervorh. TK). Es komme darauf an, „*rechtzeitig* die Risiken zu erkennen, [...] um *so früh wie möglich* geeignete Gegenmaßnahmen zu treffen" (ebd.: 22; Hervorh. TK). Auf die Verwendung des Personalpronomens „wir" soll an dieser Stelle nicht erneut eingegangen werden. Von größerer Bedeutung sind jedoch die Parallelen zu Passagen der Maihofer-Ansprache aus dem Tagungsjahr 1974, insbesondere was die Verwendung des Zeittopos und des Fortschrittstopos anbelangt. Erneut lässt sich dieses Muster als tragendes in einer Rede entdecken.

Der zweite Absatz der Eröffnungsansprache führt beide Topoi zusammen und ähnelt der bereits bei Bundesinnenminister Maihofer vorfindbaren Argumentationsfigur. Zunächst wird von Kanther ein bestimmter Zusammenhang zwischen gesellschaftlicher (Fort-)Entwicklung und Erscheinungsformen von Kriminalität behauptet (Fortschrittstopos), der zum Ende des Absatzes mit Hinweisen auf dessen zeitlichen Ablauf (Zeittopos) als besonders bedrohlich zugespitzt wird:

„Die Erscheinungsformen der Kriminalität haben sich zu allen Zeiten den sich ändernden Bedingungen angepaßt. Sobald sich in einer Gesellschaft neue Handlungsmöglichkeiten ergeben, werden diese sofort auch von Kriminellen für ihre Zwecke genutzt. Dies gilt für politische, wirtschaftliche und gesellschaftliche Änderungen ebenso wie für technische Neuerungen. Das *Tempo*

meiner Anstieg statistisch nicht begründet werden kann, aber dennoch behauptet werden soll.

dieses Prozesses hat sich jedoch in heutiger Zeit *in rasanter Weise erhöht*. Die Gefährdungslagen *wandeln sich weitaus schneller* als in der Vergangenheit – und *radikaler*" (Kanther 1998: 13; Hervorh. TK).[30]

Im Fortgang der Schilderung kommt es zu einer Verknüpfung mit einem Muster, das gleichfalls einem bereits bekannten Bild, dem der Waffengleichheit bzw. des Rüstungswettlaufs, ähnelt. Die Tempoerhöhung erneut aufgreifend, wird mittels der Variation des Fortschrittstopos gleichzeitig ein dem Verbrechen gegenüber drohender Entwicklungsrückstand betont:

„Und die *immer rascher voranschreitende* technische Entwicklung eröffnet nicht nur neue Chancen für Wirtschaft und Gesellschaft, sondern bringt immer wieder auch neue Risiken für die Inneren Sicherheit mit sich. Dies stellt *enorme Anforderungen* an die Sicherheitsarbeit. Sie muß mit der Dynamik des Verbrechens *Schritt halten*. Es hat keinen Sinn, mit *veralteten Methoden* das *moderne Verbrechen* bekämpfen zu wollen. Vielmehr muß man auf die neuen Herausforderungen schnell und flexibel reagieren, um nicht ins *Hintertreffen* zu geraten" (ebd.: 13; Hervorh. TK).[31]

Auffallend ist schließlich die Redundanz, mit der die Kopplung von Zeit- und Fortschrittstopos im Text vorgenommen wird. Immer wieder tauchen ähnlich lautende Formulierungen auf. Hierbei kommt es schießlich zu einer Formulierung, die den Fortschrittstopos explizit ausführt:

„Eine weitere *ständig wachsende* Gefahr stellt die Nutzung des *technischen Fortschritts* für kriminelle Zwecke dar – sowohl im Bereich der Organisierten Kriminalität als auch im Bereich der allgemeinen Kriminalität" (ebd.: 14; Hervorh. TK).

---

30 Die fragliche Passage der Maihofer-Ansprache, die – ähnlich wie das o.g. Zitat bei Kanther – dort den zweiten Absatz bildet, lautet: „*Aber auch jede Zeit hat ihre Verbrechen*. So wie das Verbrechen im vorindustriellen Zeitalter des mittelalterlichen Handwerks zünftische Züge trägt, wie wir das an den kriminalistischen Kuriositäten mittelalterlicher Diebeszünfte und Gaunerbanden studieren können, so trägt das Verbrechen im industriellen Zeitalter von heute ebenso die Züge seiner Zeit. Nicht nur die *Perfektion der Technik* bei der Begehung von Verbrechen, sondern auch die *Organisation der Kriminalität* ist Ausdruck des anderen technischen Niveaus und der anderen organisatorischen Struktur" (Maihofer 1975: 7; Hervorh. i. Orig.).

31 Das Zitat belegt auch die eingangs der Analyse zur Tagung des Jahres 1997 angenommene Bedeutung des Risiko-Begriffes. Dieser fungiert als Gegenbegriff zu „Chance" und wird im o.g. Zitat als Risiko Innerer Sicherheit präzisiert.

Die zahlreichen Fundstellen bedeuten besonders eines: Sie sind als deutliche Belege für die These von der Existenz der beschriebenen Topoi als Charakteristika des hier analysierten Teils des Sicherheitsdiskurses anzusehen – und für deren Kontinuität über den gesamten Untersuchungszeitraum hinweg. Die Ansprache von Bundesinnenminister Kanther ist verhältnismäßig reich an Metaphern. Ob sich hierin eine anhaltende, quantitative Veränderung in diesem Teil des Sicherheitsdiskurses andeutet, kann erst unter Hinzuziehung der kursorisch berücksichtigten anderen Redetexte abschließend beurteilt werden. Gleichwohl eignen sich die fraglichen Beispiele, um bereits jetzt gewisse Kontinuitäten *auch* in der Metaphernverwendung im Sicherheitsdiskurs belegen zu können.

So bemüht Kanther das Bild von einer „entschlossenen Front zur Abwehr von Straftaten" (ebd.: 17). Dieser Metapher wird in diesem Abschnitt der Analyse die größte Bedeutung beigemessen, was es rechtfertigt, auf sie noch einmal genauer einzugehen. Die „Front" sollen alle „an der Sicherheitsarbeit beteiligten staatlichen und kommunalen Behörden" gemeinsam „mit Bürgern und privaten Sicherheitsdiensten" bilden. Die Front-Metapher, die dem militärischen Sprachschatz entstammt und welche die gesellschaftliche Bearbeitung von Kriminalität als kriegerische oder kriegsähnliche Auseinandersetzung kodiert, gehört auch schon in den vorher analysierten Tagungsbänden zum Repertoire der Eröffnungsansprachen (vgl. Rutschke 1972: 9; vgl. Maihofer 1975: 8). Sie erfährt im vorliegenden Beispiel jedoch eine Ausweitung. Die Beteiligten einer kriegerischen Auseinandersetzung verfügen in der Regel über einen so genannten Kombattantenstatus, der sie von der Zivilbevölkerung absetzt. Selbst wenn dieses Sprachbild auf die polizeiliche Bearbeitung von Kriminalität übertragen wird, gelten die „Bürger" gemeinhin als Unbeteiligte, als „Zivilisten", die allenfalls Opfer sind und Sicherheit beanspruchen, diese aber nicht selbst gewährleisten müssen. Durch die Einbeziehung der „Bürger" im o.g. Beispiel wird nun aber eine sprachbildliche Ausweitung vorgenommen, die die Assoziation weckt, es bedürfe zum Kampf eines letzten Aufgebotes, einer Miliz bzw. einer Bürgerwehr. Der Appell, eine solch breite „Front" aufzubauen erscheint einerseits nur dann gerechtfertigt wenn eine ungeheure Bedrohung unmittelbar bevorsteht, wirkt also auf die Bedrohungskonstruktion zurück, und erinnert andererseits subtil an eine Rhetorik, die an den Kampfeswillen einer Zivilbevölkerung appelliert und die einen Schulterschluss *regulär* kämpfender Verbände (Polizei, Sicherheitsbehörden) mit quasi *irregulär* Kämpfenden (Bürger, das Volk etc.) fordert. Wohlgemerkt: Mit der Deutung dieser Metapher ist nicht gemeint, Kanther riefe die

„Bürger" tatsächlich zu den Waffen, allerdings wird die sprachbildliche Kriegserklärung an das Verbrechen um diese Gruppe erweitert.

Darüber hinaus lassen sich weitere Metaphernbeispiele nennen, die nachfolgend summarisch behandelt werden. Erneut begegnet dem Leser die Netz-Metapher. Auch sie spielte in der vorangehend bezüglich der Front-Metapher schon erwähnten Eröffnungsansprache des Staatssekretärs Rutschke im Tagungsjahr 1972 eine, wenngleich untergeordnete Rolle (vgl. Rutschke 1972: 9). Sie wird in der Eröffnungsansprache der 1997er-Tagung allerdings in zweifacher Weise herangezogen. Sowohl zur Beschreibung von Aktivitäten bzw. Maßnahmen, die der Kriminalitätsbekämpfung dienen, in Gestalt des „Sicherheitsnetzes" (ebd.: 17) als auch zur Beschreibung der Kriminalitätsdrohung selbst, wenn vom „Netz der Organisierten Kriminalität" (ebd.: 20) die Rede ist.

Mehrfach bezeichnet Kanther verschiedene Akteure des Sicherheitsapparates als „Baustein", so zum Beispiel die Justiz (vgl. ebd.: 17) und eine erst noch zu schaffende „europäische Polizeibehörde" (vgl. ebd.: 19). Im letzten Drittel seiner Ansprache fügt er diese dann – eine weitere, dem „Baustein" sprachbildlich eng verwandte Metapher verwendend – in einem doppelten Sinne zusammen, wenn er feststellt: „Es gibt nur eine Möglichkeit, ein aus vielen *Bausteinen* bestehendes *Mosaik* zusammenzusetzen, das in der Gesamtschau die Bündelung aller Kräfte zur Verbrechensbekämpfung wiedergibt" (ebd.: 20; Hervorh. TK).

Weitere Beispiele für Metaphernverwendung sind Formulierungen wie „ein ständiger *Nährboden* für eine negative Kriminalitätsentwicklung" (ebd.: 15; Hervorh. TK), das Plädoyer für Verhinderung von „Kriminalität an der Wurzel" (ebd.: 20) oder die Rede von „galoppierenden Fallzahlen" (ebd.: 21). Tier- und Pflanzenmetaphern, die generell dem Bereich Natur oder, in einem noch weiteren Sinne, Biologie zuzurechnen sind, und die damit verbundenen Implikationen werden an späterer Stelle noch genauer behandelt.

Davon ausgehend, dass den im Verlauf der Ansprache erstgenannten Feindbildbezügen auch der größte Stellenwert beizumessen ist, ließ sich bereits festhalten: Die so genannte Organisierte Kriminalität spielt im Feindbildszenario von Bundesinnenminister Kanther die Hauptrolle. Aber auch hierfür liefert der Text selbst eine ausdrückliche Bestätigung: „Diese [die Organisierte Kriminalität; TK] gehört wohl zu den größten Herausforderungen, die an die gegenwärtige und zukünftige Sicherheitsarbeit gestellt werden" (ebd.).

Allerdings ist in diesem Zusammenhang eine höchst interessante und im Ansprachetext singuläre Konkretisierung zu beobachten, was die Personifizierung der im Text bis dato akteursunspezifisch verwendeten Kriminalitätsbedrohungen angeht. Um die Dramatik der eben aufgestellten Behauptung von der „größten Herausforderung" fassbar zu machen, illustriert Kanther diese im Folgesatz – einmal mehr – mit statistischem Zahlenmaterial: „1996 gab es 845 Ermittlungsverfahren mit über 8.000 Tatverdächtigen, denen zusammen fast 48.000 Einzeldelikte zur Last gelegt wurden" (ebd.).[32] Doch nicht genug damit, dass diese Zahlen bereits einen imposanten Eindruck von Größe und Umfang der Bedrohung vermitteln, es folgt eine weitere Ergänzung, die eine bislang unberücksichtigte Dimension der Bedrohung offensichtlich machen soll: „Nur ein gutes Drittel von ihnen waren Deutsche, knapp zwei Drittel hingegen Ausländer und mehr als drei Viertel aller Verfahren wiesen internationale Bezüge auf" (ebd.).[33]

Die Eskalation der Kantherschen Bedrohungsbeschreibungen der Organisierten Kriminalität endet also mit dem Hinweis darauf, dass der mit Abstand größte Teil der in Deutschland laufenden Ermittlungsverfahren, der Tatverdächtigen und der Einzeldelikte in Zusammenhang mit so genannten Ausländern zu bringen sei. Ein weiterer interessanter Aspekt der oben zitierten Formulierung besteht hierbei in der Synonymie, die offensichtlich zwischen den Kategorien „ausländisch" und „international" besteht. Dies ist deshalb von besonderem Interesse, weil Hinweise auf die Internationalität von Verbrechen bereits in den Analy-

---

32 Ein nicht intendierter aber gleichwohl beachtenswerter Nebeneffekt des Vergleiches der Begrüßungsreden und Eröffnungsansprachen über die gesamte Dauer des Untersuchungsintervalls ist die Möglichkeit, am Rande auch etwaige Wiederverwertungen zurückliegender Redetexte oder stellenweise auffällige Ähnlichkeiten zu registrieren – oder zumindest Andeutungen, die in diese Richtung weisen. In der Eröffnungsansprache während der Tagung des Vorjahres 1996 – übrigens zum Thema Organisierte Kriminalität (vgl. Bundeskriminalamt 1997) –, die ebenfalls von Bundesinnenminister Kanther gehalten wurde, findet sich an ähnlicher Stelle im Text folgende Passage: „Organisierte Kriminalität ist längst keine kriminalistische Spezialität mehr. Allein ihre quantitative Dimension macht das deutlich: Im Jahr 1995 gab es 787 Ermittlungskompexe in Deutschland, fast 8.000 Tatverdächtige, über 50.000 Einzeldelikte" (Kanther 1997: 40; Hervorh. TK).

33 Auch zu dieser Stelle findet sich ein Pendant zu der Ansprache Kanthers auf der Tagung des Vorjahres: „Organisierte Kriminalität ist internationale, transnationale Kriminalität. Ausländische Täter und Tätergruppierungen spielen eine herausragende Rolle. Die Tatverdächtigen in Deutschland kommen aus 87 verschiedenen Nationen. *Nur ein gutes Drittel von ihnen sind Deutsche, knapp zwei Drittel Ausländer.* Damit liegt der Anteil der ausländischen Tatverdächtigen mehr als doppelt so hoch wie bei allgemeiner Kriminalität" (Kanther 1997: 40; Hervorh. TK). Überdies liefert dieses Zitat nochmals einen nachdrücklichen Beleg für die oben angesprochene Negativbewertung, die mit der Attribuierung „ausländisch" im Sicherheitsdiskurs vorgenommen wird und deren Austauschbarkeit mit den Begriffen „international" oder „transnational".

sen der früheren Redetexte vorzufinden waren und ein dementsprechender Zusammenhang mit der Attributierung „ausländisch" folglich schon vermutet wurde. Das oben genannte Zitat liefert nun einen expliziten Beleg für diese Annahme.

Folgt man der Einschätzung, dass sich Kanther im Text aufeinanderfolgender, negativer Steigerungen bedient, kann der Hinweis auf den Status ausländisch nur als Kulminationspunkt des Bedrohungszenarios gewertet werden. Die Zusatzinformation, es handele sich mehrheitlich um so genannte ausländische Tatverdächtige, läuft der Dramatisierung und der negativen Wertigkeit des vorgestellten Kriminalitätsszenarios offensichtlich nicht zuwider, sondern verhält sich kongruent. Die Kategorien „kriminell" und „ausländisch" werden somit zu austauschbaren Begriffen, welche thematisch verbunden scheinen und entsprechend negativ besetzt sind. Wenn man den Ausgangssatz des zitierten Absatzes noch einmal heranzieht, lautet die perfide Logik demnach: So genannte Ausländer gehören „wohl zu den größten Herausforderungen, die an die gegenwärtige und zukünftige Sicherheitsarbeit gestellt werden". Die an verschiedenen Stellen der Ansprache darüber hinaus vorfindbare Betonung des Grenzschutzes bzw. von grenzüberschreitender Kriminalitätsbekämpfung fügt sich konsistent in dieses Bild ein (vgl. ebd.: 18, 20).

Der Hinweis, der die Nationalitätszugehörigkeit zu Erklärung und Beschreibung von Kriminalität sozial geltend macht, d.h. so genannte Ausländer als Kern der besonderen Bedrohung erscheinen lässt, wirkt sich umgekehrt auch auf die Vorstellung aus, wer die Bedrohten seien. In Zusammenhang mit einem Appell zur Bildung einer „entschlossenen Front", an der sich auch die Bürger beteiligen sollen (vgl. ebd.: 17) oder dem vereinzelten Hinweis auf die „Sorge vieler Mitbürger" (ebd.: 22) erfolgt hier eine In-Oppositionsetzung von „uns", „den Bürgern", „Deutschen", als in der Regel von Kriminalität Bedrohten und demgegenüber den „Ausländern" als potenziell Kriminellen. Selbst im Falle, dass „Deutsche" als „Tatverdächtige" erwähnt werden, erfolgt indirekt der relativierende und diese Nationalitätszugehörigkeit entlastende Hinweis, dass diese „*nur* ein gutes Drittel" (ebd.: 14; Hervorh. TK) der Gesamtzahl der Tatverdächtigen ausmachen.

Die Rekonstruktion des Sicherheitsdiskurses anhand von BKA-Tagungsbänden – Fazit

Abschließend sollen die bisher vorgestellten Interpretationen zusammenfassend gewürdigt werden. Entsprechend der ankündigten Vorgehensweise werden die Detailanalysen der Reden der Tagungen aus den

Jahren 1972, 1974 und 1997 ergänzt durch die kursorische Berücksichtigung weiterer Tagungsbände aus der Zeit zwischen 1972 und 1998. Die nachfolgenden Interpretationen besitzen in Orientierung an den zuvor beobachteten Mustern einen diesbezüglich lediglich ergänzenden, zusammenfassenden Charakter, was sich auch in deren geringerem Umfang bemerkbar macht. Vorweg erscheint es angebracht darauf hinzuweisen, dass es bezüglich der verschiedenen Feindbilder, Topoi und Metaphern weniger um möglichst exakte Datierungsversuche geht, als vielmehr darum, zu ermitteln, ob die in den exemplarisch analysierten Reden und Ansprachen bisher vorfindbaren Figuren auch in anderen Bänden anzutreffen sind. Beabsichtigt ist eine Bewertung, ob es sich hierbei um verallgemeinerbare Grundmuster handelt oder um Einzelfälle. Nichtsdestotrotz ist bei dieser Gelegenheit gleichermaßen auf im Zeitverlauf zu beobachtende Gemeinsamkeiten wie auch Unterschiede zu achten – ansonsten liefe man Gefahr, Entwicklungen im Sicherheitsdiskurs zu nivellieren.

Innere Sicherheit als Begriff

Der Begriff Innere Sicherheit ist durchweg, d.h. in den Fällen, in denen er anzutreffen ist, eine diffus verwendete Kategorie. Die in den Analysen in anderen Kapiteln mehrfach kritisierte Vagheit und Unschärfe wird durch die vorgefundenen Beispiele einmal mehr bestätigt. Indes lässt sich für die Fragmente des untersuchten Intervalls kein verspätet einsetzender Gebrauch des Begriffes beobachten. Er ist bereits im ersten Dokument aus dem Jahr 1972 anzutreffen. Ebensowenig ist eine differenzierte Verwendung, etwa in Bezug auf bestimmte Tagungsthemen, zu beobachten.

Umfang der Reden und Ansprachen

Ebenfalls ein Bestandteil der Analyse ist die Berücksichtigung der Seitenumfänge der fraglichen Beiträge in den jeweiligen Tagungsbänden. Der Umfang der Begrüßungsreden der BKA-Präsidenten bleibt während der Tagungsjahre 1972 bis 1994 im Zeitverlauf in etwa gleich (mit Ausnahme der Tagungsjahre 1983 und 1984). Ab Mitte der 1990er-Jahre ist eine leichte, anhaltende Zunahme zu beobachten. Demgegenüber ist im Durchschnitt seit Anfang der 1980er-Jahre ein deutlich erhöhter Seitenumfang der Eröffnungsansprachen der Bundesinnenminister im Verhältnis zu den Begrüßungsreden zu registrieren. So eingeschränkt Aussagen auf Basis des recht schlichten Indikators *Seitenumfang* auch sein mögen, kann man hier durchaus von einer signifikanten Zunahme sprechen.[34] Die angesprochene Entwicklung indiziert eine Veränderung der Bedeutung der Eröffnungsansprache. Sie verliert ihren anfänglichen Reden- bzw. Ansprachencharakter und gewinnt immer mehr den Stellenwert eines eigenständigen Eröffnungsreferates. Hierbei zeichnet sich als allgemeines Muster ab, dass jeweils thematisch relevantes statistisches Basismaterial, d.h. aus der Polizeilichen Kriminalstatistik abgeleitete Trendentwicklungen mit zum Teil recht weitschweifigen gesellschaftspolitischen Betrachtungen kombiniert wird, um auf ein Tagungsthema einzustimmen bzw. auf eine Kriminalitätsentwicklung hinzuweisen, die verstärkten Handlungsbedarf der Sicherheitsbehörden angemessen erscheinen lässt. Hierunter lassen sich also durchaus Legitimationsmuster verstehen, die den Fortbestand und den Ausbau des Sicherheitsapparates rechtfertigen helfen. Inwieweit diese auf eine verstärkte öffentliche, womöglich sogar kritische Aufmerksamkeit schließen lassen, die entsprechende Argumentationen erforderlich macht, lässt sich an dieser Stelle nicht beantworten, ist aber in Erwägung zu ziehen.

Verstärkt finden sich auch Aussagen, die eine allgemeine Rückbindungen von so genannter Kriminalitätsentwicklung an eine gesellschaftliche Werteentwicklung vornehmen (siehe auch weiter unten). Es wird gegenüber den Ansprachen zu Beginn des Untersuchungsintervalls viel deutlicher der Versuch unternommen, mit der Eröffnungsansprache eine umfangreiche politische Stellungnahme abzugeben. Beispielhaft zeigt sich diese Tendenz in Reden des damaligen Bundesinnenministers Kanther. Ein formales Indiz für die beschriebene Entwicklung ist überdies, dass die Ansprachen nicht länger lediglich mit der Überschrift „Eröffnungsansprache" betitelt sind, sondern darüber hinaus mit eigenen thematischen Titeln versehen werden, die sich zumeist zwar am Tagungsthema orientieren, jedoch den Eindruck der Eröffnungsansprache als einem eigenständigen inhaltlichen Beitrag erheblich verstärken (vgl. bspw. Kanther 1998; ders. 1997; Schelter 1995; Seiters 1993).

---

34 Der auffällig niedrige Umfang der Eröffnungsansprache von ca. anderthalb Seiten im Jahr 1994 (zudem das einzige Jahr, in welchem der Umfang einer Eröffnungsansprache unter dem der Begrüßungsrede liegt) ist nicht geeignet, diese Einschätzung zu relativieren. Hierbei handelt es sich um einen *Ausreißer*, der dem Sachverhalt geschuldet ist, dass im entsprechenden Tagungsband nicht die Ansprache im Wortlaut abgedruckt ist, sondern lediglich eine Kurzzusammenfassung, die mutmaßlich von Mitarbeitern der Tagungsbandredaktion verfasst wurde. Gründe für dieses Vorgehen sind im Tagungsband nicht angegeben (vgl. Schelter 1995).

Schnittstellenfunktion, Einbindung von Experten und Berücksichtigung von Kritik bzw. Kritikern

Die Analysen bestätigen die einleitende Beurteilung des BKA und seiner Rolle als Zentralstelle. Eine „Schnittstellenfunktion" (Herold 1981: 5) des BKA wird in fast allen Reden betont. Unterschiede bestehen lediglich darin, inwieweit dieser Aspekt ausdrücklich hervorgehoben wird oder eher indirekt oder am Rande auftaucht. Es wird sowohl auf die Einbindung anderer (Sicherheits-)Experten abgehoben als auch auf die Bemühungen um Beteiligung von externen Wissenschaftlern bzw. Forschern. Medien bzw. Berichterstattung werden gleichfalls ausdrücklich adressiert, wobei deutlich wird, inwieweit das BKA deren Arbeit als notwendig erachtet, um der Öffentlichkeit die Aktualität der auf den Tagungen verhandelten Bedrohungsbilder und den daraus abzuleitenden Erfordernissen zu deren Bekämpfung zu vermitteln.

Eine *Berücksichtigung von Kritik und Kritikern* in Gestalt expliziter Erwähnung oder Bezugnahme ist anfänglich, d.h. in der ersten Hälfte der 1970er-Jahre nicht üblich. Erst ab Ende dieser Dekade sind solche erkennbar. Allerdings bleiben sie sehr marginal. Sie indizieren lediglich eine gestiegene gesellschaftspolitische Bedeutung einer Kritik an Innerer Sicherheit, der dadurch Rechnung getragen wird, dass Kritik zumindest einer Erwähnung für wichtig befunden wird, um möglichen Einwänden an Innerer Sicherheitspolitik zu begegnen bzw. zuvorzukommen. So wird in Reden verschiedentlich auf „Datenschutz" eingegangen (Ermisch 1980: 5), zwischen berechtigter und unsachlicher Kritik differenziert (Baum 1979: 7) oder das Schlagwort vom „gläsernen Mensch[en]" aufgegriffen (vgl. Boge 1990: 10).

Neben der Berücksichtigung von Kritik auf Ebene der Reden selbst, ist auch eine Einbindung von Kritikern auf Tagungsebene zu beobachten. Dieser Art der Einbindung, die für die Zeit ab Mitte der 1980er-Jahre registriert werden kann, wurde nicht systematisch nachgespürt. Jedoch nahmen, laut den jeweiligen Referenten-Verzeichnissen der Tagungsbände, im Tagungsjahr 1987 Falco Werkentin (vgl. Bundeskriminalamt 1988: 246), im Tagungsjahr 1994 Fritz Sack (vgl. Bundeskriminalamt 1995: 303) und im Tagungsjahr 1997 Heinz Steinert (vgl. Bundeskriminalamt 1998: 285) teil. Es handelt sich dabei um Wissenschaftler, die durch ihre Arbeiten und Publikationen dem so genannten Kritischen Strang des Sicherheitsdiskurses zugerechnet werden können und diesem auch mehr oder weniger organisatorisch verbunden sind. Sie sind in ihrer fachdiziplinären Zuordnung Exponenten polizeikritischer Forschung bzw. der sog. kritischen Kriminologie. Was indiziert allerdings besagte Einbindung? Hier lässt sich die These formulieren, dass

233

zunächst der im Sicherheitsapparat zu beobachtende Feindbildwandel auch zu einer Neu- bzw. Umbewertung kritischer linker Intellektueller als nunmehr kritische Sicherheitsexperten führte. Da die Adressaten repressiver Sicherheitspolitik wechselten, werden jene kritischen Intellektuellen – die noch in den 1970er-Jahren direkt von der Auseinandersetzung um Feindbildungsprozesse betroffen waren – nicht mehr als Gefahr wahrgenommen, sondern zum Teil sogar eingebunden, zumal ein Effekt dieser Phase nicht zuletzt auch die Akademisierung bzw. die Professionalisierung (sozial-)wissenschaftlich angeleiteter Kritik in Gestalt so genannter kritischer Sicherheitsexperten war.

Topoi

Die zentralen Topoi (Zeittopos und Fortschrittstopos), samt ihren Implikationen (Handlungsdruck, Delegitimierung von Kritik) sind in einem Großteil der Ansprachen und Reden in den anderen Tagungsbänden vorfindbar (vgl. Maihofer 1976: 7; Herold 1979: 5; Spranger 1983: 15; Zachert 1991: 8; ders. 1995: 9; Kanther 1997: 39). Hierbei lässt sich der Zeittopos[35] durchaus auch als Dramatisierungstopos bezeichnen. Eine quantitative Zunahme der Kriminalität, an sich schon ein Hinweis, der Bedrohung nahlegt, verknüpft mit Hinweisen auf zeitliche Erfordernisse (Handlungsdruck), legt eine schicksalhafte Situation der Entscheidung nahe. Letztere, so wird impliziert, könne nur zugunsten der geplanten Gesetzesvorhaben etc. getroffen werden, ansonsten drohe die weitere Zunahme des Verbrechens über einen nicht näher explizierten, aber qualitativ bedeutsamen Punkt hinaus. Das Überschreiten jenes Punktes ist gleichbedeutend mit dem Verlust des staatlich garantierten Sicherheitsversprechens.

Gegen Ende des Untersuchungsintervalls ist darüber hinaus zu beobachten, dass sich in den Reden Hinweise auf einen Zusammenhang zwischen Kriminalitätsentwicklung und gesellschaftlichem Wertebewusstsein intensivieren (vgl. Spranger 1988: 13, 22; Lintner 1994: 15 f.; Kanther 1997: 50). Art und Umfang der Verwendung reichen hin, hier vom Aufkommen eines so genannten Wertetopos zu sprechen, der ab Ende der 1980er-Jahre regelmäßig und exponiert auftaucht. Dessen we-

---

35 Zum Zeittopos siehe auch Cremer-Schäfer (1993), die auf die „Kriminalitätsuhr" hinweist. Hierbei handelt es sich um die metaphorische Umsetzung des Zeittopos – und somit zugleich um ein Beispiel, dass belegt wie nahe sich die Zuordnungen Topos und Metapher sein können bzw. verschränken. Die Kriminalitätsuhr ist eine prominente Metapher im Konservativen Sicherheitsdiskurs. Sie „bietet das Gefühl an, mit jedem Schlag der eigenen Bedrohung näher zu kommen" (Cremer-Schäfer 1993: 27; vgl. auch Kunz 1994: 206 f.).

sentlicher Bestandteil ist der Versuch, einen angeblich in Folge der Studentenbewegung und ihrer Nachwirkungen entstandenen gesellschaftlichen Werte- oder Tugendverlust für Kriminalitätsanstiege verantwortlich zu machen.

Somit ist diesbezüglich abschließend festzuhalten: Zeit- und Fortschrittstopos sind ein durchgängiges Motiv im Sicherheitsdiskurs. Eskalation und Dramatisierung über Hinweise auf eine pauschales Ansteigen einer Kriminalitätsgefährdung, anscheinend kurz bevorstehende Bedrohungen und daraus abzuleitender sofortiger Entscheidungs- und Handlungsbedarf prägen den Diskurs über das gesamte Untersuchungsintervall entscheidend. Sie sind die allgemeine Legitimationsbasis für daraus abzuleitende sicherheitspolitsche Aktivitäten. Ab Ende der 1980er-Jahre tritt ein als Wertetopos zu bezeichnendes Muster hinzu.

Feindbilder

Bezüglich der Feindbildentwicklung sind hingegen, neben der Fortdauer bestimmter Motive, deutliche Unterschiede zu konstatieren. Allerdings sind hier Differenzen und Kontinuitäten spezifisch miteinander verwoben. Zunächst lässt sich mit Blick auf Unterschiede feststellen, dass in den 1970er-Jahren die Bezugnahme auf das Feindbild Terrorismus dominant ist (vgl. Maihofer 1976: 7; Baum 1979: 8; ders. 1980: 8 f.). Gleichwohl wird darauf auch in den 1980er-Jahren rekurriert (vgl. Spranger 1983: 16; Zimmermann 1986: 8 ff.). Allerdings in einer Weise, die vorherrschend darum bemüht ist, auf einen unmittelbaren Zusammenhang zum Leitfeindbild der 1980er-Jahre zu verweisen, hier ist insbesondere die Figur des/der so genannten Sympathisanten zu erwähnen.

Bestimmend für diese Dekade sind indes Bezugnahmen auf „Kernkraftgegner" (Baum 1981: 8), „Protest" und „Verweigerungsverhalten" (Boge 1982: 5; vgl. auch Spranger 1988: 11 ff.), „Demonstranten und Gewalttäter" (Spranger 1883: 15), „gewaltsame Demonstrationen" und „Vermummung" (Zimmermann 1986: 9; vgl. auch Boge 1988: 7). In den Mittelpunkt rückt also verstärkt gesellschaftliches Protestverhalten.[36] Für diese Deutung liefert der Sicherheitsdiskurs selbst eine Bestätigung. Auf der Tagung des Jahres 1993 nimmt der damalige Parlamentarische Staatssekretär im BMI, Eduard Lintner, zum Thema „Aktuelle

---

36 Dieser Befund bestätigt auch diesbezüglich gewonnene Ergebnisse aus der Analyse des *Almanachs*. Der dortige Hinweis auf die so genannte Lagezentrale Innere Sicherheit mit der Aufgabe der „Bewältigung von Großlagen" (Presse- und Informationsamt der Bundesregierung 1984: 171) ließ sich als Indiz für das unterlegte Feindbild Protest- bzw. Alternativbewegung deuten.

Phänomene der Gewalt" rückblickend eine ähnliche Dekadenbildung vor. Er siedelt „die gewalttätigen Studentenrevolten in den 60er Jahren" (Lintner 1994: 12) an, spricht vom „Terrorismus der 70er" (ebd.) und charakterisiert die 1980er-Jahre mittels Hinweis auf „die Hausbesetzungsszene und die diversen Anti-Bewegungen" (ebd.). Der Anfang der 1980er-Jahre behauptete Zusammenhang zwischen „Protest" und „Verweigerungsverhalten" (Boge 1982: 5) lässt sich hierbei durchaus auch als Vor- bzw. Frühform des o.g. Wertetopos deuten, wurde aber damals noch nicht so prononciert vertreten, wie in den 1990er-Jahren.

Als Hauptfeindbilder etablieren sich in den 1990er-Jahren schließlich das Organisierte Verbrechen bzw. die Organisierte Kriminalität (OK) und Ausländerkriminalität (vgl. Schäuble 1990: 11 f.; Spranger 1991: 15 ff.; Zachert 1993: 9; Schelter 1995: 13; Kanther 1997: 43, 48). Wobei beide Feindbilder letztlich synonym verwendet werden, so dass von deren getrennter Behandlung abzusehen ist.

Zugleich ist gerade bezüglich des Attributes „ausländisch" im Zusammenhang mit Feindbildungen eine besondere Kontinuität im Sicherheitsdiskurs erkennbar. Das erst seit den 1990er-Jahren so auffallend prominente Attribut unterlegt bereits seit den 1970er-Jahren – gewissermaßen als Subthema – auch die Feindbilder der Vordekaden. Es begegnet dem Leser in den Reden der Tagungsbände in Gestalt gleichsetzbarer Begriffe. Kontinuierliche Hinweise auf die Internationalität (vgl. Maihofer 1976: 7) oder Transnationalität von Verbrechen und Verbrechern im Allgemeinen, auf durchlässige Grenzen, auf bestimmte Nationalitäten, auf eine Globalisierung des Verbrechens oder den „Import von Kriminalität" (vgl. Kanther 1997: 39) bilden ein Repertoire sich inhaltlich höchst nahestehender Zuschreibungen, dass über die gesamte Dauer des Untersuchungsintervalls zur ergänzenden Beschreibung von Kriminalitätsphänomenen in Anspruch genommen wird. Markantes Merkmal für die 1990er-Jahre ist zweifelsohne die Intensivierung dieser Inanspruchnahme. Während somit eine Zurechnung der Ursachen der behaupteten Kriminalitätsgefahr(en) auf „uns" im Sinne eines Nationalkollektives „Deutsche" letztlich negiert wird, entsteht umgekehrt der Eindruck, es handele sich um ein national eindeutiges, d.h. homogenes Opfer-Kollektiv.

Die oben angedeutete Kontinuität und die Intensivierung lässt sich auch auf der Ebene der Tagungsthemen erkennen. Das BKA führte im Untersuchungszeitraum insgesamt drei Tagungen allein zum Thema Organisierte Kriminalität durch, hiervon eine Mitte der 1970er-Jahre (vgl. Bundeskriminalamt 1975) und alleine zwei in den 1990er-Jahren (vgl. Bundeskriminalamt 1991; Bundeskriminalamt 1997). Außerdem fand 1988 eine Jahrestagung zum Thema „Ausländerkriminalität" (Bundes-

kriminalamt 1989) statt. Berücksichtigt man ferner, dass unter Ta-
gungstiteln wie „Internationale Verbrechensbekämpfung" (Bundeskriminalamt 1985) und „Neue Freiheiten, neue Risiken, neue Chancen"
(Bundeskriminalamt 1998) vor allem Organisierte Kriminalität und
letzten Endes so genannte kriminelle Ausländer als Bedrohungen verhandelt wurden, lässt sich ermessen, welch traditionell großen Stellenwert dieses Feindbild im Sicherheitsdiskurs besitzt. Sowohl für die
Austauschbarkeit der Begriffe als auch für die zeithistorische Kontinuität des Feindbildes liefert der Sicherheitsdiskurs einen ausdrücklichen
Beleg:

„Auf ‚Organisierte Kriminalität' kamen wir in den zurückliegenden Arbeitstagungen immer wieder zu sprechen; ob es nun um die ‚Kriminalitätsbekämpfung als gesamtgesellschaftliche Aufgabe' oder um ‚Ausländerkriminalität in
der Bundesrepublik Deutschland' ging" (Zachert 1991: 7).

Metaphern und Kollektivsymbolik

Für die untersuchten Fragmente bleibt festzuhalten, dass sie relativ viele
Beispiele für Metaphernverwendung lieferten. Wenngleich es sich häufig um vergleichsweise *schwache* Metaphern handelte. *Das* Metaphern
verwendet werden, ist als Befund für sich genommen wenig bedeutsam.
Hier gilt es auch, die Ergebnisse in einer Hinsicht zu relativieren: Da
Metaphern ein durchaus allgemein gebräuchliches sprachliches Mittel
sind, sind sie an sich nichts Besonderes. Allerdings sind sie etwas Besonderes, sofern sie in Spezial- und Expertendiskursen häufig Verwendung finden, die eigentlich strenger diskursiv geregelt sind. Es steht zu
vermuten, dass Spezialdiskurse, die dem Alltagsdiskurs nahestehen,
metaphernreicher sind, wie das Beispiel des politischen Diskurses zeigt.
Gerade die „Schnittstellenfunktion" des BKA – und mit diesem der
BKA-Jahrestagungen – markiert indes fast schon programmatisch einen
solchen Schnittpunkt. Untersuchungsergebnis bezüglich dieses Teils des
Sicherheitsdiskurses ist *nicht* die Metaphernverwendung an sich, sondern verschiedene Aspekte derselben. Abseits der vorgestellten konkreten Beispiele gilt es zu erkennen, dass im Vergleich zu den in den vorangehenden Kapiteln untersuchten Fragmenten die Häufigkeit der Metaphernverwendung größer ist.[37] Neben vereinzelten Beispielen, die die
Zentral- oder Schnittstellenfunktion des BKA zum Gegenstand haben,
sind nahezu durchgängig metaphorische bzw. kollektivsymbolische Be-

---

37 Auf Metaphernverwendung, auch im so genannten Konservativen Sicherheitsdiskurs, wird im anschließenden Kapitel noch einmal gesondert eingegangen.

züge anzutreffen, die die Bearbeitung von Kriminalität militärisch aufla-
den. Hierzu zählt insbesondere die Front-Metapher, die schon recht früh
auftaucht (Rutschke 1972: 9), aber auch der recht häufige Verweis auf
„Waffengleichheit" (vgl. bspw. Maihofer 1976: 7).[38] Ansonsten sind Metaphern/Kollektivsymbole zu beobachten, die
Anleihen im Bereich Biologie bzw. Natur nehmen. Diese werden ver-
stärkt herangezogen, um die Feindbilder selbst zu illustrieren. Im Zusammenhang mit Rauschgiftkriminalität war von einer „Überschwem-
mung Westeuropas" (Fröhlich 1985: 11) die Rede. An anderer Stelle
deutet die Formulierung „es reicht nicht aus, nur die Symptome zu ku-
rieren" (Spranger 1991: 17) implizit daraufhin, dass die Organisierte
Kriminalität als Krankheit, dass Kriminalitätsbekämpfung als ärztliche
Behandlung und die bedrohte Gesellschaft als erkrankter Körper, den es
zu heilen bzw. gesundheitlich wiederherzustellen gelte, kodiert werden.
Oder aber die Sprache ist von „Wurzeln und Auswüchsen der Kriminalität" (Schelter 1995: 14). Diese Art der Verwendung verdient im Gegensatz zu den o.g. schwachen Metaphern größere Aufmerksamkeit. Ein
Beispiel für eine krankheitsmetaphorische Zuspitzung ist in den 1990er-
Jahren zu verzeichnen. Interessanterweise gerade im Kontext mit Organisierter Kriminalität. Zum Thema „verbrecherische Einflußnahme Organisierter Kriminalität auf Entscheidungsträger in Wirtschaft, Gesellschaft und Staat" äußerte der damalige Bundesinnenminister Kanther:
„Sie ist eine Krankheit, die sich nur zu Beginn bewältigen läßt, bevor sie
sich als zersetzendes Gift im gesellschaftlichen Körper festgesetzt hat"
(Kanther 1997: 42).

Abschließend ist nochmals darauf hinzuweisen, dass es bei der Untersuchung der auf den BKA-Jahrestagungen gehaltenen Begrüßungsreden und Eröffnungsansprachen *nicht* um eine jeweilige Differenzierung
hinsichtlich der Politiken der jeweiligen BKA-Präsidenten oder Bundesinnenminister untereinander ging – etwa mit Blick auf die politische
Provenienz der jeweils amtierenden Bundesregierungen.

Zwar birgt das Ausblenden dieser Dimension das Risiko, Strategie-
wechsel und Nuancen von Richtungsänderungen infolge von Wechseln
an der Führungsspitze der Organisation oder auf politischer Ebene zugunsten von Kontinuitätsannahmen unterzubewerten. Allerdings zeigte
die zurückliegende Analyse, dass Veränderungen in diesem Teil des Sicherheitsdiskurses durchaus nachvollzogen werden konnten, ohne auf
diese Wechsel gezielt einzugehen. Zum anderen ist zu bedenken, dass

---

38 Hierzu zählen freilich auch implizit auf Waffengleichheit abzielende Ver-
gleiche, wie die Frage danach, ob die Polizei angesichts so genannter neuer Kriminalitätsformen für das *gerüstet* sei, was auf sie zukomme (vgl.
Zachert 1993: 9).

die besondere Betonung jener Wechsel und Änderungen umgekehrt immer auch Gefahr läuft, ein Bild jener Einrichtung zu konstruieren, bei welchem unbestreitbar existierende Kontinuitäten ignoriert werden. Hier wäre es eventuell hilfreich, der Frage nachzugehen, aus wessen Sicht bzw. für wen die o.g. Wechsel Änderungen und aus wessen Sicht bzw. für wen sie Kontinuitäten bedeuteten/bedeuten. Aus Sicht ehemals kriminalisierter Protestbewegungen und kritischer Bürger hat sich für diese sehr wohl etwas verändert.

Letzten Endes mag sich die Polizei im Vergleich zur Zeit Ende der 1960er-Jahre liberalisiert und – wie es gerne heißt – (etwas) *bürgernäher* geworden sein. Wobei Hinweise auf Liberalisierungsprozesse, die eine positive Konnotation im Sinne einer Orientierung an Freiheitlichkeit bzw. freiheitlicher Gestaltung nahelegen und möglicherweise gar als Abnahme repressiver Potenziale gedeutet werden, irreführend sind. Liberalisierung ist hier vielmehr als Befreiung von einschränkenden Vorschriften und traditionellen Konzepten zu verstehen. In diesem Sinne meint *Liberalisierung der Polizei* deren technische, einsatzkonzeptionelle und organisatorische Modernisierung im Sinne einer Effizienzsteigerung. Solch eine Entwicklung ist zugleich Bestandteil und Terrain der Feindbildentwicklung im Sicherheitsdiskurs selbst und lässt auch den Begriff Bürgernähe in einem anderen Licht erscheinen. Denn die oben angesprochene positive Konnotation hat durchaus ihren Platz im Modernisierungsprozess. An dieser Stelle ist die These zu formulieren, dass das *Näherrücken* von Bürgern und Polizei lediglich eine Seite der Medaille ist, deren Kehrseite die Frontstellung von Bürgern und „ihrer" Polizei gegenüber so genannten Fremden und Ausländern bildet, welche hauptsächlich als feindlich drohende kriminelle Ausländer im Sicherheitsdiskurs ihren Platz zugewiesen bekommen und denen vermittels dieser Zuweisung ein Bürgerstatus weder staatsbürgerrechtlich noch zivilgesellschaftlich zugestanden wird. So gesehen schließen sich also Bürgernähe des Sicherheitsapparates und Verschärfung einer ethnisierenden Feindbildrhetorik keineswegs aus – im Gegenteil.

Widerstand gegen die Staatsgewalt –
Vom Kampf gegen Fluten und Vampire

Untersuchungsgegenstand im nun folgenden letzten empirischen Kapitel ist der Kritische Sicherheitsdiskurs.[1] Zu einem solchen sind (politisch-)kritische Texte zum Thema Innere Sicherheit bislang noch nicht aggregiert worden. Entsprechend existieren keine Vorlagen, an denen sich zu orientieren wäre. Das Vorgehen in diesem Teil weicht deshalb vom bisherigen Vorgehen ab. Der zu konstatierende Mangel an bewährter Systematik in Bezug auf die Wahrnehmung und Bearbeitung von Kritik an Innerer Sicherheit wirft Fragen zu Zuordnungskriterien auf: Ab wann ist ein Text ein kritischer bzw. dem Kritischen Sicherheitsdiskurs zuzurechnen? Lässt sich eine ähnlich gleichmäßige Abdeckung des Untersuchungszeitraums wie in den vorangegangenen Kapiteln gewährleisten? Falls nicht, welches alternative Vorgehen ist zu wählen? Wie lassen sich in Anbetracht existierender struktureller Unterschiede zwischen beiden Diskursteilen die Zwischenergebnisse aus der Untersuchung des Konservativen Diskursstranges auf dessen Kritischen Strang übertragen?

Es kommt im Folgenden also zu einem *doppelten* Perspektivwechsel: Der erste besteht in der thematisch-inhaltlichen Weitung des Sicherheitsdiskurses. Der zweite besteht in einer im Vergleich zu den Vorkapiteln unterschiedlichen Materialanordnung. Vor dem Hintergrund der

---

1 Für die beiden Begriffe Konservativer und Kritischer Diskurs wird die Großschreibung verwendet, um damit zu unterstreichen, dass es sich bei den Bezeichnungen um Kunstworte handelt. Die alternierend verwendeten Bezeichnungen Konservativer und Kritischer Diskurs*strang* oder *Teildiskurs* sind gleichbedeutend. Sie artikulieren allerdings angemessener den Umstand, dass es sich bei beiden Ausprägungen um Stränge des selben thematischen Diskurses (des Sicherheitsdiskurses) handelt.

soeben formulierten Fragen und der damit einhergehenden Anordnung zeichnet sich also jetzt bereits ab, wie sehr die intendierte Ausweitung des Forschungsgegenstandes Innere Sicherheit um die Kritik hieran in dieser Arbeit Erprobungscharakter besitzt, inwieweit die hier vorgeschlagenen Kriterien und Fragestellungen der Prüfung und weiteren kritischen Diskussion bedürfen.

Zur Diskursformbestimmung des Kritischen Diskurses

Die Diskursformbestimmung des Kritischen Diskurses gestaltet sich schwieriger, als bei den bislang untersuchten Diskursteilen. Dies ist Folge der Heterogenität des Diskursstranges.[2] Im Gegensatz zu den vorhergehenden Analysen gibt es keine konsistente Zeitreihe von Publikationen, die bereits im vorhinein als repräsentativ für einen Kritischen Sicherheitsdiskurs gelten könnte. Zugleich existieren für die Gesamtspanne des angezielten Untersuchungszeitraum keine diesbezüglich eindeutig zuordenbaren Institutionen, deren Veröffentlichungen, Textfragmente o.ä. bereits qua institutioneller Zuordnung dem Diskurs zuzurechnen sind und die den gesamten Zeitraum der Untersuchung abdecken (siehe auch weiter unten). Erst mit erheblichen Zeitversatz kam es hier zu Strukturbildungen, die als ausdrücklich *kritisch* (insbesondere auch in einem politischen Sinne) und vor allem eigens dem Gegenstand Innere Sicherheitspolitik verpflichtet anzusehen sind.[3]

Ein konkretes Beispiel markiert in dieser Beziehung sicherlich das Institut für Bürgerrechte & öffentliche Sicherheit in Berlin (vgl. Institut für Bürgerrechte & öffentliche Sicherheit 1993; CILIP 2002; Winter 1998: 166 ff.). Das Institut und dessen Publikation *Bürgerrechte & Polizei. CILIP* lassen sich infolge ihrer ausdrücklichen Bezugnahme auf Innere Sicherheitspolitik als Hauptgegenstand ihrer Beschäftigung zwar durchaus unzweideutig dem Kritischen Sicherheitsdiskurs zurechnen. Allerdings erscheint das Periodikum erst seit 1978[4] und deckt somit die

---

2   Vgl. hierzu – wenn auch aus anderer methodologischer Perspektive – Lange 1999: 33.

3   Andere, bereits länger bestehende Strukturen (bspw. Humanistische Union oder das Komitee für Grundrechte und Demokratie) setzen sich auch, aber nicht nur mit Innerer Sicherheit auseinander. Auf sie wird später noch eingegangen.

4   „Seit 1978 dokumentiert und analysiert der Informationsdienst *Bürgerrechte & Polizei. CILIP* die gesetzlichen, organisatorischen und taktischen Veränderungen innerer Sicherheitspolitik in der Bundesrepublik" (Institut für Bürgerrechte & öffentliche Sicherheit 1993: 16; Hervorh. i. Orig.). Er

wichtige Anfangsphase des Untersuchungszeitraumes nicht ab. Das Institut selbst wurde sogar erst 1990 gegründet (vgl. CILIP 2002), der soeben formulierte Einwand in Bezug auf den Untersuchungszeitraum ist hier also ähnlich berechtigt. Gleichwohl finden beide, Institut und Periodikum, in diesem Teil der Analyse entsprechende Berücksichtigung – wenn auch indirekt. Beide sind gewissermaßen Beispiele für *organsiatorische* und *personelle Kristallisationspunkte* des Kritischen Diskurstrangs. Ein Großteil der Autor-Subjekte, die in Gestalt von Monographien, Sammelbänden und Zeitschriftenartikeln in dieser Arbeit zur Sprache kamen bzw. noch kommen werden, fand/findet sich in der Autorenschaft oder Redaktion von *Bürgerrechte & Polizei. CILIP* und/oder den Gremien des Institutes (Vorstand, Beirat, MitarbeiterInnen) (vgl. ebd.). Insofern ist allein die Existenz des Institutes schon jetzt Beleg für einen aufschlussreichen Nebenbefund der Analyse: Auch im Kritischen Diskurs haben sich über die Jahre hinweg – d.h. zeitlich parallel versetzt zu der Entwicklung im Konservativen Diskurs – eigene Strukturen personeller und institutioneller Art herausgebildet und verfestigt, die um so mehr rechtfertigen, den Kritischen Diskurs als eigenen Gegenstand zu fassen – was nicht heißt, das eben genannte Beispiel sei das einzige.

Ein weiteres Mal ist darauf hinzuweisen, dass es zunächst um *kritische* Positionen zu Innerer Sicherheitspolitik im Sinne von *politisch kritisch* verstandenen geht. Auf das Verhältnis der sog. kritischen Kriminologie als einem fachspezifischen Spezialdiskurs, zu dem eine thematisch große Nähe besteht, auf die ich in dieser Arbeit bereits verschiedentlich zu sprechen kam, und ihrem Verhältnis in Bezug auf den Kritischen Innere Sicherheits-Diskurs, wird an anderer Stelle nochmals einzugehen sein.

Überwiegend handelt es sich um ein Terrain, welches im Zeitverlauf von diskontinuierlich erschienenen Sammelbänden und Monographien, die sich z.T. mit den schon angesprochenen kritischen Arbeiten sozialwissenschaftlicher Prägung decken, aber auch von unzähligen Zeitschriftenaufsätzen geprägt wurde. Hier gilt um so mehr, dass die Titel nicht notwendig eine explizite Bezugnahme auf Innere Sicherheit aufweisen. Außerdem fällt auf, dass sich die (gesellschafts-)politische Kritik weniger in wissenschaftlichen oder zumindest theoretischen Texten artikuliert, häufiger artikuliert sie sich als Kampagnen- bzw. Öffentlichkeitsarbeit von Bürgerrechtsorganisationen, die sich schließlich in Ge-

---

macht dies im Interesse einer „kritischen Auseinandersetzung" insbesondere im Hinblick auf die „Folgen für die Bürgerrechte" (ebd.) und um „die Arbeit von Bürgerrechtsorganisationen und politischen Initiativen fachlich zu unterstützen" (ebd.: 9).

stalt von Texten bzw. Meldungen von Medien, d.h. Tagespresse, Wo-
chenzeitschriften und ähnlichem niederschlägt.

Zwei Spielarten der Bezugnahme auf Kritik

Es lassen sich idealtypisch zwei vorherrschende Arten der Bezugnahme
auf im o.g. Sinne als kritisch verstandene Positionen beobachten: Zum
einen erfolgt sie entweder durch Verfechter Innerer Sicherheitspolitik,
d.h. durch Protagonisten des Konservativen Diskurses, in Gestalt einer
Zurückweisung von Kritik, um – im Gegenzug – existierende oder zukünftige Innere Sicherheitspolitik zu rechtfertigen.[5] Zum anderen ist eine – häufig implizite – Bezugnahme durch andere Kritiker Innerer Sicherheitspolitik zu beobachten, die ihrerseits auf vorhandene Kritik rekurrieren, diese in Anspruch nehmen, um in erster Linie die herrschende
Sicherheitspolitik mit dieser Inanspruchnahme erneut kritisch zu bewerten.

Die vorgestellte Unterteilung intendiert keine Beurteilung, nach der
entweder die eine oder die andere Art der Bezugnahme als fragwürdig
zu gelten hätte. Die beiden Zuordnungen folgen – in ihrer je spezifischen Ausprägung – lediglich der Selbstdeklaration der Kritik, welcher
eine Logik binärer Zuweisung immanent ist: pro oder contra herrschende Sicherheitspolitik.

Es geht in diesem Kapitel darum, neue Perspektiven auf den Sicherheitsdiskurs zu entwickeln, die eben auch den *Mainstream* der Kritik an
Innerer Sicherheitspolitik stärker in den Blick rücken. Skepsis hinsichtlich der Eindeutigkeit von Selbstdeklarationen und politischen Zuordnungen muss für *alle* Bestandteile des Sicherheitsdiskurses gelten, auch
und gerade für sich kritisch verstehende. Das heißt in einem ersten
Schritt, den Begriff „kritisch" als Selbstzuordnung in Bezug auf Innere
Sicherheitspolitik ernstzunehmen, sich in einem zweiten Schritt damit zu
beschäftigen, ob und welche verbindenden Muster in Fragmenten, die

---

5　Hierzu ist anzumerken, dass der hier behandelte Kritikstrang nicht so be-
deutend ist, dass er den Protagonisten Innerer Sicherheit massive Rechtfertigungszwänge auferlegen könnte. Bereits in den vorangehenden Kapiteln wurde deutlich, dass Kritik nicht im großen Umfang zur Kenntnis genommen wurde. Zugleich ist jener Kritikstrang aber derjenige, der – wenn
überhaupt – noch die prominenteste Bezugnahme erfährt. Das Erfordernis,
sich zu Einwänden der Kritiker zu verhalten, ist noch am größten durch
die Anknüpfungsfähigkeit der emphatischen Kritik von Bürgerrechtsorganisationen, denen im (links-)liberalen Mediendiskurs ein Plätzchen sicher
ist. Auf damit verbundene Vorteile für alle Beteiligten, die sich daraus
womöglich ergeben, wird noch einmal zu sprechen zu kommen sein.

sich entlang dieser (Selbst-)Positionierung gruppieren lassen, vorfindbar sind und ob hier im Zeitverlauf bestimmte inhaltliche und argumentative Kontinuitäten erkennbar sind. Es ist darüber hinaus nach möglichen Gründen zu fragen, die etwaige Kontinuitäten zumindest plausibel erscheinen lassen. Schließlich ist in einem dritten Schritt zu überlegen, inwieweit solche Muster die – auf Akteursebene hierüber vorgenommene – politische Gegenpositionierung zu Verfechtern Innerer Sicherheitspolitik bestätigen oder eventuell fraglich erscheinen lassen. Insofern lässt sich die intendierte Beschäftigung mit Beispielen der *politischen Kritik an Innerer Sicherheitspolitik* als programmatische Forderung nach *Reflexivität* (vgl. Steinert 1998: 24) und *Historisierung* kritischer Positionen im Hinblick auf ihren Referenzpunkt, d.h. als überfällige (Selbst-)Vergewisserung über Prämissen und Implikationen der geltend gemachten Kritik an Innerer Sicherheitspolitik im Sinne einer permanent mitlaufenden Ambition übersetzen

Jenes oben konstatierte Vorhandensein von Unterschieden zwischen Positionen von Protagonisten und von Kritikern schließt nicht notwendigerweise aus, dass gleichzeitig Überschneidungen oder zumindest Parallelen zwischen beiden benannten Diskursteilen existieren. Worin bestehen aber die Verbindungen, die bislang nicht thematisiert wurden und die möglicherweise von Bedeutung für die Bewertung und Einordnung von Kritik an Innerer Sicherheit und für ihre Weiterentwicklung sind? Welches sind die Muster, die uns im kritischen Diskursstrang *unter anderem* begegnen?

Will man zu einem Thema – wie beispielsweise Innere Sicherheitspolitik – (mit-)reden, beinhaltet dies in der Regel, auf bestehende Themensetzungen und -rahmungen Bezug nehmen zu müssen. Dies gilt um so mehr für Positionen, die strukturell nicht in der Lage sind, ohne weiteres Themenverschiebungen oder gar eigene Themensetzungen vorzunehmen. Diese Sichtweise impliziert Annahmen über Rolle und Einfluss bestimmter exponierter Akteure und Agenturen, welche in den vorangegangenen Kapiteln bereits als besonders bedeutsam hervorgehoben wurden (Regierungsstellen, Bundesinnenministerium, BKA etc.). In Anlehnung an Stuart Hall lässt sich deren Rolle und Einfluss wie folgt charakterisieren: Es handelt sich um Akteure, die

„gewöhnlich, rechtmäßig, die erste Möglichkeit haben werden, und zwar ausführlich, eine Konfliktsituation zu definieren. Die Mächtigen erhalten primäre Definitionsmacht bei diesen Konflikten. Sie haben Zugang zum Thema, stellen die Regeln der Debatte auf, sie legen fest, was für die Art und Weise, wie das Thema behandelt werden wird, ‚relevant' und was ‚irrelevant' ist" (Hall 1989: 141).

Es bedeutet anzuerkennen, dass gewisse Akteure über ein erhöhtes Potenzial zur Bedeutungskonstitution, d.h. an Definitionsmacht verfügen – und folglich andere Akteure, die diese Möglichkeiten nicht besitzen, strukturell in einer defensiven Position sind und diskursstrategisch eher gewisse Anpassungsleistungen erbringen müssen, um überhaupt *gehört* zu werden. Diese Machtstellung leitet sich aus dem Umfang des Zugangs zu den Massenmedien, der Kontrolle über die Mittel symbolischer Reproduktion, die Durchführung von Forschungsvorhaben und deren Veröffentlichung sowie auch die Beeinflussung des akademischen Diskurses ab (vgl. Dijk 1991: 10). Vor dem Hintergrund dieser Stellung sind auch die Inhalte und v.a. die Dominierung des diskursiven Sets aus (partei-)politischen Äußerungen zur Inneren Sicherheit, Gesetzesverschärfungen, Berichten über steigende Kriminalität, diskursiven Konjunkturen bestimmter Kriminalitätsformen, Kriminalstatistiken, dem Reden über schwindende Sicherheitsgefühle usw. einschließlich ihrer kollektiv-symbolischen Fundierung zu beurteilen. Solch strukturelles Ungleichgewicht zwischen Kritikern und Verfechtern Innerer Sicherheit spricht z.b. auch Steinert an, wenn er festhält, dass

„es für die Bewegung und ihre Äußerungsformen [verbitternd ist] zu erfahren, […] daß es unvergleichlich schwer bis de facto unmöglich ist, die Illegalität von Handlungen der anderen Seite z.b. gerichtlich anerkannt zu bekommen, während an die eigenen Handlungen sehr enge Maßstäbe angelegt und auch durchgesetzt werden" (Steinert 1988: 47).

Woraus für besagte Kritikposition an Innerer Sicherheit eine doppelte Schwäche zu abzuleiten ist: Nicht nur, dass jene Kritiker *nicht* über ähnlich umfangreiche institutionelle Apparate und Mittel verfügen wie die Verfechter. Sie befinden bzw. befanden sich darüber hinaus, so eine weiterführende Annahme, insbesondere in der ersten Dekade des Sicherheitsdiskurses (den 1970er-Jahren), aber auch noch in den 1980er-Jahren, in einer Position der Defensive, da sie selbst bzw. das Protest- und Bewegungsspektrum, dem sie verbunden waren/sind, in dieser Zeit unmittelbar die Hauptgruppe bildete, auf welche repressive Sicherheitspolitik abzielte.

Aufbau und weiteres Vorgehen

In Folge der beschriebenen Ausgangssituation wird zum einen auf die bereits aus anderen Kapiteln bekannten und hinsichtlich der speziellen Problematik ergiebigen sozialwissenschaftlichen Texte zurückgegriffen.

246

Sie werden in diesem Teil nunmehr unter einer Fragestellung zusammengeführt, die auf eine Rekonstruktion des Kritischen Diskursstranges ausgerichtet ist. Zum anderen gewährt der Anspruch, mit dieser Analyse das Terrain für eine zukünftig kontinuierliche Berücksichtigung erst zu bereiten, aber auch gewisse kreative Freiräume für eine noch ungesicherte und probeweise Handhabung von Verfahren und Kategorien. Wie gestaltet sich der unterschiedliche Aufbau dieses Kapitels? Die Abweichung konkretisiert sich in mehrfacher Weise:

- Die Analyse ist aufgrund der angedeuteten publizistischen Spezifika des Kritischen Diskurses *nicht* nach Einzelwerken untergliedert.
- Darüber hinaus strukturieren die bisher untersuchten Muster die weitere Analyse vor. Infolgedessen bilden Fragen nach Metaphernverwendung/Kollektivsymbolik und zentralen Topoi, die Suche nach Alternativvorstellungen von oder Gegenkonzepten zu Innerer Sicherheitspolitik das Grundgerüst. Innerhalb dieser Schwerpunkte werden freilich auch Einzelwerke/-texte zur Sprache kommen.
- Das bisherige, sehr eng an ein einer zeitlichen Abfolge orientierte Vorgehen lieferte bestimmte Muster, auf die hin nun der Kritischen Diskurs untersucht wird. Allerdings untergliedert sich dieses Kapitel des Kritischen Diskurses nicht entlang einer chronologischen Matrix, sondern entlang der bislang herausgearbeiteten Muster, welche die Materialanordnung und den Analyseprozess strukturieren.

Da sich die beschriebene Einteilung an den aus den vorangegangenen Kapiteln bezüglich dieser Muster gewonnenen Erkenntnissen orientiert, gehen in die Analyse des Kritischen Diskurses Ergebnisse betreffend Topoi, Metaphernverwendung und Kollektivsymbolik aus Analysen zum Konservativen Diskurs – als Voraussetzung – ein. Sofern sie aus Detailanalysen der erwähnten früheren Arbeit (Kunz 1995) resultieren, werden diese Analyseergebnisse nochmals rekapituliert.[6]

---

6 Siehe hierzu den Exkurs zu Metaphern/Kollektivsymbolen im Konservativen Diskursstrang in diesem Kapitel. Besagte Ergebnisse beziehen sich vorherrschend auf Fragmente des Konservativen Diskurses aus der Mitte der 1990er-Jahre. Diese dokumentieren in ihren Feindbildbezügen somit auch einen aktuellen Stand hegemonialer Bedrohungskonstruktionen im Sicherheitsdiskurs. Mag die hieraus sich zum Teil ergebende Gegenüberstellung älterer Fragmente des Kritischen Diskurses mit neueren des Konservativen Diskurses auf den ersten Blick irritieren, so ist sie gleichwohl sehr gut dazu geeignet, zu verdeutlichen, dass *trotz* der Veränderungen der Hauptfeindbilder im hegemonialen konservativen Teildiskurs Innerer Sicherheit im Kritischen Diskurs *weiterhin* eine Position vorherrscht, die in ihrer Entstehung auf andere Feindbildkonstruktionen replizierte(e).

Auf die mehrfach erwähnten, unbestritten existierenden Unterschiede zwischen den Positionen der Verfechter und denen der Kritiker Innerer Sicherheit wird nicht weiter eingegangen. Sie können als bekannt vorausgesetzt werden, gerade auch weil sie in Gestalt anderer (sozialwissenschaftlicher) Arbeiten zum Thema in der Regel Berücksichtigung finden. Darüber hinaus geht es in diesem Abschnitt wie beschrieben um Überschneidungen, so dass die Betonung der Unterschiede zwangsläufig in den Hintergrund tritt. Die Unterschiedlichkeit in Gestalt der Figur der gegenseitigen und gegensätzlichen Bezugnahme wird aber anlässlich der Detailbegründung der Begriffsunterteilung Konservativer und Kritischer Sicherheitsdiskurs als Ausgangspunkt aufgegriffen.

Im Weiteren wird zunächst mittels vier konkreter Beispiele vorgestellt, wie bestimmte Kritiken an Innerer Sicherheitspolitik bislang rezipiert wurden bzw. in Analysekonzepten Niederschlag fanden/finden. Alle vier Beispiele sind der zweiten der weiter oben erwähnten Spielarten der Bezugnahme zuzurechnen. Es geht noch einmal darum, aufzuzeigen, dass kritische Positionen in Analysen bislang durchaus nicht völlig außer acht gelassen wurden. Zugleich ist jedoch beabsichtigt, den begrenzten Umfang jener Bezugnahmen zu verdeutlichen. Dem schließt sich die eingehende Begründung und Vorstellung der Wertigkeit der Adjektive konservativ und kritisch an. Es soll veranschaulicht werden, dass beide in dieser Arbeit zur Zuordnung herangezogenen Kategorien dem Diskurs selbst entstammen. Im Fortgang der Untersuchung wird schließlich der Diskurs entlang wesentlicher Bestandteile *en détail* rekonstruiert. Dieses Vorhaben gliedert sich in drei aufeinander folgende Schritte: Es wird zuerst versucht, die Annahme einer existierenden kritischen Hauptströmung zu plausibilisieren. Dem schließt sich – in Fortführung des aus dem Konservativen Diskurs bekannten Rasters – eine Analyse gegebenenfalls vorfindbarer Beispiele für Metaphernverwendung/Kollektivsymbolik an. Die Behandlung der Fragen, welche Topoi und Argumentationsfiguren den Kritischen Diskurs möglicherweise prägen und ob bestimmte Grundannahmen charakteristisch für ihn sind, beschließt die nähere Untersuchung.

Weiter wird ausgeführt, inwieweit die bis dahin gewonnenen Erkenntnisse eine neue bzw. grundsätzlich erweiterte Perspektive auf den Untersuchungsgegenstand (im Sinne eines Kritischen Sicherheitsdiskurses) begründen. Das Kapitel endet mit einer Zusammenfassung und der Diskussion der Frage, was angesichts der bislang erforschten Tendenzen im Sicherheitsdiskurs daraus für eine Kritik an Innerer Sicherheitspolitik (insbesondere vor dem Hintergrund aktueller Feindbildentwicklung) folgt.

Ansätze reflexiver Wahrnehmung von Kritik an Innerer Sicherheitspolitik im Kritischen Diskurs

Um vornehmlich politisch unterlegte Kritik an Innerer Sicherheit ansatzweise zu berücksichtigen, bedurfte es bislang nicht notwendigerweise eines diskursanalytisch ausgerichteten Forschungsdesigns, d.h. Bezugnahmen darauf sind ebensowenig ein Novum in sozialwissenschaftlichen Analysen, wie auf die Politik Innerer Sicherheit selbst. Kritik spielt folglich in Arbeiten zum Thema auch seit jeher eine Rolle, sei es in dem sie selbst vorgebracht wird, sei es in Gestalt ihrer zur Kenntnisnahme und/oder Zurückweisung (vgl. bspw. Bull 1984: 155, 160 ff.). Allerdings: Beobachtungen und Analysen zur Kritik an Innerer Sicherheit in Gestalt von Kritik als einem *eigenen Forschungsgegenstand* existieren bislang nicht.

Vier Beispiele sollen Spielarten der Berücksichtigung von Kritik bzw. Kritikern Innerer Sicherheit aus sozialwissenschaftlicher Sicht illustrieren. Hierbei wird auf Rezeptionen fokussiert, die ihrerseits dem Kritischen Diskurs zuzurechnen sind. Die Berücksichtigung kritischer Positionen im Konservativen Diskurs wurde in den vorhergehenden Kapiteln angesprochen. Ihre Auswahl beansprucht weniger, den vorherrschenden Tenor jener Berücksichtigung wiederzugeben, sondern gründet stärker in den Impulsen, die sie für die weitere Analyse des Kritischen Diskurses geben.

Die hilflose Polizeikritik

Als erstes Beispiel sei ein Text aus dem Jahr 1982 genannt. Im Heft 13 der Zeitschrift *Bürgerrechte & Polizei. CILIP* beschäftigt sich der Hauptbeitrag unter dem Titel „Die hilflose Polizeikritik" (o.N. 1982), eine Sammelrezension verschiedener Veröffentlichungen des Kritischen Sicherheitsdiskurses, „vorrangig mit linker und linksliberaler Kritik an der Polizei" (o.N. 1982a: 2).[7] Ziel der Auseinandersetzung war – auch damals schon – die Weiterentwicklung der Kritik:

---

7 Zwar ist der Text nicht namentlich gekennzeichnet, es ist jedoch davon auszugehen, dass es sich um einen redaktionellen Beitrag handelt. Hierauf deutet die Passage im Editorial des zitierten Heftes hin. Dort formuliert die Redaktion von *Bürgerrechte & Polizei. CILIP* zur Sammelrezension, worum es ihr damit gehe und worum nicht. Die dort gebrauchte Fomulierung „*uns* ging es" (o.N. 1982a: 2; Hervorh. TK) wird als Indiz dafür gewertet, dass die Redaktion bzw. maßgebliche Teile derselben als Autoren in Frage kommen. Deshalb wird im weiteren Verlauf der Interpretation – auch wenn der Beitrag mit dem Hinweis „ohne Namen" gekennzeichnet wird – von den Redaktionsmitgliedern als den Autoren ausgegangen.

„Uns ging es nicht darum, besserwisserisch anderen Autoren Zensuren zu
verteilen, sondern um die Frage, wie Polizeikritik geführt werden sollte, wenn
sie praktisch wirksam sein und dazu beitragen soll, demokratische Freiheitsrechte zu sichern" (ebd.).

Gleichwohl gilt es anzumerken, dass hier in erster Linie um Polizei und
nicht um Innere Sicherheit als explizites Thema geht. Zwar wird Polizei,
als ein maßgeblicher prägender Bestandteil des Sicherheitsdiskurses, mit
diesem häufig gleichgesetzt, aber dennoch gehen beide eben nicht völlig
ineinander auf. Des weiteren belegt die Zielformulierung des Textes
deutlich, dass lediglich intendiert ist, die Qualität linker und linksliberal-
ler Polizeikritik zu hinterfragen, nicht aber deren Zweck (die Sicherung
demokratischer Freiheitsrechte) und auch nicht die damit verbundene
Präsupposition (aktuelle Polizeientwicklung gefährde demokratische
Freiheitsrechte) (vgl. ebd.). Die beiden letztgenannten Aspekte haben offensichtlich auch für die Autoren den Charakter unhinterfragbarer Gewissheiten, auf die extra hinzuweisen an dieser Stelle deshalb wichtig
ist, weil sie uns im späteren Verlauf häufiger begegnen werden. Zum
anderen verfolgen die Autoren auch nicht die Absicht herauszufinden,
ob eventuell zwischen den von ihnen kritisierten linken und linksliberal-
len Analysen und den diesen wiederum als Bezugspunkten dienenden
Positionen Innerer Sicherheitspolitik, Ähnlichkeiten oder bislang unbe-
merkte Berührungspunkte bestehen.

Als zuspitzender Begriff zur Beurteilung der Texte fungiert die Bezeichnung „Agitationsliteratur" (o.N. 1982: 28). Es dominiert das Mä-
keln an handwerklichen Fehlern in Bezug auf die eigentliche Notwendigkeit nach fundierten Analysen:

„Mit Ausnahme von Bölsche und Steinmüller drücken sich alle hier besproch-
chenen Autoren um eine Kenntnisnahme der polizeilichen Fachliteratur zu organisatorischen, infrastrukturellen und taktischen Details herum. Interpretiert
wird auf der Basis von allgemeinen Aussagen von Polizeiführern, Geheim-
dienstoberern [sic!] und Politikern, wobei auch hier eher von versprengten
Zitaten aus Sekundärquellen, denn aus Originalaufsätzen und ihren Zusammenhängen geschöpft wird" (ebd.: 13).

Kurz gesagt: falsch zitiert, aus dem Zusammenhang gerissen, falsche
Quellenlage, so lauten die Vorwürfe. Etwas oberlehrerhaft werden „gravierende Mängel" (ebd.: 33) konstatiert. An einem Werk wird beanstan-
det, dass Prozesse, die dessen Autor

„hätte darstellen sollen, [...] zu bloßen Tendenzen [verschwimmen]. So ist es
auch kein Wunder, daß das Wort ,tendenziell' einen zentralen Stellenwert er-

hält und Hintertürchen an allen Ecken und Enden auftut. Die neue gesellschaftliche Funktion der Polizei kann so nicht geklärt werden" (ebd.: 30).

Das Verbot strukturiert(e) offensichtlich auch den Kritischen Diskurs. Zugleich muss man sich vergegenwärtigen, was mit dieser Schelte auf Seiten der Autoren potenziell für Interessen verbunden sind, d.h. über das o.g. uneigennützige Ziel, die Kritik voranzubringen, hinaus. Es fällt auf, wie sehr die Rezensenten umgekehrt auf Nüchternheit und Sachlichkeit pochen. Vergegenwärtigt man sich die geschilderten Einwände, scheint es ihnen vor allem um Seriosität und fachliche Anerkennung zu gehen. Allerdings soll ihnen diese Anerkennung wohl eher von den Experten der Polizei bzw. etablierten Polizeiforschern gewährt werden. Die Abgrenzung von quasi gebündelt als unseriös gekennzeichneten linken und linksradikalen Kritiken geht einher mit der gleichzeitigen unausgesprochenen Selbststilisierung – gerade *auch* der Publikation *CILIP* – als eben den Gütekriterien entsprechend, an denen es den anderen Kritikern angeblich mangelt. Insofern geht es auch um die Behauptung bzw. die Etablierung einer Position als zwar kritisches linkes oder linksliberales, aber vor allem seriöses Fachblatt.

Intendiert ist eine Überprüfung der Kritik vor dem Hintergrund einer exklusiven Kenntnis der *richtigen* kritischen Bewertung der Polizeientwicklung. Denn nur wer über eine solche verfügt, kann in der referierten Literatur „gravierende Mängel sowohl in der Darstellung der Polizeientwicklung seit Anfang der siebziger Jahre wie in ihrer Erklärung und Bewertung" (ebd.: 33) feststellen. Solch eine Gewissheit ist aus Sicht der Autoren allerdings auch nötig für eine „Aufklärung", die sich in erster Linie „der stichhaltigen Auflösung des Schleiers aus Geheimhaltung und Ideologie, der die Herrschaftsverhältnisse umgibt" (ebd.: 35) verschreibt.

Nichts desto trotz verweist die Analyse in der *CILIP* aus den Anfängen der 1980er-Jahre auf einige interessante, darüber hinausgehende Aspekte, die auch der Fragestellung dieses Kapitels nahestehen. So bemängelt der Artikel in seiner Zusammenfassung – wenn auch mit anderer Stoßrichtung – mehrfach „blinde Skandalisierung" (ebd.: 35), „Horrorgeschichten" (ebd.) und „agitatorische Kampfbegriffe" (ebd.: 34), welche die rezensierten linken und linksliberalen Kritiken durchziehen würden. Als Ursache wird hierfür vermutet, „skandalisierungsfähige Ereignisse" und „negativ besetzte Kategorien" seien der Hoffnung auf mobilisierende Wirkung geschuldet (vgl. ebd.: 33).

Linke Bilder vom Leviathan

Ein ähnlicher Duktus ist in einem Beitrag aus dem Jahr 1984 vorfindbar, der hier als zweites Beispiel behandelt werden soll. In dem Aufsatz „Linke Bilder vom Leviathan. Kurz vor Neunzehnhundertvierundachtzig" (Busch/Werkentin 1984) nehmen die Autoren Busch und Werkentin das so genannte Orwell-Jahr 1984 zum Anlass (vgl. auch o.N. 1984: 5 f.), um darüber zu räsonieren, wie linke Kritiker den Wandel, den „das System innerer Sicherheitswahrung seit Ende der sechziger Jahre [...] durchgemacht hat" (Busch/Werkentin 1984: 19), analysieren. Der Artikel greift über weite Strecken die bereits im vorangehenden Beitrag vorgestellten Positionen auf und arbeitet sich dazu an einem der in der o.g. Sammelrezension behandelten Werke ab – allerdings in einer sehr polemischen Weise. Die Parallelen sind nicht zufällig. Gehörten doch die beiden Autoren des Artikels der Redaktion der Zeitschrift *CILIP* an, die für das besagte erste Beispiel verantwortlich zeichnet.

Dennoch sprechen mehrere Gründe dafür, dieses dem ersten Beispiel zeitlich nahestehende und auch noch aus dem selben Umfeld stammende Fragment als eigenständiges zu berücksichtigen: 1. Es liefert in Gestalt einer einleitenden Kurzpassage einen Hinweis auf eine Unterscheidung, welche die in dieser Arbeit vorgeschlagene Unterteilung in Konservativen und Kritischen Diskurs stützt. 2. Darüber hinaus enthält es zwei Fundstellen für Metaphernverwendung im Kritischen Diskurs. 3. Auch Anhaltspunkte für einen aus der Analyse des Konservativen Diskurses bereits bekannten Topos sind anzutreffen. 4. Vorfindbar sind zudem kritische Bezugnahmen auf Teile des linken Spektrums, die im weitesten Sinne den Problembeschreibungen von Akteuren der Inneren Sicherheit ähneln bzw. diese von linker Seite komplettieren und somit ein – wenn auch schwaches – Indiz für mit dem Konservativen Diskurs geteilte Feindbildbezüge sind. Allerdings ist an dieser Stelle nochmals zu betonen, dass dies nicht als Unterschiedslosigkeit zwischen beiden Diskurssträngen gedeutet werden darf.

Zu 1: Die Autoren unterscheiden in der Einleitung ihres Textes zwischen „Qualitätsurteilen der Freunde staatlicher Gewaltfähigkeit" (ebd.), auf deren kritisches Resümieren sie in diesem Text verzichten wollen, und „der linken Darstellung und Kritik dieser Entwicklung" (ebd.). Diese Unterscheidung deckt sich weitestgehend mit der von mir gewählten Gegenüberstellung von Konservativem und Kritischem Diskurs und ist ein deutlicher Beleg dafür, dass die eingeführte Differenzierung nicht *diskursfremd* ist, sondern dem Beobachtungsgegenstand selbst entnommen werden können.

Zu 2: Busch und Werkentin eröffnen ihren Text mit einem vorange-stellten Zitat aus dem Roman *Moby Dick* von Herman Melville (vgl. ebd.). Im Zitat geht es vor allem um die Frage, wie der Wal, den zu fan-gen man dort versucht, wohl aussehe. Hierbei ist zunächst die im Zitat anzutreffende Gleichsetzung von „Wal" als „Leviathan" auffällig. „Le-viathan" ist sowohl der Begriff für Ungeheuer bzw. Fabelwesen – die Verwendung, die wohl im Roman zugrunde zu legen ist – als auch, in Anlehnung an Thomas Hobbes, Sprachbild für einen allmächtigen Staat. Insofern sind die zitierten Äußerungen zum Walfang von Busch und Werkentin metaphorisch auf den Staat bezogen, d.h. auf Vorstellungen vom Staat. Quintessenz des Zitates ist, dass, „[…] wer sich eine annä-hernde Vorstellung davon machen will [wie der Wal in Wirklichkeit aussieht], […] schon selber auf Walfang gehen [muß]" (Melville, zit. n. Busch/Werkentin 1984: 19).

Die Assoziationskette lautet demnach: Wal = Leviathan = Staat. Da im Artikel vor allem die linke, d.h. die materialistische Staatstheorie im Zentrum der Kritik steht, wird umgekehrt den gescholtenen linken Kriti-kern zum Schluss des Textes empfohlen: „Wer aber wissen will, wie 1984 der Leviathan aussieht, der muß sich schon selbst auf Walfang be-geben" (ebd.: 40). Womit den Kritisierten unterstellt ist, sie seien gar keine „Walfänger" und redeten folglich über einen Gegenstand (den Wal = den Staat), den sie eigentlich gar nicht kennen, von dem sie keine Ah-nung hätten. Umgekehrt setzt es notwendigerweise voraus, selbst zu wissen, „wie der Wal in Wirklichkeit aussieht", ansonsten kann man die Beschreibung von Dritten nicht bestreiten. Womit erneut deutlich wird, dass die Autoren implizit für sich selbst eine – in Bezug auf den Gegen-stand Wal (= Staat) – exklusive und vor allem richtige Erkenntnis re-klamieren. Bei ihrem etwas verbissen anmutenden Streit, wer denn nun das richtige Bild vom Staate habe, erkennen Busch und Werkentin in ih-rem Eifer bedauerlicherweise auch nicht die erkenntnistheoretische Schwierigkeit, dass auch beschrieben sein will, wer oder was ein Wal-fänger ist – oder mit anderen Worten: Auch dies ist eine beobachterab-hängige Kategorie.[8]

Die zweite Metapher bezieht sich auf Kritik an der wissenschaftlich-methodischen Güte des von ihnen kritisierten Werkes. Die beiden Kriti-

---

8 Auf mitlaufende Assoziationen zu „Walfängern", wie sie in Melvilles Roman beschrieben werden (heroisch-tragische Gestalten im Kampf gegen Naturgewalten, ausgestattet mit einer Authentizität verbürgenden natur-burschenhaften Aura) und die sich mit der Wahl des Sprachbildes auf die wahren „Staatsfänger" übertragen, wird hier nicht näher eingegangen, da eine Sensibilisierung für die Fragwürdigkeiten solcher Männlichkeitsbilder den Autoren Anfang, Mitte der 1980er-Jahre möglicherweise fehlte.

ker plädieren für eine „wissenschaftliche Methode" in zukünftigen Analysen, womit eben diese dem Kritisierten abgesprochen wird. Dessen Vorgehen vergleichen Busch und Werkentin statt dessen mit dem „Prinzip des Kuh-Magens, der längst Geerntetes und Geschlucktes nur teilverdaut als ‚Gewöll' zum Wiederkäuen expediert und dies als Ergebnis aktueller Analyse ausgibt"[9] (ebd.: 37). Hiermit wird mehreres gesagt: Nicht nur, dass der kritisierte Text eigentlich nichts Neues biete. Er nehme vielmehr mittels seiner Behauptung, „Ergebnis aktueller Analyse" (ebd.) zu sein, das Prädikat „Neues" gar unlauter für sich in Anspruch. Zu der expliziten Kontextsetzung zum Vorgang des Verdauens, in den Busch und Werkentin die Analysen mittels des Sprachbildes rükken, tritt insbesondere noch die assoziative Nähe zu dessen Ausscheidungsprodukten bzw. zu Erbrechen und Übergeben.

Zu 3: Der Untertitel des Artikels „Kurz vor Neunzehnhundertvierundachtzig" (ebd.: 19) variiert die alltagssprachliche Wendung des „Kurz vor zwölf", mit der eine Situation umschrieben wird, in welcher die Zeit drängt (es ist *allerhöchste* Zeit) bzw. zumeist das kurz bevorstehende Eintreten eines negativen Ereignisses umschrieben wird. Die beiden Autoren persiflieren auf diese Weise aus ihrer Sicht vorfindbare Dramatisierungstendenzen im linken und linksliberalen Spektrum bezüglich der mit der Jahreszahl 1984 befürchteten Entwicklung: die „‚totale' Kontrolle" (o.N. 1984: 5) im Sinne eines drohenden so genannten Orwellschen Überwachungsstaates (vgl. bspw. Bölsche 1979). Dieser Topos wurde, wenn auch mit anderer thematischer Ausrichtung, schon im Konservativen Diskurs beobachtet. Hier deuten sich also zwischen beiden Diskurssträngen Ähnlichkeiten bzw. Überschneidungen an.

Zu 4: Bei Busch und Werkentin erfolgt eine kritisch-polemische Bezugnahme auf Teile des linken Spektrums in Gestalt von „Autonomen" (ebd.: 21), „‚Militanten'" (ebd.) und „Lederjacken" tragenden „‚streetfightern'" (ebd.), die mit einem Gestus theoretischer Überlegenheit vorgetragen wird, welche es naheliegend erscheinen lässt, hierin eine größere Nähe zu ähnlich lautenden Bewertungen von Vertretern des Konservativen Diskurses zu erkennen, als zu dem kritisierten linken Spektrum. Es ist ein interessantes weil bekanntes Muster linker Kritik, dass sich hier an einem anderen Beispiel wiederholt. Die seinerzeit, d.h. in den 1970er-Jahren (und über diese Zeit hinaus) aufgeherrschten und zum Teil auch gerne erbrachten Distanzierungen von den so genannten Terroristen kleideten sich in ähnliche, wenn auch spezifisch linke Kritiken,

---

9   Dass es sich bei der Metapher um einen Bildbruch handelt (Wiederkäuer sind Paarhufer, als „Gewöll" bezeichnet man hingegen von Jagdvögeln hervorgewürgte, unverdauliche Nahrungsreste), sei nur am Rande erwähnt.

die allerdings den Feindbildvorgaben des Konservativen Diskurses weitestgehend folgten.

Lässt man die Polemik und alle sonstigen Bemühungen der Autoren außer Acht, mit ihrer Kritik das eigene (Fach-)Revier gegen „linke Hochschul-Akademiker" (ebd.: 19) zu verteidigen, die sich aus Sicht von Busch und Werkentin „ohne thematische Kompetenz zwar, aber mit engagierter guter Gesinnung"[10] (ebd.) mit dem Ausbau der Polizei und innerstaatlicher Repressionspolitik beschäftigen würden, bleibt zu fragen: Welche Anregungen liefert das zweite Beispiel für eine Analyse des Kritischen Diskurses? Zusammenfassend ist zu sagen, dass es in Ansätzen einige Hinweise auf Untersuchungsdimensionen enthält, die den in dieser Arbeit bisher eingeschlagenen Weg bestätigen: Generell belegt der Text von Busch und Werkentin, dass sich schon Anfang der 1980er-Jahre retrospektiv mit Kritik an Innerer Sicherheitspolitik auseinandergesetzt wurde. Er lenkt die Aufmerksamkeit auf Skandalisierungs- und Dramatisierungstendenzen in linken Kritiken an Innerer Sicherheitspolitik. Die Autoren weisen des weiteren immerhin auf die Notwendigkeit von Sprachmusteranalysen hin, auch wenn deren eigene Ausführung dem Anspruch nicht gerecht wird (vgl. ebd.: 35 f.) Und auch der eben angesprochene abfällige, zweifelhafte Hinweis auf die „engagierte gute Gesinnung" (ebd.: 19) ist aufzugreifen. Er ist in seinem sachlichen Kern ein Indiz für kritische Positionen, die in erster Linie moralisch motiviert sind und häufig in Verbindung mit Dramatisierungsszenarien, Horrorbildern und Totalitarismusbefürchtungen in Gestalt der Rede von „Faschisierung und Militarisierung" (ebd.: 20) der bundesdeutschen Gesellschaft zu beobachten sind. Es ist zu vermuten, dass solche Bilder in einem engen Zusammenhang mit einer Betroffenheitsperspektive derer, die sie entwerfen, stehen; betroffen im Sinne einer direkten Konfrontation mit jenem repressiven Sicherheitsapparat. Und diese Betroffenen sind Ende der 1970er-, Anfang der 1980er-Jahre „Kernkraftgegner" (ebd.), „Hausbesetzer" (ebd.) und die „Verteidiger des Waldes vor dem Zugriff der Flughafenerbauer" (ebd.: 20 f.). Womit Busch und Werkentin eine Bestätigung für die Feststellung liefern, dass das Hauptfeindbild in jener Zeit die Protestbewegungen bzw. die Neuen Sozialen Bewegungen gewesen sind.

---

10 Es ist der von den Autoren nahegelegte Umkehrschluss, die von ihnen favorisierte und durch sie personifizierte Kritiklinie an Innerer Sicherheitspolitik zeichne sich demgegenüber durch hohe thematische Kompetenz und – wenn überhaupt – erst in zweiter Linie durch engagierte gute Gesinnung aus. Es geht mithin, wie im ersten Beispiel auch schon festgestellt, um das Reklamieren des Status des kritischen Experten.

Politikum Polizei

Das dritte Beispiel stammt aus dem Jahr 1998 und wird nur kurz behandelt. Vorausgehend sei darauf hingewiesen, dass die nachfolgende Einschätzung sich lediglich auf ein Kapitel der Buchpublikation *Politikum Polizei* (Winter 1998) bezieht, in welchem es um „Funktions- und Positionsbestimmungen der bundesdeutschen Polizei" (ebd.: 122 ff.) geht. Es steht stellvertretend für Bearbeitungsweisen, die zum einen nicht ausdrücklich beanspruchen, mit ihrer sozialwissenschaftlich fundierten Analyse der Kritik in die binnenpolitische Auseinandersetzungen im Kritischen Sicherheitsdiskurs zu intervenieren. Zum anderen dokumentiert die vorzustellende Bezugnahme eine Variante, in der der nähere politische Begründungszusammenhang jener rezipierten Kritiken zwar zur Kenntnis, *nicht* aber zum Anlass genommen wird, sie deutlich von anderen Positionen, wie beispielsweise von Verfechtern Innerer Sicherheitspolitik, abzugrenzen. Vielmehr begründet der gemeinsame thematische Gegenstand (Polizei) und die fachliche Ausrichtung (sozialwissenschaftlich) diesbezüglich eine gewisse Unterschiedlosigkeit in deren Behandlung. Alle Positionen, die Winter im o.g. Kapitel vorstellt, haben dem Autor zufolge „[...] in der sozialwissenschaftlichen und publizistischen Auseinandersetzung über die politische Funktion der Polizei in der Bundesrepublik Deutschland eine wichtige Rolle gespielt" (ebd.: 122).

Weitere Unterscheidungen werden nicht vorgenommen, statt dessen jede Position im einzelnen vorgestellt, was dazu führt, dass Konzepte und Überlegungen des damaligen BKA-Präsidenten Herold (vgl. ebd.: 136 ff.) quasi gleichrangig mit Einschätzungen des „Arbeitskreises Junger Kriminologen" (vgl. ebd.: 123 ff.) oder der „AG Bürgerrechte" (vgl. ebd.: 166 ff.), die letztlich gleichbedeutend ist mit dem bereits mehrfach erwähnten Institut für Bürgerrechte & öffentliche Sicherheit, das aus ihr hervorging, präsentiert werden. Bemerkenswert erscheint noch der besondere Hinweis Winters, dass die „AG Bürgerrechte" eine Beispiel für die Vermengung von sozialwissenschaftlicher Analyse und politischem Anspruch sei (vgl. ebd.: 167). Bemerkenswert deshalb, weil er damit sehr wohl zur Kenntnis nimmt, dass bestimmte gesellschaftspolitische Implikationen mit den Analysen der „AG Bürgerrechte" verbunden sind, dies aber nicht als Einordnungskriterium heranzieht. Im Gegensatz zu Winter, der mit dieser Beurteilung eine Besonderheit lediglich der „AG Bürgerrechte" begründet, ist jedoch zu betonen, dass jedwede sozialwissenschaftliche Analyse – insbesondere wenn sie das „Politikum Polizei" zum Gegenstand hat – im Kern einen (gesellschafts-)politischen Charakter besitzt.

Bürgerrechtsgruppen: neue Akteure oder ewige „Zaungäste"?

Die Frage „Bürgerrechtsgruppen: neue Akteure oder ewige ‚Zaungäste'?" (Lange 2000b), die der Politikwissenschaftler Hans-Jürgen Lange in einem Beitrag neueren Datums aufwirft, kommt – wenn auch nur indirekt – der Berücksichtigung der Rolle von Kritik im Diskurs Innerer Sicherheit, wie sie in dieser Arbeit befürwortet wird, noch am nächsten. Allerdings ist zu betonen, dass er lediglich die Frage nach der Partizipation jener Gruppen – und damit letztlich auch nach den von ihnen vertretenen Positionen – im Politikfeld selbst stellt. Die darüber hinausgehende wichtige Frage, *wie* diese in zukünftigen Politikfeldanalysen umfassend zu berücksichtigen wären, stellt er indes nicht. Dies hat jedoch auch mit der von ihm favorisierten Politikfeld-Konzeption zu tun. Denn die Politikfeldanalyse kann nur Akteure beobachten, die auf dem Politikfeld bzw. einem seiner Teilbereiche (Zentralbereich, Umfelder) in Erscheinung treten.

Die Arbeiten Langes wurden bereits mehrfach gewürdigt. An dieser Stelle ist jedoch auf die besagte Politikfeld-Konzeption im Hinblick auf die Berücksichtigung verschiedener Akteure noch einmal einzugehen. Lange unterscheidet die Akteure im Politikfeld Innere Sicherheit „anhand ihres Grades an institutionalisierten Interaktionsbeziehungen" (ebd.: 242). Neben einem „Zentralbereich" (ebd.), zu dem die staatlichen Sicherheitsbehörden zählen (vgl. ebd.), einem „politisch-institutionellen Umfeld" (ebd.: 243), welchem – neben anderen – an erster Stelle „das Bundesinnenministerium, der Bundestag und Bundesrat [...], die Bundestagsfraktionen [...]" (ebd.) zugerechnet werden, siedelt er das „korrespondierende politische Umfeld" (ebd.) an. Letzterem gehören auf Bundes- wie auch auf Landesebene an: „[...] die Polizeigewerkschaften, die Parteien, die Verbände der privaten Sicherheitswirtschaft, die Medien und etwaige Forschungs- und Beratungsinstitute" (ebd.: 244).

Nun seien Bürgerrechtsgruppen zwar „prinzipiell [...] zum korrespondierenden politischen Umfeld zu zählen" (ebd.), blieben aber faktisch außen vor (vgl. ebd.). Mögen „Organisationen aus dem Bürgerrechtsbereich" (ebd.: 254), Lange nennt explizit die Humanistische Union (vgl. ebd.), auch Zugang zu Medienvertretern oder „vereinzelt auch zu Teilbereichen des Politikfeldes" (ebd.) finden. Zu konstatieren bleibt dennoch die vorherrschende Tendenz der

„entscheidungsrelevanten Akteure [...] insbesondere der Innenministerien, der Polizeigewerkschaften aber auch der Parlamentsausschüsse und Parteien, die

257

Bürgerrechtsgruppen nicht gerade systematisch in die Beratung einzubeziehen" (ebd.).

Die von Lange aufgeworfene Frage, „inwieweit der Zugang zum Politikfeld Innere Sicherheit institutionell erweitert werden könnte" (ebd.: 253), weist folglich in Richtung auf politische Veränderungen. Welche Entwicklungen würden begünstigen, dass jene Gruppen künftig auch faktisch zum „korrespondierenden politischen Umfeld" zu zählen seien, was ihre Berücksichtigung in zukünftigen Politikfeldanalysen dann fast automatisch nach sich zöge? Hierbei kommt Lange interessanterweise auf Bündnis 90/Die Grünen zu sprechen. Infolge des „eigenen Traditionsverständnisses" (ebd.) bestünde in dieser Partei eine größere Bereitschaft zur Zusammenarbeit mit Bürgerrechtsgruppen (vgl. ebd.). Ausdrücklich erwähnt Lange mögliche Regierungsbeteiligungen von Bündnis 90/Die Grünen, mit denen möglicherweise „tatsächliche Änderungen der Politik Innerer Sicherheit" einhergehen würden.[11] Sein diesbezüglicher Optimismus ist, so muss man fairerweise erwähnen, allerdings verhalten, denn auf Landesebene zeige sich bereits, „daß auch unter rot-grünen Landesregierungen die Bürgerrechtsgruppen keinen nachhaltigen Zugang zum Netzwerk Innere Sicherheit gefunden haben" (ebd.: 244).

All dies setzt freilich die von Lange nicht ausgeführte Grundannahme voraus, nach der den Bürgerrechtsgruppen an solch einer Art der Partizipation auch gelegen sein müsste. Was, wenn eine derartige Teilhabe am Politikfeld gar nicht beabsichtigt ist? Dies stünde nicht notwendigerweise im Widerspruch zu deren Ziel einer stärkeren gesellschaftspolitischen Einflussnahme. Falls jene o.g. Teilhabe tatsächlich nicht beabsichtigt ist, würde dies zugleich bedeuten, dass Bürgerrechtsgruppen auch zukünftig von der Politikfeldanalyse nicht erfasst werden könnten – völlig unabhängig von etwaigen Regierungsbeteiligungen von Bündnis 90/Die Grünen. Lange beschäftigt sich bedauerlicherweise *nicht* mit Alternativen, wie jene Bürgerrechtsgruppen in der Analyse auch *ohne* eine Entwicklung, die sie mit „an den Verhandlungtisch" brächte, umfassend zu berücksichtigen seien. Solche Alternativen gelte es schon deshalb zu entwickeln, weil das Spektrum, dass jene Gruppen repräsen-

---

11 Besonders hinweisen möchte ich in diesem Zusammenhang auf zweierlei: Langes Ausführungen bestätigen die dieser Arbeit zugrunde liegende Begründung zur Begrenzung des Untersuchungszeitraumes, die sich ausdrücklich auf Erwartungen eines Politikwechsels unter Regierungsbeteiligung von Bündnis 90/Die Grünen bezog, noch einmal aus anderer Perspektive. Er nimmt sogar ausdrücklich auf die „neue rot-grüne Bundesregierung" (Lange 2000b: 244) Bezug. Zugleich bekräftigt er hiermit auch den dort unterstellten politisch-historischen Zusammenhang zwischen Bürgerrechtsbewegungen und dieser Partei.

tieren, traditionell nicht nur eine bestimmte Kritiklinie an Innerer Sicherheitspolitik, sondern in relevanten Teilen vor allem auch ein abweichendes Verständnis in Bezug auf Politik*formen* verkörpert. Politikformen, die in der angesprochenen Politikfeldanalyse unberücksichtigt bleiben.

Die Frage, ob dies an der theoretischen Konzeption der Politikfeldanalyse liegt, die möglicherweise nicht vermag, Akteure und Aktivitäten analytisch zu fassen, die sich ihrer Vereinnahmung als Politikberatungsinstanzen durch die bereits benannten und zumeist hochinstitutionalisierten Akteure verweigern oder – umgekehrt – von diesen außen vor gehalten werden, ist an dieser Stelle leider nicht zu beantworten. Zugespitzt wäre sogar zu fragen, ob mit der von Lange quasi als wünschenswert vorgestellten Einbindungsperspektive nicht zugleich Anpassungsprozesse und Positionswechsel – insbesondere auf Seiten der Bürgerrechtsbewegung – notwendig verbunden sind, die den Erfolg, endlich mit am Tisch der Akteure zu sitzen, endlich „korrespondierendes politisches Umfeld" zu sein, um den Preis erkaufen, mit der kritischen Position, die sie jetzt noch charakterisiert, nur noch wenig gemein zu haben – wenn überhaupt. Gerade Bündnis 90/Die Grünen sind hierfür ja selbst das beste Beispiel. Insofern verwechselt Lange das angesprochene Traditionsverständnis von Bündnis 90/Die Grünen mit dem Traditionsverständnis von Bürgerrechtsgruppen. Mag letzteres dem ersten auch nahestehen, die Organisationen, die Lange im Auge hat, haben allerdings den außerparlamentarischen, mithin den außerinstitutionellen Weg nicht zufällig (weiter) beschritten.

Weder erwähnt Lange ausdrücklich den Begriff Kritik, um eine Charakteristik jener Gruppen zu benennen, noch kann er infolgedessen in Erwägung ziehen, dass jene kritischen Positionen womöglich genau der Grund dafür sind, dass die Gruppen, die sie vertreten, faktisch außen vor bleiben – das Politikfeld Innere Sicherheit als *geschlossene Gesellschaft.* Zugleich sind Ansätze für eine Berücksichtigung dieses Sachverhaltes in Langes Analyse durchaus angelegt, wenn er festhält:

„Unter den gegebenen Bedingungen reduziert sich das Politikfeld Innere Sicherheit durch die *Ausgrenzung* von gesellschaftlichen Initiativen und Bürgerrechtsgruppen auf ein engeres Verhältnis von Staatlichkeit" (ebd.: 254; Hervorh. TK).

Aber nicht nur das Politikfeld reduziert sich. Gleiches gilt auch für dessen Analyse. Solange in der Politikfeldanalyse Begriffe wie Kritik oder kritische Bezugnahme auf den Gegenstand Innere Sicherheitspolitik *keine* bedeutsamen Kategorien sind, um das Politikfeld diesbezüglich zu ordnen, zu strukturieren oder um es darum zu ergänzen (vielleicht um einen vierten Bereich „korrespondierendes kritisches Umfeld"?), werden Bürgerrechtsorganisationen und deren Umfeld nicht nur nicht systematisch in die Beratungen entscheidungsrelevanter Akteure einbezogen, sondern auch nicht systematisch in die Politikfeldanalyse.

Wie weiter?

Wie an den vier Beispielen zu sehen war: Fraglos setzen sich – häufig sozialwissenschaftlich angeleitete – Analysen mit Kritik und Kritikern an Innerer Sicherheitspolitik auseinander – wenn auch aus unterschiedlichen Perspektiven. Die einschränkende Kommentierung zielt auf den Hinweis ab, dass eine Fokussierung auf kritische Positionen nicht ausdrücklich und nicht systematisch eingenommen wird und infolge dessen auch keine Ansätze zu erkennen sind, wie eine Entwicklung der Kritik an Innerer Sicherheitspolitik und deren spezifische Veränderungen im Zeitverlauf entsprechend ihrer Bedeutung im Diskurs angemessen zu rekonstruieren wären. Und wie es aus meiner Sicht im Gegensatz dazu in Bezug auf den Gegenstand Innere Sicherheitspolitik aber durchaus üblich ist. Die Geschichte des bisherigen Sicherheitsdiskurses – im Sinne einer Historisierung – ist also in erster Linie die seines Konservativen Diskursstranges.

Bei den Beispielen handelt es sich so verstanden also um Ausnahmen. Es sind eher schlaglichtartige Bestandsaufnahmen, teils motiviert durch innerlinke Abgrenzungsbestrebungen, teils durch publizistisch-strategische Profilierungsversuche, oder sich zu den politischen Implikationen der Kritiken scheinbar neutral verhaltende Untersuchungen. Eine bemerkenswerte Abweichung hiervon markiert, trotz der angesprochenen Defizite, die vorgestellte Bewertung Langes. Es bleibt allerdings abzuwarten, ob der Strang der Kritik – nicht bloß als Subthema, sondern als eigener Gegenstand – in dessen umfangreichen Analysen zum Politikfeld Innere Sicherheit weiter verfolgt und zukünftig in gebührender Breite entfaltet wird. Zum jetzigen Zeitpunkt kann von einer breit angelegten Basis solch einer Schwerpunktsetzung allerdings (noch) nicht gesprochen werden.

Eine Erklärung für den genannten Mangel gründet womöglich just in einem historischen Entstehungszusammenhang sozialwissenschaftlich ausgerichteter Polizeiforschung und -kritik. Jene polizeikritischen Forschungen sind im Sicherheitsdiskurs als historische Vorläufer von Analysen zu werten, die sich ausdrücklich mit Innerer Sicherheit als Hauptgegenstand beschäftigen[12] – was mit der vergleichsweise späten Etablierung der Kategorie Innere Sicherheit und dem damit parallel einhergehenden verzögerten Benennen solcher Analysen als Erforschung Innerer Sicherheit (-spolitik) zusammenhängt. Folgt man Winter, bildet „den gesellschaftlichen Hintergrund des Aufbruchs in eine kritische Polizeisoziologie" (Winter 1998: 127) insbesondere „die Studentenrevolte von 1968" (ebd.). So weist Winter darauf hin, dass

„im Gefolge der einerseits überzogenen, brutalen, andererseits hilflos starr geführten Polizeieinsätze gegenüber den neuartigen Formen politischen Protestes der außerparlamentarischen Opposition [...] die Polizei in den Brennpunkt der öffentlichen Kritik [geriet]" (ebd.).

In dieser Feststellung deutet sich das bereits verschiedentlich angesprochene Motiv direkter Betroffenheit an, das als Grundlage oder zumindest Ausgangspunkt für sozialwissenschaftlich angeleitete (Polizei-)Kritiken bzw. eine politische Auseinandersetzung mit staatlicher Repression – und später: Innerer Sicherheit – gelten darf. Diese Konstellation fand ihre Entsprechung in einem Ereignis, welches wie kein anderes prägend für jene Phase der gesellschaftlichen Auseinandersetzung im Allgemeinen und für die Außerparlamentarische Opposition (APO) im Besonderen war: die Erschießung des *Studenten* Benno Ohnesorg durch den *Polizisten* Karl-Heinz Kurras am 2. Juni 1967 während einer Demonstration gegen den Besuch des Schahs von Persien in Westberlin.[13] Vor diesem Hintergrund und der bis dato nur unzureichend kritisch erforschten benannten Thematiken ist es zunächst nicht verwunderlich, wenn die angesprochene sozialwissenschaftliche Kritik nicht sich selbst, sondern eben jene Instanzen staatlicher Repression in den Mittelpunkt ihres Beobachtungsinteresses rückte. Allerdings leite ich aus dieser Begründung zugleich ab, dass das geschilderte Ereignis tief in den Entstehungszusammenhang jener Kritiklinie eingeschrieben ist, dass es gar eine ganze Kritikergeneration prägte.[14] Es ist anzunehmen, dass

---

12 Diese Nähe spiegelt sich auch darin wieder, dass Analysen zu Innerer Sicherheit häufig der Polizei einen großen Stellenwert einräumen, und Studien zur Polizei oftmals zugleich als Forschung zur Inneren Sicherheit angesehen werden. Ihr verbindendes Element ist die herausgehobene Rolle des Akteurs Polizei im Sicherheitsdiskurs.

13 Vgl. hierzu auch sehr umfangreich Kraushaar 1998. Kraushaars Bewegungsgeschichte liefert zahlreiche Hinweise, die den oben beschriebenen Zusammenhang illustrieren.

14 Diese damalige Frontstellung, die in einer sehr verallgemeinerten Form APO vs. Staatsmacht lautet, durchzieht den gesamten Sicherheitsdiskurs. Sie schlug sich gleichfalls in der sich anschließenden Phase der 1970er-Jahre nieder, als der so genannte Terrorismus als Leitfeindbild fungierte.

hiervon gerade auch der Kritische Diskurs bis heute wesentlich beeinflusst bzw. geprägt ist. Im Fortgang der Analyse ist auf entsprechende Hinweise zu achten. Folglich kann man auch nicht auf deren Gegenstandsbestimmungen oder Kriterien zurückgreifen. Statt dessen werden in diesem Kapitel die aus den vorangegangenen empirischen Teilen gewonnenen Hinweise aufgegriffen und weiterverfolgt. Ziel dieses Kapitels ist es deshalb, einzelne, ausgewählte Texte zu analysieren, die dezidiert kritische Positionen repräsentieren, um Grundmuster der Kritik zu entwickeln und vorzustellen. Sowie – im Anschluss daran – die verallgemeinernde Verdichtung der bisherigen Teilaspekte vorzunehmen, zwecks der weiteren Fundierung der Notwendigkeit, Kritik und Kritiker als eigenen Gegenstand des Sicherheitsdiskurses in zukünftigen Forschungen zu etablieren. Hierzu werden teils schon aus den Vorkapiteln bekannte Fragmente mit weiteren, in dieser Arbeit bislang noch nicht berücksichtigten Texten unter einer exklusiv auf dieses Ziel zugespitzten Perspektive zusammengeführt.

Um eventuellen Fehldeutungen vorzubeugen, ist noch eine Bemerkung vorauszuschicken: Zwischen den Positionen der Protagonisten Innerer Sicherheitspolitik und denen der Kritiker im Sinne (gesellschafts-)politischer Akteure bzw. Kritik im Sinne von politischer Praxis existieren durchaus Unterschiede. Die Betonung dieses Sachverhaltes erscheint mir wichtig, um deutlich zu machen, dass *nicht* beabsichtigt ist, existierende Unterschiede zu ignorieren oder gar in Abrede zu stellen. Allerdings soll das Hauptaugenmerk mit dieser Arbeit diesmal *nicht* auf eben jene Unterschiede gelegt werden. Der – häufig selbstdeklarierten – Unterschiedlichkeit wird in anderen Arbeiten in der Regel Folge geleistet. Der oben vorgestellte Zugang soll statt dessen eine hiervon

---

Hier wurde die ehemalige Studentenbewegung, die zwischenzeitlich ihren Marsch insbesondere durch die (Bildungs-)Institutionen angetreten hatte und in Teilen eher zu einer „Professorenbewegung" geworden war, für den „Terrorismus" haftbar gemacht. In seiner Rede anlässlich der Trauerzeremonie für Hanns Martin Schleyer am 25. Oktober 1977 äußerte sich der damalige Bundespräsident Scheel unter anderem über „Menschen, die ihre blinde Abneigung gegen die Demokratie dazu führt, die Ziele der Terroristen [...] in Wort und Schrift öffentlich zu unterstützen, wenn sie selbst auch die Anwendung von terroristischer Gewalt für ihre eigene Person mißbilligen" (Scheel 1978: 237). Auch diese Gruppe sei, so Scheel, „mitschuldig" und müsse – wenn auch mit rechtsstaatlichen Mitteln – „bekämpft werden" (vgl. ebd.). Wer diese Gruppe eigentlich sei und wie mit ihr zu verfahren sei, machte Scheel im nächsten Satz deutlich: „Sie haben [...] im öffentlichen Dienst nichts zu suchen. Sie sind nicht qualifiziert, zum Beispiel unsere Kinder auf den Schulen und den Universitäten zu unterrichten" (ebd.).

abweichende Möglichkeit zur Beschreibung des Sicherheitsdiskurses eröffnen und diesbezüglich Irritationen anregen.

Die Kategorien *konservativ* und *kritisch* im Sicherheitsdiskurs

Die beiden Kategorien wurden zu Beginn der Arbeit einleitend vorgestellt und auch in den vorangegangenen Kapiteln mehrfach erwähnt und zur Analyse herangezogen. Sie verdienen – ob der großen Bedeutung in diesem Kapitel – an dieser Stelle jedoch nochmals einer genaueren Betrachtung. Das Adjektiv kritisch im Zusammenhang mit vorliegenden Beschreibungen von und Äußerungen zu Innerer Sicherheitspolitik ist ein Hinweis auf die Evidenz der in diesem Kapitel beabsichtigten Differenzierung zwischen so genanntem Konservativen und Kritischem Sicherheitsdiskurs, der lediglich *herangezogen* werden muss. Der Rückgriff auf die Kategorien konservativ und kritisch bedeutet also *nicht*, *diskursfremde* Bezeichnungen einzuführen. Vielmehr handelt es sich, wie gezeigt werden kann, um politische Selbstbeschreibungen und Zuschreibungen, die im Sicherheitsdiskurs unmittelbar vorfindbar sind und die in der Regel von den Adressaten der Zuschreibungen auch kaum bestritten bzw. zurückgewiesen werden. Die Differenzierung versucht, die geläufige Wahrnehmung, dass

„in der professionell-pol. [pol. = politischen; TK] Arena [...] die I.S.-Debatte [I.S. = Innere Sicherheit; TK] nach wie vor als *Polarisierungs-* und *Ausgrenzungs-Mittel* [dient]" (Bredow 1981: 210; Hervorh. TK),

unter variierter Perspektive zum Dreh- und Angelpunkt der weiteren Analyse zu machen. Wobei im nächsten Schritt eingehender zu klären ist, worin die Polarisierung besteht bzw. welche Positionen hierüber in Opposition gesetzt werden.

Es wird sich im Verlauf dieses Abschnittes zeigen, dass die Unterscheidung zwischen konservativ und kritisch keineswegs unhinterfragt ist. Am Beispiel einer konkurrierenden Einschätzung lassen sich einige Aspekte, die bereits bezüglich der Berücksichtigung von Bürgerrechtsgruppen im Politikfeld Innere Sicherheit behandelt wurden, aufgreifen. Die eingehende Beschäftigung mit dem Versuch, den Begriff Innere Sicherheit von linksliberaler Seite zu besetzen, liefert dabei, unter Einbeziehung anderer Fragmente, Einsichten über Grundlagen und vor allem Zielsetzungen solcher Begriffspräferenzen. Der Versuch lässt sich als

Indikator von Verschiebungen gesellschaftlicher Kräfteverhältnisse deuten, die sich auch im Kritischen Diskurs niederschlagen.

Innere Sicherheit vs. linke bzw. linksliberale Kritik

Blankenburg (1992) hält in seinem Versuch einer lexikalisch umfassenden Klärung des Begriffs Innere Sicherheit fest:

„Die Politik innerer Sicherheit bedient sich eines Apparates, der vielfältige Regelungsaufgaben erfüllt, die in einem sehr weiten Sinne zur ‚Aufrechterhaltung von Ruhe und Ordnung' gezählt werden. ‚Ruhe und Ordnung' ist dabei erkennbar ein Kampfbegriff *konservativer* Sicherheitspolitik" (Blankenburg 1992: 162; Hervorh. TK)

Identifiziert Blankenburg in diesem Sinne eine bestimmte „Politik der inneren Sicherheit" also als konservative, welche, sofern sie allein einem „Wahren von Ruhe und Ordnung" verpflichtet sei, gar als „bestandsgefährdend für demokratische Auseinandersetzungen" gilt (vgl. ebd.: 167), benennt er zugleich deren Widerpart, der allerdings ebenso zu einer Politik der Inneren Sicherheit zu zählen sei: „Lokale Kulturen zur Verteidigung von Bürgerrechten: Advokaten gehören hierzu ebenso wie politische Parteien, in Europa auch Gewerkschaften, international auch Bürgerinitiativen und Menschenrechtsbewegungen" (ebd.). Schließlich zeige das

„Anwachsen internationaler Bürgerrecht-Komitees in den 70er Jahren [...], daß gleichzeitig mit dem Arsenal konservativer Sicherheitspolitik auch die Organisation des liberal-rechtsstaatlichen Widerstands gewachsen ist" (ebd.).

Es bleibt verallgemeinernd festzuhalten: Innere Sicherheit (hier als Politik innerer Sicherheit beschrieben) lässt sich idealtypisch in konservative Verfechter (Recht und Ordnung) und kritischen Widerpart (liberal-rechtsstaatlicher Widerstand) ausdifferenzieren.

Bereits in Analysen aus den 1970er-Jahren findet sich die Zuordnung, wie ein anderes Zitat belegt, das uns später unter dem Aspekt der Metaphernverwendung noch einmal begegnen wird: „Der ‚Staat' ist wohlauf und läßt, zur Freude aller *Konservativen*, kräftig die Muskeln spielen" (Schiller/Becker 1977: 210; Hervorh. TK). Auch Texte jüngeren Datums verwenden die Kategorie, wie beispielsweise Kniesel (1996), nach dem der Begriff überdies ein „politischer Kampfbegriff" (Kniesel 1996: 484) sei: „Der Komplex Recht und Ordnung ist wesensmäßig *konservativ* geprägt" (ebd.: 487; Hervorh. TK). In eine ähnliche Richtung geht auch Frevel (1999), der betont:

„Wie nur in wenigen Politikfeldern wird im Bereich ‚Innere Sicherheit' deutlich, wie verschiedene politische Philosophien und unterschiedliche Staatsvorstellungen den politischen Konflikt prägen und zu kontroversen Handlungskonzepten führen" (Frevel 1999: 88).

Frevel erwähnt hierbei als eine wesentliche Konfliktlinie die Positionierung konservativ vs. liberal:

„In (eher) *konservativen* Positionen wird Innere Sicherheit im wesentlichen als Ziel und Zweck staatlich vermittelter Sicherheit verstanden, während aus (eher) *liberaler* Sicht diese als gesellschaftlich verankerte rechtsstaatliche Sicherheit gesehen wird [...]. Pointiert stehen sich also die Vorstellungen von staatszentrierter Sicherheitskonzeption einerseits und gesellschaftlich gebundene, bürgerrechtliche Sicherheitskonzepte andererseits gegenüber" (ebd.: 88 f.; Hervorh. TK).[15]

Frevel benennt darüber hinaus eine zweite Konfliktlinie, die wohl eher als die politisch-praktische Konsequenz aus ersterer anzusehen ist und den „möglichen Umgang mit abweichendem Verhalten und Kriminalität" fokussiert: Er erkennt einerseits eine repressive, d.h. der konservativen Position nahestehende Strategie, die „auf staatliche Stärke, auf konsequente Strafverfolgung, harte Bestrafung und ‚Null-Toleranz' gegenüber Verstößen gegen Recht und Ordnung" (ebd.: 89) setzt. Andererseits, d.h. der liberalen Sicht verpflichtet, beschreibt er eine Wahrnehmung, die „Kriminalität weniger als unterdrückbares, individuelles Fehlverhalten, sondern als gesellschaftlich bedingtes und erzeugtes abweichendes Verhalten" (ebd.) ansieht. Vorrang hat bei den Vertretern dieser Position „die Bekämpfung der Ursachen von Kriminalität" (ebd.).

Das Frevel diese Differenzierung vor allem unter der Überschrift „parteipolitische Konzepte zur Inneren Sicherheit" behandelt, verkennt allerdings die Tragweite und den Erkenntniswert der Unterteilung m.E. in dreifacher Hinsicht: 1. Beide Positionen reichen zum einen erheblich über diesen Bereich hinaus, d.h. konservativ und (liberal-)kritisch sollten nicht als bloß partei-politische Etiketten missverstanden werden. Sie durchziehen ebenso die Bereiche Medien und Experten/Professionelle. 2. Durch diese Beschneidung ist Frevel nicht in der Lage zu erkennen, inwieweit nicht bloß konservative, sondern auch (liberal-)kritische Posi-

---

15 Die Möglichkeit, die in dem Zitat anklingt, dass eine Politik Innerer Sicherheit von konservativer ebenso wie von kritischer Seite betrieben werden könne, wobei derselbe Begriff dann qualitativ höchst unterschiedliche Politiken zu beschreiben in der Lage wäre, wird später aufgegriffen und intensiv diskutiert. An dieser Stelle liegt die Aufmerksamkeit zunächst nur auf der Evidenz der Unterteilung in konservative und kritische Positionen.

tionen, die *nicht* formell parteipolitisch gebunden sind, an der hegemonialen Formierung je partizipieren, d.h. in den Sicherheitsdiskurs und das darin geteilte, geltend gemachte gesellschaftliche Wissen informell eingebunden sind (Stichwort: Teilhabe mittels Kritik). 3. In umgekehrter Deutung von Frevels Feststellung, nach der sich zwar „in der politischen Auseinandersetzung der Parteien [...] kaum ‚reine' Positionen" finden lassen (vgl. ebd.), gleichzeitig aber bei der Konkretisierung der Politik Innerer Sicherheit eine größere Nähe zur konservativen Linie zu beobachten sei, wäre die These zu formulieren, dass möglicherweise eine Dynamik vorherrscht, die immer schon bedeutet, von linksliberalen bzw. linken Positionen abzurücken, sobald kritische Akteure intendieren, eine (alternative) Innere Sicherheitspolitik zu betreiben.[16] Was zugleich bedeuten könnte, dass (liberal-)kritische, ganz zu schweigen von linken Positionen eigentlich hier gar nicht mehr zu finden sind bzw. einer Entwicklung unterworfen sind, nach der sie sich der so genannten konservativen Position annähern (müssen). Der Einwurf, es sei ja immerhin erwartbar, dass auch eine konservative Position sich veränderbar zeigen müsste, ruht freilich auf einer Wahrnehmung auf, die die gegebenen politischen Kräfteverhältnisse außer Acht lässt. Die hegemoniale konservative Position zeichnet sich nachgerade dadurch aus, sich – wenn überhaupt – weniger auf die kritische Position zubewegen zu müssen, als umgekehrt diese auf die konservative. Einen Hinweis auf diesen Status liefert die Beurteilung des Juristen Michael Kniesel, nach der eine „auch grundrechtsorientierte Politik ‚Innerer Sicherheit' [...] mit dem Rücken zur Wand [steht]" (Kniesel 1996: 487).

Eine Überlegung, die durch die Feststellung gestützt wird, dass die Innere Sicherheit seit je her nicht nur konservatives Politikfeld ist, sondern zudem auch kontinuierlich und unabhängig von parteipolitischer Couleur ähnlich betrieben wurde, wie auch der in der Fachliteratur anzutreffende Hinweis nahelegt, dass die Politik Innerer Sicherheit, wie sie bislang vorgestellt wurde, insbesondere ab Anfang der 1970er-Jahre – und d.h. unter einer sozial-liberalen Regierung – ihre gesellschaftliche Etablierung erfuhr (vgl. Cobler 1976: 9; Busch/Funk 1979: 205; Seifert 1981: 160 f., 173).

Diese Einschätzung lässt sich auch, wenngleich variiert, in einem Beitrag jüngeren Datums entdecken (vgl. Sack/Kreissl 1999), der sich mit dem Strafgebahren in der neoliberalen Gesellschaft beschäftigt. Die

---

16 Dieser Aspekt sollte insbesondere vor dem Hintergrund der diskutierten Position Langes zum Status der Bürgerrechtsgruppen – und deren Möglichkeit zu einem wünschenswerten „systematischen Einbezug" durch „entscheidungsrelevante Akteure" (vgl. Lange 2000b: 254) – bedacht werden.

Autoren prognostizieren in ihrem Text u.a. eine weitere Verschärfung der „notorische[n] Spannung zwischen einer effizienten und bürgerrechtswahrenden Kriminalpolitik" (ebd.: o.S.).[17] In diesem Zusammenhang differenzieren sie zwischen einem „konservative[n] politische[n] Lager" einerseits und einem „links-liberale[n] Lager" andererseits (vgl. ebd.). Der „Ruf nach mehr Strafe" wird hierbei von Sack und Kreissl dem konservativen Lager zugeschrieben. Zugleich kritisieren beide Autoren allerdings eine ihrer Meinung nach beobachtbare Entwicklung, nach der das „links-liberale Lager […] im Begriff [sei], nach- und gleichzuziehen":

„Es [das links-liberale Lager; TK] zeigt sich tough on crime und bemüht sich sichtlich, keine Differenzen zur konservativen Sicherheitspolitik aufkommen zu lassen, trotz mancher Nachhutgefechte" (ebd.).[18]

---

17 Das in diesem Beispiel durchaus von „bürgerrechtsorientierter Kriminalpolitik" die Rede ist, wird als Beleg dafür gewertet, dass der Kritische Diskurs eben auch Positionen mit einschließt, welche durchaus eine Notwendigkeit für Kriminalpolitik – nur eben *kritische* – sehen. Hierauf wird später nochmals zurückzukommen sein. Bis dahin ist dazu zu bemerken, dass ebenjene Einsicht in diese Notwendigkeit vorherrschend die Positionen im Kritischen Diskurs markiert, bei welchen die größten Überschneidungen und geteilten Grundannahmen mit dem Konservativen Diskurs zu beobachten sind. Sie steht dem Topos „Kriminalität ernst nehmen" nahe. Sie artikuliert sich häufig auch darin, dass es insbesondere deren Vertreter sind, die von den Akteuren des Konservativen Diskurses als besonders seriöse oder fachlich versierte kritische Experten anerkannt werden.

18 Die erwähnten „Nachhutgefechte" sind ein besonders erwähnenswertes und in Bezug auf die hier vorgestellte Unterscheidung zwischen Kritischem und Konservativem Sicherheitsdiskurs höchst aussagekräftiges Beispiel für Metaphernverwendung. Der Begriff „Nachhutgefecht" ist dem Bereich Militär zuzurechnen. Die Metapher bedeutet zum einen die erneute Bestätigung der geltend gemachten Konfrontationsstellung von links-liberalen und so genannten konservativen Kräften entlang des Themas Innere Sicherheit. Sie besitzt aber darüber hinaus diesbezüglich präzisierende Implikationen: Die „Nachhutgefechte" stehen offensichtlich im Gegensatz („trotz") zu den laut Sack und Kreissl zu beobachtenden Bemühungen des „links-liberalen Lagers", „keine Differenzen zur konservativen Sicherheitspolitik aufkommen zu lassen" (Sack/Kreissl 1999: o.S.). Die im o.g. Zitat nicht näher ausgeführten Inhalte der „Nachhutgefechte" markieren also, im Gegensatz zur herrschenden Situation, die Ausnahme. Auch wenn die Autoren nicht weiter auf die inhaltlichen Positionen eingehen, die in jenen Gefechten vertreten werden, scheint für diese kennzeichnend zu sein, die Differenzen zur wesensmäßig konservativen Sicherheitspolitik zu betonen. Des weiteren beinhaltet die Rede von einem „Nachhutgefecht", dass es sich bei den in der Nachhut Kämpfenden – um im Bild zu bleiben – um die Nachzügler der links-liberalen Kampf- bzw. Konfliktpartei handelt. Mithin präsupponiert das Sprachbild, dass der Höhe-

Die zitierte Beurteilung ist nicht nur aus dem Grunde wichtig, weil hier erneut die beiden Begriffe konservativ und kritisch als maßgebliche Unterscheidungskategorien des Sicherheitsdiskurses herangezogen werden. Sie interessiert insbesondere deshalb, weil in der Aussage eine tendenziell zunehmende Nähe beider Positionen zueinander mitgedacht wird. Sie liefert somit *auch* ein Indiz, welches die eingangs des Kapitels formulierte Annahme, es existieren bedeutsame Überschneidungen bzw. Parallelen zwischen beiden Diskursteilen, die zu untersuchen vielversprechend wäre, erhärtet.

Die Unterscheidung zwischen konservativ und kritisch ist – wenn auch mit anderer Betonung – zwar nicht explizit, aber der Umschreibung nach, in einem weiteren, frühen Text angelegt. Das Interessante an diesem Fragment ist insbesondere, dass es *nicht* dem Kritischen, sondern dem Konservativen Diskursstrang zuzurechnen ist. Woran sich beispielhaft zeigt, wie sehr sich die Differenzierung konservativ/kritisch aus Texten beider Diskursteile ableiten lässt. So bemerkt der rheinlandpfälzische Innenminister Schwarz schon 1974:

„Zusammenfassend läßt sich feststellen, daß sich in der Diskussion über die Innere Sicherheit *zwei Positionen – meist unversöhnlich – gegenüberstehen*. Die einen fordern mehr Innere Sicherheit, das heißt vor allem effizientere Sicherheitsorgane. Extreme Verfechter dieses Standpunktes sind dabei bereit, ein Mehr an Innerer Sicherheit gegen ein Weniger an gesicherten Freiheitsrechten einzuhandeln. Die andere Seite verlangt die ‚Demokratisierung‘ der Polizei, zum Teil in der vagen Hoffnung, daß sich das Sicherheitsbedürfnis in der Öffentlichkeit durch freiwillige ‚Regelbefolgung‘ aller Bürger sozusagen von allein befriedigen lasse. Der Inhalt des Begriffes ‚Demokratisierung‘ bleibt hier [...] vieldeutig und schillernd [was interessanterweise die Kritiker umgekehrt dem Begriff Innere Sicherheit vorwerfen; TK] [...] Der Ruf nach mehr Innerer Sicherheit wird von den Vorkämpfern einer ‚demokratischen‘ Polizei vielfach als ‚Law-and-Order-Hysterie‘ verdächtigt" (Schwarz 1974: 12; Hervorh. TK).

---

punkt der Auseinandersetzung bereits in der Vergangenheit liegen muss, denn die Nachhut sichert für gewöhnlich den Rückzug einer Kampfpartei. Darüber hinaus impliziert es auch den Ausgang der zurückliegenden Auseinandersetzung. Da es sich um vereinzelte Rückzugsgefechte des „linksliberalen Lagers" handelt, dessen mehrheitliche Position mittlerweile von der Bemühung um Unterschiedslosigkeit zur konservativen Sicherheitspolitik geprägt sei, ist also davon auszugehen, dass in der zurückliegenden Auseinandersetzung jenes Lager seine in der Sache unterschiedliche Position preisgegeben und sich der des gegnerischen konservativen Lagers angenähert hat, mithin eine kritisch-ablehnende Position zur „konservativen Sicherheitspolitik" selbst im linksliberalen Lager minoritär sei.

Allerdings ist Schwarz hier entgegenzuhalten, dass sein Versuch, die kritische Bewertung des Rufes nach mehr Innerer Sicherheit als „Law-and-Order-*Hysterie*"[19] zurückzuweisen, politisch so nachvollziehbar wie in der Sache unberechtigt ist. Einerseits, legt man die Übersetzung „Recht [Gesetz; TK] und Ordnung" zugrunde, haben die eingangs angeführten Quellen deutlich gemacht, dass „Law-and-Order" durchaus eine konservative zu nennende Position markiert. Zum anderen hat Arzt (1976) hierzu festgehalten:

> „Recht und Ordnung kann als eingängige und täuschende Formel für hartes Durchgreifen der Polizei, Beschneiden der Rechte des Angeklagen, altmodisch-strengen Strafvollzug und schließlich für das Hinwegsetzen über rechtliche Schranken stehen. Um diesen ausschließlichen oder mitschwingenden Bedeutungsgehalt des Verlangens nach Recht und Ordnung zum Ausdruck zu bringen, gebraucht man bei uns mehr und mehr die amerikanische Version ‚law and order'. Dieser Sprachgebrauch ist gerechtfertigt, denn im amerikanischen Alltag wird der Ruf nach law and order jedenfalls *auch* programmatisch i.s. einer schlagkräftigeren Polizei und eines strengeren Strafrechts, Strafprozeßrechts und Strafvollzugs verstanden" (Arzt 1976: 1; Hervorh. i. Orig.).

Konservative Innere Sicherheit vs. linksliberale Innere Sicherheit?[20]

Die bisher vorgenommene Zuordnung wird in neueren Arbeiten zwar zur Diskussion gestellt. Dies allerdings eher in Hinsicht darauf, ob jener Gegensatz zukünftig nicht zu überbrücken wäre – und nicht in Hinsicht auf die Evidenz des Vorhandeseins der damit bezeichneten Akteure und deren kritischer Geltung. Denn *dass* diese gegensätzliche Bezugnahme zunächst ein unübersehbares Faktum darstellt, wird nicht bestritten:

> „Der Diskussionsstil in Fragen der Inneren Sicherheit ist bislang davon geprägt, daß zwischen den Vertretern des institutionellen Systems der Inneren Sicherheit (politische Leitung, Polizei, Justiz, Polizeiverbände) und insbeson-

---

19 Sofern man „Hysterie" an dieser Stelle als umgangssprachliche Bezeichnung für eine überzogene, dem tatsächlichen Umfang der geforderten Inneren Sicherheitspolitik nicht angemessene Reaktion begreift.

20 Das Fragezeichen gilt *nicht* dem Bezweifeln der Existenz von Positionen, die sich als linksliberale Innere Sicherheit umschreiben lassen. Das eine solche zum Teil sehr pronociert vertreten wird, belegen die folgenden Fragmente. Das Fragezeichen gilt vielmehr dem Bezweifeln, ob diese Positionen, jenseits ihrer behaupteten Unterschiedlichkeit voneinander, überhaupt noch so verschieden sind, oder ob sich hierin nicht die mehrfach angesprochene These von der tendenziellen Überschneidung oder Annäherung von Teilen des Konservativen und des Kritischen Diskurses bestätigt.

dere Gruppen, die sich kritisch mit diesem System auseinandersetzen, *eine tiefe Kluft* besteht" (Lange et al. 1998: 52; Hervorh. TK).

Dass der Abschnitt, den dieser Satz einleitet, just mit der Überschrift „Beteiligung von Bürgerrechtsgruppen" (ebd.) betitelt ist, bedeutet dem Leser bereits, woran den Verfechtern der Überbrückung jenes Gegensatzes gelegen ist: an der Beteiligung der Kritik. Woran die Kritik zu beteiligen sei, wird im Folgenden ausgelotet. Vorab kann jedoch schon präzisiert werden, dass es sich bei „der Kritik" wohl um jene Kritiker selbst handeln muss, die sich mittels dieser Einschätzung den „Vertetern des institutionellen Systems" (ebd.) als politikwissenschaftliche Berater empfehlen.

Zunächst ist in diesem Zusammenhang auf einen anderen Text Bezug zu nehmen, der von einem der Ko-Autoren des eben zitierten *Memorandum zur Entwicklung der Inneren Sicherheit in der Bundesrepublik Deutschland* (ebd.) verfasst wurde. Langes dort formulierte Ansicht, dass – unter Berufung auf einen Text der Autoren Rupprecht und Hellenthal aus dem Jahr 1992 – Innere Sicherheit „nicht mehr oder minder konservativ als ‚streitbare Demokratie'" (Lange 1999: 107) sei, teile ich allerdings nicht, zumal es sich beim in Anspruch genommenen „ideengeschichtlichen Rekurs" Rupprecht und Hellenthals um deren Versuch handelt, Innere Sicherheit – mittels Rückgriff auf ein „konzeptionelles Substrat" – bis weit in die Vergangenheit (hier: bis zurück in die amerikanische Unabhängigkeitserklärung) zurückverfolgen zu wollen (vgl. ebd.). Zugleich ist zu vergegenwärtigen, dass es nicht ganz von ungefähr kommt, den Begriff einer dominanten Bewertung, konservativ zu sein, zu entziehen. Einem Rundschreiben an die Mitglieder des Interdisziplinären Arbeitskreises Innere Sicherheit (AKIS) aus dem Dezember 2001 ist zu entnehmen, dass es in Anbetracht der „weiteren Arbeit, dieses Arbeitsfeld sichtbar mit Inhalten zu füllen",

„sehr hilfreich und konstruktiv [wäre], wenn die immer wieder aufflackernden Diskussionen, ob der Begriff *Innere Sicherheit* nicht ausschließlich normativ konnotiert sei und per se für die repressive Politik des Staates in diesem Bereich stehen würde, ad acta gelegt werden könnte. Wir haben diese Diskussion immer wieder geführt, es zeigte sich jedesmal, dass auch die Kritiker dieses Begriffes letztlich über keine geeignetere Kennzeichnung für dieses Untersuchungsfeld verfügen" (Lange 2001; Hervorh. i. Orig.).

Diese Einschätzung fußt nicht zuletzt auf realpolitischen Ambitionen von Teilen des AKIS, nicht nur Innere Sicherheit als Politikfeld zu erforschen, sondern selbst „eine ‚Politik der Inneren Sicherheit' zu entwickeln", d.h. daran mitzuwirken. Zwar eine, „die [...] bürgerrechtlichen Ansprüchen" genügt, aber gleichfalls

„den Notwendigkeiten einer effizienten und effektiven Strafverfolgung und dem damit in Verbindung stehenden Stand der technologischen Entwicklungen im beginnenden 21. Jahrhundert" (Lange et al. 1998: 57)

gerecht wird. Die vorgestellte Position stellt ein gutes Beispiel für Partizipation durch Kritik dar, die zugleich voraussetzt, dass sich die Kritik funktional (im Gegensatz zu dysfunktional) zum kritisierten Bestehenden verhält und somit von vornherein der kritischen Zurückweisung Grenzen auferlegt, in Gestalt von implizit geteilten Positionen. Diese reformerisch-kritische Position, mit ihrem Versuch, den Begriff Innere Sicherheit quasi von (links-)liberaler Seite konstruktiv und ideologisch unverdächtig zu besetzen oder zu füllen, den Terminus Innere Sicherheitspolitik seiner bürgerrechtlich bedenklichen Anteile entkleiden zu wollen und gleichzeitig die *wirkliche Kriminalität* zu bekämpfen, ist die moderne Form des so genannten *Kriminalität ernst nehmen*, sie wird später nochmals zur Sprache kommen. Sie differenziert unausgesprochen zwischen ungerechtfertigten Kriminalisierungen einerseits und der unhinterfragbaren Gegebenheit von Kriminalität andererseits, womit sie den grundsätzlichen Charakter des diesbezüglich Wahrheiten produzierenden Sicherheitsdiskurses verkennt und einen Teil seiner Feindbilder reproduziert.

Der Versuch, den Begriff einer festgeschriebenen Negativdeutung zu entziehen, findet sich auch in einem anderen Text. Allerdings wird dort zunächst, obschon der Begriff Innere Sicherheit eingeführt wurde, statt auf das komplette Begriffspaar lediglich auf „Sicherheit" (Lange 2000b: 240) Bezug genommen. Der offensichtlich ohne weitere Notwendigkeit zur Begründung um den Wortbestandteil „Innere" auf das unverdächtigere, weil als neutral geltende „Sicherheit" reduzierte Begriff, enthalte gar eine „positiv besetzte Wertung" (ebd.). Jedoch scheint m.E. der unspezifische Begriff der Sicherheit etwas anderes zu sein wie der Terminus Innere Sicherheit, der als feststehender nicht so einfach in seine Bestandteile zerlegt werden kann. Langes Versuch, den Begriff politisch unverdächtig erscheinen zu lassen, mündet in der Annahme, dass Innerer Sicherheit „sowohl eine reaktionäre wie auch eine bürgerrechtliche Politik zugrunde liegen" (ebd.) könne. Lange entkernt den Begriff Innere Sicherheit somit von seiner (gesellschafts-)politischen Wertigkeit zu einer Worthülse, welche quasi neutral unterschiedliche, ja sogar sich politisch scheinbar diametral entgegengesetzte Füllungen aufzunehmen in der Lage sei. Hierzu ist anzumerken, dass bereits eine linke Politik Innerer Sicherheit, die bürgerrechtlich orientiert wäre – so sehr sich manch einer diese auch wünschen mag –, bereits impliziert, sich konstruktiv auf das Politikfeld und dessen bestehende Strukturen, Rituale und Inhalte eingelassen zu haben. Soll heißen: Diese Position ist nicht einfach immer noch kritisch, sondern eine, die eine vorherige kritische Position bereits preisgegeben hat. Wobei es an dieser Stelle nicht darum geht, die Gründe zu bewerten, die zu solch einer Preisgabe geführt haben mögen.

Die Bemühung Langes, mit dem Eingeständnis, der Begriff Innere Sicherheit sei zugegebenermaßen „sprachlich nicht als besonders praktikabel oder stilistisch gelungen anzusehen" (ebd.), inhaltliche Einwände zu zerstreuen, ist ein rhetorisches Ablenkungsmanöver von der vorher unternommenen begrifflichen Umwidmung. Es verschiebt die Diskussion auf die Ebene fehlenden Einfallsreichtums und endet in der Feststellung, es stünden begrifflich eben derzeit keine Alternativen zur Verfügung (vgl. ebd.). Hier ist entgegenzuhalten, dass die Feststellung, der Begriff Innere Sicherheit habe sich

„im Sprachgebrauch der Wissenschaft, der Politik, der Medien, in der Alltagssprache, auch im Gebrauch der Gesellschaftskritik durchgesetzt: jede Person weiß, welcher gesellschaftliche und politische Teilbereich gemeint ist" (ebd.),

sich nachgerade gegen die Umdeutungsversuche Langes wenden lässt. Der Begriff ist nicht wegen schmeichelnder Phonetik oder weil er ein attraktives Lexem ist weitreichend etabliert, sondern vor allem aufgrund der konservativen Politik, für die er steht.

Es bleibt zu fragen, was Versuche, den Begriff von (links-)liberaler Seite zu besetzen, bezwecken. Oder welche Kritik an anderen Positionen, die sich als kritische verstehen, damit verbunden ist. Hier kann ein weiteres Fragment hinzugezogen werden, das dem selben Band entnommen ist, wie der eben zitierte Text. Dort merkt Hans Peter Bull in einem Abschnitt unter der Überschrift „Einflüsse von außen: Parlament, Abgeordnete und Parteien, Verbände und Bürgerrechtler" (Bull 2000: 408) an:

„Zu besonders umstrittenen Themen äußern sich gelegentlich auch Bürgerrechtsorganisationen wie die Humanistische Union sowie einzelne Politiker – oft gutgemeint im Sinne der Bewahrung rechtsstaatlicher Grundsätze, aber meist in polemischer Zuspitzung und häufig ohne genaue Kenntnis der Sachverhalte. Solche Interventionen fördern die sorgfältige Erörterung schwieriger Fragen nicht, sondern wirken eher polarisierend und kontraproduktiv. Es gehört zum politischen Profilierungsgeschäft, sich laut und grob zu äußern, und so fordern solche Stellungnahmen in aller Regel ähnliche Erwiderungen heraus. Für die Problemlösung ist damit wenig gewonnen" (ebd.: 409).

Wessen Problemlösung? Und vor allem: welches Problem? Wer definiert(e) dieses zuvor? *Cui bono?* Die scheinbare Notwendigkeit, die unhinterfragte Selbstverständlichkeit, mit der Problembeschreibungen des Sicherheitsdiskurses übernommen und sich zu eigen gemacht werden, sollte stutzig machen. Die im Zitat angesprochene Kritiklinie wird als lästig und hinderlich empfunden. Als einer „sorgfältigen Erörterung" abträglich", als „kontraproduktiv", „laut und grob" und – nicht zu vergessen – „ohne genaue Kenntnis der Sachverhalte". Kurzum: Jene Kritiker hätten weder Ahnung noch gutes Benehmen. Das Feld sei den Experten zu überlassen, diese verfügen über Kompetenz und feine Manieren. Kritische Töne, die sich nicht der Ordnung des Diskurses unterwerfen, stören offensichtlich beim Projekt der Professionalisierung der wahren kritischer Sicherheitsexperten. Dass hier bereits jene Ausschlussprinzipien greifen, die Lange noch in seinem Beitrag zur Beteiligung von Bürgerrechtsgruppen als „Ausgrenzung" kritisierte, bleibt Bull offensichtlich verborgen. Hier scheint im Kritischen Diskurs zugleich ein Muster durch, welches dem anderer, zeitlich zurückliegender Auseinandersetzungen durchaus ähnlich ist: Die Selbstabgrenzung sich kritisch – durchaus im Sinne von linksliberal – verstehender Innerer Sicherheitsexperten von weiter links stehender/en Kritik/Kritikern, in dem man diesem Spektrum Seriosität und fachliche Kompetenz abspricht. Zugleich erfolgt die Selbstpositionierung als fachlich versiert und einsichtig bezüglich den Erfordernissen einer sachbezogenen, problemlösungsadäquaten Sicherheitspolitik in Richtung der etablierten Akteure. Selbst zu Bulls Hinweis auf das Gutgemeinte, als Motivation jener Kritik, findet sich in der zurückliegenden Analyse eine Parallele.[21] Die beschriebene Auseinandersetzung ist ein Indiz für unterschiedliche Ebenen oder Stränge innerhalb des Kritischen Sicherheitsdiskurses.

Das Andienen an den hegemonialen Sicherheitsdiskurs in dem Glauben, unter Beibehaltung des *Labels* Innere Sicherheit eine andere, womöglich gar kritische Innere Sicherheitspolitik zu machen, sollte wenigstens so eindeutig formuliert sein, dass nicht euphemistisch *konstruktive Kritik*, sondern doch gleich eine *zum Bestehenden sich funktional verhaltende Kritik* gefordert wird.

Konservativ und kritisch – taugliche Ordnungsbegriffe

Die Beschäftigung mit den vorgestellten Fragmenten entlang den Kategorien konservativ und kritisch hat zweierlei verdeutlicht: 1. Auch der

---

21 Erinnert sei hier an Busch und Werkentins Kritik der linken Kritik, „ohne thematische Kompetenz zwar, aber mit engagierter guter Gesinnung" (Busch/Werkentin 1984: 19) ausgestattet zu sein.

Kritische Diskurs ist von Widersprüchen und Kontroversen um und über seinen Gegenstand durchzogen. 2. Trotz aller Widersprüchlichkeit erlauben es die Begriffe konservativ und kritisch im thematischen Diskurs Innerer Sicherheit analytisch hilfreiche Zuordnungen vorzunehmen. Mehr noch: Die Widersprüchlichkeit und Unübersichtlichkeit des Diskurses machen es nötig, auf solche Kategorien zurückzugreifen, um den Gegenstand ordnend zu erfassen und detailliert untersuchen zu können. Ihre empirische Evidenz ist unbestreitbar. Ein Vorteil der beiden Ordnungsbegriffe – neben dem Aspekt, dass der Diskurs sie selber liefert – liegt darin, dass sie jene Widersprüchlichkeit und Heterogenität nicht ausblenden, sondern dass sie sich in ihnen selbst abbildet.

Jene vorfindbaren Zuschreibungen der Protagonisten des Sicherheitsdiskurses und ihre Folgen, welche die Positionierung in der gesellschaftlichen Auseinandersetzung um das Thema ausmachen, sind durchaus nicht voluntaristisch. Gewissermaßen vollzieht das auch Lange nach, wenn er – unter Bezugnahme auf Schiller/Becker (1977) – anerkennt:

„Ungeachtet dessen bleibt der Begriff ,Innere Sicherheit' insbesondere in den 70er und 80er Jahren ein höchst umstrittener Begriff – gerade von gesellschaftskritischer Seite wird er als eine ,Kampferklärung' des Staates an die bürgerlichen Freiheitsrechte verstanden. ,Innere Sicherheit' behauptet schließlich auch zu dem Zeitpunkt, als der Begriff kultiviert wird, einen neuen Machtanspruch des Staates. Im Kern steht er dafür, daß die allgemeinen polizeilichen Aufgaben (Bekämpfung der ,normalen' Kriminalität), die neuen speziellen Zielsetzungen (Bekämpfung des Terrorismus) und die nachrichtendienstlichen Tätigkeiten (Bekämpfung der Verfassungsfeinde) zu einem institutionellen Sicherheitsverbund zusammengeschlossen werden (vgl. Schiller/Becker 1977, S. 212). Dieser Sicherheitsverbund wird ebenso als repressiv wie einseitig erlebt. Nicht mehr der Schutz des Bürgers vor Gefahren allgemein steht im Vordergrund, schon gar nicht das rechtsstaatliche Ideal des Schutzes der Bürger vor staatlicher Willkür, sondern ,der ,Rechtsstaat' der ,inneren Sicherheit' zeichnet sich hingegen dadurch aus, daß der Staat und die staatlichen Rechtsnormen vor Bürgern geschützt werden' (Schiller/Becker 1977, S. 212)" (Lange 1999: 108).

In ähnlicher Weise – d.h. hinsichtlich des o.g. gesellschaftskritischen Verständnisses des Begriffes Innere Sicherheit – erwähnt auch Prätorius (2000) eine kritische Position, wenn er zu den „Taktiken einer eher ,geheimpolizeilichen' Sicherheitspolitik" welche in den 1990er-Jahren in mehreren Gesetzen (u.a. Gesetz zur Bekämpfung der Organisierten Kriminalität und die Ermöglichung des so genannten Großen Lauschangriffes) Niederschlag gefunden hätten, festhält: „*Kritiker* haben (mit

Recht) an diesen Bestrebungen vor allem die Gefahren für die Bürgerrechte und die demokratische Kontrolle der Sicherheitsapparate hervorgehoben" (Prätorius 2000: 381; Hervorh. TK). Möglichen Einwänden ist abschließend mit Hassemer (1993) entgegenzuhalten:

„[...] es gibt keine progressive Vorstellung von Innerer Sicherheit [...] Kriminalität und Kriminalitätsbekämpfung sind *konservative* Politikfelder [...] Daß es keine progressive Vorstellung von Innerer Sicherheit gibt, kommt nicht von ungefähr. Mittlerweile ist durch Forschungen gut bestätigt, daß ‚Recht und Ordnung' ein *konservatives* Politikfeld ist" (ebd.: 54 f.; Hervorh. TK).

Der Kritische Sicherheitsdiskurs oder: vom *Mainstream* der Kritik

Der *Mainstream* der Kritik – Teil I

Eines deutete sich in der vorangehenden Auseinandersetzung mit den Begriffen konservativ und kritisch bereits an: Ein starkes Motiv des kritisch zu nennenden Diskursstranges besteht darin, der herrschenden Politik Innerer Sicherheit nachzuweisen, sie besitze antidemokratische bzw. demokratiebedrohende Tendenzen. Beispielsweise wird konstatiert, Politik Innerer Sicherheit „erodiere"[22] Demokratie (vgl. Seifert 1995: 41 f.; ders. 1981: 145 ff.), hebele Demokratie aus (vgl. Narr 1997: 11 f.) bzw. täusche Rechtsstaatlichkeit lediglich vor. So kritisieren z.B. Narr et al., dass

„die wechselnden Regierungsparteien [...] seit den siebziger Jahren fortlaufend dabei [sind], die ‚Innere Sicherheit' mit großmaschigem rechtlichen Netz auszuweiten und in rechtlicher Form die substantielle Entrechtlichung des Bürgers zu betreiben" (Narr et al. 1990: 275).

Dabei betonen die Kritiker den Sachverhalt, dass diese Ausweitung zwar „äußerlich", d.h. der Form nach rechtsstaatlich sei, nicht so jedoch ihrem inneren Gehalt nach: „Mit Hilfe des Pochens auf den ‚Rechtsstaat' und mit Hilfe äußerlich ‚rechtsstaatlicher' Regelungen ist es jedenfalls in der Bundesrepublik gelungen, die Substanz der Grundrechte massiv auszuhöhlen" (ebd.)

Diese kurzen Beispiele stehen hier stellvertretend für eine Strömung innerhalb des Kritischen Sicherheitsdiskurses, die im weiteren von mir

---

22 Auf die metaphorischen Gehalte dieser und anderer Bewertungen wird später, in einem eigenen Abschnitt detailliert eingegangen.

als *Mainstream der Kritik* bezeichnet werden. Die Bewertung als *Mainstream* gründet unter anderem in einer Wahrnehmung, derzufolge vornehmlich diese Position (oder leicht unterschiedliche Varianten) in den Medien (Tages- und Wochenzeitungen, Nachrichtenmagazinen etc.) Niederschlag findet, wenn in Bezug auf Vorhaben zu Innerer Sicherheitspolitik kontrastiv auf politisch kritische Positionen referiert wird. Insofern ist sie auch als hegemonial in Bezug auf möglicherweise andere, konkurrierende Kritikpositionen im Kritischen Diskurs anzusehen.

Ihre Argumentation beruht maßgeblich auf dem Bezweifeln der Rechtsstaatlichkeit bestimmter staatlicher Vorgehensweisen, bereits erlassener wie auch in Vorbereitung befindlicher Gesetze und deren Unvereinbarkeit mit bestehenden Grund- und Bürgerrechten. Der *Mainstream der Kritik* vertritt als Gegenposition einerseits die unbedingte Einhaltung bzw. Garantie jener Grund- und Bürgerrechte und versucht andererseits nachzuweisen, dass entweder die von Vertretern des Konservativen Sicherheitsdiskurses behaupteten Steigerungen jährlicher Kriminalitätsraten und die bemühten Bedrohungsszenarien letztlich überzogen seien oder aber die eingeschlagene Sicherheitspolitik als nicht in der Lage zu erachten sei, diese Bedrohungen tatsächlich zu bekämpfen.

Daran schließt sich z.T. der Versuch an, die weniger im Kern, sondern zumeist in Höhe und Umfang bezweifelte Entwicklung von Kriminalität (vgl. bspw. Klingst/Pfeiffer 1995: 27), deren Ursachen (vgl. ebd.: 36 f.) und ein angenommenes Sicherheitsbedürfnis der Bevölkerung (vgl. ebd.: 27 ff.) – bzw. ernstgenommene „Bedrohungsgefühle" derselben (vgl. Pütter 1997: 16 f.) – durch *bessere* Sozialpolitik und Demokratisierung adäquater bearbeiten bzw. berücksichtigen zu können (vgl. Gössner 1995a: 24).

Jener als Mainstream vorgestellte maßgebliche Inhalt des Kritischen Diskurses, Grund- und Bürgerrechte zu verteidigen und deren Abbau zu beklagen oder zu skandalisieren, ist hierbei einer bestimmten Phase des Sicherheitsdiskurses ursprünglich zuzuordnen bzw. dieser eng verbunden. Ende der 1960er-Jahre und in den 1970er-Jahren dominierte die Ausgrenzung des innenpolitischen Gegners in Gestalt der Ausbürgerung der politischen Linken den Sicherheitsdiskurs. Diese Einschätzung, derzufolge in diesem Zeitraum der innenpolitische Gegner als Hauptfeind galt, ist auch im folgendem Zitat angelegt:

„Verpolizeilichung der Auseinandersetzung mit einem zum Feind erklärten innenpolitischen Gegner bedeutet gerade im Unterschied zu den fünfziger Jahren mit ihrem Bezugspunkt offener Bürgerkrieg nicht eine möglichst starke Ausrüstung für den Fall X, sondern die Möglichkeit, im Alltag präventiv die

Entstehung von sozialen Konflikten und Gefahrensituationen beobachten und kontrollieren zu können. Dies erfordert dann auch eine Senkung der Einsatzschwellen in die Sphäre der Freiheitsrechte des einzelnen" (Funk/Werkentin 1977: 203).

Die Wahrnehmung, dass die Ausgrenzungsleistung dem „innenpolitischen Gegner" galt, ist hierbei das Entscheidende. Denn zugleich gibt diese Beurteilung, mit ihrem Verweis auf die Intervention in die „Sphäre der Freiheitsrechte", die Hauptkritiklinie logisch vor: Die Abwehr der drohenden Senkung der Einsatzschwelle in die Sphäre der Freiheitsrechte. So sehr der innenpolitische Gegner mit eben dieser Strategie *ausgebürgert* wurde, so berechtigt, so nötig erschien den *Ausgebürgerten* im Gegenzug der Ansatzpunkt, diese Rechte zu verteidigen.

Der innenpolitische Gegner wurde und wird dabei häufig als *der* Bürger übersetzt. Bei der Rede von *dem* Bürger handelt es sich um eine *Pars pro toto* Figur, die *den* Bürger für die Gesamtheit aller Bürger vorstellt. So schildert Seifert (1981) den Wandel des Feindbildes, indem er feststellt, dass es 1971 während der sozial-liberalen Koalition der Ära Brandt, „unter dem Druck der CDU, unter maßgeblicher Einwirkung des Verfassungsschutzes" zu einer Wende gekommen sei. Seit diesem Zeitpunkt stünden Bundesrepublik und Sicherheitsapparate in einer Frontstellung gegen sog. Linksextremisten. Im Unterschied zur Ära Adenauer seien aber nicht mehr primär Parteikommunisten die Hauptfeinde (vgl. Seifert 1981: 161), vielmehr galten von damals an als Feinde „auch andere kommunistische oder sozialistische Organisationen, sogar ad hoc-Gruppen und Bürgerinitiativen, ebenso das Umfeld terroristischer Gruppierungen" (ebd.: 161). Äußerst bedeutsam ist hierbei die folgende Zuspitzung, welche die kritisierte Ausweitung des Feindbegriffes laut Seifert erfuhr:

„Das hat zu grundsätzlichen Veränderungen geführt: Der Feind ist nicht mehr als Organisation zu erfassen. Jeder kann ihm helfen. *Der Bürger wird zum Sicherheitsrisiko*" (ebd.; Hervorh. TK).

Die herrschende Einschätzung vom „Bürger als Sicherheitsrisiko" wird, sogar wörtlich, in einem anderen Beispiel beklagt (vgl. Narr 1977). Diese Kritik zielt darauf ab, „die Überreaktion des perfekten Sicherheitsstaates, die eben nicht mehr Schutz für die Bevölkerung, sondern Rechtfertigung für die Einschnürung demokratischer Rechte bringt" (Duve 1977: 6), zu kritisieren. Das Skandalon beruht (unabhängig davon ob intendiert oder nicht) darauf, dass „Wir Bürger" *ungerechtfertigt* als Sicherheitsrisiko zugerichtet und belauscht, d.h. letztlich *kriminalisiert*

277

würden. Eine Interpretation, die durch den vollen Wortlaut des Titels o.g. Buches noch unterstrichen wird: *Wir Bürger als Sicherheitsrisiko – Berufsverbot und Lauschangriff – Beiträge zur Verfassung unserer Republik* (Narr 1977). Der Titel deutet an, worin die Brüskierung besteht: Teilhaber (von Rechten) – „Wir Bürger" – beklagen den Ausschluss mittels repressiver Sicherheitspolitik aus „unserer Republik". Beklagt wird der Ausschluss berechtigten Protests, mithin die durch eine gesamtgesellschaftliche Stimmung legitimierte Aberkennung des Rechtes auf solchen (oder zumindest potenziellen) Protest, die sich im Sicherheitsdiskurs realisiere und die letztlich als *Entrechtlichung* zu bezeichnen sei (vgl. Narr et al. 1990: 275; Busch/Funk 1979: 222 f.). Eine solche Entrechtlichung setzt indes nicht nur das Innehaben dieser Rechte voraus, sondern auch deren Inanspruchnahme bzw. das kulturelle Kapital, diese gegen die Entrechtlichungsversuche zu verteidigen bzw. geltend zu machen.

Freilich ist eine Skandalisierungsstrategie generell nicht unverfänglich. Das Hantieren mit dem Kriminalisierungsvorwurf auf Seiten der Kritiker impliziert, so nicht zugleich jegliche Zuweisung des Etiketts *kriminell* als Kriminalisierung gilt, es gebe im Gegensatz zu den ungerechtfertigt Kriminalisierten tatsächliche Kriminelle, bei denen – oder deren Handlungen – die Zuschreibung angemessen sei. Ihren Höhepunkt hatte diese Phase im so genannten Deutschen Herbst. Um Ende der 1970er-Jahre der Kriminalisierung bzw. einer Einstufung als Sicherheitsrisiko zu entgehen, wurde versucht, sich vom „Terroristenmord" zu distanzieren (vgl. Duve 1977; Negt 1973). Man wandte sich folglich nicht nur gegen „die Überreaktion des perfekten Sicherheitsstaates", sondern zugleich gegen „Mord und Terror":

„Mord und Terror müssen der Schwere des Verbrechens entsprechend verfolgt und geahndet werden [...] Mord und Terror werden am besten dadurch bekämpft, daß Demokratie ausgebaut und sozial begründet wird – nicht dadurch, daß sie eingeschränkt wird" (Duve 1977: 6).

Die Selbstpositionierung zwischen „Terroristenmord" und „Sicherheitsstaat" zeigt zugleich, wie die Trennung in vermeintlich objektive Faktenlage einerseits und Reaktion darauf andererseits, die Kritiker mit den Protagonisten staatlicher Sicherheitspolitik trotz aller Differenzen einte. „Mord" und „Terror" waren die Begriffe, welche scheinbar unabhängig vorgegeben waren.[23] Die Reaktion auf „Ausgrenzung politischen Prote-

---

23 Dies ist auch ein Beispiel für die vorangehend beschriebene Tendenz im Kritischen Sicherheitsdiskurs, die Gefährdung einer Sicherheitslage oder die scheinbare Objektivität einer Bedrohung nicht im Kern zu bestreiten,

stes" (vgl. Jaschke 1991: 22 ff.), die versuchte Zurückweisung der Inneren Sicherheitspolitik als Kriminalisierung von Bürgerprotest – und die anschließende Karriere der Argumentation zur bis heute tragenden Hauptsäule der politischen Kritik an Innerer Sicherheit – hatte und hat Konsequenzen, die der herrschenden Logik Innerer Sicherheit nicht unbedingt zuwiderlaufen.

Vielmehr gelingt der Versuch, sich aus der Umklammerung herrschaftlich zugewiesener Normabweichung zu lösen, nur um den Preis, eine stattfindende Kriminalisierung auf sich bezogen als ungerechtfertigt zu skandalisieren und sie solcherart anderen, wohl *tatsächlich* Kriminellen gegenüber als angebracht erscheinen zu lassen.

Diese Tendenz zeigt sich beispielsweise auch in Einschätzungen, die beklagen, dass sich „das Konzept ‚innere Sicherheit' nicht auf die traditionelle Bekämpfung der Kriminalität beschränkt [...], sondern ausdrücklich auf ‚Objektbereiche' politischen Handelns ausgedehnt" (Schiller/Becker 1977: 213) würde.

Der *Mainstream* der Kritik – Teil II

Anhaltende Aktualität und somit Kontinuität der eben beschriebenen, vorherrschenden kritischen Position lassen sich anhand eines sehr zeitnahen Beispiels veranschaulichen.[24] Da es sich um einen Pressebericht handelt, wird hieran zugleich exemplarisch deutlich, *wie* sich diese Po-

---

sondern sich die herrschende Sicht der Dinge zu eigen zu machen und lediglich die Reaktion darauf zu kritisieren. Gleichwohl ist festzuhalten: Beschrieben wird hiermit eine der Tendenz nach seinerzeit verbreitete Selbstpositionierung kritisch-liberaler, mithin linker Intellektueller in der Bundesrepublik, die sich angesichts drohender staatlicher Repression gezwungen sahen, Bekenntnisse abzulegen. Zu verweisen ist hier beispielsweise auf die so genannte Erklärung der 177 (vgl. o.N. 1987; siehe hierzu auch kritisch Schumacher 1987). Dabei darf nicht außer Acht gelassen werden, dass im Deutschen Herbst die aufgeherrschte Unterwerfungsgeste nicht samt und sonders bezeugt wurde. Dies zeigte sich beispielhaft in der Auseinandersetzung um die obrigkeitsstaatliche Gängelung und Maßregelung Peter Brückners bzw. der Diskussion, die schließlich zu letzterer führte. Die Diskussion markierte den Versuch (im Kontext der so genannten Mescalero-Dokumentation), eine politische Position zu entwickeln und stark zu machen, welche sich der begrifflichen und intellektuellen Nötigung von Staats wegen verweigerte. Die Folge war bekanntlich ein Exempel (vgl. Krovoza et al. 1981; Boehnke/Richter 1977; Hassel et al. 1987). Ohne jedoch diese ebenfalls vorfindbaren Stimmen ignorieren zu wollen, muss man konstatieren, dass solche minoritär blieben bzw. sich gesellschaftliche Gegenmacht nicht im erforderlichen Umfang konstituieren konnten.

24 Hierbei handelt es sich um eines der zu Beginn des Kapitels erwähnten Beispiele jüngeren Datums, die trotz der zeitlichen Eingrenzung des Untersuchungszeitraumes herangezogen werden.

sition im Mediendiskurs verankert und *dass* diese Position *weiterhin* besonders anschlussfähig für ein (links-)liberales Klientel ist, was zugleich einer der wichtigsten Gründe für ihren fortdauernden Erfolg zu sein scheint: Es handelt sich um eine Position, die ein relativ breites Spektrum linker und liberaler Intellektueller anspricht und sich somit nicht sofort dem Versuch der Zurückweisung – kraft geäußertem Verdacht, linke Ideologie zu sein – ausgesetzt sieht. Gleichzeitig rückt das Beispiel die Dimension der organisatorischen Strukturen des Mainstreams der Kritik an Innerer Sicherheitspolitik als politischer Praxis in den Blick.

Das entschiedene Plädoyer für Rechtsstaatlichkeit und Bürgerrechte kann, so möchte ich vorweg schicken, zudem als wirkungsmächtigstes Überbleibsel der in den 1970er-Jahren weiten Teilen der Neuen Linken und der Protestbewegung abverlangten Bekenntnisse zur Staatstreue angesehen werden. Zwar besaß die Position bereits Vorläufer in der Anti-Notstandsbewegung und radikaldemokratischen Strömungen der Außerparlamentarischen Opposition (APO) und Studentenbewegung (vgl. Brand et al. 1983: 60 ff.), also unabhängig von der staatlichen Nötigung zu Entsolidarisierung und unter Androhung von Berufsverboten erzwungenen Lippenbekenntnissen, in Verbindung mit der beschriebenen innenpolitischen Konfliktsituation und dem Bekenntniszwang erwies sich diese Kritiklinie rückblickend jedoch als wohl erfolgreichste[25] Kombination, da sie zwei gegensätzliche Erfordernisse zu bedienen vermochte: Sie kam einerseits dem erwarteten Bekenntnis nahe (schließlich berief man sich selbst auf den/einen Rechtsstaatsbegriff), wahrte aber durch die gleichzeitige Zuspitzung (die kritisierte Kluft zwischen Verfassungs*anspruch* und Verfassungs*wirklichkeit*), einen radikal-kritischen Anspruch und besetzte somit in der Auseinandersetzung Begriffe von links, die von den Protagonisten des Konservativen Diskurses gegen die Protestbewegungen bis dato ins Feld geführt wurden.

Zurück zu besagtem zeitnahen Beispiel: Ende August 2002 erschien in der *Frankfurter Rundschau* unter der Überschrift „Bürgerrechtler sehen Meinungsfreiheit in Gefahr" (Neitzel 2002) ein kurzer Beitrag, der die kritische Position von „Bürgerrechtsorganisationen" zu „neuen Sicherheitsgesetzen" zum Gegenstand hat. Bei den genannten Organisationen handelt es sich um „Humanistische Union, Gustav-Heinemann-Initiative, Internationale Liga für Menschenrechte und Komitee für Grundrechte und Demokratie" (ebd.). Es ist dies zugleich eine Aufzählung traditionsreicher bundesdeutscher Bürgerrechtsorganisationen,[26] die

---

25 Wenn man als Indiz des Erfolges deren bis heute ungebrochene Kontinuität ansieht.

26 „Die HUMANISTISCHE UNION wurde 1961 von dem Münchner Publizisten Gerhard Szczesny gegründet als Gegengewicht in der restaurativen

sich seit ihrem Bestehen, sei es einzeln oder konzertiert, kritisch zu Innerer Sicherheitspolitik äußern. Ihnen ist eine große Zahl verschiedener Akteure und Exponenten, die auch als Autoren vieler, den Kritischen Diskurs repräsentierender Texte bekannt sind, auf unterschiedliche Weise verbunden. Man kann sagen, sie bilden eine Art personelles Netzwerk, einen Verbund kleiner, traditionsreicher Organisationskerne des Kritischen Sicherheitsdiskurses, in dem letztlich der Großteil der Autor-Subjekte von kritischem Rang und Namen vertreten ist. Der Untertitel des Artikels lautet „Neue Sicherheitsgesetze bedrohen nach Ansicht von Kritikern den Rechtsstaat" (ebd.), er stellt die Quintessenz der bislang vorgestellten Kritiklinie dar: Im Zuge jener

„neuen Sicherheitsgesetze [...] seien Befugnisse von Geheimdiensten und Polizei massiv ausgebaut worden. All diese Eingriffe legalisierten erneut staatliche Eingriffe in die Rechte von Unverdächtigen" (Neitzel 2002).

Die Passage muss an dieser Stelle nicht intensiver analysiert werden. Sie verdeutlicht jedoch, dass die Kritik auf drei Argumenten fußt: eine präsupponierte Annäherung von Polizei und Geheimdiensten, deren massive Befugniserweiterung und schließlich deren Auswirkungen auf Unverdächtige. Im Verlauf des Artikels werden diese Argumente nochmals aufgegriffen und illustriert. Besagte „enge Kooperation zwischen Geheimdiensten und Polizei" wird von den Kritikern als faktische Abschaffung des so genannten Trennungsgebotes bezeichnet,

---

Zeit der Adenauer-Ära. [...] Beeinflußt durch die Protestbewegung der Sechzigerjahre kamen mehr und mehr Menschen dazu [...]. Die HUMANISTISCHE UNION war eine der wenigen Organisationen, die sich gegen eine Eskalation der Auseinandersetzung mit der RAF gewandt und dabei zugleich Rechtspositionen des Strafprozeßrechts verteidigt haben. Auch die Friedensbewegung und die Antikernkraftbewegung sind nicht ohne Auswirkung auf die HUMANISTISCHE UNION geblieben" (Humanistische Union 2002; Hervorh. i. Orig.). „Die GHI [Gustav-Heinemann-Initiative; TK] wurde 1977, im sogenannten Deutschen Herbst, aus Sorge um die Bewahrung der Freiheitsrechte unserer Verfassung in Rastatt konzipiert" (Gustav-Heinemann-Initiative 2002). „Nach dem Zweiten Weltkrieg gründeten Mitglieder der früheren Liga in Berlin die Internationale Liga für Menschenrechte im Geiste von Carl von Ossietzky neu. In den Nachkriegsjahrzehnten standen vor allem der Ausbau der Bürgerrechte, die Demokratisierung des NS-Nachfolgerstaats BRD und die Aufarbeitung der NS-Geschichte im Mittelpunkt der Liga-Arbeit" (Internationale Liga für Menschenrechte 2002). „Das Komitee für Grundrechte und Demokratie wurde 1980 gegründet. Die Initiative ging aus von Leuten, die am Zustandekommen des Russel-Tribunals über die Situation der Menschenrechte in der Bundesrepublik Deutschland (1978/79) beteiligt waren" (Komitee für Grundrechte und Demokratie 2002).

„ein Gut, das nach dem ‚Polizeibrief‘ der Westalliierten ‚zu Recht‘ fester Bestandteil der deutschen Verfassung war und die Machtvollkommenheit einer
politischen Polizei verhindern sollte, ‚wie sie unser Land unter dem NS-
Regime kennen lernen musste‘“ (ebd.).

Besonders bemerkenswert erscheinen mir an diesem Beispiel der Bezug
auf die deutsche Verfassung – es sei an die obigen Ausführungen zu den
möglichen historischen Hintergründen der kritischen Position erinnert –
und die Erwähnung des NS-Regimes. Letzere Bezugnahme gilt offensichtlich als nicht weiter erklärungsbedürftig. Zugleich wird durch diese
Kontextsetzung eine unausgesprochene Tendenz behauptet: Die aktuelle
Entwicklung bewege sich irgendwo zwischen den beiden Polen „Geltung des Trennungsgebots“ und „Existenz einer politischen Polizei“
(ähnlich der im NS-Regime) – mit einer Dynamik, die sich letzterem Pol
anzunähern scheine. Dies muss als Dramatisierungsversuch gewertet
werden, mit der Absicht, aus der so gefassten Bedrohung erwachse eine
moralisch-politische Verpflichtung, sich gegen die „neuen Sicherheitsgesetze“ zu solidarisieren – oder diese zumindest zurückzuweisen.[27]
    Es wird deutlich, wie sehr im Kritischen Diskursstrang das – aus
dem Konservativen Diskurs bereits bekannte – Muster einer dramatisierenden Bedrohungsvermutung auf einen anderen Gegenstand verscho-
ben und umkehrt wird: die „Sicherheitsgesetze bedrohen“ (ebd.), „dem
Rechtsstaat [wurde] [...] schwerer Schaden zugefügt“ (ebd.). Gleichzeitig rücken sich (auch) die Kritiker, wenn auch indirekt, selbst in die Position der Betroffenen: „Sie [die Bürgerrechtsorganisationen; TK] befürchteten eine ‚tendenzielle Unterdrückung der Meinungsfreiheit durch
Einschüchterung kritischer Bürgerinnen und Bürger‘“ (ebd.). Am ein-
drucksvollsten manifestiert sich eine Kontinuität des Kritischen Diskurses jedoch, wenn am Ende des Artikelvorspanns festgehalten wird:
„Bürger würden damit pauschal zu Sicherheitsrisiken umdefiniert“
(ebd.). Der Satz aus diesem Artikel ist die nur leichte Variation des bereits mehrfach zitierten Buchtitels aus dem Jahr 1977, der als paradig-
matische Formulierung jenes Mainstreams der Kritik gelten kann: *Wir
Bürger als Sicherheitsrisiko* (Narr 1977).

---

27 Die, wenn auch subtile, Kontextsetzung mit dem Nationalsozialismus wird
   in der Metaphern- und Kollektivsymbolanalyse noch einmal aufgegriffen.

Metaphern und Kollektivsymbolik im Kritischen Diskurs

Nachfolgend werden Beispiele für Metaphernverwendung und Kollektivsymbolik im Kritischen Diskursstrang vorgestellt und beurteilt. Voraussetzung hierfür ist jedoch, eingangs – in Gestalt eine Exkurses – einige wesentliche Aspekte der Metaphernverwendung und Kollektivsymbolik im Konservativen Diskursstrang zu resümieren. Erst hierdurch besteht die Möglichkeit, die Analyse des Kritischen Diskurses hinsichtlich dieser Thematik komparativ zu bewerten. Denn *dass* Metaphern auch dort bzw. überhaupt anzutreffen sind, rechtfertigt noch nicht, von einem besonderen Befund, einer spezifischen Gemeinsamkeit oder Diskrepanz zwischen beiden Diskurssträngen zu sprechen. Ferner ist auf die Bedeutung der Metapernanalyse für die Untersuchung politischer Diskurse hinzuweisen. In Anlehnung an Kurz (1997) kann eine „Kritik politischer Rhetorik und politischen Handelns auch als eine Kritik der zugrundeliegenden Metaphorik durchgeführt werden" (ebd.: 25). Politische Metaphorik lässt sich beispielsweise danach befragen, welches Staatsmodell, welches Gesellschafts- oder Menschenbild ihr inhärent ist (vgl. ebd.).

Zu Beginn ist noch einmal auf das zugrunde gelegte Verständnis der Metaphernanalyse einzugehen. In dieser Arbeit beziehe ich mich auf das von Böke (1997) entwickelte und in Bezug auf den Einwanderungsdiskurs erprobte Konzept (vgl. ebd.). Gleichwohl wird die nachfolgende Analyse nicht alle Details und Feinheiten des dort zu Anwendung gekommenen Instrumentariums nachvollziehen. Folgende Aspekte sind allerdings auch für diese Arbeit grundlegend: Es wird vorausgesetzt,

„daß die Metapher eine für uns wirklichkeitskonstituierende bzw. -strukturierende Funktion besitzt und damit nicht nur unsere alltägliche Wahrnehmung in ihrer Komplexität […], sondern auch unser Handeln beeinflußt. Unter dieser Voraussetzung interessiert […] also nicht *ob*, sondern *wie* ein Diskurs durch Metaphergebrauch strukturiert wird" (ebd.: 164; Hervorh. i. Orig.; vgl. auch Pielenz 1992: 58; Kurz 1997: 25 f.).

Es wird unterschieden „zwischen *kreativen* oder *lebendigen, konventionellen* oder *Metaphernklischees* und *lexikalisierten* oder *toten* Metaphern" (Böke 1997: 167; Hervorh. i. Orig.). Unter „kreativen" Metaphern sind Lexeme und Metapherntypen zu verstehen,

„die als solche neu sind, also originäre Neuschöpfungen darstellen. Tote Metaphern hingegen sind als Metaphern nur noch eine sprachgeschichtliche Tatsache. Die Funktion der metaphorischen Projektion hat sich gänzlich verloren und ebenso das Bewußtsein der Sprecher von der metaphorischen Motiviertheit des Ausdrucks" (ebd.).

Im Gegensatz zu diesen beiden (kreative und lexikalisierte Metaphern) stehen „konventionelle Metaphern" (ebd.). Hierunter sind metaphorische Äußerungen zu verstehen,

„die als solche allgemein gebräuchlich und verständlich, in ihrer Projektionsfunktion jedoch noch aktiv sind, also von der Sprachgemeinschaft noch als Metaphern empfunden werden bzw. in ihrer metaphorischen Bedeutung rekonstruierbar sind" (ebd.).

Exkurs:
Biologismen, Naturkatastrophen, Krankheitsmetaphern – gängige Muster im Konservativen Diskurs

Zurückliegende Forschungen, in denen Texte von Sicherheitsexperten und Politikern diskursanalytisch ausgewertet wurden, zeigen, dass der konservative Teildiskurs verhältnismäßig reich an Metaphern bzw. Kollektivsymbolen ist (vgl. Kunz 1995: 37 ff.). Hierfür lassen sich zwei Gründe nennen: Zahlreiche der untersuchten Fragmente repräsentieren humanwissenschaftliche bzw. interdiskursiv dominierte Diskursstränge und sind – trotz ihrer fachwissenschaftlichen (Selbst-) Zuordnungen (bspw. Kriminalsoziologie, Rechtsphilosophie) – stark durch eine Praxisorientierung ihrer Autoren geprägt (Gerichtspräsidenten, Kriminalkommissare o.ä.). Der hohe Symbolgehalt resultiert aus einer geringen Distanz zum Interdiskurs. Eine Tendenz, die sicherlich auch dadurch verstärkt wird, dass die untersuchten Experteneinschätzungen (Fach-)Zeitschriften entstammen. Der Zeitschriftencharakter manifestiert sich u.a. in weniger strenger Reglementierung und Systematisierung des Diskurses in diesem Medium – im Gegensatz zu Forschungsberichten oder Gutachten – und ist mitverantwortlich für einen höheren Symbolgehalt (vgl. ebd.).

An dieser Stelle bedeutsamer ist allerdings die spezifische Qualität der Metaphern. Da Kriminalität für sich genommen bereits als negativ besetzter Begriff zu gelten hat, ist nicht verwunderlich, dass es sich bei den Metaphern entsprechend um Negativbilder handelte. Schließlich beinhaltet die Metaphernverwendung vornehmlich, einen bestimmten Bedeutungsgehalt (hier: die Gefährlichkeit einer Kriminalitätsdrohung) bildhaft zu steigern und zu vereindeutigen. Ein Großteil der dort vorfindbaren Lagebilder bediene sich hierzu einer Symbolik, die Kriminalität in Gestalt von kriegerischer Auseinandersetzung, Biologismen,

Naturkatastrophen und Krankheitsmetaphern vorstellt. Die o.g. Untersuchung zeigte überdies, dass der Sicherheitsdiskurs in den 1990er-Jahren sich weitgehend mit dem Asyldiskurs deckte (ebd.: 92 ff.). Eine Tendenz, die deshalb besondere Beachtung verdient, da sie die Einschätzung motiviert, den aktuellen Sicherheitsdiskurs und die darin kommunizierten Feindbilder in erster Linie als Bestandteil eines gesellschaftlichen *Settings* zu bewerten, mittels welchem gegenwärtig Zuwanderung bearbeitet wird bzw. nationale Zugehörigkeit und Identität hergestellt werden.[28]

Die nachfolgende Aufzählung liefert einen Überblick über Metaphern/Kollektivsymbole, die Verwendung im Expertendiskurs fanden und finden, um Kriminalität entsprechend zu be- bzw. zu umschreiben: So wird der Begriff als „Angriff", „Leck", „Flut", „Welle",[29] „Eisberg", „Krebs", „Pest", „Immunschwäche", „Termitenschar", „Krake", „Lawine", „Unkraut" oder „tödliche Infektion" sprachbildlich umgesetzt. Hierüber wird eine Bedrohung – und mit dieser die Bedrohenden – Innerer Sicherheit zugleich kollektivsymbolisch in einem gesellschaftlichen Außen angesiedelt. Umgekehrt präsentieren solche Fragmente die bedrohte Gesellschaft als „guten Nährboden", „Gemäuer", „Haus", „Körper", „Gebäude" oder „Schiff". Diese Kollektivsymbole sind zudem häufig nationalstaatlich aufgeladen, d.h. der Innenbereich entspricht der BRD, dem „Vaterland", „unserer Gesellschaft", „uns", Deutschland – was häufig impliziert, dass das Drohende sich diesbezüglich oppositiv verhält: Die Bedrohung ist nicht-deutsch, es sind die Anderen, die so genannten Fremden etc.[30]

Auch im Bereich Politik setzt sich diese Tendenz fort. Zahlreiche Beispiele aus der ersten Hälfte der 1990er-Jahre (und in einem Fall aus dem Jahr 2001), vornehmlich – aber nicht nur – aus Reden bzw. Texten des damals amtierenden Bundesinnenministers Kanther, belegen dies exemplarisch (vgl. ebd.: 59). Einige Beispiele der Verwendung von Kollektivsymbolen werden nachfolgend vorgestellt.

---

28 Eine Einschätzung, die zugleich das Augenmerk auf Veränderungen der jeweils herrschenden Feindbilder des Sicherheitsdiskurses lenkt, da diese in den späten 1960er-, den 1970er- und den 1980er-Jahren eine jeweils andere Ausrichtung besaßen.

29 Zum Bild der Kriminalitätswelle siehe auch Cremer-Schäfer 1993: 22 ff.

30 Zur Unterscheidung der Kategorien Andere/s und Fremde/s siehe auch Rommelspacher 2002: 10 ff. Deren Feststellung, dass „je entschiedener die Grenzen gegenüber dem Anderen gezogen und die Gemeinsamkeiten getilgt werden, desto mehr wird der Fremde zum Feind" (ebd.: 11), lässt sich m.E. unmittelbar auf die Feindbildungsprozesse des Sicherheitsdiskurses beziehen.

Die Zähne des Rechtsstaates

„Wir werden es nicht zulassen, daß einem so dringend benötigten Gesetz die Zähne gezogen werden. Wir wollen, daß der wehrhafte Rechtsstaat Zähne hat, um sie ggf. auch einzusetzen. Diese Zähne, die ihm mit dem Verbrechensbekämpfungsgesetz neu wachsen sollen" (Kanther 1994a: 2).

Bestandteile des Verbrechensbekämpfungsgesetzes des Jahres 1994, wie die Einbindung des Bundesnachrichtendienstes in die Telefonüberwachung und die sofortige Inhaftierung „ertappter Krimineller" bis zur Gerichtsverhandlung werden als „Zähne" kodiert (vgl. ebd.). Dass diese „Zähne" „neu wachsen sollen", präsupponiert zugleich, dass der „Rechtsstaat" momentan zahnlos sei. Zahnlosigkeit ist dabei gleichbedeutend mit Wehrlosigkeit. Die Sorge um Wehrhaftigkeit legt die Existenz einer Bedrohung nahe und stabilisiert so die Bedrohungsszenarien. Der „Rechtsstaat" sei also angesichts der Kriminalitätsbedrohung wehrlos, die Kodierung zieht sein existierendes repressives Potenzial in Zweifel. Hierüber wird zugleich das Bild eines gegenwärtig zu liberalen Rechtsstaates konstruiert. Der zu liberale Rechtsstaat im Sinne eines *schwachen* Staates fungiert als diskursiver Knoten. An ihn knüpft die Kritik an der StudentInnenrevolte an, die sowohl für einen Wertewandel – im Sinne eines Werteverfalls – als auch – damit verbunden – für ein Zuviel an Permissivität verantwortlich gemacht wird.[31]

31 Die Verquickung „Wertewandel und Innere Sicherheit" (Kanther 1995a: 1) hat ihr Substrat in der Annahme, dass „Veränderungen in der Wertedimension" als entscheidender Faktor eines behaupteten dramatischen Anstiegs von „Kriminalität im allgemeinen und Gewalt im besonderen in den letzten Dekaden" anzusehen seien (vgl. ebd.: 5 f.). An anderer Stelle wurde die Kontextsetzung bereits als Wertetopos angesprochen. Die Illustration der „Veränderungen" zeigt deutlich, dass über die Verbindung der (Problem-)Konstruktion „Kriminalitätsanstieg" mit dem Wertediskurs in erster Linie politischer Protest kriminalisiert werden soll: „Der Verlust an normorientierter Erziehung und Religiosität, die Rebellion gegen die bestehende Gesellschaftsordnung, gegen überkommene Autoritäten und Traditionen, die von den Medien genüßlich in Schlagzeilen umgesetzten Fehltritte von Repräsentanten unserer Gesellschaft [...], die propagierte Selbstverwirklichung statt gemeinschaftsorientierter Pflichterfüllung, die wachsende Auffassung, daß fast alles erlaubt sei, was gefällt, ein Klima der Aufsässigkeit und der Libertinage. So entstand ein idealer Nährboden für ein breites Kriminalitätsspektrum, von der Massenkriminalität bis zum organisierten Verbrechen, von der Sitzblockade bis zum Terrorismus" (ebd.). Der Hinweis auf die „letzten Dekaden" dient dabei nicht in erster Linie der Rückprojektion des unterstellten dramatischen Kriminalitätsanstiegs, um ein noch höheres Bedrohungspotenzial zu konstruieren, sondern ist die notwendige Voraussetzung, um als Ursache des „Wertewandels" die Zeit Ende der 1960er-Jahre einführen und ansprechen zu können. Die

Das Wurzelwerk der Gesellschaft

„Werte- und Rechtsbewußtsein sind das geistige Wurzelwerk einer demokratischen Gesellschaft. Wenn es austrocknet, verdorrt die Demokratie" (Kanther 1994b: 3).

Die kollektiv-symbolische Kodierung von „Werte- und Rechtsbewußtsein" als „geistigem Wurzelwerk einer demokratischen Gesellschaft" zwingt den komplexen Zusammenhang sozialer Beziehungen in ein einfach greifbares Konzept. Die Symbolik ist im Kern (sozio-)biologistisch. Gesellschaft wird als Baum bzw. Pflanze kodiert, die wächst, gedeiht, blüht oder eben „verdorrt". Die Symbole Pflanze und Baum sind kompatibel mit den Symbolbegriffen, die den gesellschaftlichen Innenbereich im synchronen System der Kollektivsymbole (bspw. Haus, Boot etc.) kodieren.

Die Gesellschaft als Haus

„**Das ‚Sicherheitspaket '94'** betont die gesamtgesellschaftliche Verantwortung aller Bürger, Gruppen, Medien und Politiker für die Bekämpfung der ansteigenden Kriminalität. Was die Architekten der Gesellschaft falsch berechnen, das können die Handwerker in den Sicherheitsbehörden nicht geradebiegen" (Kanther 1993a: 1; Hervorh. i. Orig.).

Im Mittelpunkt steht hier die indirekte Kodierung „der Gesellschaft" als Haus durch den Rückgriff auf das Begriffspaar „Architekten"/„Handwerker". Gleichzeitig überträgt dieses Bild das Gegensatzpaar Kopfarbeit („Architekten") und Handarbeit („Handwerker") auf den Gegenstand Kriminalitätsbekämpfung. Der sich hierüber artikulie-

---

Bestandteile des „Wertewandels" finden sich in anderen Diskursfragmenten zwar in ähnlicher Weise, jedoch werden ihre Urhebern unverhohlener genannt: die „68er Generation". Sind die Urheber von „Aufsässigkeit und der Libertinage" (ebd.) erst einmal benannt, ergeben sich sog. Gegenmaßnahmen fast von selbst: Erziehung zur Rechtstreue, stützende Funktion des Elternhauses, Erziehungsauftrag von Schule oder auch Betrieb, selbstverständliche Anerkennung des staatlichen Gewaltmonopols (vgl. Kanther 1993b: 9). Unter Bezugnahme auf die Auffassung, dass „die Revolte der 68er Generation [...] noch heute die politische Kultur [belastet]" (ebd.), lassen sich diese Bestrebungen als Bestandteile eines konservativen *Rollback* interpretieren, der die Regierungsjahre der Unionsparteien prägte, als „Wende" bezeichnet wurde und dessen Notwendigkeit auch durch die Konstruktion einer Kriminalitätsbedrohung versucht wurde zu fundieren. „Heute erkennt manch 68er selbst, wie falsch es war, alle Autoritäten in Frage zu stellen, das Wertesystem anzugreifen und die Familie am liebsten aufzulösen" (Kanther 1994c: 2).

rende Führungsanspruch (der „Architekten") bezüglich der Gestaltung „der Gesellschaft" illustriert zugleich das Selbstverständnis der in Gestalt des Bundesinnenministers sprechenden politischen Elite.

Innere Sicherheit als Haus

Mag das eben genannte Beispiel für die Verwendung der Haus-Metapher nur über den Umweg der Interpretation zu erschließen gewesen sein, tritt im Folgenden die Metaphernverwendung viel eindeutiger zu Tage. Besonders aufschlussreich ist die Passage auch aus dem Grunde, dass Innere Sicherheit selbst mit dieser Metapher verknüpft wird. Zunächst erfolgt die berufständische Entgrenzung der Aufgabe Innere Sicherheit:

„Innere Sicherheit kann nicht nur eine Aufgabe von Polizei und Justiz sein. Sie ist eine Aufgabe des gesamten Staates, aller gesellschaftlichen Gruppen und auch eine Angelegenheit der Bürgerinnen und Bürger" (Kanther 1997a: 2).

Unmittelbar daran schließt sich die Feststellung an: „Innere Sicherheit ist wie ein Haus, das um nicht baufällig zu werden ein solides Fundament benötigt. Dieses Fundament, auf dem das Ganze ruht, kann nur das Wertgefüge des ganzen Volkes sein" (ebd.: 3). Abgesehen von der Frage, was das „Wertgefüge des ganzen Volkes" sei, fällt auf, wie im Beispiel über den Haus-Vergleich und die drohende Baufälligkeit ein Krisenszenario beschworen wird, dem nur mittels einer gemeinsamen Anstrengung des „ganzen Volkes" zu entgehen sei. Deutlich wird, wie den Sicherheitsvorstellungen und dem Gesellschaftsbild eines der exponiertesten Akteure im Sicherheitsdiskurs eine Volks- und Gemeinschaftsrhetorik unterlegt ist, die in einem anderen thematischen (beispielsweise kriegerische Auseinandersetzung) oder zeitlichen Kontext (in der ersten Hälfte des 20. Jahrhunderts) als eindeutig völkisch-konservativ bewertet werden könnte.

Kriminalität als Immunschwäche

„Organisierte Kriminalität – Die Immunschwäche unserer Gesellschaft" (Schnoor 1994: 16).

Ähnlich dem Bild vom Krebs oder der Pest wird sich in dieser Überschrift einer tödlichen Krankheit als Metapher bedient. Der Krankheitsname fällt dabei nicht explizit, sondern wird als „Immunschwäche" (vgl. ebd.) umschrieben. Es kann jedoch davon ausgegangen werden, dass „Immunschwäche" im Alltagswissen mittlerweile als *Aids* übersetzt wird. Die Krankheitsmetapher wirkt in zwei Richtungen: So genannte Organisierte Kriminalität sei eine tödliche ansteckende Krankheit und „unsere Gesellschaft" sei ein an *Aids* erkrankter Körper. Diese Krankheitsmetapher ist im politischen Diskurs ebenso anzutreffen wie im Expertendiskurs. Der Sachverhalt, dass sie im zitierten Fall von einem Landesinnenminister verwendet wird, der der SPD angehört, verdeutlicht darüber hinaus, wie wenig das Attribut *konservativ* nur bestimmten politischen Parteien zugeordnet werden kann.

Kriminalität als Krake

Auf einer Senatspressekonferenz im Bundesland Bremen anlässlich der Vorstellung der neuesten Kriminalstatistik äußerte 1991 der damalige Bremer Innensenator Peter Sakuth: „Die Rauschgift-Kriminalität muß man mit einer [sic!] Krake vergleichen, uns gelingen häufig nur Schläge gegen die nachwachsenden Tentakeln" (o.N. 1991). Die Krakenmetapher verfügt über interessante Anknüpfungspunkte zu anderen Sprachbildern, mit denen Kriminalität beschrieben wird. So ist zum einen der implizite Bezug auf Wasser (Assoziationen: Flut, Einströmen u.ä.), als dem Lebenselement des Kraken, gegeben. Aber auch in Bezug auf das Bedrohte lassen sich Anknüpfungen bilden, die Bekanntes nahelegen: An einem Kraken ist zunächt nichts Bedrohliches. Allerdings ist der Krake geläufig als Fabeltier, welches in Gestalt eines Riesentintenfischs ganze Schiffe zum Kentern bringt und in die Tiefe des Meeres zieht. Das Schiff ist wiederum, wie weiter oben erwähnt, das Kollektivsymbol, welches die bedrohte Gesellschaft bzw. die Bundesrepublik verkörpert.

Schleuser und Schlepper

Auch die häufig genannte „Schleusertätigkeit" und das „Schlepperunwesen" (vgl. Kanther 1995: 3 f.) sind Symbolbegriffe, die bereits bekannte Kodierungen (Flut) implizit aufgreifen. Der erste Begriff variiert das Wort Schleuse und assoziiert damit ein Strömen oder Fluten; der zweite weckt unter anderem Assoziationen wie Einschleppen von Krankheiten. Insbesondere der erste demonstriert eine Ähnlichkeit der Kodierungsrichtung des Sicherheitsdiskurses mit der des Asyldiskurses.

Krieg gegen Verbrechen[32]

Die ständige Verwendung von Formulierungen wie „Front", „Bekämpfung" und „Kampf" in all ihren sprachlichen Varianten, die Bezeichnung „Offensive 2000" für ein dem Verbrechensbekämpfungsgesetz folgendes sicherheitspolitisches Konzept des Bundesinnenministers (vgl. Bundesministerium des Innern 1994: 2 ff.), Formulierungen wie „Schlagkraft" (Kanther 1994: 2), „ins Visier" (Kanther 1993a: 2) nehmen, „warum Innere Sicherheit *äußeren Flankenschutz* braucht" (Schmid 1994: 41; Hervorh. TK) und Äußerungen, wie die Rede von „der Waffengleichheit zwischen Strafverfolgungsbehörden und Kriminellen" (vgl. Bohl 1994: 1) stellen *blasse Formen* von Kollektivsymbolen dar. Sie kodieren Kriminalität und die staatliche Reaktion darauf als quasi-militärische Auseinandersetzung. Verbrechensbekämpfung wird letztlich als Krieg (gegen Verbrechen) konnotiert.

Terrorismus als Geschwür

Auf einer Veranstaltung der CSU zum Nationalfeiertag äußerte sich im Jahr 2001[33] die damalige CDU-Abgeordnete des Deutschen Bundestages Vera Lengsfeld vor dem Hintergrund der Ereignisse des 11. September 2001 unter anderem auch zum Thema Innere Sicherheit:

„Die Bedrohung geht über die von Staaten hinaus, sie hat sich durch das internationale Netzwerk des Terrorismus und die Ausbreitung des islamischen Fundamentalismus in den Zentren der westlichen Welt zu einem *Geschwür* entwickelt, das wahrscheinlich ohne eigene Beschädigung nicht mehr entfernt werden kann" (Lengsfeld 2001; Hervorh. TK).

Die Metapher „Geschwür" kann als Paraphrase der Metapher Krebs gelten, die auch in anderen Texten zur Bebilderung von Kriminalität eingesetzt wird (siehe oben). Besonders interessant an diesem Beispiel ist jedoch die latente Verschränkung der Bedrohungskonstruktion, wie sie aus dem konservativen Diskursstrang bekannt ist, mit der Art von Bedrohung, wie sie umgekehrt aus Sicht der Kritiker Innerer Sicherheit

---

32 Zur Aktualität der Kriegsmetapher vgl. auch Steinert 2003.

33 Erneut wird mit diesem Beispiel ein Text herangezogen, der aus dem zeitlichen Rahmen der Beobachtung ausschert. Da der Exkurs zu den Metaphern des Konservativen Diskurses in diesem Kapitel allerdings nicht im Zentrum steht, bleibt das Gesamtdesign davon unberührt. Zudem verdeutlicht das Beispiel exemplarisch die zeitliche Kontinuität von Metaphorik und Kollektivsymbolik im Sicherheitsdiskurs. Die Ausnahme ist deshalb vertretbar.

beschrieben wird. Die Darstellung des so genannten Terrorismus und des so genannten islamischen Fundamentalismus als ein „Geschwür" gilt hierbei als ein zunächst dem konservativen Diskursstrang zuzurechnendes Motiv. Lengsfelds Darstellung, dass deren „Entfernung" ohne „eigene Beschädigung" nicht möglich scheine, variiert allerdings einen Aspekt, der den Kritikern nahesteht. Ohne das Lengsfeld es explizit ausspricht, lässt sich die „eigene Beschädigung" durchaus als jene Einschränkung an Liberalität und Rechtsstaatlichkeit deuten, welche die Kritiker der Politik Innerer Sicherheit in Gestalt der „Erosion des Rechtsstaates" so häufig befürchten. Die Bekämpfung des „Geschwürs" in Gestalt seiner „Entfernung" durch Akteure, die den bedrohten „Zentren der westlichen Welt" selbst zuzurechnen seien, bringe Beschädigung, d.h. Selbstbeschädigung mit sich. Allerdings nimmt Lengsfeld diese erwartbare „Beschädigung" nicht zum Anlass, Innere Sicherheitspolitik in Frage zu stellen, sondern legt nahe, dass diese vielmehr in Kauf zu nehmen sei. Folgt man der oben vorgestellten Deutung, gelte es, angesichts der drohenden Gefahr und ihrer (lebens-)notwendigen Bekämpfung, ein gewisses Maß an Liberalität quasi zu opfern. Diese unausgesprochen eingeforderte Opferbereitschaft erweist sich im weiteren Verlauf der Rede in Verbindung mit Begriffen wie „Ernstfall", einer Kritik an „unpolitischem Pazifismus" oder einem Plädoyer für „vereintes Marschieren" als Bestandteil einer Kriegsrhetorik, die die so genannte Äußere wie die Innere Sicherheit unter Rekurs auf das Thema Zuwanderung zur Deckung bringt:

„Wo terroristische Gruppen und Staaten, gespeist aus religiösem oder ideologischen Fanatismus den bewußten Zivilisationsbruch anstreben, bleibt nur der Einsatz militärischer Mittel. Der Nährboden und die Logistik für terroristische Netzwerke muß zerstört werden. Dies bedeutet auch, daß Staaten, die diese antizivilen Gruppen unterstützen oder auch nur dulden zu einer Abkehr hiervon gezwungen werden. Im eigenen Land darf die Entstehung und Ausbreitung fundamentalistischer Gruppen nicht geduldet werden; Ansätze zum Terrorismus müssen im Keim erstickt werden. *Natürlich wird die Frage der Einwanderung und die Grundlagen des Staatsvolkes davon nicht unberührt bleiben.* Im ‚Kampf der Kulturen' werden Europa und Amerika vereint marschieren müssen oder sie werden getrennt geschlagen" (ebd.; Hervorh. TK).

Metaphern des konservativen Diskursstranges in den Medien

Die angesprochenen Metaphern und kollektivsymbolischen Vorlagen kulminieren im Mediendiskurs. Hier setzen sie sich fort. Kodierungen und Metaphern von Experten und Politikern werden übernommen und tauchen teils in denselben Formulierungen im Mediendiskurs auf, teils werden sie noch zugespitzt. Durch diese Umsetzung werden die so genannten Fakten der Experten auf ihren interdiskursiven Punkt gebracht. Ein wechselseitiges Übersetzungsverhältnis von Fotografien, Bildern, Statistiken und Texten verleiht den Konstruktionen Evidenz und Alltagsverständlichkeit – sie werden zur Gewissheit. Paradoxerweise bilden die Positionen der Experten und Politiker im Mediendiskurs zu Innerer Sicherheit die Grundlage sowohl für eine Eskalation der Bedrohungsdarstellung als auch die Garantie für Sachlichkeit und fachliche Absicherung. Zum einen erklingen die Drohkonstruktionen aus berufenem Munde, zum anderen werden sie gerade dadurch bestätigt. Im Mediendiskurs fungieren die spezialdiskursiven Einschätzungen von Experten quasi als Illustrationen. Experteneinschätzungen und Aussagen von Politikern gelten dadurch als bestätigt, d.h. als wahr. Ein Grund dafür ist die Überzeugung, es handele sich um voneinander unabhängige Einschätzungen. Es ist der Glaube an journalistische Objektivität, der diese Einschätzung begründet. Und der sich in der professionellen Selbstwahrnehmung äußert, Berichte über Regierungspolitik, über Polizeiaktionen, Gerichtsfälle oder Verbrechen *objektiv* und ausgewogen vorzutragen und sich für jedes dieser Gebiete auf Quellen und Quellentexte beziehen zu können, die sich scheinbar außerhalb journalistischen Einflusses befänden (vgl. Dijk 1991: 14).[34]

Metaphern im Konservativen Diskurs aus kritischer Perspektive[35]

Es ist festzuhalten, dass die Art der in dem vorangegangen Exkurs vorgestellten metaphorischen Umsetzung des Themas Innere Sicherheit und ihrer Bedrohungen im Konservativen Diskursstrang aus kritischer Sicht eine ganz bestimmte *Wertigkeit* besitzt. Es handelt sich vornehmlich um Krankheits-, Unwerts- oder Schädlingsmetaphern. Solchen liegt letztlich ein biologistisches Gesellschaftsbild zugrunde (Gesellschaft als Körper, deren Bedrohung als Krankheit oder Ungeziefer). Hierin dokumentiert

---

34 Die verschiedentlich bereits angesprochenen Vorarbeiten zum Sicherheitsdiskurs zeigen, wie sehr sich Motive und Darstellungen im Mediendiskurses in das Gesamtbild des Sicherheitsdiskurses einfügen: Positive Darstellung eines vorherrschend national unterlegten Kollektivs der Bedrohten (wir, die Deutschen) und negative Fremddarstellung der Bedrohung bzw. Bedrohenden (in der Regel so genannte ausländische Kriminelle bzw. Terroristen). Die Kollektivkonstruktion von Opfern und Tätern entlang der Achse deutsch/nicht-deutsch setzt sich also im Mediendiskurs fort.

35 Hiermit ist nicht gemeint, dass die Metaphern an sich konservativ seien, sondern dass es sich um Metaphern aus dem Konservativen Diskurs handelt.

sich ein kennzeichnendes Moment von Konservatismus.[36] Dessen orga-
nisch-natürliches Staatsverständnis wird insbesondere in Bilder übersetzt, die Gesellschaft als naturhaften bzw. organischen Körper oder
Wesen beschreiben.

Dieser Metaphorik wird mit kritischem Impetus vorgehalten, sie be-
säße Anleihen, die letztlich bis in die Zeit des deutschen Faschismus –
und teils weiter – zurückreichen, einer Zeit also, in welcher solche Be-
bilderungen und Bezeichnungsstrategien in Gestalt faschistischer Propa-
ganda den Holocaust vorbereiteten bzw. dessen Bestandteil waren.[37] Es
wird hierüber eine normative Eindeutigkeit unterstellt, mittels derer die
Kritik an der Politik Innerer Sicherheit versucht, eine moralische Position geltend zu machen, ohne diese näher begründen zu müssen. Durch
die implizite Kontinuitätsbehauptung (zwischen Faschismus und repressiver Sicherheitspolitik) wird ein Automatismus in Gang zu setzen versucht, nach dem wer gegen Faschismus sei, auch gegen Innere Sicherheitspolitik sein müsse. Dabei wird von einer Selbstverständlichkeit der
Ablehnung des Faschismus ausgegangen. Der Grund hierfür: Die Ver-
urteilung faschistischer Argumentationsmuster bzw. die Ablehnung des
Faschismus ist in der Bundesrepublik als gesellschaftlich hegemonial
anzusehen, sie ist sogar Teil des staatlichen Selbstverständnisses der
Bundesrepublik Deutschland und aufgrund der geschichtlichen Erfahrung des „Dritten Reiches" nicht weiter begründungsbedürftig. Diese

---

36 Als charakteristischer Bestandteil von Konservatismus ist in einem allgemeinen Sinn die Selbstverständlichkeit und Nichtinfragestellung der Un-
terordnung des Einzelnen unter gewachsene, natürliche Autoritäten zu verstehen. Den Konservatismus kennzeichnet die Verteidigung des Staates,
seiner Ordnung, Institutionen und Traditionen. Hierbei lässt sich der Staat
als eine so genannte natürliche, organisch-gewachsene Gemeinschaft begreifen und nicht als ein künstlich geschaffenes Gebilde. Analog dazu verhält es sich mit dem konservativen Menschenbild: Der Mensch sei demnach des Menschen Wolf, womit gesagt ist, dass zum einen die Ursache
von Gewalt in der so genannten Natur des Menschen zu suchen sei, als einer biologisch erklärbaren Grundkonstante, und nicht in ihrer sozialen Be-
dingtheit. Zum andere leitet sich daraus die Existenznotwendigkeit und
Ordnungsfunktion des Staates ab, der notwendig sei, um diese naturhafte
Gewalttätigkeit zu befrieden, notfalls mit staatlicher Gewalt. Jene Annahmen über Naturhaftigkeit und organisch Gewachsenes übersetzen sich
sprachbildlich in eine Metaphorik vom gesunden Staat, der gesunden Gemeinschaft, Biologismen und krankheitsgleichen Bedrohungen oder auch
Bildern von Naturkatastrophen.
37 Zu antisemitischen Metaphern und Typisierungen und deren Entstehungs-
kontexten siehe insbesondere Hortzitz 1995: 19 ff.

Ablehnungslogik überträgt sich insofern auf Äußerungen, denen sprachliche Analogien zu dieser Zeit nachgewiesen werden.[38]

Nachfolgend möchte ich ein recht frühes Beispiel aus dem kritischen Teil des Sicherheitsdiskurs vorstellen, in welchem erstens solche Sprachbilder kritisiert werden und zum zweiten in eben jene historische Kontinuität gerückt werden, woraus sich schließlich – drittens – ihre Ablehnungswürdigkeit ableitet. Es ist zu betonen, dass es hierbei nicht um ein Beweisen oder Widerlegen der Kontinuitätsbehauptung geht, sondern lediglich darum, diese beispielhaft vorzustellen und zu belegen, *dass* sie erhoben wurde/wird.

In dem 1976 erschienenen Buch *Die Gefahr geht vom Menschen aus* (Cobler 1976) setzt sich der Autor mit „Ursachen und Vorwände[n] für die Perfektionierung des ‚Staatsschutzes'" (ebd.: 162) auseinander. Über den Sachverhalt hinaus, dass Coblers Arbeit ein weiterer Beleg für die These ist, dass in den 1970er-Jahren die Politik Innerer Sicherheit vorherrschend von der Konfrontation politischer, d.h. linker Protestbewegung und repressivem Staatsapparat geprägt war, liefert dessen Analyse auch ein sehr anschauliches Beispiel für die oben beschriebene Kritiklinie, mit welcher die bislang vorgestellten Metaphern des Konservativen Diskurses bewertet wurden und werden. Unter der Kapitelüberschrift „Die Feinderklärung" kommt Cobler im entsprechenden Abschnitt recht früh auf den „konservative[n] Staatsrechtler Carl Schmitt" und dessen „Theorie der ‚innerstaatlichen Feinderklärung'" zu sprechen, welche dieser „während des Übergangs von der Weimarer Republik zum Faschismus" (ebd.: 28 f.) entwickelt habe. Bereits dieser Hinweis legt einen Zusammenhang nahe, nachdem der aktuelle Gegenstand der Coblerschen Kritik in einem historischen Kontext zum Faschismus stehe. Der unmittelbar im Anschluss darauf folgende Hinweis bestätigt diese Deutung:

„Geradezu strickmusterartig *wird heute* [1976; TK] *wieder einmal dieses Verfahren* praktiziert, werden sämtliche Register der ‚Feind-Erklärung' gezogen" (ebd.: 29; Hervorh. TK).

Hierunter versteht Cobler sowohl „die Kriminalisierung politischer Gegner, ihrer Kritik an bestehenden Zuständen und ihrer Forderungen" (ebd.) als auch – und das ist an dieser Stelle das Entscheidende – „ihre Biologisierung und Dämonisierung" (ebd.). Zwei Seiten später erfolgt

---

38 Die Kontextsetzung von Innerer Sicherheitspolitik und Faschismus bzw. faschistischen Tendenzen aus kritischer Perspektive wird im weiteren Verlauf unter dem Stichwort „Faschisierungsthese" eingehender behandelt.

die Präzisierung der Kontinuitätsbehauptung und der von ihm konstatierten „Biologisierung und Dämonisierung". Unter Bezugnahme auf Artikel der Tagespresse kritisiert Cobler zunächst einen Kommentar der *Bild*-Zeitung als „im Stil des ‚Stürmer'" verfasst (ebd.: 31).[39] Dem schließt sich eine Aufzählung an, die illustriert, mittels welcher Begriffe dies realisiert wird:

„Sie [die so genannten Staatsfeinde; TK] sind nicht nur krank, sondern selbst eine Krankheit, eine ‚Seuche', eine ‚geistige Epidemie', ‚Metastasen', ‚Krebsgeschwür... In jedem Körper stecken zu jeder Zeit unzählige Krankheitskeime. Ob er mit ihnen fertig wird, hängt davon ab, ob er selbst gesund und widerstandsfähig ist oder nicht'. Gegen den Kommunismus, dieser ‚lebenszerstörenden, Geist und Seele tötenden Pestilenz des 20. Jahrhunderts' helfen nur die stärksten Mittel, sofern sie rechtzeitig verordnet werden.[40] ‚Politische Wahnideen haben immer in kleinen Gruppen angefangen. Es ist wie bei einer Infektion mit Bazillen'" (ebd.).

Vergegenwärtigt man sich die Ausführungen zu Metaphern und Kollektivsymbolik im Konservativen Diskurs auf den vorangegangenen Seiten, demonstriert die Aufzählung aus dem Jahr 1976, wie wenig neu die Bezeichnung der jeweils historisch-spezifisch als Bedrohung Innerer Sicherheit Zugerichteten als Schädlinge oder Kranke bzw. Krankheiten ist.[41] Insofern werden semantische Kontinuitäten deutlich. Allein das

---

39 *Der Stürmer* war eine antisemitische nationalsozialistische Wochenschrift, die zwischen 1923 und 1945 erschien. Insbesondere *Der Stürmer* „verwendete Tiermetaphern, auch in seinen bildlichen Darstellungen. Der ‚Vampyr' sollte Blutgier assoziieren und damit zugleich an die Legende vom Ritualmord erinnern [...] die Schlange sollte Bilder des Unkontrollierbaren, des ‚Allumfassenden', aber auch den Wunsch nach ‚Unschädlichmachen' und ‚Vertilgen' hervorrufen" (Hortzitz 1995: 23). Auf die Metaphern Vampir und Schlange wird später nochmals eingegangen. Bereits jetzt ist aber darauf hinzuweisen, dass es *nicht* darum geht, Kritikern im Sicherheitsdiskurs, die diese Metaphern verwenden, um damit Innere Sicherheitspolitik zu kritisieren, Antisemitismus vorzuwerfen. Allerdings ist die Frage zu stellen, wieso diese Metaphern – solange sie bei Konservativer Verwendung finden – vehement kritisiert und in die besagte historische Kontinuität zum Faschismus gestellt werden, hingegen die Kritiker sie ihrerseits mit umgekehrter Wirkungsrichtung diesbezüglich völlig unreflektiert benützen können.

40 Bei der „rechtzeitigen Verordnung" handelt es sich um eine Variation des Topos der drängenden Zeit.

41 Dies hat seinen Grund sicherlich auch darin, dass der Fundus an Symbolen, wie sie das synchrone System kollektiver Symbole vorstellt, und das elementar-ideologische Funktionieren des Systems der Kollektivsymbole (Link 1988: 48) über den genannten Zeitraum hinweg relativ unverändert blieben.

Ziel, auf das sie projiziert werden, ist ein anderes. In den 1970er-Jahren handelte es sich vornehmlich um Angehörige der politischen Linken, die sich dieser Bezeichnungspraxis ausgesetzt sahen:

„Bazillen, Bakterien, Ungeziefer – nicht etwa Menschen sind die Linken, die man – so Helmut Schmidt zu Zwischenrufern einer seiner eitlen Reden – ‚dahin zurückschicken (sollte) wo sie hingehören: in die Löcher der Mäuse und Ratten‘. Sie haben keine Rechte, denn auf Verrückte und auf Tiere ist ‚die Anwendung der für Menschen gemachten Gesetze nicht möglich, weil diese Gesetze auch bei Rechtsbrechern noch mit Reaktionen rechnen, die der menschlichen Kreatur eigentümlich sind‘" (ebd.).

Der Versuch, wenn schon nicht eine historische Kontinuität so doch aber ein Nähe zwischen den Sprachbildern des Konservativen Sicherheitsdiskurses und antisemitischen Metaphern aus der Zeit des Faschismus herzustellen, ließ sich relativ früh belegen. Er wird allerdings noch gesteigert, wenn Cobler den Fernsehjournalisten Gerhard Löwenthal („ZDF-Löwenthal") mit den Worten zitiert: „Schluß endlich mit dem Verbrecherpack" (ebd.). Zu dieser Formulierung stellt Cobler fest, dass Löwenthal lediglich „seinen CSU-Freund Strauß interpretierte, der in seiner Sonthofener ‚Rede zur Strategie‘ die *Endlösung der Linkenfrage* propagiert hatte" (ebd.; Hervorh. TK). Cobler bildet an dieser Stelle einen sprachlich analogen Begriff zu dem der „Endlösung der Judenfrage".

Das vorangehende Beispiel belegte die politische Wertigkeit, mit der Metaphern des Konservativen Diskurses bedacht werden und wie sehr hierüber die Ablehnung der Inneren Sicherheitspolitik begründet wird. Dass es sich zum Teil um Metaphern mit einer wesentlich weiter zurückreichenden Entstehungsgeschichte handelt, als die Verweise auf den deutschen Faschismus nahelegen und sie insbesondere in einer sozialdarwinistischen Tradition stehen, wird als bekannt vorausgesetzt (vgl. hierzu Schoeps/Schlör 1995), ist jedoch für die vorgestellte Einschätzung nicht weiter bedeutsam. Weder antisemitische Metaphern, noch der Antisemitismus waren eine Erfindung der Nationalsozialisten. Aber: Die antisemitische Rhetorik kulminierte im Nationalsozialismus (vgl. Kurz 1997: 26).

Bilder der Kritik – kritische Bilder?

Ähnlich dem Aufbau des Exkurses zu Metaphern im Konservativen Diskursstrang werden nun einige Diskursfragmente des Kritischen Diskurses entsprechend den darin vorkommenden Metaphern vorgestellt, d.h. die jeweiligen Sinnbilder bzw. Sinnbild-Gruppen betiteln die Unterabschnitte. Jene Sinnbild-Gruppen versuchen, verschiedene Metaphern- und Kollektivsymbolbeispiele thematisch zu bündeln. Gleichwohl sind eventuell Bezüge zu anderen Metaphern- und Symbolbereichen gegeben, auf die bei Bedarf hingewiesen wird. Die Beschäftigung mit Metaphern und Kollektivsymbolik im Kritischen Diskurs beansprucht *nicht*, eine endliche Aufstellung über dort vorfindbare Bilder zu liefern. Es erscheint nicht nur als wahrscheinlich, sondern kann als sicher gelten, dass darüber hinaus eine Vielzahl weiterer, hier nicht behandelter Symbole und Metaphern verwendet werden (wie z.b. der „gläserne Bürger"[42]). Innerhalb der Gruppen werden Metaphern und Kollektivsymbole entsprechend der Erscheinungsjahre der Texte, denen sie zu entnehmen sind, in chronologischer Reihenfolge behandelt. Es ist wichtig hier darauf hinzuweisen, dass dies *nicht* gleichbedeutend ist mit der Datierung des ersten Auftauchens der jeweiligen Metapher/des jeweiligen Symbols im Kritischen Diskurs.

Zugleich wird versucht, die Beispiele entsprechend des Metapherntyps einzuordnen (kreativ, konventionell oder lexikalisiert). Diese Zuordnung wird nicht näher begründet und dient mehr als Anhaltspunkt, denn als definitive Bewertung. Hierbei ist die Einschätzung davon angeleitet, ob eine Metapher hinsichtlich ihres Auftauchens im Sicherheitsdiskurs als neu (kreativ), als bereits bekannt, aber noch als Metapher (konventionell) oder als sprachgeschichtliche Tatsache ohne Bewusstsein ihrer metaphorischen Motiviertheit (lexikalisierte bzw. tote Metapher) wahrgenommen wird. Sofern in den Texten, denen die eigentlichen Metaphernbeispiele entnommen sind, noch weitere relevante

---

42 Diese Metapher steht in einem engen Zusammenhang mit der bereits mehrfach thematisierten Vorstellung davon, dass vor allem *der* Bürger von Innerer Sicherheitspolitik bedroht sei, im Sinne von allen, d.h. von *uns* Bürgern. Sie ist Bestandteil kritischer Szenarien, die eine totale (Daten-)Kontrolle aller Bürger befürchten. Zugleich werden zur Bebilderung gerade dieser Thematik auch Metaphern herangezogen, die gerade die völlige Transparenz des Bürger für Sicherheitsbehörden, die das Gläserne markiert, bildlich umkehren – um dennoch das gleiche zu sagen. Die befürchtete „lückenlose Kontrolle über alle menschlichen Lebensäußerungen" (Myrell 1984: 7) wird in das Bild vom *Daten-Schatten* (ebd.), so der gleichnamige Buchtitel, übersetzt, den jeder Bürger werfe. Dieses Bild setzt notwendigerweise genau das Gegenteil vom gläsernen Bürger voraus. Ein gläserner, d.h. ein durchsichtiger Bürger wirft mit Sicherheit keinen Schatten. Beide Bilder meinen indes das Gleiche. Die Metaphern stellen insofern auch ein gutes Beispiel für die existierenden Widersprüchlichkeit und Paradoxien in Diskursteilen dar, die besonders reich an Metaphern sind, wie insbesondere der Alltagsdiskurs.

Aspekte berührt werden, kommen diese gegen Ende eines jeden Abschnitts gleichfalls zur Sprache.

Die Umfänge der Auseinandersetzungen mit den einzelnen Beispielen variieren je nach der Bedeutung, die den einzelnen Metaphern/ Kollektivsymbolen von mir beigemessen wird bzw. sie sind ebenso abhängig davon, ob und wie umfangreich jene darüber hinausgehenden Aspekte anzutreffen sind. Zugleich sei darauf hingewiesen, dass die Behandlung der Beispiele *keine* Aussage über inhaltliche Qualität bzw. über den Gesamtcharakter der jeweiligen Veröffentlichungen, denen sie entnommen sind, auszusagen beabsichtigt.

Lexikalisierte Metaphern ohne Zuordnung zu Sinnbild-Gruppen

1977 – Der starke Staat

Die Metapher vom „starken Staat" ist in beiden Teilen des Sicherheitsdiskurses durchaus geläufig und nicht als sonderlich spektakulär zu beurteilen. Um so mehr ist sie ein Beispiel für eine so genannte lexikalisierte oder tote Metapher. Ob ihrer verbreiteten, häufigen Verwendung und ihrer fast schon sprichwörtlich zu nennenden Funktion, einen besonderen Umfang des staatlichen Gewaltmonopols bzw. -potenzials zu bezeichnen, soll sie hier vorgestellt werden. Aber auch, weil das nachfolgende Beispiel die lexikalisierte Metapher in einer zunächst nur indirekten Weise präsentiert, dann aber um weitere metaphorische Bezüge anreichert und somit eine Verwendung zu beobachten ist, die man durchaus als Reaktivierung des Metapherncharakters deuten kann.

In ihrem Aufsatz „‚Pluralistische' Harmonie durch Verbeamtung der Gesellschaft", der sich mit dem „Konzept ‚innere Sicherheit'" (Schiller/Becker 1977: 213 ff.), dessen „Verfechtern" (ebd.) und dessen Folgen für linke Opposition auseinandersetzt, eröffnen die Autoren ihre kritischen Ausführungen zum Thema mit einer Replik auf einen Text des Autors Rüdiger Altmann. Hierbei kommen sie zu der Einschätzung, dass „Altmann nicht mehr rasender Reporter am Sterbebett der Staatsgewalt zu spielen [brauche]" (ebd.). In Anspielung auf Altmanns Text, in dem offensichtlich Befürchtungen über einen Niedergang des Staates geäußert wurden, konstatieren Schiller und Becker: „Es ging nur um Scheintod" (ebd.). Denn statt zu *sterben* sei „der ‚Staat' […] wohlauf und läßt, zur Freude aller Konservativen, kräftig die Muskeln spielen" (ebd.: 210).

Das Zitat vereint drei Aspekte: Es ist zum einen ein weiteres Beispiel für die Evidenz des Kategorienpaares konservativ/kritisch. Zweitens impliziert die Formulierung des Wohlauf-Seins Annahmen über einen Krankheits- bzw. Gesundheitszustand des damit bezeichneten Staates und kodiert diesen hierüber als etwas Organisches bzw. Biologisches. Drittens werden die staatlichen Akteure der Inneren Sicherheit als „Muskeln" vorgestellt und darüber der gegenwärtige Staat als besonders muskulös, d.h. körperlich stark. Das Bild kontextualisiert Staat also als „starken Staat" – ohne ihn ausdrücklich zu nennen – im Zusammenhang mit gesundheitlichem Zustand, Krankheit und Tod.

1983 – Die spaltweit geöffnete Tür

In einem Memorandum, welches die Humanistische Union (HU) 1983 anlässlich von Planungen und Gesetzesvorschlägen zum Einsatz von so genannten verdeckten Ermittlern verfasste (vgl. Humanistische Union 1983), wird unter anderem befürchtet, „daß der Willkür einzelner Beamter oder einzelner Dienststellen *Tür und Tor geöffnet* werde" (ebd.: 29; Hervorh. TK). Unter Bezugnahme auf die Geltung zumindest an dieser Stelle von der HU nicht bestrittener Feindbilder – „organisierter Kriminalität und mafiaähnlicher Strukturen" (ebd.) – und dem Bekenntnis, dass es durchaus erforderlich sei, „jeden Bürger äußerst wirksam vor schweren Verbrechen zu schützen" (ebd.), wird gewarnt:

„Keine noch so große Gefahr rechtfertigt es, die Grenzen vom Rechtsstaat zum Unrechtsstaat zu überschreiten. Hier soll *eine Tür einen Spalt geöffnet* werden. Niemand weiß, wie weit eine einmal geöffnete Tür dann weiter aufgestoßen wird" (ebd.; Hervorh. TK).

Die Frage lautet, welche Drohung hinter der weit geöffneten Tür lauere. Wofür steht das Sprachbild, wohin wird womöglich über- bzw. geschritten? Die Humanistische Union warnt letztendlich vor der Aufhebung „der strikten Trennung zwischen staatlichem Handeln und Kriminalität [...], ohne die kein Rechtsstaat mehr besteht" (ebd.). Wenn man davon ausgeht, dass hiermit indirekt das Trennungsgebot von Polizei und Geheimdiensten angesprochen ist, liegt die Assoziation mit drohenden Entwicklungen nahe, wie sie sich in der Angst vor einer Faschisierung artikulieren. Diese Lesart bestätigt eine Passage am Ende des Memorandums. Dort wird besonders darauf hingewiesen, dass die „Trennung von Polizeitätigkeit und Observation [...] auf spezifischen Erfahrungen mit einer geheimen Staatspolizei [beruht]" (ebd.: 35). Ruft man sich die bisherigen Ausführungen zum *Mainstream* der Kritik in Erinnerung, fällt zudem auf, dass das dort an einem Beispiel aus dem Jahr 2002 bereits behandelte Muster seit nunmehr mindestens zwanzig Jahren von der Kritik zur Begründung der Ablehnungswürdigkeit verschiedener Gesetzesvorhaben in Anspruch genommen wird.

Zugleich wird darin auch ein Dramatisierungsmuster ersichtlich, welches zumindest eine Parallele zu Mustern des Konservativen Diskurses nahelegt. Auch die Metaphern im Kritischen Diskurs signalisieren, dass der Sicherheitsdiskurs vorwiegend ein Angstdiskurs ist. Angstdiskurs soll heißen, dass die Positionen – die im jeweiligen Diskursteil zwar je unterschiedliche sind – mittels entsprechenden spezifischen Bedrohungsszenarien unterlegt werden. Hieraus resultiert auch im Kritischen Sicherheitsdiskurs eine Nähe zum Topos des Drängens und der knappen Zeit, da auch dort die entsprechend befürchteten Gefahren zumeist kurz bevor stehen.

Abschließend sind noch zwei weitere Aspekte kurz zu erwähnen. Das zitierte Memorandum ist einer von mehreren Beiträgen, der in der Nummer 66 der Zeitschrift *vorgänge* enthalten ist. Das Heft selbst trägt den Schwerpunkttitel „Auf dem Weg zu einer halbkriminellen Geheimpolizei". Das Memorandum schließt mit dem Satz: „Am Ende ist sonst der Staat – wie Augustinus einst warnte – ‚nichts anderes als eine Räuberbande'" (Humanistische Union 1983: 35). Dieser Satz und der Schwerpunkttitel deuten auf Muster hin, mittels denen versucht wird, Kriminalisierungen umzukehren – in Richtung auf die bisherigen Kriminalisierer. Den Kritikern gilt der Staat als Unrechtsstaat, als eine Räuberbande und dessen Polizei sei gar halbkriminell. Meines Erachtens deuten sich in solch einer Strategie – trotz der politischen Gegenläufigkeit der Standpunkte – implizit geteilte Positionen an. Nicht die Fragwürdigkeit von Kriminalisierungen an sich, sondern lediglich *wer* mit dem Etikett kriminell belegt wird, ist umstritten.[43] Insofern werden auch nicht alle Drohbilder des Konservativen Sicherheitsdiskurses bezweifelt, wie die oben bereits erwähnte „organisierte Kriminalität" und „mafiaähnliche Strukturen". Diese Feindbilder teilen die Kritiker mit den Kritisierten. Der Weg zu ihrer Bekämpfung, der „Weg zu einer halbkriminellen Geheimpolizei" markiert den Dissens.

Der zweite Aspekt bezieht sich auf Hinweise zu der an anderer Stelle formulierten These, dass der Kritische Diskurs im Zeitverlauf Vernetzungsstrukturen ausgebildet hat bzw. seine wesentlichen Teile sich um solche herum organisieren. In dem besagten *vorgänge*-Heft sind

---

43 Auch in einer gewissen Zurückhaltung in Gestalt der Beurteilung der Geheimpolizei als „halbkriminell", lässt sich ein Beleg hierfür erkennen. Warum ist die Geheimpolizei nicht ganz kriminell? Wollten die Kritiker nicht ganz so kritisch sein? Meinten sie, man könne schlecht die ganze Geheimpolizei kriminalisieren? Und wieso nicht? Gibt es womöglich auch nicht-kriminelle, sprich: gute Geheimpolizisten? Eines zumindest wird deutlich: Es ging den Kritikern nicht grundsätzlich um die Wertigkeit kriminell. Nicht die Bezeichnung stand zur Debatte, sondern lediglich wer damit bezeichnet wurde.

außerdem ein „Kommentar des CILIP" (vgl. CILIP 1983) und eine Übersicht über „Rechtsprobleme der Polizei bei verdeckten Ermittlungen" (vgl. CILIP 1983a) nachgedruckt. Darüber hinaus weist das Impressum der *vorgänge* daraufhin, dass „die ,vorgänge' [...] vom Vorgänge e.v. in Zusammenarbeit mit der Gustav-Heinemann-Initiative, der Humanistischen Union und dem Komitee für Grundrechte und Demokratie" (o.N. 1983) herausgegeben werden. Ein Mitherausgeber der Zeitschrift *Bürgerrechte & Polizei*. *CILIP*, Albrecht Funk, ist zudem auch Mitglied des Redaktionsbeirates der *vorgänge* (vgl. ebd.).

1990 – Die hohle Demokratie

Eine Zwischenüberschrift in dem Text „Das Grundgesetz der Bundesrepublik als nicht erfüllte demokratische Verfassung – Zur menschenrechtlichen Position des Grundgesetzes" (Narr et al. 1990) der dem Kritischen Diskurs zuzurechnen ist, lautet: „Die BRD als *hohle Demokratie*" (ebd.: 267). Als maßgeblich ursächlich für diesen Zustand, der als negativ gilt, wird insbesondere „das ,System Innerer Sicherheit'" (ebd.: 268) erachtet. Das Sprachbild realisiert vor dem Hintergrund des Titels eine Vorstellung von Demokratie als Versprechen, dessen Geltung allerdings nur äußerlich bzw. oberflächlich sei (hohle Worte). Hierbei wird darauf eingegangen, dass die Verfechter der Innere Sicherheit gleichwohl immer auf die Rechtsstaatlichkeit der Inneren Sicherheitspolitik hinweisen. Bei der kritischen Auseinandersetzung mit diesem Anspruch taucht das Bild der hohlen Demokratie variiert erneut auf:

„Mit Hilfe des Pochens auf den ,Rechtsstaat' und mit Hilfe äußerlich ,rechtsstaatlicher' Regelungen ist es jedenfalls in der Bundesrepublik gelungen, die Substanz der Grundrechte *massiv auszuhöhlen*" (ebd.: 275; Hervorh. TK).

Das Bild kann durchaus als Umsetzung des bereits angesprochenen Gegensatzpaares von Verfassungsanspruch und Verfassungswirklichkeit angesehen werden, das im Kritischen Diskurs eine wichtige Rolle spielt. Es versucht, die in der Auseinandersetzung von den Verfechtern Innerer Sicherheit mit Hinweis auf die Rechtsstaatlichkeit bestrittenen antidemokratischen Tendenzen jener Politik aufzugreifen und diese umgekehrt als bloße Oberflächenphänomene, als Makulatur offenzulegen.

Im erwähnten Text kommt es noch zu einer anderen Metaphernverwendung, die kurz vorgestellt werden soll. Zum einen weil sie eine bildliche Variation der eben geschilderten Thematik darstellt. Zum anderen weil sie ein sehr anschauliches Beispiel für einen Bildbruch liefert:

„Er [der Rechtsstaat; TK] wird unablässig wie ein *herausragender Felsen* der Zuverlässigkeit und bundesdeutscher Rechtlichkeit *in der Brandung der Gezeiten* hervorgehoben. Wer sich ihm nicht beugt, bewegt sich *auf der Rutschbahn* in die Kriminalität, in den Terrorismus" (ebd.; Hervorh. TK).

Die Kritiker bezweifeln letztlich den mit der Metapher „herausragender Fels" behaupteten Status des Rechtsstaates als beständig. Es zeigt sich, dass jenes Bild von den konservativen Akteuren bemüht wird und im Zitat nur zur Sprache kommt, um es in Zweifel zu ziehen. Denn der solide, massive Fels, d.h. der Rechtsstaat erscheint in den Augen der Kritiker nur als solcher, denn in Wirklichkeit sei er ausgehöhlt bzw. – entsprechend der Logik des zugrunde gelegten Metaphernkonzepts – von der Brandung unterspült. Der Bildbruch manifestiert sich in der Einbeziehung des Bildes „Rutschbahn", die im Metaphernkonzept „Rechtsstaat als Fels in der Brandung" eigentlich keinen Platz hat.

1993 – Ausverkauf des Rechtsstaats

Unter der Überschrift „Innere Sicherheit: Ausverkauf des Rechtsstaats?" (*vorgänge* 1993) erscheint 1993 die Nummer 124 der Zeitschrift *vorgänge*. Die Metapher variiert einige Aspekte bezüglich des Rechtsstaats, die in den vorhergehenden Metaphernbeispielen schon behandelt wurden. Unter Ausverkauf ist der Verkauf des gesamten Warenbestandes eines Händlers oder Kaufhauses zu verstehen, häufig zum Zwecke der Geschäftsaufgabe. In der Regel zu einem Preis, der unter dem regulären Verkaufspreis der feilgebotenen Waren liegt. Bereits die bildhafte Beschreibung der Bestandteile eines Rechtsstaates als Waren oder käufliche Güter impliziert eine Negativattributierung. Recht bzw. der Rechtsstaat zeichnet sich nachgerade dadurch aus, *nicht* käuflich zu sein. Die Innere Sicherheitspolitik bedeute den Ausverkauf, d.h. die Weg- oder Preisgabe des Bestandes dessen, was den Rechtsstaat ausmache. Diejenigen, die diese Politik betreiben, verschleudern diese Rechte. Berücksichtigt man die Deutung eines Ausverkaufs als möglicherweise in Verbindung stehend mit der Aufgabe des gesamten Geschäftsbetriebes, lässt sich die Metapher auch als drohendes Ende des Rechtsstaates deuten. Worauf zu fragen wäre, was beginnen würde, wenn der Rechtsstaat endete?

Auch bei diesem Heft der *vorgänge* ist kurz auf publizistische Details einzugehen: Das Heft enthält eine längere Erklärung der Internationalen Liga für Menschenrechte mit dem Titel „Betrifft: ‚Innere Sicherheit'" (Internationale Liga für Menschenrechte 1993). Außerdem ist neben anderen der exponierte Sicherheitskritiker Rolf Gössner mit zwei Beiträgen in diesem Heft vertreten (vgl. Gössner 1993; ders. 1993a)

Mythische Figuren, Ungeheuer, gefährliche Tiere

1977 – Die Ratten des Verfassungsschutzes [konventionelle Metapher]

Im Vorwort des Buches *Wir Bürger als Sicherheitsrisiko* (Narr 1977) thematisiert der Autor u.a. den so genannten Fall Traube (vgl. Narr 1977a: 13 ff.). Im Verlauf des Textes kritisiert er insbesondere die Institution Verfassungsschutz, die im genannten Fall eine besonders zentrale Rolle spielte. Es bestreitet hierbei die von ihm dem Verfassungsschutz unterstellten Verdächtigungen und Befürchtungen, die Bundesrepublik sei in Gefahr, metaphorisch:

„Die Vorstellung, in der Bundesrepublik seien überall Wühlmäuse am Werk, die an ihren Wurzeln nagten und die man nur mit geheimen Fallen fangen und vernichten könne, kann nur als Ergebnis bürokratischer Phantasien verständlich werden" (ebd.: 16).

An dieser Stelle wird von mir nicht näher auf den Metaphernchrarkter der dieser Passage direkt nachfolgenden Einschätzungen hinsichtlich „der *repräsentativen Schwindsucht* von Parlament und Parteien" oder der Feststellung, „Spitzenbeamte, Regierungsmitglieder und Top-Manager" seien „*eingesponnen im Kokon* ihres Sicherheitswahns" (ebd.; Hervorh. TK), eingegangen. Die Bilder stellen lediglich die dramaturgische Voraussetzung für weitere Schlüsse, die der Kritiker zieht, dar. Denn ihm geht es um das Weiterverfolgen des Bildes von den „Wühlmäuse" als schädlichen Nagetieren. Allerdings relativiert er dieses am Ende des Absatzes, in dem er die Bedrohungsrichtung durch Wahl einer drastischeren Schädlingsmetapher umkehrt und gegen den Verfassungsschutz wendet:

„Nur so ist verständlich, daß jeder in Kraftwerken Bedienstete ebensowohl wie jeder, der gegen Atomkraftwerke auftritt mindestens verdächtig wird, wenn nicht gar angenommen wird, er gehöre schon zur national-internationalen Vereinigung der Wühlmäuse, *die nur durch die Ratten des Verfassungsschutzes bei Nacht und Nebel bekämpft werden können*" (ebd.; Hervorh. TK).

1988 – Verstaatlichung als Vampir [kreative Metapher]

Busch et al. resümieren in ihrem kritischen Standardwerk *Die Polizei* bezüglich der beobachteten Verdichtung polizeilicher Funktionen und der Veränderungen und Ausweitung polizeilicher Handlungsformen abschließend unter anderem:

303

„Die Verstaatlichung hat allerdings mit und neben anderen Großorganisationen, insbesondere ökonomischer Art, wie ein *Vampir* gewirkt. Sie hat heteronome Formen gesellschaftlicher Organisation politisch *leer gesogen*" (Busch et al. 1988: 463; Hervorh. TK).

Wenn auch zunächst zu konstatieren ist, dass Innere Sicherheitspolitik nicht explizit mit dieser Metapher belegt wird, so ist doch festzuhalten, dass zumindest im weitesten Sinne eine solche Kontextsetzung vorgenommen wird. Darüber hinaus ist im vorgestellten Beispiel nicht ausschlaggebend, ob im vorliegenden Fall damit Sicherheitspolitik oder der Akteur Polizei bezeichnet werden, sondern angesichts der Drastik der Metapher und ihrer Verwendungstradition ist ihr Gebrauch zu mittelbaren Bezeichnung äußerst skeptisch und ablehnend zu bewerten. Die Vampir-Metapher ist historisch gesehen vor allem antisemitisch aufgeladen. Sie impliziert darüber hinaus Bezüge auf Beißen und Fangzähne im Sinne von Eckzähnen bei Raubtieren. Hier besteht eine Parallele zu der vorgestellten Zahn-Metapher im Konservativen Diskurs.

Das Beispiel entbehrt darüber hinaus nicht einer gewissen Ironie. Just Busch gehörte schon 1982 dem Herausgeberkreis von *CILIP informationsdienst: bürgerrechte und polizei* (CILIP 1982: o.S.) an, der 1982 in einem Artikel beklagte, dass die Kritiker der Inneren Sicherheit in ihren Schilderungen zu blinder „Skandalisierung", „Horrorgeschichten" und „agitatorischen Kampfbegriffe" (o.N. 1982: 34 f.) neigten. Als Ursache vermuteten die Autoren, „skandalisierungsfähige Ereignisse" (ebd.: 33) und „negativ besetzte Kategorien" (ebd.) seien der Hoffnung auf mobilisierende Wirkung geschuldet. Die damalige Kritik versuchte im Gegensatz dazu seriöse und empirisch angereicherte Analyse geltend zu machen.

1990 – Notstandsgesetze als Giftzähne [kreative Metapher]

Zähne scheinen im Kontext des Sicherheitsdiskurses in der Tat ein beliebtes Sprachbild zu sein. Während sie im Konservativen Diskurs der Wehrhaftigkeit und Verteidigung dienen, werden sie im Kritischen Diskurs allerdings zur Bebilderung der Bedrohung herangezogen. In dem Text „Die Notstandsgesetze des Jahre 1968 – Vergilbte Verfassungsartikel geschichtlich überholter Sicherheitsdoktrin?" (Werkentin 1990) findet sich folgende Umsetzung der von den Kritikern befürchteten Bedrohung:

„Ohne Zweifel sind im achtjährigen parlamentarischen und außerparlamentarischen Streit um die Notstandsgesetze seit 1960 den Ursprungsentwürfen viele verfassungsrechtlichen *Giftzähne* gezogen worden" (ebd.: 328; Hervorh. TK).

Es ist anzunehmen, dass „Giftzahn" hier *pars pro toto* für Giftschlange steht. Das Sprachbild weist symbolisch eine sehr deutliche reziproke Korrespondenz mit der Zahn-Metapher im Konservativen Diskurs auf: Dort wird umgekehrt befürchtet, dass einem „dringend benötigten Gesetz die Zähne gezogen werden" und damit die Wehrlosigkeit des Rechtsstaats drohe (vgl. Kanther 1994a: 2). Darüber hinaus gilt auch für Werkentin, was eben zum vorhergehenden Autor angemerkt wurde: Auch er gehörte zu jenen exponierten kritischen Kritikern, die Anfang der 1980er-Jahre just gegen Dramatisierungsfloskeln polemisierten.

1991 – Innere Sicherheitspolitik als Giftschlange [kreative Metapher]

Die Verwendung o.g. Giftzahn-Metapher die letztlich für Giftschlange steht, ist indes keine Ausnahme. Der Text „Der Grundkonsens über die doppelte staatliche Feinderklärung" (Seifert 1991) kritisiert die Politik Innerer Sicherheit mit Blick auf die Verfassungsschutzgesetzgebung der Bundesrepublik. Auch wenn der Begriff Innere Sicherheit nicht besonders hervorgehoben wird, belegen doch die Einschätzungen Seiferts – insbesondere zu den Feindbildern –, wie sehr sich die von ihm beschriebenen „unterschiedliche[n] Formen staatlicher Sanktionen" (ebd.: 359 ff.) mit der Wahrnehmung der Inneren Sicherheitspolitik durch den Kritischen Diskurs decken: „Die Bedrohung – so hieß es – kann von jedem ausgehen. Der Bürger wurde zum Sicherheitsrisiko" (ebd.: 360). Die Kriminalisierung linken politischen Protestes, von konservativer Seite artikuliert als Reaktion auf dessen unterstellten „Angriff auf den Rechtsstaat", führt der Autor illustrierend ebenso an, wie die Bestimmung der „neuen sozialen Bewegungen, man denke besonders an die Ökologiebewegung, die Friedensbewegung und die Frauenbewegung [...] als ‚Feinde'" (ebd.: 361). Bezüglich der Aufzählung der Feindbilder bestätigt der Text die Analyse, dass in der frühen Phase des Sicherheitsdiskurses in erster Linie die (linke) Protestbewegung (so genannte kritische Bürger, „wir" Bürger) als Leitfeindbild fungierten. Gegen Ende des Beitrages versucht Seifert dann, die Hoffnungen auf „eine Umstrukturierung der im Geheimen operierenden Exekutivmacht" (ebd.: 365) zu umreißen, die im Vorfeld der Neufassung des Bundesverfassungsschutzgesetzes von 1990 aufkamen – und enttäuscht wurden:

„Bei den Anhörungen zu dieser Novellierung tauchte für Momente die Hoffnung auf, es könne gelingen, einer *Schlange*, die in den *Kellern* dieser Republik haust, die *Giftzähne* auszubrechen, die in vier Jahrzehnten Bundesrepublik eine demokratische Entwicklung kaum geschützt, Menschenrechte und

Demokratie jedoch in Teilen durch ihr Gift gelähmt haben" (ebd.; Hervorh. TK).

Die herrschende Sicherheitspolitik wird in Gestalt der Verfassungs-schutzbehörden in dieser Passage als Giftschlange dargestellt. Zugleich handelt es sich um einen Katachresen-Mäander, d.h. eine lockere Ver-kettung unterschiedlicher Symbole: Die Schlange „[haust] in den Kel-lern dieser Republik", d.h. (auch) bei Seifert wird die Bundesrepublik als Haus kollektivsymbolisch veranschaulicht. Menschenrechte und Demokratie seien durch das Schlangengift gelähmt, wodurch beiden in-direkt biologische Körperqualitäten zugeschrieben werden. In diesem Fragment des Kritischen Diskurses lassen sich also gleichfalls Symbole entdecken, die – ähnlich den Fragmenten im Konservativen Diskurs – Gesellschaft bzw. gesellschaftspolitischen Begriffen ein biologistisches Wesen unterlegen, wenn auch mit umgekehrtem Vorzeichen.

2001 – Innere Sicherheit als Krake [kreative Metapher]

Auch im Kritischen Sicherheitsdiskurs findet das Bild vom Kraken Verwendung, um eine bedrohliche Situation zu versinnbildlichen. So wird in einem Zeitungsartikel von „Juristen" und „Bürgerrechtlern" be-richtet, die vor einer „Sicherheitskrake" warnen (Friauf 2001). Der Kra-ke gilt in den Beispielen (also auch im Konservativen Diskurs), soll er als Bedrohung wahrgenommen werden, nicht als harmloser Kopffüßer aus der Spezies der Weichtiere, sondern er wird in der Bedeutung des Riesenkraken herangezogen, d.h. als ein Meeresungeheuer. Hierüber be-steht auch eine Nähe zum Bild des Leviathans, welches schon angespro-chen wurde. Allerdings gilt der Leviathan relativ unspezifisch als Unge-heuer und Fabelwesen, er kann als Wal erscheinen oder als Krake. Bei-den gemein ist in den hier angesprochenen Fällen das Signifikat Staat, im Sinne des allmächtigen Staates. Gleichwohl lässt den Kraken bereits seine Eigenschaft, Kopffüßer zu sein, suspekt erscheinen. Überdies ist er achtarmig, d.h. er greift mit mehr Armen nach seiner Beute, als diese in der Regel zu ihrer Verteidigung selbst hat. Die Vielzahl seiner Arme kommt der Vervielfachung der empfundenen Bedrohung nahe. Schließ-lich: Seine Arme wachsen scheinbar nach, d.h. selbst wenn man sie ab-haut ist der Kampf, ob der Vielheit der bedrohlichen Arme, aussichts-los.[44] Interessant sind auch die Bezüge, die der Krake hinsichtlich der

---

44 Die Verwendung von Bildern, die in dieser Eigenschaft der o.g. Figur sehr ähnlich sind, deutet auf die Kontinuität der Metaphorik im Kritischen Dis-kurs hin. So wird in einem Text aus dem Jahr 1977 erwähnt, der „Regie-rungs- und Sicherungsapparat" (Narr 1977b: 55), dem „‚der' Bundesrepu-blikaner […] eingepaßt ist" (ebd.), erinnere an eine „nicht mehr leiblich fassbare Hydra" (ebd.) bzw. „einen riesigen Tausendfüßer" (ebd.). Die

Kollektivsymbolik besitzt und die ein ganzes Metaphernfeld erschließen. Der Krake haust im Meer, das unser Schiff umgibt und taucht unvermittelt auf, um das Schiff mit seinen Tentakeln zu umschlingen und in die Tiefen der dunklen See zu ziehen. Der Kampf mit dem Kraken bedeutet im schlimmsten Falle: Untergang des Schiffes und Tod seiner Mannschaft.

Die Autorin weist in ihrem Beitrag darauf hin, dass „Humanistische Union, Internationale Liga für Menschenrechte, Deutsche Vereinigung für Datenschutz und andere" kritisierten: „Sie [die Gesetzentwürfe] taugten nicht dazu, den Terrorismus zu bekämpfen und seien ohne die derzeit in der Bevölkerung grassierende Angst kaum durchzusetzen" (ebd.). Beachtenswert ist, dass bei aller Kritik der Kritiker immer auch Zweifel an der Umsetzbarkeit oder den Erfolgsaussichten in Bezug auf die Sicherheitsbedrohungen geäußert werden. Ein Muster, dem – wie verschiedentlich angemerkt – zugrunde liegt, die Bedrohungen ernstzunehmen.

Der Zeitungsartikel, der am 25. Oktober 2001 erschien, geht auf eine Presseerklärung verschiedener Bürgerrechtsorganisationen vom 24. Oktober 2001 zurück. Hieran zeigt sich auch, dass jene Organisationen mit ihrer Art der Thematisierung einen relativ guten Zugang zu den Medien bzw. der (links-)liberalen Presse haben. Zwar datiert das Beispiel aus dem Jahr 2001 und den genannten Kritikern ist an einer Warnung vor neuen Inneren Sicherheitsgesetzen gelegen, die sie als Reaktion auf die Ereignisse des 11. September 2001 befürchten. Allerdings sind ihre Warnungen eigentlich die, die im Kritischen Diskurs seit längerem erhoben werden: „Die Balance zwischen staatlich garantierten Freiheitsrechten der BürgerInnen und den Eingriffsbefugnissen des Staates" dürfe „nicht [...] zugunsten abstrakter Staatssicherheit aufgehoben werden" (Humanistische Union et al. 2001). In diesem Zusammenhang wird als Negativ-Referenzpunkt der drohenden Entwicklung folgendes Beispiel erwähnt:

„Im letzten Jahrhundert waren die größten deutschen Verbrecher, auf deren Konto nicht nur zwei Weltkriege und die Vernichtung der europäischen Juden gingen, politische und militärische Führer sowie ihre willigen Vollstrecker in übermächtigen Staatsapparaten. Daraus zog man nach 1945 unter anderem zwei Lehren, die drohen, vergessen zu werden: die Trennung von Informa-

---

Hydra ist, eine Figur aus der griechischen Mythologie, war ein neunköpfiges Seeungeheuer, dessen abgeschlagene Köpfe doppelt nachwuchsen. Erwähnenswert in Bezug auf eine andere o.g. Metapher (Vampir) ist im selben Text auch die Bemerkung des Autors, „dieser Regulierungskomplex hebt [...] nicht Ohnmacht und Angst auf, sondern *saugt* seine Legitimation aus ihnen" (ebd.; Hervorh. TK).

tions-/ Geheimdiensten und Polizei (sie sollte eine neue Gestapo verhindern) und eine föderalisierte Polizei an Stelle des Reichssicherheitshauptamtes" (ebd.).

Die Kraken-Metapher taucht auch in einem Fragment aus dem Jahr 2002 auf. Unter der Überschrift „„Datenkraken' sitzen vielerorts" (Sattler/Müller-Gerbes 2002) wird von einem „Negativ-Preis" berichtet, den „Bürgerrechtler [...] an Politiker, Unternehmen und Polizei als Warnung vor zuviel Überwachung" (ebd.) vergeben. Hierbei bezeichnen die Bürgerrechtsgruppen die Preisträger als „Datenkraken" (ebd.). Der Preis selbst trägt den Namen „Big-Brother-Award" und ist eine Anspielung auf den Orwell-Roman *1984*. Er variiert damit ein weiteres Muster, welches bereits seit längerem im Kritischen Sicherheitsdiskurs anzutreffen ist: die Warnung vor einem Überwachungsstaat (vgl. bspw. Bölsche 1979).

Bedrohliche Naturereignisse, Naturkatastrophen

1982 – Der Polizeiapparat als Eisberg [konventionelle Metapher]

Der „Eisberg" wird auch im Konservativen Diskurs herangezogen, um Bedrohungen zu versinnbildlichen. Dort kodiert er beispielsweise die so genannte Organisierte Kriminalität als Bedrohung (vgl. bspw. Roth 1993: 14). Doch auch im Kritischen Diskurs ist die Verwendung des Kollektivsymbols zu beobachten, wie das nachfolgende Beispiel aus dem Jahr 1982 zeigt. In dem Buch *Der Apparat. Ermittlungen in Sachen Polizei* (Gössner/Herzog 1982) mündet ein dort zu Beginn des vierten und letzten Kapitels gehaltenes Plädoyer der Autoren, „den Polizeiapparat und seine Bestandteile näher auszuleuchten" (ebd.: 216), in der programmatischen Formulierung:

„Machen wir uns auf die Suche nach dem *Sockel eines Eisberges*, dessen Spitzen allein, wenn auch häufig von Polizei und Justiz verhüllt, bereits bedrohliche Ausmaße annehmen" (ebd.).

Die Metapher „Eisberg" kodiert den Polizeiapparat als bedrohliches Naturereignis. Hierdurch wird dieser Apparat, dessen „Spitze" für sich allein genommen in dem Buch bereits als mächtig und gefährlich gilt (vgl. ebd.), nun noch gefährlicher. Zugleich weist die vorhergehende Formulierung „näher auszuleuchten" auf Anknüpfungen zu Sprachbildern, die auf Undurchsichtigkeit, Vernebelung oder Dunkelheit abheben, wie beispielsweise bei der so genannten Dunkelfeld-Metapher, den Tiefen eines Meeres oder auch der Rede vom Hausen im Keller.[45] Das Ausleuchten ist deshalb als schwacher Bildbruch zu interpretieren. Die Spitze des Eisberges wird zu alledem auch noch „von der Polizei und Justiz verhüllt", was diesen einerseits manipulatives Handeln nahelegt und die Spitze quasi dem Rest des Eisberg gleichstellt, der dem Betrachter ebenfalls verborgen bleibt.

Spezifisch für die Eisberg-Metapher ist, dass mit ihr impliziert wird, der größere (und deshalb besonders gefährliche) Teil des damit Bezeichneten liege unterhalb einer imaginierten Wasserlinie. Er verbleibt dort gleichermaßen nicht nachprüfbar und vage „unter Wasser", was dessen Bedrohungspotenzial noch mehr erhöht, denn keiner weiß, wie groß die Bedrohung tatsächlich ist und wie sie genau aussieht. Im so genannten synchronen System kollektiver Symbole (vgl. Link 1988: 48 f.), welches zur Deutung der Metaphern in dieser Arbeit herangezogen wird, findet sich analog zum Unterwasserbereich des Eisberges der Untergrund, welcher dunkel und mystisch droht (s.o.). Doch was wird von einem Eisberg bedroht? Besonders hinzuweisen ist in diesem Fall auf das implizierte Symbol für die Bedrohten. Ein Eisberg ist an sich nicht gefährlich: Die Kodierung einer Sache als Eisberg appelliert vielmehr an ein Alltagswissen, welches den Eisberg als Bedrohung eines Schiffes assoziiert. Das Schiff ist wiederum ein sehr gebräuchliches Kollektivsymbol für die Kodierung des gesellschaftlichen Innen, für uns, die wir alle in einem Boot sitzen. Da in der Textpassage, der das Zitat entstammt, vor allem auf „die Bürger" hingewiesen wird, die von der kritisierten Entwicklung des Polizeiapparates negativ betroffen seien, begegnet uns somit das Bild von „uns Bürgern", die von Innerer Sicherheitspolitik bedroht seien, wieder.[46]

Eine andere Passage, kurz vor der Stelle, welche die eben zitierte Eisberg-Metapher enthält, verdient Erwähnung, weil sie mit dem im vorhergehenden Abschnitt thematisierten Muster „Überwachungsstaat" in explizitem Zusammenhang steht. Der Untertitel jenes vierten Kapitels des Buches von Gössner und Herzog lautet: „Der Marsch in den Polizei- und Überwachungsstaat" (ebd.: 215). Hier ist es nicht mehr nur der „Weg" (Bölsche 1979), sondern der „Marsch" (Gössner/Herzog 1982: 215) in besagten Staat. Der Begriff „Marsch" ist, entsprechend seiner Bedeutung von Fortbewegung in einem militärischen Sinne, d.h. in geordneten Truppen oder Verbänden, und in Kombination mit dem

---

45 Hierzu zählen beispielsweise auch Bilder wie der Buchtitel *Polizei im Zwielicht* (Gössner/Neß 1996).

46 Ein weiteres Indiz für die Plausibilität dieser Interpretation ist die Überschrift des dritten Teils im vierten Kapitel von *Der Apparat*: „Aufrüstung gegen das Volk" (Gössner/Herzog 1982: 281).

Marschziel „Polizei- und Überwachungsstaat" ebenfalls ein Sprachbild, welches – wenn auch subtil – mit der bereits mehrfach angesprochenen Furcht vor einer Faschisierung spielt.

1995 – Innere Sicherheit als Erosion [lexikalisierte Metapher]

Die Überschrift eines Aufsatzes in dem Sammelband *Mythos Sicherheit* (Gössner 1995), der eine Vielzahl kritischer Beiträge zum Thema Innere Sicherheit enthält, lautet: „Die *Erosion* von Demokratie durch Übermacht der Exekutive" (Seifert 1995: 41; Hervorh. TK). Mittels der Formulierung wird eine Abnahme von Demokratie in ursächlichen Zusammenhang zur Übermacht der Exekutive gebracht. Auch wenn die Erosions-Metapher als schwaches Sprachbild (deshalb: lexikalisierte Metapher) anzusehen ist, wird hierüber gleichwohl ein Fachbegriff der Geologie in das Themenfeld Innere Sicherheit eingeführt.[47] Es handelt sich allerdings nicht um einen naturkatastrophischen Begriff, der ein plötzlich hereinbrechendes Ereignis bezeichnet (wie beispielsweise der Flut-Begriff), auch wenn das Ausmaß einer Katastrophe erreicht werden kann. Der Erosionsbegriff beinhaltet vielmehr den kontinuierlichen Abtrag, eher langsam und stetig, über einen längeren Zeitraum hinweg. Auf das Bezeichnete (den Rechtsstaat, die Rechtsstaatlichkeit), das durch Erosion schwindet oder abnimmt, wurde bereits anlässlich anderer Metaphernbeispiele eingegangen. Auch das Bild der Erosion ist häufiger im Kritischen Sicherheitsdiskurs anzutreffen. Ein aktuelles Beispiel datiert aus dem Jahr 2002. In einer Zeitungsmeldung der *Frankfurter Rundschau* heißt es: „Initiativen sehen ‚drastisches' Tempo bei Erosion des Rechtsstaats" (Bebenburg 2002). Mit den „Initiativen" sind verschiedene „Bürgerrechts-Organisationen" gemeint, welche die „ausufernde Überwachung Unschuldiger durch deutsche Sicherheitsbehörden" beklagen. Auf die lexikalisierte Metapher des Ausuferns wird an dieser Stelle nicht näher eingegangen. Die Erwähnung der „Überwachung" belegt die Evidenz des Bezuges auf die Figur des Überwachungsstaat.

Wellen und Dämme

Bereits die Kraken-, aber auch die Eisberg-Metapher stehen in unmittelbarem Zusammenhang mit dem Element Wasser (Meer, Fluten etc.). Die nachfolgenden Beispiele hätten deshalb ebenso unter der Zwischenüberschrift „Bedrohliche Naturereignisse, Naturkatastrophen" aufgeführt werden können. Aufgrund der prominenten Verwendung der Flut- bzw. Wellenmetapher im Migrationsdiskurs (vgl. Gerhard 1992) werden

---

47 Erosion: Erdabtragung durch Wasser, Eis oder Wind.

diesbezügliche Beispiele aus dem Kritischen Sicherheitsdiskurs unter einer eigenen Überschrift vorgestellt.

1980 – Wellen von Anti-Terror-Gesetzen [konventionelle Metapher]

In dem von Erhard Blankenburg herausgegebenen Sammelband *Politik der inneren Sicherheit* (Blankenburg 1980) ist in einem Beitrag von den „Entstehungsbedingungen und *Wellen* von Anti-Terror-Gesetzen" (Scheerer 1980: 142; Hervorh. TK) die Rede. Der Autor kodiert hierbei insbesondere die „legislative Reaktion auf den Terrorismus" (ebd.: 120) der 1970er-Jahre als „Die dritte *Welle*" (ebd.: 149; Hervorh. TK) einer historisch bis in die Zeit um 1815 bis 1820 zurückreichenden Anti-Terror-Gesetzgebung. Die Welle besitzt, wie bereits erwähnt, aktuell eine besonders große Bedeutung im Migrationsdiskurs. Die mit ihr bezeichneten Sachverhalte gelten als nicht oder nur wenig kontrollierbar. Bei Wellen handelt es sich um ein Naturphänomen, dass kontrolliert werden muss. Wellen branden an, gegen Wellen – es besteht eine entsprechend große Nähe zur Flutmetapher – sind womöglich Dämme zu errichten bzw. existieren eventuell bereits Dämmen, die standzuhalten haben. Denn Wellen tragen, Brandung trägt Land bzw. Erdreich ab (Verbindung zu Erosion). Die Frage lautet an dieser Stelle: Worüber spülen die Wellen hinweg? Was überfluten sie? Deutschland? Den Rechtsstaat? Das Institut für Bürgerrechte & öffentliche Sicherheit bemerkt zum Beispiel in einem Text zu den Argumenten, die zur Institutsgründung geführt haben unter anderem, dass „die *Welle* der Sicherheitsgesetze, die seit Mitte des vorigen Jahrzehnts über die BRD *hinwegschwappte*, [...] nur anfangs Widerstand" (Institut für Bürgerrechte & öffentliche Sicherheit 1993: 5; Hervorh. TK) auslöste. Dass die Wellenmetapher eine besondere Nähe zur ebenfalls naturkatastrophischen Lawinenmetapher besitzt, kann hier nur am Rande erwähnt werden. Ein Zitat neueren Datum soll diese Nähe beispielhaft belegen. Die Entwicklung des „innenpolitischen Sicherheitsfeldes" in den vergangenen dreißig Jahren (vgl. Beste 2003: 262) zeige: „Wir haben es mit einer Lawine von Neukriminalisierungen zu tun" (ebd.). Das Zitat entstammt zwar einem Fragment, welches dem Kritischen Sicherheitsdiskurs zuzurechnen ist, jedoch ist in diesem Kontext auf ein Spezifikum hinzuweisen, dass verschiedentlich schon angesprochen wurde. Das Fragment stammt aus der Fachzeitschrift *Kriminologisches Journal* und wird der Fachdisziplin Kritische Kriminologie zugerechnet. In welchem Verhältnis diese Fachdisziplin zum Kritischen Sicherheitsdiskurs steht, wird an anderer Stelle thematisiert. Sie ist, um es vorwegzunehmen, nicht deckungsgleich mit dem Kritischen Sicherheitsdiskursstrang – im Sinne seiner hier zugrunde gelegten politisch kritischen Orientierung. Interessant ist allerdings, dass das o.g. Fragment das Verknüpfungs- bzw. Überschneidungsverhältnis selbst dokumentiert. Der dort angesprochene, dreißig Jahre andauernde Wandlungsprozess des „innenpolitischen Sicherheitsfeldes" (ebd.) wird mit explizitem Verweis auf das Komitee für Grundrechte und Demokratie als „Verpolizeilichung der Gesellschaft" (Komitee für Grundrechte und Demokratie zit. nach Beste 2003: 262) umschrieben. Das Komitee kam in dieser Untersuchung bereits verschiedentlich als eine der Organisationen zur Sprache, in deren Gestalt sich der Kritische Sicherheitsdiskurs im Sinne politisch kritischer Akteure materialisiert.

1997 – Rechtsstaatliche Dämme [konventionelle Metapher]

In einem Fachartikel der Zeitschrift *Kritische Justiz* mit dem Titel „verfassungswidrige Befugniserweiterungen für die Polizei" (Roggan 1997) thematisiert der Autor seine Skepsis in Bezug darauf, ob Rechtsstaatlichkeit angesichts verschiedenster Innerer Sicherheitsgesetze zukünftig Bestand haben wird: „Es ist daher fraglich, ob die rechtsstaatlichen Dämme diesen Bedürfnissen auf Dauer widerstehen werden können und das ‚freiheitliche Menschenbild' erhalten bleiben wird" (Roggan 1997: 93). Als „Dammbruch" bezeichnet ein Artikel der Zeitschrift *Bürgerrechte & Polizei. CILIP*

„eine geplante Änderung des Bundesverfassungsschutzgesetzes [...], die einen umfassenden Datenfluss vom Bundesamt für die Anerkennung ausländischer Flüchtlinge (BAFl) und den Ausländerbehörden zum Bundesamt und den Landesämtern für Verfassungsschutz ermöglicht" (Lederer 2001: 40).

Und laut einem Zeitungsbericht der *Frankfurter Rundschau* aus dem Jahr 2001 warnte der dem „linken" FDP-Flügel zuzurechnende Liberale und Ex-Bundesinnenminister Gerhart Baum angesichts neuer Sicherheitsgesetze im Gefolge des 11. September 2001 ebenso vor einem „Dammbruch" (Baum 2001).

Krankheit

1977 – Sicherheits- und Notstandsdenken als Krebsgeschwür [konventionelle Metapher]

Analog zu dem im Konservativen Diskurs gebräuchlichen Bild, Kriminalität als Krebs vorzustellen, wird im folgenden Beispiel, das dem Kritischen Diskurs zuzurechnen ist, umgekehrt die Innere Sicherheitspolitik mit dieser Metapher belegt. Hierbei wird explizit an Angstgefühle apelliert:

„Freilich, so sehr einem Angst machen muß, wie tief sich das *Krebsgeschwür* des staatlichen Sicherheits- und Notstandsdenkens und des darauf bezogenen geheimdienstlichen staatsschützerischen Handelns schon in unsere Verfassungswirklichkeit *eingefressen* hat, mehr ängstigen muß, wie schnell diese Angst wieder verharmlost und verdrängt werden wird, von denen ganz zu schweigen, denen der Abgrund an Verfassungsverrat schon zur stabilen Wahrheit geworden ist, die sie allenfalls flugs legalisieren wollen" (Narr 1977a: 7; Hervorh. TK)

Die Krebs-Metapher impliziert, wie alle Krankheitsmetaphern, den Zustand der Gesundheit bzw. einen Körper, der gesund im Sinne von nicht-krank, nicht-befallen ist. Die Frage lautet, was in diesem Beispiel mit dem gesunden (also positiv konnotierten) Körper korrespondiert. Vom Krebs befallen sei Narr zufolge die „Verfassungswirklichkeit", in die sich das „Krebsgeschwür [...] eingefressen" habe. In Anknüpfung an die an anderer Stelle beschriebene radikaldemokratische und bürgerrechtsorientierte Position des Kritischen Diskurses, die sich auf den Gegenbegriff des uneingelösten Verfassungsanspruches bezieht, lässt sich der Befund also als in diesem Sinne verfassungspatriotische Warnung vor der tödlichen Bedrohung deuten, die von Innerer Sicherheitspolitik für Rechtsstaatlichkeit und Demokratie ausgehe. Das Zitat ist gleichzeitig ein Beispiel für einen Katachresenmäander: Vom „Krebs", der sich „eingefressen" habe, leitet der Autor direkt über zu einem „Abgrund an Verfassungsverrat", der sich auftue.

Ein zweites Beispiel für die Verwendung der Krankheitsmetapher Krebs – mit der entsprechenden Implikation eines erkrankten Körpers etc. – ist die Feststellung der Kritiker Gössner und Herzog: Das „*dichte Geflecht* aus Geheimdiensten und Polizeiorganen hat im Laufe der 70er Jahre *krebsartig zu wuchern* begonnen" (Gössner/Herzog 1982: 216 f.; Hervorh. TK).

An dieser Stelle sei anlässlich der Thematisierung der Figur von Verfassungsanspruch und Verfassungswirklichkeit, die ein elementarer Bestandteil des Fundamentes des *Mainstreams* des Kritischen Diskurses zu sein scheint, auf Johannes Agnoli verwiesen, der in seinem Text „Von der kritischen Politologie zur Kritik der Politik" (Agnoli 1990) zwar anerkennt, dass „die kritische Politologie [...] die Trennung vom Schein der Werte und dem Sein der Macht, vom Ideal und Leben in dem parlamentarischen Verfassungsstaat" (ebd.: 14) entlarve. Er äussert indes Skepsis hinsichtlich der Veränderungsdynamik solcher Kritik. Auch wenn mit kritischem Impetus „das Auseinanderklaffen von Verfassungsnorm und Verfassungswirklichkeit, von Proklamation und Exekution" (ebd.: 14) konstatiert wird, gelte es darauf hinzuweisen, dass ihr –

obschon sie „uns allen weiter auf dem Weg einer möglichen oder auch nur utopisch als Orientierung verstandenen Emanzipation" (ebd.: 14 f.) helfe – der

„entdeckte Widerspruch [...] ins Mechanisch-Moralische [gerate] und in die Abhängigkeit jeweils guter oder weniger guter Macht- und Kraftkonstellationen. Anders gesagt: er löst sich in der schlichten Gegenüberstellung vom guten oder schlechten Gebrauch der Politik (oder Verfassung) auf" (ebd.: 15).

Woraus der Schluss gezogen werden kann, dass die kritische Politologie nicht begreift, „daß die Norm als Teil der Wirklichkeit sich in objektive Zwangsregelungen und in mit Staatsgewalt durchsetzbare Regulierungen umsetzt" (ebd.) – und somit immer schon Teil herrschender Verhältnisse ist.

Netze

Die Netz-Metapher wurde während der Analysen zum Konservativen Diskurs bereits angesprochen. Recht bekannt ist die Schleppnetz-Metapher (Stichwort: Schleppnetz-Fahndung), die der BKA-Präsident Herold in einem Interview im Jahr 1980 äußerte: „Wir überziehen die Bundesrepublik mit einem *riesigen Schleppnetz*. Irgend etwas wird schon in den Maschen hängenbleiben" (Horst Herold zit. n. Gössner/Herzog 1982: 252; Hervorh. TK). Die Möglichkeiten zu solch einem Vorgehen schienen in jener Zeit insbesondere durch die Computerentwicklung und den sich daran orientierenden Machbarkeitsphantasien im Sicherheitsapparat gegeben, weswegen diese Metapher in einem engen Zusammenhang mit Bildern und Mustern, die auf Datenverarbeitung und so genannte unkontrollierte Datensammlung und Überwachung abheben, steht. Nachfolgend sollen summarisch einige Verwendungsweisen der Netz-Metapher im Kritischen Diskurs vorgestellt werden. Die Metapher wird von mir im beschriebenen Verwendungszusammenhang als konventionelle Metapher bewertet.

1977 – Der Rechtsstaat als Fangnetz

In dem verschiedentlich schon angesprochenen Vorwort zu *Wir Bürger als Sicherheitsrisiko* (Narr 1977) ist auch ein Beispiel für die Verwendung der Netz-Metapher enthalten. Der Autor spricht dort vom „Rechtsstaat als *Fangnetz* bürgerlicher Freiheit" (Narr 1977a: 13). Hinzuweisen ist hier auf die Bedeutung des Rechtsstaates, der nicht etwa bedroht sei, in dem Sinne das er im „Fangnetz" hinge, sondern der Rechtsstaat selber fungiert als „Fangnetz". Im Beispiel wird sich nicht emphatisch-affirmativ auf Rechtsstaat bezogen – wie in anderen Fällen, in denen dessen Fortbestand gefürchtet wurde. Statt dessen wird mit diesem Bild die Reduktion des Rechtsstaatsbegriffes auf bloß rechtsstaatliche Formen kritisiert, in die sich die Innere Sicherheitspolitik kleide (vgl. ebd.: 13 ff.).

1979 – Der Überwachungsstaat als Stahlnetz

Eine ähnliche Verwendung ist im nachfolgenden Beispiel zu beobachten. Jedoch ist dort statt vom „Rechtsstaat" vom „Überwachungsstaat" die Rede (vgl. Bölsche 1979). Das erste Kapitel des Buches ist mit dem Satz betitelt: „Das *Stahlnetz* stülpt sich über uns" (ebd.: 11). Mehr Aufmerksamkeit als die begrifflich andere Pointierung des Staatsbegriffes verdient m.E. jedoch die getroffene Feststellung, jenes Netz stülpe sich „über uns". Diese Formulierung ist als Variation des bekannten Topos von „uns" als den Bedrohten – im Sinne von *den* Bürgern, d.h. uns allen – anzusehen. Dieser Topos leitet aus der Wahrnehmung, alle Bürger seien unterschiedslos, d.h. in Absehung davon, ob tatsächlich Anlass zur polizeilichen Verfolgung bestehe oder auch nicht, von einem Pauschalverdacht betroffen, die Dramatik der Bedrohung durch Innere Sicherheitspolitik ab.

1982 – Innere Sicherheit als Spinnennetz

Eine Beispiel für eine Verwendung der Netzmetapher, die Anleihen im Tierreich nimmt, liefern die Autoren Gössner und Herzog im Jahr 1982: „Das *Spinnennetz* der ‚Inneren Sicherheit'" (Gössner/Herzog 1982: 215). Die Rede vom „Spinnennetz" impliziert die Existenz einer Spinne, womit einer oder mehrere Akteure jener Inneren Sicherheit gemeint sein können. Dem Titel des Buches folgend – *Der Apparat. Ermittlungen in Sachen Polizei* (ebd.) – kommt dafür die Polizei in Frage. Im kompletten Bild-Set ist in der Regel außer der Spinne und dem Spinnennetz noch die Position dessen vorgesehen, der sich im Netz verfängt. Zumeist kommt einer als harmlos geltenden Fliege in solchen Szenarien die entsprechende Beutefunktion zu. Insofern legt das o.g. Sprachbild nahe, diejenigen, die sich im Spinnennetz der Inneren Sicherheit „verfangen", als Beute bzw. Opfer anzusehen. Im selben Buch wird etwas später auch „das unsichtbare Datennetz" (ebd.: 252) erwähnt. Dieses Bild bewegt sich in einem Bedeutungsfeld, das schon in den vorhergehenden Beispielen angesprochen wurde. Es expliziert den Bezug der Netzmetapher hinsichtlich Datenverarbeitung, wie er einleitend zu diesem Abschnitt angesprochen wurde.

1990 – Innere Sicherheit und das großmaschige Netz

Das nachfolgende Beispiel liefert eigentlich keine neuen Aspekte des Bildes, sondern dient lediglich der Dokumentation der zeitlichen Kontinuität, mit der es im Kritischen Diskurs anzutreffen ist. Es greift in diesem Zusammenhang allerdings *auch* die über parteiliche Zuordnungen hinweg anzutreffende Kontinuität Innerer Sicherheitspolitik auf:

„Deswegen sind die wechselnden Regierungsparteien auch seit den siebziger Jahren fortlaufend dabei, die ‚Innere Sicherheit' mit *großmaschigem rechtlichen Netz* auszuweiten und in rechtlicher Form die substantielle Entrechtlichung des Bürger zu betreiben" (Narr et al. 1990: 275).

Metaphern im Kritischen Diskurs – eine Bewertung

Nachfolgend soll eine kurze Bewertung der vorgestellten Metaphern des Kritischen Diskurses vorgenommen werden. Ziel der Beschäftigung ist nicht die Bewertung von Metaphernverwendung in einem allgemeinen, grundsätzlichen Sinne. Schließlich war keine sprachpolizeiliche Intervention beabsichtigt. Es ist in Rechnung zu stellen, dass das so genannte synchrone System kollektiver Symbole (Link 1988: 48 f.) einen Überblick über ein vielfältiges, aber zugleich auch eingrenzbares gesellschaftliches Metaphernreservoir liefert. Jenes hat zwar als grundsätzlich offen und veränderbar zu gelten, was auch unter dem Gesichtspunkt diachroner Betrachtung einleuchtet. Zugleich zeichnet Diskurse aus synchroner Perspektive aber nachgerade aus, dass dort ein geteiltes Metaphernwissen vorherrscht. Insofern sind Überschneidungen zwischen unterschiedlichen Diskurssträngen – auch den hier vorgefundenen – also in der Regel nichts Besonderes.

Ebensowenig ist auffallend, *dass* Metaphern überhaupt verwendet werden. Auch nicht, dass es sich im Sicherheitsdiskurs, der sich insbesondere durch Bedrohungen und diesbezügliche Ängste charakterisieren lässt, in beiden Strängen vorherrschend um negativ konnotierende handelt. Schließlich soll im Kritischen Diskursstrang die bedrohliche Innere Sicherheitspolitik, der politische Gegner bzw. dessen konservative Position nicht gelobt oder positiv dargestellt werden.

Bemerkenswert ist dennoch, dass es sich im Kritischen Diskurs häufig um die gleichen, ja zum Teil dieselben Metaphern handelt, die auch im Konservativen Diskurs anzutreffen sind. Bemerkenswert deshalb, weil diesen, so sie dort angetroffen werden, von Kritikern der Inneren Sicherheit nachgesagt wird, ihnen unterläge prinzipiell ein konservatives Gesellschaftsbild (Gesellschaft als Körper, Bedrohung als Krankheit oder Ungeziefer). Insbesondere solchen Metaphern wird mit kritischem

Impetus vorgehalten, sie besäßen Anleihen, die bis in die Zeit des Faschismus zurück reichen, in welcher solche Vorstellungen und Bezeichnungsstrategien ihren katastrophischen Höhepunkt fanden. Insofern dokumentiert die Bewertung an Metaphern im Konservativen Diskurs durch Kritiker Innerer Sicherheit nicht nur eine Sensibilität für solche Sprachbilder, sie ist nachgerade ein Bestandteil eines ihrer Bewertungsmuster von Innere Sicherheitspolitik. Anschließend an die Einschätzung der Metaphern des Konservativen Sicherheitsdiskurses ist der Metaphernverwendung und Kollektivsymbolik im Kritischen Diskurs also besondere Bedeutung beizumessen. Auffallend sind die Überschneidungen zwischen beiden Diskurssträngen in der Metaphernverwendung *trotz* jener Sensibilisierung. Sensibilität garantiert offensichtlich keine Reflexivität in Bezug auf die eigene Inanspruchnahme spezifischer Metaphernfelder. Bei Überschneidungen ist eine Art Reziprozität der Bilder zu beobachten, nach der die jeweiligen Zielobjekte, jenes/jene mittels Metaphern Bezeichnete/Bezeichneten, im jeweils anderen Diskursstrang mit umgekehrter Wertigkeit auftauchen.

Die Schilderung der Beispiele aus dem Buch *Die Gefahr geht vom Menschen aus* (Cobler 1976) dienten *nicht* der Infragestellung der Ablehnungswürdigkeit jener Metaphern. Ebensowenig ging es um das Bezweifeln des Vorhandenseins solcher Analogien. Auffällig ist jedoch, dass, wie das Beispiel zeigte, im Kritischen Diskurs durchaus eine Sensibiliät und Reflexivität für solche Metaphernverwendung vorhanden ist, diese sich jedoch auf ihre Wahrnehmung als Bestandteile des Konservativen Diskursstranges beschränkt. Ein deutlicher Unterschied bleibt zu betonen: Im Kritischen Sicherheitsdiskurs werden mit den Metaphern in der Regel *keine* direkten Bezeichnungen von Personen oder Personengruppen vorgenommen. Hier wird eher auf Institutionen abgezielt (Staat, System etc.).

Besondere Erwähnung verdient schließlich ein von Jürgen Seifert und Ulrich Vultejus für die Humanistische Union (HU) 1986 herausgegebenes schmales Bändchen mit dem Titel *TEXTE und BILDER gegen die Überwachungs-Gesetze* (Seifert/Vultejus 1986; Hervorh. i. Orig.). Der Band versammelt neben Texten zum Thema „,Sicherheits'-Gesetze" (ebd.: 7) bzw. „Überwachungs-Gesetze" (ebd.: 9) auch Abbildungen von Einsendungen zu einem von der HU anlässlich ihres 25jährigen Bestehens ausgeschriebenen Kunstpreises zum Thema „,Der Überwachungsstaat'" (ebd.: 7). Es ist besonders darauf hinzuweisen, dass die Publikation intendiert, in gemeinsamer kritischer Absicht „sachlich-fundierte juristische und politische Kritik" (ebd.: 7) mit „politischer Kunst [...], die sich naturgemäß subjektiv, emotional oder auch witzig mit dem Thema auseinandersetzt" (ebd.), zu „konfrontieren" (ebd).

Einer der dort abgebildeten Plakatentwürfe zeigt ein Spinnennetz dem ein Computer zur Seite gestellt ist. Das Bild ist mit der Unterschrift „Verfassungsstaat" (ebd.: 46) versehen. Das „V" ist durchgestrichen, wodurch aus dem Verfassungsstaat der Erfasssungsstaat wird (vgl. ebd.). Eine andere Abbildung zeigt, wie aus der oberen Bildhälfte, die mit „Computerfahndung" betitelt ist, ein riesiges Netz auf eine alte Frau, die einen Kinderwagen schiebt – und somit als besonders harmlos bzw. unverdächtig kodiert wird – herabfällt. Das im Fallen befindliche Netz weist die Konturen des Staatsgebietes der alten Bundesrepublik auf (vgl. ebd.: 44). Die Abbildung einer anderen Zeichnung zeigt aus der Perspektive der Draufsicht einen ausgestreckten Innenarm, die Handfläche weist nach oben. Die Zeichnung zeigt den Moment, in dem sich die Person, zu der die abgebildeten Körperteile gehören, mit der anderen Hand den Ärmel eines den ausgestreckten Arm bedeckenden Kleidungsstückes hochkrempelt. Auf dem entblößten Unterarm ist deutlich ein so genannter Barcode/Computerstrichcode mit Nummer zu sehen, der auf der Innenseite des Arms angebracht wurde (vgl. ebd.: 20). Dieses Bild reformuliert ikonographisch die im Kritischen Sicherheitsdiskurs auffallend oft angedeuteten Befürchtungen einer Faschisierungstendenz, die mit der Inneren Sicherheitspolitik einhergehe.[48] Des weiteren ist eine Radierung abgebildet, prämiert mit dem 2. Preis des Wettbewerbes, die ein mehrköpfiges Ungeheuer, einen mehrköpfigen Drachen zeigt. Anstelle von Köpfen tragen die langen, schlängelnden Hälse Computerkonsolen (Monitor und Tastatur). Vor dem Drachen steht eine im Verhältnis dazu sehr klein wirkende Gestalt mit nacktem Oberkörper, der sich das Ungeheuer zuwendet. In ihrer Hand hält sie ein zu groß und zu schwer wirkendes Schwert, auf dessen Klinge das Wort „Datenschutz" zu lesen ist (vgl. ebd.: 12). Das Bild variiert zentrale Aspekte, die in den Passagen zu der Metapher Krake ausgeführt wurden.

Vor dem Hintergrund der diskutierten Metaphern fällt jedoch weniger die von den Herausgebern bekundete Absicht einer Konfrontation mit Kunst ins Auge, als vielmehr die gegenseitige Bestätigung, Überschneidung und Unterschiedslosigkeit. Was angesichts der weiter oben von den Herausgebern formulierten Betonung der Unterschiede zwischen Kritik und politischer Kunst die Frage aufwirft, wo überhaupt Unterschiede bestehen oder ob sich auch die Kritik an Innerer Sicherheit, ebenso wie die politische Kunst, „naturgemäß subjektiv, emotional oder auch witzig mit dem Thema auseinandersetzt" (ebd.). Die Subjektivität der Kritik fände ihre Entsprechung freilich in der so genannten Betroffenheitsperspektive. Über das „witzig" ließe sich indes streiten.

---

48 Häftlingen in den Konzentrationslagern wurden zu ihrer Erfassung und Identifizierung Nummern auf die Arme tätowiert.

Topoi und Argumentationsfiguren im Kritischen Diskurs

Eine weitere Untersuchungsdimension des Kritischen Diskurses erschließt die Frage, ob auch für diesen bestimmte Topoi und/oder Argumentationsfiguren identifizierbar sind bzw. – sofern die Frage zu bejahen ist – welche Schlussfolgerungen aus diesen abzuleiten sind. Die Analyse konzentriert sich nachfolgend auf drei Muster, die als besonders prägende gelten können: Das erste Muster steht in engem Zusammenhang mit dem aus dem Konservativen Diskurs bekannten Dramatisierungstopos. Die beobachtbare Parallele dokumentiert hierbei eine gewisse Überschneidung beider Diskursstränge. Das Muster der Dramatisierung besitzt in Gestalt der sog. Faschisierungsthese eine besondere Ausprägung, die in einem eigenen Abschnitt vorgestellt wird. Das zweite Muster betrifft das Verhältnis der Kritik zum Gegenstand bzw. zum Begriff „Kriminalität". Auch hier sind entsprechende Überschneidungen mit dem Konservativen Diskursstrang, im Sinne von gemeinsam geteilten Grundannahmen, zu erkennen. Das dritte Muster schließlich ist als Antwort auf die Frage zu deuten, wer nach Meinung der umrissenen Kritikposition vorherrschend von der kritisierten Inneren Sicherheitspolitik betroffen sei. Von den Mustern lässt sich letztlich auf bestimmte Grundpositionen rückschließen, welche den Kritischen Sicherheitsdiskurs, wie er bislang rekonstruiert werden konnte, charakterisieren und die erste Aussagen hinsichtlich der Binnendifferenzierung eines Kritischen Diskurses ermöglichen.

Einmal mehr ist darauf hinzuweisen, dass die aufgeführten Beispiele keine endliche Aufzählung für die im Kritischen Diskurs anzutreffenden Muster darstellen. Es handelt sich um eine qualitative Untersuchung, die beabsichtigt, Grundzüge des Kritischen Diskurses zu benennen. Sie umreisst mittels dieser Muster beispielhaft das Typische dieses Diskursstranges.

Der Dramatisierungstopos – gängiges Muster auch bei Kritikern der Inneren Sicherheitspolitik

Eine prominente Figur – zunächst des Konservativen Sicherheitsdiskurses –, die man über den gesamten, dieser Arbeit zugrunde liegenden Untersuchungszeitraum hinweg beobachten kann, ist, dass im Konservativen Sicherheitsdiskurs jeweils besonders dramatische Zunahmen historisch-spezifischer Gefährdungslagen unterstellt werden, die einen entsprechenden sicherheitspolitischen Handlungsbedarf nahelegen. Die mit jenen Gefährdungslagen einhergehenden staatlich-repressiven Interventionen oder doch wenigstens Interventionsvorhaben (bspw. Verschärfungen des Strafrechts, Einschränkungen von Verteidigerrechten, so genannte Befugniserweiterungen von Polizei und Geheimdiensten) werden gesellschaftlich in Anbetracht der nahegelegten Größe der Bedrohungen zumeist als dringend erforderlich vermittelt. Das heißt, den Sicherheitsdiskurs durchziehen seit jeher die von Sicherheitsexperten, Politikern und Medien[49] ermittelten, befürchteten und verbreiteten einschlägigen Feindbilder im Sinne von Eskalationen einer entsprechenden, jeweils aktuellen Sicherheitslage und deren Abwehr unter dem besonderen Aspekt der Zeitnot. Hierunter sind u.a. als krisenhaft bezeichnete oder häufig auch als Kriminalitätsexplosionen, -wellen etc. vorgestellte innenpolitische Szenarien zu verstehen. Angesichts der akuten Bedrohungen wird Handlungsdruck nahegelegt, der sowohl sofortiges Handeln, möglichst entsprechend den Politikvorhaben, eingebrachten Gesetzesentwürfen etc. nötig macht und zugleich deren Infragestellen oder Kritik daran als eine Verschärfung der Gefahr erscheinen lässt. Es bleibe keine Zeit zu überlegen, es müsse gehandelt werden, sonst sei alles zu spät.

Diese Art der Dramatisierung oder Eskalation erweist sich jedoch nicht nur als tragender Topos in Positionen der Protagonisten des Konservativen Diskurses. Sie spielt offensichtlich auch eine bedeutende Rolle bei den Kritikern herrschender Sicherheitspolitik, allerdings mit umgekehrten Vorzeichen.[50] Steigt bei den Protagonisten Innerer Sicherheit die Kriminalität dramatisch, so steigen bei den Kritikern die Eingriffe in Freiheitsrechte, der Abbau bzw. die Erosion des Rechtsstaates dramatisch, massiv, bedrohlich an. Hier ist noch einmal auf die zurückliegend vorgestellten Metaphernbeispiele des Kritischen Diskurses hinzuweisen, welche die Dramatisierung verbildlichen. Dem Dramatisierungstopos ist in beiden Diskursteilen der direkte oder indirekte Hinwies

---

49 Auf eine eingehende Darstellung des Sicherheitsdiskurses im Teilbereich Printmedien, wobei hierunter die Behandlung in Tagespresse, Nachrichten- und Wochenmagazinen zu verstehen ist, wird in dieser Arbeit verzichtet. Bestimmte Effekte, wie beispielsweise die alltagsdiskursive, verallgemeinernde Übersetzung von Kodierungen und Metaphern des Experten- und des politischen Diskurses, wurden exemplarisch an anderer Stelle untersucht (vgl. Kunz 1996: 28 ff.; Jäger et al. 1998). In dieser Arbeit wird davon ausgegangen, dass die dort ermittelten Befunde und Dynamiken auch weiterhin Bestand haben.

50 Anzuerkennen ist freilich, dass das Dramatisieren und Skandalisieren in (gesellschafts-)politischen Auseinandersetzungen offensichtlich im Allgemeinen als Mobilisierungsmittel dient. Bspw. im Kontext drohender Umweltgefahren der so genannte GAU (größter annehmbarer Unfall) oder in einem anderen thematischen Diskurs etwa der so genannte Kollaps des Gesundheitswesens.

auf das zeitlich kurz bevorstehende Erreichen eine kritischen Punktes gemein, d.h. ein Unterliegen unter die jeweils geschilderte Bedrohung. Diese unmittelbare Gefahr begründet die – wenn auch unterschiedlichen – Handlungszwänge der Verfechter und der Kritiker Innerer Sicherheitspolitik gleichermaßen.[51] Da beide Klagen bereits seit längerem erhoben werden und je gegenläufige Vorgehen untermauern helfen, stellt sich allerdings die Frage, was jenseits aller Rhetorik die qualitativen Punkte markiert, deren Erreichen von allen Beteiligten – unbesehen ihrer politischen Gegenläufigkeit – befürchtet wird. Wenn Kriminalität seit Jahren dramatisch steigt und explodiert, bisher umgesetzte Strategien und neue Gesetze als nicht weit genug gehend beklagt werden und schließlich die Innere Sicherheit als stetig abnehmend beschrieben wird, müsste sich diese Gesellschaft doch bereits seit längerem jenseits des sicherheitspolitischen *point of no return* befinden und im Kriminalitätschaos versunken sein. Umgekehrt müsste der von den Kritikern befürchtete Wendepunkt, zu dessen Verhinderung Widerstand ständig angemahnt wird, angesichts der – folgt man den Kritiken der vergangenen dreißig Jahre – anhaltenden Aushöhlung des Rechtsstaats ebenfalls schon überschritten, d.h. das Jenseits der Rechtsstaatlichkeit längst erreicht sein. Die zentrale Bedeutung, die diese Dramatisierungsfigur dank ihrer Tradierung durch ihre Verfechter im Kritischen Diskurs erfuhr, beinhaltet paradoxerweise, dass der befürchtete Zustand nie eintreten kann, da sich dieses die Kritiken zentral unterlegende Bild sonst entwerten würde. Es hieße entweder einzugestehen, die Kritik hätte bislang falsch gelegen oder einzusehen, versagt zu haben. Statt dessen wird jedoch die in jedem Szenario kurz bevorstehende rechtspolitische Katastrophe als Argument permanent in die Zukunft *gerettet*, um während jeder Inneren Sicherheitskampagne von neuem beschworen zu werden.

Die Faschisierungsthese

Dem Dramatisierungstopos eng verbunden ist die sog. Faschisierungsthese. Beschreibungen und Bewertungen, die der jeweiligen Inneren Sicherheitspolitik eine Dynamik unterstellen, nach der die gegenwärtige Gesellschaft bzw. die ihr verbundene Staatsform im Sinne eines Rechtsstaates bedrohe, lassen sich zunächst einmal als Gegendramatisierungen deuten. Den zur Legitimation der Inneren Sicherheitspolitik geltend gemachten Feindbildern wird aus politisch-kritischer Sicht eine an-

---

51 Dies beinhaltet allemal auch Parallelen zur so genannten Kriminalitätsuhr. Eine Rhetorik des „Kurz vor Zwölf" lässt sich auch in den Bedrohungsszenarien der Kritiker erkennen.

dere Bedrohung entgegengehalten. Den hier angesprochenen Mustern von Gegendramatisierung ist jedoch ein spezifischer kategorialer Bezugspunkt immanent. Sie rekurrieren in Gestalt von Andeutungen oder direkten Bezügen auf den deutschen Faschismus als Gegenbegriff zu Rechtsstaat und demokratischer Verfasstheit. Der deutschen Faschismus gilt hierbei als der historisch zurückliegende, unhinterfragbare Kulminationspunkt von Unrechtsstaat und Entdemokratisierungstendenzen. Aus dieser geschichtlichen Erfahrung leitet sich zugleich eine generelle gesellschaftliche Verantwortung und moralische Verpflichtung ab, die mit den Stichworten „nie wieder" und „wehret den Anfängen" umschrieben werden kann und die angesichts der angesprochenen geschichtlichen Erfahrung nicht weiter begründungsnotwendig ist. Indem nun aus kritischer Perspektive jeweils herrschende Innere Sicherheitspolitik bzw. entsprechende Gesetzesvorhaben als Gefährdung bzw. Reduktion von Rechtsstaatlichkeit und/oder als Entdemokratisierung bewertet werden und mit historischen Andeutungen und Verweisen darauf, wohin solche Tendenzen in der Vergangenheit führten, verknüpft werden, wird als Fluchtpunkt der aktuellen Entwicklung eine mögliche drohende Faschisierung bzw. die Angst davor implizit in Anspruch genommen.

Als eine *blasse* Form der so verstandenen Faschisierungsthese sind indirekte Kontextsetzungen zu deuten, wie beispielsweise der Abdruck eines bekannten Zitates des von den Nationalsozialisten verfolgten Theologen Martin Niemöller in einem Artikel zur „Rechts- und Verfassungsentwicklung in der BRD seit 1968 auf dem Gebiet der ‚inneren Sicherheit'" (Wiegreffe 1976a: 31), dass mit den Worten beginnt: „Als die Nazis die Kommunisten holten, habe ich geschwiegen" (ebd.). Dieses Beispiel ist auch als Beleg für die oben angesprochene moralische Verpflichtung in Gestalt des Satzes „wehret den Anfängen" zu deuten, da es auf eine zeitliche Notwendigkeit für kritische Intervention abhebt. Danach dürfe bereits zu einem frühen Zeitpunkt einer bedrohlichen Entwicklung, wenn noch andere betroffen sind, nicht geschwiegen werden, da es ansonsten, wenn man erst selber betroffen sei, für kritische Interventionen zu spät wäre.

Die Faschisierungsthese als eine zudem dominante Figur im politisch kritischen Diskursstrang ist in mehrfacher Weise problematisch: Zum einen wiederholt sich Geschichte bekanntlich nicht. Zum anderen provoziert die mittels der Faschisierungsthese vorgenommene Reduktion auf das dramatisierende Moment und den Rekurs auf den NS-Faschismus in gewisser Weise eine *Abnutzung* und *Entwertung* des Faschismusbegriffes. Hierüber werden zugleich gesellschaftstheoretisch elaborierte Ansätze relativiert, welche unter Rückgriff auf die Kategorie faschistisch die je aktuelle Entwicklung bürgerlich-kapitalistischer Gesellschaft zu analysieren versuchen.

Die Kontinuität der Faschisierungsthese im kritischen Sicherheitsdiskurs stellt hierbei zugleich ihre Aussagekraft in Frage. Wenn seit Jahrzehnten eine drohende Faschisierung in Gestalt jeweils neuer Gesetze bzw. Gesetzesverschärfungen zur Inneren Sicherheit behauptet wird, diese Gesetze aber – rückbetrachtet – in der Regel durch jene politische Kritik der Akteure nicht verhindert, sondern lediglich kritisch begleitet werden konnten, lässt das mehr auf ein starkes Skandalisierungs- und Mobilisierungsmotiv der Faschisierungsthese schließen, als auf deren analytische Stärke. Hierbei handelt es sich um ein grundsätzliches Dilemma des Dramatisierungstopos.

Aspekte der mit der Faschisierungsthese einhergehenden Schwierigkeiten wurden in der Vergangenheit aus kritischer Sicht durchaus thematisiert, d.h. selbstreflexiv aufgegriffen. Allerdings beschränkten sich die Ausführungen auf die Phase des Sicherheitsdiskurses, in welcher der politische Gegner in Gestalt der politischen Linken von Innerer Sicherheitspolitik bedroht war. So wurde kritisiert, dass „angesichts der Methoden der ‚Terrorismus-Bekämpfung‘, der Berufsverbote gemäß dem Radikalenerlaß von 1972 und des Ausbaus des Systems der inneren Sicherheit" (Redaktion *diskus* 1991: 314) in kritischer Absicht der Begriff vom „‚neuen Faschismus‘" (ebd.) als Deutungsangebot geltend gemacht wurde. Dessen Erklärungswert sei jedoch fragwürdig:

„Der Faschismus-Begriff wurde hin und her gewendet, durch Begriffe wie faschistische Tendenzen oder Methoden abgewertet oder durch Wörter wie kryptofaschistisch und faschistoid abgeschwächt. ‚Faschismus‘ fungierte als Metapher für die bestehenden Gewaltverhältnisse. Doch die Debatte hat wenig zur Klärung des Problems der politischen Repression in der parlamentarischen Demokratie beigetragen, sondern das Problem eher verdeckt" (ebd.: 315).

Ein zweites Beispiel, das einem der bereits analysierten Texte entnommen ist, thematisiert den Dramatisierungs- und Skandalisierungscharakter der Bezugnahme. Demnach sei „Faschisierung" (Busch, Werkentin 1984: 20) einer von mehreren „vorschnellen Begriffen" (ebd.), die „weniger ihres analytischen, sondern vorrangig ihres erhofften agitatorisch-mobilisierenden Gewinns wegen herangezogen werden" (ebd.).

Trotz jener zu beobachtenden Ansätze für einen reflexiven Umgang mit der Faschisierungsthese im kritischen Diskurs bleibt festzuhalten, dass diese der Argumentationsfigur entweder nur Bedeutung im Kontext der Thematisierung von Innerer Sicherheitspolitik und einer davon betroffenen politischen Linken beimessen oder aber die Faschisierungsthese als ein randständiges Kritikmuster neben anderen (unter-)bewerten.

Gewöhnliche Kriminalität bekämpfen, Kriminalisierung zurückweisen

Verweilen wir noch einen Moment beim Dramatisierungstopos. Dessen konservative Variante kreist, wie zu sehen war, im Kern um heterogene Phänomene, die jeweils als „Kriminalität" drohen, mal als so genannte politische, mal als eine von diversen Bindestrich-Kriminalitäten (wie Rauschgiftkriminalität, Organisierte Kriminalität o.ä.). Hierbei scheinen sowohl spezifische *Qualitäten* eine Bedrohlichkeit zu begründen (bspw. die besondere Brutalität einer so genannte Russenmafia) als auch spezifische *Quantitäten* (bspw. wenn von „Verbrechensfluten" oder außerordentlichen statistischen Zunahmen von Kriminalität die Rede ist). Zu beiden Dimensionen existieren kritische Positionen, auf die ich nachfolgend zu sprechen komme. Allerdings scheint es mir darüber hinaus angeraten, auch eine hierin enthaltene, aber offensichtlich im Kritischen Diskurs nicht kritisierte Dimension zu hinterfragen. Anders gesagt: Wie verhält sich der *Mainstream* des Kritischen Diskurses zum Kriminalitäts- bzw. teils synonym verwendeten Verbrechensbegriff selbst?

Die vorweggenommene Antwort lautet: Auffällig indifferent. Die Kriminalitätskonstruktionen werden in der Regel im Umfang bezweifelt. Das heißt, die Drohkonstruktionen werden vorherrschend auf der Ebene der Quantitäten kritisiert, die Qualitäten werden, wenn überhaupt, nur selten in Zweifel gezogen, der Kriminalitätsbegriff an sich schon gar nicht. Dieses Handwerk wird dem Spezialdiskurs der so genannten Kritischen Kriminologie überlassen – und selbst dort ist es mittlerweile eine Randerscheinung. Das Hinterfragen des Kriminalitätsbegriffes – hier: in Gestalt der Thematisierung von Kriminalität als sozialer Konstruktion – scheint ein in „Auflösung befindliches Paradigma" (vgl. Cremer-Schäfer/Steinert 1998: 19 ff.). Statt dessen konkurriere man mit den Akteuren des Konservativen Diskursstrangs darum, das „Verbrechen ernst zu nehmen" (ebd.: 21 ff.; vgl. auch ebd. 200 ff.).

Die vorherrschend anzutreffende Kritikposition, derzufolge die Politik Innerer Sicherheit letztlich die Bedrohungen, die sie zu bekämpfen gedenkt, gar nicht träfe, dass sie notwendig fehlschlage, impliziert dreierlei: erstens ein Wissen über einen „tatsächlichen", über den „wirklichen" Umfang der Kriminalitätsbedrohung. Unrealistisch, übertrieben und überzogen seien die Szenarien der Akteure des Konservativen Diskurses, allerdings mit einer bestimmten Absicht – dazu später mehr. Damit eng verbunden ist – zweitens – ein Konkurrieren um taugliche

Ansätze zu einer den Bedrohungen adäquaten Sicherheitspolitik. Und drittens – was an dieser Stelle am wichtigsten ist – die den ersten beiden Implikationen notwendig vorausgehende Anerkenntnis der Geltung der jeweiligen Bedrohungskonstruktion *an sich*. In diesem Fall teilt der Kritische Diskursstrang die Feindbilder mit seinem konservativen Gegenstück. Der von der Kritik angeprangerte Skandal gilt nicht dem Konstruktionscharakter von Feindbildern und Bedrohungen selbst – obwohl dies ansatzweise, wenn auch nur in einer ganz spezifischen Hinsicht zu beobachten ist –, sondern vielmehr die Untauglichkeit der Inneren Sicherheitspolitik, die zu deren Bekämpfung propagiert wird. Diese weise bedenkliche Nebeneffekte auf, in dem sie die Falschen träfe. Oder schlimmer noch: Jene Nebeneffekte lassen sich als eigentlich beabsichtigte Hauptwirkungen entlarven. Diese Argumentationslinie verfolgen insbesondere diejenigen Kritiker, die die Innere Sicherheitspolitik gegen die stark politisch unterlegte Bedrohungskonstruktion des so genannten Terrorismus der 1970er-Jahre kritisieren: „Die Funktionen, die Anti-Terror-Gesetze *vorgeblich* erfüllen sollen, erfüllen sie nicht – dafür jedoch andere, von denen in der Gesetzgebung freilich nie die Rede ist" (Scheerer 1980: 126; Hervorh. TK).

Welche „anderen Funktionen" gemeint sind, wird in dem zitierten Text wenig später deutlich: „Sie dienen nicht der Bekämpfung des Terrorismus, sondern der Einschüchterung prinzipieller Opposition" (ebd.: 128; Hervorh. TK). Die Linke sei demzufolge bereits seit längerem das eigentliche Ziel. „Diskriminierung, Schmähung und Verhetzung linker Opposition" wären hierbei zwar, so betonen Kritiker, „keine Erfindung der siebziger Jahre" (Schiller/Becker 1977: 213). Gleichwohl könne seit dieser Zeit eine besondere Qualität nicht geleugnet werden: Jener Prozess sei „seit Anfang der siebziger Jahre [...] institutionell auf Dauer gestellt, verfahrensmäßig systematisiert und auf Formeln mit Rechtsnorm-Charakter gestützt" (ebd.). Nicht nur der Anspruch, den so genannten Terrorismus zu bekämpfen, wird als Vorwand enttarnt. Auch hinter der Behauptung, die Bekämpfung der so genannten gewöhnlichen Kriminalität zum Ziel zu haben, vermutet die Kritik nur die Absicht, politische Aktivitäten der Bevölkerung mit staatlicher Gewalt zu beantworten:

„Der spezifische Zuschnitt dieses Ausbaus [der Organisationsteile des staatlichen Gewaltapparates ab 1968] zeigt dabei, daß nicht die bessere Bekämpfung gewöhnlicher Kriminalität Bezugspunkt des Ausbaus ist, sondern die Furcht vor dem ‚wachsenden politischen Bewußtsein der Bevölkerung', wie es im Landesentwicklungsplan Niedersachsen 1985 [sic!] heißt" (Funk/Werkentin 1977: 191).

Aber auch für entsprechende Feindbildkonstruktionen des Konservativen Sicherheitsdiskurses der 1990er-Jahre ist im Kritischen Sicherheitsdiskurs Akzeptanz zu beobachten:

„Selbstverständlich darf nicht darüber hinweggesehen werden, daß auch in der Bundesrepublik in einigen Kriminalitätsbereichen Organisationsstrukturen, z.T. mit internationalen Bezügen, vorhanden sind, die speziell auf die Begehung von Straftaten ausgerichtet sind oder zumindest zu diesem Zweck genutzt werden. Als ‚Organisierte Kriminalität' bezeichnet werden Waffen- und Menschenhandel, Drogenkriminalität, Umwelt- und Wirtschaftskriminalität, aber auch Formen von Einbruchsdiebstahl, Urkundenfälschung und Versicherungsbetrug" (Kampmeyer/Neumeyer 1993a: 6).

Darüber hinaus könne ebensowenig „geleugnet werden, daß auch kriminelle Personen von dem Wegfall der Grenzkontrollen in Europa profitieren und eine Kontrolle somit erschwert wird" (ebd.). Die Forderung der Kritik lautet politisch-pragmatisch: „Jeglicher Form von Verbrechen muß mit einem Bündel aus präventiven und repressiven Maßnahmen begegnet werden" (ebd.). Hierbei wird im vorliegenden Beispiel zwar der Begriff der Öffentlichen Sicherheit präferiert und gegen den Innere Sicherheits-Begriff geltend gemacht, der staatsmännische Gestus und die Attitüde, sich als aufgeklärt-kritische und dennoch real-politisch tragbare Sicherheitsexperten zu empfehlen, werden gleichwohl beibehalten. Demnach beinhalte eine von den Kritikern geforderte „Politik der öffentlichen Sicherheit [...], die Bundesrepublik Deutschland als Standort für Verbrechen und illegalen Handel unattraktiv zu machen" (ebd.).

Auf eine knappe Formel gebracht lautet das Sujet des Kritischen Diskurses, das hierin – und tendenziell zunehmend – erkennbar wird: Kriminalität ernst nehmen, Innere Sicherheitspolitik (mit-)gestalten. Es ist die Manifestation der bereits an verschiedenen Stellen angesprochenen Bemühung der Kritik um Beteiligung. Diese Motiv ist allerdings *nicht* als ein den Kritischen Diskurs – über die gesamte Dauer des Untersuchungszeitraumes – durchweg und vor allem nicht in gleichbleibendem Umfang bestimmendes zu werten. Vielmehr ist diese Position Ergebnis von Entwicklungen und Anpassungsleistungen des Kritischen Sicherheitsdiskurses im historischen Verlauf. Sie ist Resultat von Auseinandersetzungen zwischen den dort anzutreffenden, durchaus heterogenen Positionen. Aus heutiger Sicht lässt sich jedoch konstatieren, dass sich besagte Position des „Kriminalität ernst nehmen und Sicherheitspolitik (mit-)gestalten" offenkundig durchgesetzt hat und den Kritischen

Diskurs mittlerweile dominiert. Dies wird von Teilen der Kritik auch selbstkritisch angemerkt:

„Es [das links-liberale Lager; TK] zeigt sich tough on crime und bemüht sich sichtlich, keine Differenzen zur konservativen Sicherheitspolitik aufkommen zu lassen, trotz mancher Nachhutgefechte" (Sack/Kreissl 1999: o.S.)

Vollends befreit von begrifflichen Berührungsängsten und einer grundsätzlichen Infragestellung herrschender Bedrohungsszenarien zeigt sich nachfolgendes Beispiel, das selbstdeklaratorisch seine Verortung im Vorfeld der Bundestagswahl 1994 vornimmt und damit ausdrücklich um Beteiligung so genannter kritischer Sicherheitsexperten am Projekt Innerer Sicherheitspolitik im Bundestagswahlkampf – und wohl auch darüber hinaus – wirbt: Zwar wären „die [...] vorgelegten Texte [...] nicht vom Wahlkampffieber beeinflußt" (Müller-Heidelberg 1994: 5), dennoch mögen sie „aber auch den Abgeordneten des Deutschen Bundestages helfen, die fachliche Seite bei der Bekämpfung der Kriminalität nicht aus den Augen zu verlieren" (ebd.). Bereits der erste Satz der Publikation belegt paradigmatisch das oben beschriebene Muster, nicht die zentralen Kategorien des Konservativen Diskurses an sich zu kritisieren, d.h. dessen begriffliche Qualität, sondern lediglich quantitative Aspekte zu bestreiten – und selbst hierin bleibt die vorgestellte kritische Position unentschieden, denn das Anwachsen von Kriminalität wird sehr zurückhaltend relativiert. Es dominiert das staatstragende Verständnis für die Sorgen der Bürger:

„Die in der Tat wachsende Kriminalität zählt zu den Sorgen der Bürgerinnen und Bürger, die deren Wahlentscheidung beeinflussen können. Freilich sind die Befürchtungen größer als die realen Gefahren" (ebd.).

Auch in diesem Satz scheint ein exklusives Wissen durch, dass die Kritiker für sich reklamieren, denn dies ist notwendige Voraussetzung dafür, um die tatsächliche Größe der „realen Gefahren" mit Entschiedenheit behaupten zu können. Die Humanistische Union (HU), eine traditionsreiche Organisation des Kritischen Diskurses, hinterfragt in ihrer Buchpublikation erst gar nicht den Begriff der Inneren Sicherheit – ganz im Sinne der beschriebenen Ambitionen bestimmter Teile des Kritischen Diskurses –, ihr geht es vielmehr um „INNERE SICHERHEIT" Ja – aber wie? (Müller-Heidelberg 1994; Großbuchstaben i. Orig.). Zweifel am Bekenntnis sollen nicht erst aufkommen und so ist die HU, in Gestalt der zitierten Publikation, darum bemüht, keine Antwort auf die zugleich gestellte Frage nach dem „wie" schuldig zu bleiben. Folglich werden

„Vorschläge [...] zur Erhöhung der Inneren Sicherheit" (ebd.: 54) unterbreitet.

Jene Vorschläge sind dabei allesamt durchzogen von einer Wahrnehmung des Phänomens Kriminalität, dass der im Konservativen Diskurs verbreiteten nur um weniges nachsteht. Hierbei wird ein Spezifikum des Kritischen Diskurses, der emphatische Bezug auf Demokratie und Bürgerrechte, auf eigentümliche Weise mit dem Ziel der Kriminalitätsbekämpfung verquickt: „Kriminalität scheut das Licht. Je demokratischer und offener eine Gesellschaft ist, ein desto schlechterer Nährboden ist sie für (Organisierte) Kriminalität" (ebd.: 55).[52] Demokratie und Offenheit sollen das Vertrauen der Bevölkerung in die Arbeit der Sicherheitsbehörden erhöhen (vgl. ebd.). Das Vertrauen führe schließlich dazu, dass Sicherheitsbehörden und Bevölkerung zusammenarbeiten (vgl. ebd.) – und dies sei wiederum „die wichtigste Voraussetzung einer effektiven Kriminalitätsbekämpfung" (ebd.).[53] Auch an anderer Stelle lautet das „Plädoyer für eine rationale Kriminalpolitik" (ebd.), so der Untertitel des Buches, zunächst progressiv: „Legalisierung der heute illegalen Drogen" (ebd.: 71), aber nur, um der so genannten Organisierten Kriminalität den „Lebenssaft" (ebd.), in Gestalt der aus der Illegalität des Handels resultierenden „enormen Gewinnspannen" (ebd.), zu nehmen.

Selbst die ethnisierende Feindbildrhetorik des Konservativen Diskurses wird – wohl im Glauben, sie positiv wenden zu können – übernommen, wenn darauf hingewiesen wird: „Der Blick nach Italien ist nicht nur sinnvoll, wenn es gilt, die Gefährlichkeit der Mafia deutlich zu machen, sondern auch bei der Frage, was dagegen zu tun ist" (ebd.: 55). Vollends angepasst an die nationalistisch aufgeladenen herrschenden Feindbilder erweisen sich die „Vorschläge", wenn die Öffnung des Polizeidienstes für Ausländer gefordert wird. Doppelt positiv sei diese Forderung. Würde sich doch die in Deutschland heimische ausländische Wohnbevölkerung nicht länger ausgegrenzt fühlen und die Polizei „als ihre eigene Polizei begreifen" (ebd.: 63) Und eine „effektivere Krimina-

---

52 Auf Metaphern wie „Nährboden" etc. und deren Wertigkeit wird hier nicht erneut eingegangen, sie werden als bekannt vorausgesetzt.

53 Der Unterschied zu Vorstellungen des seinerzeit amtierenden Bundesinnenministers Manfred Kanther, der 1998 zur Abwehr von Straftaten zur Bildung einer Koalition aller „an der Sicherheitsarbeit beteiligten staatlichen und kommunalen Behörden" (Kanther 1998: 17) gemeinsam „mit Bürgern und privaten Sicherheitsdiensten" (ebd.) aufrief, besteht auf metaphorischer Ebene: Kanther wollte eine „Front" (ebd.), die Kritiker formulieren ihre Vorstellung, wie das oben stehende Zitat zeigt, hingegen ziviler.

litätsbekämpfung" garantiere dies vor allem auch, denn bekanntlich könne

„etwa ein Polizist türkischer Herkunft schon aufgrund der sprachlichen Verständigung besser Straftaten in diesem Bevölkerungskreis aufklären, Zeugen und Beschuldigte befragen usw. und ein qualifizierter Russe als Abteilungsleiter im BKA wäre eine wirkungsvolle Abschreckung und ‚Waffe' gegen die Russenmafia" (ebd.: 63).[54]

Das bei all dem der biedere Hinweis darauf, dass „die richtige Gesellschaftspolitik" (ebd.: 11) eben auch „die beste Kriminalpolitik" (ebd.) sei, nicht fehlen darf und sowohl zu Anfang als auch am Ende dieses *alternativen Sicherheitspaketes* gegeben wird (vgl. ebd.: 72), soll hier nur der Vollständigkeit halber erwähnt werden.[55] Der Versuch jedoch,

---

54 Es scheint auch bei Kritikern ein beliebtes Motiv zu sein, ethnisierende Markierungen bzw. die Differenz entlang der Achse deutsch/ausländisch – wenn auch in positiver Absicht – ausdrücklich zu betonen. Während obiges Zitat dies zur Begründung der besonderen Eignung von „Ausländern" für den Polizeidienst macht, existieren auch Varianten, die unter Kritik verstehen, die von konservativer Seite behauptete Bedrohung durch so genannte Ausländerkriminalität mit dem Hinweis darauf zu relativieren, dass ja nicht nur die so genannten Kriminellen „Ausländer" seien, sondern – wie erleichternd – auch die Opfer. Hierbei erweist sich die Annahme als korrespondierendes Bild zur Notwendigkeit, endlich „Ausländer" in den Polizeidienst zu holen: Nachdem sich die Autoren Klingst und Pfeiffer im Sammelband *Mythos Sicherheit* (Gössner 1995) unter der Überschrift „Ausländer" (Klingst/Pfeiffer 1995: 31) *kritisch* mit dem gleichnamigen Feindbild auseinandergesetzt haben, bleiben – ihrer Meinung nach – „unterm Strich [...] zwei besorgniserregende Fakten" (ebd.: 33). Das zweite Faktum lautet hierbei: „Ausländer sind an einigen schweren Verbrechen überdurchschnittlich beteiligt: am Drogen- und Menschenhandel, an Mord- und Totschlag, an Vergewaltigungen, Raub und Wohnungseinbrüchen, an Schutzgelderpressungen. Der Kriminologe Klaus Sessar erinnert dabei an eine alte Erkenntnis: Gewalt von Ausländern heißt nicht automatisch Gewalt gegen Deutsche. *Ein italienischer Mafioso erpreßt Geld nur von seinen Landsleuten, ein türkischer Messerstecher greift meist einen Türken an*" (ebd.; Hervorh. TK).

55 Der Glaube, diese Strategie – so sehr sie auch die soziale Lage vieler Menschen in dieser Gesellschaft verbessern würde und deshalb wünschenswert ist – träfe den Kern der herrschenden Inneren Sicherheitspolitik, geht an den in dieser Arbeit bereits mehrfach geschilderten Spezifika der Feindbildungsprozesse vorbei. Gerade die Feindbildungen in den 1960er- und Anfangs der 1970er-Jahre zeigen doch, dass Prosperität keine Gewähr gegen Ausgrenzungen mittels der im Innere Sicherheitsdiskurs anzusiedelnden Feindbildungsprozesse darstellt. Darüber hinaus ist auch eine besondere Variante dieses Plädoyers vorfindbar, in der die Annahmen über so genannte Ausländerkriminalität und die Notwendigkeit einer Sozialpolitik (als bester Kriminalpolitik) in einer Weise kurzgeschlossen werden, die nur noch wenig bis gar keine Differenz zu den Zuwanderungsszenarien

mittels Hinweisen auf Exponenten des Konservativen Diskurses, die Ähnliches oder gar Dasselbe sagen, jenes Plädoyer für „Sozialpolitik" als gemeinsames, überparteiliches und vor allem sogar von Fachleuten – zitiert wird BKA-Präsident Zachert (vgl. ebd.) – empfohlenes Konzept Innerer Sicherheit zu betonen, verweist vielmehr auf bereits bestehende Gemeinsamkeiten und Überschneidungen zwischen beiden Diskursteilen, als auf die Evidenz der mit diesem Vorschlag verbundenen Effekte auf so genannte Kriminalität.

Man kann somit festhalten, dass im Kritischen Diskurs das Kriminalitätsverständnis, der Geltungsanspruch der Kategorie Kriminalität – solange es um so genannte gewöhnliche Kriminalität geht – zur Beschreibung gesellschaftlicher Wirklichkeit nicht bestritten, sondern mit dem Konservativen Diskurs geteilt wird. Aus dieser Perspektive wird Innere Sicherheitspolitik enttarnt, entschleiert und die eigentlichen im Sinne von „wahren" Absichten der Konservativen dekuvriert. Parallel dazu wird Kriminalität als Faktum einer prädiskursiven Wirklichkeit angenommen, das scheinbar dem Sicherheitsdiskurs nicht unmittelbar zuzurechnen sei, sondern auf das dieser lediglich reagiere. Insofern sind jene Kritiker lediglich konsequent, da sie – erkenntnistheoretisch in diesem *Setting* verbleibend – nur an den herrschenden Mitteln zur Bekämpfung laborieren können, statt in Betracht zu ziehen, dass die Kategorie Kriminalität selbst Bestandteil des Diskurses ist und mittels diesem jedes mal aufs Neue bekräftigt und geltend gemacht wird.

Zugleich markiert die geteilte Grundkategorie eine wichtige Schnittstelle zum Andocken bestimmter Teile des Kritischen Diskursstranges an seinen konservativen Widerpart. So lässt sich nämlich eine bürgerrechtsorientierte Kriminalpolitik kritisch einfordern und gleichzeitig, man bestreitet ja nicht radikal die Essenz des Konservativen Diskurses, eine Art ideologische Unbedenklichkeitsgarantie geben, die signalisiert, dass sich die Kritiker zumindest hinsichtlich dieses zentralen Begriffs

---

des konservativen *Mainstreams* aufweist: So müsse „auch in Zukunft mit einem Anstieg der Kriminalität gerechnet werden" (Klingst/Pfeiffer 1995: 36), sofern „die Armut in Deutschland insbesondere unter jungen Menschen weiter steigen sollte und der Einwanderungsdruck uns Zuwanderungsraten beschert, die der Arbeitsmarkt nicht auffangen kann" (ebd.). Die dramatisierende Koppelung von Kriminalitätsentwicklung und Zuwanderung aus kritischer Sicht festzurrend, betonen die Autoren daran anschließend, dass „ein erster Schritt gegen die […] beschriebene soziale Desorganisation" (ebd.: 37) wäre, „die Zuwanderung insgesamt gesehen so zu regulieren, daß die Aufnahmekapazität des Arbeits- und Wohnungsmarktes sowie des Sozialstaates nicht überfordert wird" (ebd.). Im konservativen Originalton heißt das einfacher und ehrlicher: Belastungsgrenze erreicht.

den Gegebenheiten fügen, sich durch „Realitäts"-Nähe und Pragmatismus auszeichnen, kurzum: das sie sicherheitspolitiktauglich sind.

Eine bemerkenswerte Ausnahme hinsichtlich der Verwendung der Kategorie Kriminalität gibt es – wie zu Beginn dieses Abschnitts bereits angedeutet wurde – allerdings. Sie bricht zwar nicht, das sei jetzt schon angemerkt, mit dem eben beschriebenen *Setting*. Jedoch indiziert sie, dass im Kritischen Diskurs durchaus Versuche anzutreffen sind, den Gebrauch grundsätzlich zurückzuweisen. Allerdings nur, wenn es um bestimmte, mit diesem Etikett belegte Gruppen geht. Hierbei zeigt sich, dass die bislang beschriebene Anerkenntnis und die soeben angesprochene Zurückweisung sich durchaus gegenseitig ergänzen können.

Die Zurückweisung betrifft den Gebrauch der Kategorien Kriminalität bzw. kriminell in Bezug auf die „Bürger", d.h. auf einen Personenkreis, dem er – in den Augen der Kritik – ungerechtfertigt angeheftet wird. Wichtig bei der Zurückweisung: Nicht der Begriff *per se* wird hinterfragt, sondern ob die mit ihm belegten Adressaten gerechtfertigt als „kriminell" oder „verbrecherisch" bezeichnet wurden/werden. Was umgekehrt mindestens offen lässt, dass er womöglich anderen Gruppen oder Individuen sehr wohl angemessen sei. Und allein schon diese Möglichkeit reicht aus, um als Bekräftigung des begrifflichen Kernbestands gelten zu können. Die Argumentationsfigur leistet in Richtung auf das in Schutz genommene Klientel zweierlei: Zurückweisung der so genannten Kriminalisierung in Bezug auf jenen Personenkreis, statt dessen Inanspruchnahme und Betonung des Bürger-Status im Sinne von Staatsbürgern. Der letzte Aspekt ist durchaus nicht zufällig, da er sich als direkte Gegenreaktion eines Spektrums erweist, das illegalisiert und mittels der Etikettierung kriminell in eine gesellschaftliche Außenseiterrolle gedrängt werden sollte, wie sich noch genauer zeigen lassen wird.

Der Skandal, den der Vorwurf der Kriminalisierung zu entfalten versucht – nämlich das (Staats-)Bürger von mit Kriminalisierung gleichzusetzender Innerer Sicherheitspolitik betroffen seien –, beinhaltet die zentrale Annahme, es träfe, da die meisten sich eigentlich nichts zu schulden kommen lassen, Unschuldige oder Unverdächtige, mithin eben keine so genannten Kriminellen. Bereits der Vorwurf der Kriminalisierung ruht also auf der Vorstellung einer *ungerechtfertigten* Kontextsetzung mit Verbrechen bzw. der Markierung als kriminell auf, was zugleich die Existenz einer *gerechtfertigten* impliziert. Kriminalisierung verweist auf den, der kriminalisiert – die Akteure des Konservativen Diskurses – und weniger auf den/die Kriminalisierten. Der Kriminalisierungs-Begriff, der in der Kriminologie (und gerade auch der so genannten Kritischen), als einem diskursiv höher geregeltem Spezialdiskurs, freilich wesentlich fundierter zum Einsatz kommt (vgl. bspw. Kaiser

1993a: 567; Sack 1993b: 386 ff.), wird in weniger hoch geregelten all-tagspolitischen Textfragmenten des Kritischen Diskurses eigentlich nur oberflächlich verwendet, um das Ungerechtfertigte, den Skandal zu betonen.

Vom (Bürger-)Protest zum (Protest-)Bürger als Sicherheitsrisiko – Implikationen einer Kritiklinie

Die Rede vom durch die herrschende Innere Sicherheitspolitik pauschal bedrohten Bürger versucht, durch die nahegelegte Maßlosigkeit damit einhergehender Repression und Ausweitung eklatanter Rechtsbeschränkungen auf eigentlich Unverdächtige, d.h. lediglich ihre verbürgten Rechte Inanspruchnehmende, die entschiedene Zurückweisung Innerer Sicherheitspolitik zu begründen. Vor diesem Hintergrund ist auf die mehrfach angesprochene Betroffenheitsperspektive zurückzukommen. Eine direkte Betroffenheit von Bürgern war bzw. ist insofern gegeben, wenn es sich bei jenen um Teile der so genannten Protestbewegungen oder auch Neuen Sozialen Bewegungen (NSB) handelt/e. Die Fokussierung Innerer Sicherheitspolitik auf dieses Spektrum thematisiert eine Vielzahl kritischer Texte (siehe hierzu bspw. die Sammelbände Appel et al. 1988 und Gössner 1988). Stellvertretend steht hierfür das nachfolgende längere Zitat, in welchem benannt wird, wer ab Mitte der 1970er-Jahre vorherrschend von den Sicherheitsapparaten mittels des Begriffes „verfassungsfeindlich" ins Visier genommen wurde und zu welchem Zweck:

„Es ging dabei um Angehörige der DKP, um Exponenten der außerparlamentarischen Opposition, um Mitglieder von ‚K-Gruppen' und um das Umfeld der ‚Rote Armee Fraktion'. Die Gegner dieser Praxis sprachen von *Berufsverboten*. Doch diese Orientierung an einer vermuteten oder bewiesenen Zugehörigkeit zu bestimmten Organisationen wurde bald als nicht mehr ausreichend angesehen. Die Bedrohung – so hieß es – kann von jedem ausgehen. Der Bürger wurde zum Sicherheitsrisiko. So entstand eine neue *Praxis des Abschreckens, des Einschüchterns und der ‚offensiven Kontrolle'*. Gegenüber den neuen sozialen Bewegungen, man denke besonders an die Ökologiebewegung, die Friedensbewegung und die Frauenbewegung, war es schwieriger geltend zu machen, daß diese die freiheitliche Grundordnung verletzten. Da jedoch – auf Grund politischer Setzung – diese Bewegungen als ‚Feinde' bestimmt werden, wurden spezifische Bekämpfungsideologien entwickelt. Ziel dieser Feindbekämpfung ist es, durch geeignete Maßnahmen die Mitglieder dieser sozialen

Bewegungen dazu zu bringen, in Zukunft von einer weiteren Teilnahme oder Unterstützung abzusehen" (Seifert 1991: 360 f.; Hervorh. i. Orig.).[56]

Doch selbst für den Fall, dass die Zugehörigkeit zum Spektrum jener Protestbewegungen nicht gegeben scheint, wird eine Betroffenheitsperspektive *aller* Bürger unterstellt:

„Diese geplanten ‚neuen Sicherheitsgesetze' schaden der repräsentativen Demokratie, sie schädigen Ihre Rolle als Abgeordnete, *sie fügen allen Bürgerinnen und Bürgern Schaden zu. Auch solchen, die nie daran gedacht haben, sich öffentlich zu äußern oder um ihrer gefährdeten Interessen willen zu demonstrieren"* (o.N. 1990: 62; Hervorh. TK).

Insbesondere das vorletzte Zitat lieferte Hinweise auf eine deutliche Parallele zwischen Feindbildentwicklung einerseits und (Protest-) Bewegungsentwicklung andererseits, die zunächst auf die Studentenbewegung als gemeinsamen Ausgangspunkt zurückverweist. Aus dieser Hauptströmung, die als homogen zu bezeichnen sicherlich unangemessen wäre, ist seinerzeit

„eine Vielzahl von Formen hervorgegangen [...]: die politische Apathie und Depression, die reumütige Rückkehr in die großen Parteien, der ‚Lange Marsch durch die Institutionen', die (kurzlebige) ‚Betriebsarbeit', die verschiedenen politischen Sekten, gemeinhin K-Gruppen genannt, die Bürgerinitiativen, die Frauenbewegung, die Ökologie- und Alternativbewegung mit ihren verschiedenen Ausdrucksformen, darunter der Rückzug in einfache, oft ländliche Lebensformen, insgesamt die ‚Subkultur' als (in sich diversifizierte) Form der Lebensführung und Infrastruktur für verschiedene kulturelle und politische Projekte. Sie alle können als ‚konsequente Fortführungen' von Ansätzen und Erfahrungen aus der ‚Studentenbewegung' verstanden werden" (Steinert 1988: 18 f.).

In Anlehnung an Steinerts Beschreibung verwundert es also kaum, wenn in den 1970er- und 1980er-Jahren eben jene Gruppen in den Fokus der Sicherheitsbehörden rückten, wie kritische Texte einschlägig dokumentieren. Steinerts Überblick über die aus der Studentenbewegung hervorgehenden Einzelströmungen ist nahezu deckungsgleich mit Seiferts Aufzählung der Objekte sicherheitspolitischer Begierde. Der Sicherheitsapparat diversifizierte seine Feindbilder entsprechend der Aufsplitterung der zerfallenden Studentenbewegung aus, er entließ sie nicht aus seiner *argwöhnenden Obhut*, wie man euphemistisch sagen könnte.

---

56 Als ein Beispiel für die Methoden nennt Seifert u.a. „Kriminalisierung" (Seifert 1991: 361).

Umgekehrt artikulierten diese Bewegungssegmente im Rahmen der ihnen gegebenen Möglichkeiten ihre Kritik an der als Kriminalisierung erlebten Aufmerksamkeit, die ihnen durch den repressiven Staatsapparat zuteil wurde. Seit je her, d.h. seit der Auseinandersetzung um die Notstandsgesetze wurde vor Folgen und Implikationen von Sicherheitsgesetzen gewarnt, deren bedrohliche Konsequenzen in Entdemokratisierung und dem Abbau des Rechtsstaats bestünden. Von der befürchteten Entwicklung seien letztlich *alle* Bürger nachteilig betroffen – Staatsbürger, muss man hinzufügen. Hierbei ist die Doppelrolle eines Teils jener betroffenen Bürger im Sicherheitsdiskurs selbst hervorzuheben: Zum einen sahen diese sich *in persona* sowie ihre und die Rechte anderer bzw. Rechtsstaatlichkeit im allgemeinen durch Innere Sicherheitspolitik bedroht, zum anderen artikulierten sie just aus eben dieser Position heraus ihre vernehmliche Kritik hieran, waren also selbst, in Gestalt der Bürgerrechtsorganisationen und ihrer Exponenten, Teil der Neuen Sozialen Bewegungen und konstituierten sich als kritischer Gegendiskurs mit thematischem Bezug auf Innere Sicherheit. Betroffenheit und Akteursstatus fielen in diesem Teil der Protestbewegung also zusammen. Diesen Sachverhalt anzuerkennen bedeutet, fortan von der *Bewegungsgebundenheit der (politischen) Kritik an Innerer Sicherheitspolitik* zu sprechen. Diese Bewegungsgebundenheit ist quasi eingeschrieben in die Entstehungsgeschichte des Kritischen Diskurses und wirkt bis heute fort.

Gegendramatisierungen und ätiologisches Kriminalitätsverständnis, sozialtechnokratische Beratungswissenschaft und Kritische Kriminologie – Versuch einer differenzierenden Rückbindung

Vor einer weiterführenden Beschäftigung mit dem Befund der Bewegungsgebundenheit des Kritischen Diskursstranges gilt es, die aus der bisherigen Beschäftigung mit den Topoi und Mustern gewonnenen Erkenntnisse hinsichtlich ihres Aussagewertes in Bezug auf eine mögliche Binnendifferenzierung des Kritischen Sicherheitsdiskurs zu erörtern. Das Moment der Bewegungsgebundenheit erweist sich auch hierfür als ein bedeutsamer Referenzpunkt.

Wie zu sehen war, prägen (Gegen-)Dramatisierungs- und (Gegen-)Skandalisierungsmuster entscheidend den *Mainstream* des Kritischen Diskursstranges. Sie bezwecken, im Rahmen der öffentlich-medialen Auseinandersetzung, gesellschaftlichen Widerstand gegen herrschende und/oder sich abzeichnende zukünftige Innere Sicherheitspolitik zu mobilisieren. Insofern ist dem *Mainstream* nicht nur die o.g.

Bewegungs*gebundenheit* mit Blick auf seine Entstehungsgeschichte bzw. die seiner Akteure inhärent, sondern auch eine Bewegungs*orientierung* in Bezug auf potenzielle Adressaten. Dass dabei aktuell auch an Regierungsparteien, d.h. parlamentarische Akteure appelliert wird, ist der Tatsache geschuldet, dass die amtierende rot-grüne Bundesregierung – im Gegensatz zu ihren Vorgängerinnen – von Teilen des Kritischen Diskurses als aussichtsreiche Ansprechpartnerin angesehen wird. Solche Zuversicht gründet weniger im Glauben an sozialdemokratische Kritiktraditionen bezüglich Innerer Sicherheitspolitik, als vielmehr in der Regierungsbeteiligung der Partei Bündnis 90/Die Grünen. Die hoffnungsvolle Bezugnahme auf letztere als einem Adressaten, der dem Anliegen von Innerer Sicherheitskritik ebenfalls verpflichtet sei, steht durchaus nicht im Widerspruch zum konstatierten Bewegungshintergrund und der Bewegungsorientierung des *Mainstreams* der Kritik – im Gegenteil.

Scheerer (1986) beobachtet in einem anderen, aber durchaus verwandten Kontext einen „Institutionalisierungszwang einer jeden sozialen Bewegung bei Strafe des Untergangs" (Scheerer 1986: 152). Mobilisierung könne demzufolge „nicht auf Dauer von der Hand in den Mund betrieben werden" (ebd.). Er konstatiert eine in diesem Prozess sich fast notwendig vollziehende „Abspaltung einer Funktionärselite von der Basis" (ebd.). Damit ist im zitierten Text der parlamentarische Arm der Neuen Sozialen Bewegungen in Gestalt der Partei der Grünen angesprochen (vgl. ebd.: 138). Insofern ist der Bewegungshintergrund also auch für jene Partei geltend zu machen. Dieser Institutionalisierungsprozess komme konservativen Potenzialen der Neuen Sozialen Bewegungen entgegen. Diese Dynamik gelte derweil *nicht nur* für deren sich als Partei institutionalisierende Teile. Gerade auch von Auswirkungen auf verbleibende, nicht-parlamentarische Bewegungsteile ist die Rede: Hier weist Scheerer daraufhin, dass jene Abspaltungstendenzen „auf lange Sicht mindestens die *Stärkung konservativer Teile der Bewegung* (wenn nicht überhaupt deren Spaltung und Auflösung durch Absorption) begünstigt" (ebd.: 152; Hervorh. TK).

Unter der Annahme, dass der Kritische Diskurs durchaus unterschiedliche Kritiktraditionen und -linien umfasst – ein Sachverhalt, der sich in der mehrfach angesprochenen theoretischen und organisationsstrukturellen Heterogenität dieses Stranges niederschlägt –, ist die Etablierung eines *Mainstreams* des Kritischen Diskurses im Zeitverlauf als Durchsetzung bestimmter Muster *innerhalb* des Kritischen Diskurses zu deuten. Berücksichtigt man ferner die beschriebenen Konvergenzen zwischen den als *Mainstream* vorgestellten Positionen und dem Konservativen Sicherheitsdiskurs sowie die Bewegungsgebundenheit des Kritischen Diskurses, kann diese Durchsetzung unter Rückgriff auf Scheerers Analyse durchaus auch als „Stärkung konservativer Teile" (ebd.) innerhalb dieses Spektrums der politisch-bewegten Inneren Sicherheitskritik interpretiert werden. Diese Deutung beruht auf der Prämisse, dass die vorfindbare Zuordnung „kritisch" für einen Teil der politischen Positionen im Kritischen Sicherheitsdiskurs *nicht* im Widerspruch zu deren gleichzeitiger Bewertung als „konservativ" steht. Es handelt sich hierbei nur um eine vermeintliche begriffliche Paradoxie. Auf Ebene einer ordnungstheoretischen Ein- und Zuordnung lassen sich nämlich, wie gezeigt werden konnte, zahlreiche *politisch kritische* Beispiele finden, die implizit *ordnungstheoretisch konservative* Grundprämissen teilen oder Positionen vertreten.

Scheerers Analyse liefert somit für die Beurteilung der Bedeutung des bislang vorgestellten Kritischen Diskursstrangs zahlreiche wertvolle Anhaltspunkte. Nicht zuletzt der Referenzpunkt seiner Überlegungen – Kriminalisierungsforderungen, mit denen sich die Neuen Sozialen Bewegungen an den Staat wenden (vgl. ebd.: 133) – besitzt von vorneherein eine besondere inhaltliche Nähe zum Gegenstand Sicherheitsdiskurs (und seines kritischen Teils) und erlaubt es, Scheerers Befunde in Teilen zur weiteren Analyse des Kritischen Diskursstranges und seiner Entwicklung heranzuziehen. Dreh- und Angelpunkt ist hierbei die Feststellung vom „institutionellen Umschlag" (ebd.: 136) der Neuen Sozialen Bewegungen. Dieser Umschlag manifestiere sich in deren mittlerweile parlamentarischer Präsenz und der damit verbundenen „prinzipiellen Chance auf Mit-Herrschaft" (ebd.: 138) und könne mittels vier Punkten charakterisiert werden: „1. Akzeptanz herrschender Sprache [...] 2. Koalition mit den Instanzen sozialer Kontrolle [...] 3. Akzeptanz des Strafrechts [...] 4. Akzeptanz des ‚starken Staates'" (ebd.: 142).

Vor dem Hintergrund dieser Grobrasterung lassen sich durchaus auch politisch kritische Positionen zur Inneren Sicherheitspolitik, wie sie in dieser Arbeit bisher vorgestellt wurden, nuancierend untereinander abgrenzen. Dies ermöglicht *zugleich* eine binnendifferenzierende Betrachtung des Kritischen Sicherheitsdiskurses.

Auch der aktuelle, bisher rekonstruierte *Mainstream*, zentral geprägt von Strategien der (Gegen-)Skandalisierung und (Gegen-)Dramatisierung, stellt die Kriminalitätskategorie nicht grundsätzlich in Frage, sondern nur insoweit sie den/die unschuldigen Bürger träfe. So gesehen dominiert selbst den *Mainstream* ein ätiologisches Kriminalitätsverständnis – mindestens implizit. Eine radikal staatskritische oder gar antiinstitutionelle Grundposition ist sein Kennzeichen nicht. Ansätze bzw. Reste einer solchen Staats- bzw. Institutionenkritik schlagen sich im Kontext der eben angesprochenen Zurückweisung sog. ungerechtfertigter Kriminalisierung eigentlich Unverdächtiger, Unbescholtener etc. nieder. Mit dem umgekehrten Effekt, staatliche Repression bzw. strafende und strafverfolgende Instanzen in Bezug auf den Gegenstand *wirkliche Kriminalität* allenfalls als nicht angemessen zu kritisieren. Hierin dokumentieren sich Konvergenzen mit dem Konservativen Sicherheitsdiskurs. In weiten Teilen prägen den (politisch) Kritischen Sicherheitsdiskurs Akteure in Gestalt „atypischer Moralunternehmer" (ebd.). Sofern Spezialdiskurse innerhalb des Kritischen Diskurses besondere Geltung besitzen, indem sie die politisch kritischen Diskursteile mit Fachwissen „beschicken", sind es mittlerweile stark politikwissenschaftlich geprägte und – als deren Akteure – an einem stärkeren Einfluss auf das institutionelle System Innerer Sicherheit orientierte Beratungsexperten, die – wenn auch in kritischer Absicht – kontrollwissenschaftliche Problemsichten teilen. Kritische Absicht konkretisiert sich dabei als zum Bestehenden sich kritisch-funktional verhaltende. Es kommt innerhalb des Kritischen Diskurses zur Konkurrenz mit politisch kritischen Bewegungsakteuren um Einfluss und Geltung. Die diskursinternen Rivalitäten äußern sich zum Teil in gegenseitigem Bestreiten von Kompetenzen, Expertenstatus und Zuständigkeiten.

Dem Bedeutungsgewinn solcher *neuen* Fachdisziplinen und Experten korrespondiert ein Verlust des Einflusses anderer Fachdisziplinen in Gestalt abnehmender Relevanz bislang als gesichert geltender Theoriepositionen. Ein zentraler Aspekt, anhand dem sich diese korrespondierende Entwicklung beispielhaft vorstellen lässt, ist der bereits angesprochene Umgang mit der Kategorie „Kriminalität". Hierzu ist zunächst noch einmal auf Scheerer und dessen Analyse des sog. institutionellen Umschlages der Neuen Sozialen Bewegungen zurückzukommen. Zu konstatieren ist zunächst – und dies, wie auch die damit verbundenen Schlussfolgerungen, hat aus meiner Sicht auch für den *Mainstream* des Kritischen Diskurses zu gelten –, dass von einer am sozialen Konstruktionscharakter von Begriffen wie „Kriminalität" und „Verbrechen" etc. orientierten Betrachtungsweise nicht viel geblieben ist (vgl. ebd.: 143).

Da solch ein Zugang zum einen einmal zum „Alltagsverständnis der Neuen Linken" (ebd.) zu zählen war und es sich hierbei zum anderen gleichzeitig um „die zentrale Einsicht" der sog. Kritischen Kriminologie handelt (vgl. Cremer-Schäfer/Steinert 1998: 19), ist daraus auch auf einen Bedeutungsverlust von Ansätzen, die der Kritischen Kriminologie verpflichtet sind, im *Mainstream* des Kritischen Sicherheitsdiskurses zu schließen. Dieser Bedeutungsverlust des Spezialdiskurses der Kritischen Kriminologie hinsichtlich des *Mainstreams* dokumentiert sich auch in einer allenfalls marginalen Rolle von sog. abolitionistischen Ansätzen (zum Abolitionismus vgl. Schumann 1985; Steinert 1986).

Meines Erachtens lässt sich die Auseinandersetzung um die Geltung der konstruktivistischen Perspektive – die zudem nur als „milder Konstruktivismus" (Cremer-Schäfer/Steinert 1998: 21) bewertet wird – bis hinein in die Fachdisziplin selbst zurückzuverfolgen. Das heißt: Jener Ansatz ist nicht nur hinsichtlich seiner Relevanz für den *Mainstream* des politisch kritischen Diskurses prekär; er scheint selbst *innerhalb* der Fachdisziplin Kritische Kriminologie umstritten. Ohne alle Details und Feinheiten dieser Auseinandersetzung an dieser Stelle nachzuzeichnen (siehe hierzu ausführlich Cremer-Schäfer/Steinert 1998), erscheint es doch wichtig, diese Tendenz wenigstens in groben Zügen zu umreißen. Das „Kriminalität ernst nehmen", als eine auch im politisch kritischen Diskurs erstarkende Argumentationsfigur, wird bereits seit einiger Zeit innerhalb der Kritischen Kriminologie diskutiert – mit dort entsprechend weitreichenden Konsequenzen. Sie wird von Chronisten und Geschichtsschreibern der Kritischen Kriminologie als Wendepunkt angesehen, der das Ende einer kurzen Phase der Hegemonie markiert (vgl. ebd.: 20):

„Es gab eine Zeit, in der schien dieser Stand an kritischer Wissenschaftlichkeit erreicht, offensiv vertreten und immerhin soweit duchgesetzt, daß kriminologische Forschung die dahinter zurückfiel, mit scharfer Kritik rechnen mußte, und daß es eine Gruppe von Wissenschaftlern gab, die auf diesem Standard aufbauend ins Detail und sonst weiterarbeitete" (ebd.: 20 f.).

Die Parole „Kriminalität ernst nehmen" erweist sich als „linker Populismus" insofern es ihren Protagonisten darum geht, glaubwürdig zu machen, „die Kriminalität selbst besser bekämpfen zu wollen und zu können" (ebd.: 24) – und damit zentrale Positionen des Konservativen Diskursstranges zu teilen. Denn:

„Genau das wurde traditionell der politischen ‚Linken' oder gar den ‚Liberalen' nicht zugetraut. ‚Linker Realismus' und sein ‚Kriminalität ernst nehmen' ist das Bemühen darum, solche Kompetenz doch glaubwürdig zu machen, und zwar unter Hinnehmen aller genannten Voraussetzungen und also des Grundmodells von ‚Verbrechen & Strafe' und ‚Täter & Opfer'" (ebd.).

Die Bewegungsgebundenheit des Kritischen Diskurses

Mit dem Zerfall der Studentenbewegung in die genannten Einzelströmungen (vgl. auch Brand et al. 1983: 75 ff.) waren auch gewisse Veränderungen des Auftretens auf der innenpolitischen Bühne verbunden. Jene Einzelströmungen wirkten zwar auf Alltagsebene und in den Nischen linker Projekte weiter, die Neuen Sozialen Bewegungen artikulierten sich jedoch vorherrschend um bestimmte Anlässe bzw. Themen herum (Stichworte: Frieden, Umwelt, Anti-Kernkraft etc.) – mit entsprechenden Schwankungen in der öffentlichen Wahrnehmung, die sich zumeist „am Maßstab von Großmobilisierungen [wie] der Friedens- oder Ökologiebewegung in den 80er Jahren orientiert" (Klein et al. 1999a: 7; vgl. auch Redaktion *diskus* 1991: 317). Was folgt daraus jedoch für die Zeit der 1990er-Jahre? Auch wenn manche Bewegungsforscher der Einschätzung widersprechen, dass im Verlauf der 1990er-Jahre ein Abflauen, ein Schwinden oder gar die Auflösung jener in den 1970er- und 1980er-Jahren verorteten Bewegungsmilieus zu konstatieren sei (vgl. Klein et al. 1999a: 7), bleibt doch vorläufig anzuerkennen, dass auch die Neuen Sozialen Bewegungen zumindest einen Wandel durchliefen, der solche Wahrnehmungen provozierte.

Um so bemerkenswerter ist deshalb – unabhängig davon, ob man nun zunächst von einem Wandel oder letztlich vom Niedergang der Neuen Sozialen Bewegungen sprechen möchte –, dass angesichts dieser Veränderungen die ansatzweise erkennbaren Organisationsstrukturen und die inhaltlichen Positionen des weiter oben beschriebenen Teilspektrums, dass in Gestalt des Kritischen Sicherheitsdiskurses bislang behandelt wurde, davon wenig betroffen zu sein scheinen. Lässt man einmal die simple Einschätzung außer acht, dass eine über die Jahrzehnte unveränderte Innere Sicherheitspolitik eben eine ebenso unveränderte Kritik provoziere und stellt zumindest das im Vergleich zu o.g. Ausrichtung geänderte Hauptfeindbild der 1990er-Jahre in Rechnung (so genannte kriminelle Ausländer in verschiedensten Ausprägungen), sind folgende, sich gegenseitig ergänzende Bewertungen in Betracht zu ziehen:

• Hierin dokumentiert sich ein Beharrungsvermögen – durchaus in einem positiven Sinne von Mobilisierungserfolg zu verstehen – von (Rest-)Bewegungsteilen, welches der Ausbildung quasi-institutioneller Strukturen geschuldet ist. Sowohl organisatorisch-personell als auch inhaltlich kompensiert diese Basisstruktur den Wandel bzw. das Schrumpfen eines bürgerrechtlich orientierten Bewegungsspektrums, d.h. eines alternativen Protestmilieus. Die von der – relativen – Massenbasis der Bewegten entkoppelten, quasi-institutionalisierten Organisationskerne sichern die inhaltliche Kontinuität der Kritik Innerer Sicherheit – bis heute.

• Die zunehmende Entkopplung der kritischen Position – gemeint ist hier freilich die als *Mainstream der Kritik* vorgestellte – von einer bis in die 1980er-Jahre hinein vorherrschenden Perspektive *direkter* Betroffenheit (s.o.), bedeutet letzten Endes eine Verallgemeinerung jener Kritik. Die Bedrohung Innerer Sicherheitspolitik wird über die kleiner werdende Gruppe der (ehemals) unmittel- und spürbar Betroffenen hinaus ausgeweitet, in dem sie die mit der Inneren Sicherheitspolitik identifizierten Gefahren (Abbau von Rechten, der drohende Überwachungsstaat etc.) hyperthrophiert und auf die Allgemeinheit der Staatsbürgergemeinschaft ausdehnt. So gesehen wird der Betroffenheitsstatus beibehalten, aber als indirekter auf alle Bürger bezogen („wir alle" seien bedroht).

• Obschon die Fortdauer und Ausweitung der, man ist geneigt zu sagen: *tradierten* Kritik weiter zentrales Anliegen des verbliebenen Bewegungsspektrums ist, d.h. der ehemals Betroffenen – und von deren Organisationskernen –, sind deutliche Reaktionen auf Feindbildveränderungen zu beobachten. Die kritische Position passt sich den veränderten Bedingungen also durchaus an. Allerdings um letztlich die altbekannte Position im neuen Gewand zu vertreten. So wird der aktuelle Wechsel des Leitfeindbildes, der sich seit Mitte der 1990er-Jahren besonders deutlich zeigt, anerkannt und kritisch betont, dass aktuelle Innere Sicherheitspolitik vorherrschend so genannte Ausländer ins Zentrum rücke (vgl. bspw. Humanistische Union et al. 2001: 4 f.; Lederer 2001). In einzelnen Beispielen scheint jedoch durch, dass letztlich in erster Linie doch wieder die Gefahren für die so genannte Mehrheitsbevölkerung, d.h. für „uns" Staatsbürger, Grundlage der Befürchtungen und der Kritik sind: „An Ausländern werde ,vorexerziert, was gegenüber der Gesamtbevölkerung noch nicht durchsetzbar ist'" (Bebenburg 2002). Der Frage, ob diese Kritikposition geeignet ist, die Situation der von Innere Sicherheitspolitik zunächst betroffenen Nicht-Staatsbürger zu ändern, wird später nachgegangen. Vorerst ist zu konstatieren, dass jene Art der Kritik Züge von Stellvertreterpolitik trägt, die den jenen Personen kraft der Feindbildkonstruktionen des Konservativen Sicherheitsdiskurses zugewiesenen Objektstatus von kritischer Seite komplettiert. Zugespitzt ließe sich auch von einer Kritikposition sprechen, die im Ansatz paternalistisch ist.

Im Anschluss an den hier entfalteten Aspekt der Bewegungsgebundenheit des Kritischen Diskurses möchte ich abschließend nochmals die

Frage nach „Wandel oder Niedergang der Neuen Sozialen Bewegungen"
aufgreifen und auf die bereits zitierte Einschätzung von Klein et al.
(1999a), die ein Abklingen der Aktivitäten Neuen Sozialen Bewegungen
in den 1990er-Jahren bestreiten (ebd.: 7), präzisierend antworten: Ein
Abklingen der Protestaktivitäten im Vergleich zu den 1970er- und
1980er-Jahren ist durchaus feststellbar, sofern man die Aktivitäten die-
ser Phase als „Mobilisierung einer mehr oder weniger großen Zahl von
Bürgern" (Neidhardt/Rucht 1999: 130), d.h. im Sinne einer „kollektiven
Basismobilisierung" (ebd.) versteht und zugleich auf den „Komplex
‚Demokratie, Bürgerrechte'" (ebd.: 139) fokussiert. In diesem Komplex
gehe es laut Neidhardt und Rucht „um Themen wie Notstandsgesetze,
Radikalenerlaß, Meinungsfreiheit, Volkszählung etc." (ebd.). Diese
Aufzählung ist als ausreichende thematische Überschneidung mit dem
Kritischen Diskursstrang anzusehen, um die Analysen und Ergebnisse
der beiden Bewegungsforscher zu diesem Protestkomplex auf den Kritischen Diskursstrang rückbeziehen zu können. Beide Autoren betonen
unter anderem: „Er [der Komplex „Demokratie, Bürgerrechte"; TK]
dominiert in den späten sechziger und in den siebziger Jahren" (ebd.) die
Protestagenda. Selbst wenn man berücksichtigt, dass andere „Komplexe", die der Friedens- (vgl. Schöffmann 1988), der Anti-Atom- (vgl. Lederer 1988) oder der Umwelt- bzw. Ökologiebewegung zuzurechnen
sind, in der anschließenden Dekade der 1980er-Jahre dominierten (vgl.
Neidhardt/Rucht 1999: 139), bleibt also festzuhalten:

„In allen Fällen handelt es sich um mehr oder weniger ausgeprägte Protestzy-
klen, die durch ein in den siebziger und achtziger Jahren sich etablierendes
‚alternatives' Protestmilieu in Gang gesetzt wurden und dann, in ihren politischen Effekten mehr oder weniger erfolgreich, wieder etwas zurückgingen"
(ebd.).

Mehr noch: Die Akteure des Kritischen Sicherheitsdiskurses können,
entsprechend der oben benannten thematischen Korrelation mit dem
„Komplex ‚Demokratie, Bürgerrechte'" (ebd.: 139) und im weiteren
Anschluss an Neidhardt und Rucht dem Akteurstypus „Bürgerinitiativen
und bewegungsförmige Netzwerke und Gruppierungen" (ebd.: 144) zugerechnet werden. Den unterschiedlichen Akteurstypen seien demnach
nicht nur bestimmte Organisationsmerkmale zu eigen (vgl. ebd.), sondern damit verbunden auch eine spezifische „Plazierung in einem politischen Feld, dessen Orte sich nach ihrer Nähe zu den politischen Ent-
scheidungsträgern eher dem ‚Zentrum' oder der ‚Peripherie' zuordnen
lassen" (ebd.). Besagte Akteure sind folglich „als relativ schwach institutionalisierte Repräsentanten der politischen Peripherie" (ebd.) einzu-

stufen – bislang. Diese Zuordnung wird auch durch den Befund bestätigt, „daß informelle *Bürgergruppen* und *Bewegungsnetzwerke* seit dem
Ende der sechziger Jahre deutlich an Gewicht gewinnen" (ebd.: 145;
Hervorh. i. Orig.), also einem Zeitpunkt, der auch für den Sicherheitsdiskurs eine besondere Bedeutung besitzt. Es zeigt sich schließlich, dass
die anderen oben genannten Protestkomplexe sich nicht nur in den
1970er- und 1980er- Jahren etablierten (vgl. ebd.: 139), sondern als typische Bewegungsbereiche dieser Zeit gelten können (vgl. ebd.: 146).
Sie spielten in dieser Zeit sogar die „führende Rolle bei Protestmobili-
sierungen" (ebd.). Gleichzeitig ist jedoch zu konstatieren, dass bestimmte Konfliktbereiche, die von den Neuen Sozialen Bewegungen
„dramatisiert wurden" (ebd.)[57] – und hierzu zählen Neidhardt und Rucht
insbesondere den „Protestbereich Demokratie/Bürgerrechte" (ebd.) – „in
den neunziger Jahren abgeklungen sind (ohne freilich schon verschwun-
den zu sein [...])" (ebd.). Diese Einschätzung aus Perspektive der Bewegungsforschung deckt sich m.E. weitestgehend mit der bisherigen
Analyse des Kritischen Sicherheitsdiskurses. Das Abklingen korrespondiert mit der Bewertung, dass eine Ablösung vom bisherigen Bewegungshintergrund (infolge eines schrumpfenden Protestmilieus) und
damit verbunden von einer unmittelbaren Betroffenheitsperspektive der
kritischen Akteure zu beobachten ist. Der Hinweis, es handele sich um
einen lediglich abklingenden Protestbereich, „ohne [...] schon ver-
schwunden zu sein" (ebd.), lenkt das Augenmerk auf die Feststellung,
dass der Kritische Diskurs sich in Gestalt seiner Organisationskerne
dennoch, wie mehrfach angemerkt, als relativ *feste Größe* in der öffentlichen Auseinandersetzung etablieren konnte. Zugleich liefert die Bemerkung, dass jenes Abklingen womöglich fortschreite, einen Hinweis
auf ein Prekär-Sein der kritischen Position.

Vor dem Hintergrund dieser Entwicklung lassen sich allerdings *auch*
die verschiedentlich angesprochenen deutlichen Bestrebungen von Teilen des Kritischen Diskurses nach verstärkter Berücksichtigung bei kon-
struktiven Aushandlungen Innerer Sicherheitspolitik und deren Bemühen um Anerkennung als Verhandlungspartner der *klassischen* institutionellen Akteure der Inneren Sicherheit bewerten, die dem Konservativen Diskursstrang zuzurechnen sind. Hierin ist das Moment enthalten,
jenes Abklingen zu kompensieren. Dies erklärt sich daraus, dass der
Wandel bzw. das Schwinden des Protestmilieus sich auch im Kritischen
Diskurs in Form von einer Veränderung der Organisationsmerkmale artikuliert. Mit entsprechenden Veränderungen in Bezug auf dessen spezi-

---

57 Das Kurzzitat liefert hiermit zugleich auch einen indirekten Hinweis auf
die Existenz des Dramatisierungstopos aus Perspektive der Bewegungsforschung.

fische Platzierung im „politischen Feld" (ebd.: 144). Es begünstigt eine Entwicklungsdynamik, die bisherige Position der „relativ schwach institutionalisierten Repräsentanten" aufzugeben und sich – von der „Peripherie" kommend – immer mehr dem „Zentrum" (ebd.), d.h. der Sphäre der politischen Entscheidungsträger anzunähern. Zum anderen resultieren die Annäherungsprozesse aus Veränderungen im politischen System, die gleichfalls mit der Existenz der Protestbewegungen in Zusammenhang stehen:

„Das politische System hat den [...] ‚Druck von unten' [...] durch Anreicherung von Partei- und Regierungsprogrammen, mit der Einrichtung neuer Ressorts, mit der Finanzierung einschlägiger Forschungsprogramme, mit der Bildung partizipativer Verfahren der Dauerkommunikation etc. aufgenommen, differenziert und kleingearbeitet" (ebd.: 161).

Die Annäherung der als Konservativer und Kritischer Strang vorgestellten Diskursteile vollzieht sich so betrachtet von beiden Seiten. Solch eine Tendenz dokumentiert sich in Anlehnung an die zitierten Bewegungsforscher auch darin, dass insbesondere „die politische Karriere der Partei Bündnis 90/Die Grünen [...] ein Ausdruck entsprechender Lernprozesse des politischen Systems [ist], das sich alles in allem als bemerkenswert flexibel erweisen [sic!] hat" (ebd.). Abgesehen davon lenkt diese Einschätzung, gerade wenn man die vorangegangenen Ausführungen berücksichtigt, das Augenmerk auf den Bewegungshintergrund dieser Partei und somit auch auf eine traditionelle Affinität von Kritischem Diskurs und der Partei Bündnis 90/Die Grünen.

Für den Kritischen Sicherheitsdiskurs kann festgehalten werden: Mag seine Wirkung, bezogen auf die Verhinderung von Sicherheitsgesetzen, auch durchaus skeptisch zu beurteilen sein, er kann insofern als erfolgreich gelten, als er sich bis heute – entgegen dem tendenziellen Schwund des ihn seinerzeit maßgeblich prägenden Protestmilieus und abnehmender Repressionsbetroffenheit – in der öffentlich-publizistischen Wahrnehmung dauerhaft verankert hat. Als ein Grund hierfür ist die Verfestigung und Etablierung seiner Organisationskerne als kritischem Korrektiv in den öffentlichen Debatten um Innere Sicherheit in der Bundesrepublik anzusehen, mit einer bis in die liberale (Tages-)Presse hinein wirksamen Netzwerkstruktur, die immer dann als kritische Gegenposition abgefragt und eingespeist wird, wenn die Inszenierung einer öffentlichen Kontroverse um neue Sicherheitsgesetze eines kritischen Widerparts bedarf. Insofern erfüllen *sowohl* die Akteure des Konservativen als auch die des Kritischen Diskurses fast schon idealtypisch die ihnen jeweils zufallenden Rollen des Pro und Contra in der

Arena gesellschaftspolitischer Auseinandersetzung. Die Organisationskerne des Kritischen Diskurses füllen hierbei die Leerstelle, die das Abflauen des Protestspektrums hinterlassen hat bzw. übernehmen jene
Rolle, die ihnen nicht zuletzt *auch* kraft der Flexibiliät des etablierten
politischen Systems von diesem zugestanden wird – wenn beispielsweise Sicherheitskritiker auf BKA-Tagungen eingeladen werden. *Beide*
Diskursteile konservieren hierüber gewisse Charakteristika und ihre jeweiligen Geltungsansprüche, sichern sich gegenseitig ihre angestammten Plätze im Diskurs und vor allem ihre fortdauernde Existenz in einem
ritualisierten Arrangement gegenseitiger Bezugnahme, das in diesem
Sinne auch als ein *fortwährendes Sicherheitsspiel* bezeichnet werden
kann.[58]

Erforschung des Kritischen Sicherheitsdiskurses ist Bewegungsforschung

Der vorgestellte Bewegungsbezug, aus dem sich Betroffenheitsperspektive und die kritische Grundposition ableiten, zeigt sich auch daran, dass
ein Großteil der Periodika und Einzelpublikationen, in denen die Kritische Position regelmäßig vertreten wird und deren Exponen-
ten/prominenteste Vertreter immer wieder zu Wort kommen, traditionell
jenen Protestbewegungen zugerechnet werden können. Exemplarisch
seien genannt: das Komitee für Grundrechte und Demokratie, die Gustav-Heinemann-Initiative, die Humanistische Union und das Institut für
Bürgerrechte & öffentliche Sicherheit. Darüber hinaus wurde die Thematik ebenso in verschiedenen Publikationen der linken Protestbewegungen explizit oder als Subthema fortlaufend behandelt. Autoren wie
Albrecht Funk, Rolf Gössner, Wolf-Dieter Narr, Jürgen Seifert, Falco
Werkentin oder Klaus Vack – um nur eine kleine Auswahl zu nennen –
repräsentieren, etwaigen untereinander bestehenden inhaltlich-politi-
schen Unterschieden zum Trotz, ein solches Umfeld, dass sich regelmäßig und bis heute zum Thema zu Wort meldet und maßgeblich dem politisch Kritischen Diskurs zuzurechnen ist. Die in dieser Arbeit getroffene Feststellung, dass die Erforschung des Kritischen Diskurses letztlich
Bewegungsforschung ist, kann somit weiter präzisiert werden. Dieser
Sachverhalt deutete sich am Beispiel verschiedener zitierter Fragmente
schon an, wurde aber bislang noch nicht ausdrücklich angesprochen.

Unter Bezugnahme auf Arbeiten zur Geschichte Alternativer Medien
und Öffentlichkeitskonzepte (vgl. Oy 2001) lässt sich formulieren, dass

---

58 Der Begriff *Spiel* bedeutet hier freilich nicht, dass die besagten Akteure
sich selbst als (Mit-)Spieler deuten. Ebensowenig soll der Begriff eine
Harmlosigkeit des Gegenstandes Innere Sicherheit nahelegen.

die kritische Position des Sicherheitsdiskurses in ihren Anfängen vornehmlich – und zum Teil bis heute – in so genannten Alternativen Medien angesiedelt war. Hierbei kommt es zu einer interessanten Verschränkung. Charakterisiert man die Kritik an Innerer Sicherheitspolitik als den Versuch, insbesondere die antidemokratischen Potenziale jener Politik aufzuzeigen, zu dramatisieren und zu skandalisieren, erweisen sich sowohl die thematisch-inhaltliche Ausgestaltung des kritischen Bezuges auf Innere Sicherheit als auch das Konzept Gegenöffentlichkeit als nahezu deckungsgleich: Der emphatische Bezug auf Demokratie und liberalen Rechtsstaat einerseits und Aufklärung und (Gegen-) Information andererseits. Innere Sicherheit ist quasi einer der thematischen Schwerpunkte, mittels dem sich Alternative Medienöffentlichkeit konkretisierte.

Drei kurze Beispiele mögen diesen Zusammenhang illustrieren. Zum einen ist auf die Publikation *CILIP. Informationsdienst: Bürgerrechte und Polizeientwicklung* (CILIP 1978) hinzuweisen. Deren Selbstverständnis wird gegen Ende des Editorials der Nullnummer, durch das sich das Begriffspaar Öffentlichkeit und Information wie ein roter Faden zieht, wie folgt formuliert:

„Schließlich braucht nicht verschwiegen zu werden, daß dieser Informationsdienst [...] nur wie ein kleiner David wirken kann, der gegenüber dem riesigen Goliath der etablierten Polizei und der Geheimdienste nur mit einer kleinen Schleuder öffentlicher Information zu arbeiten vermag. Aber alles, was angesichts beobachtbarer Tendenzen getan werden kann, um rechtsstaatliche Verfahren, bezogen auf die Substanz der Grund- und Menschenrechte zu verteidigen bzw. ihre Gefährdung zu dokumentieren, sollte man versuchen" (ebd.: 4).[59]

„Alternative Kontrollformen" (ebd.), „kritische Öffentlichkeit" (ebd.) und das Überwachen der „öffentlichen Wächter" (ebd.) sind die Antworten auf die Frage „Wozu ein Informationsdienst zur Polizeientwicklung?" (ebd.: 1). Das zweite Beispiel lenkt die Aufmerksamkeit erneut auf das Datum des 2. Juni 1967. Die Erschießung des Studenten Benno Ohnesorg durch die Polizei und die darauf folgenden Ereignisse waren nicht nur auslösendes Moment für eine umfassende sozialwissenschaftlich angeleitete Kritik, die eben jene Instanzen staatlicher Repression, d.h. Akteure der Inneren Sicherheit in den Mittelpunkt ihres Beobach-

---

59 Auch in diesem Zitat bleiben die Aspekte der Metaphernverwendung unkommentiert, wenngleich sie insbesondere die Kräfteverhältnisse zwischen kritischer Gegenöffentlichkeit und Massenmedien, die aus Sicht der Autoren zu jenem Zeitpunkt herrschen, sehr einprägsam bebildern.

tungsinteresses rückte und die bis heute fortwirkt. Das Datum hatte auch eine ähnlich große Bedeutung für die Entstehung des Konzepts Gegenöffentlichkeit (vgl. Oy 2001: 122 ff.). Das heißt, die oben erwähnte Überschneidung von Kritik Innerer Sicherheit und dem Konzept Gegenöffentlichkeit dokumentiert sich letztlich auch und gerade in der für beide beträchtlichen Bedeutung jenes Ereignisses. Als drittes Beispiel ist schließlich der Hinweis auf die Manipulationsthese anzusehen, die mit dem Konzept Gegenöffentlichkeit eng verbunden ist (vgl. ebd.: 12, 15 ff.). Meines Erachtens weisen einige der vorgestellten Bemühungen von Kritikern um Entlarvung und Entschleierung Innerer Sicherheitspolitik, um die Offenlegung, wer *wirklich* davon betroffen sei, auf eine nicht ausdrücklich benannte Manipulationsannahme hin.

Ein weiterer Hinweis, der geeignet ist, diese Annahme zu belegen, gründet schließlich darin, dass – ähnlich wie für die Neuen Sozialen Bewegungen – auch für das Konzept Gegenöffentlichkeit ein „immenser Bedeutungsverlust" (ebd.: 11 f.) zu verzeichnen sei. Gleichwohl ist letzterer in Bezug auf das Thema Innere Sicherheit und ihre Kritik zu relativieren. Vielmehr ist auch hier zu fragen, wie angesichts des *allgemeinen* Bedeutungsverlustes die anhaltende Präsenz der Inneren Sicherheitskritik, im Sinne einer *speziellen* Ausprägung, zu erklären ist. Sofern man die beschriebenen Überschneidungen gelten lässt, kann davon ausgegangen werden, dass gerade der spezifische Themenbezug und die fortwährende Aktualität Innerer Sicherheitspolitik, im Kontrast zum allgemeinen Bedeutungsverlust, die gegenöffentliche Kritik an Innerer Sicherheit am Leben erhalten.

Analog zum weiter oben beschriebenen Bewegungsschwund, der im Kritischen Diskurs durch Institutionalisierungstendenzen und verbliebene Organisationskerne kompensiert wurde, besteht die Kompensation des Bedeutungsverlustes des Konzeptes Gegenöffentlichkeit in der Transformation, die das Konzept und die ihm verpflichteten Projekte bis heute durchlaufen haben. Hierbei lässt sich die Entwicklung insbesondere durch folgende Linie charakterisieren: „Die Reintegration in eine sich weiter ausdifferenzierende politische Öffentlichkeit" (ebd.: 193). Eine ganz entscheidende Facette dieses Prozesses ist hierbei die Auswirkung alternativer Medienkonzepte auf Struktur und Funktionsweise der Massenmedien (vgl. ebd.: 211), „freilich ohne deren Herrschaftskonformität anzutasten" (ebd.). Die zentrale Zielbestimmung „aller Projekte der Gegenöffentlichkeit und Alternativer Medien" (ebd.: 212), die Verbreitung zurückgehaltener Nachrichten im Sinne von Gegeninformation (vgl. ebd.), ist mittlerweile „integraler Bestandteil einer selbst auferlegten Informationspflicht des journalistischen Berufsstandes" (ebd.). Dies dokumentiert sich unter anderem auch in der Regelmäßigkeit, mit der die kritische Positionen eben jenes Spektrums in der (links-)liberalen Tagespresse vertreten sind.

Konturen des Kritischen Diskurses

Abschließend werden die Untersuchungsergebnisse dieses Kapitels resümiert und die Anknüpfungspunkte benannt, die sich aus der Untersuchung des Kritischen Sicherheitsdiskurses ergeben.

Metaphern, Kollektivsymbole und Topoi

Im Kritischen Sicherheitsdiskurs sind ähnliche Metaphern und Topoi anzutreffen wie in seinem konservativen Widerpart. Die Überschneidungen überraschen angesichts der politisch gegenläufigen Bezugnahme beider Diskursteile. Sofern man Krankheits-, Bio-, Natur- oder abwertend-mythologische Metaphern als konservativ bewertet – weil ihnen ein biologistisch-konservatives, naturgegebenes Gesellschaftsbild immanent ist (Gesellschaft als gesunder Körper, Bedrohung und Gegner als Krankheit, das Böse) – ist hierin *auch* ein konservatives Moment der Kritik, die sie verwendet, zu beobachten. Trotz der Einschätzung, dass die Analogie durchaus darin begründet liegt, dass derartige Metaphernverwendung im politischen und alltagssprachlichen Diskurs üblich sind, wäre hier auf Seiten der (politischen) Kritik entsprechende Reflexivität einzufordern, insbesondere da solche Bezüge in der Regel entschieden zurückgewiesen werden, so sie von Akteuren des Konservativen Diskurses vorgetragen werden. Sie kehren ihre Wertigkeit allerdings nicht dadurch um bzw. gehen ihrer konservativen Tendenz nicht verlustig, sobald sie das vermeintlich wirklich Schlechte (im Falle der Kritiker also: die Gefahr für den Rechtsstaat) bezeichnen.

Auch im Kritischen Diskurs besitzt der Dramatisierungstopos zentrale Bedeutung. Allerdings besteht ein entscheidender Unterschied in der Umkehrung der dramatisierten Entwicklung bzw. dessen, was droht. Spiegelbildlich zum Konservativen Diskurs vermittelt der Kritische Diskurs nämlich jene Innere Sicherheitspolitik, die ersterer als Schutz verheißend propagiert, als die eigentliche Gefährdung. In diesem Zusammenhang lassen sich zum Teil Muster beobachten, welche die Innere Sicherheitspolitik mal mehr, mal weniger direkt in einen Zusammenhang mit Faschismus rücken. Diese Muster, die als Fluchtpunkt der Entwicklung einen „neuen" Faschismus drohen sehen, werden von mir als Faschisierungsthese bezeichnet.

Auch der Kritische Diskurs bezieht sich maßgeblich auf den Terminus Rechtsstaat, betont jedoch stärker eine an politischer Liberalität ausgerichtete Lesart. Unabhängig von dieser unterschiedlichen Pointierung ist ein Konkurrieren beider Diskursteile um die Geltung des Rechtsstaats-Begriffes zu beobachten, den beide für sich reklamieren bzw. zur Begründung ihrer jeweiligen Position heranziehen. Die Kritik bestreitet den Rechtsstaatsbezug des Konservativen Diskures, in dem sie diesen als rein äußerlich, d.h. als formell und nicht substanziell zu entlarven versucht.

Die Frage nach einem etwaigen Konservatismus linker Kritik ist insbesondere vor dem Hintergrund der Kollektivsymbolik und Metaphernverwendung zu stellen. Die Frage ist generell nicht neu – allerdings blieb das thematische Feld Innere Sicherheit bislang davon weitgehend ausgenommen. Beispielsweise wurde die Frage bereits Ende der 1970er-Jahre in Bezug auf die Ökologie- und Alternativbewegung häufiger gestellt. Sie drängte sich nicht zuletzt angesichts der Heterogenität des Bewegungssprektrums und sich dort bildender Koalitionen in Gestalt von „alternativen Gruppen und Grüppchen *von rechts bis links*" (Redaktion *diskus* 1991: 317; Hervorh. TK) auf. So erwiesen sich u.a. „die in Teilen der Ökologie- und Alternativbewegung virulenten Harmonie- und Gemeinschaftsvorstellungen, der unreflektierte Anti-Industrialismus und die Stadtfeindlichkeit" (Hirsch 1986: 159) als „bekannte und genuine Bestandstücke konservativer Ideologie" (ebd.; vgl. auch Knödler-Bunte 1979; Stöss 1979).

Kritischer Diskurs und Protestbewegung

Die Erforschung des Kritischen Diskurses, so zeigte die Untersuchung, ist vor allem auch Protestbewegungs- bzw. Alternativbewegungsforschung. Folglich ist die Beurteilung der Kritik immer auch daran rückzukoppeln, dass der Kritische Diskurs als *Bewegungsrestposten* ohne Bewegung auf unterschiedliche Weise versucht, sich weiterhin zu behaupten und sich seiner Bedeutung zu versichern. Hierin liegt der Grund sowohl für Anpassungsprozesse der Kritik an neue Leitfeindbilder, die der Konservative Diskurs vorgibt als auch für tendenzielle Annäherungen an die klassischen Institutionen Innerer Sicherheit, wie sie sich in Gestalt der Bemühungen um eine kritische Innere Sicherheitspolitik zeigen. Es lässt sich hier durchaus, wie verschiedene Beispiele zeigten, von einer in Teilen affirmierenden Übernahme der Bedrohungskonstruktionen des Konservativen Diskurses sprechen. Gleichzeitig überformt die traditionelle Kritiklinie des Kritischen Diskurses (hier als so genannter *Mainstream* bezeichnet) auch die Berücksichtigung aktuellster Entwicklungen Innerer Sicherheit, so dass von einer anhaltenden Kontinuität jener eher traditionellen Kritikmuster zu sprechen ist.

Es ist in den Jahrzehnten seit Ende der 1960er-Jahre aufbauend auf Bewegungsstrukturen ein außerinstitutionelles Netzwerk der Inneren Sicherheitskritik entstanden (mit partieller Anbindung an Universitäten über kritische Professoren). Dies ist allerdings nicht statisch-stabil, sondern prekär und von durchaus unterschiedlichen, zum Teil gar gegenläufigen Tendenzen geprägt.

Trifft der *Mainstream* der Kritik das aktuelle Hauptfeindbild?

Die traditionelle Perspektive der Kritik, die Entrechtlichung zu beklagen und zurückzuweisen, dominiert bis heute die kritische Linie im Sicherheitsdiskurs. Diese Position ist vor dem Hintergrund sich neuerlich verschiebender Prozesse der Feindbildung in den 1990er-Jahren zu überprüfen. War in den 1970er- und auch noch 1980er-Jahren der kritische Reflex auf die Hauptfeindbilder staatlicher Sicherheitspolitik („Terroristen", „Sympathisanten", „Linke", schließlich die „Bürger als Sicherheitsrisiko"), trotz der eben angemahnten Einschränkung, zumindest plausibel, so wird er brüchig angesichts der Verschiebungen im aktuellen Diskurs. Ausgegrenzt werden gegenwärtig vorherrschend Migrantinnen und Migranten, denen hierüber die Attribute Fremdheit und Bedrohlichkeit zugeschrieben werden.[60]

Relativ unscharf wird im Sicherheitsdiskurs von Grund- sowie von Menschen- und von Bürgerrechten gesprochen. Ein Dilemma ist, dass, wenn man sich beispielsweise auf eine formaljuristische Definition für Staatsbürger bezieht, in der BRD lebende so genannte Ausländer nur eingeschränkt Träger dieser Rechtsgarantien sind.[61] Verlegt man sich

---

60 An diesem Punkt berührt die Untersuchung zugleich staats- und verfassungsrechtliche Fragen, insbesondere nach Geltungskraft und Reichweite von Grundrechten, nicht zuletzt im Zusammenhang mit dem Staatsangehörigkeitsrecht (vgl. Hesse 1982: 115 ff.; Seifert 1995a: 93). Sie dokumentiert insofern auch einen Zusammenhang zwischen Sicherheitsdiskurs und beispielsweise der Auseinandersetzung um die Änderung des Asylrechts oder – wie zuletzt Mitte des Jahres 2004 – den Streit um Änderungen im sog. Zuwanderungsgesetz, der in erster Linie unter der Überschrift sicherheitspolitischer Einwände und Bedenken geführt wurde.

61 Diesen Sachverhalt illustriert folgendes Beispiel: Unter der Überschrift „Keine freie Ortswahl für Asylbewerber" meldete die *Frankfurter Rundschau* (*FR*) am 5. Juni 1997, dass „nach einer einstimmig ergangenen Entscheidung des Bundesverfassungsgerichts [...] Asylbewerbern ein Aufenthaltsbezirk zugewiesen werden [darf], den sie nicht ohne Erlaubnis verlassen dürfen". Der Kritik, hier werde ein Grundrecht massiv eingeschränkt,

umgekehrt auf eine Position, die den Status, Staatsbürger zu sein, weit auslegt,[62] dann hängt die Faktizität, d.h. die konkrete Umsetzung, Ausgestaltung also letztlich Inanspruchnahme der mit dem Staatsbürger-Status verbundenen Garantien, um so mehr von gesellschaftlichen Kräfteverhältnissen ab. Denn: Träger dieser Garantien zu sein, verbürgt nicht zwingend, dass man sie unterschiedslos genießen kann. In eben diesem Kontext ist der Sicherheitsdiskurs von entscheidender Bedeutung. Er interveniert in die Auseinandersetzung um Festlegung von Zugehörigkeit und Nichtzugehörigkeit, d.h. von Inanspruchnahme und Verwehrung jener Garantien. Sein strategisches Moment besteht unter anderem genau darin, „Einschränkungen des bürgerlichen Gleichheitspostulats zu legitimieren" und „Grenzen des Anspruchs auf Anerkennung von sozialen Rechten zu bestimmen" (Ronneberger 1997: 48). Die Produktion und *Besonderung* der/des Anderen und bedrohlichen Fremden im Sicherheitsdiskurs fundiert maßgeblich die Einsicht und Akzeptanz dieser Einschränkungen (vgl. Funk 1995a: 255). Sofern man das Bundesverfassungsgericht als höchste Institution und letzte Instanz einer solchen Entscheidung ansehen möchte, ist der Sicherheitsdiskurs das diesbezüglich vor- oder besser ausgelagerte, im eben angedeuteten Sinne *ent-institutionalisierte* Terrain, auf dem um die Festlegung, wer Staatsbürgerrechte (bzw. Grund- und Bürgerrechte) verwirkt bzw. nie beses-

---

kommt die oberste Verfassungsbehörde zuvor, indem sie absolutierend feststellt: „Das entsprechende Asylverfahrensgesetz verstoße nicht gegen Grundrechte." Diese Entscheidung schreibt zuvorderst die Konstruktion von Verschiedenheit fort. Sie plausibilisiert die Ungleichbehandlung von Asylbewerberinnen und Asylbewerbern, im Sinne von Nicht-Deutschen, indem sie zum einen die Einschränkung ihrer Bewegungsfreiheit legitimiert und zum anderen bagatellisiert. So sei „eine übermäßige Einschränkung der Persönlichkeitsrechte nicht zu befürchten" (alle Zitate *FR*). Die interessante Frage ist nunmehr nicht, ob die Ungleichbehandlung gerechtfertigt ist, sondern ob sie „übermäßig" ist. Letztlich verschiebt sich die Aussage solch einer Entscheidung vor dem Hintergrund des herrschenden institutionellen und gesamtgesellschaftlichen Umgangs mit Menschen, die als Nicht-Deutsche konstruiert werden, von der formaljuristischen Ebene auf die Frage, worin wohl die Ungleichheit bestehe, die solche Einschränkung rechtfertigt. In diesem Sinne stellt ein ungleich zugestandenes Recht auf Bewegungsfreiheit seinerseits einen wirkungsmächtigen Status erst her, bebildert gewissermaßen Vorstellungen von Ungleichheit. Zum Komplex ungleicher Teilhabe an Rechten unter historischer Perspektive siehe auch Berlit 1994 und Gosewinkel 2001.

62 Wie beispielsweise das Institut für Bürgerrechte & öffentliche Sicherheit formuliert: „Der Begriff der Bürgerrechte, den sich das Institut zu eigen macht, ist dabei nicht auf die limitierten Forderungen in Verfassungs- und Rechtstexten beschränkt" (Institut für Bürgerrechte & öffentliche Sicherheit 1993: 7).

sen hat und nie besitzen wird, gekämpft wird. Der Kritische Diskurs scheint sich m.E. nur im Ansatz auf das eigentlich betroffene Klientel einzustellen. Das entschiedene Festhalten an einer Bedrohungsperspektive, nach der letztlich *alle* Bürger bedroht seien, berücksichtigt nur unzureichend, dass erstens jene, deren Bürgerrechte in den Augen der Kritiker gefährdet seien, eines immer schon sind: Staatsbürger.

Jene andere Gruppe, die mittels Kriminalitätszuweisung als Bedrohung und überhaupt als Gruppe erst konstruiert wird, verbleibt – zweitens – demgegenüber nicht nur vergleichsweise rechtsfrei, sofern sie schon in der Bundesrepublik lebt. Vielmehr wird im Zuge der Diskussion um so genannte ausländische Kriminelle die physische Präsenz von „Ausländern" mittels Innerer Sicherheitspolitik als Zuwanderungsverhinderungspolitik – Stichwort: „sicherheitsstaatliche Wohlstandsfestung" (Hirsch 1995: 160) – zunehmend unmöglich gemacht. Diese müssen faktisch „draußen" bleiben. Dieser Sachverhalt wird im Kritischen Diskurs zwar berücksichtigt, tritt aber hinter die Befürchtung einer Bedrohung aller Bürger zurück; eine Position, die umgekehrt in erster Linie das klassische Klientel des Kritischen Diskurses bedient, d.h. dem ehemaligen Protestmilieu verpflichtet ist. Ein vehementeres Eintreten für die Legalisierung des Aufenthaltsstatus illegalisierter Flüchtlinge wäre hier nur ein erster Schritt von vielen nötigen, sofern man politisch-pragmatisch reagieren möchte. Er müsste allerdings ins Zentrum kritischer Positionen rücken und nicht nur den beiläufigen Charakter von Solidaritätsadressen haben. Der Verschmelzung des neorassistisch fundierten Zuwanderungsdiskurses mit dem Sicherheitsdiskurs (vgl. Kunz 1995: 93 f.) wäre verstärkt Rechnung zu tragen. Zugleich wäre bei solchen Thematisierungen sicherzustellen, dass Kritik nicht Stellvertreterpolitik bleibt – was zugegebenermaßen gerade bei Illegalisierten schwierig ist. Hier wird abzuwarten sein, inwieweit sich die in einem andauernden Veränderungsprozess befindlichen Organisationskerne des Kritischen Diskurses in diese Richtung zu öffnen vermögen.

Gegenwärtig besteht dort jedoch wahrnehmbar eher Öffnungsbedarf in eine andere Richtung. Man will endlich, freilich in guter kritischer Absicht, Innere Sicherheitspolitik mitgestalten. Diesbezüglich gelte es jedoch anzuerkennen, dass die größere Nähe eben nicht zu den Experten und Institutionen des Konservativen Diskurses besteht, sondern zu den kraft Feindbildzuweisungen Ausgegrenzten. Bei alledem – und ganz besonders beim Insistieren auf der für die Bürger zu befürchtenden Bedrohung durch rechtsgefährdende Innere Sicherheitspolitik – ist schließlich auch zu bedenken, dass der Appell an solch einen Bürgersinn durchaus Implikationen besitzt, die der Wirkung der Beschwörung eines Kollektivs von durch Kriminalität Bedrohten nahestehen. Beide formieren unter Rekurs auf – wenn auch mit unterschiedlichen Vorzeichen versehene – Bedrohungen ein „wir", das sich maßgeblich mit der Staatsbürgergemeinschaft deckt.

Entgegen den angesprochenen Bemühungen von Teilen der Kritik, doch endlich von den Akteuren des Konservativen Diskurses ernstgenommen und an den Verhandlungstisch gebeten zu werden, wäre es sicherlich spannend, stärker über Begriffe wie außerinstitutionelle Opposition nachzudenken und wie solch eine bezogen auf das Thema Innere Sicherheitspolitik zukünftig aussehen könnte. Schließlich zeigt nicht zuletzt das Beispiel der Partei Bündnis 90/Die Grünen wohin Institutionalisierungsbestrebungen führen und das wenig Grund zur Zuversicht besteht. Während aber einige den langen Marsch durch die Institutionen schon hinter sich haben und mittlerweile (früh-)pensioniert werden, scheinen Teile des Kritischen Diskurses noch auf einem langen Marsch *in* die Institutionen zu sein – wenn auch über den Umweg der Kritik.

Kritischer Diskurs ohne Protestbewegung

An anderer Stelle wurde bereits erwähnt, dass die vorgestellten Kritiken den *Mainstream* des Kritischen Diskurses darstellen, dass die dort vertretenen Positionen diejenigen sind, die – wenn überhaupt – noch die prominenteste Bezugnahme durch den Konservativen Diskurs erfahren. Ein Grund für diese Bezugnahme liegt womöglich gerade darin, dass die in diesem Strang anzutreffenden Muster und Positionen eine vergleichsweise große Überschneidung mit denen der Verfechter der Politik Innerer Sicherheit aufweisen. Hierunter sind zu verstehen: Zum einen eine – wenn auch unterschiedlich artikulierte – Einsicht in die Notwendigkeit der Bekämpfung von so genannter gewöhnlicher Kriminalität (Kriminalität ernst nehmen). Zum anderen ist keine grundsätzliche Infragestellung des Begriffs Innere Sicherheit zu beobachten, d.h. statt ihn prinzipiell zurückzuweisen, wird versucht, Innere Sicherheit von links zu besetzen. Darüber hinaus ist auch dem Kritischen Diskursstrang eine exponierte Inanspruchnahme des Rechtsstaatsgedankens eigen – wobei zwischen Kritischem und Konservativem Diskurs durchaus umstritten ist, was unter Rechtsstaatlichkeit zu verstehen sei. Das heißt, die inhaltliche Füllung dieser Inanspruchnahme wird von der im Konservativen Diskurs anzutreffenden qualitativ abgegrenzt.

Durch die Bürgerrechts- und Rechtsstaatlichkeitsorientierung ist die kritische Position gerade auch für ein bürgerlich-liberales Lager anknüpfungsfähig, was sich z.B. in der regelmäßigen Berücksichtigung der Positionen von Bürgerrechtsorganisationen in der (links-)liberalen Tages presse niederschlägt.[63] Die Position, die sich dank ihrer realpolitischen Ausrichtung einer öffentlichen Diskreditierung durch die Vokabeln „utopisch" oder „linksradikal" – diese Begriffe sind derzeit hegemonial negativ besetzt – offensichtlich entzieht, ist insofern als durchaus erfolgreich zu bezeichnen. Wobei der Erfolg ihrer Vertreter vor allem darin besteht, sich als ewige Mahner und Wächter eines rechtsstaatlich-liberalen – aber, mit Blick auf das primäre Ziel einer Verhinderung der aktuellen Sicherheitspolitiken, eher folgenlosen – Gewissens, in der mittlerweile fast schon ritualhaften Inszenierung der gesellschaftlichen Auseinandersetzung um Innere Sicherheitspolitik einen angestammten und, wie sich mehrfach zeigte, spezifisch *krisensicheren* Platz erkämpft zu haben. Unter Bezugnahme auf den im Kritischen Diskurs prominenten (Gegen-)Dramatisierungstopos ist das Bündnis von Akteuren des Kritischen Diskurses und (links-)liberalen Medien, in Anlehnung an Cremer-Schäfers Begriff des „polizeilich-publizistischen Dramatisierungsverbundes" (Cremer-Schäfer 1993: 21), als *kritisch-publizistischer Dramatisierungsverbund* zu bezeichnen, der in ähnlicher Weise, aber mit umgekehrtem politischen Vorzeichen „an die Öffentlichkeit und die Politik adressiert ist" (ebd.).

Der Sachverhalt, dass es sich um den *Mainstream* des Kritischen Diskurses handelt, darf nicht darüber hinwegtäuschen, dass es im Kritischen Diskurs auch davon zu unterscheidende Ansätze gegeben hat. Insbesondere bis Mitte der 1970er-Jahre waren durchaus andere Positionen anzutreffen. Hier ist vor allem auf eine Einschätzung hinzuweisen, die sich als unmittelbar konkurriende zur bisher beschriebenen Kritikposition artikulierte und nach der

„der Kampf gegen den Ausbau des Systems der ‚Inneren Sicherheit' […] nicht durch die rein defensive Strategie der Behauptung von Verfassungspositionen zu führen [sei], sondern […] eine anti-hierarchische und anti-etatistische Offensive einzuschließen [habe]" (Redaktion *diskus* 1991: 316).

Von entscheidender Bedeutung für die in diesem Zusammenhang stattfindende Auseinandersetzung im Kritischen Diskurs selbst erwies sich schließlich die Phase des Deutschen Herbstes. In dem Maße, in dem der eben umrissene andere Standpunkt im Herbst 1977 zusehends unter Druck geriet und immer weniger geltend zu machen war, so sehr setzte

---

63 Im Kontext ihrer Untersuchungen hielten Brand et al. (1983) Anfang der 1980er-Jahre bereits fest, dass „die liberale Presse" (Brand et al. 1983: 235), d.h. „deren wichtigste Organe wie *Spiegel, Stern, Frankfurter Rundschau* und *Die Zeit* schon seit geraumer Zeit mit kritischer Sympathie über die neuen sozialen Bewegungen allgemein berichten" (ebd.).

sich die Linie der Bürgerrechts- und Rechtsstaatlichkeitsorientierung durch bzw. wurde zum *Mainstream* des Kritischen Diskurses:

> „Was als Deutscher Herbst bezeichnet wurde, ließ auf seiten der Linken jenen Grundkonsens über den Kampf gegen die staatliche Repression zerbröseln, der auf systemüberwindenden Strategien beruhte" (ebd.).

Somit ist der o.g. Erfolg der als *Mainstream* beschriebenen Position auch einer in Bezug auf konkurrierende Kritiken an Innerer Sicherheitspolitik innerhalb des genannten Bewegungsspektrums bzw. der Linken jener Zeit. Er wurde von mir bereits an anderer Stelle als bis heute wirkungsmächtiges Überbleibsel des in den 1970er-Jahren weiten Teilen der Neuen Linken und der Protestbewegung abverlangten Bekenntnisses zur Staatstreue bewertet, mit dem man sich nicht nur abgefunden, sondern schließlich positiv identifiziert hat und das zum Dreh- und Angelpunkt der Kritik avancierte.

Die weiter oben erwähnte Bewertung „krisensicher" bedarf einer weiteren Ausführung. In Anbetracht der gesellschaftlichen Entstehungsbedingungen der kritischen Position erstreckt sich der Erfolg der *Mainstream*-Position nicht nur auf inhaltlicher, sondern auch auf organisatorischer Ebene. Obschon, im Vergleich zu den 1980er-Jahren, die Neuen Sozialen Bewegungen ihre Hochzeiten hinter sich haben, behaupteten die Kritiker unabhängig vom schwindenden Aufgehobensein in den ihnen korrespondierenden Bewegungsstrukturen, einen festen Platz in der öffentlichen Auseinandersetzung um Innere Sicherheit. Es mag freilich auch daran liegen, dass die besagten Quasi-Institutionen der Kritik, in Gestalt von Residuen der Bewegungsstrukturen (Organisationen, Vereinen, konstanter Mitgliederstamm, bestimmte Exponenten) dem Abflauen der Neuen Sozialen Bewegungen trotzen konnten. Ein Indiz hierfür sind Strukturen, die die entsprechenden Organisationen, aber auch Einzelpersonen weiterhin miteinander vernetzen. Es handelt sich bei den Kritikern häufig um Bewegungs-Altvordere, durchaus als *Anchormen* der Neuen Sozialen Bewegungen (und ihrer Vorläufer) im Allgemeinen und der Bürgerrechtsbewegung im Speziellen zu bezeichnende, um die sich (etwas) jüngerer Nachwuchs schart. Es sind die Bewegungsreste, in Gestalt derjenigen Organisationskerne mit dem größten Beharrungsvermögen und den zwar altersbedingt zahlenmäßig abschmelzenden, aber doch weiterhin treuen Altmitgliedern, die sowohl Mitglieds- und Spendenbeiträge leisten als auch zu den Initiatoren und fleißigsten Unterzeichnern einschlägiger Aufrufe und regelmäßiger (Presse-)Erklärungen gehören. Reste eines Netzwerkes von Initiativen gerade auch der Neuen Linken und Reste alternativer Publikationsstrukturen, wie sie im Laufe der 1970er-Jahre entstanden sind (vgl. Brand et al. 1983: 72 f., 169 f.; Oy 2001: 133 f.). Jene Kerne garantieren Überlieferung und Fortbestand der tradierten Kritik. Sie werden auch – so darf vermutet werden – die Basis bilden, auf der die Kritik an Innerer Sicherheitspolitik gegebenenfalls wieder erstarkender oder neu enstehender sozialer Bewegungen artikuliert wird.

Die vorgestellten Einschätzungen hinsichtlich eines Abflauens der Neuen Sozialen Bewegungen und bezüglich der Veränderungsprozesse, die maßgebliche Teile des Kritischen Diskurses durchlaufen haben, sind deshalb auch nicht als Grabrede auf soziale bzw. Protestbewegungen zu verstehen. In Gestalt der Friedensbewegung und der so genannten globalisierungskritischen Bewegung treten auch aktuell Bewegungsakteure in beachtlichem Umfang und sehr vernehmbar in Erscheinung. Insofern dürften die beschriebenen Teile des Kritischen Diskurses die potenziellen Kristallisationspunkte einer kritischen Be- und Verarbeitung in diesem Zusammenhang womöglich bevorstehender Repressionserfahrungen jener Bewegungen sein – allerdings mit dem voraussichtlichen Effekt, dass angesichts der Möglichkeit, Betroffenheit und Kritik wieder zur Deckung bringen zu können, die Betonung einmal mehr auf der traditionellen Kritik an Innere Sicherheit liegen wird.

Diese Tendenz zeigt sich an einem Beispiel neueren Datums, das der globalisierungskritischen Bewegung zuzurechnen ist. So widmet die Autorin Naomi Klein in ihrem neuesten Buch *Über Zäune und Mauern. Berichte von der Globalisierungsfront* (Klein 2003) allein eines der insgesamt fünf Kapitel der „Kriminalisierung des Protestes" (vgl. ebd.: 159 ff.). Ihre Beschreibungen orientieren sich zentral an der Konfliktlinie Protest vs. Polizei. Hierbei weist sie bereits zu Beginn ihrer Überlegungen auf einen in ihren Augen ganz besonders bedeutsamen Effekt hin: „Und das ist der wahrhaft heimtückische Effekt der Polizeigewalt: Wenn Demonstranten in aller Öffentlichkeit regelmäßig wie Kriminelle behandelt werden, wirken sie auch wie Kriminelle. Und schon wird unbewusst politischer Aktivismus mit bösen Missetaten, ja sogar mit Terrorismus gleichgesetzt" (ebd.: 160). Es ist das bekannte Muster der ungerechtfertigten Kriminalisierung mit seinen an anderer Stelle bereits beschriebenen Implikationen, welches hier einmal mehr zum Tragen kommt. Auf die Verwendung der Frontmetapher im Untertitel des Buches wird hier nicht weiter eingegangen – der Hinweis darauf soll genügen.

Der Sicherheitsdiskurs –
Kapitel 4 bis 7 *revisited*

Abschließend möchte ich die zentralen Analyseergebnisse kurz zusammenfassen. Intendiert ist darüber hinaus eine Bewertung der in dieser Arbeit erstmals vorgenommenen idealtypischen Ausdifferenzierung des Diskurses Innerer Sicherheit in zwei Stränge unter Rückgriff auf die Kategorien kritisch und konservativ. Diskutiert wird zum einen, ob die vorgestellte Unterteilung ergiebig, d.h. gegenstandsbezogen und -angemessen ist. Ist sie erkenntnistheoretisch und forschungspraktisch brauchbar? Deuten sich mögliche Defizite des Untersuchungsdesigns an und wie wäre diesen gegebenenfalls Rechnung zu tragen? Zum anderen geht es vor dem Hintergrund der Bewegungsgeschichte des Kritischen Diskurses, seiner Institutionalisierungsdynamik und der aktuellen Feindbildentwicklung um die Tragweite der Ergebnisse für die Substanz und das Verfechten (politisch) kritischer Positionen bezüglich Innerer Sicherheitspolitik selbst. All dies wird freilich *auch* mit Blick auf Anknüpfungspunkte für weitere Forschungen diskutiert.

Erste Ermittlungen...

Einschätzungen, wonach zum Begriff Innere Sicherheit kaum spezialdiskursive Bestimmungsversuche vorlägen, sind zu revidieren. Es zeigt sich, dass der Terminus auf fachwissenschaftlicher Ebene mittlerweile (wie zahlreiche Beispiele ausgewählter Nachschlagewerke zeigen) etabliert ist. Allerdings: Die Zunahme an Versuchen der Begriffsbestimmung folgt erst mit einem gewissen Zeitversatz seiner Etablierung im politischen System. Differenzierte Sichtweisen, die insbesondere auch (politisch) kritische Positionen oder Akteure im Sicherheitsdiskurs be-

rücksichtigen, sind hingegen selten und wenn, stärker in allgemein sozialwissenschaftlich dominierten Fachdiskursen angesiedelt.

Kraft der vorherrschenden Zurechnung des Begriffes zum Bereich
Politik und seiner damit verbundenen Bewertung als politischem Alltagsbegriff obliegt seine Bestimmung auf der Ebene wissenschaftlicher
Beobachtung vorherrschend der Definitionshoheit von Experten aus den
allgemeinen Sozialwissenschaften. Zugleich werden die Begriffe Innere
Sicherheit und Öffentliche Sicherheit in den dortigen Definitionen häufig trennunscharf behandelt, zum Teil synonym. Die Geltung des Begriffs Innere Sicherheit wird in Gestalt seiner Bewertung als „politischer
Kampfbegriff" zugespitzt. Der Ausdruck charakterisiert Innere Sicherheit als einen Terminus, der originär das Feld (innen-)politischer Auseinandersetzung in der Bundesrepublik prägte(e). Sein Auftauchen wird
auf Ende der 1960er-, Anfang der 1970er-Jahre datiert. Die Bezugnahme auf ihn, in Gestalt von Befürwortung oder Ablehnung, markiert in
diesem Feld politische Positionen. Befürwortung und Ablehnung sind
hierbei Bewertungen, die sich entsprechend der Topographie des politischen Feldes entlang dem Rechts-Links-Schema zuordnen lassen.

Innere Sicherheit ist und bleibt, unabhängig von der fachdiskursiven
Zuordnung der beobachtbaren Definitionsversuche, ein schillernder Begriff. Bestimmungsversuche erkennen diesen Sachverhalt in unterschiedlicher Deutlichkeit durchaus selber an und benennen oder kritisieren die Unbestimmtheit und Vieldeutigkeit als ein Manko, welches die
Fragwürdigkeit des Begriffes, die seiner häufigen Inanspruchnahme und
die Fragwürdigkeit der Politik, für die er stehe, belege. Dieser Sachverhalt wird jedoch lediglich als ein Defizit des Begriffes zu fassen versucht und nicht als seine spezifische Qualität. Dass just auf dieser Mehr-
bzw. Vieldeutigkeit das eigentliche Potenzial des Begriffes gründet,
welches ihn im politischen Feld so attraktiv macht, wird nicht realisiert.
Definitionsversuche folgen insofern der Begriffsverwendung und
-füllung, die im politischen Feld vorgenommen wird.

Spurensicherung...

Inwieweit bestätigt oder widerlegt die Untersuchung der Datierung des
Auftauchens des Begriffes Innere Sicherheit im politisch-administrativen Bereich und der damit verbundenen Strukturänderungen im
Verwaltungsapparat diese Befunde? Sie bekräftigt zwar, dass Innere Sicherheit als Streitvokabel Ende der 1960er-, Anfang der 1970er-Jahre
eine wachsende Rolle spielte. Gleichwohl schlug sich dies *nicht* explizit
in der Organisationsstruktur des Bundesministerium des Innern nieder.

Erst wesentlich später etablierte sich die Terminologie in diesem Kontext. Daraus ist abzuleiten, dass die begrifflich-institutionelle Etablierung Innerer Sicherheit zeitlich in zwei Phasen erfolgte: zunächst Ende der 1960er-, Anfang der 1970er-Jahre als politischer Kampfbegriff und erst ab den späten 1970er-Jahren als Institutionalisierung in Form einer geeigneten Dienststellenbezeichnung. Diese zeitliche Differenzierung präzisiert bisherige Forschungen, die vorherrschend die Zeit Ende der 1960er-, Anfang der 1970er-Jahre als pauschales und diesbezüglich nicht abstufendes Datum ansehen.

Begrifflich folgte Innere Sicherheit auf Öffentliche Sicherheit. Innere Sicherheit ist zwar seit Anfang der 1970er-Jahre ein gängiger Terminus der politischen Auseinandersetzung, wird jedoch erst mit merklicher zeitlicher Verzögerung zur offiziellen Bezeichnung und Funktionsbeschreibung von institutionellen Einrichtungen (Behörden, Abteilungen von Ministerien etc.) herangezogen. Innere Sicherheit als exponiert verwendeter Begriff, der sowohl die politische Rede als auch die Verwaltungsstruktur von Sicherheitsbehörden auf Bundesebene prägt und darüber hinaus auch Funktion als ordnende Leitkategorie besitzt, ist erst ab Ende der 1970er-Jahre anzutreffen. Selbst Öffentliche Sicherheit, verstanden als indexikalische Vorläuferkategorie von Innerer Sicherheit, wird erst ab Mitte/Ende der 1960er-Jahre kontinuierlich verwendet. Diesbezügliches Fazit: Nicht nur für Innere Sicherheit ist eine Wortkarriere und begriffliche Bedeutungszunahme zu konstatieren, sondern – wenn auch in weniger großem Umfange – *ebenso* für Öffentliche Sicherheit.

Lokaltermin...

Untersuchungen des Konservativen Sicherheitsdiskurses anhand von Tagungsbänden des Bundeskriminalamtes (BKA) aus den Jahren 1972 bis 1998 erhärten den Befund, dass der Begriff Innere Sicherheit durchweg als höchst diffuse Kategorie verwendet wird. Demgegenüber lässt sich ein verspätet einsetzender Gebrauch des Begriffes auf dieser Ebene nicht beobachten. Vielmehr ist der Begriff Innere Sicherheit bereits im ersten Dokument aus dem Jahr 1972 anzutreffen. Eine Berücksichtigung von Kritikern und Kritik an Innerer Sicherheitspolitik durch Akteure des Konservativen Diskursteils ist in der Frühphase des Sicherheitsdiskurses, d.h. in der ersten Hälfte der 1970er-Jahre nicht üblich. Erst ab Ende dieser Dekade sind Bezugnahmen erkennbar. Verschiedene Topoi (Zeit-, Steigerungs- bzw. Fortschrittstopos, Dramatisierungstopos) erweisen sich als durchgängige Muster im Konservativen Sicherheitsdis-

kurs. Regelmäßige Hinweise auf ein pauschales Ansteigen einer Kriminalitätsgefährdung, auf kurz bevorstehende Bedrohungen und daraus abzuleitenden unmittelbaren Entscheidungs- und Handlungsbedarf sind
den Konservativen Diskurs über den gesamten Untersuchungszeitraum
hinweg prägende Grundfiguren.

Drei Feindbildphasen lassen sich benennen: Zunächst die 1970er-
Jahre, in denen das Feindbild des so genannten Terrorismus dominant
ist. In den 1980er-Jahre verschiebt sich der Feindbildfokus im Konservativen Diskurs auf das Spektrum der Protest- und Alternativbewegung.
Mittels der Figur des so genannten Sympathisanten wird jedoch der unmittelbare Zusammenhang zum Leitfeindbild der vorherigen Phase
(„Terrorismus") gewährleistet. Als Hauptfeindbilder etablieren sich in
den 1990er-Jahren schließlich das Organisierte Verbrechen bzw. die Organisierte Kriminalität (OK). Beide erweisen sich als Paraphrasierungen
von so genannter Ausländerkriminalität.

Bezüglich des Attributes „ausländisch" ist im Zusammenhang mit
Feindbildungen eine besondere Kontinuität im Sicherheitsdiskurs erkennbar. Das erst seit den 1990er-Jahren so auffallend prominente Attribut unterlegt Feindbildkonstruktionen bereits seit den 1970er-Jahren.
Kontinuierliche Hinweise auf „Internationalität" oder „Transnationalität" von sog. Verbrechen und Verbrechern, auf durchlässige Grenzen,
auf bestimmte Nationalitäten, auf eine Globalisierung des Verbrechens
oder den „Import von Kriminalität" bilden ein Repertoire sich inhaltlich
nahestehender Zuschreibungen. Insofern erweist sich nicht die Attibutie-
rung an sich als neu, sondern ihre hevorgehobene Stellung im aktuellen
Diskurs.

Widerstand gegen die Staatsgewalt...

Topoi und Metaphern, Dramatisierung und Skandalisierung

Im (politisch) Kritischen Sicherheitsdiskurs sind ähnliche Topoi und
größtenteils die selben Metaphern anzutreffen, wie in seinem konservativen Widerpart. Spezifische Unterschiede zwischen beiden Diskurssträngen zeigen sich in Bezug auf die damit jeweils illustrierten Bedrohungen. Im Konservativen Diskurs werden damit abstrakte Kriminalitätsdrohungen bzw. diesbezügliche Drohkollektive belegt. Im Kritischen
Diskurs wird – umgekehrt – eine aus dieser Politik resultierende Bedrohung von Demokratie und Rechtsstaatlichkeit mit eben jenen Metaphern
identifiziert. Diese Bedrohung wird häufig mittels der sog. Faschisie-

rungsthese dramatisch zugespitzt. Es lässt sich in Bezug auf den Kritischen Diskurs von einer Strategie der Gegendramatisierung und Gegenskandalisierung sprechen. In Bezug auf die beobachtbare Ähnlichkeit mit dem aus dem Konservativen Diskurs bekannten Dramatisierungstopos ist die Frage aufzuwerfen, ob hier, parallel zu den für den Konservativen Diskurs charakteristischen „Sicherheits- und Moral-Paniken" (Cremer-Schäfer 1993: 33) nicht von deren kritischem Pendant zu sprechen ist. Einem Pendant, welches zwar eine (politisch) andere Stoßrichtung und auch in seiner öffentlichen Wahrnehmung eine diesbezüglich andere Wertigkeit besitzt, aber mit den erstgenannten Sicherheits- und Moral-Paniken nicht nur thematisch, sondern offensichtlich auch in Gestalt des ihnen zugrundeliegenden Dramatisierungsmusters verknüpft scheint.

Sofern man an der Wertigkeit der im Konservativen Diskurs vorfindbaren Metaphern festhält (ihnen liegt ein konservatives Menschen- und Gesellschaftsbild zugrunde), lässt sich schlussfolgern, dass der (politisch) Kritische Diskurs, entgegen seiner vordergründigen Distanz und seinem – auf der Ebene der gesellschaftspolitischen Aushandlung des Themas Innere Sicherheitspolitik – oppositionellen Verhältnis zum Konservativen Diskurs, auf sprachlich-semantischer Ebene mit diesem zentrale Bilder und damit verbundene Grundannahmen teilt. Berücksichtigt man ferner, dass den *Mainstream* des (politisch) Kritischen Diskurses ein ätiologisches Kriminalitätsverständnis unterlegt, kann von einem Konservatismus linker Kritik gesprochen werden.

Die *bewahrende* Funktion des Kritischen Diskurses

Dessen Bewertung als konservativ lässt sich darüber hinaus auch unter einem anderen Aspekt vornehmen. Allerdings ist darauf hinzuweisen, dass unter konservativ in diesem Zusammenhang lediglich verstanden wird, an Hergebrachtem festzuhalten bzw. auf Überliefertem zu beharren. Dieses Muster zeigt sich in Gestalt der im (politisch) Kritischen Diskurs dominanten Position, nach der die Hauptgefahr der Inneren Sicherheitspolitik in einem fortschreitenden Grundrechteabbau bestehe, der pauschal alle (Staats-)Bürger beträfe. Diese Position markiert zum einen seit Ende der 1960er-Jahre bis heute nahezu ungebrochen den so genannten *Mainstream* der Kritik. Zwar ist anzuerkennen, dass bis zum so genannten Deutschen Herbst diese stark verfassungsrechtlich ausgerichtete Position mit einer Kritiklinie konkurrierte, die mehr antietatistisch ausgerichtet war. Allerdings setzte sich die besagte Hauptlinie im Zuge der Auseinandersetzungen, Bekenntniszwänge und Distanzierungen im Gefolge des so genannten Deutschen Herbstes Ende der

1970er-Jahre schließlich durch. Zum anderen zeigte sich, dass wenn man den Bewegungshintergrund der Kritischen Diskurses – im Sinne eines konstitutiven Elementes – berücksichtigt, die beschriebene Kritikposition und die damit korrespondierenden Organisationskerne – im Sinne von Reststrukturen der Protestbewegungen – sich selbst *konservieren*, d.h. bewahren und kritische Traditionspflege betreiben. Angesichts des deutlich gewordenen Bewegungshintergrundes des Kritischen Diskurses erweist sich dessen Analyse als Bewegungsforschung unter besonderer thematischer Fokussierung auf Innere Sicherheit.

Der Sicherheitsdiskurs als Austragungsort gesellschaftspolitischen Konfliktes

Jenes Bewahren bezieht sich sowohl grundsätzlich auf die Existenz jener Organisationskerne und Bewegungsreste als auch auf die Sicherung ihrer einmal errungenen gesellschaftspolitischen Relevanz als einem Korrektiv und (links-)liberalem Gegengewicht in der öffentlichen Auseinandersetzung um Innere Sicherheitspolitik. Hierin dokumentiert sich auch, inwieweit sich der gesellschaftspolitische Konflikt der Zeit Ende der 1960er-, Anfang der 1970er-Jahre – zumindest in Teilen – in den Sicherheitsdiskurs transformierte. Als solcher ist er weiterhin Austragungsort des Konfliktes, wenn auch thematisch gebrochen. Zwar werden die Kritiker mittlerweile auch von den Akteuren des Konservativen Diskurses an- und ernstgenommen. Die Akzeptanz findet jedoch hierin zugleich ihre Begrenzung. Die Kritiker werden nicht als vollwertige Verhandlungspartner an die Verhandlungstische gebeten – noch nicht, ist hinzuzufügen, denn es ist offensichtlich, dass Teile des kritischen Lagers verstärkt darum bemüht sind, hier noch anschlussfähiger zu werden. Nicht nur eine zunehmende Nähe zu den Institutionen Innerer Sicherheit und Institutionalisierungstendenzen lassen sich beobachten. Solche Ambitionen sind im (politisch) Kritischen Diskurs durchaus nicht unumstritten und erlauben es, somit *auch* von einem Konflikt im Binnenverhältnis des Kritischen Diskurses zu sprechen. Insofern zeichnen sich hier ähnliche Entwicklungen ab, wie in anderen gesellschaftlichen Teilbereichen auch, in denen sich ehemals Protestbewegte mittlerweile in realpolitischem Pragmatismus üben und die Besetzung von Staatsekretärs- und Ministerposten als das Ankommen in den Institutionen und den Marsch durch selbige als Erfolgsgeschichte zu vermitteln suchen. Ein Erfolg mag dies zwar sein, allerdings eher einer jener Institutionen.

Zur Einführung der Unterscheidung zwischen Konservativem und Kritischem Diskurs

Kritischer Sicherheitsdiskurs – vom Erkenntniswert einer Kategorie...

Grundsätzlich kann die Frage nach dem Erkenntniswert der unter Rückgriff auf die Kategorien (politisch) *kritisch* und *konservativ* erfolgten Unterteilung positiv beantwortet werden. Der Zugang eröffnete im Sinne einer produktiven Irritation die Möglichkeit, beide Diskursteile in ihrem Wechselverhältnis zu betrachten und sie – entgegen der herrschenden Sichtweise – fortan als komplementäre Bestandteile eines engverwobenen Diskursgeflechts zu analysieren. Es scheinen in den Einzelanalysen, allen unbestrittenen und fortbestehenden Differenzen zum Trotz, zu genüge Parallelen auf, die sich in bisherigen Forschungsarbeiten nicht oder nicht ausreichend wahrnehmen ließen. Die vorgestellte Untersuchung gibt nur einen, wenn auch maßgeblichen Ausschnitt dessen wieder, was als der (politisch) Kritische Sicherheitsdiskurs benannt wird. Sie zeigt gleichwohl, dass diese Erweiterung der Perspektive überfällig ist. Das Ziel, exemplarisch sowohl Notwendigkeit als auch Ergiebigkeit eines solchen Ansatzes zu belegen, ist erreicht, auch wenn durchaus entsprechender Weiterentwicklungsbedarf besteht.

Die Frage lautet deshalb nicht, ob der vorgestellte, auf der Unterscheidung konservativ/kritisch basierende Zugang zu verwerfen ist, sondern vielmehr, wie er weiter zu verfeinern ist. Die Antwort lautet: Eine stärker binnendifferenzierende Betrachtung des Kritischen Sicherheitsdiskurses ist künftig voranzutreiben – sowohl um dessen Heterogenität und seinen wechselhaften Verlauf genauer nachzuzeichnen als auch um eine (politisch) kritische Position selbst weiter zu entwickeln.

...und der Notwendigkeit zu weiterer Differenzierung

Die Heterogenität des Kritischen Sicherheitsdiskurses dokumentiert sich, wie die untersuchten Fragmente belegen, u.a. in einer zwar vorrangig sozialwissenschaftlich fundierten, aber dennoch vielfältigen fachwissenschaftlichen Provenienz ihm zurechenbarer Vertreter und Akteure – was nicht heißt, bei diesen handele es sich vorrangig um Experten aus dem Bereich Wissenschaft. Die angesprochene Heterogenität manifestiert sich aber durchaus auch in der Konkurrenz verschiedener Wissenschaftsdisziplinen um thematische Zuständigkeit und Definitionshoheit im Kritischen Diskurs. Diese Konkurrenz macht sich auf Ebene der öffentlichen, gesellschaftspolitischen Auseinandersetzung freilich nur indirekt bemerkbar, wenn man die dort zu verortenden (politisch) kritischen Positionen auf ihre impliziten Kritikmodelle, ihre ordnungstheoretischen Prämissen und zumeist unausgesprochen mitlaufenden normativen Vorannahmen hin befragt – sei es in Bezug auf Bedrohungskonstruktionen, sei es in Bezug auf sicherheitspolitische Reaktionen darauf. Aus letzteren lässt sich aber gegebenenfalls rückschließen, ob und welcher wissenschaftliche Spezialdiskurs innerhalb des Kritischen Diskurses dominant ist und welcher nicht. Die Heterogenität schlägt sich darüber hinaus in Gestalt der den Kritischen Diskurs und dessen Akteure charakterisierenden, ambivalenten Institutionalisierungsprozesse und Organisationsstrukturen – die den weiter oben beschriebenem Bewegungshintergrund widerspiegeln – nieder.

Die angesprochene Heterogenität ist so verstanden also *weniger* dem Design dieser Arbeit, als vielmehr der Komplexität und Widersprüchlichkeit der historischen gesellschaftlichen Auseinandersetzung um das Thema Innere Sicherheit in der Bundesrepublik geschuldet, in deren Verlauf sich das, was hier als (politisch) Kritischer Sicherheitsdiskurs erstmals begrifflich zu fassen versucht wird, als solcher aus verschiedenen Strömungen und Akteursumfeldern überhaupt erst entwickelte.

Aus diesem Grund wäre in zukünftigen Forschungsarbeiten jenen bestehenden Unterschieden und Nuancen kritischer Fragmente untereinander verstärkt Aufmerksamkeit zu widmen. Dies gilt mit Blick auf die Durchsetzung der als *Mainstream* bezeichneten Position gegenüber anderen Ansätzen im Kritischen Diskurs – auf den Spezialdiskurs der Kritischen Kriminologie wurde mehrfach hingewiesen. Aber auch der *Mainstream* selbst wäre stärker auf mögliche Fragmentiertheit hin zu untersuchen. Die bisherigen Befunde sind also mittels Ausweitung der Untersuchungseinheiten auf eine breitere materiale Basis zu stellen und deren Untersuchung hinsichtlich der soeben angedeuteten Differenzierung weiter voranzutreiben.

Reflexivität im Kritischen Diskurs...

Die Bewertung einzelner (politisch) kritischer Diskursfragmente als (ordnungstheoretisch) konservativ stellt weniger die in dieser Arbeit vorgenomme forschungspraktische Unterscheidung konservativ/kritisch in Frage, sondern begründet vielmehr die Forderung nach Reflexivität im Kritischen Sicherheitsdiskurs. Die eingeführte Unterteilung und die darüber hinaus erforderliche Binnendifferenzierung sind Voraussetzungen für eine Reflexivität, die – so zeigte die Untersuchung – im (politisch) Kritischen Diskurs nicht selbstverständlich ist. Der *Mainstream* der Kritik scheint sich in Bezug auf seinen Gegenstand nicht in dem

Maße an die Selbstverständlichkeiten des Ausgeblendeten zu erinnern (vgl. Steinert 1998: 27), wie es nötig wäre, um sich der Nähe zu Positionen des Konservativen Diskursstranges bewusst zu werden und – vor allem – dem Anspruch, eben kritisch zu sein, zu genügen. Auch hier wäre eine eingehendere Berücksichtigung von Ansätzen, die im kritisch-kriminologischen Spezialdiskurs zu beobachten sind, sicherlich vielversprechend. Entscheidend ist gleichwohl, Reflexivität nicht nur als für die Sozialwissenschaften gültiges Pradigma zu begreifen, sondern auf politische Diskurse auszuweiten.

...und nötigenfalls die Kritik der Kritik

Über das Einfordern von Reflexivität im Kritischen Sicherheitsdiskurs, d.h. von Reflexivität insbesondere der *politischen* Kritik an Innerer Sicherheitspolitik hinaus, ist aber auch die Notwendigkeit einer *Kritik der Kritik* begründbar – auch wenn dies die Frage provoziert, „ob es nicht ungerecht ist, ausgerechnet die fortschrittlichen Bewegungen zu kritisieren" (Scheerer 1986: 135). Doch dem lässt sich entgegenhalten, dass „gerade dort, wo wir aus Sympathie geneigt sind, nicht so genau hinzusehen (d.h. auf wissenschaftliche Kritik zu verzichten), [...] wir problematischen Entwicklungen ungewollt Vorschub leisten [können]" (ebd.).

Das heißt zunächst zweierlei: Es gibt keine zwingende Erkenntnisrichtung von Reflexivität. Vielmehr ist zu vergegenwärtigen, dass einige der vorgestellten Positionen des (politisch) Kritischen Diskurses durchaus hochreflexiv bezogen werden. So gesehen genügt das Einfordern von Reflexivität alleine nicht. Zugleich ist die damit verbundene Möglichkeit einer Überprüfung und Neubewertung des *Mainstreams* der Kritik an Innerer Sicherheitspolitik aber notwendige Voraussetzung, um eine progressive und radikale Kritik Innerer Sicherheit auf der Höhe der Zeit zu entwickeln. Aus dieser Sicht ist Reflexivität allerdings eine Voraussetzung für politische Kritik. Eine Kritik, welche die Fallen und Verlockungen, sich mit der Übermacht des Faktischen abzufinden und letztlich die herrschende Realpolitik Innerer Sicherheit und ihrer Feindbilder gewollt oder ungewollt zu reproduzieren, umgeht – und die sich wieder verstärkt der antihierarchischen und antietatistischen Anteile des Kritischen Diskurses besinnt. Eine Kritik, die sich – in Anlehnung an Johannes Agnoli – auf „Destruktion als Bestimmung des Gelehrten in dürftiger Zeit" (Agnoli 1995) besinnt.

Neue Feindbilder, alte Kritikmuster – Kritischer Diskurs quo vadis?

„Ausländer" zwischen Repression und Paternalismus

Es zeigt sich, dass das Feindbild „kriminelle Ausländer" im Sicherheits-disurs an sich nichts Neues ist. Es avancierte jedoch erst zu Beginn der 1990er-Jahre in Verbindung mit der verstärkten Propagierung der Be-drohung durch so genannte Organisierte Kriminalität zum Leitfeindbild. Diese Karriere ist jedoch nicht gleichbedeutend mit dem völligen Ver-schwinden vormals gültiger Feindbilder. Vielmehr *verblassen* letztere lediglich im Verhältnis dazu, treten in den Hintergrund bzw. werden um die gegenwärtig prominente Beifügung „ausländisch" angereichert (Stichwort: so genannte ausländische bzw. islamische Terroristen) und somit aktualisiert. Qualitativ und vor allem gesellschaftspolitisch haben die beschriebenen Feindbildverschiebungen Auswirkungen, deren Reichweite bis zum heutigen Tage von der Kritik nicht ausreichend be-rücksichtigt wird. Korrespondierten mit den staatlich inszenierten Feindbildern der 1970er- und 1980er-Jahre noch politische Szenen mit entsprechenden publizistischen und intellektuellen Infrastrukturen, die den Versuchen der Ausgrenzung qua Kriminalitätszuweisung in einem gewissen – und nicht geringen – Rahmen durchaus Paroli bieten konn-ten, ist dies für die pauschal unter Generalverdacht gestellte und kraft Kriminalitätszuweisung überhaupt erst homogenisierte Gruppe so ge-nannter Ausländer faktisch so gut wie nicht möglich. Diesem Feindbild korrespondiert kein in der bundesrepublikanischen Öffentlichkeit veran-kertes, ausgedehntes publizistisches Netzwerk kritischer Intellektueller. Berührungspunkte, gar die breite Solidarisierung mit einem liberalen intellektuellen Milieu, sind so gut wie nicht zu beobachten. Kritik und Betroffenheit decken sich nicht länger.

Gleichwohl übernehmen den kritischen Part der Zurückweisung weiterhin die Restbestände der vormals Bewegten, die sich über die Jahrzehnte als Sachwalter der öffentlichen Inneren Sicherheitskritik ein-gerichtet haben, gar damit professionalisierten und heute einen ange-stammten, man ist geneigt zu sagen: etablierten Platz in der öffentlichen Auseinandersetzung um Innere Sicherheit besetzen. Hierbei wird durch-aus auf die neuen Feindbilder eingegangen, jedoch in einer in Bezug auf die damit belegte Gruppe der „Ausländer" paternalistischen Weise. Zu-gleich ist selbst diese Kritikposition durchaus prekär und muss immer wieder aufs Neue behauptet werden. Häufig scheint allerdings durch, dass es – in Gestalt der verallgemeinernden Figur von *den* letztlich be-troffenen Bürgern – im Kern doch darum geht, einen Status direkter

Mitbetroffenheit abzuleiten oder aufrechtzuerhalten, d.h. Kritik und Betroffenheit weiterhin zur Deckung zu bringen. Die Frage nach den Gründen für diese Dynamik – über die bereits ausführlich angesprochenen Bewegungshintergründe hinaus – kann hier nicht beantwortet werden. Es wäre freilich interessant zu überprüfen, ob sie damit zusammenhängt, dass ein solches Argumentationsmuster die geäußerte Kritik womöglich glaubhafter erscheinen lässt oder eine Entrüstung über repressive Innere Sicherheitspolitik moralisch abzusichern hilft, d.h. mobilisierende Wirkung hat.

Die paternalistische Kritik birgt eine paradoxe Logik: Stellvertreterpolitik sichert zwar den Organisationskernen des Kritischen Diskurses ihren Fortbestand und ihre Existenz, verdoppelt jedoch die Abhängigkeit der derzeit von staatlicher Repressionspolitik vornehmlich Betroffenen. Einerseits vom Wohlwollen jener staatlichen Politik, andererseits von der Aufmerksamkeit und Fürsprache, die der *Mainstream* des Kritischen Diskurses so genannten Ausländern oder so genannten ausländischen Mitbürgern zuteil werden lässt. Mag man diese paternalistische Inschutznahme angesichts der gegenwärtigen Alternativlosigkeit im Grunde auch befürworten, so reproduziert sie dennoch die Passivität und den Objektstatus derer, die bereits kraft staatlicher Repressionspolitik zu Objekten, zur Verschiebemasse gemacht werden, je nachdem, ob mehr liberale, an demographischen Entwicklungen orientierte Bevölkerungs- oder Arbeitsmarktpolitik oder *schicksalsgemeinschaftsgefühlestiftende* nationalistische Bedrohungsszenarien opportun sind.

Kritischer Sicherheitsdiskurs zwischen Bewegungsverlust und Institutionalisierungstendenz

Was bedeuten die oben angesprochenen, fortschreitenden Institutionalisierungstendenzen für (politisch) kritische Ambitionen im Sicherheitsdiskurs? Faktisch hat das Auftreten der so genannten Neuen Sozialen Bewegungen in der Bundesrepublik Deutschland die institutionelle Struktur des politischen Systems unangetastet gelassen (vgl. Hirsch 1995: 198). Es ist vielmehr so, dass eine „Absorption der Bewegungen durch die Institutionen" (ebd.; vgl. auch Scheerer 1986: 152) zu konstatieren ist. Die Parteiwerdung von Teilen der Neuen Sozialen Bewegungen in Gestalt von Bündnis 90/Die Grünen, d.h. deren Entstehung und Etablierung, dürfen hierfür als bestes Beispiel angesehen werden. Diese Art der Institutionalisierung eines gesellschaftspolitischen Konfliktes hat für ein System eine wichtige und durchaus stabilisierende Funktion (vgl. Coser 1965: 183). Die Absorption in das politische System, die Transformation sowie die Ausdifferenzierung der Neuen Sozialen Bewegungen in eine unübersichtliche Landschaft von Kleinstnischen und Bewegungsresten, aus der sich die traditionellen Organisationskerne wie Restbestände erheben, die an bessere (Bewegungs-)Zeiten gemahnen, erlauben es, im Gegenzug wenn schon nicht vom Ende, so doch von der Abwesenheit oder Apathie der Alternativbewegungsreste zu sprechen. Aktuell und in Anerkenntnis des Bedeutungsverlustes außerparlamentarischer Bewegungen ist davon auszugehen, dass derzeit *keine* Situation besteht, in der vom Vorhandensein einer „tragfähige[n] gesellschaftlichen[n] Basis" gesprochen werden kann, „d.h. eine[r] Infrastruktur von Arbeits- und Lebensformen, sozialen Beziehungen ‚gegengesellschaftlicher' Art" (Hirsch 1980: 168). Aber just solch eine Basis wäre die Bedingung für die durchaus bestehende Notwendigkeit, „Politik mit und in den Institutionen der bürgerlichen Gesellschaft" (ebd.) zu machen. Denn ohne eine solche Basis läuft institutionelle Politik Gefahr, der Illusion zu erliegen, „mit den bürgerlichen politischen Institutionen, mit Parteien, durch Wahlen, via Bürokratie und Staat die Gesellschaft strukturell verändern zu können" (ebd.: 167). Über gesellschaftsverändernde Brisanz verfügen besagte Bewegungen jedoch nur, solange sie „sich *nicht* auf die herrschenden Strukturen und politischen Verkehrsformen und die ihnen entsprechenden Regeln und ‚Sachgesetzlichkeiten' einlassen" (Hirsch 1986: 173; Hervorh. i. Orig.). Dies gilt um so mehr für sich als Gegenentwurf gebende linke oder alternative oder bürgerrechtlich orientierte Innere Sicherheitspolitik, deren Protagonisten in Abwesenheit einer starken Protestbewegung letztlich dem doppelten Trugschluss erliegen, dass einerseits das bessere Argument sich durchsetze und die zugleich glauben – gegenüber den klassischen Vertretern der Sicherheitspolitik –, über das bessere Argument zu verfügen. Dann kehrt sich das „‚taktische Verhältnis' zu den Institutionen des bürgerlichen Staates" (ebd.: 175) um in ein diese Institutionen legitimierendes und bewahrendes, in diesem Sinne durchaus auch als sicherheitspolitisch strukturkonservativ zu bezeichnendes Verhältnis.

Der *Mainstream* des Kritischen Diskurses entwickelte sich vornehmlich auf Grundlage der spezifischen (Bewegungs-)Geschichte seiner kritischen Akteure, was bedeutet, dass trotz qualitativ veränderter Feindbildlage und angesichts der o.g. Tendenzen eigentlich eine alte Auseinandersetzung weiter geführt wird. Hierbei wird die neue Qualität des Konservativen Sicherheitsdiskurses und seines Hauptfeindbildes mittels altbekannter Kritikmuster bearbeitet, in deren Zentrum die Sorge um „uns Bürger" steht und darüber wird völlig verkannt, dass nationalistische Sicherheitspolitik und wohlstandschauvinistische Bevölkerungsinteressen sich nicht nur bestens vertragen können, sondern durchaus auch mehrheitsfähig sind. Insofern ist die von staatlichen und kom-

munalen Behörden, Bürgern und privaten Sicherheitsdiensten zu bilden-
de „entschlossene Front" Kantherscher Prägung längst schon Realität
und der ihr in kritischer Absicht entgegengehaltene emphatisch-trotzige
Bezug auf „uns Bürger" als von Innerer Sicherheitspolitik negativ Betroffenen – wenn überhaupt – nur mit großer Vorsicht zu handhaben.
Der Prozess des Verblassens alter Feindbilder ist eng verschränkt
mit der gleichzeitigen Etablierung von Teilen jener vormalig außerparlamentarischen Opposition und der Neuen Sozialen Bewegungen, die
sich bereits seit längerem anschicken, ihren Frieden mit dem ehemals
kritisierten System und fortan Regierungspolitik zu machen – und d.h.
auch: Innere Sicherheitspolitik. Vor diesem Hintergrund erscheint auch
die in diesem Buch vorgenommene Eingrenzung des Untersuchungsintervalls als angemessen. Das Jahr 1998 markiert in Gestalt der Regierungsbeteiligung von Bündnis 90/Die Grünen auf Bundesebene innenpolitisch die Ankunft der Kritiker bzw. einer dem Kritischen Diskurs
nahestehenden Strömung in Positionen, die bislang i.d.R. den Verfechtern der so genannten konservativen Inneren Sicherheitspolitik vorbehalten waren.

Gerade *weil* sich zeigt, wie sehr der (politisch) Kritische Diskursstrang von Strömungen geprägt ist, die 1998 als parteigewordene, ehemalige Protestbewegungen schließlich an die Regierungsmacht gekommen sind, ist Innere Sicherheitspolitik unter rot-grünem Vorzeichen im
Vergleich zu ihren Vorläufern unterschiedlich zu bewerten. Es kann hier
durchaus von einer Zäsur in Bezug auf die Bedeutung von Kritik an Innerer Sicherheitspolitik gesprochen werden. Zum einen, weil sich zeigt,
wohin diese Kritik bzw. Teile des Spektrums, die sie vertraten/vertreten,
geführt hat – an die Regierungsmacht nämlich – , zum anderen um zu
untersuchen, wie sich Kritik hierbei transformiert hat in staatstragende,
rot-grüne Sicherheits-, Zuzugsbegrenzungs- und Abschiebepolitik.

Dies setzt zugleich voraus, dass für den Zeitraum vor 1998 fundierte
Forschungsergebnisse über Inhalte und Entstehungshintergründe, über
Unterschiede und mögliche Berührungspunkte zwischen Kritischem und
Konservativem Diskurs vorliegen, um den Stellenwert jener Zäsur be-
urteilen und auf dieser Basis eine radikale (politische) Kritik weiterent-
wickeln zu können.

Literatur

Agnoli, Johannes 1990: „Von der kritischen Politologie zur Kritik der Politik", in: Agnoli 1990b: 11-20.

Agnoli, Johannes 1990a: „Die Transformation der Demokratie", in: Agnoli 1990b: 21-106.

Agnoli, Johannes 1990b: *Die Transformation der Demokratie und andere Schriften zur Kritik der Politik*. Freiburg.

Agnoli, Johannes 1995: „Destruktion als Bestimmung des Gelehrten in dürftiger Zeit", in: Agnoli 1995a: 10-20.

Agnoli, Johannes 1995a: *Der Staat des Kapitals und weitere Schriften zur Kritik der Politik*. Freiburg.

Althoff, Martina/Leppelt, Monika 1995: *„Kriminalität" – eine diskursive Praxis. Foucaults Anstösse [sic!] für eine Kritische Kriminologie*. Münster, Hamburg.

Althusser, Louis 1977: *Ideologie und ideologische Staatsapparate*. Hamburg, Berlin.

Andersen, Uwe/Woyke, Wichard 1993: *Handwörterbuch des politischen Systems der Bundesrepublik Deutschland*. 1. Auflage. Opladen.

Andersen, Uwe/Woyke, Wichard 1995: *Handwörterbuch des politischen Systems der Bundesrepublik Deutschland*. 2., überarbeitete Auflage. Opladen.

Andersen, Uwe/Woyke, Wichard 1995a: *Handwörterbuch des politischen Systems der Bundesrepublik Deutschland*. 2., neu bearbeitete Auflage. Bonn.

Andersen, Uwe/Woyke, Wichard 1997: *Handwörterbuch des politischen Systems der Bundesrepublik Deutschland*. 3., überarbeitete Auflage. Opladen.

Appel, Roland et al. 1988 (Hg.): *Die Neue Sicherheit. Vom Notstand zur sozialen Kontrolle*. Köln.

Arzt, Gunter 1976: *Der Ruf nach Recht und Ordnung. Ursachen und Folgen der Kriminalitätsfurcht in den USA und in Deutschland.* Tübingen.

Avenarius, Hermann 1995: *Die Rechtsordnung der Bundesrepublik Deutschland. Eine Einführung.* Erste Auflage. Bonn.

Avenarius, Hermann 1997: *Die Rechtsordnung der Bundesrepublik Deutschland. Eine Einführung.* Zweite, neubearbeitete Auflage. Bonn.

Backes, Uwe/Jesse, Eckhard 1996: *Politischer Extremismus in der Bundesrepublik Deutschland.* 4., völlig überarb. und aktualisierte Ausg. Bonn.

Barthes, Roland 1996: *Mythen des Alltags.* Frankfurt am Main.

Baum, Gerhart Rudolf 1979: „Eröffnungsansprache", in: Bundeskriminalamt 1979: 7-9.

Baum, Gerhart Rudolf 1980: „Eröffnungsansprache", in: Bundeskriminalamt 1980: 7-9.

Baum, Gerhart Rudolf 1981: „Eröffnungsansprache", in: Bundeskriminalamt 1981: 7-10.

Baum, Karl-Heinz 2001: „Baum kritisiert Schilys Pläne scharf", in: *Frankfurter Rundschau* v. 18. Oktober 2001: 4.

Bebenburg, Pit von 2002: „Initiativen sehen ‚drastisches' Tempo bei Erosion des Rechtsstaats", in: *Frankfurter Rundschau* v. 5. Juni 2002: 5.

Beck, Reinhart 1977: *Sachwörterbuch der Politik. 1. Auflage.* Stuttgart.

Beck, Reinhart 1986: *Sachwörterbuch der Politik. 2., erweiterte Auflage.* Stuttgart.

Belke, Felicitas 1982: „Der Thesaurus für Parlamentsmaterialien PARTHES in seinen Grundzügen", in: *Mitteilungen der Parlamentsarchivare. Nr. 6 / 4.10.1982.*

Benda, Ernst 1969: „Die innere Sicherheit im Jahre 1968", in: *Innere Sicherheit*, Jahrgang 1: 2-4.

Berlit, Uwe 1994: „Das Grundgesetz und die ‚Fremden'. Bürger, Volk und Nation bei der Entstehung des Grundgesetzes", in: *Kritische Justiz* 1/1994: 77-87.

Beste, Hubert 1983: *Innere Sicherheit und Sozialforschung.* Münster.

Beste, Hubert 2003: „Der Periodische Sicherheitsbericht und die Lage der deutschen Kriminologie", in: *Kriminologisches Journal* 4/2003: 260-266.

Bilstein, Helmut/Binder, Sepp 1976: *Innere Sicherheit.* Hamburg.

Blanke, Bernhard/Wollmann, Hellmut (Hg.) 1991: *Die alte Bundesrepublik. Kontinuität und Wandel. Leviathan* Sonderheft 12/1991. Opladen.

Blankenburg, Erhard (Hg.) 1980: *Die Politik der Inneren Sicherheit.* Frankfurt am Main.

Blankenburg, Erhard 1983: „Innere Sicherheit", in: Schmidt 1983: 159-164.

Blankenburg, Erhard 1992: „Innere Sicherheit", in: Schmidt 1992: 162-169.

Boehnke, Heiner/Richter, Dieter (Hg.) 1977: *Nicht heimlich und nicht kühl. Entgegnungen an Dienst- und andere Herren.* Berlin.

Böke, Karin 1997: „Die ‚Invasion' aus den ‚Armenhäusern Europas'. Metaphern im Einwanderungsdiskurs", in: Jung et al. 1997: 164-193.

Bölsche, Jochen 1979: *Der Weg in den Überwachungsstaat.* Reinbek

Boge, Heinrich 1982: „Begrüßung", in: Bundeskriminalamt 1982: 5.

Boge, Heinrich 1988: „Begrüßung", in: Bundeskriminalamt 1988: 7-8.

Boge, Heinrich 1990: „Begrüßung", in: Bundeskriminalamt 1990: 7-8.

Bohl, Friedrich 1994: Presse- und Informationsamt der Bundesregierung (Hg.): *Pressemitteilung* 343/94 (13.9.1994). Bonn.

Bommes, Michael et al. 1991: „Bereiche anwendungsorientierter soziologischer Forschung", in: Kerber/Schmieder 1991: 62-104.

Brand, Karl-Werner et al. 1983: *Aufbruch in eine andere Gesellschaft.* Frankfurt am Main.

Bredow, Wilfried von 1981: „Innere Sicherheit", in: Greiffenhagen et al. 1981: 207-210.

Brieler, Ulrich et al. 1986: „Gramsci, Foucault und die Effekte der Hegemonie", in: *kultuRRevolution. zeitschrift für angewandte diskurstheorie* 11: 61-66.

Brückner, Jens A./Schmitt, Hans Theo 1977: *Verfassungsschutz und innere Sicherheit.* Wuppertal.

Brückner, Peter/Krovoza, Alfred 1972: *Staatsfeinde. Innerstaatliche Feinderklärung in der BRD.* Berlin.

Bublitz, Hannelore 1999: „Diskursanalyse als Gesellschafts-‚Theorie'", in: Bublitz et al. 1999a: 22-48.

Bublitz, Hannelore et al. 1999: „Diskursanalyse – (k)eine Methode? Eine Einleitung" in: Bublitz et al. 1999a: 10-21.

Bublitz, Hannelore et al. (Hg.) 1999a: *Das Wuchern der Diskurse. Perspektiven der Diskursanalyse Foucaults.* Frankfurt am Main

Bull, Hans Peter 1984: „Politik der ‚inneren Sicherheit' vor einem mißtrauisch gewordenen Publikum", in: *Leviathan. Zeitschrift für Sozialwissenschaft.* Heft 2/1984. 12. Jahrgang: 155-175.

Bull, Hans Peter 2000: „Politische Steuerung im Politikfeld Innere Sicherheit", in: Lange 2000a: 401-414.

Bundeskriminalamt (Hg.) 1972: *Datenverarbeitung. Arbeitstagung des Bundeskriminalamtes Wiesbaden vom 13. März bis 17. März 1972.* Wiesbaden.

Bundeskriminalamt (Hg.) 1975: *Organisiertes Verbrechen. Arbeitstagung des Bundeskriminalamtes Wiesbaden vom 21. Oktober bis zum 25. Oktober 1974.* Wiesbaden.

Bundeskriminalamt (Hg.) 1976: *Polizei und Prävention. Arbeitstagung des Bundeskriminalamtes Wiesbaden vom 3. November bis 7. November 1975.* Wiesbaden.

Bundeskriminalamt (Hg.) 1977: *Polizei und Justiz. Arbeitstagung des Bundeskriminalamtes Wiesbaden vom 12. bis 15. Oktober 1976.* Wiesbaden.

Bundeskriminalamt (Hg.) 1979: *Der Sachbeweis im Strafverfahren. Arbeitstagung des Bundeskriminalamtes Wiesbaden vom 23. bis 26. Oktober 1978.* Wiesbaden.

Bundeskriminalamt (Hg.) 1980: *Möglichkeiten und Grenzen der Fahndung. Arbeitstagung des Bundeskriminalamtes Wiesbaden vom 12. bis 15. November 1979.* Wiesbaden.

Bundeskriminalamt (Hg.) 1981: *Polizei und Kriminalpolitik. Arbeitstagung des Bundeskriminalamtes Wiesbaden vom 10. bis 13. November 1980.* Wiesbaden.

Bundeskriminalamt (Hg.) 1982: *Bestandsaufnahme und Perspektiven der Verbrechensbekämpfung. Arbeitstagung des Bundeskriminalamtes Wiesbaden vom 9. bis 12. November 1981.* Wiesbaden.

Bundeskriminalamt (Hg.) 1983: *Polizeiliche Datenverarbeitung. Arbeitstagung des Bundeskriminalamtes Wiesbaden vom 2. bis 5. November 1982.* Wiesbaden.

Bundeskriminalamt (Hg.) 1984: *Wirtschaftskriminalität. Arbeitstagung des Bundeskriminalamtes Wiesbaden vom 18. bis 21. November 1983.* Wiesbaden.

Bundeskriminalamt (Hg.) 1985: *Internationale Verbrechensbekämpfung. Europäische Perspektiven. Arbeitstagung des Bundeskriminalamtes Wiesbaden vom 5. bis 8. November 1984.* Wiesbaden.

Bundeskriminalamt (Hg.) 1986: *Gewalt und Kriminalität. Arbeitstagung des Bundeskriminalamtes Wiesbaden vom 17. bis 20. November 1985.* Wiesbaden.

Bundeskriminalamt (Hg.) 1987: *Macht sich Kriminalität bezahlt? Aufspüren und Abschöpfen von Verbrechensgewinnen. Arbeitstagung des Bundeskriminalamtes Wiesbaden vom 10. bis 13. November 1986.* Wiesbaden.

Bundeskriminalamt (Hg.) 1988: *Kriminalitätsbekämpfung als gesamtgesellschaftliche Aufgabe. Arbeitstagung des Bundeskriminalamtes Wiesbaden vom 23. bis 26. November 1987.* Wiesbaden.

Bundeskriminalamt (Hg.) 1989: *Ausländerkriminalität in der Bundesrepublik Deutschland. Arbeitstagung des Bundeskriminalamtes Wiesbaden vom 18. bis 21. Oktober 1988.* Wiesbaden.

Bundeskriminalamt (Hg.) 1990: *Technik im Dienste der Straftatenbekämpfung. Arbeitstagung des Bundeskriminalamtes Wiesbaden vom 7. bis 10. November 1989.* Wiesbaden.

Bundeskriminalamt (Hg.) 1991: *Organisierte Kriminalität in einem Europa durchlässiger Grenzen. Arbeitstagung des Bundeskriminalamtes Wiesbaden vom 6. bis 9. November 1990.* Wiesbaden.

Bundeskriminalamt (Hg.) 1991a: *BKA-Forschungsreihe. Sonderband. Symposium: Vorbeugung des Mißbrauchs illegaler Drogen.* Wiesbaden.

Bundeskriminalamt (Hg.) 1992: *Verbrechensbekämpfung in europäischer Dimension. Arbeitstagung des Bundeskriminalamtes Wiesbaden vom 26. bis 28. November 1991.* Wiesbaden.

Bundeskriminalamt (Hg.) 1993: *Standortbestimmung und Perspektiven der polizeilichen Verbrechensbekämpfung. Arbeitstagung des Bundeskriminalamtes Wiesbaden vom 20. bis 23. Oktober 1992.* Wiesbaden.

Bundeskriminalamt (Hg.) 1994: *Aktuelle Phänomene der Gewalt. Vorträge und Diskussionen der Arbeitstagung des Bundeskriminalamts vom 23. bis 26. November 1993.* Wiesbaden.

Bundeskriminalamt (Hg.) 1995: *Aktuelle Methoden der Kriminaltechnik und Kriminalistik. Vorträge und Diskussionen der Arbeitstagung des Bundeskriminalamtes vom 8. bis 11. November 1994.* Wiesbaden.

Bundeskriminalamt (Hg.) 1996: *Das Opfer und die Kriminalitätsbekämpfung. Vorträge und Diskussionen der Arbeitstagung des Bundeskriminalamts vom 14. bis 17. November 1995.* Wiesbaden.

Bundeskriminalamt (Hg.) 1997: *Organisierte Kriminalität. Vorträge und Diskussionen bei der Arbeitstagung des Bundeskriminalamts vom 19. bis 22. November 1996.* Wiesbaden.

Bundeskriminalamt (Hg.) 1998: *Neue Freiheiten, neue Risiken, neue Chancen. Aktuelle Kriminalitätsformen und Bekämpfungsansätze. Vorträge und Diskussionen der Arbeitstagung des Bundeskriminalamts vom 18. bis 21. November 1997. BKA-Forschungsreihe Band 48.* Wiesbaden.

Bundeskriminalamt (Hg.) 1998a: *Veröffentlichungen der Kriminalistisch-kriminologischen Forschungsgruppe des Bundeskriminalamtes. Gesamtverzeichnis.* Wiesbaden.

Bundesminister des Innern (Hg.) 1969: *Innere Sicherheit.* 1. Jahrgang. Bonn.

Bundesministerium des Innern (Hg.) 1994: *Innenpolitik. Informationen des Bundesministerium des Innern* V. Bonn.

Bundesministerium des Innern (Hg.) 1997: *Bundesministerium des Innern. Geschichte, Organisation, Aufgaben.* Unveränderter Nachdruck der Auflage des Jahres 1995. Bonn.

Buntenbach, Annelie et al. (Hg.) 1998: *Ruck-wärts in die Zukunft. Zur Ideologie des Neokonservatismus.* Duisburg.

Busch, Heiner 1995: *Grenzenlose Polizei? Neue Grenzen und polizeiliche Zusammenarbeit in Europa.* Münster.

Busch, Heiner et al. 1988: *Die Polizei in der Bundesrepublik.* Frankfurt am Main, New York.

Busch, Heiner/Funk, Albrecht 1979: „Innere Sicherheit und Reformpolitik", in: Blanke et al. 1979: 205-227.

Busch, Heiner/Werkentin, Falco 1984: „Linke Bilder vom Leviathan: Kurz vor neunzehnhundertvierundachtzig", in: *Argument*-Sonderband, Vol. 26, Nr. 105/1984. 19-40.

Christie, Nils 1986: *Grenzen des Leids.* Bielefeld.

CILIP 1978: *CILIP. Informationsdienst: Bürgerrechte und Polizeientwicklung.* Nr. 0 und 1/78. Nachdruck November 1980.

CILIP 1982: *Bürgerrechte & Polizei. CILIP* 13. Nr. 3/1982.

CILIP 1983: „Mehr Freiraum für die Polizei. Zur Legalisierung des Under Cover Agenten", in: *vorgänge* 66, Heft 6/1983. 11-16.

CILIP 1983a: „Rechtsprobleme der Polizei bei verdeckten Ermittlungen: Ergebnisse der von dem Justizministerium und dem Innenministerium des Landes Baden-Württemberg eingesetzten Arbeitsgruppe (1978)", in: *vorgänge* 66, Heft 6/1983. 2-11.

CILIP 1993: *Bürgerrechte & Polizei. CILIP* 44. Nr. 1/1993.

CILIP 2002: „Bürgerrechte & Polizei/CILIP/Institut für Bürgerrechte & öffentliche Sicherheit e.V.", URL: www.cilip.de (1. November 2002).

Cobler, Sebastian 1976: *Die Gefahr geht vom Menschen aus. Der vorverlegte Staatsschutz.* Berlin.

Coser, Lewis A. 1965: *Theorie sozialer Konflikte.* Neuwied, Berlin.

Cremer-Schäfer, Helga 1993: „Was sichert Sicherheitspolitik? Über den politischen Nutzen steigender Kriminalität und ausufernder Gewalt", in: Kampmeyer/Neumeyer 1993: 13-40.

Cremer-Schäfer, Helga/Steinert, Heinz 1998: *Straflust und Repression. Zur Kritik der populistischen Kriminologie.* Münster.

Cremer-Schäfer, Helga/Steinert, Heinz 2000: „*Soziale Ausschließung und Ausschließungs-Theorien: Schwierige Verhältnisse*", in: Peters 2000: 43-63.

Damke, Sabine 1986: *Die Polizei*. Düsseldorf.

Demirovic, Alex 1991: „Westlicher Marxismus und das Problem der ideologischen Herrschaft", in: *diskus*. *Frankfurter StudentInnenzeitung* 3: 19-24.

Demirovic, Alex/Prigge, Walter 1988: „Vorbemerkung. Diskurs Macht Hegemonie", in: *kultuRRevolution. zeitschrift für angewandte diskurstheorie* 17/18: 6.

Diers, Michael 1997: *Schlagbilder. Zur politischen Ikonographie der Gegenwart*. Frankfurt am Main.

Dijk, Teun A. van 1991: *Rassismus heute: Der Diskurs der Elite und seine Funktion für die Reproduktion des Rassismus*. Duisburg.

Dirven, René 1992: „Metapher und Ideologie.", in: *OBST. Osnabrücker Beiträge zur Sprachtheorie* 46: 75-86.

Donati, Paolo R. 2001: „Die Rahmenanalyse politischer Diskurse", in: Keller et al. 2001: 145-175.

Drosdowski, Günther (Hg.) 1989: *Duden. Etymologie. Herkunftswörterbuch der deutschen Sprache*. Mannheim, Wien, Zürich.

Duve, Freimut 1977: „Vorbemerkung der Redaktion", in: Narr 1977: 6.

Eidgenössisches Justiz- und Polizeidepartement (Hg.) 1995: *Mehr Sicherheit – heute und morgen. Bilanz des Aktionsprogramms „Innere Sicherheit 1994"*. Bern.

Ermisch, Günter 1980: „Begrüßung", in: Bundeskriminalamt 1980: 5.

Etzel, Frank 1960: *Finanzpolitik im Kräftefeld zwischen innerer und äußerer Sicherheit*. Bonn.

Feest, Johannes 1974: „Polizeiwissenschaft, Kriminalistik", in: Kaiser et al. 1974: 248-250.

Feest, Johannes 1985: „Polizeiwissenschaft, Kriminalistik", in: Kaiser et al. 1985: 335-338.

Feest, Johannes 1993: „Kriminalistik", in: Kaiser et al. 1993: 236-238.

Ferrrari, Vincenzo 1980: „Symbolischer Nutzen der Gesetzgebung zur inneren Sicherheit in Italien", in: Blankenburg 1980: 91-119.

Flick, Uwe 1996: *Qualitative Forschung. Theorie, Methoden, Anwendung in Psychologie und Sozialwissenschaften*. Hamburg.

Foucault, Michel 1976: *Mikrophysik der Macht. Michel Foucault. Über Strafjustiz, Psychatrie und Medizin*. Berlin.

Frehsee, Detlev 1997: „Fehlfunktion des Strafrechts und der Verfall rechtsstaatlichen Freiheitsschutzes", in: Frehsee et al. 1997: 14-46

Frehsee, Detlev et al. (Hg.) 1997: *Konstruktion der Wirklichkeit durch Kriminalität und Strafe*. Baden-Baden.

Frevel, Bernhard 1999: *Kriminalität. Gefährdung der Inneren Sicherheit?* Opladen.

Friauf, Annette 2001: „Juristen und Bürgerrechtler warnen vor einer ‚Sicherheitskrake'", in: *Frankfurter Rundschau* v. 25. Oktober 2001: 1.

Fröhlich, Siegfried 1985: „Eröffnungsansprache", in: Bundeskriminalamt 1985: 7-16.

Fuchs, Werner et al. (Hg.) 1973: *Lexikon zur Soziologie*. Opladen.

Fuchs, Werner et al. (Hg.) 1978: *Lexikon zur Soziologie*. 2. verbesserte und erweitere Auflage. Opladen.

Fuchs, Werner et al. (Hg.) 1988: *Lexikon zur Soziologie*. Ungekürzte Sonderausgabe der 2., verbesserten und erweiterten Auflage. Opladen.

Fuchs-Heinritz, Werner et al. (Hg.) 1994: *Lexikon zur Soziologie*. 3., völlig neu bearbeitete und erweiterte Auflage. Opladen.

Funk, Albrecht 1991: „‚Innere Sicherheit': Symbolische Politik und exekutive Praxis", in: Blanke/Wollmann 1991: 367-385.

Funk, Albrecht 1995: „Die Fragmentierung öffentlicher Sicherheit. Das Verhältnis von staatlicher und privater Sozialkontrolle in der politikwissenschaftlichen Diskussion", in: Sack et al. 1995: 38-55.

Funk, Albrecht 1995a: „Ausgeschlossene und Bürger: Das ambivalente Verhältnis von Rechtsgleichheit und und sozialem Ausschluß", in: *Kriminologisches Journal* 4/1995: 243-256.

Funk, Albrecht et al. 1980: „Die Ansätze zu einer neuen Polizei – Vergleich der Polizeientwicklung in England/Wales, Frankreich und der Bundesrepublik Deutschland", in: Blankenburg 1980: 16-90.

Funk, Albrecht/Werkentin, Falco 1977: „Die siebziger Jahre: Das Jahrzehnt innerer Sicherheit?", in: Narr 1977: 189-210.

Gemmer, Karl-Heinz 1975: „Organisiertes Verbrechen – eine Gefahr für die innere Sicherheit?", in: Bundeskriminalamt 1975: 9-15.

Genscher, Hans-Dietrich 1974: „Geleitwort", in: Koehler/Jansen 1974: V.

Gerhard, Ute 1992: „Wenn Flüchtlinge und Einwanderer zu ‚Asylantenfluten' werden – zum Anteil des Mediendiskurses an rassistischen Pogromen", in: *OBST. Osnabrücker Beiträge zur Sprachtheorie* 46: 163-178.

Geschäftsstelle der Ständigen Konferenz der Innenminister- und -senatoren der Länder (Hg.) 1993: *Programm Innere Sicherheit.*

Fortschreibung 1994 durch die Innenminister/-senatoren der Länder und den Bundesminister des Innern. Potsdam.

Gössner, Rolf (Hg.) 1988: *Widerstand gegen die Staatsgewalt.* Hamburg.

Gössner, Rolf 1988a: „Im Antikommunismus vereint", in: Gössner 1988: 97-110.

Gössner, Rolf 1988b: „Opposition gegen den Sicherheits- und Überwachungsstaat", in: Gössner 1988:143-147.

Gössner, Rolf 1993: „Kronzeugenprozesse. Das Verfahren gegen Ingrid Jakobsmeier", in: *vorgänge* 124: 34-37.

Gössner, Rolf 1993a: „Rot-grüne Innen- und Rechtspolitik. Niedersachsen setzt auf Reform und weitgehende Liberalisierung", in: *vorgänge* 124: 34-37.

Gössner, Rolf (Hg.) 1995: *Mythos Sicherheit. Der hilflose Schrei nach dem starken Staat.* Baden-Baden.

Gössner, Rolf 1995a: „Einleitende Gedanken. Der alte ‚Mythos Sicherheit' und die ‚Neue Unsicherheit'", in: Gössner 1995: 17-24.

Gössner, Rolf/Herzog, Uwe 1982: *Der Apparat. Ermittlungen in Sachen Polizei.* Köln.

Gössner, Rolf/Neß, Oliver 1996: *Polizei im Zwielicht. Gerät der Apparat außer Kontrolle?* Frankfurt am Main, New York.

Götz, Volkmar 1970: *Allgemeines Polizei- und Ordnungsrecht.* 1. Auflage. Göttingen.

Götz, Volkmar 1973: *Allgemeines Polizei- und Ordnungsrecht.* 2., neubearbeitete und erweiterte Auflage. Göttingen.

Götz, Volkmar 1975: *Allgemeines Polizei- und Ordnungsrecht.* 3., neubearbeitete und erweiterte Auflage. Göttingen.

Götz, Volkmar 1977: *Allgemeines Polizei- und Ordnungsrecht.* 4., neubearbeitete und erweiterte Auflage. Göttingen.

Götz, Volkmar 1978: *Allgemeines Polizei- und Ordnungsrecht.* 5., neubearbeitete Auflage. Göttingen.

Götz, Volkmar 1980: *Allgemeines Polizei- und Ordnungsrecht.* 6., neubearbeitete Auflage. Göttingen.

Götz, Volkmar 1982: *Allgemeines Polizei- und Ordnungsrecht.* 7., neubearbeitete Auflage. Göttingen.

Götz, Volkmar 1985: *Allgemeines Polizei- und Ordnungsrecht.* 8., völlig neubearbeitete Auflage. Göttingen.

Götz, Volkmar 1988: *Allgemeines Polizei- und Ordnungsrecht.* 9., neubearbeitete erweiterte Auflage. Göttingen.

Götz, Volkmar 1991: *Allgemeines Polizei- und Ordnungsrecht.* 10., neubearbeitete Auflage. Göttingen.

Götz, Volkmar 1993: *Allgemeines Polizei- und Ordnungsrecht.* 11. neubearbeitete Auflage. Göttingen.

Götz, Volkmar 1995: *Allgemeines Polizei- und Ordnungsrecht.* 12., neubearbeitete Auflage. Göttingen.

Gosewinkel, Dieter 2001: *Einbürgern und Ausschließen. Die Nationalisierung der Staatsangehörigkeit vom Deutschen Bund bis zur Bundesrepublik Deutschland.* Göttingen.

Grabenstroer, Michael 2004: „BKA tagt zu Terror", in: *Frankfurter Rundschau* v. 3. November 2004: 4.

Grandel, Jürgen/Niewöhner, Walter 1995: *Untersuchungen zur inneren Sicherheit von Kraftomnibussen.* Frankfurt am Main.

Greiffenhagen, Martin et al. (Hg.) 1981: *Handwörterbuch zur politischen Kultur der Bundesrepublik Deutschland.* 1. Auflage. Opladen.

Gustav-Heinemann-Initiative 2002: „Einladung zur Mitgliedschaft", URL: www.gustav-heinemann-initiative.de/Selbstd.html (30. September 2002).

Hall, Stuart 1989: *Ausgewählte Schriften. Ideologie, Kultur, Medien, Neue Rechte, Rassismus.* Hamburg.

Hansis, Jörg (Bearb.) 1985: *Struktur des Thesaurus für Parlamentsmaterialien, PARTHES. Formaler Aufbau und Datenverarbeitungs-Konzept.* München, New York, London, Paris.

Hassel et al. 1987: „Peter Brückner – eine deutsche Ausbürgerung", in: Linke Liste 1987: 172-179.

Hassemer, Winfried 1993: „Innere Sicherheit im Rechtsstaat", in: *vorgänge* 124: 54-67.

Hattenauer, Hans (Hg.) 1996: *Allgemeines Landrecht für die preussischen Staaten von 1794.* 3., erweiterte Auflage. Neuwied, Kriftel, Berlin.

Heinl, Werner 1972: „Begrüßung", in: Bundeskriminalamt 1972: 7-8.

Hepp, Andreas/Winter, Rainer (Hg.) 1997: *Kultur – Medien – Macht. Cultural Studies und Medienanalyse.* Opladen.

Herold, Horst 1975: „Begrüßung", in: Bundeskriminalamt 1975: 5-6.

Herold, Horst 1976: „Begrüßung", in: Bundeskriminalamt 1976: 5.

Herold, Horst 1979: „Begrüßung", in: Bundeskriminalamt 1979: 5.

Herold, Horst 1981: „Begrüßung", in: Bundeskriminalamt 1981: 5-6.

Hess, Henner et al. 1988: *Angriff auf das Herz des Staates. Soziale Entwicklung und Terrorismus.* Frankfurt am Main.

Hess, Henner/Scheerer, Sebastian 1997: „Was ist Kriminalität? Skizze einer konstruktivistischen Kriminalitätstheorie", in: *Kriminologisches Journal* 2/1997: 83-155.

Hesse, Konrad 1982: *Grundzüge des Verfassungsrechts in der Bundesrepublik Deutschland*. 13. Auflage. Heidelberg.

Hirsch, Joachim 1980: *Der Sicherheitsstaat. Das ‚Modell Deutschland‘, seine Krise und die neuen sozialen Bewegungen*. Frankfurt am Main.

Hirsch, Joachim 1986: *Der Sicherheitsstaat. Das ‚Modell Deutschland‘, seine Krise und die neuen sozialen Bewegungen*. Überarb. Neuaufl. Frankfurt am Main.

Hirsch, Joachim 1995: *Der nationale Wettbewerbsstaat. Staat, Demokratie und Politik im globalen Kapitalismus*. Berlin.

Hirsch, Joachim 2001: „Globalisierung und Terror", URL: www.linksnetz.de/T_texte/T_hirsch_terror.html (1. November 2001).

Hirsch, Joachim 2002: „Die Globalisierung der Gewalt", URL: www.links-netz.de/K_texte/K_hirsch_gewalt.html (1. August 2002).

Hitzler, Ronald 1994: „Wissen und Wesen des Experten", in: Hitzler et al. 1994: 13-30.

Hitzler, Ronald/Honer, Anne (Hg.) 1997: *Sozialwissenschaftliche Hermeneutik*. Opladen.

Hitzler, Ronald et al. (Hg.) 1994: *Expertenwissen*. Opladen.

Hitzler, Ronald/Peters, Helge (Hg.) 1998: *Inszenierung: Innere Sicherheit. Daten und Diskurse*. Opladen.

Hofmann, Werner/Maus, Heinz (Hg.) 1968: *Notstandsordnung und Gesellschaft in der Bundesrepublik*. Reinbek.

Höhne, Thomas/Kunz, Thomas/Radtke, Frank-Olaf 1999: *Zwischenbericht Bilder von Fremden. Formen der Migrantendarstellung als der „anderen Kultur" in deutschen Schulbüchern von 1981 – 1997*. Frankfurter Beiträge zur Erziehungswissenschaft. Reihe Forschungsberichte. Band 1. J. W. Goethe-Universität. Frankfurt am Main.

Hortzitz, Nicole 1995: „Die Sprache der Judenfeindschaft", in: Schoeps/Schlör 1995: 19-40.

Humanistische Union 1983: „Memorandum zum Under Cover Agent. Vorgelegt von der Humanistischen Union", in: *vorgänge* 66, Heft 6/1983. 29-35.

Humanistische Union et al. 2001: „Die falsche Antwort auf den 11. September: Der ÜBERWACHUNGSSTAAT. Presseerklärung von Bürgerrechtsorganisationen vom 24.10.2001", URL: www.cilip.de /terror/pe241001.htm (17. Juli 2002).

Humanistische Union 2002: „Wir über uns", URL: www.humanistische-union.de/hu/13wirueberuns.htm (30. September 2002).

Humanistische Union (Hg.) 2003: *Innere Sicherheit als Gefahr*. Berlin.

Institut für Bürgerrechte & öffentliche Sicherheit (Hg.) 1993: *Institut für Bürgerrechte & öffentliche Sicherheit. Informationen zu einem Bürgerrechtsprojekt.* Berlin.

Institut für Bürgerrechte & öffentliche Sicherheit 1999: „Gründe für ein Institut für Bürgerrechte & öffentliche Sicherheit", URL: www. infolinks.de/medien/cilip/infos/gruende.htm (7. Mai 1999).

Internationale Liga für Menschenrechte 2002: „Internationale Liga für Menschenrechte. Wir über uns", URL: www.ilmr.org/web/hosting/ ilmr/liga101.nsf/aboutus/1?OpenDocument (30. September 2002).

Interparlamentarische Arbeitsgemeinschaft (Hg.) 1958: *Parlamentsspiegel. 1. Jahrgang (Von September 1957 bis September 1958).* Bonn, Berlin, Bad Homburg vor der Höhe, Zürich.

Interparlamentarische Arbeitsgemeinschaft (Hg.) 1959: *Parlamentsspiegel. 2. Jahrgang (Von September 1958 bis September 1959).* Bonn, Berlin, Bad Homburg vor der Höhe, Zürich.

Interparlamentarische Arbeitsgemeinschaft (Hg.) 1960: *Parlamentsspiegel. 3. Jahrgang (Von September 1959 bis September 1960).* Bonn, Berlin, Bad Homburg vor der Höhe, Zürich.

Interparlamentarische Arbeitsgemeinschaft (Hg.) 1961: *Parlamentsspiegel. 4. Jahrgang (Von September 1960 bis September 1961).* Bonn, Berlin, Bad Homburg vor der Höhe, Zürich.

Interparlamentarische Arbeitsgemeinschaft (Hg.) 1962: *Parlamentsspiegel. 5. Jahrgang (Von September 1961 bis September 1962).* Bonn, Berlin, Bad Homburg vor der Höhe, Zürich.

Interparlamentarische Arbeitsgemeinschaft (Hg.) 1963: *Parlamentsspiegel. 6. Jahrgang (Von September 1962 bis September 1963).* Bonn, Berlin, Bad Homburg vor der Höhe, Zürich.

Interparlamentarische Arbeitsgemeinschaft (Hg.) 1964: *Parlamentsspiegel. 7. Jahrgang (Von September 1963 bis September 1964).* Bonn, Berlin, Bad Homburg vor der Höhe, Zürich.

Jäger, Margret/Wichert, Frank (Hg.) 1996: *Rassismus und Biopolitik. Werkstattberichte. DISS-Forschungsbericht 1996.* Duisburg.

Jäger, Margret et al. 1998: *Von deutschen Einzeltätern und ausländischen Banden. Medien und Straftaten. Mit Vorschlägen zur Vermeidung diskriminierender Berichterstattung.* Duisburg.

Jäger, Siegfried 1991: *Text- und Diskursanalyse. Eine Anleitung zur Analyse politischer Texte.* Duisburg.

Jäger, Siegfried 1992: *Brandsätze. Rassismus im Alltag.* Duisburg.

Jäger, Siegfried 1993: *Kritische Diskursanalyse. Eine Einführung. 1. Aufl.* Duisburg.

Jäger, Siegfried 1999: *Kritische Diskursanalyse. Eine Einführung.* 2., überarbeitete und erweiterte Aufl. Duisburg.

Jäger, Siegfried/Januschek, Franz 1992: „Einleitung: ‚Der Diskurs des Rassismus'", in: *OBST. Osnabrücker Beiträge zur Sprachtheorie* 46: 5-12.

Jaschke, Hans-Gerd 1991: *Streitbare Demokratie und Innere Sicherheit. Grundlagen, Praxis und Kritik.* Opladen.

Jesse, Eckhard 1993: „Innere Sicherheit", in: Andersen/Woyke 1993: 213-214.

Jesse, Eckhard 1995: „Innere Sicherheit", in: Andersen/Woyke 1995: 230-232.

Jesse, Eckhard 1997: „Innere Sicherheit", in: Andersen/Woyke 1997: 221-223.

Jung, Matthias et al. (Hg.) 1997: *Die Sprache des Migrationsdiskurses.* Opladen.

Kaase, Max/Schmid, Günther (Hg.) 1999: *Eine lernende Demokratie. 50 Jahre Bundesrepublik Deutschland.* Berlin.

Kaiser, Günther 1974: „Verbrechenskontrolle", in: Kaiser et al. 1974: 370-375.

Kaiser, Günther 1985: „Verbrechenskontrolle und Verbrechensvorbeugung", in: Kaiser et al. 1985: 508-513.

Kaiser, Günther 1993: „Verbrechenskontrolle und Verbrechensvorbeugung", in: Kaiser et al. 1993: 571-577.

Kaiser, Günther 1993a: „Verbrechenbegriff", in: Kaiser et al. 1993: 566-570.

Kaiser, Günther et al. (Hg.) 1974: *Kleines Kriminologisches Wörterbuch.* 1. Auflage. Heidelberg.

Kaiser, Günther et al. (Hg.) 1985: *Kleines Kriminologisches Wörterbuch.* 2., völlig neubearbeitete und erweiterte Auflage. Heidelberg.

Kaiser, Günther et al. (Hg.) 1993: *Kleines Kriminologisches Wörterbuch.* 3., völlig neubearbeitete und erweiterte Auflage. Heidelberg.

Kampmeyer, Eva/Neumeyer, Jürgen (Hg.) 1993: *Innere Unsicherheit. Eine kritische Bestandsaufnahme.* München.

Kampmeyer, Eva/Neumeyer, Jürgen 1993a: „Einleitung. Innere Sicherheit – Fakt oder Inszenierung?", in: Kampmeyer/Neumeyer 1993: 5-10.

Kanther, Manfred 1993: „Vorwort", in: Geschäftsstelle der Ständigen Konferenz der Innenminister- und -senatoren der Länder 1993: o.S.

Kanther, Manfred 1993a: „Kriminalitätsbekämpfung Schwerpunktaufgabe der Innenpolitik", in: *Das Bundesministerium des Innern teilt mit:* (30.9.1993). Bonn.

Kanther, Manfred 1993b: „Gemeinsame Verantwortung für den inneren Frieden", in: *Texte zur Inneren Sicherheit. Gemeinsame Verantwortung für den inneren Frieden. Sonderdruck.* Bonn. 7-18.

Kanther, Manfred 1994: „Rede zur 1. Lesung des Bundeshaushaltes 1995 im Deutschen Bundestag am 14. Dezember 1994", in: *Das Bundesministerium des Innern teilt mit:* (14.12.1994). Bonn.

Kanther, Manfred 1994a: „Interview im Deutschlandfunk am 7. September 1994, 6.50 Uhr zum Thema Verbrechensbekämpfungsgesetz", in: *Das Bundesministerium des Innern teilt mit:* (7.9.1994). Bonn.

Kanther, Manfred 1994b: „Statement anläßlich der Veranstaltung der Philosophisch-Theologischen Hochschule St.Georgen in Frankfurt/Main am 22. November 1994 zum Thema ‚Gewalt-Verrohung der Menschheit'", in: *Das Bundesministerium des Innern teilt mit:* (22.11.1994). Bonn.

Kanther, Manfred 1994c: „Begrüßung und Einführung in das Thema", in: Bundesministerium des Innern (Hg.): *Sicherheitsforum ‚Kreditkartenkriminalität'. 21.April 1994.* Bonn. 8-10.

Kanther, Manfred 1995: „Deutschland reagiert auf neue Wege von Schleuserbanden", in: *Das Bundesministerium des Innern teilt mit:* (8.2.1995). Bonn.

Kanther, Manfred 1995a: „Rede von Bundesinnenminister Manfred Kanther auf der gesellschaftspolitischen Fachtagung des Bundesministerium des Innern zum Thema ‚Wertewandel und Innere Sicherheit' am 30. Januar 1995 in Wiesbaden", in: *Das Bundesministerium des Innern teilt mit:* (30.1.1995). Bonn.

Kanther, Manfred 1996: „Eröffnungsansprache. Das Opfer und die Kriminalitätsbekämpfung", in: Bundeskriminalamt 1996: 31-35.

Kanther, Manfred 1996a: „Polizeiliche Kriminalstatistik 1995. Bundesinnenminister Manfred Kanther: ‚Wir dürfen in unseren Anstrengungen im Kampf gegen die Kriminalität nicht nachlassen!'", in: *Das Bundesministerium des Innern informiert:* (10.5.1996). Bonn

Kanther, Manfred 1997: „Eröffnungsansprache. Die Bekämpfung der Organisierten Kriminalität in Deutschland", in: Bundeskriminalamt 1997: 39-51.

Kanther, Manfred 1997a: „Polizeiliche Kriminalstatistik 1996. Bundesinnenminister Manfred Kanther: ‚Die konsequente Stärkung der inneren Sicherheit bleibt eine der zentralen Aufgaben der Innenpolitik'", in: *Das Bundesministerium des Innern informiert:* (12.6.1997). Bonn.

Kanther, Manfred 1998: „Eröffnungsansprache. Risiken und Chancen der neuen Sicherheitslage in Deutschland", in: Bundeskriminalamt 1998: 13-22.

Kanther, Manfred 1998a: „Polizeiliche Kriminalstatistik 1997. Bundesinnenminister Manfred Kanther: ‚Ständige Verbesserung der Inneren Sicherheit bleibt Hauptaufgabe der Innenpolitik!'", in: *Das Bundesministerium des Innern informiert:* (29.5.1998). Bonn.

Karstedt-Henke, Susanne 1980: „Soziale Bewegung und Terrorismus: Alltagstheorien und sozialwissenschaftliche Ansätze zur Erklärung des Terrorismus", in: Blankenburg 1980: 169-237.

Keller, Reiner 1997: „Diskursanalyse" in: Hitzler/Honer 1997: 309-333.

Keller, Reiner 2001: „Wissenssoziologische Diskursanalyse", in: Keller et al. 2001: 113-143.

Keller, Reiner et al. (Hg.) 2001: *Handbuch Sozialwissenschaftliche Diskursanalyse. Band 1: Theorien und Methoden.* Opladen.

Kerber, Harald/Schmieder, Arnold (Hg.): *Soziologie. Arbeitsfelder, Theorien, Ausbildung. Ein Grundkurs.* Reinbek.

Kerner, Hans-Jürgen (Hg.) 1991: *Kriminologie Lexikon. 4., völlig neubearbeitete Auflage des von Egon Rößmann begründeten Taschenlexikons der Kriminologie für den Kriminalpraktiker.* Heidelberg.

Kersten, Ulrich 1998: „Begrüßung", in: Bundeskriminalamt 1998: 9-12.

Klein, Ansgar et al. (Hg.) 1999: *Neue soziale Bewegungen. Impulse, Bilanzen und Perspektiven.* Opladen, Wiesbaden.

Klein, Ansgar et. al 1999a: „Einleitung", in: Klein et al. 1999: 7-12.

Klein, Naomi 2003: *Über Zäune und Mauern. Berichte von der Globalisierungsfront.* Frankfurt am Main, New York.

Klingst, Martin/Pfeiffer, Christian 1995: „Tatort Deutschland", in: Gössner 1995: 27-38.

Klönne, Arno et al. 1981: *Lebendige Verfassung – das Grundgesetz in Perspektive.* Neuwied, Darmstadt.

Kniesel, Michael 1996: „‚Innere Sicherheit' und Grundgesetz", in: *Zeitschrift für Rechtspolitik.* Heft 12/1996: 482-489.

Knödler-Bunte, Eberhard 1979: „Statt eines Editorials: Wie sich mir nach der Diskussion in der Arbeitsgruppe das Problem ‚Linker Konservatismus' stellt", in: *Ästhetik und Kommunikation.* 36/1979: 4-12.

Koehler, A./Jansen, K. (Hg.) 1966: *Die Bundesrepublik Deutschland. Vereinigt mit Handbuch für die Bundesrepublik Deutschland. Stand: Juni 1966.* 69. Jahrgang. Köln, Berlin, Bonn, München.

Koehler, A./Jansen, K. (Hg.) 1970: *Die Bundesrepublik Deutschland. Vereinigt mit Handbuch für die Bundesrepublik Deutschland. Stand: Jahr 1970.* 70. Jahrgang. Köln, Berlin, Bonn, München.

Koehler, A./Jansen, K. (Hg.) 1974: *Die Bundesrepublik Deutschland. Vereinigt mit Handbuch für die Bundesrepublik Deutschland. Stand: Jahr 1973.* 71. Jahrgang. Köln, Berlin, Bonn, München.

Komitee für Grundrechte und Demokratie (Hg.) 1990: *Jahrbuch '88/'89*. Sensbachtal.

Komitee für Grundrechte und Demokratie (Hg.) 1999: *Soziale Ausgrenzung, Solidarität und Sicherheit. Dokumentation einer Tagung des Komitees für Grundrechte und Demokratie in Kooperation mit der Evangelischen Akademie Arnoldshain in Arnoldshain vom 18. bis 20. September 1998*. Köln.

Komitee für Grundrechte und Demokratie 2002: „Was will das Komitee für Grundrechte und Demokratie?" URL: www.friedenskoopera tive.de/komitee/komit002.htm (30. September 2002).

Kraushaar, Wolfgang (Hg.) 1998: *Frankfurter Schule und Studentenbewegung. Von der Flaschenpost zum Molotowcocktail*. 3 Bände. Hamburg.

Kreissl, Reinhard 1997: „Die Fake-Guerilla im Cybermarxismus. Vorüberlegungen zur Transformation sozialer Rolle und ihrer Kritik", in: Frehsee et al. 1997: 522-551.

Krovoza, Alfred et al. (Hg.) 1981: *Zum Beispiel Peter Brückner. Treue zum Staat und kritische Wissenschaft*. Frankfurt am Main.

Kube, Edwin 1991: „Vorwort", in: Bundeskriminalamt 1991a, o.S.

Kunz, Karl-Ludwig 1994: *Kriminologie. Eine Grundlegung*. Bern, Stuttgart, Wien.

Kunz, Thomas 1995: *Der aktuelle Diskurs über „Innere Sicherheit" in der BRD. Gesellschaftliche Ursachen und Funktion*. Unveröffentlichte politologische Diplomarbeit. Eingereicht am Fachbereich Gesellschaftswissenschaften der J. W. Goethe-Universität. Frankfurt am Main.

Kunz, Thomas 1996: „‚Innere Sicherheit‘ und Rassismus", in: Jäger/Wichert 1996: 21-34.

Kunz, Thomas 1998: „Ein ‚Sicherheitsjahr‘ für Deutschland. Was ist ‚neo‘ am konservativen Sicherheitsdiskurs?", in: Buntenbach et al. 1998: 173-207.

Kunz, Thomas 1999: „25 Jahre Sicherheitsdiskurs – Ein Forschungsprojekt", in: *Kriminologisches Journal* 4/1999: 289-307.

Kurz, Gerhard 1997: *Metapher, Allegorie, Symbol*. 4., durchgesehene Auflage. Göttingen.

Kutscha, Martin/Paech, Norman (Hg.) 1981: *Im Staat der „Inneren Sicherheit". Polizei, Verfassungsschutz, Geheimdienste, Datenkontrolle im Betrieb. Beiträge und Dokumente*. Frankfurt am Main.

Landtag Nordrhein-Westfalen (Hg.) 1965: *Parlamentsspiegel. 8. Jahrgang vom 1. September 1964 bis 16. Juli 1965*. Düsseldorf.

Landtag Nordrhein-Westfalen (Hg.) 1966: *Parlamentsspiegel. 9. Jahrgang vom 17. Juli 1965 bis 15. Juli 1966*. Düsseldorf.

Landtag Nordrhein-Westfalen (Hg.) 1967: *Parlamentsspiegel. 10. Jahrgang vom 16. Juli 1966 bis 14. Juli 1967*. Düsseldorf.

Landtag Nordrhein-Westfalen (Hg.) 1968: *Parlamentsspiegel. 11. Jahrgang vom 15. Juli 1967 bis 19. Juli 1968*. Düsseldorf.

Landtag Nordrhein-Westfalen (Hg.) 1969: *Parlamentsspiegel. 12. Jahrgang vom 20. Juli 1968 bis 18. Juli 1969*. Düsseldorf.

Landtag Nordrhein-Westfalen (Hg.) 1971: *Parlamentsspiegel. 13. Jahrgang vom 19. Juli 1969 bis 31. Dezember 1970*. Düsseldorf.

Landtag Nordrhein-Westfalen (Hg.) 1972: *Parlamentsspiegel. 14. Jahrgang vom 01. Januar bis 31. Dezember 1971*. Düsseldorf.

Landtag Nordrhein-Westfalen (Hg.) 1973: *Parlamentsspiegel. 15. Jahrgang vom 01. Januar bis 31. Dezember 1972*. Düsseldorf.

Landtag Nordrhein-Westfalen (Hg.) 1974: *Parlamentsspiegel. 16. Jahrgang vom 01. Januar bis 31. Dezember 1973*. Düsseldorf.

Landtag Nordrhein-Westfalen (Hg.) 1975: *Parlamentsspiegel. 17. Jahrgang vom 01. Januar bis 31. Dezember 1974*. Düsseldorf.

Landtag Nordrhein-Westfalen (Hg.) 1976: *Parlamentsspiegel. 18. Jahrgang vom 01. Januar bis 31. Dezember 1975*. Düsseldorf.

Landtag Nordrhein-Westfalen (Hg.) 1977: *Parlamentsspiegel. 19. Jahrgang vom 01. Januar bis 31. Dezember 1976*. Düsseldorf.

Landtag Nordrhein-Westfalen (Hg.) 1978: *Parlamentsspiegel. 20. Jahrgang vom 01. Januar bis 31. Dezember 1977*. Düsseldorf.

Landtag Nordrhein-Westfalen (Hg.) 1979: *Parlamentsspiegel. 21. Jahrgang vom 01. Januar bis 31. Dezember 1978*. Düsseldorf.

Landtag Nordrhein-Westfalen (Hg.) 1980: *Parlamentsspiegel. 22. Jahrgang vom 01. Januar bis 31. Dezember 1979*. Düsseldorf.

Landtag Nordrhein-Westfalen (Hg.) 1981: *Parlamentsspiegel. 23. Jahrgang vom 01. Januar bis 31. Dezember 1980*. Düsseldorf.

Landtag Nordrhein-Westfalen (Hg.) 1982: *Parlamentsspiegel. 24. Jahrgang vom 01. Januar bis 31. Dezember 1981*. Düsseldorf.

Landtag Nordrhein-Westfalen (Hg.) 1983: *Parlamentsspiegel. 25. Jahrgang vom 01. Januar bis 31. Dezember 1982*. Düsseldorf.

Landtag Nordrhein-Westfalen (Hg.) 1984: *Parlamentsspiegel. 26. Jahrgang vom 01. Januar bis 31. Dezember 1983*. Düsseldorf.

Landtag Nordrhein-Westfalen (Hg.) 1985: *Parlamentsspiegel. 27. Jahrgang vom 01. Januar bis 31. Dezember 1984*. Düsseldorf.

Landtag Nordrhein-Westfalen (Hg.) 1986: *Parlamentsspiegel. 28. Jahrgang vom 01. Januar bis 31. Dezember 1985*. Düsseldorf.

Landtag Nordrhein-Westfalen (Hg.) 1987: *Parlamentsspiegel. 29. Jahrgang vom 01. Januar bis 31. Dezember 1986*. Düsseldorf.

Landtag Nordrhein-Westfalen (Hg.) 1988: *Parlamentsspiegel. 30. Jahrgang vom 01. Januar bis 31. Dezember 1987.* Düsseldorf.

Landtag Nordrhein-Westfalen (Hg.) 1989: *Parlamentsspiegel. 31. Jahrgang vom 01. Januar bis 31. Dezember 1988.* Düsseldorf.

Landtag Nordrhein-Westfalen (Hg.) 1990: *Parlamentsspiegel. 32. Jahrgang vom 01. Januar bis 31. Dezember 1989.* Düsseldorf.

Landtag Nordrhein-Westfalen (Hg.) 1991: *Parlamentsspiegel. 33. Jahrgang vom 01. Januar bis 31. Dezember 1990.* Düsseldorf.

Landtag Nordrhein-Westfalen (Hg.) 1992: *Parlamentsspiegel. 34. Jahrgang vom 01. Januar bis 31. Dezember 1991.* Düsseldorf.

Landtag Nordrhein-Westfalen (Hg.) 1993: *Parlamentsspiegel. 35. Jahrgang vom 01. Januar bis 31. Dezember 1992.* Düsseldorf.

Landtag Nordrhein-Westfalen (Hg.) 1994: *Parlamentsspiegel. 36. Jahrgang vom 01. Januar bis 31. Dezember 1993.* Düsseldorf.

Landtag Nordrhein-Westfalen (Hg.) 1996: *Parlamentsspiegel. 37. und 38. Jahrgang vom 01. Januar 1994 bis 31. Dezember 1995.* Düsseldorf.

Lange, Hans-Jürgen 1999: *Innere Sicherheit im Politischen System der Bundesrepublik Deutschland.* Opladen.

Lange, Hans-Jürgen 2000: „Einleitung", in: Lange 2000a: 7-8.

Lange, Hans-Jürgen (Hg.) 2000a: *Staat, Demokratie und Innere Sicherheit in Deutschland.* Opladen.

Lange, Hans-Jürgen 2000b: „Innere Sicherheit als Netzwerk", in: Lange 2000a: 235-255

Lange, Hans-Jürgen 2001: 6. Schreiben an die AKIS-Mitglieder der Fachrichtung Politikwissenschaft und/oder an die DPVW-Mitglieder innerhalb des AKIS v. 5. Dezember 2001.

Lange, Hans-Jürgen 2002: „Konzeptionspapier Politikfeldanalyse Innere Sicherheit im AKIS", URL: www.uni-marburg.de/~akis/politikfeld an.html (18. Juni 2002).

Lange, Hans-Jürgen et al. 1998: *Memorandum zur Entwicklung der Inneren Sicherheit in der Bundesrepublik Deutschland.* Regensburg.

Lederer, Andrea 1988: „Die Bürgerrechtsproblematik in der Anti-AKW-Bewegung", in: Gössner 1988: 147-160.

Lederer, Anja 2001: „Sicherheitsrisiko Nr. 1. AusländerInnen als Sündenböcke der ‚Terrorbekämpfung'", in: *Bürgerrechte & Polizei. CILIP 70.* Nr. 3/2001: 35-41.

Lemke, Thomas 1997: *Eine Kritik der politischen Vernunft. Foucaults Analyse der modernen Gouvernementalität.* Berlin, Hamburg.

Lengsfeld, Vera 2001: „Aus den Reden am 02. Oktober in Nürnberg und 03. Oktober 2001 in Ebersberg (Veranstaltungen der CSU zum Na-

tionalfeiertag)", URL: www.bundestag.de/mdbhome/lengsve0/reden_
lengsfeld.htm (17. Juli 2002).

Leuthardt, Beat 1994: *Festung Europa. Asyl, Drogen, „Organisierte Kriminalität": Die „Innere Sicherheit" der 80er und 90er Jahre und ihre Feindbilder.* Zürich.

Lex, Hans von 1958: *Die innere Sicherheit der Bundesrepublik.* Bonn.

Liebhart, Karin et al. (Hg.) 2002: *Fremdbilder, Feindbilder, Zerrbilder. Zur Wahrnehmung und diskursiven Konstruktion des Fremden.* Klagenfurt, Celovec.

Link, Jürgen 1988: „Über Kollektivsymbolik im politischen Diskurs und ihren Anteil an totalitären Tendenzen", in: *kultuRRevolution. zeitschrift für angewandte diskurstheorie* 17/18. 47-53.

Linke Liste (Hg.) 1987: *Die Mythen knacken. Materialien wider ein Tabu. Neue Linke. RAF. Deutscher Herbst. Amnestie.* Frankfurt am Main.

links 1976: *links. Sozialistische Zeitung.* Sondernummer. Ausgabe Nr. 73.

Lintner, Eduard 1992: „Festansprache", in: Störzer 1992: 17-26.

Lintner, Eduard 1994: „Eröffnungsansprache", in: Bundeskriminalamt 1994: 11-20.

Lisken, Hans/Lange, Hans-Jürgen 2000: „Die Polizeien des Bundes", in: Lange 2000a: 151-166.

Ludwig-Mayerhofer, Wolfgang 1997: „Postmodernes Denken und kritische Kriminologie", in: Frehsee et al. 1997: 494-521.

Maihofer, Werner 1975: „Eröffnungsansprache", in: Bundeskriminalamt 1975: 5-6.

Maihofer, Werner 1976: „Eröffnungsansprache", in: Bundeskriminalamt 1976: 7-9.

Marx, Karl 1988: „Der achtzehnte Brumaire des Louis Bonaparte", in: Marx-Engels-Werke. Band 8. 8. Auflage. Berlin: 111-207.

Mast, Claudia (Hg.) 1994: *ABC des Journalismus.* 7., völlig neue Ausgabe. Konstanz.

Merk, Hans Günther/Werthebach, Eckart 1977: *Innere Sicherheit.* 1. Aufl. Mannheim.

Merk, Hans Günther/Werthebach, Eckart 1986: *Innere Sicherheit.* 2., verbesserte und ergänzte Auflage. Karlsfeld.

Moloeznik, Gruer/Marcos, Pablo 1998: *Streitkräfte und innere Sicherheit in Mexiko.* Münster.

Müller-Heidelberg, Till (Hg.) 1994: *„INNERE SICHERHEIT" Ja – aber wie?* München.

Müller-Tuckfeld, Jens Christian 1997: „Wahrheitspolitik. Anmerkungen zum Verhältnis von Kontingenz und Kritik in der kritischen Kriminologie", in: Frehsee et al. 1997: 458-493.

Myrell, Günter (Hg.) 1984: *Daten-Schatten. Wie die Computer dein Leben kontrollieren*. Reinbek.

Narr, Wolf-Dieter (Hg.) 1977: *Wir Bürger als Sicherheitsrisiko*. Reinbek.

Narr, Wolf-Dieter 1977a: „Vorwort", in: Narr 1977: 7-19.

Narr, Wolf-Dieter 1977b: „Die Bundesrepublik – Kontur einer Versicherungsgesellschaft. Zur Einführung", in: Narr 1977: 19-57.

Narr, Wolf-Dieter et al. 1990: „Das Grundgesetz der Bundesrepublik als nicht erfüllte demokratische Verfassung – Zur menschenrechtlichen Position des Grundgesetzes", in: Komitee für Grundrechte und Demokratie 1990: 263-280.

Narr, Wolf-Dieter 1997: „Vierzehn Thesen zur Inneren Sicherheit", in: *Bürgerrechte & Polizei. CILIP* 57. Nr. 2/1997. 6-13.

Narr, Wolf-Dieter 1999: „Der ‚Sicherheitsstaat' und die Entwicklung des ‚Systems Innerer Sicherheit' seit den 1970er-Jahren in der Bundesrepublik Deutschland", in: Komitee für Grundrechte und Demokratie 1999: 39-48.

Negt, Oskar 1973: „Sozialistische Politik und Terrorismus – Kundgebungsrede zum Kongreß ‚Am Beispiel Angela Davis'", in: Sozialistisches Büro 1973: 206-216.

Neidhardt, Friedhelm/Rucht, Dieter 1999: „Protestgeschichte der Bundesrepublik Deutschland 1950-1994" in: Kaase/Schmid 1999: 129-164.

Neitzel, Andrea 2002: „Bürgerrechtler sehen Meinungsfreiheit in Gefahr", in: *Frankfurter Rundschau* v. 31. August 2002: 4.

Nohlen, Dieter 1992: „Vorwort", in: Schmidt 1992: 13-14.

Nohlen, Dieter/Schultze, Rainer-Olaf (Hg.) 1985: *Pipers Wörterbuch zur Politik. Band 1. Politikwissenschaft*. 1. Auflage. München.

Nohlen, Dieter et al. (Hg.) 1998: *Lexikon der Politik. Band 7. Politische Begriffe*. 1. Auflage. München.

o.N. 1972: „Programm für die innere Sicherheit. Beschlüsse der Innenminister im Wortlaut", in: *Polizeischau*. Nr. 6/1972: 3-7.

o.N. 1982: „Die hilflose Polizeikritik. Eine Auseinandersetzung mit polizeikritischer Literatur der letzten Jahre", in CILIP 1982: 4-36.

o.N. 1982a: „Editorial", in: CILIP 1982: 2-3.

o.N. 1983: Ohne Titel, in: *vorgänge* 66, Heft 6/1983: 117.

o.N. 1984: „Editorial", in: *Argument*-Sonderband, Vol. 26, Nr. 105 1984: 5-6.

o.N. 1985: *Die Bundesrepublik Deutschland. Staatshandbuch. Teilausgabe Bund. Ausgabe 1985/86.* Köln, Berlin, Bonn, München.

o.N. 1987: „Erklärung von Hochschullehrern und wissenschaftlichen Mitarbeitern anläßlich der Entführung von Hanns-Martin Schleyer", in: Linke Liste 1987: 182-183.

o.N. 1990: „Komitee-Dokument ‚Sicherheitsgesetze'", in: Komitee für Grundrechte und Demokratie 1990: 61-70.

o.N. 1991: „Mehr Straftaten durch mehr Polizei", in: *die tageszeitung* (Bremen) v. 20. März 1991: 21.

o.N. 1994: *Die Bundesrepublik Deutschland. Staatshandbuch. Teilausgabe Bund. Ausgabe 1994.* Köln, Berlin, Bonn, München.

o.N. 2000: „Bevölkerung erstmals mehrheitlich mit rot-grüner Regierung zufrieden", in: *Frankfurter Rundschau* v. 5. August 2000: 5.

o.N. 2002: „Hilflos und undifferenziert werden Bevölkerungsgruppen verdächtigt", in: *Frankfurter Rundschau* v. 26. Februar 2002: 7.

o.N. 2002a: Verlagsprospekt Leske und Budrich 2002. Die Neuerscheinungen Juli-Dezember. Gesellschaft, Politik, Erziehung, Medien, Zeitschriften. Opladen.

Ottmers, Clemens 1996: *Rhetorik*. Stuttgart, Weimar.

Oy, Gottfried 2001: *Die Gemeinschaft der Lüge. Medien- und Öffentlichkeitskritik sozialer Bewegungen in der Bundesrepublik.* Münster.

Peters, Helge (Hg.) 2000: *Soziale Kontrolle. Zum Problem der Nonkonformität in der Gesellschaft.* Opladen.

Pielenz, Michael 1993: *Argumentation und Metapher.* Tübingen.

Pilgram, Arno et al. 2000: „Sozialer Ausschluss durch Kriminalisierung? Die Kriminalgerichtspraxis zwischen Strafen und Straffälligenhilfe", in: Pilgram/Steinert 2000: 129-153.

Pilgram, Arno/Steinert, Heinz (Hg.) 2000: *Sozialer Ausschluss – Begriff, Praktiken und Gegenwehr.* Baden-Baden.

Poulantzas, Nicos 1980: *Politische Macht und gesellschaftliche Klassen.* Frankfurt am Main.

Prätorius, Rainer 2000: „Leitideen der institutionellen Ausdifferenzierung der Inneren Sicherheit", in: Lange 2000a: 369-383.

Presse- und Informationsamt der Bundesregierung (Hg.) 1969: *Bonner Almanach 1969. Informationen der Bundesregierung.* Bonn.

Presse- und Informationsamt der Bundesregierung (Hg.) 1970: *Bonner Almanach 1970. Informationen der Bundesregierung.* Bonn.

Presse- und Informationsamt der Bundesregierung (Hg.) 1971: *Bonner Almanach 1971. Informationen der Bundesregierung.* Bonn.

Presse- und Informationsamt der Bundesregierung (Hg.) 1972: *Bonner Almanach 1972. Informationen der Bundesregierung.* Bonn.

Presse- und Informationsamt der Bundesregierung (Hg.) 1973: *Bonner Almanach 1973. Informationen der Bundesregierung.* Bonn.

Presse- und Informationsamt der Bundesregierung (Hg.) 1974: *Bonner Almanach 1974. 25 Jahre Bundesrepublik Deutschland.* Bonn.

Presse- und Informationsamt der Bundesregierung (Hg.) 1975: *Bonner Almanach 1975.* Bonn.

Presse- und Informationsamt der Bundesregierung (Hg.) 1976: *Bonner Almanach 1976.* Bonn.

Presse- und Informationsamt der Bundesregierung (Hg.) 1977: *Bonner Almanach 1977.* Bonn.

Presse- und Informationsamt der Bundesregierung (Hg.) 1978: *Bonner Almanach 1978/79.* Bonn.

Presse- und Informationsamt der Bundesregierung (Hg.) 1980: *Bonner Almanach 1980/81.* Bonn.

Presse- und Informationsamt der Bundesregierung (Hg.) 1984: *Bonner Almanach 1984/85.* Bonn.

Presse- und Informationsamt der Bundesregierung (Hg.) 1986: *Bonner Almanach 1986/87. Politik zum Nachschlagen.* Bonn.

Presse- und Informationsamt der Bundesregierung (Hg.) 1987: *Bonner Almanach 1987/88.* Bonn.

Presse- und Informationsamt der Bundesregierung (Hg.) 1988: *Bonner Almanach 1988/89.* Bonn.

Presse- und Informationsamt der Bundesregierung (Hg.) 1993: *Almanach der Bundesregierung 1993/1994.* Bonn.

Pütter, Norbert 1997: „Reformen Innerer Sicherheit – Über die Notwendigkeit von Veränderungen", in: *Bürgerrechte & Polizei. CILIP 57.* Nr. 2/1997: 14-17.

Pütter, Norbert 1998: *Der OK-Komplex. Organisierte Kriminalität und ihre Folgen für die Polizei in Deutschland.* Münster.

Redaktion *diskus* (Hg.) 1991: *Küss den Boden der Freiheit. Texte der Neuen Linken.* Berlin, Amsterdam.

Redaktion *kultuRRevolution* 1986: „Kleines Begriffslexikon", in: *kultuRRevolution. zeitschrift für angewandte diskurstheorie* 11: 70-71.

Regener, Susanne 1999: *Fotografische Erfassung. Zur Geschichte medialer Konstruktion des Kriminellen.* München.

Reichel, Peter 1981: *Politische Kultur in der Bundesrepublik.* Opladen.

Rössmann, Egon 1970: *Taschenlexikons der Kriminologie für den Kriminalpraktiker.* 1. Auflage. Hamburg.

Rössmann, Egon 1973: *Taschenlexikons der Kriminologie für den Kriminalpraktiker*. 2., erweiterte Auflage. Hamburg.

Rössmann, Egon 1974: *Taschenlexikons der Kriminologie für den Kriminalpraktiker*. 3., neubearbeitete Auflage. Hamburg.

Roggan, Frerik 1997: „Verfassungswidrige Befugniserweiterungen für die Polizei – die Entscheidung zum sächsischen Polizeigesetz", in: *Kritische Justiz*. Jahrgang 30. Heft 1/1997: 80-93.

Rommelspacher, Birgit 2002: *Anerkennung und Ausgrenzung. Deutschland als multikulturelle Gesellschaft*. Frankfurt am Main, New York.

Ronneberger, Klaus 1997: „Schutzräume gegen Ungeschützte", in: *SPEX* 6/1997: 47-49.

Roth, Siegward 1993: „Ist die Organisierte Kriminalität ganz normal? Eine Betrachtung zur Kriminalität der Braven", in: *Kriminalistik* 1/1993: 11-14.

Rupprecht, Reinhard (Hg.) 1986: *Polizei-Lexikon*. 1. Auflage. Heidelberg.

Rupprecht, Reinhard (Hg.) 1995: *Polizei-Lexikon*. 2., völlig neubearbeitete und wesentlich erweiterte Auflage. Heidelberg.

Rutschke, Wolfgang 1972: „Eröffnungsansprache", in: Bundeskriminalamt 1972: 9-11.

Sack, Fritz 1993: „Soziologische Kriminalitätstheorien", in: Kaiser et al. 1993: 271-280.

Sack, Fritz 1993a: „Kritische Kriminologie", in: Kaiser et al. 1993: 329-338.

Sack, Fritz 1993b: „Politische Delikte, politische Kriminalität", in: Kaiser et al. 1993: 382-392.

Sack, Fritz et al. (Hg.) 1995: *Privatisierung staatlicher Kontrolle: Befunde, Konzepte, Tendenzen*. Baden-Baden.

Sack, Fritz/Kreissl, Reinhard 1999: „Die strafende Gesellschaft – Der Staat und seine letzte Rettung", URL: www.humanistische-union. de/hu/nummersicherheit/11inneresicherheit.htm (10. November 1999).

Sack, Fritz/Steinert, Heinz 1984: *Protest und Reaktion*. Opladen.

Sattler, Karl-Otto/Müller-Gerbes, Sigrun 2002: „„Datenkraken sitzen vielerorts", in: *Frankfurter Rundschau* v. 26. Oktober 2002: 1.

Schäuble, Wolfgang 1990: „Eröffnungsansprache", in: Bundeskriminalamt 1990: 11-19.

Scheel, Walter 1978: Ohne Titel, in: Streithofen 1978, o.S.

Scheerer, Sebastian 1980: „Gesetzgebung im Belagerungszustand", in: Blankenburg 1980: 120-168.

Scheerer, Sebastian 1986: „Atypische Moralunternehmer", in: *Kriminologisches Journal*. 1. Beiheft 1986: 133-156.

Schelter, Kurt 1995: „Eröffnungsansprache. Innere Sicherheit genießt weiterhin höchste politische Priorität", in: Bundeskriminalamt 1995: 13-14.

Schick, Rupert/Zeh, Wolfgang 1999: *So arbeitet der Deutsche Bundestag. Organisation und Arbeitsweise. Die Gesetzgebung des Bundes.* Rheinbreitbach.

Schiffer, Eckart (Hg.) 1977: *Die Bundesrepublik Deutschland. Staatshandbuch. Teilausgabe Bund (I). Legislative, Exekutive, Rechtsprechung, Ausländische Missionen. Redaktionsschluß: Mai 1977.* Köln, Berlin, Bonn, München.

Schiffer, Eckart (Hg.) 1980: *Die Bundesrepublik Deutschland. Staatshandbuch. Teilausgabe Bund. Redaktionsschluß: Januar 1980.* Köln, Berlin, Bonn, München.

Schiffer, Eckart (Hg.) 1982: *Die Bundesrepublik Deutschland. Staatshandbuch. Teilausgabe Bund. Redaktionsschluß: Januar 1982.* Köln, Berlin, Bonn, München.

Schiffer, Eckart (Hg.) 1983: *Die Bundesrepublik Deutschland. Staatshandbuch. Teilausgabe Bund. Redaktionsschluß: August 1983.* Köln, Berlin, Bonn, München.

Schiffer, Eckart (Hg.) 1987: *Die Bundesrepublik Deutschland. Staatshandbuch. Teilausgabe Bund. Stand der Urhebungen [sic!]: Februar 1987. Redaktionsschluß: Juli 1987.* Köln, Berlin, Bonn, München.

Schiffer, Eckart (Hg.) 1989: *Die Bundesrepublik Deutschland. Staatshandbuch. Teilausgabe Bund. Stand der Erhebungen: Mai 1989.* Köln, Berlin, Bonn, München.

Schiffer, Eckart (Hg.) 1992: *Die Bundesrepublik Deutschland. Staatshandbuch. Teilausgabe Bund. Stand der Erhebungen: Juli/August 1991.* Köln, Berlin, Bonn, München.

Schiller, Theo/Becker, Peter 1977: „‚Pluralistische' Harmonie durch Verbeamtung der Gesellschaft", in: Narr 1977: 210-226.

Schiller, Theo 1988: „Von der Notstandsbewegung zum Bürgerrechtsprotest", in: Appel 1988: 39-55.

Schmid, Gerhard 1994: „Mafia fürchtet Maastricht – Warum Innere Sicherheit äußeren Flankenschutz braucht", in: SPD-Bundestagsfraktion 1994: 41-45.

Schmidt, Manfred G. (Hg.) 1983: *Pipers Wörterbuch zur Politik. Band 2. Westliche Industriegesellschaften.* 1. Auflage. München.

Schmidt, Manfred G. (Hg.) 1992: *Lexikon der Politik. Band 3. Die westlichen Länder.* 1. Auflage. München.

Schmidt, Manfred G. 1985: „Innere Sicherheit", in: Nohlen/Schultze 1985: 373-374.

Schmidt, Manfred G. 1995: *Wörterbuch zur Politik*. Stuttgart.

Schmidt, Manfred G. 1998: „Innere Sicherheit", in: Nohlen et al. 1998: 274.

Schmitt, Carl 1996: *Der Begriff des Politischen. Text von 1932 mit einem Vorwort und drei Corollarien. 6. Auflage. 4. Nachdruck der Auflage von 1963.* Berlin.

Schnapauff, Klaus-Dieter (Hg.) 1997: *Die Bundesrepublik Deutschland. Staatshandbuch: Bund. Verzeichnis der Behörden mit Aufgabenbeschreibung und Adressen. Ausgabe 1997. Stand der Erhebungen: Februar/März 1997.* Köln, Berlin, Bonn, München.

Schnoor, Herbert 1994: „Organisierte Kriminalität – Die Immunschwäche unserer Gesellschaft", in: SPD-Bundestagsfraktion 1994: 16-19.

Schöffmann, Dieter 1988: „Die Friedensbewegung und die Bürgerrechte", in: Gössner 1988: 160-169.

Schoeps, Julius H./Schlör, Joachim (Hg.) 1995: *Antisemitismus. Vorurteile und Mythen.* München, Zürich.

Schoreit, Armin 1979: *Innere Sicherheit in der Bundesrepublik Deutschland.* Heidelberg.

Schröder, Thomas A. 1998: *Parlament und Information. Die Geschichte der Parlamentsdokumentation in Deutschland.* Potsdam.

Schubert, Reinhard 1980: „Innere Sicherheit – Schranke oder Schutz der Freiheit?", in: *Die neue Gesellschaft* 7. 27. Jahrgang: 607-612.

Schumacher, Renate 1987: „Eine Närrische Erklärung", in: Linke Liste 1987: 180-181.

Schumann, Karl f. 1985: „Labeling approach und Abolitionismus", in: *Kriminologisches Journal* 1/1985: 19-27.

Schwarz, Heinz 1974: *Sicherheit oder Freiheit? Innere Sicherheit als Prüfstein der Demokratie.* Stuttgart.

Seifert, Jürgen 1965: *Gefahr im Verzug. Zur Problematik der Notstandsgesetzgebung. 3. neubearbeitete und erweiterte Auflage.* Frankfurt am Main.

Seifert, Jürgen 1981: „„Innere Sicherheit': Risiko für die Demokratie", in: Klönne et al. 1981: 145-189.

Seifert, Jürgen 1988: „Methoden der politischen Ausgrenzung in der Geschichte der Bundesrepublik", in: Appel et al. 1988: 56-64.

Seifert, Jürgen 1991: „Der Grundkonsens über die doppelte innerstaatliche Feinderklärung", in: Blanke/Wollmann 1991: 354-366.

Seifert, Jürgen 1995: „Die Erosion von Demokratie durch Übermacht der Exekutive", in: Gössner 1995: 41-51.

Seifert, Jürgen 1995a: „Der unheimliche Mithörer. Politische und verfassungsrechtliche Bedenken gegen die neuen Abhörbefugnisse des Bundesnachrichtendienstes (BND)", in: Gössner 1995: 83-95.

Seifert, Jürgen/Vultejus, Ulrich 1986: *TEXTE und BILDER gegen die Überwachungsgesetze*. Hamburg

Seiters, Rudolf 1993: „Standortbestimmung und Perspektiven der polizeilichen Verbrechensbekämpfung", in: Bundeskriminalamt 1993: 11-17.

Sozialistisches Büro (Hg.) 1973: *Für eine neue sozialistische Linke*. Frankfurt am Main.

SPD-Bundestagsfraktion (Hg.) 1994: *argumente. Tatort Deutschland. Zur Reform der Inneren Sicherheit*. Bonn.

Spranger, Carl-Dieter 1982: „Eröffnungsansprache", in: Bundeskriminalamt 1983: 9-17.

Spranger, Carl-Dieter 1983: „Eröffnungsansprache", in: Bundeskriminalamt 1983: 9-17.

Spranger, Carl-Dieter 1988: „Eröffnungsansprache", in: Bundeskriminalamt 1988: 9-24.

Spranger, Carl-Dieter 1991: „Eröffnungsansprache", in: Bundeskriminalamt 1991: 15-24.

Ständige Konferenz der Innenminister/-senatoren des Bundes und der Länder (Hg.) 1974: *Programm für die Innere Sicherheit in der Bundesrepublik Deutschland*. Ohne Ort.

Stehr, Johannes 1997: „Die Relevanz der Moral in der alltäglichen Konstruktion von Gefahr", in: Frehsee et al. 1997: 369-391.

Steinert, Heinz 1985: „Zur Aktualität der Etikettierungs-Theorie", in: *Kriminologisches Journal* 1/1985: 29-43.

Steinert, Heinz 1986: „Der Abolitionismus: Die harte Wirklichkeit und der Möglichkeitssinn", in: Christie 1986: 1-13.

Steinert, Heinz 1988: „Erinnerung an den ‚linken Terrorismus'", in Hess et al. 1988: 15-54.

Steinert, Heinz 1998: „Reflexivität. Zur Bestimmung des Gegenstandsbereiches der Sozialwissenschaften", in: Steinert 1998a: 15-28.

Steinert, Heinz (Hg.) 1998a: *Zur Kritik der empirischen Sozialforschung. Ein Methodengrundkurs*. Studientexte zur Sozialwissenschaft. Band 14. Frankfurt am Main.

Steinert, Heinz 2000: „Die kurze Karriere des Begriffs ‚soziale Ausschließung'", in: Pilgram/Steinert 2000: 7-12.

Steinert, Heinz 2003: „The indispensable metaphor of war: On populist politics and the contradiction of the state's monopoly of force" in: *Theoretical Criminology*, Vol. 7 (3): 265-291.

Steinert, Heinz/Sack, Fritz 1984: *Protest und Reaktion*. Opladen

Sterzel, Dieter (Hg.) 1968: *Kritik der Notstandsgesetze. Mit dem Text der Notstandsverfassung.* Frankfurt am Main.

Störzer, Hans Udo (Hg.) 1992: *Bundeskriminalamt. 1951-1991. Festakt zum vierzigjährigen Bestehen am 25. November 1991.* Heidelberg.

Stöss, Richard 1979: „Konservative Aspekte der Ökologie- bzw. Alternativbewegung", in: *Ästhetik und Kommunikation.* 36/1979: 19-29.

Streithofen, Heinrich B. (Hg.) 1978: *Briefe an die Familie Schleyer. Bekenntnis und Verpflichtung.* Stuttgart.

Titscher, Stefan et al. 1998: *Methoden der Textanalyse.* Opladen, Wiesbaden.

Viehöver, Willy 2001: „Diskurse als Narrationen", in: Keller 2001: 177-206.

vorgänge 1993: *vorgänge* 124, Heft 4/1993.

Wagner, Benno 1992: *Im Dickicht der politischen Kultur. Parlamentarismus, Alternativen und Mediensymbolik vom ‚Deutschen Herbst' bis zur ‚Wende'.* München.

Wengeler, Martin 1997: „Argumentationen im Einwanderungsdiskurs. Ein Vergleich der Zeiträume 1970-1973 und 1980-1983", in: Jung et al. 1997: 121-149.

Werkentin, Falco 1984: *Die Restauration der deutschen Polizei.* Frankfurt am Main, New York.

Werkentin, Falco 1990: „Die Notstandsgesetze des Jahre 1968 – Vergilbte Verfassungsartikel geschichtlich überholter Sicherheitsdoktrin?", in: Komitee für Grundrechte und Demokratie 1990: 327-338.

Wiegreffe, Wilhelm 1976: *Grundgesetzänderungen zur „inneren Sicherheit" seit 1967. Eine Untersuchung ihres Inhalts, ihrer Ursachen und Zwecksetzungen sowie ihrer Bedeutung im Verfassungssystem der Bundesrepublik Deutschland.* Berlin.

Wiegreffe, Wilhelm 1976a: „Rechts- und Verfassungsentwicklung in der BRD seit 1968 auf dem Gebiet der ‚inneren Sicherheit'", in: links 1976: 31-32.

Winter, Martin 1998: *Politikum Polizei. Macht und Funktion der Polizei in der Bundesrepublik Deutschland.* Münster.

Winter, Rainer 1997: „Cultural Studies als kritische Medienanalyse" in: Hepp/Winter 1997: 47-63.

Wodak, Ruth et al. 1998: *Zur diskursiven Konstruktion nationaler Identität.* Frankfurt am Main.

397

Zachert, Hans-Ludwig 1991: „Begrüßung", in: Bundeskriminalamt 1991: 7-9.

Zachert, Hans-Ludwig 1992: „Begrüßung", in: Störzer 1992: 11-15.

Zachert, Hans-Ludwig 1993: „Begrüßung", in: Bundeskriminalamt 1993: 9-10.

Zachert, Hans-Ludwig 1995: „Begrüßung", in: Bundeskriminalamt 1995: 9-12.

Zimmermann, Friedrich 1986: „Eröffnungsansprache", in: Bundeskriminalamt 1986: 11-16.

Abbildungs- und Tabellenverzeichnis

Anhang

zum Kapitel *Erste Ermittlungen*...

Nachfolgend dieTeildisziplinen geordnete synoptische Darstellung der im Kapitel „*Erste Ermittlungen* – Innere Sicherheit in einschlägigen Fachlexika und Handwörterbüchern" ausgewerteten einzelnen Werke:

Allgemeine Sozialwissenschaften	Spezielle Sozialwissenschaften	Rechtswissenschaft
Lexikon zur Soziologie Auflage: 1994 Einträge: „Sicherheit" „Sicherheit, innere" „Sicherheit, öffentliche" „Sicherheitsstaat"	*Kriminologie Lexikon* Auflage: 1991 Einträge: „Innere Sicherheit" [„Öffentliche Sicherheit"]	*Allgemeines Polizei- und Ordnungsrecht* Auflage: 1995 Einträge: „Sicherheit, innere" „Sicherheit, öffentliche"
Wörterbuch zur Politik Auflage: 1995 Einträge: „Innere Sicherheit" [„Öffentliche Sicherheit"] „Sicherheit"	*Kleines Kriminologisches Wörterbuch* Auflage: 1993 Einträge: „Innere Sicherheit"	*Die Rechtsordnung der Bundesrepublik Deutschland* Auflage: 1997 Einträge: keine
Lexikon der Politik, Bd. 3 Auflage: 1992 Einträge: „Innere Sicherheit"	*Polizei-Lexikon* Auflage: 1995 Einträge: „Innere Sicherheit" „Öffentliche Sicherheit" „Öffentliche Sicherheit und Ordnung"	
Lexikon der Politik, Bd. 7 Auflage: 1998 Einträge: „Innere Sicherheit" „Sicherheit"		
Handwörterbuch zur politischen Kultur der Bundesrepublik Deutschland Auflage: 1981 Einträge: „Innere Sicherheit"		
Handwörterbuch des politischen Systems der Bundesrepublik Deutschland Auflage: 1997 Einträge: „Innere Sicherheit"		

Tabelle 2: Übersicht, welche Einträge zu Innere und/oder Öffentliche Sicherheit in welchen Werken vorfindbar waren (Eckige Klammern bedeuten, dass der Eintrag Öffentliche Sicherheit lediglich auf Innere Sicherheit weiterverweist).

Die Tabelle enthält die aktuellsten Ausgaben der im Untersuchungsintervall liegenden Einzelwerke, die auf Einträge zu den Begriffen Innere Sicherheit und Öffentliche Sicherheit hin untersucht wurden. Die genaue Auswertung in Bezug auf die Dimension „Auflagenentwicklung" ist den folgenden Abschnitten bzw. Abbildungen zu entnehmen. Die Jahreszahlen in den Abbildungen geben das Erscheinungsdatum der jeweiligen Auflagen wieder. Die von links nach rechts verlaufenden, Pfeile visualisieren die zeitliche Kontinuität etwaiger Begriffsverwendungen in einem jeweiligen Werk. Die Zeitachse verläuft von links nach rechts.

Auflagenvergleich *Lexikon zur Soziologie*
(Fuchs-Heinritz et al. 1994)

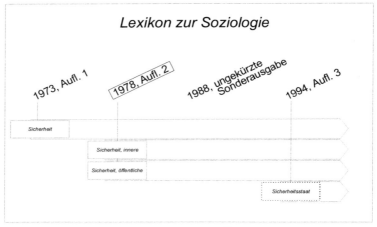

Abbildung 3: Einträge zu Innere und/oder Öffentliche Sicherheit im Lexikon zur Soziologie.

Eine Untersuchung der zweiten Auflage aus dem Jahr 1978 zeigt, dass auch dort zu allen drei Begriffen Artikel vorhanden waren. Auch in der 1978er-Auflage befinden sich die Beiträge zu „Sicherheit, innere" und „Sicherheit, öffentliche" auf derselben Seite (vgl. Fuchs 1978: 692). Am wichtigsten ist jedoch sicherlich die Erkenntnis, dass die aus der 1994er-Auflage bekannten Einträge zu den drei Begriffen nahezu unverändert aus der Auflage des Jahres 1978 stammen (vgl. ebd.: 691 f.). Einzig die Schreibweise der Abkürzungen für die Schlag- bzw. Stichworte wurde geändert. Sie berücksichtigt ab der 1994er-Auflage die Deklination des Stichwortes. Beispiel: Abkürzung für „inneren Sicherheit" ist nicht mehr „i. S.", sondern „i.n S." (vgl. Fuchs-Heinritz 1994: 600). Die Fachartikel wurden indes ohne thematische Überarbeitung oder inhaltliche Ergänzungen aus der 16 Jahre älteren Vorauflage übernommen. Die Möglichkeit, fachliche oder sachliche Veränderungen bei der Definition der verschiedenen Sicherheitsbegriffe vorzunehmen, wurde *nicht* wahrgenommen. In Anbetracht des zu Beginn vorgestellten Eigenanspruches des *Lexikon zur Soziologie* ist deshalb davon auszugehen, dass die Definition von *Innerer Sicherheit* und deren fachwissenschaftliche Bedeutung in diesem Zeitraum unverändert blieben bzw. von den Autoren und Herausgebern für nicht „ergänzungswürdig" (ebd.: 10) befunden wurden.

Zieht man schließlich die Erstauflage aus dem Jahr 1973[1] heran, lässt sich die Aufnahme der Begriffe „Sicherheit, innere" und „Sicherheit, öffentliche" als eigenständige Stichworte auf das Erscheinen der zweiten Auflage datieren. In der Erstauflage von 1973 sind sie noch nicht anzutreffen. Lediglich der Lexikonartikel zu „Sicherheit" war dort bereits enthalten. Erst ab der 1978er-Auflage finden beide Termini Aufnahme in das *Lexikon zur Soziologie*.

Auflagenvergleich *Wörterbuch zur Politik* (Schmidt 1995)

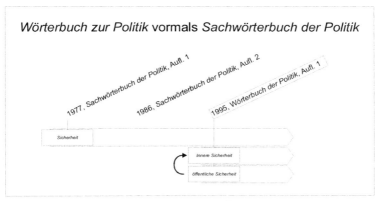

Abbildung 4: Einträge zu Innere und/oder Öffentliche Sicherheit im Wörterbuch zur Politik *(der schwarze Pfeil gibt die Verweisrichtung der beiden Einträge zueinander an).*

---

1   Im Gesamtverzeichnis der Deutschen Bibliothek in Frankfurt am Main (DB) wird die Zweitauflage unter dem Titel *Lexikon der Soziologie* geführt. Grund dafür ist, dass für den Titelkatalog der DB die Verlags- und Titelangaben im Impressum ausschlaggebend sind. Um Verwirrung durch die Nennung unterschiedlicher Buchtitel auszuschließen und um die Werkkontinuität der verschiedenen Auflagen zu unterstreichen, orientiere ich mich in dieser Arbeit am Titeltext des Buchcovers der Erstauflage, der *Lexikon zur Soziologie* lautet.

Für einen Auflagenvergleich werden das *Sachwörterbuch der Politik* in seiner zweiten Auflage (Beck 1986) und seiner Erstauflage (Beck 1977) hinzugezogen. Es ist zunächst kurz zu begründen, wieso auf ein Werk mit augenscheinlich anderem Titel Bezug genommen werden kann. Die Kontinuität zwischen *Wörterbuch zur Politik* und den Auflagen von *Sachwörterbuch der Politik* wird im Vorwort des *Wörterbuch zur Politik* vom Autor selbst bekräftigt. Es verdanke seine Entstehung

„einer Vereinbarung mit dem Alfred Kröner Verlag, an die Stelle des mittlerweile vergiffenen – Maßstäbe setzenden – *Sachwörterbuchs der Politik* von Prof. Dr. Reinhart Beck (1. Auflage 1977, 2., erweiterte Auflage 1986) ein vollständig neukonzipiertes und aktualisiertes Wörterbuch treten zu lassen, das im Unterschied zum *Sachwörterbuch* eine erheblich größere Zahl von Stichwörtern (mehr als 3300 statt zuvor rund 2500) umfassen und zugleich auch ein Fachbegriffslexikon sein sollte. Herrn Beck und dem Alfred Kröner Verlag danke ich dafür, daß mir die Möglichkeit geboten wurde, auf Teile der Textsubstanz des Sachwörterbuchs zurückzugreifen" (Schmidt 1995: VII; Hervorh. i. Orig.).

Wendet man sich zunächst der zweiten Auflage des *Sachwörtebuches* zu (Beck 1986), fällt auf, dass Einträge zu den Begriffen Innere Sicherheit und Öffentliche Sicherheit hierin fehlen. Erster Befund ist somit: Einträge hierzu finden sich erst seit 1995 im *Wörterbuch*. Der Begriff „Sicherheit" ist demgegenüber in der 1986er-Auflage als Stichwort schon vorhanden, allerdings in wesentlich kürzerer Form, d.h. ohne Definitionsversuch und lediglich in Gestalt von Weiterverweisen: „Sicherheit → Kollektive Sicherheit, → Sicherheitspolitik, → Soziale Sicherheit" (Beck 1986: 852).

Passagen in den Artikeln zu den verwiesenen Stichwörtern „Sicherheitspolitik" und „Innenpolitik" verdeutlichen, dass die in Frage stehenden zentralen Begriffe (Innere und Öffentliche Sicherheit) bereits in der 1986er Ausgabe allemal bekannt waren und mit den Themenkomplexen Innen- bzw. Sicherheitspolitik in Verbindung gebracht wurden, allerdings (noch) nicht für wichtig oder zentral genug galten, um in Gestalt eigener Stichwörter behandelt zu werden. So heißt es zu „Sicherheitspolitik" u.a.:

„[...] 2) Die auf Erhaltung und/oder Stärkung der *inneren Sicherheit* eines Staates, d.h. auf den Schutz seiner verf.mäßigen pol., rechtl und soz. Ordnung, ausgerichtete Pol. (→ Verfassungsschutz)" (ebd.: 852; Hervorh. i. Orig.).[2]

---

2   Die andere Wortbedeutung von „Sicherheit" soll nicht unerwähnt bleiben: „1) alle Maßnahmen und Pläne eines Staates zur Erhaltung und/oder Stärkung seiner *äußeren (nat.) Sicherheit*, insbesondere seiner Unabhängigkeit

Die entsprechende Stelle unter dem Stichwort „Innenpolitik" lautet":

„Die I. [Innenpolitik; TK] im engeren Sinn, für die innerhalb der → Regierung das → Innenministerium zuständig ist, umfaßt heute nur noch vor allem Angelegenheiten des Verfassungs- und → Staatsrechts, des → Verfassungsschutzes, der allg. → Verwaltung, des öffentlichen Dienstes, der öffentl. Sicherheit und der Polizei sowie der Gemeinden und → Gemeindeverbände" (ebd.: 422).

Selbiges gilt auch für die erste Auflage des *Sachwörterbuches* aus dem Jahr 1977. Deren Einträge (und Nicht-Einträge) sind identisch mit den soeben vorgestellten der 1986er-Auflage. Die Entwicklung auf Ebene der Stichwörter, die mit eigenen Artikeln im untersuchten Werk über die Auflagen hinweg vertreten sind, veranschaulicht *Abbildung 4*, wobei zu erwähnen ist, dass der Text zum Eintrag „Sicherheit" mit der Ausgabe des Jahres 1995 überarbeitet wurde.

Die Eintragskontinuität der Stichwörter „Sicherheit" und „Sicherheitspolitik" über alle Auflagen hinweg, verdeutlicht an einem konkreten Beispiel sowohl die Praxis der Fortführung von Alteinträgen (was deren Überarbeitung nicht ausschließt) als auch die Aktualisierung mittels neu aufgenommener Stichwörter (Einträge „Innere Sicherheit" und „Öffentliche Sicherheit" seit 1995). Insofern ist auch die Kontinuitätslinie, in welche alle drei Bücher zum Zwecke der Analyse gerückt wurden, gerechtfertigt. Dies im übrigen *trotz* der im *Wörterbuch* vertretenen Selbsteinschätzung, dass

„die vom Sachwörterbuch grundverschiedene Struktur des *Wörterbuchs zur Politik*, die Aktualisierung des Informations- und die Einarbeitung des neuesten Forschungsstandes den ursprünglichen Plan, auf einen beträchtlichen Teil der Textsubstanz des *Sachwörterbuchs* zurückzugreifen, alsbald durchkreuzt [haben]" (Schmidt 1995: VII; Hervorh. i. Orig.).

Es ist weniger die Betonung einer Diskontinuität, als vielmehr der Hinweis auf Ergänzung der übernommenen und überarbeiteten Standard-

---

von anderen Staaten (→ Souveränität), seiner territorialen → Integrität und der (Über-)Lebensfähigkeit seiner Bevölkerung [...]" (Beck 1986: 852; Hervorh. i. Orig.). Das Beispiel zeigt erneut, wie auch im *Sachwörterbuch* auf die (erstgenannte) Kategorie „äußere Sicherheit" der Begriff „innere Sicherheit" quasi als Komplemetärbegriff scheinbar selbstverständlich folgt. Übrigens wird dieses Verhältnis auch in der Ausgabe des *Wörterbuches* von 1995 beibehalten (vgl. Schmidt 1995: 865). Dieses Verständnis präjudiziert zugleich die zuständigen Akteure. So korreliert mit dem Militär, als dem im Bereich Äußere Sicherheit mit der Befugnis zur physischen Gewaltanwendung ausgestatteten Akteur, die Polizei, als dem für Innere Sicherheit zuständigen Akteur mit staatlichem Gewaltmonopol.

einträge. So merkt der Autor des *Wörterbuches* im Vorwort bereits an, dass

„[…] mit Ausnahme der Stichwörterliste [des *Sachwörterbuches*; TK], die gekürzt übernommen wurde und der weiteren Ausnahme einer kleineren Anzahl von Artikeln mit geringem Aktualisierungsbedarf, auf deren Text in redigierter und gekürzter Form zurückgegriffen wurde […]" (ebd.; Hervorh. i. Orig.).

Auflagenvergleich *Lexikon der Politik* (Schmidt 1992)[3]

Das *Lexikon* liegt im Untersuchungszeitraum lediglich in seiner ersten Auflage vor. Da der dritte Band des *Lexikons der Politik* von seinem Herausgeber in eine Auflagenkontinuität in Bezug auf *Pipers Wörterbuch* gerückt wird, sollen dennoch einige interessante Aspekte im Vergleich dazu Berücksichtigung finden:

„Der *Vorläufer des hier vorgelegten Lexikons wurde 1983 unter dem Titel ‚Westliche Industriegesellschaften' veröffentlicht.* Die Weiterführung dieses – mittlerweile veralteten – Werkes enthält grundlegend überarbeitete und aktualisierte Beiträge sowie neue Artikel, z.B. ‚Arbeitspolitik', ‚Industriestrukturpolitik', ‚Kabinette', ‚Opposition' und ‚Volksabstimmungen'" (Schmidt 1992: 16; Hervorh. TK).

Bereits für das sechsbändige *Pipers Wörterbuch zur Politik*, wie auch für das siebenbändige *Lexikon der Politik*, fungierte Dieter Nohlen als Hauptherausgeber. Der Einzelband 2 *Westliche Industriegesellschaften* erschien, wie analog dazu der dritte Band des *Lexikon der Politik. Die westlichen Länder* unter der Einzelherausgeberschaft von Manfred G. Schmidt (vgl. Schmidt 1983). *Pipers Wörterbuch zur Politik, Band 2* besitzt eine nahezu identische Struktur und fast den gleichen Umfang an Fachartikeln (81 Artikel im Vergleich zu 79 Artikeln im *Lexikon der*

---

3 Bei dem *Lexikon der Politik* handelt es sich um ein umfangreiches, insgesamt siebenbändiges Werk, dessen Einzelbände sukzessive zwischen Anfang und Ende der 1990er-Jahre erschienen sind. *Band 1, Politische Theorien,* erschien im Jahr 1995, *Band 2, Politikwissenschaftliche Methoden,* im Jahr 1994, *Band 3, Die westlichen Länder,* im Jahr 1992, *Band 4, Die östlichen und südlichen Länder,* im Jahr 1997, *Band 5, Die europäische Union,* im Jahr 1996, *Band 6, Internationale Beziehungen,* im Jahr 1994 und schließlich *Band 7, Politische Begriffe,* im Jahr 1998. Herausgeber des Gesamtwerkes ist der Politikwissenschaftler Dieter Nohlen. Allerdings besorgten die Herausgabe der Einzelbände zum Teil andere Vertreter der Fachdisziplin. So wurde der *Band 3* von Manfred G. Schmidt herausgegeben, der auch für das vorgestellte *Wörterbuch zur Politik* verantwortlich zeichnete.

Politik). Auch die Artikellänge entspricht der des später erschienenen *Lexikons*. Das Inhaltsverzeichnis von *Band 2* weist ebenfalls einen Eintrag „Innere Sicherheit" aus, als Autor wird auch hier Erhard Blankenburg genannt (vgl. ebd.: 6). Eine erste Lektüre zeigt, dass es sich um den gleichen Beitrag handelt, der im *Lexikon der Politik* enthalten ist. Er ist über weite Passagen wortgleich (vgl. Blankenburg 1983). Die aus der Analyse des Blankenburg-Artikels aus dem *Lexikon der Politik* gewonnenen Erkenntnisse lassen sich also auch schon auf den Beitrag aus dem Jahr 1983 übertragen. Es dürfte sich somit bei dem vorangehend analysierten Text Blankenburgs aus dem Erscheinungsjahr 1992 um eine aktualisierte, überarbeitete Fassung seines Lexikonbeitrages aus dem Jahr 1983 handeln. Diese Datierung bedeutet, dass die kritische Position – für die der Fachartikel stellvertretend steht –bereits Anfang der 1980er-Jahre entwickelt bzw. artikuliert wurde. Dies ist zugleich ein Beleg für die „Tradition" eines kritischen zu nennenden Teiles des Inneren Sicherheitsdiskurses.

Am Ende des Artikels in *Pipers Wörterbuch* wird mittels anderer Stichworte (in alphabetischer Reihenfolge) auf weitere Fachartikel verwiesen, die dazu dienlich seien, das Thema ergänzend zu bearbeiten/zu klären: „↗ Linksterrorismus; Militärpolitik; Politische Unruhen; Rechtsextremismus; Terrorismus; Wohlfahrtsstaat" (ebd.: 164). Auch diese Stichwortliste findet sich (bis auf den Verweis auf das Stichwort „Militärpolitik") im späteren *Lexikon der Politik. Band 3*. Interessant ist dieses Detail deshalb, weil einerseits deutlich wird, dass auch die Weiterverweise aus *Pipers Wörtebuch* übernommen wurden, die den weiteren Raum der thematischen Bearbeitung markieren. Darüber hinaus zeigt sich aber, wie groß die inhaltliche Kontinuität zwischen *Wörterbuch* und *Lexikon* ist: Eine Kurzanalyse beider Inhaltsverzeichnisse zeigt, dass die Fachautoren zu den genannten Stichworten in beiden Büchern dieselben sind, was die Annahme nahelegt, auch hier handelt es sich um die gleichen, jeweils nur überarbeiteten Artikel. Einzige markante inhaltliche Veränderung an dieser Stelle ist der Wegfall des Verweises auf das Stichwort „Militärpolitik". Da der dazugehörige Fachartikel in beiden Büchern vertreten ist, ist dessen Wegfall also nicht dem Fehlen eines diesbezüglichen Fachartikels im später erschienenen Lexikon der Politik zuzurechnen.

Zur Sprache soll auch der siebte Band des *Lexikons der Politik* kommen, der den Titel *Politische Begriffe* trägt (Nohlen et al. 1998) und zu einer Vielzahl von Stichworten Kurzartikel bereit hält. Der siebte Band ist somit eher ein klassisches Nachschlagewerk, das auf prägnante, wenig differenzierte Definitionen und Wortklärungen abhebt, ähnlich den bereits behandelten Werken *Lexikon zur Soziologie* und *Wörterbuch zur Politik.* Die Knappheit der Beiträge muss dabei kein Manko sein, zumal der siebte Band als Ergänzung zu den längeren Abhandlungen in den anderen Bänden anzusehen ist und umgekehrt. *Band 7. Politische Begriffe* weist keinen eigenen Eintrag zu Öffentlicher Sicherheit aus, verfügt jedoch über einen Eintrag „Innere Sicherheit":

„**Innere Sicherheit**, öff. Sicherheit, die institutionellen Bedingungen, Vorgänge, Inhalte und Ergebnisse polit. Handelns, das nach Anspruch oder Funktion darauf ausgerichtet ist, Ordnungs- und Schutzaufgaben zugunsten jedes Mitglieds der Gesellschaft und der Gesamtheit der Staatsbürger zu erfüllen. Der Vergleich zeigt, daß liberaldemokratische Verfassungsstaaten insges. meist eine zurückhaltendere, verfassungsstaatlich streng gezügelte Politik I.S. praktizieren, ↗ Autoritäre Regime hingegen zu einer harten Überwachungs- und Repressionspolitik neigen. Die Allgegenwärtigkeit des Staatssicherheitsdienstes der ehemaligen DDR ist ein Beispiel für letzeres" (ebd.: 274; Hervorh. i. Orig.).

Das Fehlen eines Eintrages zu Öffentlicher Sicherheit lässt sich schlüssig damit erklären, dass im aufgeführten Kurzartikel zum Stichwort Innere Sicherheit beide Begriffe einmal mehr synonym verwendet werden, wie die Eingangssequenz zeigt. Der Text weist große Übereinstimmung mit der Anfangs- und der Schlusspassage des Fachartikels des im Kröner Verlag im Jahr 1995 unter der Autorenschaft von Manfred G. Schmidt erschienenen *Wörterbuch zur Politik* auf. Interessant ist darüber hinaus allerdings ein anderes, eher unauffälliges Detail: Die Autorenschaft wird mit dem Kürzel „mgs" angegeben. Es ist die Abkürzung für Manfred G. Schmidt, der auch Herausgeber des *Band 3* ist. Nachdem für das *Lexikon der Politik, Band 3 Die westlichen Länder* aus dem Jahr 1992 *Pipers Wörterbuch zur Politik, Band 2, Westliche Industriegesellschaften* aus dem Jahr 1983 als Vorläufer benannt wurde, lässt sich für das *Lexikon der Politik, Band 7, Politische Begriffe* auch ein Vorläuferband aus den Bänden von *Pipers Wörterbuch zur Politik* bestimmen: *Band 1, Politikwissenschaft, Theorien – Methoden – Begriffe* (Nohlen/Schultze 1985). Und auch in diesem Band, aus dem Jahr 1985, ist ein Fachartikel zu Innerer Sicherheit des Autors Manfred G. Schmidt enthalten (vgl. Schmidt 1985).

Der Artikel des Vorläuferbandes eröffnet ebenfalls mit der Betonung des Zusammenhanges von Innere Sicherheit und Öffentliche Sicherheit: „I. S. [Innere Sicherheit; TK] bedeutet auch öffentliche Sicherheit" (ebd.: 373). Zugleich betont er die Mehrdeutigkeit des Begriffes. Der Beitrag ist allerdings länger als der oben zitierte aus dem Jahr 1998 und verfolgt, zumindest in seiner zweiten Hälfte, auch eine andere Erklärungslinie. Im Gegensatz zum langen Fachartikel Blankenburgs, der in den jeweiligen Bänden weitestgehende Übereinstimmungen aufweist, ist solch eine Ähnlichkeit für die Kurzartikel Schmidts nicht festzustellen. Beide Beiträge unterscheiden sich erheblich. Der Beitrag aus dem Jahr 1985 würdigt insbesondere die spezifische innenpolitische Situation während der 1970er-Jahre in der Bundesrepublik und charakterisiert Innere Sicherheit als politisch umstrittenes Thema. Wichtig ist hierbei seine weitergehende Einschätzung, zur Politik zur Wahrung der Inneren Sicherheit zählten u.a.

„präventive oder nachträgliche Maßnahmen gegen politisch fundamentaloppositionelle Verhaltensweisen und oftmals auch Einstellungen. In der Bundesrepublik Deutschland war diese – im engeren Sinne politische Komponente – der I.S. in den 50er und 60er Jahren vor allem geprägt durch die innenpolitischen Auswirkungen des Ost-West-Konflikts und der Spaltung Deutschlands. In den 70er Jahren verschob sich diese Komponente der Politik der I.S. hin zur präventiven und nachträglichen Kontrolle von Formen des politisch ↗ Abweichenden Verhaltens auf seiten der neuen Protestbewegungen und der terroristischen Stadtguerilla" (ebd.).

Weiter heißt es später noch, dass die

„Politik der I.S. [...] durch eine Reihe von spektakulären und umstrittenen Programmen gekennzeichnet ist (z.b. Radikalenerlaß, Anti-Terrorgesetzgebung, beobachtende Fahndung), die im *Mißverhältnis zur drohenden Gefahr* stehen" (ebd.; Hervorh. TK).

Hervorzuheben sind in diesem Zusammenhang drei Aspekte:
- Auch in diesem Beitrag wird die Zuordnung Innerer Sicherheit zum politischen Feld vorgenommen.
- Zum Zweiten ist festzuhalten, dass Innere Sicherheit u.a. als Versuch zur Kontrolle politischen Protestes beurteilt wird. Zwar wird auch auf so genannten Terrorismus Bezug genommen, aber jene, die „Politik der I.S." kennzeichnenden Programme stünden „im Mißverhältnis zur drohenden Gefahr", was nichts anderes bedeutet, als dass die davon hauptsächlich Betroffenen in erster Linie die „neuen Protestbewegungen" seien und nicht jener so genannte Terrorismus.
- Schließlich kann – drittens – daraus gefolgert werden, in dieser Kritik an der Politik der Inneren Sicherheit ist potenziell eine Einschätzung angelegt, welche bestimmte Gefahren und Bedrohungsszenarien implizit anerkennt („drohende Gefahr") und hauptsächlich die zu

deren Bekämpfung gewählten Konzepte im Sinne ihrer Wirksamkeit und Angemessenheit in Zweifel zieht („Mißverhältnis"). [4]

Der Auflagenvergleich konnte die bereits aus der intensiven Analyse des Fachartikels aus dem *Lexikon der Politik, Band 3* gewonnenen Ergebnisse ergänzen und bekräftigen. Er lieferte zudem einige interessante Einblicke in Publikationsstrategien (Wiederveröffentlichung von leicht überarbeiteten, *bewährten* Artikeln in neuen Werken) und in Vernetzungen und Ähnlichkeiten zwischen in unterschiedlichen Verlagen zu unterschiedlichen Zeitpunkten veröffentlichen (Fach-)Wörterbüchern. Diese Einblicke sind nicht zu verstehen als Enthüllungen unlauteren Veröffentlichungsgebarens, sondern verdeutlichen am Beispiel der vorgestellten Definitionsversuche, wie inhaltliche Kontinuitäten über einen langen Zeitraum hinweg entstehen können. Zum anderen zeigt sich, wie wenig die Pluralität von unterschiedlichen *Publikationen* mit einer Pluralität von unterschiedlichen *Positionen* zu verwechseln ist.

Die Ergebnisse bestätigen eindrucksvoll die im Methodenteil betonte Sättigung des Diskurses. In einem einzigen, zentralen Text sind explizit und implizit eine Vielzahl der den Diskurs bzw. bestimmte Diskursteile repräsentierenden Aussagen vorzufinden. Sie sind überdies ein Indiz für die fortdauernde Aktualität und Aussagekraft bestimmter Analysen (hier: der Einschätzungen Blankenburgs). Die Analyse des untersuchten

---

4   Dieser dritte Aspekt ist wichtig, weil sich hieran zeigt, wie bereits die Analyse der Lexika-Beiträge Hinweise auf zentrale Koordinaten einer kritischen Position im Sicherheitsdiskurs liefert. Eine Annahme in Bezug auf den so genannten Kritischen Diskurs ist ja, dass, trotz der politisch gegenläufigen Bezugnahme, Grundannahmen des so genannten Konservativen Diskurses – wenn auch kritisch gebrochen – geteilt werden, wie zum Beispiel bestimmte Bedrohungsszenarien. Denn *dass* eine Gefahr drohe und welche, wird im o.g. Zitat nicht bestritten – im Gegenteil. Für die Einschätzung, dass die „Politik der I.S." ein vorherrschend konservatives Politikfeld ist, liefert auch dieser Artikel einen allerdings indirekten Hinweis. Gegen Ende des Artikels heißt es, dass „in der Bundesrepublik christdemokratische Regierungen in der I.S. als kompetenter [gelten]" (Schmidt 1985: 373). Die Ergänzung, dass „andererseits [...] Studien über Ausgabenpolitik [zeigen], daß sozialdemokratische Regierungen nicht erst in den 70er Jahren, sondern auch schon seit Anfang der 50er Jahre in den Ländern aus politischen Gründen mehr Geld, Personal und Technik in den Bereich der I.S. investierten" (ebd.: 373 f.), steht hierzu nicht notwendigerweise im Widerspruch. Auffällig ist in dieser kurzen Passage auch die unthematisierte Rückprojektion der Kategorie Inneren Sicherheit in die Anfänge der 1950er-Jahre. Die Datierung des Auftauchens der Begrifflichkeit, auch wenn sie umstritten ist, ist für diesen Zeitpunkt in Zweifel zu ziehen. Ein Erklärung hierfür liegt möglicherweise in der synonymen Verwendung des Terminus Öffentliche Sicherheit.

Werkes liefert somit sowohl einen entscheidenden Beitrag für die Untersuchung des Kritischen Diskurses als auch eine eindrucksvolle Bestätigung der methodologischen Grundannahmen und des daraus entwickelten methodischen Vorgehens der exemplarischen Analyse. Auf eine grafische Umsetzung wird verzichtet, da in den Bänden weder in Bezug auf ein Verweisverhältnis zwischen den Begriffen Öffentliche Sicherheit und Innere Sicherheit, noch im Hinblick auf die Datierung der Aufnahme der Begriffe signifikante Veränderungen zu beobachten sind.

Auflagenvergleich *Handwörterbuch zur politischen Kultur der Bundesrepublik Deutschland* (Greiffenhagen et al. 1981)

Ein Auflagenvergleich entfällt, da es sich bei der untersuchten Ausgabe um die erste Auflage des *Handwörterbuches* handelt und etwaige anders betitelte Vorläufer nicht ermittelt werden konnten. Eine zweite Auflage erschien erst im Jahr 2002 und wurde nicht berücksichtigt, da sie außerhalb des Untersuchungsintervalls liegt.

Auflagenvergleich *Handwörterbuch des politischen Systems der Bundesrepublik Deutschland* (Andersen, Woyke 1997)

Zum Auflagenvergleich wurden herangezogen: die zweite Auflage aus dem Jahr 1995 (Andersen/Woyke 1995) und die Erstauflage aus dem Jahr 1993 (Andersen/Woyke 1993). Die Zweitauflage wurde im selben Jahr mit dem Zusatz „2., neu bearbeitete Auflage" (Andersen/Woyke 1995a) auch von der Bundeszentrale für politische Bildung verlegt. Da die entscheidenden Seiten mit denen der Verlagsfassung von Leske und Budrich identisch sind, wird die Lizenzausgabe der Bundeszentrale allerdings nicht weiter gesondert betrachtet.

Die Struktur des *Handwörterbuches* blieb über alle berücksichtigten Auflagen hinweg gleich, d.h. alle Auflagen verfügen über ein alphabetisches „Stichwortverzeichnis" am Anfang des Buches und ein „Sachregister" (in der 1993er-Auflage: „Stichwortregister") am Ende. Der Befund zum alphabetischen Stichwortverzeichnis lautet auch für die zurückliegenden Auflagen: Lediglich zu Innere Sicherheit existieren jeweils Einträge. Öffentliche Sicherheit und Sicherheit werden nicht mittels eigener Artikel bearbeitet (vgl. Andersen/Woyke 1995: XVII f.; dies. 1993: XV f.).

Das Fehlen eines fettgedruckten Artikel-Stichwortes Innere Sicherheit ist auch im „Sachregister" der 1995er-Auflage zu beobachten (vgl.

411

Andersen/Woyke 1995: 739). Im „Stichwortregister" der 1993er Erstauflage taucht der Eintrag hingegen noch auf, hier sogar gleich zweimal
(vgl. ebd.: 688). Bei dem in jeder Ausgabe verwiesenen Artikel handelt
es um den aus dem *Handwörterbuch* des Jahres 1997 bekannten Beitrag
von Eckhard Jesse, der offensichtlich seit der Erstauflage nur an einigen
Punkten ergänzt bzw. verändert, d.h. im großen und ganzen immer wieder übernommen wurde – infolgedessen veränderte sich auch der Umfang so gut wie nicht. Es zeigt sich, dass die markantesten Veränderungen erst in der dritten Auflage zu verzeichnen sind. Anstelle der dreigliedrigen Unterteilung des Themas – „1. Begriff und politische Praxis",
„2. Institutionen der i.s.: Polizei mit Bundesgrenzschutz" und „3. Kriminalitätsentwicklung" (Jesse 1997: 221 ff.) – ist der Artikel in den
Vorauflagen aus den Jahren 1993 und 1995 nur mittels zwei Punkte untergliedert: „1. Begriff und politische Praxis" und „2. Institutionen der
i.s.: Polizei mit Bundesgrenzschutz" (Jesse 1993: 213 f.; ders. 1995:
230 ff.). Die von Auflage zu Auflage jeweils um neue statistische Angaben aktualisierte Textpassage zur Kriminalitätsentwicklung wurde in der
1997er-Auflage abgetrennt und unter dem eigenen Unterpunkt „3. Kriminalitätsentwicklung" (Jesse 1997: 221 ff.) vorgestellt. Bis dahin waren die Betrachtungen zur „Kriminalitätsentwicklung" unter „2. Institutionen der i.S.: Polizei mit Bundesgrenzschutz" (Jesse 1995: 231 f.; ders.
1993: 214) subsumiert.

Aussagen zu politische Kritik an Innerer Sicherheit finden sich in
allen Auflagen des *Handwörterbuches*. Die Passagen, die „Ausländerkriminalität" und Internationalisierung der Kriminalität thematisieren,
sind in den Vorauflagen noch nicht enthalten. Da es zwischen den Auflagen nicht zu einschneidenden Begriffsumstellungen gekommen ist und
der Eintrag bzw. Artikel zu Innerer Sicherheit auch schon seit der
Erstauflage fortlaufend enthalten ist, wird auf eine grafische Umsetzung
verzichtet.

Auflagenvergleich *Kriminologie Lexikon* (Kerner 1991)

Der Auflagenvergleich zum *Kriminologie Lexikon* schließt auch drei
Auflagen des *Taschenbuchs der Kriminologie für den Kriminalpraktiker*
(Rössmann 1970; ders. 1973; ders. 1974) mit ein, in dessen Tradition
das *Kriminologie Lexikon* von seinem Herausgeber gerückt wird. Allerdings wird von diesem zugleich betont, es handele sich bei dem *Kriminologie Lexikon* um eine völlige Neukonzeption (vgl. Kerner 1991: VI).
Alle Ausgaben des *Taschenlexikon* verfügen über ein am Ende des jeweiligen Buches befindliches Register (vgl. Rössmann 1970: 237 ff.;
ders. 1973: 266 ff.; ders. 1974: 237 ff.).

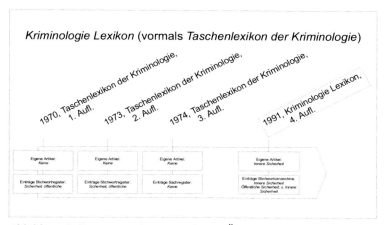

Abbildung 5: Einträge zu Innere und/oder Öffentliche Sicherheit im Kriminologie Lexikon.

Die beiden Auflagen aus den Jahren 1970 und 1973 enthalten zudem am Buchanfang ein alphabetisch geordnetes Inhaltsverzeichnis der erläuterten Begriffe (vgl. Rössmann 1970: XIII ff.; ders. 1973: XIII). Das liegt darin begründet, dass bis einschließlich der zweiten Auflage die per eigenem Artikel bearbeiteten Begriffe nur im Inhaltsverzeichnis, die untergeordneten Stichworte nur im Register am Ende aufgeführt werden. Ab der dritten Auflage aus dem Jahr 1974 werden beide Indikatoren in einem gemeinsamen Sachregister am Ende des Buches zusammengeführt und nur noch durch Hervorhebung (Fettdruck) unterschieden.

In der dritten Auflage des *Taschenlexikons* aus dem Jahr 1974 enthält das „Sachregister" keinerlei Einträge – weder fettgedruckte Hauptfundstellen noch Nebenverweise –, die auf Innere Sicherheit, Öffentliche Sicherheit oder Sicherheit lauten (vgl. Rössmann 1974: 237 ff.). Auch in der zweiten Auflage kann dem Inhaltsverzeichnis mangels diesbezüglichen Einträgen entnommen werden, dass keiner der Begriffe einen eigenen Fachartikel betitelt (vgl. Rössmann 1973: XII ff.). Allerdings weist das „Stichwortregister" einen Eintrag zu „Sicherheit, öffentliche 16" aus (vgl. ebd.: 269). Die verwiesene Seite 16 ist Teil eines Fachartikels zu „Anomie" (ebd.: 12 ff.). In der besagten Passage wird innerhalb eines Exkurses zur Einhaltung und vor allem Nichteinhaltung moralischer und rechtlicher Normen auf die Verantwortung der Polizei hingewiesen, „die Allgemeinheit vor (aus solchem Verhalten einzelner resultierenden) Gefahren zu schützen, *durch die die öffentliche Sicherheit oder Ordnung bedroht wird*" (ebd.: 16; Hervorh. TK). Eine weitere Präzisierung wird nicht vorgenommen. Mit der Erstauflage aus dem Jahr 1970 verhält es sich genauso: Keine Einträge im Inhaltsverzeichnis, während das „Stichwortregister" unter dem Eintrag „Sicherheit, öffentliche" auf die gleiche Passage eines Fachartikels zu „Anomie" verweist (vgl. Rössmann 1970: 239). Deren Wortlaut ist identisch mit dem des Artikels der Auflage von 1973, die bereits vorgestellt wurde. Eine nochmalige Überprüfung der dritten Auflage aus dem Jahr 1974, die im Stichwortregister keine relevanten Einträge – auch nicht zu „Sicherheit, öffentliche" – aufweist, zeigt, dass gleichwohl der Artikel zu „Anomie" einschließlich der Passagen zu Öffentlicher Sicherheit enthalten ist. Offenbar wurde der Begriff Öffentliche Sicherheit in der 1974er-Auflage für nicht mehr bedeutsam genug erachtet, um weiter im Register geführt zu werden.

Auflagenvergleich *Kleines Kriminologisches Wörterbuch* (Kaiser et al. 1993)

Für den Auflagenvergleich wurden die Erst- (Kaiser et al. 1974) und Zweitauflage (Kaiser et al. 1985) berücksichtigt. Die Struktur diskursformspezifischer Elemente zur inhaltlichen Erschließung ist identisch mit der bereits analysierten dritten Auflage, d.h. auch die beiden vorhergehenden Auflagen verfügen jeweils über ein Stichwortverzeichnis für die „Einzelthemen", die mit eigenen Artikeln bearbeitet werden sowie ein Sachregister für „wichtige Begriffe", die in diesen Artikeln untergeordnet erörtert werden.

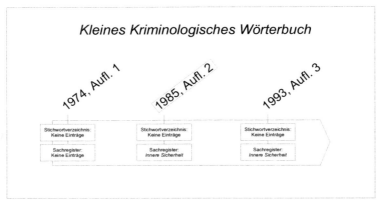

Abbildung 6: Einträge zu Innere und/oder Öffentliche Sicherheit im Kleinen Kriminologischen Wörterbuch.

Die Befunde aus der Analyse der aktuellen dritten Auflage können für die Zweitauflage übernommen werden. Es zeigt sich, dass auch hier keiner der drei Suchbegriffe als Einzelthema behandelt wird. Im Sachregister ist einzig „Innere Sicherheit 337, 508" (Kaiser 1985: 631) enthalten. Die verwiesenen Seiten gehören zu den Fachaufsätzen „Polizeiwissenschaft, Kriminalistik" (Feest 1985) und „Verbrechenskontrolle und Verbrechensvorbeugung" (Kaiser 1985). Beide Artikel haben fast den gleichen Wortlaut wie in der dritten Auflage, d.h., da die Untersuchungsrichtung die chronologische Reihenfolge umkehrt, muss es eigentlich korrekt heißen: Die Texte der dritten Auflage wurden offensichtlich nahezu unverändert aus der zweiten Auflage übernommen wurden. Einzig die Passage zu Innerer Sicherheit im Fachartikel „Polizeiwissenschaft, Kriminalistik" weicht etwas ab. Was jedoch an der Notwendigkeit des Plural-Form liegt, da in dem Beitrag auf „Kriminalistik *und Polizeiwissenschaft*" (Feest 1985: 337; Hervorh. TK) abgehoben wird. Das Einzelthema in der Folgeauflage lautet nur auf „Kriminalistik". An der Aussage zu Innerer Sicherheit ändert das in der zweiten Auflage nichts:[5]

„Sie sind insoweit [...] Wissenssysteme im Dienste der Polizei, der Kriminalitätsbekämpfung, der **Inneren Sicherheit**. Indem sie in erster Linie an der – repressiven und präventiven – Kontrolle ‚des Verbrechens interessiert sind, verlieren sie das Phänomen Verbrechen und seine politische Erzeugung und Zurichtung aus den Augen" (ebd.; Hervorh. TK).

Der Absatz im Fachartikel zu „Verbrechenskontrolle und Verbrechensvorbeugung" (Kaiser 1985: 508) ist wortgleich, weshalb an dieser Stelle auf ein nochmaliges Zitieren verzichtet wird. Einzige Abweichung: In der zweiten Auflage fehlt im Absatz an der Stelle, an welcher „Privatjustiz" erwähnt wird, der artikelinterne Weiterverweis „(→ Private Verbrechenskontrolle)", da dieses Einzelthema erst ab der dritten Auflage geführt wird (vgl. ebd.; Kaiser 1993: 571).

In der Erstauflage finden sich die Suchbegriffe weder im „Stichwortverzeichnis" (vgl. Kaiser et al. 1974: 9 ff.), noch im „Sachregister" (vgl. ebd.: 444 ff.). Allerdings enthält auch schon die Erstauflage Fachartikel zu den Einzelthemen „Polizeiwissenschaft, Kriminalistik" (Feest 1974) und „Verbrechenskontrolle" (Kaiser 1974). Eine vergleichende Lektüre zwischen erster, zweiter und dritter Auflage zeigt, dass einzelne Passagen aus den Artikeln der Neuauflage zwar bis in die Erstauflage zurückzuverfolgen sind, der Begriff Innere Sicherheit taucht aber auch in den Texten der Erstauflage nicht auf. Die beiden Einzelthemen wurde

---

5 Einzig in der Schreibweise macht sich ein Unterschied bemerkbar: in der zweiten Auflage ist von „der *Inneren* Sicherheit" (Feest 1985: 337; Hervorh. TK) die Rede, in der dritten Auflage von „der *inneren* Sicherheit" (Feest 1993: 238; Hervorh. TK).

also erst ab der zweiten Auflage inhaltlich um den Begriff bzw. Passagen zum Begriff Innere Sicherheit ergänzt (siehe auch *Abbildung 6*).

Auflagenvergleich *Polizei-Lexikon* (Rupprecht 1995)

Die Erstauflage des *Polizei-Lexikon* datiert aus dem Jahr 1986. Die diskursformspezifische Detailstruktur entspricht der der Zweitauflage, d.h. es verfügt weder über ein Inhaltsverzeichnis, noch über ein Register (vgl. Rupprecht 1986). Im Gegensatz zur Zweitauflage fehlt der Begriff Innere Sicherheit (und ein entsprechender Artikel) in der Erstauflage (siehe *Abbildung 7*). Öffentliche Sicherheit ist hingegen in der Erstauflage bereits vertreten und zwar auch – wie am Beispiel der Zweitauflage vorgestellt – mit der entsprechenden Differenzierung entlang den aus dem Kompositum „Öffentliche Sicherheit und Ordnung" abgeleiteten Bestandteilen „Öffentliche Ordnung" und „Öffentliche Sicherheit" (ebd.: 285 f.).

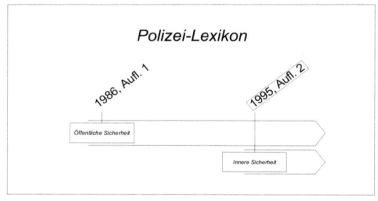

Abbildung 7: Einträge zu Innere und/oder Öffentliche Sicherheit im Polizei-Lexikon.

Die Beiträge betonen den juristisch geprägten Charakter der Begriffe. Zum Teil belegt die Erstauflage des *Polizei-Lexikons* die gängige Praxis, Beiträge komplett oder in weiten Teilen für Folgeauflagen zu übernehmen. So entspricht der Kurzbeitrag zu „Öffentliche Sicherheit und Ordnung" aus dem Jahr 1986 dem der 1995er-Auflage (vgl. ebd.: 286; Rupprecht 1995: 381). Auch wenn Reformulierungen und stellenweise Überarbeitungen mittels Auflagenvergleich feststellbar sind, berühren sie die Darstellungsweise und die Fragestellungen bezüglich des Begriffs Innere Sicherheit nicht zentral. Festzuhalten bleibt: Der Begriff

Innere Sicherheit wird erst ab dem Jahr 1995 ins *Polizei-Lexikon* aufgenommen.

Auflagenvergleich *Allgemeines Polizei- und Ordnungsrecht* (Götz 1995)

Das Werk *Allgemeines Polizei- und Ordnungsrecht* ist hinsichtlich des Auflagenvergleichs recht ergiebig, da es eine hohe Auflagenzahl und eine hohe Erscheinungsfrequenz aufweist. In der Zeit zwischen 1970 und 1995 erschienen insgesamt zwölf Auflagen. Alle verfügen über die vorgestellten diskursformspezifischen zugriffsstrukturierenden Indikatoren Inhaltsverzeichnis und Sachregister. Auf Basis der Analyse dieser beiden Indikatoren lautet, um es vorweg zu nehmen, das Ergebnis: Innere Sicherheit wird erst seit der 1995er-Auflage geführt (vgl. Götz 1995: 249; ders. 1993: 262 f.; siehe hierzu *Abbildung 8*). Dieser Befund ist bemerkenswert. Angesichts der vielen seit 1970 erschienenen Auflagen hat der Begriff erst sehr spät Eingang gefunden, wenn man berücksichtigt, dass er bereits seit Ende der 1960er-, Anfang der 1970er-Jahre gebräuchlich ist. Durch die dicht beieinander liegenden Erscheinungsjahre der Auflagen (in der Regel zwei bis drei Jahre) wäre, im Gegensatz zu Werken, bei denen zwischen aufeinanderfolgenden Auflagen durchaus auch einmal zehn Jahre liegen, ein Auftauchen des Begriffes wesentlich früher erwartbar gewesen.

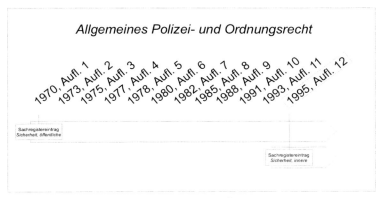

Abbildung 8: Einträge zu Innere und/oder Öffentliche Sicherheit in Allgemeines Polizei- und Ordnungsrecht.

Wie außerdem zu sehen ist, hat er bei seinem Auftauchen den Begriff Öffentliche Sicherheit auch nicht abgelöst. Vielmehr bestätigt der Auflagenvergleich die These, dass der Begriff Innere Sicherheit im juristischen Diskurs kaum Verwendung findet und wenn, eher marginal. Es

417

zeigt sich, dass er in dieser zurückhaltenden Verwendung überhaupt erst sehr spät eingeführt wird. Die 12. Auflage wurde, wie Götz im Vorwort erwähnt, „vollständig neubearbeitet" (Götz 1995: 5). Solch umfangreiche Arbeiten sind, untersucht man die entsprechenden Vorworte, in den anderen Auflagen nicht festzustellen – auch wenn dort auf Neubearbeitungen immer wieder hingewiesen wird. Erwähnung verdient darüber hinaus, dass die Formulierung der Gefahrenabwehraufgabe, die in jeder Auflage des Werkes *Allgemeines Polizei- und Ordnungsrecht* ein dortiges Kapitel „Die Aufgabe der Gefahrenabwehr" einleitet und die schließlich – in der 1995er-Auflage – die Basis für die spätere Bezugnahme auf Innere Sicherheit bildet, seit 1970 unverändert, d.h. wortgleich Verwendung findet.

zum Kapitel *Spurensicherung...*

Nachfolgend Diagramme, die das zeitliche Aufkommen der Begriffe Öffentliche und Innere Sicherheit und deren Verweisungsverhältnis in den im Kapitel „*Spurensicherung* – Innere Sicherheit als zentrale Kategorie in Ministerialverwaltung und parlamentarischem Sprachgebrauch" untersuchten Werken (*Staatshandbuch, Bonner Almanach, Parlamentsspiegel Jahresregister*) veranschaulichen. Zunächst drei Abbildungen bezüglich der Verwendung des Begriffes Innere Sicherheit bei der Abteilungs- bzw. Referatsbenennung im Bundesministerium des Innern (BMI) sowie auf Ebene der Aufgabenkreise.

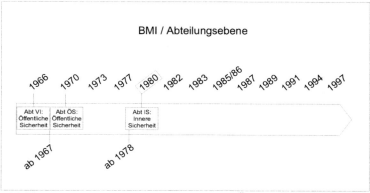

Abbildung 9: Zeitstrahl Innere Sicherheit und Öffentliche Sicherheit auf Abteilungsebene des Bundesministerium des Innern.[6]

---

6 Die Zahlen auf dem Zeitstrahl bezeichnen jeweils das Jahr des Redaktionsschlusses (bzw. Stand der Erhebungen) eines jeden *Staatshandbuches,*

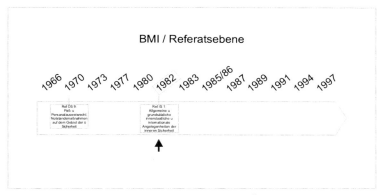

Abbildung 10: Zeitstrahl Innere Sicherheit und Öffentliche Sicherheit auf Referatssebene des Bundesministerium des Innern.

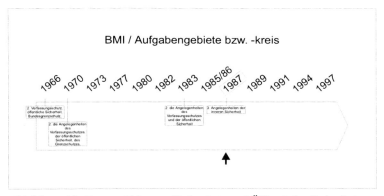

Abbildung 11: Zeitstrahl Innere Sicherheit und Öffentliche Sicherheit auf Ebene der Aufgabengebiets bzw. Aufgabenkreisbeschreibung des Bundesministerium des Innern.

Im Anschluss daran zwei Abbildungen zur Begriffsverwendung im *Bonner Almanach* und im *Parlamentsspiegel Jahresregister*:

---

also nicht das Erscheinungsjahr. Die auf dem Zeitstrahl angegebenen Abteilungsbezeichnungen gelten solange, bis ein neuer Eintrag vorgenommen wird. Das bedeutet, die im Jahr 1980 verzeichnete Abteilungsbezeichnung gilt bis zum Ende des Untersuchungszeitraumes. Die Zahl des Jahres, in dem Innere Sicherheit hinsichtlich der Fragestellung erstmals verzeichnet wurde, ist gerahmt. Diese Hervorhebung wird auch in den folgenden, ähnlich aufgebauten Abbildungen beibehalten. Die beiden Zahlen am unteren Rand („ab 1967", „ab 1978") sind die Jahre der Abteilungs(um)bildungen, die einem Schreiben des BMI entnommen sind und die hier ergänzend eingefügt wurden.

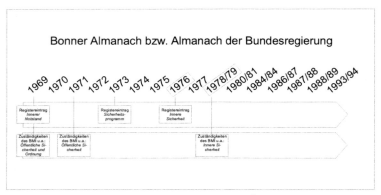

Abbildung 12: Zeitstrahl Innere Sicherheit und Öffentliche Sicherheit im Bonner Almanach *bzw. dem* Almanach der Bundesregierung.

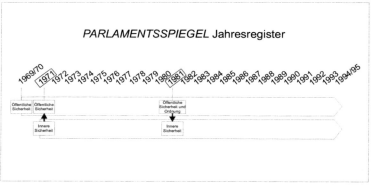

Abbildung 13: Zeitstrahl Innere Sicherheit und Öffentliche Sicherheit im Parlamentsspiegel Jahresregister.

Weitere Titel zum Thema:

Barbara Christophe
**Metamorphosen des
Leviathan in einer
post-sozialistischen
Gesellschaft**
Georgiens Provinz zwischen
Fassaden der Anarchie und
regulativer Allmacht
Mai 2005, ca. 300 Seiten,
kart., ca. 26,80 €,
ISBN: 3-89942-323-2

Hannelore Bublitz
**In der Zerstreuung
organisiert**
Paradoxien und Phantasmen
der Massenkultur
April 2005, ca. 150 Seiten,
kart., ca. 14,80 €,
ISBN: 3-89942-195-7

Frankfurter Arbeitskreis für
politische Theorie &
Philosophie (Hg.)
**Autonomie und Heteronomie
der Politik**
Politisches Denken zwischen
Post-Marxismus und
Poststrukturalismus
Oktober 2004, 206 Seiten,
kart., 24,80 €,
ISBN: 3-89942-262-7

Tanja Nusser,
Elisabeth Strowick (Hg.)
Rasterfahndungen
Darstellungstechniken –
Normierungsverfahren –
Wahrnehmungskonstitution
2003, 322 Seiten,
kart., zahlr. Abb., 26,80 €,
ISBN: 3-89942-154-X

Martin Ludwig Hofmann
Monopole der Gewalt
Mafiose Macht, staatliche
Souveränität und die
Wiederkehr normativer Theorie
2003, 274 Seiten,
kart., 25,80 €,
ISBN: 3-89942-170-1

Hannelore Bublitz
Diskurs
2003, 122 Seiten,
kart., 11,50 €,
ISBN: 3-89942-128-0

Volker Heins
**Das Andere der
Zivilgesellschaft**
Zur Archäologie eines Begriffs
2002, 102 Seiten,
kart., 12,80 €,
ISBN: 3-933127-88-2

Roger Behrens
Die Diktatur der Angepassten
Texte zur kritischen Theorie
der Popkultur
2003, 298 Seiten,
kart., 24,80 €,
ISBN: 3-89942-115-9

**Leseproben und weitere Informationen finden Sie unter:
www.transcript-verlag.de**